余姚年鉴

YUYAO YEARBOOK 2022

余姚市地方志编纂委员会　编

方志出版社
Publishing House of Local Records

图书在版编目（CIP）数据

余姚年鉴. 2022 / 余姚市地方志编纂委员会编. —
北京：方志出版社，2022.12
ISBN 978-7-5144-5476-5

Ⅰ. ①余… Ⅱ. ①余… Ⅲ. ①余姚－2022－年鉴
Ⅳ. ①Z525.53

中国版本图书馆 CIP 数据核字（2022）第 253515 号

责任编辑：刘方圆
责任校对：刘玉霞
责任印制：梅中英
出 版 者：方志出版社
地　　址：北京市朝阳区潘家园东里 9 号（国家方志馆 4 层）
邮　　编：100021
网　　址：http://www.zgfzcb.cn
发　　行：方志出版社图书营销中心（010-67110500）
印　　刷：杭州柏盛印刷有限公司
开　　本：889 毫米 ×1194 毫米　1/16
印　　张：27.5 印张　插页：2.25 印张　地图：2 幅
字　　数：855 千字
版　　次：2022 年 12 月第 1 版
印　　次：2022 年 12 月第 1 次印刷
定　　价：180.00 元

余姚市地方志编纂委员会

《余姚年鉴（2022）》编辑部

2021 · 余姚关键词

“三服务”活动

创新驱动发展　“六讲六德

人才科技创新　东西部协作

“十四五”规划　城中村改造　企业创新

“四送一增强”2.0 版　城市品质　“六个清零”　“五难五多”工

第七届中国机器人峰会暨智能经济人才峰会

全市党史现场教学活动

余姚革命文物（图片）巡礼　全国文明城市

台风“灿都”

中国—中东欧国家产业合作对接会　台风“烟花”

全国青少年信息学奥林匹克竞赛（NOI2021）　“请你来协商”专题协商会

碳达峰碳中和

横坎头村党委　现代化美好活力“最名邑”

档案馆新馆　“重温重要回信精神　推进老区共同富裕”理论研讨会

《中国共产党余姚历史第三卷（1978—2002）》　全市乡镇换届工作

昭觉（余姚）投资推介会　纪念浙东敌后抗日根据地开辟 80 周年研讨会

中国共产党成立 100 周年庆祝活动　电视问政活动

2021 宁波（余姚）阳明文化周　新时代文明实践中心

“双减”工作　电影《村里那些事》暨纪录片《了不起的村庄

对口支援和区域合作　平

全国革命老区新时代共同富裕样板镇

中国共产党余姚市

机器人智谷小镇

宣讲活动 新冠肺炎疫情防控

美丽乡村精品村建设 单项冠军培育

中国余姚·河姆渡农业博览会

“两强三提升”行动 井头山遗址 党史学习教育

“一河一策”

全市扩大有效投资重大项目集中开工仪式

数字化改革

“感动余姚”新闻人物 “产粮大县”

命老区乡村振兴工作

中东欧国际产业合作园 浙江卫视读诗会

宁波江丰电子材料股份有限公司 百姓文化节 “四明之窗”百里红诗路

“余姚好人” 余姚四明山千里国家登山步道线路 《东南名邑余姚》

守好“红色根脉”，打造“重要窗口”主题系列新闻发布会 山海协作

全面深化改革 施岙遗址古稻田 新冠疫苗接种“微心愿”

《红色四明映初心——余姚典藏革命文物释读》 “平安余姚”

生态环境整治 中国云城数字经济峰会暨全球招商大会

老旧小区改造 希望的田野·余姚横坎头田园综合体

余姚四明山（上海）旅游推介会 污水零直排区

“遏重大”攻坚战 高质量发展建设共同富裕先行地 红廉馆

中国最具幸福感城市（县级市）

国建设示范县 中国（宁波）智能工具装备博览会

大规模核酸检测

电视剧《阳明传》

六次代表大会

2017—2021年余姚市经济基本情况

地区生产总值（现价）

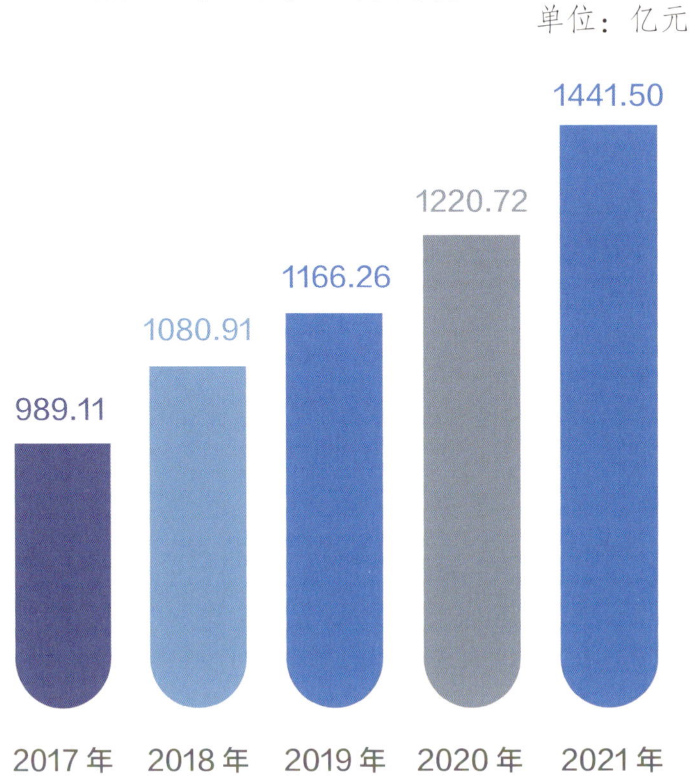

注：2017—2021年地区生产总值相关数据根据第四次经济普查结果进行了调整。

第一产业

第二产业

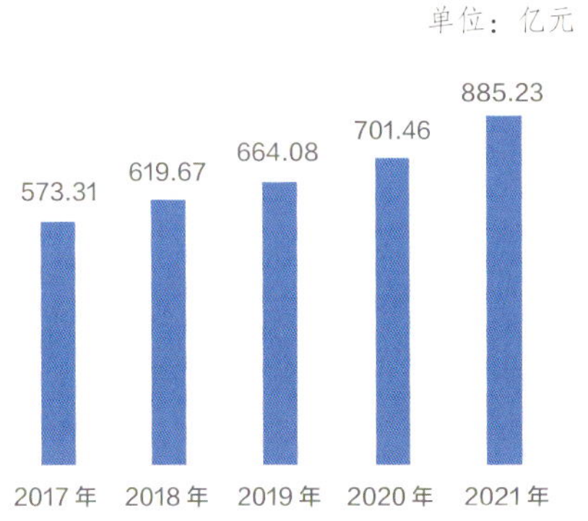

第三产业

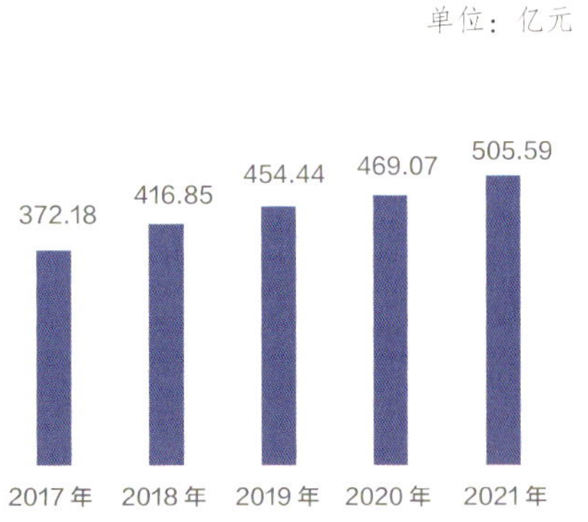

人均地区生产总值（当年价，按常住人口计算）

单位：元

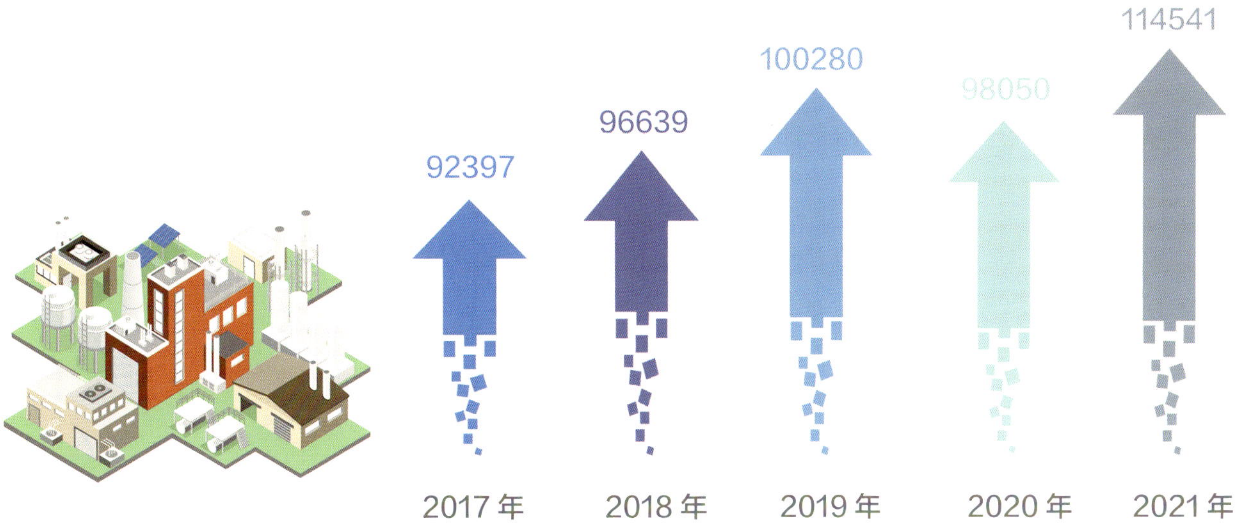

社会消费品零售总额

单位：亿元

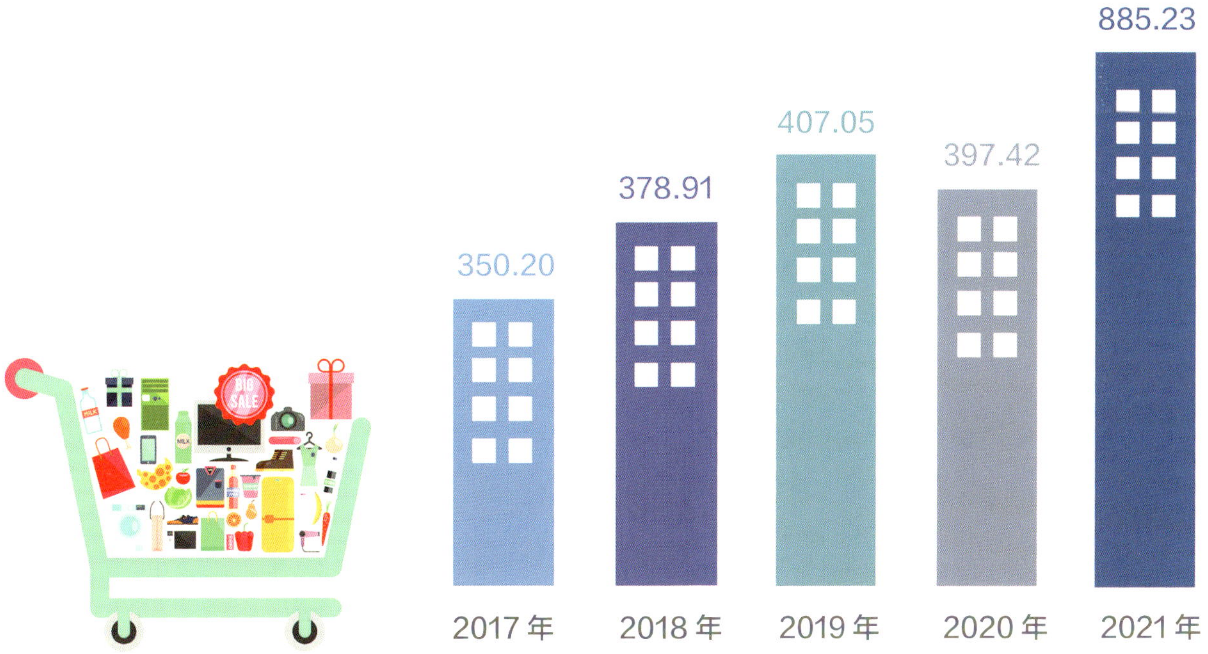

注：社会消费品零售总额数据根据第四次经济普查结果做了修订。

进出口总额

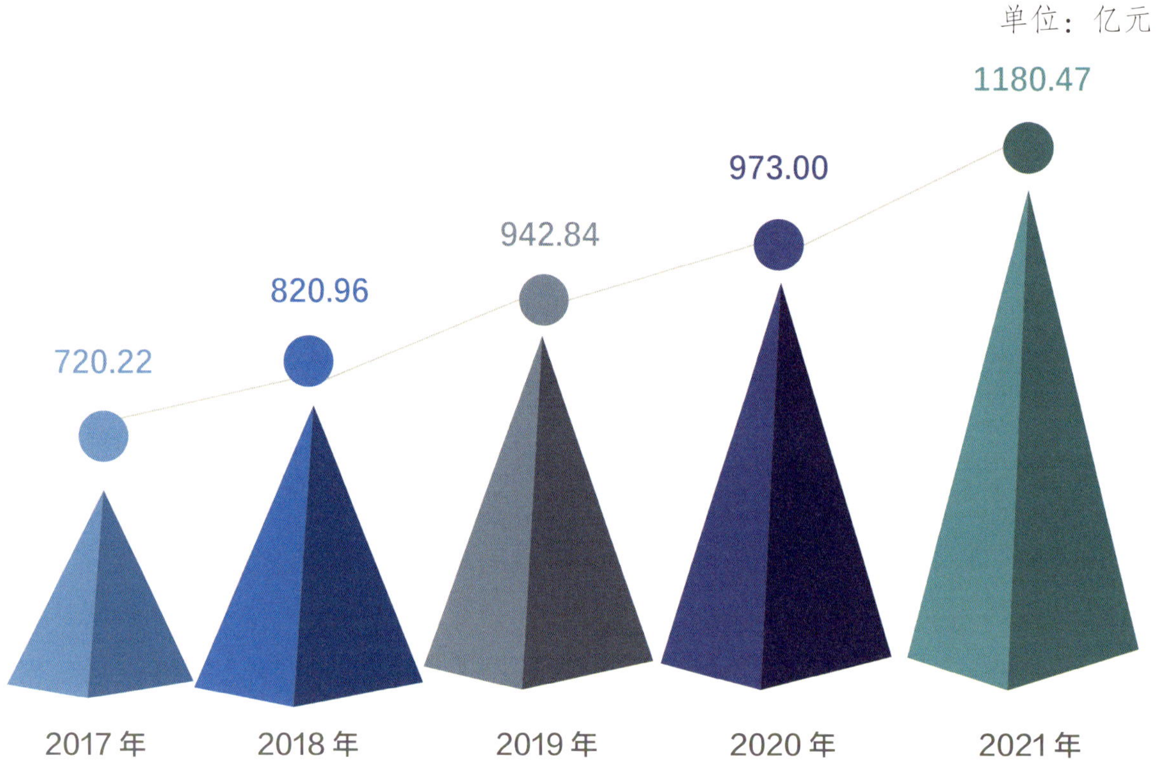
单位：亿元
720.22
820.96
942.84
973.00
1180.47
2017 年
2018 年
2019 年
2020 年
2021 年

财政总收入

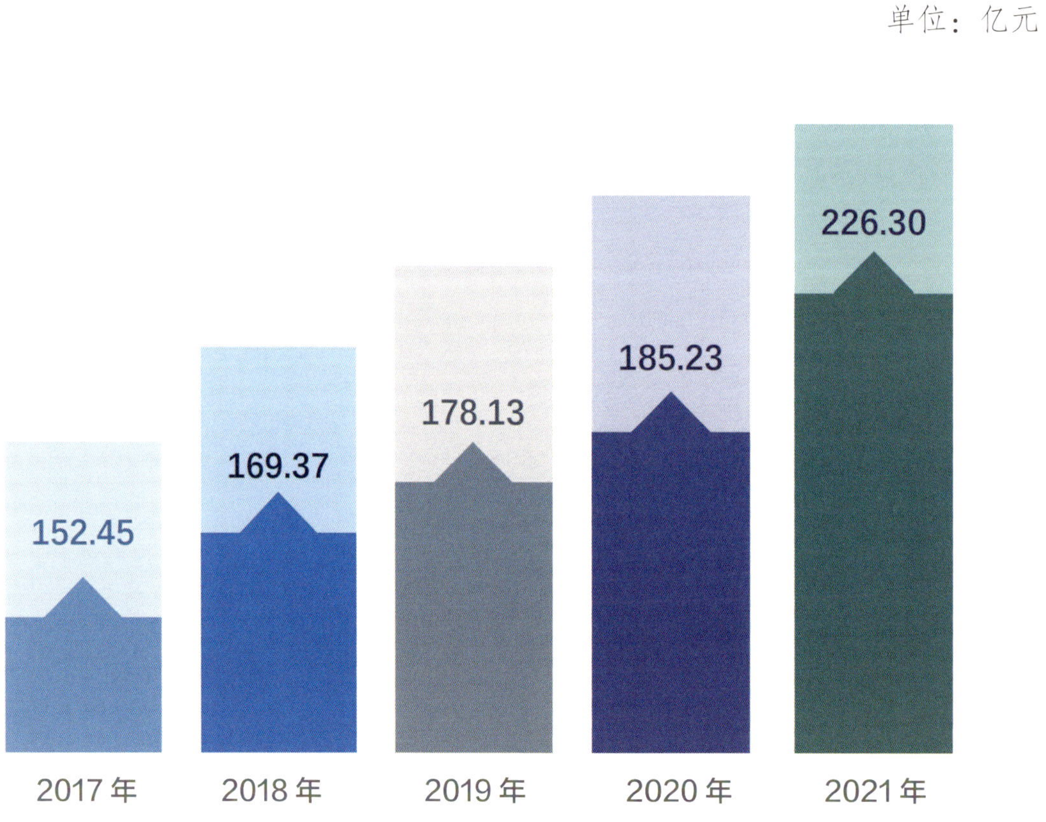
单位：亿元
152.45
169.37
178.13
185.23
226.30
2017 年
2018 年
2019 年
2020 年
2021 年

一般公共预算收入

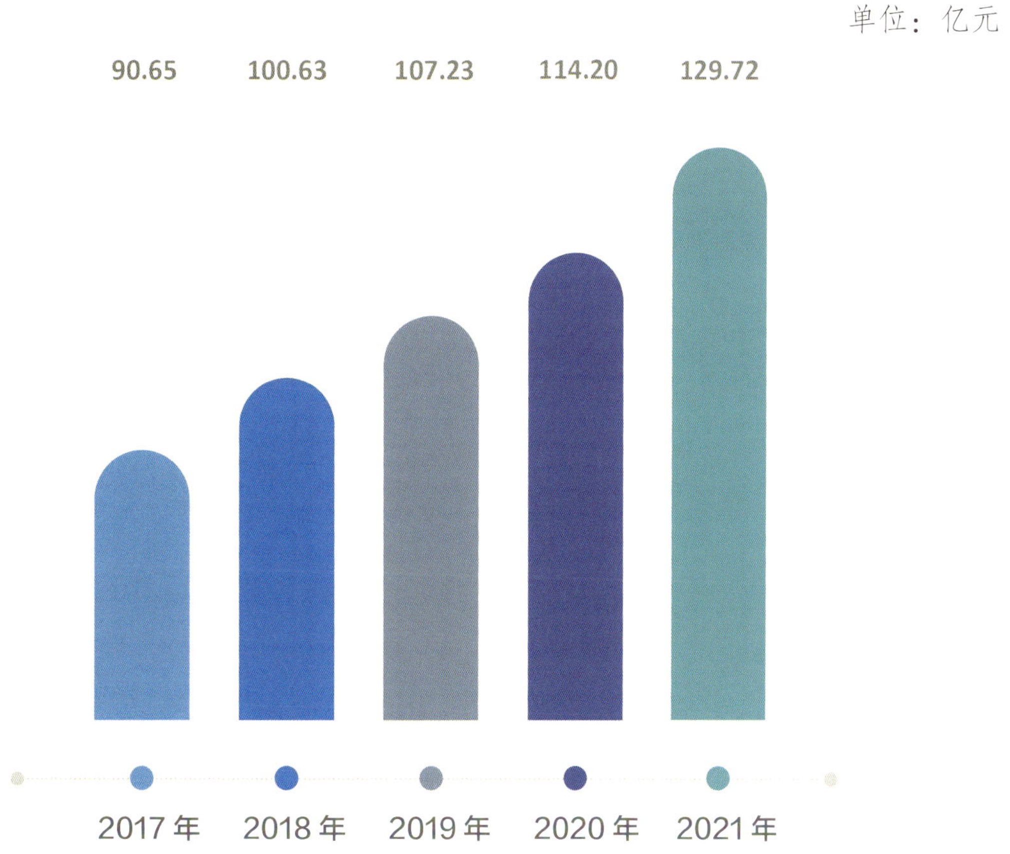

城镇居民人均可支配收入

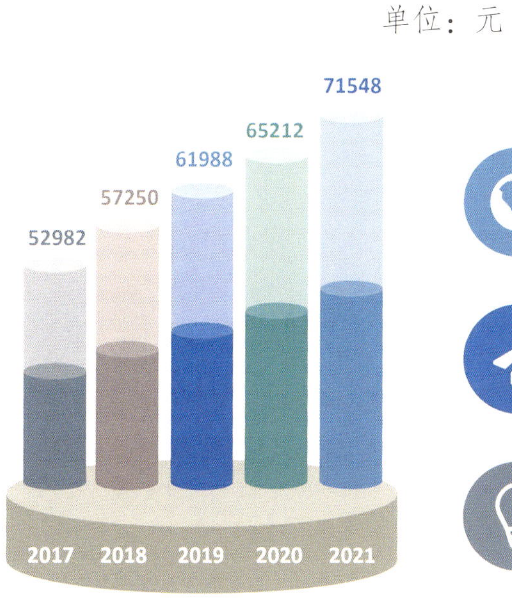

农村居民人均可支配收入

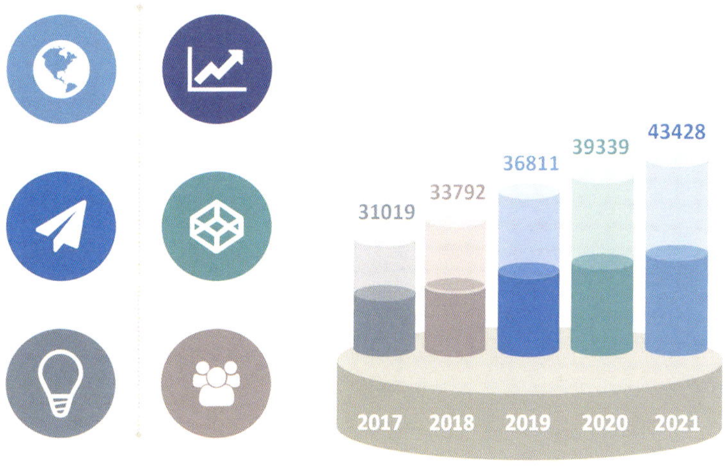

1 月 19 日，中国人民政治协商会议第十三届余姚市委员会第五次会议开幕（陈则宏 / 摄）

1 月 20 日，余姚市第十七届人民代表大会第五次会议开幕（黄静波 / 摄）

◎ 5月18日，守好“红色根脉” 打造“重要窗口”——浙江省庆祝中国共产党成立100周年主题系列新闻发布会第二场发布会在宁波市余姚梁弄镇浙东抗日根据地旧址举行（市委宣传部/供稿）

◎ 6月，横坎头村党委获评全国先进基层党组织（市委宣传部/供稿）

◎ 7月1日，市委书记奚明（第一排左三）、市委副书记叶枝利（第一排左四）带领市委办党总支全体党员重温入党誓词（市委办/供稿）

◎ 8 月 6 日，《中国共产党余姚历史第三卷（1978—2002）》首发式暨纪念浙东敌后抗日根据地开辟 80 周年研讨会举行（市委党史研究室 / 供稿）

◎ 6 月 11 日，“重温重要回信精神　推进老区共同富裕”理论研讨会在梁弄镇举行（市委宣传部 / 供稿）

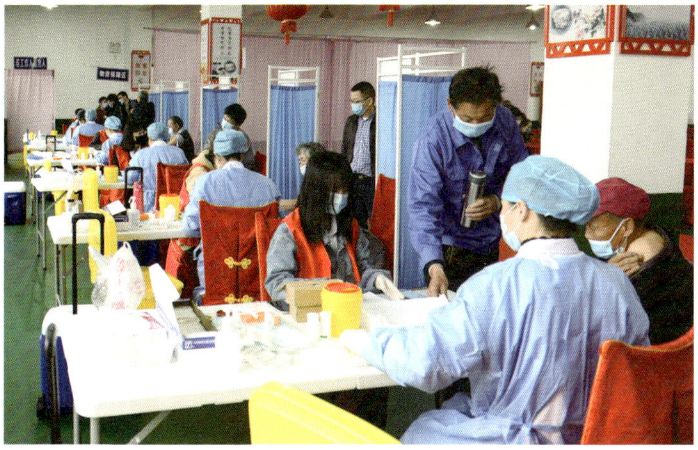

◎ 3 月 29 日起，余姚市 17 个方舱接种点全面运转。图为余姚市三七市镇方舱接种点（市卫生健康局 / 供稿）

◎ 12 月 7 日，余姚市支援镇海医务人员准备开始工作（市人民医院 / 供稿）

◎ 12 月 11 日，为了坚守宁波西大门，公安民警、辅警在黄家埠镇五车堰卡点劝导过往车辆（张辉 / 摄）

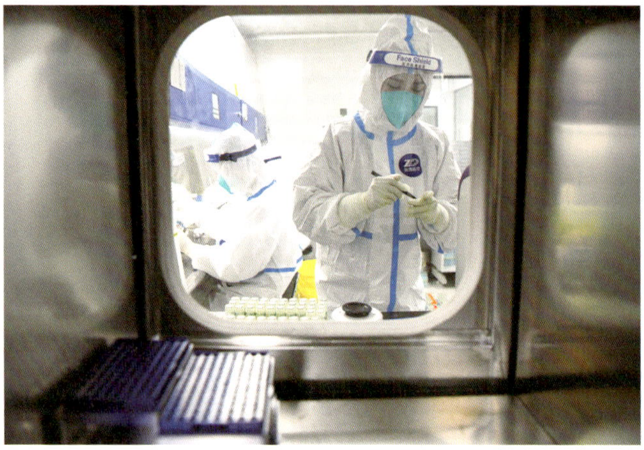

◎ 12 月，工作人员在兰江街道筀竹岭对进入余姚市的车辆驾驶员进行健康码、行程卡查验（陈则宏 / 摄）

◎ 12 月 16 日，工作人员在市疾病预防控制中心 PCR 实验室在对核酸样本进行检测（陈则宏 / 摄）

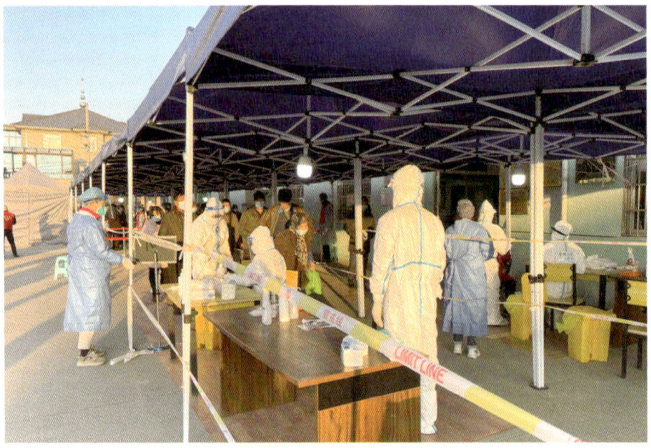

◎ 12 月 20 日，牟山镇开展第三轮全员大规模核酸检测（牟山镇 / 供稿）

◎ 12 月 20 日，群众在黄家埠镇党群服务中心核酸检测点，保持一米线距离排队进行核酸检测（张辉 / 摄）

◎ 12 月 23 日下午，余姚市驰援镇海区的 10 名驻点检测人员完成任务后凯旋（市人民医院 / 供稿）

◎ 7 月 23 日，市住建局组织人员在南滨江路安装防洪挡板（黄静波 / 摄）

◎ 7 月 24 日晚，河姆渡镇罗江村村干部、党员和村民填装沙袋（河姆渡镇 / 供稿）

◎ 7 月 25 日，大岚镇大岚村干部群众抢通浒溪线（张旭东 / 摄）

◎ 7 月 25 日，在市第二实验小学临时安置点，学校老师自发到学校，搬运抗台物资（黄静波 / 摄）

◎ 7 月 25 日，市供电公司工作人员正在花园新村检查公用变压器（黄静波 / 摄）

◎ 7 月 25 日，市公安局民警在一线开展防汛抗台工作（市公安局 / 供稿）

◎ 2 月 24 日上午，全市扩大有效投资重大项目集中开工仪式举行，市委书记奚明（右三）宣布开工并推启开工杆（黄静波 / 摄）

◎ 滨江水环慢行系统建设工程（一期）（市住建局 / 供稿）

◎ 余梁公路北延工程全线通车（舜通集团 / 供稿）

◎ 陶家路江三期整治工程Ⅳ标段（市水利局 / 供稿）

◎ 12 月 24 日，胜陆公路陆埠互通正式建成通车（市交通运输局 / 供稿）

◎ 6 月 9 日上午，中国—中东欧国家产业合作对接会举行（中意宁波生态园 / 供稿）

◎ 6 月 25 日，2021 年机器人及智能装备产业项目集中投产仪式在余姚机器人智谷小镇举行（余姚经济开发区管委会 / 供稿）

◎ 6 月 30 日，国内首台超大规格热等静压设备在余姚经济开发区正式投产运行（余姚经济开发区管委会 / 供稿）

◎ 11 月 22 日，宁波富佳实业股份有限公司以“云挂牌”的形式在上交所上市（宁波富佳实业股份有限公司 / 供稿）

◎ 5 月 26 日，中国·河姆渡第 5 届全球智能制造创业创新大赛总决赛举行（市委组织部 / 供稿）

◎ 7 月 15 日，第七届中国机器人峰会暨智能经济人才峰会开幕式举行（黄静波 / 摄）

◎ 9 月 16 日，2021 中国（余姚）国际裘皮时装博览会开幕（朗霞街道 / 供稿）

◎ 10 月 22—23 日，第四届海峡两岸乡村振兴论坛“阳明乡约助推老区发展”余姚分会场活动举办（市台办 / 供稿）

◎ 3 月 28 日，“阳明归谷”——青年人才“感受美丽余姚”活动开展（市侨联 / 供稿）

◎ 5 月 11 日下午，“四明山，我来看你！”2021 余姚四明山（上海）旅游推介会在沪举行（四明山旅游度假区管委会 / 供稿）

◎ 5 月 18 日，“摘杨梅品文化 享山水——余姚杨梅中国红”2021 余姚杨梅节（上海）云直播推介会在上海东方明珠城市广场落下帷幕（市侨联 / 供稿）

◎ 7 月 17 日，由人民日报、新华社、中央广电总台等中央媒体记者组成的采访团到梁弄镇，开展“浙江高质量发展建设共同富裕示范区”央媒集中采访宁波余姚站活动（陈则宏 / 摄）

◎ 3 月 2 日，“姚江芳华致敬百年辉光”——余姚市庆祝“三八”国际妇女节 111 周年纪念大会暨“四明女儿大宣讲”活动在市融媒体中心演播厅举行（黄静波 / 摄）

◎ 3 月 4 日，第九届“感动余姚”新闻人物暨第三届余姚市道德模范颁奖典礼在龙山剧院举行（黄静波 / 摄）

◎ 6 月 6 日下午，“百年同心与党同行”余姚市统一战线庆祝中国共产党成立 100 周年会议暨文艺演出举行（市委统战部 / 供稿）

◎6月9日，百首赞歌颂党恩——余姚市“银辉”志愿者大型歌咏晚会举行（市委老干部局/供稿）

◎6月11日，余姚市交通运输系统庆祝中国共产党成立100周年主题活动举行（市交通运输局/供稿）

◎9月21日，“吾心自有光明月——诵阳明诗 悟光明心”市中秋诗话会在王守仁故居瑞云楼前举行（黄静波/摄）

◎ 9 月 23 日，2021 年余姚市全国科普日活动启动仪式暨现场科普活动举办（市科协/供稿）

◎ 11 月 24 日，2021 年浙江省“天下第一团”联盟经典折子戏在龙山剧院展演（陈则宏/摄）

◎ 12 月 5 日晚，“幸福新时代　永远跟党走”余姚市党的十九届六中全会精神文艺宣讲活动暨“一人一艺(技)”主题节目大展演在龙山剧院举行（陈则宏/摄）

◎ 6月10日，宁波首个凉山东西部协作消费专馆——余姚—昭觉东西部协作消费专馆入驻余姚阳明古镇（市发改局/供稿）

◎ 6月16日，宁波余姚—凉山昭觉东西部劳务协作首次专项输出欢送仪式在凉山州昭觉县举行，首批170名昭觉籍务工人员乘坐专车抵达余姚，开展余姚—昭觉劳务协作（市发改局/供稿）

◎ 7月20日，余姚—昭觉举行大农国“迷迭香”昭觉乌金猪品牌发布会（市发改局/供稿）

◎ 9月3日，浙江余姚经济开发区 浙江松阳经济开发区（筹）签约结对共建协议（余姚经济开发区管委会/供稿）

◎ 10月18日上午，第三届中国考古学大会公布“百年百大考古发现”，余姚河姆渡遗址入选（方麒君/摄）

◎ 井头山遗址两件木器被确定为中国最早漆器（市文保所/供稿）

◎ 余姚施岙古稻田遗址发现宁波地区最早的独木舟（河姆渡遗址博物馆/供稿）

◎ 余姚市越窑青瓷传承与发展研讨会召开（河姆渡镇/供稿）

◎ 10 月 31 日，“阳明故里 明理力行”2021 宁波（余姚）阳明文化周礼贤仪典暨开幕式举行（市融媒体中心 / 供稿）

◎ 10 月 31 日，玉雕《大儒王阳明》捐赠仪式举行（黄静波 / 摄）

◎ 10 月 31 日，“知行合一、明理力行”阳明文化成果转化案例分享会举行（市融媒体中心 / 供稿）

◎ 1 月 20 日，为期 4 天的余姚土布“传帮带”培训班开班（小曹娥 / 供稿）

◎ 1 月 5 日，夕阳余晖洒落在梁弄镇正蒙街（陈则宏 / 摄）

◎ 12 月，“四明之窗”百里红诗路打造完成后的慈余高速余姚西出口（市交通运输局 / 供稿）

◎ “醉美四明山”入口门户（四明山镇 / 供稿）

◎ 动车组经过余姚（徐继伟 / 摄）

◎ 浙东运河上虞—余姚段（余姚部分）（施剑波 / 摄）

◎ 四明湖水库大坝（陈则宏／摄）

◎ 星光御墅南侧滨江绿地公园（舜建集团／供稿）

编辑说明

一　《余姚年鉴》是在中共余姚市委领导下，由余姚市人民政府主办，余姚市地方志编纂委员会主持编纂，系统记述全市自然、政治、经济、文化、社会等方面基本情况的年度资料性文献。《余姚年鉴（2022）》是第13卷。

二　《余姚年鉴（2022）》以马克思列宁主义、毛泽东思想、邓小平理论、"三个代表"重要思想、科学发展观、习近平新时代中国特色社会主义思想为指导，坚持辩证唯物主义和历史唯物主义的立场、观点和方法，系统准确地反映市委、市政府的工作，如实反映全市各领域事务变化状况，客观记述全市中国特色社会主义政治、经济、文化、社会和生态建设的历史进程，既为当今的改革开放和经济建设服务，又为后人提供资料和借鉴。

三　《余姚年鉴（2022）》采用分类编辑法。基本结构为类目、分目、条目3个层次，其中条目为主要的信息载体。卷首设特载、专记、大事记、市情概况；百科设26个类目；卷末设附录、索引2个类目。

四　《余姚年鉴（2022）》收录的资料和记载的事件时间未予以特别说明的，均为2021年度。各单位领导干部名录也以2021年度在职者为准。文中所述领导职务以事件发生时的相关主要职务为准。

五　《余姚年鉴（2022）》所采用的稿件由全市各机关单位、乡镇街道、工业园区、相关企事业单位提供，经《余姚年鉴》编辑部整理编辑，并经相关单位领导审核。文中所列数据，原则上以市统计局口径为准，市统计局未作统计的，由各业务部门和单位提供。部分数据因统计口径不同或有差异。农田土地面积沿用"亩"为计量单位。

六　根据年鉴编纂规范和行文实际需要，文中部分报告和文件在保持原有意思的前提下，在字词表述上略有修改。

七　《余姚年鉴（2022）》卷首有中文目录和英文要目，卷末有主题索引，按主题词首字汉语拼音字母顺序排列。

部分组织机构全称、简称对照表

全　称	简　称
中共浙江省委员会	省委
浙江省人民政府	省政府
中共宁波市委员会	宁波市委
宁波市人民政府	宁波市政府
中共余姚市委员会	市委
余姚市人民代表大会常务委员会	市人大常委会
余姚市人民政府	市政府
中国人民政治协商会议余姚市委员会	市政协
中共余姚市纪律检查委员会	市纪委
余姚市监察委员会	市监委
余姚市人民法院	市法院
余姚市人民检察院	市检察院
中国人民解放军余姚市人民武装部	市人武部
中共余姚市委办公室	市委办
余姚市人民政府办公室	市府办
中共余姚市委组织部	市委组织部
中共余姚市委宣传部	市委宣传部
中共余姚市委统一战线工作部	市委统战部
中共余姚市委政法委员会	市委政法委
中共余姚市委政策研究室	市委政研室
中共余姚市委机构编制委员会办公室	市委编办
中共余姚市委巡察工作领导小组办公室	市委巡察办
中共余姚市委市政府信访局	市信访局

续表

全　称	简　称
中共余姚市委老干部局	市委老干部局
中共余姚市委党校	市委党校
中共余姚市委党史研究室	市委党史研究室
余姚市档案馆	市档案馆
余姚市社会矛盾纠纷调处化解中心	市矛调中心
余姚市融媒体中心（传媒集团）	市融媒体中心
余姚市总工会	市总工会
中国共产主义青年团余姚市委员会	团市委
余姚市妇女联合会	市妇联
余姚市科学技术协会	市科协
余姚市工商业联合会（总商会）	市工商联
余姚市文学艺术界联合会	市文联
余姚市残疾人联合会	市残联
余姚市红十字会	市红十字会
余姚市社会科学界联合会	市社科联
余姚市关心下一代工作委员会	市关工委
余姚市慈善总会	市慈善总会
余姚市发展和改革局	市发改局
余姚市经济和信息化局	市经信局
余姚市教育局	市教育局
余姚市科学技术局	市科技局
余姚市公安局	市公安局
余姚市民政局	市民政局
余姚市司法局	市司法局
余姚市财政局	市财政局
余姚市人力资源和社会保障局	市人社局
余姚市自然资源和规划局	市资规局

续表

全　称	简　称
余姚市住房和城乡建设局	市住建局
余姚市交通运输局	市交通局
余姚市水利局	市水利局
余姚市农业农村局	市农业农村局
余姚市商务局	市商务局
余姚市文化和广电旅游体育局	市文广局
余姚市卫生健康局	市卫健局
余姚市退役军人事务局	市退役军人事务局
余姚市应急管理局	市应急管理局
余姚市审计局	市审计局
余姚市市场监督管理局	市市场监管局
余姚市统计局	市统计局
余姚市医疗保障局	市医疗保障局
余姚市综合行政执法局	市综合执法局
余姚市大数据发展管理局	市大数据局
余姚市政务服务办公室	市政务办
宁波市生态环境局余姚分局	生态环境余姚分局
余姚市金融发展服务中心	市金融发展服务中心
余姚市机关事务管理局	市机关事务管理局
余姚市供销合作社联合社	市供销联社
余姚市国有资产办公室	市国资办
余姚市招商中心	市招商中心
余姚市公共资源交易管理办公室	市公共资源交管办
宁波市住房公积金管理中心余姚分中心	市住房公积金中心
余姚市人民政府房屋征收管理中心	市房屋征收管理中心
余姚市城中村改造管理中心	市城中村改造管理中心
余姚市铁路与轨道交通建设管理服务中心	市铁建中心

目录

特　载

专　记

大事记

市情概况

中国共产党余姚市委员会

余姚市人民代表大会

余姚市人民政府

政协余姚市委员会

纪检·监察

民主党派

群众团体

法治·军事

农业农村·水利

工业·工业园区

商　贸

财政·税务

金 融

综合经济管理

交通·邮政·信息

城乡建设与管理

生态环境

人力资源 · 社会保障

文化·旅游·传媒

教 育

科学技术

卫生健康·体育

社会民生

街道·镇乡

附　录

索　引

CONTENT

Features

Special Records

Chronicle of Events

General Introduction of Yuyao

Yuyao Municipal Committee of the Communist Party of China

Yuyao Municipal People' s Congress

Yuyao Municipal People's Government

Yuyao Municipal Committee of Chinese People' s Political Consultative Conference

Yuyao Municipal Commission forDiscipline Inspection & Yuyao Municipal Commission of Supervision

Democratic Parties

Mass Organizations

Rule of Law & Military Affairs

Agriculture & Rural Area & Water Conservancy

Industries & Industrial Zones

Commerce and Trade

Fiscal & Taxation

Finance

Comprehensive Economic Administration

Traffic & Postale Information

Urban and Rural Construction & Environmental Protection

Ecological Environment

Human Resources & Social Security

Culture & Tourism &Media

Education

Science and Technology

Medical and Health Work & Sports

Social Livelihood

Sub-districts & Towns

Appendices

index

特　载

知行合一　勇争一流
为建设现代化美好活力“最名邑”而努力奋斗
——在中国共产党余姚市第十六次代表大会上的报告

（2021 年 12 月 27 日）

■ 傅贵荣

一、全面总结五年工作，坚定信心踏上新时代新征程

过去五年，是余姚发展史上极不寻常、极不容易的五年。在以习近平同志为核心的党中央坚强领导下，在省委省政府、宁波市委市政府的关心支持下，市委坚持以习近平新时代中国特色社会主义思想为指导，全面贯彻党的十九大和十九届二中、三中、四中、五中、六中全会精神，创新实干、克难争先，全面彰显上级决策部署在余姚的生动实践，圆满完成市第十五次党代会确定的目标任务。

五年砥砺奋进，精彩缩影必须铭记。最让人振奋的是，收到了习近平总书记的重要回信，习近平总书记的亲切关怀、殷殷嘱托，为全市上下干在实处、走在前列注入了强劲动能。最让人自豪的是，余姚市高水平全面建成小康社会，成功赢得浙江首批、宁波首个县级全国文明城市等殊荣，始终跻身中国最具幸福感城市之列，余姚的美誉度不断提高。最让人感动的是，面对新冠肺炎疫情、防汛防台等重大考验，各方各界众志成城、同舟共济，用担当奉献的具体行动守护了群众安宁、彰显了城市气质。

五年砥砺奋进，发展成果十分丰硕。

五年来，我们坚持对标对表，政治建设更加有力。始终把政治建设摆在首位，余姚市在省管领导班子政治建设座谈会上作了经验交流。一以贯之学懂弄通做实习近平新时代中国特色社会主义思想，建立市委理论学习中心组集中学习、常委会第一议题、“周二夜学”等制度，做到及时跟进学、反复重温学；研究制定贯彻落实总书记考察浙江重要讲话精神、给横坎头村全体党员重要回信精神的行动意见等，坚定不移沿着总书记的指引奋勇前进。深入开展“两学一做”学习教育、“不忘初心、牢记使命”主题教育、党史学习教育，相关做法在全国部分省区市党史学习教育领导小组办公室负责同志座谈会、宁波“不忘初心、牢记使命”主题教育总结大会上作了交流发言。成功举办全国革命老区全面奔小康与乡村振兴战略理论研讨会、省“溯源新思想”高端论坛。

五年来，我们坚持争先创优，综合实力更加强劲。坚定不移推动高质量发展走在前列，2021年全市预计[①]实现地区生产总值1384亿元，较2016年[②]增长56%；财政总收入突破200亿元，达到222.14亿元，其中一般公共预算收入127.93亿元，增长57.6%。创建了一批国家级农村创业创新园区、省级现代农业园区，获全国农业机械化示范区等称号，农业现代化水平走在全省前列；实现规模以上工业总产值2390亿元、规模以上工业增加值550亿元，分别增长65.3%和104.3%，高新技术产业、战略性新兴产业、装备制造业增加值分别达到384亿元、245亿元和405亿元，培育国家级单项冠军6家、省级隐形冠军企业4家，新增上市企业9家、总数达15家，余姚市成为2020年度创建省制造业高质量发展示范县（市、区）考核优秀单位，中国工业百强县排名从第25位上升至第9位；实现第三产业增加值500亿元、社会消费品零售总额470亿元，分别增长41.9%和29%，中国塑料城成为改革开放40年全国最具影响力品牌市场，余姚市获评省全域旅游示范县（市、区）。加快开放合作步伐，实现自营进出口总额1100亿元，其中自营出口730亿元，分别增长78.8%和67.8%，中国—中东欧国际产业合作园揭牌成立；累计实到外资16.2亿美元，实到内资509.2亿元。加快园区整合提升，中意宁波生态园等重大平台发展势头强劲，智能光电小镇验收命名为省级特色小镇。

五年来，我们坚持改革创新，动能活力更加充沛。纵深推进全面深化改革，党政机构改革、事业单位清理规范整合顺利完成，“放管服”、基层治理创新、国资国企等改革稳步推进，27项省级以上改革试点落户余姚市，“金融超市”“移动微法院”“土地超市”等做法在全省或全国推广，社会建设委员会揭牌成立，“四送一增强”服务企业专项行动获评省争先创优最佳实践案例，余姚市居中国营商环境百强县第5位、赛迪投资竞争力百强县第7位。体系化规范化推进数字化改革，“152”整体架构逐步完善，建成城市大脑1.0版，文明城市创建、“一码听民意”、道德银行3.0等场景应用上线运行，“诉查查”“乡村检察官”“四明红炉·掌上清”等获全国大奖，“152”“141”两大体系贯通试点进展顺利。深化创新强市战略，全社会研发经费投入占地区生产总值比重达3.92%，居全省第5位，高新技术企业从144家增加到388家，引进建设浙大机器人研究院等高端科研机构6家，承担宁波级以上重大科技项目35项，余姚市中国创新百强县排名持续攀升至第4位，荣获2020年省党政领导科技进步目标责任制考核优秀，江丰电子牵头项目荣获国家技术发明二等奖；精心举办四届中国机器人峰会，填补国内空白关键技术10项，成为余姚新名片。聚力打造人才高地，引育省级以上重点人才计划专家120名，高层次人才总量突破7000人，高技能人才总量超4.2万人。

五年来，我们坚持协调发展，城乡品质更加优化。全面优化规划布局，新一轮市域总体规划、中心城区编制单元控规、乡镇规划修编完成，村庄规划实现全覆盖，国土空间规划编制取得阶段性成果。不断完善基础设施，胜陆公路余姚段、余梁北延工程主线贯通，宁波至余慈城际铁路一期、杭甬运河余姚段等项目建设完成，余姚市成为“四好农村路”省级示范县；陶家路江二期整治工程、姚江城区段堤防加固工程等重大水利项目发挥作用；500千伏春晖变建成投运，5G基站实现街道和乡镇集镇区域全覆盖。持续提升城市品质，“一轴两环三片区”改造步伐加快，南雷南路两侧、阳明古镇等重点区块开发有效推进，精品线路、特色街区建设顺利，小城镇综合整治全面完成，一批城中村、老小区、危旧房、背街小巷得到改造提升。深入实施乡村振兴战略，谋划打造全国革命老区共同富裕样板地，完成二轮土地承包确权颁证和村经济合作社股份合作制等改革，“农村产权超市”全面推行，“四明臻货”成为区域农业公用品牌，中泰生态农业园等重大项目进展顺利，村级集体经济年经营性收入10万元以下的村全部消除，农村饮用水达标提标行动全面完成，新增一批全国文明村、全国乡村治理示范村、

①因统计时间关系，本报告中部分2021年数据和过去五年累计数均为预计数，后面不再一一说明。
②如无特别说明，增长幅度均为2021年与2016年相比较。

全国民主法治示范村和美丽乡村示范乡镇、示范村，余姚市获评省实施乡村振兴战略优秀单位、省新时代美丽乡村示范县。发力狠抓生态环保，坚决打好污染防治攻坚战，高标高效抓好上级反馈问题整改，城乡生活垃圾分类、工业园区“污水零直排区”创建全覆盖，获评省“基本无违建市”，环境空气质量全面达到国家二级标准。

五年来，我们坚持共建共享，幸福名片更加闪亮。全力破解“五难五多”民生突出问题，每年办好十方面民生实事，全市一般公共预算用于民生支出累计473.28亿元、增长146.1%。深入开展“全民创业乐业增收”行动，城镇登记失业率控制在3.5%以内，城镇和农村居民人均可支配收入分别为71081元和43076元，增长45.6%和50.7%。民生保障持续强化，户籍养老、医疗保险参保率分别达98.9%和99.75%，低保标准提高51.36%，社会救助和慈善、福利、红十字、残疾人、关心下一代等事业稳步发展。公共服务水平不断提升，宁波（余姚）阳明文化周更具影响力，市公共文化中心基本完工，15分钟城乡体育健康圈基本形成，余姚市入选首批全国围棋之乡、省戏曲之乡，河姆渡文化遗址群入选“百年百大考古发现”，井头山遗址入选2020年全国十大考古新发现；累计投资18.2亿元实施教育基建项目169个，创建成为国家级农村职业教育与成人教育示范市、浙江省示范学习型城市；医药卫生体制综合改革持续深入，基本公共卫生服务水平全面提升，获评国家卫生城市。平安建设深入推进，基层社会治理“阿拉一起来”创新实施，矛调中心高效运行，扫黑除恶成效明显、走在全省前列，信访维稳、安全生产、食药监管、金融风险防范等工作扎实有效，社会治安持续向好，实现平安创建“十四连冠”，余姚市荣获平安中国建设示范县称号。高标抓好东西部扶贫协作、对口支援、山海协作，连续三年获得宁波考核优秀等次，助力望谟县圆满完成脱贫攻坚任务。融媒体、气象、史志、外事等工作成效明显，荣获“国家级数字档案馆”称号。

五年来，我们坚持党要管党，党的建设更加严实。坚决扛起全面从严治党主体责任，推动全面从严治党向纵深发展。切实强化理论武装，新时代文明实践中心建设成效明显，浙江四明山干部学院等培训阵地更为坚实，“舜江快播”“舜江青语”等理论宣讲品牌不断擦亮。深入践行新时代党的组织路线，严格执行《干部任用条例》，乡镇（街道）党（工）委书记工作交流会等举措落地见效，乡镇换届高质完成，实绩比拼、制度性交流、年轻干部选育、干部大监督等机制不断完善，“1131”干部心理健康服务体系基本形成，争先进位创优的氛围更加浓厚。不断夯实基层基础，村社组织换届“一肩挑”全面实现，“四明红锋”党建品牌成色更足，梁弄新时代党建样板镇创建成功，全域党建联盟集群构建形成，党建统领整体智治质效不断提升，党建联建促脱贫攻坚列为东西部扶贫协作创新项目，“红锋信贷（共富贷）”等做法全面推广，横坎头村党委获评“全国先进基层党组织”，列入中央红色美丽乡村试点，“组织生活亮灯管理”获评全国机关党建创新成果“十佳案例”。老干部工作满意度切实提高，“银辉党建”品牌力不断增强。大力推进清廉余姚建设，党风廉政建设“两个责任”、中央八项规定精神落到实处，“廉情专报”“三书三查两报告”等制度执行更加规范，反腐败斗争压倒性胜利持续巩固发展。坚持党委总揽全局，支持人大及其常委会认真履行宪法和法律赋予的职责；充分发挥人民政协建言献策、服务大局的重要作用；爱国统一战线巩固发展，连续举办三届世界姚商大会，建立全省首个国家级侨梦苑，民主党派、工商联、无党派人士、新的社会阶层、侨务、对台、民族宗教工作迈上新台阶；工青妇等群团组织工作取得新成效，文联、残联、科协、关工委等工作焕发新气象；“法治余姚”建设持续深入，对政法工作的领导不断加强，司法改革迈向纵深，“七五”普法通过验收；人民武装、国防动员工作扎实有力，余姚市获省双拥模范城“四连冠”，基层武装部建设走在全省前列。省委巡视组反馈意见整改完成。

五年砥砺奋进，取得成绩来之不易。这离不开上级党委的坚强领导，离不开历届市委打下的坚实基础，离不开全市广大党员和干部群众的顽强拼搏，离不开各民主党派、工商联、无党派人士和人民团体的密切合作，离不开广大老干部、老同志和驻姚部队、武警官兵以及社会各界的大力支持。在此，我代表中共余姚市第十五届委员会，向所有关心支持余姚经济社会发展的同志们、朋友们，致以崇高的敬意和衷心的感谢！

五年砥砺奋进，经验启示弥足珍贵。我们深刻体会到：旗帜决定方向，必须始终做到紧跟核心。五年来，我们始终高举习近平新时代中国特色社会主义思想伟大旗帜，全面加强各领域党的建设，自觉把思想和行动统一到上级决策部署上来，创造性地抓好各项工作落实，全市经济社会发展迈上了新台阶。实践证明，只要坚定不移以新思想定向领航，人人争做“两个确立”忠诚拥护者、“两个维护”示范引领者，就一定能确保各项事业始终沿着正确方向前进。思路决定出路，必须始终做到善谋善为。五年来，我们始终坚持系统思维，强化争先创优进位，注重用改革的办法、创新的思路破解发展难题，不断推动高质量发展走在前列，圆满交出了“十三五”发展高分答卷。实践证明，只要坚定不移把握高质量发展的鲜明导向，久久为功、接续奋斗，就一定能推动各项事业不断取得新突破、开辟新境界。作为决定地位，必须始终做到务实重干。五年来，我们始终强化责任担当、弘扬实干精神，切实激励广大党员干部走出安逸舒适区，主动到问题最集中、矛盾最突出的地方去苦干实干，以攻城拔寨的劲头成功战胜了一个个困难与挑战。实践证明，只要坚定不移秉承求真务实的作风，扑下身子担当实干，就一定能在现代化建设新征程上劈波斩浪、行稳致远。民生决定民心，必须始终做到勤政为民。五年来，我们始终把群众对美好生活的向往作为一切工作的出发点落脚点，认真倾听民声、始终遵循民意，集中力量新建了一批公共设施、补齐了一批突出短板、化解了一批社会矛盾，人民群众的获得感、满意度进一步增强。实践证明，只要坚定不移把人民放在心中最高位置，多办惠民实事、多解民生之困，就一定能赢得群众的拥护和支持。党风决定成败，必须始终做到从严治党。五年来，我们始终坚持“严”的主基调，全面抓好干部队伍、基层基础、党风廉政建设，充分调动方方面面的积极性，持续发展良好政治生态。实践证明，只要坚定不移推进全面从严治党向纵深发展，不断增强党的创造力、凝聚力、战斗力，就一定能营造政通人和、风清气正的好环境，为经济社会发展提供坚实的组织保障。这五方面经验启示，既是过去工作实践的深刻体会，也是未来发展必须遵循的重要原则，我们要长期坚持、不断完善。

成绩振奋人心，问题更需正视。我们必须清醒地看到发展中存在的短板和不足：产业发展要素保障“瓶颈”还需加力破解，全域国土空间综合整治、重大产业项目招引、“低散乱污”企业整治、亩均效益提升仍要狠下功夫；生态环境保护治理、城中村改造、防洪排涝、文明城市创建等领域短板需要加快补齐补强，四明山革命老区发展步伐仍然欠快；教育、医疗、养老等方面优质公共服务供给还是不够充分均衡；意识形态领域的工作仍要加强，传承弘扬优秀传统文化力度还要加大；党风廉政建设和反腐败斗争任务依然艰巨，工作运行体制机制亟须理顺，干部队伍的能力作风有待进一步锤炼，全面从严治党尚需付出更大努力。对此，我们将高度重视，采取超常规措施，在新时代新征程中全力攻坚突破。

二、精准把握发展方位，锚定目标迈向新时代新征程

当前，余姚正在信心百倍书写现代化新征程的壮丽篇章。从宏观大势看，世界百年未有之大变局和新冠肺炎疫情全球大流行交织影响，外部环境更趋复杂严峻和不确定，但我国经济稳中向好、长期向好的基本面没有变，机遇与挑战并存。从周边态势看，区域一体化已成为大势所趋，但争先进位的比拼更加白热化，竞争与合作同在。从自身形势看，得益于近年来的不断努力，高质量发展的动能不断积蓄，但新冠肺炎疫情防控和经济社会发展各项任务极为繁重艰巨，动力与压力共生。全市上下要以高度的政治自觉和政治担当，胸怀“两个大局”，心怀“国之大者”，准确把握外部环境变化蕴含的新机遇新挑战、上级赋予的新使命新要求、人民群众对美好生活的新向往新期盼，走好新的赶考路、考出新的好成绩，在新时代新征程上展现新气象新作为。

今后五年全市发展的指导思想是：高举习近平新时代中国特色社会主义思想伟大旗帜，大力弘扬伟大建党精神，深入践行习近平总书记考察浙江重要讲话精神和对余姚的重要回信精神，紧扣浙江忠实践行“八八战略”、奋力打造“重要窗口”主题，聚焦宁波建设现代化滨海大都市，完整、准确、全面贯彻新发展理念，加快融入以国内大循环为主体、国内国际双循环相互促进的新发展格局，坚持稳中求进工作总基调，以推动高质量发展为主题，以深化供给侧结构性改革为主线，以改革创新为主动力，以满足人民日益增长的美好生活需要为根本目的，统筹发展和安全，大力实施“八大工程”，不断提高党的建设质量和水平，在争创社会主义现代化先行市、高质量发展建设共同富裕先行地的进程中奋力争先进位，加快建设更具影响力、更具美誉度、更具幸福感的现代化美好活力“最名邑”。

路虽远行则将至，事虽难做则必成。要实现奋斗目标，没有

局外人、只有赶考人，没有旁观者、只有奋斗者。要聚焦争先领先率先，唤醒“奋斗基因”，大展身手拳脚，敢于“冒尖”、善于“拔尖”、勇攀“顶尖”，用速度与激情推动余姚各项事业条条线线攀高、方方面面争强。要坚持苦干实干巧干，吃苦不言苦、知难不畏难，善于抓全局的重点、重点的关键、关键的具体，以永不懈怠、永不言败的拼搏，换来永不落幕的精彩。要增强定力魄力毅力，不为任何风险所惧、不为任何干扰所惑，一鼓作气干、一以贯之抓、一往无前冲，一致同功再创余姚新辉煌。

围绕奋斗目标，今后五年我们重点要聚力打造“六个余姚”：

——聚力打造更具硬核力的智造余姚。坚持工业强市不动摇，围绕“数字赋能、绿色智慧、全域创新”，更高水平实施人才强市、创新强市战略，大力推动新一代信息技术与制造业深度融合，加快把智能经济先发优势转化为规模优势、数据优势、产业优势、场景优势，让智造成为余姚最雄厚的实力。到2026年，地区生产总值达到1950亿元，研究与试验发展经费支出占地区生产总值比重达3.95%以上，实现规模以上工业增加值840亿元，数字经济核心产业增加值占GDP比重达到19%，低碳高效的绿色制造体系基本形成，成为浙江省制造业高质量发展示范市、智能经济先行示范区。

——聚力打造更富包容性的开放余姚。坚持扩大开放不停步，聚焦“双向开放、一体融合、互利共赢”，深度服务融入新发展格局，全面对接国家、省、宁波对外开放总体战略布局，谋划打造杭绍甬合作先行区等高能级开放合作平台，大力营造具有更强匹配度和承载力的一流营商环境，让开放成为余姚最鲜明的气质。今后五年累计实到外资12.5亿美元、内资550亿元，进出口总额突破8000亿元，实现“开放大市”向“开放强市”转变。

——聚力打造更加智慧化的数治余姚。坚持高效治理不松劲，推动“系统重塑、多跨协同、整体智治”，加速形成即时感知、科学决策、主动服务、高效运行、智能监管新型治理形态，不断提高市域治理科学化、精准化和协同化水平，奋力建设市域治理现代化典范城市，让“聪明”成为余姚最有感的“窗口”。到2026年，基本形成体制机制创新、数据管理有序、综合应用先进、基础设施完善、特色领域领先的新型智慧城市体系，治理体系和治理能力现代化建设走在全省前列。

——聚力打造更享美誉度的文化余姚。坚定文化自信不忘本，强化“以文铸魂、以文润城、以文兴业”，深入实施“文化+”战略，高标打造阳明心学圣地，不断提升河姆渡文化、姚江文化、红色文化的品牌影响力，全面展现“文献名邦”文脉神韵，更好促进传统文化与现代文明交相辉映，让文化成为余姚最独特的标识。到2026年，市民素质和社会文明程度达到新高度，建成文化强市先行市、长三角生态旅游目的地，成为国家级历史文化名城。

——聚力打造更具影响力的品质余姚。坚持全域美丽不偏移，注重“精心规划、精致建设、精美呈现”，一体优化市域布局、功能品质、建设管理，统筹实施新型城镇化和乡村振兴，切实强化生态文明建设战略定力，加快推进经济社会发展全面绿色转型，让美丽成为余姚最动人的底色。到2026年，常住人口城镇化率达到87.5%以上，基本建成全国乡村振兴示范区，在建设城乡区域协调发展的现代化上走在全省前列。

——聚力打造更有获得感的幸福余姚。坚持为民造福不懈怠，着眼“社会共建、成果共享、百姓共富”，大力提升低收入群体增收能力、生活品质和社会福利水平，充分彰显社会公平正义，人的全生命周期需求得到更高水平满足，让幸福成为余姚最骄傲的名片。到2026年，居民人均可支配收入达9.3万元，高质量发展建设共同富裕先行地取得实质性进展，群众获得感幸福感安全感满意度居全省前列。

实现这六个目标定位，既需要全市上下团结拼搏、共同奋斗，又需要各地各部门各扬所长、各美其美，形成各具特色、竞相发展的生动局面。我们要坚持系统观念，“跳出余姚看余姚”，加强前瞻性思考、全局性谋划、战略性布局、整体性推进，以咬定青山不放松的执着奋力实现既定目标。

三、聚焦今后重点任务，唯实惟先跑赢新时代新征程

要实现今后五年的发展目标，必须紧密结合高质量发展建设共同富裕先行地行动计划，大力实施“八大工程”，系统推进、重点突破，在现代化建设新征程上奋发图强、砥砺前行。

（一）实施创新引领工程，聚力激发动能活力。坚持创新在现代化建设全局中的核心地位，大力推进科学创新，不断提升创新策源能力，加快打造人才科技创新引领区。

1. 建好创新载体。以建设甬西智能科创走廊为牵引，大力实

施研究院精准引进、优化提升等计划工程，充分发挥浙大机器人研究院等既有科研平台作用，谋划创建省市级重点实验室，统筹协同科创中心、中意启迪科技城等多个创新节点，加快打造区域性科创资源集聚平台。到2026年，产业技术研究院达到12家，其中省级新型研发机构达到2家，初步形成“一主导产业、一高端研发平台”布局。

2.壮大创新主体。注重激发创新主体活力，组织开展全社会研发投入专项行动，统筹抓好创新企业“春耕播种”、高新技术企业“育苗造林”等计划，加快形成创新型企业梯队培育体系，到2026年，高新技术企业、科技型中小企业实现双倍增，规模以上企业研发活动、研发机构全覆盖，高新技术产业增加值占规模以上工业增加值比重达75%以上。实施“科技创新”重大专项，开展“揭榜挂帅”攻关关键核心技术，实行“一链一攻关清单”机制，推进技术（产品）国产替代，集中突破一批产业关键和共性技术瓶颈，形成一批自主知识产权成果，打造创新链产业链闭环生态。

3.建设人才高地。落实落细新时代人才强市新政策，升级实施“姚江英才”“阳明系列”等人才引育工程，统筹抓好本土人才提质扩面、企业经营管理人才“接力传承”等行动，创新“揭榜挂帅”用才机制，引育更多急需紧缺的顶尖人才、高素质技术人才、能工巧匠，构建形成全系列全链条的人才引育体系。聚力打造“人才飞地”等人才交流合作新载体，精心办好重大引才活动。积极创建人才管理改革试验区，深入推进人才发展体制机制创新，大力拓展“人才码”“姚江惠才卡”等应用场景，建立健全责任落实、闭环推进和容错免责等工作机制，全力打造人才生态最优市。力争到2026年，新引育特优以上人才50名、拔尖以上人才100名，新引进支持高层次人才项目100个以上，新增高层次人才3000名以上，万人就业人员中研发人员220人以上。

4.优化创新生态。坚持科技创新与体制机制双轮驱动，持续优化科技管理体制机制，不断强化政策、金融等支持保障，切实加大知识产权保护和反垄断力度。大力推动重大科技成果转化和高新技术产业化，高标准打造“产学研用金、才政介美云”十联动的创新创业生态体系，高质量建设产业创新服务综合体、孵化器、众创空间等“双创”基地，全面推进公民科学素质提升，加快建立自由生长的创新生态。

（二）实施产业跃升工程，聚力做强实体经济。坚持把发展着力点放在实体经济上，大力推动一二三次产业高新化、数字化、智能化、绿色化发展，加快构建更具核心竞争力的现代化产业体系。

1.持续提升智造水平。坚决落实“工业强基”理念，聚力实施制造业高质量发展“十四五”规划，抢占高端制造发展制高点。以创建省制造业高质量发展示范市、智能经济先行示范区为抓手，充分发挥中国机器人峰会暨智能经济人才峰会等重大活动磁场效应，全力做强“35”千百亿产业集群，高水平建设光电信息等四大标志性产业链，一体推进产业基础高级化和产业链现代化，到2026年，“35”千百亿产业集群产值年均增长12%以上。大力实施数字经济2.0版，以创建省级数字经济创新发展试验区为牵引，以智能制造为主攻方向，持续深化“5G+工业互联网”推广示范，加快建设“产业大脑+未来工厂”，鼓励引导橡胶塑料等传统产业发展服务型制造、柔性制造等新模式，布局发展5G、大数据、柔性电子、边缘计算等新兴产业、未来产业，做优做大数字经济核心产业，为制造业发展插上数字化的翅膀。统筹抓好“350”培育、单项冠军培育、“专精特新”企业培育、“凤凰行动”、“四上行动”等优质市场主体培育工程，加快构建龙头企业+关键配套企业链式培育模式，不断提升龙头企业产业链供应链引领力，推动形成“大而强”与“小而精”协同发展的企业梯队，到2026年新增国家级单项冠军企业9家，上市企业达27家。深入推进标准强市、质量强市、品牌强市和“浙江制造”品牌建设，加快打造引领型知识产权强市，实现省政府质量奖零的突破。

2.加快建强重点平台。建立健全“重点产业园+工业社区”机制，加速形成以“一园两区”为引领的平台体系。聚力建强中意宁波生态园，培育壮大新能源汽车及零部件、集成电路与半导体、生物医药等产业，高标完善基础设施配套和金融服务配套，持续打响“国际合作”和“前湾硅谷”两大品牌，加快打造“前湾新区前沿阵地”，到2026年，园区工业总产值力争突破1000亿元。聚力建强余姚经济开发区，以创建国家级开发区为抓手，主动对接融入甬江科创大走廊，大力发展机器人、新材料等高新技术产业，加快创建成为省级高新园区，构建形成以高铁新城、浙江余姚人才创业园等为功能区块的发展格局。聚力建强余姚工业园区，积极引进高水平科研院校，加快推动智能光电、智能家电等产业发展，建设成为智能制造先导区、科技成果转化区。深入推进制造业全域产业治理，充分发挥智能光电小镇、机器人智谷小镇等功能作用，依托小微企业园建设置换整合发展空间，始终保持“低散乱污”企业整治高压态势，提升产业集约化发展水平。

3. 不断做优服务经济。积极构建“一核两带两区”空间格局，着力打造长三角现代服务业发展节点城市、高能级服务业强市，到2026年，服务业增加值占地区生产总值比重达到43%。大力培育专业化生产性服务业，加速推动中国塑料城、中国裘皮城等专业市场转型提升，做大做强研发设计、现代物流、金融服务、中介服务等行业，发展壮大楼宇经济等新业态，力促生产性服务业向规模化和价值链高端延伸。着眼满足群众日益增长的生活性服务需求，全面提升现代商贸、家政社区、健康服务等业态功能，注重建好邻里中心等一批新兴商圈，形成更多15分钟商贸便民生活圈。

4. 大力发展现代农业。把农业综合生产能力放在更加突出的位置，高质量实施“2966”乡村产业振兴行动，不断夯实农业高质量发展基础。统筹农业发展和安全，坚持最严格的耕地保护制度，持续抓好高标准农田建设和粮食功能区优化，守牢粮食安全底线。积极推进农业“接二连三”融合发展，大力争创国家农业产业园、国家农业产业强镇，做强做优绿色基础、特色传统等产业，建立健全食用农产品质量追溯体系，持续擦亮“四明臻货”等区域公用品牌，力促农业全产业链发展。深入实施科技强农、机械强农“双强行动”，全面促进农业提质增效，积极争创全省农业“机器换人”高质量发展先行县。

（三）实施改革领跑工程，聚力打造一流环境。坚持系统集成、协同高效导向，充分发挥改革突破和先导作用，不断增创体制机制新优势。

1. 深入推进数字化改革。加快推动一体化智能化公共数据平台建设，加紧建设数字资源和数据安全体系，不断优化数据治理机制，大力促进数据资源开放共享。坚持需求导向，高标抓好社会治安风险综合评价、四明山革命老区富民强村和智能家电产业大脑、舜宇“未来工厂”、黄山“未来社区”等省级先行示范项目，基于现实需求积极谋划建设特色场景应用，聚力推动重大应用贯通，力促“152”体系向乡镇以下延伸，不断提升治理效能和服务质量。牢牢把握改革的本质要求，着力加强理论创新、制度创新，聚焦流程再造、管理重塑、制度重构狠下功夫，加快突破重要领域、关键环节改革。

2. 深入推进营商环境改革。深抓力推“放管服”改革，扎实开展营商环境创新工作，大力推进“一照多址”等改革，用心抓好企业投资项目审批便利化，全面实现政务服务事项全城通办、就近能办、异地可办。深化“双随机、一公开”监管，突出信用监管、“互联网+监管”等方式，更好提升监管质效。统筹推进国资国企、混合所有制、资源要素市场化配置、“亩均论英雄”等系列改革，完善升级国有土地二级市场，做强做优“金融超市”，不断激发内生动力。健全政企沟通服务，推出鼓励企业家再投入再创业的政策举措，优化企业家服务体系。

3. 深入推进重点领域改革。高标抓好规范地方行政执法队伍人员编制管理等省级以上重大改革试点，力争打造一批领跑领先的标志性成果。精心抓好共同富裕40项重大改革任务，蹄疾步稳向共同富裕美好社会目标迈进。全力抓好“县乡一体、条抓块统”改革，统筹推进县乡权责一张清单、基层一支队伍管执法、基层治理一件事、“大综合一体化”行政执法、县域社会治理“一网智治”、乡镇（街道）一套机制管理考评等集成改革，加快构建市域整体智治格局。

（四）实施开放赋能工程，聚力拓展发展空间。坚持走出去和引进来并重，深入推进高水平制度型开放，主动服务和融入新发展格局。

1. 高标准融入重大战略。深度融入“一带一路”建设、长江经济带、长三角一体化发展等国家战略，积极抢抓省“四大建设”、杭绍甬一体化、宁波前湾新区、宁波都市圈等机遇，精心运营虹桥“中意楼”、中意复旦（张江）科创中心，高水平建设余姚工业园区沪甬合作园、上海姚江科技园等平台，全面承接长三角地区产业转移和功能外溢。以巩固提升宁波西综合交通枢纽城市地位为目标，加快构建“接沪、融甬、联杭”的对外通道，聚力打造多式联运综合交通运输体系，抓紧建设杭甬复线一期二期、G329余姚段西延、G228余姚段、通途路西延等工程，谋划推动宁波至余姚轨道快线、宁波至余姚城际二期、余慈东西高速、宁波西内陆港（余姚东港区）等项目，到2026年，基本实现“1330”交通圈。

2. 高质量抓好招商引资。坚

持“一把手”招商，紧盯产业链“链主企业”、世界500强、国内50强，加强招商队伍专业化、国际化建设，统筹推进基金招商、以商招商、驻点招商、飞地招商，着力引进一批行业龙头和带动性、引领性强的大项目、好项目、高端项目。健全完善招商流程，用好用活项目评估决策机制，不断强化土地、资金、用能等要素保障。紧密结合“十四五”各专项规划，争取更多项目纳入国家和省市规划，加强重大项目动态调整和滚动推进力度。

3.高水平统筹两个市场。抢抓区域全面经济伙伴关系协定生效机遇，深度参与宁波“一带一路”综合试验区、中国—中东欧国家经贸合作示范区和浙江自贸区宁波片区建设，着力打造高规格新型贸易中心，做大做强中国—中东欧国际产业合作园，加快发展服务贸易、数字贸易、离岸贸易、跨境电商等外贸新业态新模式，积极增创国家外贸转型升级基地，不断提升余姚外贸影响力。牢牢把握扩大内需这个战略基点，深入实施内外销产品“同线同标同质”，不断拓展国内市场；积极促进线上线下消费双向提速，升级改造重点商圈、特色街区，大力发展首店经济、夜间经济，精心培育智慧零售、跨界零售、绿色零售等新消费业态，支持老字号转型升级、打造品牌，全面释放消费潜力。

（五）实施城乡融合工程，聚力提升功能品质。坚持布局与功能优化并重、“颜值”与“气质”提升并举，切实加快城乡融合步伐，不断提升余姚在长三角城市群中的凸显度。

1.优化市域空间布局。切实增强规划编制的科学意识和规划执行的刚性意识，保证规划的引领性、权威性、严肃性和连续性。高水平编制实施市级（中心城区分区）、乡镇级国土空间总体规划，统筹做好综合交通、工业集聚区、公共服务设施、生态环境保护等专项规划，科学确定重要区块、乡镇（街道）、重大项目功能定位，推动经济、社会与人口、资源、环境协调发展。系统推进全域国土空间综合整治，加速实现生态、生活、生产空间的“大腾挪、大整治、大提升”。着眼宁波现代化滨海大都市北部副城区一体化发展，以甬西科创大走廊、姚江文化产业带为纽带，串联中心城区、泗门副中心、中意宁波生态园、余姚工业园区，带动辐射姚中（核心功能）片、姚西北（杭绍联动）片、滨海（开放合作）片、姚东（融甬发展）片、姚南（生态活力）片全域一体高质量发展，加快构建形成“一主一副五片区”的市域发展格局。

2.提升城镇建管水平。加快城区有机更新，大力开展城乡风貌整治提升行动，坚持规划先行高质量推进城中村改造，联动抓好老旧小区、城市中轴线、“二环”改造提升，加紧建设北部新城、东南组团等重点区块，更好保留历史街区市井记忆，持续深化“精特亮”创建，切实提高中心城区首位度、辨识度。充分发挥泗门—朗霞—低塘联接中心城区和前湾新区的关键节点优势，精心培育泗门小城市（卫星城）功能，打造与中心城区融合互补的城市副中心。深入推进“一镇一创新”专项改革试点，不断提升马渚镇、陆埠镇、梁弄镇发展能级。以“绣花功夫”力促城市管理标准化、智能化、精细化，突出抓好交通秩序、市容环境、物业管理等关键要事，积极推进城乡保洁一体化，加大违法建设整治力度，打造清朗有序的城市空间。

3.高标推进乡村振兴。以打造全国乡村振兴示范区、省新时代美丽乡村标杆县为牵引，深入实施“千村示范、万村整治”、农村规模化供水“应通尽通”等工程，协同推进美丽城镇、美丽乡村等创建，谋划建设数字乡村、未来乡村、共富乡村，分类建成一批美丽宜居示范村、特色精品村、历史文化村、梳理式改造村、景区村，加快构筑“环境美、村庄美、住房美、乡风美、生活美”的美丽宜居乡村新风格。以新时代乡村富裕富足集成改革试点为引领，统筹抓好农村承包地和宅基地“三权分置”、农村集体经营性建设用地入市、“三位一体”农合联等改革，持续推进“两进两回”，深入开展新一轮村级集体经济扶持行动，大力培育高素质农民，切实加强农业社会化服务，全面推动人才、科技、资金等资源要素向乡村流动，不断激发农村发展活力。大力推动四明山革命老区跨越式发展，加快打造全国革命老区共同富裕样板地。高标高效抓好东西部协作、山海协作和对口支援等工作。

4.完善提升基础设施。实施“打通断头路三年行动计划”，完善“北环路—梁周线—城东线”中心内环，构建“南环路—G228—浒溪线—余梁公路北延”城区外环，新建改造一批重要市政道路，畅通城市交通内循环，争创“国家级城乡交通运输一体化示范县”“国家级农村四好路示范县”。深入推进智慧城市建设，狠抓路、水、电、气等基础设施数字化转型，加快5G基站等新基建布局，谋划建设海绵城市、地下管廊，建立健全城市生态系统和安全系统，实现城市数字化智慧化转型。高标实施北排（西分）、堤防整治、水库除险加固等工程，科学构建防洪排涝体系，全方位提升全域防洪减灾能力。

（六）实施全域美丽工程，聚力擦亮生态底色。认真贯彻习近平生态文明思想，以全域美丽大花园为追求，抓好环境问题治理工作，加快建设人与自然和谐共生的现代化。

1. 大力推进绿色低碳发展。以创建成为省低碳试点县为总抓手，深入实施碳达峰、“6+1”领域碳中和行动计划，建立完善节能预警调控常态化机制，注重强化绿色低碳科技创新支撑，稳步提升碳汇能力，深入推进低（零）碳乡镇、村（社区）试点建设。大力发展低碳高效产业，高标开展省级低碳企业试点，加力推进园区循环化改造，加快构建绿色产业链，加紧建立以光伏发电为主的多元清洁能源体系，全面推进建筑领域绿色低碳转型，始终做到资源全面节约、集约、循环利用。积极倡导节约水电、光盘行动、绿色出行，建立健全环境信用动态评价和动态修复机制，推动形成简约适度、绿色低碳的生产生活新风尚。

2. 切实强化生态保护治理。坚持山水林田湖草协同治理，建立覆盖全市的“三线一单”生态环境分区管控体系，加强生态保护与风险防范，守住自然生态安全边界。大力实施新增百万亩国土绿化、千万亩森林质量精准提升、森林碳汇等工程行动，切实加强四明山区域生态修复和生物多样性保护，聚力打造“生态绿肺”“天然氧吧”。更加注重“三水统筹”，深入开展“五水共治”、“甬有碧水”、姚江流域水环境综合治理等行动，坚决打好长江经济带生态保护修复、杭州湾污染综合治理等攻坚战，协同推进海洋生态环境保护，着力保障饮用水水源安全，布局建设一批城镇污水处理厂，逐步实现水环境由“净”到“美”的提升。全面实施清新空气行动，统筹做好工业废气、秸秆露天焚烧、餐饮油烟、机动车尾气、扬尘等污染治理，促进 $PM_{2.5}$ 和臭氧浓度“双控双减”，全面建成省级清新空气示范区。持续强化土壤污染综合防控，更好管控农用地和建设用地土壤污染风险，突出抓好重点污染地块管控和修复，打造“吃得放心、住得安心”的净土家园。全域建设“无废城市”，确保实现固体废物全过程闭环管理，生活垃圾分类工作走在宁波大市前列。

3. 健全完善生态文明体制。建立健全资源有偿使用机制，规范排污权、用能权、用水权、碳排放权交易，持续完善地方公益林补偿标准动态调整、水资源和水土保持生态补偿等机制，建立完善环境自动监测体系，以智慧化、网格化管理落实生态环境长效监管。深入推进生态环境保护委员会体制机制改革，严格落实“三管三必须”主管责任，高标实施全覆盖生态环境状况报告、规范化环保督察等制度，不断健全环境信用评价、环境监管等机制，统筹抓好重大项目环评审批、环保管家和环境顾问、绿色保险等服务，切实加强环境治理司法保障，全力推动政府治理、企业自治、社会调节实现良性互动。

（七）实施文化强市工程，聚力守护精神命脉。聚焦举旗帜、聚民心、育新人、兴文化、展形象的使命任务，系统谋划推进文化事业和文化产业大发展大繁荣，为推动高质量发展提供强大的价值引导力、文化凝聚力、精神推动力。

1. 切实加强思想引领。坚持社会主义核心价值体系，深入实施铸魂、溯源、走心工程，大力弘扬红船精神、浙江精神，打造新时代文明实践中心理论宣讲平台，建强用好农村文化礼堂、爱国主义教育基地等宣传阵地，推动习近平新时代中国特色社会主义思想落地生根，激发强大奋进力量。构建全面落实意识形态领域工作责任制的“四梁八柱”，深化网络生态“四明云哨”工程，打造具有余姚特色的全媒体传播矩阵，切实唱响主旋律、弘扬正能量。

2. 全面提升文明程度。大力推进文明城市建设，加快谋划实施一批文明创建软硬件项目，高标准常态化开展文明城市、文明村镇、文明单位、文明校园、文明家庭创建，持续深化文明好习惯养成工程，加快优化以“道德银行”为引领的新时代公民道德建设，切实加强志愿服务促进中心与志愿者学院建设，推动形成适应新时代要求的思想观念、精神面貌、文明风尚、行为习惯，打造全民参与文明建设的新格局。

3. 大力发展文化事业。全力创建国家历史文化名城，严格落实文物古迹、名人故居、历史街区和非物质文化遗产等保护措施，扎实做好河姆渡国家考古遗址公园申报建设，统筹抓好阳明古镇建设、姚江书院重建等工作，加快推进浙东红村·横坎头景区等项目，大力推动河姆渡文化、阳明文化、红色文化等优秀传统文化创造性转化、创新性发展，打造具有余姚辨识度的文化标识。深入实施新时代文艺精品创优工程，全面推进“一人一艺”全民艺术普及，切实加强公共文化服务阵地化、数字化、品牌化建设，建立健全覆盖市、镇、村三级的公共文化基础设施网络，高标办好宁波（余姚）阳明文化周等活动，加快形成10分钟公共文化圈，更好满足群众多元多样的精神文化需求。

4.培育壮大文化产业。深化新一轮文化体制改革和机制创新，用心建设大运河诗路文化带和浙东唐诗之路，加快构建余姚特色文化产业新体系。培育发展新兴文化业态，转型升级文化制造产业，加速壮大文化内容产业，大力发展数字文化产业，着力提升文创园区（街区）能级，引育培强一批骨干文化企业和文化产业品牌。坚持文旅发展双向赋能，高水平打造特色文化街区，高标准建设四明山省级旅游度假区、牟山湖休闲度假区和中国电影（音乐）版权基地，聚力发展特色民宿、运动休闲、养生度假等业态，不断擦亮“运动四明”新名片，争创国家全域旅游示范市。

（八）实施幸福提标工程，聚力增进民生福祉。坚持以人民为中心的发展思想，进一步围绕人民群众关切，坚持不懈办好民生实事，创造更多看得见、摸得着、体会得到的共同富裕成果。

1.大力促进乐业增收。大力实施全民创业乐业增收等计划，优化健全公共就业服务体系，积极支持新业态和灵活就业模式，突出抓好高校毕业生、退役军人等重点群体就业工作，更好打造就业创业联合会、创业大赛等创业服务品牌，推动实现更加充分更高质量就业。聚焦“调高、扩中、提低”，实施居民收入水平提升工程，多渠道增加城乡居民经营性、财产性收入，扩大中等收入群体，完善低收入群体精准帮扶机制，发挥慈善等第三次分配作用，不断夯实全体人民共同富裕的基础。

2.切实强化社会保障。深入实施全民参保计划，推动基本养老、医疗、工伤等保险应保尽保，加大农村社会保障补助支持力度，提高社会保障体系统筹层次。健全完善“1+8+X”大救助机制，构建以基本生活救助为主体、专项救助为支撑、急难救助为辅助、社会力量参与为补充的社会救助新格局，积极发展妇女、儿童、残疾人等社会福利和慈善事业。坚持“房住不炒”定位，有效增加保障性住房供给，注重发展长租房市场，促进房地产业良性循环和健康发展。

3.不断优化公共服务。以“三项创建”为牵引，深化教育领域综合改革，全面落实立德树人根本任务，重点抓好“双减”等政策落地，统筹推进学前教育、义务教育、普高教育、职业教育等高质量协调发展，高水平办好高等教育，不断发展特殊教育、终身教育，积极推动城乡教育一体化，全面实现教育现代化。持续深化“三医联动”改革，切实加大医疗基础设施建设投入，建立完善优质高效的医疗服务体系，统筹实施县域医共体余姚模式创新、重大疫情救治体系等建设计划，积极促进中医药传承和创新发展，大力推动全民健身和全民健康深度融合，全方位打造“健康余姚”。建立完善居家社区机构相协调、医养康养相结合的养老服务体系，积极应对人口老龄化，落实各项优化生育政策措施，促进人口长期均衡发展。

4.持续加强社会治理。聚焦治理体系和治理能力现代化，加快建设党建统领的“四治融合”基层治理体系，整合提升“一中心四平台一网格”功能，高标准打造社会治理中心，持续擦亮“阿拉一起来”等基层治理品牌，不断完善矛盾风险源头预防化解机制和信访工作制度，着力构建多种主体共同参与的社会治理新格局。深化“平安余姚”建设，全面落实总体国家安全观，统筹抓好疫情防控、社会治安、食药安全、应急管理等工作，牢牢守住债务、金融、安全生产等底线，确保政治更安全、社会更安定、百姓更安宁。

四、全面推进从严治党，凝心聚力领航新时代新征程

办好中国的事情，关键在党，关键在坚持党要管党、全面从严治党。党的十九届六中全会向全党发出新时代加强党的建设动员令，为坚持和完善党的领导、不断推进新时代党的建设新的伟大工程指明了方向、提供了遵循。省委十四届十次全会、宁波市委十三届十二次全会，都对全面从严治党作出了新的部署。要认真贯彻落实中央和省委、宁波市委决策部署，以永远在路上的政治自觉推进全面从严治党，不断提升新时代党的建设质量，用党建“最大政绩”引领保障高质量发展。

（一）着力强化政治建设。坚持把学习贯彻习近平新时代中国特色社会主义思想作为首要政治任务，深入实施“习近平新时代中国特色社会主义思想教育培训计划”，引导党员干部坚定不移做“两个确立”忠诚拥护者、“两个维护”示范引领者，不断提高政治判断力、政治领悟力、政治执行力。巩固深化“不忘初心、牢记使命”主题教育和党史学习教育成果，切实加强各级中心组理论学习，注重抓好领导干部理论武装和基层思想政治工作，切实修好理想信念终身课题。严格

执行新形势下党内政治生活的若干准则，严格落实党的组织生活、“第一议题”等制度，推动党性教育抓在日常、严在经常。细化完善干部政治表现“正负双面”清单，常态化开展政治素质考察，持续推动政治建设从领导干部个体向干部队伍整体拓展深化。

（二）着力锻造过硬队伍。落实新时代好干部标准，坚持正确选人用人导向，把思想上敢于“破冰”、行动上敢于“突围”、作风上敢于“亮剑”的优秀干部选出来、用起来，着力打造一支政治过硬、具备现代化建设能力的高素质专业化干部队伍。全力推进干部队伍干部工作系统性重塑，加强干部源头储备、年轻干部日常储备、“一把手”战略储备，实施干部一线破难建功行动，深化干部大监督机制，健全“1131”干部心理健康服务体系，构建干部成长选育管用全链条机制。落实“干部为事业担当、组织为干部担当”的互动机制，实施专业能力提升计划，健全教育培训机制，营造唯实惟先、善作善成的干事氛围，让干部队伍能力素质与现代化先行共同富裕先行更加匹配。

（三）着力夯实基层基础。坚持系统观念一体推进各领域党建，深入实施“红色根脉强基工程”，组织开展“镇街争先、百村创优”活动，持续擦亮梁弄新时代党建样板镇底色，大力实施新一轮锋领红村创样板行动计划，优化提升全域党建联盟运行能效，不断推进飞地党建联建促东西部协作共富，深化打造基层党建“四明红锋”升级版。压紧压实市直单位党组（党委）党建工作主体责任，纵深推进清廉机关模范机关建设。加快推进农村基层党组织带头人建设行动，形成头雁领航、群雁齐飞的雁阵效应。切实抓好党员发展和日常教育管理，提高党员队伍建设质量。加力推进两新组织“三整一全”建设，优化提升新业态、新就业群体党建，进一步打响高层次人才企业党建特色品牌。聚焦构建党建统领基层整体智治体系，深化推行“智慧党建”，织密建强“前哨支部”，健全落实“联六包六”工作法等直接联系服务群众机制，构建完善以各级党群服务中心为主阵地的服务矩阵，切实把组织优势转化为发展动能、治理效能。

（四）着力优化政治生态。坚持把健全权力运行监督机制作为基础性建设，推动完善“四责协同”机制，严格执行对“一把手”和领导班子监督22项制度，督促各级党组织压紧压实全面从严治党主体责任。持续强化政治监督，扎实推进政治巡察，坚决确保政令畅通。聚焦重点领域、社会关注、群众关切开展专项监督，一体推进“三不”机制，始终保持惩治腐败高压态势。刚性落实中央八项规定精神，针对“四风”隐形变异、反弹回潮等新问题，加强数字化监督，分类分领域精准纠治。严肃整治不严不实、履职不力等作风问题，让“躺平式干部”躺不住。用好“四种形态”，坚持“三个区分开来”，切实做到敢纠错、真容错。全域构建清廉文化体系，全方位推进清廉余姚建设，不断营造风清气正的浓厚氛围。

（五）着力提升领导能力。坚持党的全面领导不动摇，确保党始终总揽全局、协调各方。大力支持和保障人大及其常委会依法行权履职，着力推进全过程人民民主，更好发挥代表接地气、察民情、聚民智、惠民生的作用，努力推动人民代表大会制度在余姚的生动实践。大力支持和保障政协依章依规履职，充分发挥政协作为协商民主重要渠道和专门协商机构作用，努力提升政治协商、民主监督、参政议政水平，更好凝聚社会各界共识。加强对政法工作的领导，加快司法体制改革步伐，支持法院、检察院依法独立公正行使审判权、检察权。高标打造“法治余姚”，大力推动市镇两级法治政府示范创建，积极争创全国社会信用体系示范城市，切实抓好“八五”普法等工作。发挥好工会、共青团、妇联等群团组织桥梁纽带作用。坚持党管武装，做好新时代退役军人和双拥工作，加快军民融合深度发展。充分发挥统一战线重要法宝作用，支持各民主党派、工商联和无党派人士更好履职、发挥作用，全力做好民族、宗教、侨务、对台、新的社会阶层人士、新乡贤工作，最大限度凝聚起共同奋斗的力量。

同志们，再出发，更壮阔的征程已经开启；向前进，更辉煌的胜利就在前方。让我们更加紧密地团结在以习近平同志为核心的党中央周围，在省委和宁波市委的坚强领导下，知行合一、知难而进，勇争一流、勇毅前行，在争创社会主义现代化先行市、高质量发展建设共同富裕先行地的进程中奋勇拼搏，为加快建设现代化美好活力“最名邑”而不懈奋斗！

政府工作报告

——在余姚市第十八届人民代表大会第一次会议上的报告

（2022 年 1 月 23 日）

■ 沃勇特

一、本届政府工作回顾

市十七届人大一次会议以来，面对百年变局和世纪疫情的叠加冲击，我们在上级党委政府和市委的正确领导下，在市人大及其常委会和市政协的监督支持下，坚持以习近平新时代中国特色社会主义思想为指导，认真贯彻习近平总书记对浙江、对宁波工作重要指示精神，牢牢把握稳中求进工作总基调，全面贯彻新发展理念，更好统筹发展和安全，开拓进取、实干作为、勇立潮头，全市经济社会发展取得了长足进步。

过去的五年，极不平凡。这段历程中，我们收到了总书记的重要回信，这是我们一切工作的最大底气。在回信精神的引领下，我们攻坚克难、开拓创新，“土地超市”、县域医共体建设等创新经验全省推广，9 家企业成功上市，宁波至余姚城际列车开通运营，成为宁波首个政务服务无证明城市，这样的成效让我们为之鼓舞；井头山遗址入选“全国十大考古新发现”，河姆渡遗址入选全国“百年百大考古发现”，“阳明故里”知名度进一步打响，中国机器人峰会永久落户，公共文化中心基本建成，这样的标识让我们为之自豪；众志成城抗击新冠肺炎疫情，夙夜在公应对台风暴雨考验，千方百计破解“五难五多”民生难题，这样的情境让我们为之动容；成功创建全国文明城市、国家卫生城市，12 次跻身中国最具幸福感城市榜单，全国县域经济基本竞争力跃升至第 9 位，成为平安中国建设示范县，这样的荣誉让我们为之骄傲。

——过去这五年，是综合实力持续壮大、不断跨越的五年。地区生产总值由 887 亿元增加到 1384 亿元，年均增长 7.3%；一般公共预算收入由 90.6 亿元增加到 129.7 亿元，年均增长 9.8%；社会消费品零售总额突破 440 亿元，年均增长 7%；外贸进出口总额突破千亿元，年均增长 13.3%。工业经济跨越发展，规模以上工业总产值、增加值年均分别增长 10.5% 和 14.5%，增速始终位居宁波前列，成为省首批制造业高质量发展创建示范县市，荣登中国工业百强县（市）第 9 位。现代商贸转型提升，中国塑料城入选改革开放 40 年全国最具影响力品牌市场，世界姚商大会等重大活动成功举办，万达广场、华润五彩城等商圈基本形成，余姚市跨入全国电商百佳县行列，创建成为国家级外贸转型升级基地（家用电器）、省全域旅游示范县（市、区）。现代农业提质增效，新增宁波市级以上龙头企业 12 家、国家农产品地理标志 3 件，新录入国家名特优新农产品名录 5 个，成功创建省级现代农业园区 1 个、特色农业强镇 3 个，“四明臻货”成为区域公用品牌，上榜全省产粮大县，成为省首批农业“机器换人”示范市和实施乡村振兴战略优秀单位，农业现代化发展水平居全省第 3。

——过去这五年，是动能活力持续迸发、不断增强的五年。产业结构持续优化，高新技术、战略新兴、高端装备制造、“246”产业增加值始终保持两位数增长，数字经济核心产业增加值位居全省前列，智能经济先行示范区建设迈出积极步伐。创新能力有效提升，浙大机器人研究院等一批高端科研机构入驻运营，累计引育省级以上重点人才计划专家 120 名，新增高新技术企业 244 家、“品字标浙江制造”企业 35 家，创建省级以上院士工作站 2 家，主持或参与制（修）订国家标准 100 项，实施国家重大科技项目 5 项，10 项关键技术填补国内空白，研发经费投入强度从 2.76% 增长到 3.92%、位居全省第 5，名列中国创新百强县（市）第 4 位，进入中国县域知识产权竞争力百强前十。产业平台加速构建，开发园区整合顺利推进，中意宁波生态园工业总产值五年翻两番，智能光电小镇创建成为省级特色小镇，机器人智谷小镇初具规模，累计建成小微企业园 10 个，舜宇新基地、吉利整车制造等一批旗舰型、引领型项目投产见效，实到外资 16.2 亿美元、内资 514.5 亿元，余姚市位居全国投资竞争力百强县第 7。市场活力充分释放，新增市场主体超过 6 万户，培育国家级“单项冠军”示范企业6家、专精特新“小巨人”企业18家，上市企业总数达到15家。

——过去这五年，是城乡品质持续提档、不断趋优的五年。国土空间规划列入省级试点，新一轮市域总体规划、城市设计导则、乡镇规划修编全面完成，村庄规划和历史文化名城名镇名村保护规划实现全覆盖。城区“一轴两环三片区”展现新颜，阳明古镇、高铁新城、西南组团等板块初具形象，打造“精特亮”项目20个，“三江六岸”光影艺术工程扮靓姚城，滨江水环慢行系统（一期）贯通投用，累计完成危改33.2万平方米、城中村改造118.3万平方米、老旧小区改造145.2万平方米，建成区面积扩大到52.2平方千米。基础设施提标升级，胜陆公路、余梁公路北延等一批重大工程建成投用，防洪排涝体系更加完善，5G基站基本实现全域覆盖，余姚市列入全国城乡交通运输一体化示范县创建单位、省农村饮用水达标提标先进集体。镇村建设迈出新步伐，泗门镇获评全国“一村一品”示范镇，梁弄镇荣膺全国特色小镇称号，横坎头村、谢家路村获评全国乡村治理示范村，邵家丘村、西街村等入选全国文明村，创建省级美丽乡村示范乡镇9个、特色精品村21个，被评为省新时代美丽乡村示范县，村集体经济年经营性收入15万元以下的村全面消除，全国乡村振兴示范区建设取得阶段性成果。生态保护力度加大，完成姚江流域水环境综合整治项目71个，整治提升“低散乱污”企业（场所）3571家，创建省级“污水零直排区”乡镇（街道）13个，小城镇环境综合整治全面完成，省级森林城镇实现全覆盖，环境空气质量全面达到国家二级标准，创建成为省“基本无违建市”，四明山区域获“中国天然氧吧”称号。率先开展工业用地弹性出让和“标准地”出让试点，成功创建为省国土资源节约集约模范市。

——过去这五年，是人民生活持续改善、不断提升的五年。城镇和农村居民人均可支配收入达到71081元、43076元，年均分别增长7.8%、8.5%；民生支出累计达到474.8亿元，年均增长8.2%。每年都高质量办好三级民生实事工程，一批民生“关键小事”的妥善解决受到群众点赞。社会保障日益完善，全市户籍人口养老保险、基本医疗保险参保率分别达到98.78%和99.75%，低保救助标准从每月664元提高至1005元，居家养老服务实现全面覆盖，社会养老床位增加到1.5万张。“全民创业乐业增收”行动深入开展，城镇新增就业人员15.2万人，困难人员再就业1.9万人，城镇登记失业率始终控制在3.5%以内。公共服务更加优质，新（改、扩）建学校167所，公办幼儿园招生覆盖率从20.5%提升至50.3%，省义务教育标准化学校建成率达99.1%，“双减”政策全面落实，创建成为国家级农村职业教育与成人教育示范市。“健康余姚”深入推进，市妇幼保健院、新中医医院等建成投用，基层就诊率达到66.6%，居民健康素养水平提高14个百分点。文体事业蓬勃发展，农村文化礼堂、新时代文明实践所（站）实现全覆盖，档案馆新馆建成投用，4部作品获全国和省精神文明建设“五个一工程”奖，累计举办省级以上各类赛事活动40余次，获“中国戏曲之乡”“全国围棋之乡”等称号，“道德银行”入选中宣部实践案例。结对合作成果丰硕，新缔结国际友好交流城市4个，东西部扶贫协作、对口支援、山海协作等工作成效突出，助力望谟县圆满完成脱贫攻坚任务。社会环境安定有序，基层社会治理“阿拉一起来”创新实施，扫黑除恶专项斗争、安全生产综合治理等纵深推进，电信网络诈骗犯罪高发态势初步得到遏制，安全生产事故总量和死亡人数实现“五连降”，余姚市获评省“食品安全市”，有望捧回“一星平安金鼎”。慎终如始防控新冠肺炎疫情，持续深化“源头查控+快响激活+硬核隔离+精密智控”工作机制，严格落实“外防输入、内防反弹”措施，强化平战结合、精准施策，尤其是面对毗邻县市的突发疫情，迅速反应、果断行动，最短时间控制风险源、切断传播途径，经受住了大战大考，确保了人民群众生命健康安全。

——过去这五年，是政府建设持续加强、不断增效的五年。始终坚持全面从严治党，坚决抓好省委巡视反馈意见和“七张问题清单”整改，高质量开展“不忘初心、牢记使命”主题教育和“两学一做”、党史学习教育，政治建设更加有力。完成新一轮政府机构改革，优化完善乡镇（街道）机构设置和事业单位组织体系，修订完善政府工作规则，政府运行更具效能。扎实推进“最多跑一次”改革和数字化改革，183个民生事项全部实现“一证通办”，企业投资项目审批实现“最多80天”，城市大脑1.0版建成运营，智能家电产业大脑等应用场景列入省数字化改革重大应用“一本账”，余姚市进入省数字政府系统领跑榜。土地预告登记转让、纳税人“引导式申报”等工作全国首创，农村“产权超市”和“四送一增强”服务企业等做法领跑全省，完成第二轮农村土地承包确权颁证和村经济合作社股份合作制改革，3项工作获省政府督查激励，28项省级以上改革试点落户余姚市，争先创优氛围更加浓厚。持续开展“六个清零”专项行动，一批历史遗留问题得到破题解决，银行贷款不良率从4.1%下降到0.64%，“三公”经费较五年前下降34.7%。自觉接受社会各界监督，重大事项、重要工作主动向人大报告、向政协通报，办理人大代表建议1084件、政协委员提案1327件，主动公开政府信息20万余条，余姚市位居中国营商环境百强县第5。

与此同时，国防教育、双拥共建等工作迈上新台阶，民族宗教、台务、侨务、审计、史志等工作取得新成效；慈善、工会、红十字、残疾人、青少年、妇女儿童等工作有了新发展。

各位代表，惟其艰难，方显勇毅；惟其磨砺，始得玉成。正是有了以习近平同志为核心的党中央的坚强领导，正是有了市委的正确把向、市人大市政协的监督支持，正是有了社会各界的鼎力相助和全市人民的团结拼搏，才有了余姚今天的成就。在此，我代表市人民政府，向辛勤工作在各条战线的广大干部群众，向给予政府工作大力支持的全体人大代表、政协委员、民主党派、工商联和社会各界人士，向离退休老干部、老职工，向驻姚部队和武警官兵，致以崇高的敬意！向所有关心支持余姚发展的海内外朋友，表示衷心的感谢！

在肯定成绩的同时，我们也清醒地认识到，发展中还存在一些问题，主要是：资源要素配置效率还不够高，新旧动能转换速度还不够快，创新和人才对高质量发展的支撑作用还不够有力；城市功能承载、城乡融合水平与经济发展还不够匹配，生态环境、安全生产、民生事业、基层治理等领域仍有弱项，提升城乡品质还需要花较大功夫；少数干部担当精神不足，干部队伍战略视野、思维方式、科学素养等有待加强，对照争先创优进位要求还有差距。对此，我们将高度重视，用心、用情、用力采取有效措施，切实加以解决。

二、今后五年奋斗目标和战略重点

各位代表，百年谱华章，赓续奋斗路。站在历史交汇的重要节点，踏上第二个百年奋斗目标新的赶考之路，面对重大战略叠加、数字改革赋能、双城格局发力等新机遇，面对世纪疫情冲击、百年变局加速、外部环境复杂等新形势，未来五年余姚将迎来爬坡过坎、赶超跨越、转型突破的发展关键期。百舸争流勇者胜，我们必须保持定力、把握机遇，敢打头阵、勇当先锋，推动余姚改革发展再造新优势、开创新局面。

根据市第十六次党代会精神，今后五年政府工作的指导思想是：高举中国特色社会主义伟大旗帜，坚持以习近平新时代中国特色社会主义思想为指导，深入贯彻党的十九大和十九届历次全会精神，对标落实习近平总书记对浙江、对宁波工作重要指示精神和对余姚重要回信精神，坚持稳中求进工作总基调，完整、准确、全面贯彻新发展理念，服务构建新发展格局，统筹发展和安全，大力实施“八大工程”，聚力打造“六个余姚”，努力在争创社会主义现代化先行市、高质量发展建设共同富裕先行地的进程中奋力争先进位，加快建设更具影响力、更具美誉度、更具幸福感的现代化美好活力“最名邑”。

具体而言，要着力奋进“六大赶考路”、答好“六张高分卷”：

——奋进高质量发展赶考路，答好智造余姚高分卷。超常规落实人才强市、创新强市首位战略，依托甬西智能科创走廊等重大创新创业平台建设，聚力“35”千百亿产业集群培育、四大标志性产业链打造，推动新一代信息技术与先进制造业、现代服务业、现代农业深度融合，加快产业基础高级化和产业链现代化，到2026年地区生产总值、规模以上工业增加值分别达到1950亿元、840亿元，第三产业增加值占GDP比重达到43%，研发经费投入强度达到3.95%，农业综合生产能力得到大幅提升，智能经济先行示范区建设取得显著成效，让智造成为余姚最硬核的实力。

——奋进双循环格局赶考路，答好开放余姚高分卷。深度服务融入新发展格局，着眼区域经济一体发展，更加积极参与杭绍甬一体化、长三角一体化战略，推动资本、技术、人才等要素跨区域加速流动；着眼国内外市场深度开拓，充分对接融入“一带一路”建设和长江经济带战略，高标准打造高能级国际开放合作平台，推动国际贸易发展空间得到更大拓展；着眼扩大高水平对外开放，完善企业“走出去”和“引进来”服务体系，推动余姚从“开放大市”向“开放强市”转变，到2026年累计实现实到外资12.5亿美元、内资550亿元，进出口总额突破8000亿元，让开放成为余姚最独特的气质。

——奋进数字化改革赶考路，答好数治余姚高分卷。坚持以数字化改革引领全方位系统性变革，推动现代数字技术与城乡生产生活生态全面融合，以“一件事”集成改革理念打造数字政府建设“余姚样板”，依托“1512”工作体系促进全域整体智治、高效协同，加快建设市域治理现代化典范城市，到2026年数字经济核心产业增加值占GDP比重达到19%，智慧化对市域治理和经济社会运行的支撑作用更加明显，让智慧成为余姚最显著的特征。

——奋进软实力提升赶考路，答好文化余姚高分卷。全面深入实施“文化+”战略，充分整合历史文化资源优势，深度挖掘传统文化时代价值，处理好传承与创造性发展的关系，集中力量打响河姆渡文化、阳明文化和红色文化品牌，推动文化与生活相遇、与技术结合、与艺术联袂、与创意碰撞、与旅游融合，着力打造具有更高辨识度和更强影响力的文化“老字号”，到2026年文化产业增加值占GDP比重达到10%以上，全国文明城市牌子更加闪亮，河姆渡文化遗址申遗取得积极进展，成功申报国家历史文化名城，让文化成为余姚最鲜明的标识。

——奋进全域化美丽赶考路，答好品质余姚高分卷。坚持新型城镇化与乡村振兴双轮驱动，突出全域美丽建设，优化城乡规划布局，深化实施环境整治、基础提升、功能完善等系列行动计划，精心打造“水环”“绿环”，全面推进城乡风貌整治提升，推动经济社会全面绿色转型，着力构建“显山露水”的魅力城乡格局，到2026年常住人口城镇化率达到88%，人均公园绿地面积达到13.4平方米，基本建成全国乡村振兴示范区，力争成为国家生态文明建设示范市，让美丽成为余姚最动人的底色。

——奋进先行地打造赶考路，答好幸福余姚高分卷。坚持以人民为中心的发展思想不动摇，实施覆盖全生命周期的“姚优”系列公共服务优质共享行动计划，推动居民收入增长与经济增长更加协调，高标准打造高质量发展建设共同富裕先行地，形成群众看得见、摸得着、真实可感的幸福图景，到2026年城乡居民人均可支配收入分别突破10.5万元和6.5万元，“平安余姚”“法治余姚”“健康余姚”建设再上新台阶，让幸福成为余姚最骄傲的印记。

各位代表，党旗领航赶考路，初心砥砺高分卷。具体工作中，我们：

——必须牢牢把握发展第一要务。发展是硬道理，是解决所有问题的关键所在。我们必须坚持工业强市战略不动摇，推动工业化、信息化、城镇化、农业现代化同步发展、协调发展，坚定不移办好自己的事情，全力以赴把“蛋糕”做大做好，着力打造宁波城市副中心。

——必须牢牢把握共富时代特征。共同富裕是社会主义的本质要求，也是人民群众的共同心愿。我们必须深刻认识这一现代化的重要特征，着力缩小“三大差距”，加快推进“扩中”“提低”，努力让每个人都有人生出彩的机会，切实形成群众物质富裕精神富有、人与自然和谐共生的美好图景。

——必须牢牢把握安全基本前提。安全是一切工作的前提和基础，没有安全一切都是空谈。我们必须坚持底线思维、发扬斗争精神、增强忧患意识，下好先手棋、打好主动仗，切实提高风险防范化解能力，建设更高水平的“平安余姚”，确保人民群众生命财产安全和社会和谐稳定。

——必须牢牢把握节约优先理念。节约是一种社会美德，更是一种工作理念。我们必须坚持节约优先，全面实施节约战略，推进资源全面节约集约利用，倡导简约舒适、绿色低碳的生活方式，集中力量谋大事抓大事办大事，切实以政府“过紧日子”换取老百姓“过好日子”。

三、2022年主要工作任务

2022年，是实施“十四五”规划承上启下之年，也是新一届政府的开局之年。做好今年的政府工作，必须着眼全局善谋划，抓住关键快落实，动员全市共参与，脚踏实地，久久为功，以实实在在的业绩迎接党的二十大胜利召开。综合考虑各种因素，建议今年全市经济社会发展的主要目标为：地区生产总值增长7%左右，一般公共预算收入增长7.5%左右，城乡居民人均可支配收入与经济增长保持同步，城镇登记失业率控制在3.5%以内，节能减排完成上级下达任务。

实现上述目标，重点是抓好以下八方面工作：

（一）发力产业强基，壮大经济增长极。坚持工业强市不动摇，全面提升民营经济创新力竞争力，全力打造省制造业高质量发展示范县市。

突出创新驱动发展。把人才和创新作为发展的战略支撑和重要基石，促进经济发展转到创新驱动模式上来。强化科技引领，实施新一轮科技企业“双倍增”、高新技术企业“育苗造林”等行动，确保新增高新技术企业166家以上，高新技术产业增加值增长12%，研发经费投入强度达到3.93%。强化产学研协同，推动浙大机器人研究院等研发机构与本地产业融合发展，高质量建设产业创新服务综合体、加速器和众创空间，集中突破一批产业关键共性技术瓶颈，力争技术合同交易额达到23亿元。积极争取人才发展体制机制综合改革试点，研究制定人才新政，力争新入选省级以上重点人才计划10个、宁波甬江引才工程25个。

突出产业链式集聚。推动产业集群发展，实施“35”千百亿产业集群培育再提升行动，制订工业集聚区专项规划，完善“一集群一规划”治理机制，启动一批产业基础再造工程项目，加快打造四大标志性产业链，力争规模以上工业增加值增长10%，战略新兴、高端装备制造、“246”产业增加值分别增长10%、12%、10%。打造高端产业平台，坚持产城融合发展，全力推进中意宁波生态园打造高质量发展示范区，推动余姚工业园区统筹抓好甬西智能科创走廊开发建设，力争余姚经济开发区创建成为省级高新技术产业园，加快特色小镇打造和工业园区二次开发，完善小微园区“建管运维”机制，不断提升制造业高质量发展水平。

突出主体培育壮大。实施企业梯度培育，支持企业“上规、上市、上云、上榜”，深化“凤凰行动”，打好“350”企业、“单项冠军”培育等系列组合拳，推动“龙头企业+关键配套企业”链式培育，力争新增上市企业2家，培育宁波级以上“单项冠军”企业5家、专精特新“小巨人”企业20家，新增“小升规”100家、“个转企”250家。推动产业数字转型，实施新一轮智能化改造三年行动计划，力争实施智能化改造重点专项160个、数字车间（智能工厂）试点项目5个。加大金融惠企力度，深化普惠金融改革试验区建设，力争制造业贷款增长12%。高度重视企业家队伍培育，关心关爱国内外姚商和新生代企业家成长，支持本地企业增资扩产，构建亲清新型政商关系。

（二）发力改革开放，激活发展动力源。更加主动融入“一带一路”建设和长三角一体化等战略，持续深化关键领域改革，牢牢把握发展主动权。

深化数字化改革。聚力“1512”体系架构优化，高标准建设智能家电产业大脑等应用场景，推动重大应用上下贯通，争取更多省级先行试点示范项目落户余姚。迭代升级一体化智能化公共数据平台，健全完善数字驾驶舱指标体系，建成投用城市大脑2.0版。深化“一件事”集成改革，加快“政务服务2.0”向基层延伸，建设“十五分钟办事圈”，实现一批高频事项智能“秒办”。高水平推进省级数字经济创新发展试验区建设，谋划布局未来产业先导区，力争数字经济核心产业增加值增长15%。

激发市场化活力。持续优化营商环境，加大知识产权保护力度，打通涉企全生命周期堵点，推进“证照分离”改革、重点投资项目代办帮办全覆盖，实现重点工业投资项目“拿地即开工”。升级“亩均论英雄”评价体系，优化“土地超市”“金融超市”运营，完善“限地价、竞配建”“限地价、竞产出”等土地出让方式，消化“批而未供、供而未用”土地4500亩，盘活存量建设用地1300亩。深化农村集体产权制度改革，推进省级新时代乡村集成改革试点，运作好农村“产权超市”，探索宅基地所有权、资格权、使用权分置实现形式，力争全面完成农房确权登记发证工作，不断健全农村产权流转市场体系。推动国有企业市场化转型，促进国有资产布局优化、高效利用。

推动全方位开放。塑造外贸新优势，开展“抢订单、抢市场、抢出口、稳外贸”专项行动，推行“跨境电商+海外仓”等业务模式，实现外贸出口在全国占比持续提升。积极参与浙江自贸区建设，高标准建设中国—中东欧国际产业合作园，办好中国机器人峰会、中国塑料博览会等重大经贸活动，做好新一轮东西部协作、山海协作和援疆工作，构建合作共赢新格局。深化“姚货行天下”工程，促进余姚名品打开更大市场。实施服务业扩容提升行动，大力引进信息咨询、创意研发、法律服务等新业态。推进传统商贸升级改造，开展“余姚购物节”系列推广活动，积极发展首店经济、网红经济、夜间经济，力争社会消费品零售总额增长10%。深化招商引资“一号工程”，完善评价激励机制，建好项目库、资源库、招商图，强化驻点招商、基金招商和以企引企，推动一批高精尖项目、补链强链项目、现代服务业项目签约落地，确保实到外资2.5亿美元、内资80亿元。

（三）发力品质提档，提升城市首位度。坚持“人民城市人民建，人民城市为人民”，适度超前推进基础设施建设布局，用“绣花”功夫推动城市品质全面提升。

强化规划引领。突出人民

城市规划建设理念，立足打造宁波城市副中心，高质量编制完成国土空间规划，统筹推进中心城区分区规划、支撑性专项规划编制，科学谋划以黄湖区块开发建设为抓手的余慈产业联动发展规划。实施城市能级提升行动，聚焦中央商务区、现代商贸示范区打造，多元化布局城市业态，高品质打造中国云城，支持塑料城、裘皮城等专业市场高质量发展，积极谋划建设现代化新型城市中心。抓好城市设计导则实施，深化重点区块、重点地段城市设计，打造一批精品城市客厅、城市门户和城市公共空间，谋划创建城市风貌样板区，让城市更具韵味。加大四明山区域统筹发展力度，深化卫星城、中心镇改革发展。强化规划刚性执行，推动“十四五”规划重大项目落地实施。开展全域国土空间综合整治和全域产业治理，构建产业地图，试点推进工业用地、村庄、生态环境、低效用地“四位一体”综合整治，为发展打开空间。

强化功能承载。聚力城市有机更新，统筹实施城中村改造五年规划，推行片区一体化开发模式，高品质打造黄山、康山等重点区块，推动未来社区建设，力争完成拆迁“清零”区块12个、老旧小区改造5个。加快推进杭甬高速复线二期，开工建设梁周线南段高架改造、东环南路一期（北姚江路—南滨江路）等工程，深入实施交通治堵三年行动，打通城区断头路6条，改造堵点路口6个，新增停车泊位3000个，争创国家级“四好农村路”示范县，推动市域交通“内畅外通”。加快打造海绵城市，推进北排（西分）、下姚江堤防综合整治等工程建设，实施积水区域排涝设施改造，适度超前布局供水、燃气、新型电力等基础工程，提升城市安全运行能力。

强化精细治理。着眼魅力城区建设，开展城市亮化彩化艺术化行动，着力打造城市精品线路、特色街区和城市夜游示范点。依托“城市大脑”作用发挥，强化交通管理、综合执法等功能，提升城市管理的智慧化水平和快速反应能力。加快统筹区域一体化保洁，扩大深度保洁范围，优化“门前三包”工作机制，继续推行重点点位社会化管控模式，着力打造区域性“精美街区”。开展治水拆违攻坚行动，对新增违建保持“零容忍”和高压态势。深化“一支队伍管执法”改革，推行“互联网+执法”监管模式，切实增强城市管理法治化规范化水平。

（四）发力乡村振兴，打造美丽样板地。强化以工补农、以城带乡，加快农业农村现代化，高标准建设全国乡村振兴示范区。

做强农业提质文章。深入实施“2966”乡村产业振兴行动，加快农业“接二连三”融合发展，拓展农业多种功能，开发乡村多元价值，推动杨梅、榨菜等传统农业和山区林特产业“老树发新芽”。坚持农业全链条培育，谋划建设一批精深加工示范基地，开发打造特色水果、竹笋等全产业链。持续抓好耕地“非粮化”整治，推进粮食功能区和高标准农田建设，种粮面积稳定在40万亩、产量17万吨以上，守好群众的“菜篮子”“米袋子”。擦亮农业特色品牌，推广运营好“四明臻货”展示展销中心。实施科技强农、机械强农行动，精心打造农牧渔“未来农场”“数字工厂”，加快创建省综合性农业“机器换人”高质量发展先行县，不断提高农业综合生产能力。

做优农村美丽文章。统筹实施“千万工程”、美丽城镇三年行动，协同推进“五美建设”，新增宁波市级美丽乡村示范乡镇4个、示范带2条，争创省级美丽城镇建设样板1个，实现省级新时代美丽乡村达标村全覆盖。有序推进“多规合一”实用型村庄规划编制，积极培育小集镇式中心村，打造省级美丽宜居示范村2个、未来乡村2个以上，建设富裕富足样板村6个。持续开展“六清六净”“一扫七治”环境整治，突出“小环境、微改造、精提升”，注重传统特色村落保护开发，着力推出一批网红打卡村，绘好新时代大美余姚“富春山居图”。

做足农民增收文章。实施数字乡村战略，推进“互联网+”农产品出村进城试点，做大“1+3+N”电商销售平台，让余姚农产品走出余姚、走向全国。深化农民素质提升工程，壮大乡村新时代工匠和电商直播、经营管理等人才队伍，健全“两进两回”长效机制，支持“乡土专家”、科技示范户带头致富，培训高素质农民及农村实用人才1100名以上，切实增强农村造血功能。高度重视山区老区发展，加大基础设施建设、公共服务供给力度，加快打造全国革命老区共同富裕样板地。探索“一村一策”发展新路子，持续推进“三位一体”农合联示范建设，培育发展休闲、体验、创意等新业态，积极拓展农民增收新渠道。实施村级集体经济巩固提升五年行动，强化农村集体“三资”管理，力争实现经营性收入20万元以下村数量减半，确保低收入农户收入增长10%以上。

（五）发力生态建设，打好绿色低碳牌。牢固树立“绿水青山就是金山银山”的发展理念，打好污染防治攻坚战，力争创建成为省级生态文明建设示范市。

推进环保基础提升。探索建立生态环境保护委员会制度，启动实施生态环保基础设施提升五年规划，不断夯实美丽余姚建设基石。提标硬件设施，加快推进城区及四明湖环湖雨污管网大排查大整治，启动中意宁波生态园工业净水厂、第二城镇净水厂前期建设，实施小曹娥污水处理厂扩建工程，完成丈亭—东郊污水总管大修，力争创建宁波市级以上工业园区“污水零直排区”5个。持续完善生活垃圾分类和一般工业固废、小微企业危废收运处置体系，力争创建成为省级“无废城市”。推进生态环境综合监管与协同平台建设，推广“环保管家”和“红黄绿”三色管理，构建“智慧环保”体系，增强生态保护技术支撑。

强化污染综合治理。健全生态环境问题发现、处置闭环机制，持续开展“举一反三”排查整治，高标准落实上级各类环保督察问题整改。深化“五水共治”，巩固提升饮用水源地整治成果，深入推进姚江流域水环境综合整治，实施重点河道“一河一策”治理，确保市控以上断面水质稳定达标。强化空气污染防治，加大机动车尾气排放监管，深化工业废气治理，推进挥发性有机物源头替代，推动秸秆资源化利用，促进环境空气质量持续好转。加强农业面源污染管控，深化“肥药两制”改革，提升土壤环境质量。优化“三线一单”分区管控，加大“低散乱污”企业（场所）、“六小”行业整治力度，规范排污权、用水权等交易，健全生态环境公益诉讼与损害赔偿衔接制度，不断提升生态环境保护水平。

发展绿色低碳经济。加快省首批低碳试点县创建，出台碳达峰碳中和工作实施意见，开展高耗能高排放项目清理整顿，优化投资项目合理用能审查，实施重大节能改造项目30个，力争实现单位GDP能耗下降3.7%以上。强化“绿色碳汇”建设，谋划一批零碳排放、碳汇领域重大项目。开展新增百万亩国土绿化行动、千万亩森林质量精准提升工程，实施新一轮废弃矿山治理，新增绿化面积3700亩以上。倡导绿色低碳生活方式，推动建筑、交通等行业绿色低碳发展，加大新能源开发使用力度，推进分布式光伏整市规模化开发建设试点，力促高质量绿色低碳发展走在前列。

（六）发力文化繁荣，滋养根脉生命力。以打造国家历史文化名城为抓手，持续深化以文铸魂、以文化人、以文兴业，不断增强城市文化软实力。

大力推动文化传承。加快河姆渡国家考古遗址公园创建，启动井头山遗址二期考古发掘，强化田螺山、鲻山等遗址保护。深入挖掘阳明文化时代价值，整合阳明故居、中天阁讲学处等阳明遗址遗迹，重建姚江书院，精心办好纪念阳明先生诞辰550周年系列活动，努力打造“阳明故里、心学圣地”，让阳明文化融入余姚血脉。坚定守好红色根脉，统筹横坎头村、十六户村等红村资源，提升浙东抗日根据地旧址群品牌形象，让红色基因迸发强大力量。实施传统工艺振兴计划，启动非遗馆规划建设，加强姚剧等保护传承，推动传统文化绽放时代魅力。

大力繁荣文化事业。投用市公共文化中心，支持社会资本参与公共文化设施建设运营，精心建好城市书屋、图书驿站，着力打造新型文化空间。实施新时代文艺精品创优工程，谋划创作一批影响力大、带动效应强的影视文化精品力作。夯实体育基础设施，启动市公共体育中心“一场两馆”建设。推动图书馆、文化馆数字化转型，办好百姓文化节、全民读书节等活动，不断丰富文化产品供给。建立健全“以块为主，条抓块统”的文明创建机制，常态化全市域开展文明城市创建，推广“道德银行”3.0版，打造“一村一品”文化礼堂品牌，高效运营新时代文明实践中心（所、站），让“文明之气”蔚然成风。

大力发展文化产业。实施文化名企创优工程，大力培育本土文化领军企业。谋划建设府前路历史文化街区二期、武胜门街区，提档升级阳明188等文创园区，加快推进中国电影（音乐）版权服务基地等项目，深化“创意余姚”行动，力争文化产业增加值增长15%。深化文旅融合，实施中心城区文化滋润工程，建好四明山千里国家登山步道，加快牟山湖休闲旅游度假区开发，办好中国四明山百千米山地户外运动挑战赛等品牌赛事，精心打造浙东（四明山）唐诗之路、大运河诗路文化带，推出一批工业旅游、农旅体验、健康休养等精品线路，将“文化+”渗透到经济社会发展方方面面。

（七）发力社会民生，增强群众幸福感。始终坚持以人民为中心的发展思想，谋划实施民生实事工程五年规划，全方位推动发展成果人民共享。

完善社会保障体系。坚持把就业作为最大民生，优化创业就业服务，抓好重点群体就业帮扶，推动实现更加充分更高质量就业，力争新增就业2万人、创业实体1.5万家。深化“全民参保登记计划”，推进企业职工基本养老保险全国统筹、基本医保宁波市级统筹。完善居家养老服务网络，加强养老机构服务管理，推动公共设施适老化改造，促进医养、康养融合发展。强化特困人员、低保边缘户等困难群体生活保障，积极发展妇女儿童、残疾人等社会福利和慈善事业。完善“三孩”配套政策，优化“一老一少”服务管理。推进全国示范型退役军人服务站创建，加强国防动员后备力量建设，争创省级双拥模范城“五连冠”。探索房地产市场发展新模式，增加保障性住房供给，培育住房租赁市场，促进房地产业良性循环和健康发展。

打造现代教育高地。提升教育现代化水平，力争新增省现代化学校8所。实施公办学前教育提升三年行动，努力争创全国学前教育普及普惠市。优化教育网点布局，新建北师大余姚实验学校、锦凤小学等中小学校4所。深化教共体建设，推进初中提质强校和普高高质量发展，办好家门口的每一所学校。提高职业教育水平，加快市职业技术学校迁建和宁职院余姚校区、余姚技师学院等建设。坚持“五育并举”，强化家校联动，促进学生全面健康发展。落实立德树人根本任务，提升教师队伍综合素养。持续开展校外培训机构治理，巩固提升“双减”成效。

深化健康余姚建设。建强公共卫生应急体系，压紧压实“四方责任”，毫不放松抓好常态化疫情防控。实施县域医疗卫生服务能力提升工程，加快医共体模式下分级诊疗体系建设，推动基本公共卫生服务优质共享。推进公立医院高质量发展，强化“名院名科名医”建设，启动市第四人民医院（前湾新区医院）建设，支持市人民医院争创“三甲”医院。加快0—3岁托幼服务体系建设，鼓励民营资本建设托幼服务机构。深化爱国卫生运动，健全国家卫生城市创建长效机制，广泛开展全民健身运动，提升全民健康水平。

优化基层社会治理。整合提升“一中心四平台一网格”功能，深化“镇街吹哨、部门报到”机制，构建“大综合一体化”行政执法体系，加快形成党建统领的“四治”融合基层治理新格局。开展信访积案攻坚，推进“一码听民意”场景应用运行，探索“诉调对接”工作，促进矛盾纠纷闭环化解。强化法治乡村建设，创建省级“枫桥式”司法所1家、省级民主法治村10个。支持工青妇等群团组织、公益性社会组织和人民群众参与社会治理，畅通新市民群体融入通道，持续擦亮基层社会治理“阿拉一起来”品牌。统筹推进安全生产、防灾减灾、食品药品监管等工作，实施出租房排查整治三年行动，打击电信网络诈骗，常态化开展扫黑除恶，完善风险闭环管控的大平安机制，高分夺取平安建设“十六连冠”。

（八）发力自身建设，推动政府高效能。统筹“县乡一体、条抓块统”整体智治，着力打造运作高效高能、资源节约集约、行政公开公平、支出精准精简的服务型节约型政府。

讲政治显担当。始终把政治建设摆在首位，忠诚拥护“两个确立”、坚决做到“两个维护”，争当学懂弄通做实习近平新时代中国特色社会主义思想排头兵，不断提高政治判断力、政治领悟力、政治执行力。坚决贯彻落实上级和市委决策部署，在重点项目攻坚、重大难题破解中锤炼党性、历练干部，锻造“敢打难仗、能打硬仗”的干部队伍。完善容错免责机制，保护改革者、激励创新者，为担当者担当、让有为者有位。

提素养增效能。强化“说了就办、定了就干”，提升行政执行力，让雷厉风行的快节奏成为工作常态。坚持干字当头、实字为先，倡导“说实话、办实事、出实招”，确保工作踏石留印、抓铁有痕。突出问题导向、效果导向，构建问题发现解决闭环机制。大兴调查研究之风，尊重群众首创精神，建立健全民意收集机制、民生保障机制、民主实践机制，深入开展“三服务”等活动，用心走好新时代群众路线。优化知识结构，厚植文化底蕴，提高干部的专业素养、干事能力。

强法治促公平。尊崇宪法、敬畏法律，增强以法治思维、法治理念解决问题的能力，推动政府工作全面纳入法治轨道。坚持以公开为常态、以不公开为例外，全面推进决策、执行、管理、服务、结果全过程公开，主动接受社会各方监督，打造公开透明、公平公正的阳光政府。完善社会信用体系，争创全国社会信用体系建设示范城市。认真执行人大及其常委会决议决定，大力支持政协履职，健全完善与人大代表、政协委员的沟通对接机制，自觉接受人大法律监督、政协民主监督，按时高质办结人大代表建议、政协委员提案。

严纪律正作风。牢固树立“过紧日子”思想，从严压减一般性、多头性、不必要开支，强化预算刚性执行，严格“三公”经费管理，推动集中财力办大事。认真落实中央八项规定精神，推进精文简会、基层减负。探索财政支出绩效评价制度，强化项目建设、政府采购等重点领域环节监管和审计监督，加大闲置资产盘活力度，提高资金资产使用配置效益。坚决扛起全面从严治党主体责任和“一岗双责”，深化运用执纪监督“四种形态”，一体推进不敢腐、不能腐、不想腐机制，打造风清气正的干事创业环境。

各位代表，弄潮儿向涛头立，奋楫扬帆万里航。站在奋进新时代赶考路上，让我们更加紧密地团结在以习近平同志为核心的党中央周围，在市委的坚强领导下，不待扬鞭自奋蹄，知行合一勇向前，以优异成绩献礼党的二十大，为建设现代化美好活力“最名邑”而努力奋斗！

余姚市国民经济和社会发展第十四个五年规划和二〇三五年远景目标纲要

余姚市国民经济和社会发展第十四个五年规划和二〇三五年远景目标纲要，根据《中共余姚市委关于制定国民经济和社会发展第十四个五年规划和二〇三五年远景目标的建议》制定，主要阐明全市经济社会发展的战略意图，明确政府工作重点，引导规范市场主体行为，是政府履行经济调节、市场监管、社会管理、公共服务、生态环境保护职能的重要依据，是全市人民的共同愿景和行动纲领。

第一章 阔步迈入现代化建设新征程

从“十四五”时期起，余姚市将在高水平全面建成小康社会的基础上，乘势而上迈入高水平全面建设社会主义现代化新征程。全市上下将继续和衷共济、砥砺前行，奋力当好浙江建设新时代全面展示中国特色社会主义制度优越性重要窗口模范生的排头兵。

第一节 发展基础

“十三五”时期，面对错综复杂的外部环境和艰巨繁重的改革发展稳定任务，特别是新冠疫情的严重冲击，全市上下以习近平新时代中国特色社会主义思想为指导，贯彻落实中央、省委和宁波市委各项决策部署，开拓创新、攻坚克难，较好完成“十三五”规划《纲要》确定的主要目标任务，高水平全面建成小康社会即将如期实现，现代化创新型生态城市建设取得明显进展。

综合实力迈上大台阶。全市地区生产总值达到1220.72亿元，年均增长7.1%，人均地区生产总值达到1.5万美元，一般公共预算收入114.2亿元。三次产业协同并进，入选省制造业高质量发展示范市、首批省级数字经济创新发展试验区创建名单，机器人峰会永久落户，互联网经济总量突破千亿元，入选“全国电商百佳县”，农业现代化发展水平走在全省前列。

创新能力获得大跃升。中意宁波生态园、浙江余姚人才创业园等产创平台快速成长，甬西智能科创走廊谋划推进。研究与试验发展经费支出占地区生产总值比重达到3.15%，高新技术企业达到294家，战略性新兴产业、高新技术产业、“246”产业增加值占规模以上工业增加值比重分别达到48.5%、71.6%和80.9%。成功创建省“两化融合”示范区，位居“中国创新百强县”榜单第5位。

城乡品质形成大蝶变。四明山旅游度假区、姚江文化产业带等重点空间加快谋划建设，慈余高速、古乍线等重要通道建成通车，宁波—余姚城际铁路开通运

① “一轴”指南雷南路—新建北路纵贯余姚城区的“中轴线”；“两环”是指“梁周线—城东路—北环路”全长17千米的城市环线（城市绿环）与最良江—姚江—侯青江联通的城市水环；“三片区”是指阳明故里历史文化体验区、三江口文化休闲区和西南组团人居环境样板区。

行。“一轴两环三片区”[①]城市品质提升行动深入推进，万达、众安、五彩城等商圈基本形成，西南组团、城东新城、高铁新城等城市板块更加清晰。乡村振兴战略深入实施，小城镇环境综合整治全面完成，创建成为省美丽乡村示范市、省无违建创建先进市。

改革开放取得大突破。“最多跑一次”改革和政府数字化转型扎实推进，“亩均论英雄”“标准地＋承诺制”改革走在前列，“土地超市”“金融超市”率先创设，首创“微法院”全国推广，成为宁波首个全域“无证明”城市，获评省级国土资源节约集约模范县市，荣登营商环境百强县榜单第5位。开放水平进一步提升，中东欧国际产业合作园成功创设，自营进出口总额达到972.99亿元，“一带一路”国家出口市场比重接近30%，五年累计实际利用外资达到18.74亿美元。

生态环境发生大改观。PM2.5平均浓度较2015年下降42.9%，空气优良率达标天数比例达到88.3%。完成姚江城区段堤防加固工程，建成城乡污水收集管网及污水输送管网千余千米，污水零直排区创建全面完成。完成污染地块土壤修复2.1万立方米，治理污染地下水3.1万立方米。完成绿化造林2.81万亩、四明山区域生态修复1.52万亩，创建省级森林城镇10个。

社会治理彰显大格局。基层社会治理“阿拉一起来”深入推进，成立全省首个城市大数据平台，创新开展“道德银行”、三治融合和乡村检察官等做法，荣获省“平安金鼎”。新冠肺炎疫情防控取得重大成果，创新发热病人入院后“四式”管理法，率先在全大市创新设立可疑病例隔离留观周转区，实现患者“零死亡”、医护人员“零感染”。

民生福祉实现大跨越。城镇和农村居民人均可支配收入分别达到65212元和39339元左右，收入比缩小至1.66∶1，户籍人口养老保险、医疗保险基本实现全覆盖。大运河（余姚段）选入世界文化遗产名录，创建成为全国义务教育发展基本均衡市、国家卫生城市，成功创建并顺利蝉联全国文明城市，多次荣膺“中国最具幸福感城市”称号。东西部扶贫、对口支援、山海协作等工作取得显著成效。

也要清醒地看到，余姚市发展不平衡不充分问题依然存在：产业结构调整、质量效益提升进程较慢，新经济新业态新模式尚未实现质的突破；城市创新能级较低，高层次、高技能人才仍然不足；城乡区域协调有待加强，城市综合服务功能有待提升，乡村振兴任务艰巨，绿色发展任务仍然繁重；基本公共服务优质供给存在不少短板，社会治理能力有待提高，防范化解各类风险任务仍然艰巨。

余姚市“十三五”规划主要目标完成情况表

表1

分类	序号	指标名称	2015年实绩	2020年实绩目标	“十三五”年均增长目标（%）	2020年实绩	2016—2020年均增长（%）
经济发展	1	地区生产总值（亿元）	802.34	1205	7.5	1220.72	7.1
	2	一般公共预算收入（亿元）	75.1	107.8	7.5	114.2	8.7
	3	规模以上工业增加值（亿元）	240.1	360	8	471.51	10.5
	4	固定资产投资五年累计（亿元）	2140.2	3000	6	—	—
	5	社会消费品零售总额（亿元）	351.6	566	10	397.42	8
	6	自营进出口总额（亿美元）	88.9	103	3	972.99（亿元）	12
		其中：自营出口总额（亿美元）	67.98	83	4	665.06（亿元）	9
	7	实际利用外资五年累计（亿美元）	19.38	12.5	—	18.74	—

续表 1

分类	序号	指标名称	2015 年实绩	2020 年实绩目标	“十三五”年均增长目标（%）	2020 年实绩	2016—2020 年均增长（%）
创新转型	8	三产增加值占地区生产总值比重（%）	39.4	40.5	—	38.4	—
	9	电子商务交易额（亿元）	500	1000	15	1080	16.7
	10	高新技术产业增加值占规模以上工业增加值比重（%）	45.7	47	—	71.6	—
	11	研究与试验发展经费支出占地区生产总值比重（%）	2.72	2.8	—	3.15	—
	12	新增发明专利授权五年累计（件）	1311	2500	—	2725	—
	13	全员劳动生产率（万/人）	12.3	18.5	—	16.5	—
	14	人才总量（万人）	25.9	34.8	—	36.35	—
	15	高等教育毛入学率（%）	56	62	—	75.77	—
	16	常住人口城镇化率（%）	62	67	—	72.1	—
绿色低碳	17	万元地区生产总值能耗累计降低（%）	—	19.5	—	9.8	—
	18	万元地区生产总值用水量（立方米）	36.58	〈29.3	—	完成上级任务	—
	19	主要污染物排放减少（%）	—	—	—	完成上级任务	—
	20	PM2.5 浓度下降（%）	—	20	—	42.9	—
	21	水环境功能区水质达标率（%）	56.6	90	—	100	—
	22	林木蓄积量（万立方米）	169	184	—	298	—
生活品质	23	人均预期寿命（岁）	80.7	82.1	—	82.2	—
	24	城镇调查失业率（%）	—	〈6	—	1.9	—
	25	城镇居民人均可支配收入（元）	45359	69790	9	65212	7.8
		农村居民人均可支配收入（元）	26500	42680	10	39339	8.2
	26	城乡居民社会养老保险参保率（%）	92.6	94	—	99.37	—
	27	每千人执业（助理）医师数（个）	2.8	3.3	—	2.89	—
	28	每百名老人养老机构床位数（个）	3.2	5	—	5.78	—
	29	万人社会组织数（个）	7.8	10	—	13.7	—
	30	公共交通出行分担率（%）	8.76	11	—	10.2	—

注：表中“—”表示缺少相关数据。

第二节 环境形势

从国际形势看，世界百年未有之大变局进入加速演变期，新冠肺炎疫情影响广泛深远，经济全球化遭遇逆流，国际环境日趋复杂，然而中欧投资协定和 RCEP 的签署为经济全球化带来新的契机，和平与发展仍然是时代主题。新一轮科技革命和产业变革深入发展，以信息技术为支撑的新型全球化迅速崛起，新技术产业族群快速涌现并交叉融合，全球产业链、供应链、价值链面临重构，全球治理体系和国际秩序实现加速变革。

从国内环境看，我国发展仍然处于重要战略机遇期，经济长期向好的基本面没有改变，高质量发展成为时代主题。供给侧结构性改革力度持续加大，更高水平的开放型经济新体制更加完善，国内超大规模市场优势将进一步凸显，以国内大循环为主体、国内国际双循环相互促进的新发展格局加速形成，发展韧性实现持续增强。

余姚市面临新机遇新挑战，“十四五”时期，以数字化为主要特征的新一轮科技革命和产业变革有利于发展动能转换，国内国际双循环相互促进的新发展格局带来新的更强发展动力，必将进一步促进余姚市产业体系和市场体系的优化调整、体制机制改革的全面深化。长三角一体化发展、省“四大”建设、宁波大都市区建设等重大战略集成叠加，为余姚市对接大上海融入长三角，实现接沪融甬联杭绍一体化发展，提供了历史性机遇。同时，更趋复杂多变的世界形势给国际交流合作带来很大不确定性，区域间城市在产业发展、招商引才等各方面的竞争将更加激烈，人口老龄化、社会加速转型给治理体系建设带来新的挑战。余姚必须保持战略定力，坚持底线思维，以确定性工作应对不确定性形势，努力在危机中育先机、于变局中开新局。

第三节 指导思想

高举习近平新时代中国特色社会主义思想伟大旗帜，深入贯彻党的十九大和十九届二中、三中、四中、五中全会精神，全面贯彻党的基本理论、基本路线、基本方略，统筹推进“五位一体”总体布局，协调推进“四个全面”战略布局，坚持党的全面领导，坚持以人民为中心，坚持新发展理念，坚持深化改革开放，坚持系统观念，坚持稳中求进工作总基调，围绕省委忠实践行“八八战略”、奋力打造“重要窗口”和宁波市委当好模范生的要求，切实扛起排头兵的使命担当，以推动高质量发展为主题，以深化供给侧结构性改革为主线，以改革创新为根本动力，以满足人民日益增长的美好生活需要为根本目的，统筹发展和安全，率先探索服务构建新发展格局，率先构筑高标准创新体系，率先推进智能经济高质量发展，率先打造高品质城市，率先构建高效能市域治理格局，实现更高质量、更有效率、更加公平、更可持续、更为安全的发展，更加彰显生态之美、人文之美、和谐之美、清廉之美，不断提升人民群众的获得感、幸福感、安全感，全面建设高水平现代化创新型生态城市，努力在全国全省现代化新征程中争当先锋。

第四节 发展目标

到 2025 年，高质量发展、现代化建设走在全省全市前列，综合实力在国内同等城市中实现争先进位。人才科技创新引领区、智能经济先行示范区、宁波现代都市北翼核心区、国家级历史文化名城、幸福品质之城、市域治理现代化典范城市建设取得重大进展，现代化创新型生态城市进入新的发展阶段，争创社会主义现代化先行市。

——激发创新动能，发展质量显著提升。创新理念深度植入，协同创新深入推进，创新资源明显集聚，中央创新谷、前湾硅谷建设成效显现，研究与试验发展经费支出占地区生产总值比重提升到 3.8%，全员劳动生产率达到 30 万元 / 人，各类人才总量达到 48.6 万人，初步建成人才科技创新引领区。

——强化数字赋能，智能经济迅猛发展。新型工业化与信息化、先进制造业与现代服务业加快融合，“三五”千百亿产业集群[①]基本形成。制造业数字化智能化全面铺开，智慧服务业、数字农业加速发展，数字经济核心产业增加值年均增长 10% 以上，智能经济先行示范区建设成效

①新能源汽车及零部件、光电信息、智能家电等三大千亿级产业集群，以及机器人及集成、新材料、节能环保、精密模具、高端装备等五大百亿级产业集群。

显著。

——畅通双循环，新发展格局加快融入。扩大内需战略同深化供给侧结构性改革实现有机结合，本土优势产业和消费市场深度融入国内大循环、国内国际双循环。全面融入长三角一体化进程加快，开放型经济更高层次发展，贸易结构更加优化，国内市场、“一带一路”市场和新兴市场全面拓展。体制机制不断创新，基本形成与双循环相适应的一流营商环境。

——统筹区域城乡，现代都市品质彰显。新型城镇化深入发展，城市规模与能级实现双提升，“一主一副五片”市域空间发展协调性显著增强，新基建广泛布局，城市面貌呈现宁波现代都市北翼核心区精致形象，常住人口城镇化率达到75.1%。城乡统筹机制更加优化，美丽乡村建设取得优异成果，基本建成全国乡村振兴示范区。美丽余姚建设深入推进，绿色成为发展最动人的色彩。

——坚持守根铸魂，文化名城更具魅力。社会主义核心价值观深入人心，公共文化服务体系更加健全。“文化+”战略深入实施，文化产业增加值占GDP比重达到8%。河姆渡文化、阳明文化等一批具有鲜明地域标识度的文化品牌得到深度挖掘打造，国家级历史文化名城的知名度和美誉度全面提升。

——健全智治体系，民生福祉全面增进。整体智治水平全面提高，形成“县乡一体、条抓块统”高效协同治理格局，市域治理现代化典范城市建设取得重大进展。基本公共服务更趋均衡，幼有善育、学有优教、病有良医、老有颐养、住有宜居、弱有所扶取得明显进展。幸福品质之城魅力进一步彰显。

展望2035年远景，余姚市将基本实现高水平社会主义现代

“十四五”规划主要指标

表2

序号	分类	指标名称	2020年实绩	2025年目标	年均增长	指标属性
1	高质量经济	地区生产总值（亿元）	1220.72	1720	7	预期性
2		规模以上工业增加值（亿元）	471.51	680	8.5	预期性
3		自营出口总额（亿元）	665.06	880	6	预期性
4		人才总量（万人）	36.35	48.6	—	预期性
5		研究与试验发展经费支出占地区生产总值比重（%）	3.15	3.8	—	预期性
6		每万人拥有发明专利数（个）	25	30	—	预期性
7		高新技术产业增加值占规模以上工业增加值比重（%）	71.6	75	—	预期性
8		数字经济核心产业增加值占GDP比重（%）	10.7	12.5	—	预期性
9		现代服务业增加值占服务业增加值比重（%）	19	21.5	—	预期性
10		文化产业增加值占GDP比重（%）	5	8	—	预期性
11	高幸福指数	居民人均可支配收入（元）	57539	—	与经济增长基本同步	预期性
12		城镇新增就业人数（万人）	—	11.25	—	预期性
13		高等教育毛入学率（%）	75.77	81	—	预期性
14		每千人拥有三岁以下婴幼儿照护设施托位数（个）	—	4	—	预期性
15		每万老年人拥有执证养老护理员数（人）	19.5	25	—	预期性
16		人均体育场地面积（平方米）	2.5	2.8	—	约束性

续表 2

序号	分类	指标名称	2020 年实绩	2025 年目标	年均增长	指标属性
17	高品质环境	单位 GDP 建设用地降幅（%）	—	完成上级下达目标	—	约束性
18		单位 GDP 能源消耗降幅（%）	—	完成上级下达目标	—	约束性
19		单位 GDP 二氧化碳排放降幅（%）	—	完成上级下达目标	—	约束性
20		万元 GDP 用水量降幅（%）	—	完成上级下达目标	—	约束性
21		空气质量优良天数比例（%）	88.3	> 90	—	约束性
22		细颗粒物（$PM_{2.5}$）平均浓度（微克 / 立方米）	28	24	—	约束性
23		地表水达到或好于 Ⅲ 类水质比例（%）	100	100	—	约束性
24		森林覆盖率（%）	42.18	42.5	—	约束性
25	高水平治理	常住人口城镇化率（%）	72.1	75.1	—	预期性
26		综合行政执法事项占比（%）	—	20	—	约束性
27		依申请政务服务办件“一网通办”率（%）	—	90	—	约束性
28		城镇生活垃圾回收利用率（%）	60	65	—	约束性
29		亿元 GDP 生产安全事故死亡率（人 / 亿元）	0.018	< 0.006	—	约束性
30		粮食综合生产能力（亿斤）	6.27	6.27	—	约束性

注：表中“—”表示缺少相关数据。

化，成为浙江建设新时代全面展示中国特色社会主义制度优越性重要窗口模范生的排头兵，实现全市生产总值、人均生产总值、居民人均可支配收入在 2020 年基础上翻一番。

——经济高质量发展跃上新的大台阶，人均生产总值达到发达经济体水平，率先实现新型工业化、信息化、城镇化、农业农村现代化，成为浙江建设全球先进制造业基地的先行区和示范区，现代服务业实现跨越式发展，建成现代化基础设施体系，形成高质量现代化经济体系。

——现代创新体系更加完善，关键核心技术实现自主可控，建成科技创新综合实力领先、特色领域创新优势明显、区域创新生态支撑有力的科技强市、人才强市。

——实现市域治理现代化，高水平建成整体智治体系和现代政府，建成更高水平的平安余姚、法治余姚，成为市域治理现代化典型示范。

——率先实现教育现代化、卫生健康现代化，建成体育强市，历史文化名城魅力充分彰显，城市文化软实力显著增强，社会主义精神文明和物质文明全面协调发展，国民素质和社会文明程度达到新高度。

——共同富裕率先取得实质性重大进展，中等收入群体显著扩大，建成现代化公共服务体系，城乡区域发展和居民生活水平均衡度走在前列。

——基本实现人与自然和谐共生的现代化，生态环境质量、资源能源集约利用、美丽经济发展全面处于全国领先水平，高质量建成美丽中国先行示范区。

——全面从严治党持续深入推进，“清廉余姚”全面建成，政治生态风清气正，中国特色社会主义制度优势充分彰显。

第二章　跨越增强科技创新能力

坚持创新在现代化建设全局中的核心地位，坚定不移实施人才强市和创新强市战略，培育发展高质量创新平台，汇聚高能级创新主体和高素质人才，增强自主创新与协同创新能力，努力打造人才科技创新引领区。

第一节 拉开全域创新大格局

聚力打造创新大平台。以甬西智能科创走廊、中意宁波生态园、余姚人才创业园、智能光电小镇、机器人智谷小镇“一廊两园两小镇”为主要平台，科学布局科技企业孵化器、众创空间、产业技术创新联盟等创业创新单元，建设基础到位、功能完善的创新平台功能。聚力建设甬西智能科创走廊、中意宁波生态园以创新为引领的产创大平台，争取布局工业智能计算平台等大科学装置、长三角新材料产业协同创新中心，力争在人工智能、光电信息等前沿特色领域引进国家和省市级重点实验室，打响中央创新谷、“前湾硅谷”区域创新品牌。

全面激活创新大载体。实施产业技术研究院优化提升工程，推动形成集“研发、转化、孵化、招商”功能于一体的可持续发展模式，全面激发各类产业技术研究院技术引领和转化作用。实施研发活动“动态覆盖”计划，鼓励企业多方式建设研发机构，支持龙头企业牵头建设专业领域产业技术研究院，积极争创国家技术创新中心（制造业创新中心、产业创新中心），实现对产业链企业的辐射带动。利用中东欧国际产业合作园优势，推进深度合作交流，全面发挥意中（米兰）创新中心、中东欧（布达佩斯）创新基地等国际创新中心功能。

着力搭建创新大梯队。完善科技企业梯队培育机制，实施创新企业“春耕播种”计划、高新企业“育苗造林”计划、领军企业“培树塑材”计划，支持海内外科创人员、创二代等人才携带团队、技术和项目来姚创业，抓好规模以上企业转化、中小企业进化、创成企业优化，支持行业领军企业承担国家重大创新任务、开展产业链上创业创新资源整合，壮大“专精特新”“小巨人”队伍，打造细分领域“隐形冠军”“单打冠军”，形成创新型初创企业、高新技术企业、创新型领军企业梯队。

第二节 树立创新融合新标杆

推动创新链产业链深度融合。围绕产业链部署创新链，围绕创新链布局产业链，聚焦“三五”千百亿产业及“246”万千亿产业集群，滚动编制关键核心技术攻关清单，组织产业集群技术联合研究，攻克一批技术难关，提升创新链科技供给，优化双链融合的制度环境，打造创新链与产业链闭环生态，提升产业链的综合竞争力。

融入重点区域创新网络。面向“三五”千百亿产业和传统产业集群创新需求，加强与沪杭甬三大都市区在人才交流、科技服务等方面合作，加快布局“科创飞地”，做优做活科技大市场，深度对接 G60、杭州城西、宁波甬江三大科技大走廊，加强跨区域科技成果转移和产业化，深度融入和共享长三角区域科技创新网络。

提升协同创新整合能力。支持新材料、智能光电等优势产业龙头企业开展企业并购、专利购买、技术并购或合作，在国内重要城市或海外建立创新中心、联合实验室，实现全球创新资源有效整合。支持中小企业加强与科研院所合作，探索建立柔性院（校）企科研联合体，破解材料端、工艺端、技术端的转型升级难题，形成“企业出题、院所解题、市场阅题”的协同创新机制。

第三节 打造人才生态最优市

加强高端人才引育。深入实施“姚江英才”系列计划、“4个五百万”等人才政策，加快“院士之家”和博士后工作站建设，优化以才引才、以企引才、以会引才等招引机制，深化“阳明学者”等柔性引才制度，引入一批科技领军型人才、高层次创业创新人才和团队。实施“姚燕归巢”工程，启动万名大学生来姚就业创业计划，吸引更多优秀青年集聚余姚、扎根余姚。重视培育和用好本土人才，实施企业家“接力传承行动”，建设企业创新型经营管理人才队伍。到 2025 年，新引育特优以上人才 50 名、拔尖以上人才 100 名。

增量提质高技能人才。深入实施“阳明蓝领”培养计划，深化“姚城工匠”“首席工人”和“技术能手”评选，完善推广“多企共享”新型学徒制，探索“技术高管”“产业教授”制度，畅通技能人才与专业技术人才互认通道，构建产教训融合、政企社协同、育选用贯通的高技能人才培养体系，全力扩充适应余姚产业发展需求的高技能人才队伍。到 2025 年，全市高技能人才总数突破 6 万人。

优化人才服务机制。积极创建省人才管理改革试验区，充分赋予人才“引育留用管”自主权，在薪酬分配、科研经费、税收优惠等方面争取先行先试、实现突破。探索科研诚信体系建设，建立以信任为前提、包容审慎的高层次人才管理机制，保障高层次人才潜心创新创业。充分发挥企业引才主体作用，引导企业通过股权激励、科技项目销售分成、一次性创新重奖等方式加大对人才的激励。

第四节 提升创新服务软实力

增强金融支持力度。深化完善科技型中小企业、高新技术企业、创新型领军企业政策支持体系，充分发挥财政资金杠杆作用，撬动社会资本形成联合基金，持续扩大对高新技术产业、科技型企业的投入力度。加大创新创业金融支持，鼓励金融机构推出“人才保”“人才贷”和知识产权金融质押等金融产品，完善科技信贷风险代偿机制，积极引进天使、创投等基金，构建现代化科技金融服务体系。

完善产业创新服务体系。围绕光电信息、机器人及高端装备、新材料等重点产业及其布局，集聚技术研发、工业设计、检验检测、标准信息、知识产权、成果转化、创业孵化、人才培育、科技金融等创新资源要素，按照“一区域一特色、一产业一服务综合体”的要求，高标准打造“产学研用金、才政介美云”十联动的创新创业生态体系。培育壮大技术经理人队伍，推动企业与科研院所的合作交流，提升科技成果转化率和成功率。

营造浓厚创新氛围。完善市场导向的创新政策体系，加强资源要素、公共服务对自主创新企业的支持力度，充分调动企业参与创新的积极性、主动性。落实政府采购优先使用自主创新产品政策，推动重大科技成果、产品技术在余姚产业化应用。办好中国机器人峰会、智能经济人才峰会、“河姆智谷”国际人才科技洽谈会等品牌活动，开展创新宣传推广活动，提高对创新资源的吸引力。

第三章 迭代升级现代产业体系

坚持以基础产业高级化和产业链现代化为导向，壮大发展“三五”千百亿产业集群，高水平打造四大标志性产业链，推动数字经济和实体经济深度融合，创新发展服务经济，推动农业现代化，全力构建现代化经济体系。

第一节 打造工业经济升级版

壮大“三五”千百亿产业集群。聚焦做强新能源汽车及零部件、光电信息、智能家电三大产业，打造千亿级拳头产业集群。以中意宁波生态园汽车板块为引领，提升发展汽车零部件产业，建设省内重要的新能源汽车及关键零部件生产基地。以智能光电小镇为引领，大力开展智能光电补链延链行动，打造具有全国影响力的光电信息产业链。以低塘品牌家电产业园及黄湖新片区、慧聪家电城等平台为主载体，促进家电智能化、个性化、时尚化转型，打响余姚智能家电新品牌。聚焦机器人及集成、新材料、节能环保、精密模具、高端装备五大产业，做深做强细分领域，建好机器人智谷小镇、模客小镇、电子材料产业园、智能装备产业园、节能环保产业园等特色园，打造百亿级产业集群。到2025年，力争形成具有较大影响力的四条标志性产业链。

升级传统特色产业集群。鼓励传统特色产业生产经营创新，发展个性化定制、服务型制造、

专栏1：四大标志性产业链

光电信息产业链：立足“5G应用场景升级”带来的新需求，向上游布局原材料及关键核心零部件，向下游延伸扩展AR、机器人视觉、激光雷达等新兴领域，打造具有国际影响力的智慧光学产业高地。到2025年，全市光电信息产业链年产值达到1000亿元。

新能源汽车及关键零部件产业链：引进培育一批新能源汽车电机、电控配套企业，发展新能源电池材料、新型动力电池，打造省内重要的新能源汽车及关键零部件生产基地。到2025年，新能源汽车及关键零部件产业链达到700亿元。

机器人及智能装备产业链：加快发展焊接、喷涂等行业机器人整机，以及精密减速器、末端执行器等关键零部件，打造长三角地区拥有自主核心技术、覆盖全产业链的机器人产业高地。到2025年，机器人及智能装备产业规模突破100亿元。

新材料产业链：以溅射靶材制造为核心，向上游拓展超高纯金属材料提纯制备，向下游延伸溅射镀膜以及智能玻璃、平板显示器、半导体芯片等终端应用。到2025年，初步建成新材料产业园，超高纯溅射靶材产业链年总产值突破100亿元。

柔性制造等新模式。全面加快传统产业改造，深化“机器人+”传统产业，全力推进智能制造2.0版升级改造，建设数字化车间100家以上，重点骨干企业智能化技改全覆盖。加快行业性工业互联网建设，在家电、橡塑、模具等优势传统行业中，开展“5G+工业互联网”推广示范。厚植余姚特色制造高精尖优势，推动工量具向高精度发展，橡胶塑料制品向多功能化、高性能化转型，文具产业、五金机械向高附加值品牌发展，消防器材实现产业链再延伸。

加速数字经济和未来产业发展。深化“数字经济”一号工程，实施数字经济五年倍增计划，以5G、大数据、云计算、集成电路、芯片制造等数字经济新兴产业为重点，布局建设数字产业园区，打造数字产业化发展引领区，到2025年数字经济核心产业增加值突破200亿元。超前布局人工智能与融合应用、先进能源、柔性电子、云与边缘计算等重点领域未来产业，开展前沿技术和颠覆性技术研发，建设一批“未来工厂”，打造若干未来产业先导区。

提升制造平台能级。积极推进开发区（园区）整合提升，优化形成中意宁波生态园、余姚经济开发区、余姚工业园区（甬西智能科创走廊）“一园两区”主平台。强化主平台带动，推进制造业全域产业治理，集约化打造特色小镇、小微企业园、新型工业社区，推动乡镇（街道）工业区二次开发，努力实现传统工业集聚区土地资源的节约集约利用和生态环境大提升。

专栏2：余姚“十四五”时期产业平台

1. 中意宁波生态园。加快新能源汽车及零部件、集成电路与半导体、生物医药等主导产业培育，强化国际交流合作，打造杭州湾先进制造业基地，成为集生产、研发、服务、居住于一体，具有国际影响的生态环保、节能低碳的综合型产业新城。

2. 余姚工业园区（甬西智能科创走廊）。整合甬西智能科创走廊规划空间，打造智能光电、智能装备、新能源汽车及配件三大主导产业，建设成为智能制造先导区、科技成果转化区、合作发展新载体。

3. 余姚经济开发区。强化科创服务、人才创业和产业集聚发展，打造智能家电（光学仪器）、机器人及关键零部件、新材料三大主导产业和数字产业等未来产业，建设成国家级海外高层次人才创业创新基地、产城融合发展标杆区、未来产业发展先发区。

4. 特色小镇及小微园区。坚持产业、文化、旅游和社区功能“四位一体”，生产生活生态“三生”融合，高质量建设智能光电小镇、机器人智谷小镇、云城小镇等特色小镇，加快数字化小微园区建设，打造提升产业档次、集聚创新要素、促进产城融合的新载体。

第二节　打造服务业现代版

培育专业化生产性服务业。大力发展科技服务，集聚培育和引进研发设计、检验检测、创业孵化、软件信息、产权交易等行业，形成较强的智能制造服务能力。提升金融输血能力，推进科技信贷、产权质押融资、科技保险等金融创新，建设以普惠金融、产融结合为特色的区域性金融中心市。完善塑料城及其网上市场平台功能，联动宁波大宗商品交易所，打造余姚交易中心。发展无接触配送、冷链等现代物流，构建网络型现代物流园和物流配送体系。壮大发展专业中介服务，健全法律、会计、商务咨询、人力资源等服务网络，扩大新型中介服务业规模。发展楼宇经济，引进一批区域性物流总部、贸易总部、业务总部。

发展高品质生活性服务业。提升现代商贸、城市配送、家政社区、健康服务等业态功能，提供品质化多样化服务供给，满足人民日益增长的美好生活需要。推动商贸转型升级，实施一批特色街、农贸市场数字化融合示范项目，打响一批名街、名吃品牌，打造一批智能化城市商圈。实施家政服务业提质扩容“领跑者”行动，培育家政龙头企业和服务品牌，推进家政服务标准化，扩大家政服务优质供给。整合发展健康医疗、健康养生、健康管理、健康保险产业链，促进健康服务业系统化发展。

加快全域旅游建设。完善旅游空间布局，高水平建设四明山省级旅游度假区、牟山湖旅游度假区、姚江文化产业带、浒溪线百里风光带、环杭州湾人文滨海休闲带“两区三带”，加快阳明古镇、河姆渡遗址文化旅游区等重点区块建设。推进旅游与文化、农业、科技等产业深度融合，实施一批旅游数字化项目，提升旅游业智能化便利化水平。深度挖掘旅游资源，丰富全域旅游产品，构建集山水观光休闲、创作设计体验、文化浸润体验于一体的旅游产业链条，打造长三角旅游目的地。

优化服务业平台。围绕休闲文化旅游等服务业重点发展领域，推进优化整合一批、提质发展一批、增量建设一批，聚力打造规模体量大、发展能级高、辐射效应好的功能性服务业平台，引领催生服务经济新业态，实现服务经济大发展。

专栏3：余姚“十四五”时期服务业重点平台

1. 宁波西内陆港（物流产业集聚区）。推动铁路西货站与蜀山铁路货站融合发展，扩容建设东港区码头，结合胜陆高架、余慈中心连接线，打造公铁江海多式联运的宁波西综合物流枢纽，成为宁波港的配套港。

2. 中国塑料城。坚持“区块联动、统筹开发”，开展供应链金融业务，打响改性塑料全产业链品牌，构建完善大众商品交易功能，推动塑料城全面转型升级，截至2025年，市场总交易额超过1200亿元，总交易量超过1100万吨。

3. 四明山省级旅游度假区。以生态保护为前提，依托四明山山水特色、历史文化、村落民居等资源，打造山地运动度假为核心品牌，融合文化研学、森林康养等多重功能的长三角山地运动度假区。

4. 牟山湖休闲度假区。按照“一方新城，四大产业（康养、文旅、高端服务、绿色生态），千顷碧波，万亩青山”的总体方向和“东养、南闲、西产、北居”的发展布局，全力打造多产结合、产域融合的湾区大花园。

5. 阳明古镇。以府前路历史文化商业街区、武胜门阳明文化商业街区、龙泉山历史文化风貌区等三大板块为核心，打造国际阳明心学研究中心、阳明思想传承体验新高地、城市更新样板。

6. 河姆渡遗址文化旅游区。以七千年的河姆渡远古文明为中心，结合井头山遗址考古发掘，打造充分展现远古文化的现代人文和旅游休闲地。

7. 大运河文化丝路（姚江文化产业带）。围绕姚江文脉、地脉、史脉、城脉和商脉，构建运河文化段、姚江水城段、历史家园段，构建“牟山湖韵、运河古镇、姚江古城、河姆古渡”蓝带飘舞格局。

第三节　打造乡村产业新样板

改善农业承载空间。优化“一圈四带”①农业总体空间布局，持续抓好粮食功能区、高标准农田和现代农业园区建设。到2025年，粮食播种面积稳定在40万亩左右，建成高标准农田44万亩、粮食绿色高产示范基地20个以上、优质稻米示范基地15个以上，培育优势特色产业集群3个以上、农业产业化联合体10个以上，建成现代农业产业数字平台，滨海现代农业园争创成为国家级现代农业园区。

促进农业多功能融合。高质量实施“2966”②乡村产业振兴行动，做大做强蔬菜、畜牧、渔业等绿色基础产业，做精做好林果、茶叶、竹（笋）等特色传统产业，林下产业发展实现新提升。抓好农业龙头企业培育，切实提升农产品深加工能力。推进农文旅融合，深化农事节庆活动，加快传统运动赛事“入乡进村”，打响一批乡村观光休闲旅游“打

①城市农业发展圈、滨海农业发展带、姚西农业产业带、姚东农业产业带、山区农业产业带。

②以打造全国乡村振兴示范区、部省共建乡村振兴示范省先行创建单位为“两大目标”，推进传统种植业等“九大产业”新发展，组织实施平台构建等“六项行动”，深化完善财政投入等“六个机制”。

卡地”。完善财政支农体制，培育高素质农民，发展专业合作社、家庭农场等新型农业生产经营主体，拓展农民增收渠道。

发展乡村数字产业。实施数字乡村战略，加快物联网、地理信息、智能设备等现代信息技术示范推广，提高农业全产业链智能化、机械化、设施化水平。深入推进农合联村级服务社建设，创建一批电商特色乡镇、电子商务专业村、数字乡村融合发展示范点。到2025年，农业数字经济占农业增加值比重、农产品网络零售额占农产品总交易额比重均达到15%以上。

第四章　服务构建新发展格局

着力畅通国内大循环，融入国内国际双循环，立足内需构建较强竞争力的产业链体系、市场体系、投资体系和区域合作体系，发展更高水平的开放型经济，全面融入长三角区域一体化发展，率先探索服务构建新发展格局。

第一节　全面激发消费活力

加快消费转型。围绕阳明古镇建设，提升发展新建路、南雷路等传统商业区段，高标准建设府前路、胜山路、文山路等特色商业街区，提升壮大万达、五彩城等区块商业中心，增强商贸服务功能和辐射能力。发展数字生活新服务，加快培育智慧零售、跨界零售、绿色零售等新消费业态，拓展“宅经济”“云生活”等消费方式，推动传统商店向体验型、智能型、社交型转变，促进线上线下消费融合发展，到2025年网络零售额达到280亿元。

打造消费亮点。大力提升传统消费，培育新型消费，适度增加公共消费。加强老字号品牌培育，建设本地特色餐饮品牌和餐饮名店，积极招引县域首店、品牌餐饮和年轻业态，支持名店入街、入楼，满足多层次消费需求。推动姚江夜游、体育健身等夜间经济发展，培育一批夜间消费打卡点，打造“夜余姚”消费品牌。推动汽车等消费品由购买管理向使用管理转变，促进住房消费健康发展。

改善消费环境。强化消费者权益保护，健全消费品质量监管体系，完善个人信息保护和消费后评价制度，加强消费者维权信息化建设，形成线上线下相结合的消费者维权服务体系。建设人性化市场，加强对老年人、儿童、孕妇、伤残人士等特殊人群的关爱，完善无障碍环境设施设备和特殊功能区的配备，打造有温度的服务环境。

第二节　积极扩大有效投资

优化调整投资结构。发挥基础设施对投资的拉动作用，加快补齐城乡公共服务、生态环境、创新发展、农业农村等领域投资短板，扩大5G网络、大数据中心、工业互联网、充电桩等新基建投资，保障水利、供电、铁路、公路等公用设施投资。坚持“房子是用来住，不是用来炒的”，优化房地产投资结构，保障房地产业平稳健康发展。大力提高产业投资比重，鼓励企业设备更新和技术改造投资，扩大战略性新兴产业投资。

增强重点项目投资牵引。健全重大项目动态调整和滚动推进机制，完善重大项目协调机制，落地建设一批强基础、增功能、利长远的重大项目，带动全市投资增长。重点围绕长江经济带、长三角一体化、“四大”建设、前湾新区建设等国家和省市战略，结合余姚市产业转型升级创新平台建设及城市重点区块开发，推进建设一批重大项目，形成新的投资增长点。

创新投资要素保障机制。创新用地、用海、用能等要素分配供给机制，优先保障重点项目投资。发挥政府产业基金引领作用，撬动社会资本增强对产业投资、科技创新、重大基础设施和战略性项目的资金投入。建立健全向民间资本推介项目的长效机制，推广参控股、并购、重组、PPP等融资方式，激发社会投资活力。支持利用外资、挂牌上市定向增发、配股等方式再融资，畅通融资渠道。

第三节　高效畅通内外市场循环

加快拓展国内市场。支持企业深度开拓国内市场，创建自有品牌，通过个性化定制、柔性化生产，研发适销对路的内销产品，扩大内外销产品“同线同标同质”实施范围，提升产品竞争力。支持企业完善内销网络，打通国内供应链渠道，提高国内市场经营份额。促进中国塑料城、中国裘皮城等专业市场提升发展，发挥在国内贸易中的引领示范作用。加强对口支援合作，打造山海协作升级版，积极参与西部开发、中部崛起、东北振兴。

发展新型国际贸易。深入实施“科技兴贸”“品牌强贸”行动，培育以技术、标准、品牌、质量、服务为核心的对外经济新优势。扩大高新技术产品、关键设备、重要零部件等进口贸易，实现贸易由出口为主向进出口并重转变。优化外贸市场结构，深度参与宁波“一带一路”综合试验区、“17+1”经贸合作示范区和浙江自贸区宁波片区建设，拓展国际贸易发展空间。积极创建国家外贸转型升级基地，加快构建外贸综合服务平台，鼓励企业开设海外仓，大力发展跨境电商，到2025年跨境电商交易额超150亿元。

加强双向投资合作。支持企业建设境外营销基地、生产基地和经贸合作园，构建国际产业合作园区链式体系。完善企业“走出去”服务体系，鼓励企业开展以重大项目建设和产能合作为重点的境外承包工程，带动余姚装备、技术、标准、认证和服务“走出去”。瞄准产业转型升级和城市品质能级提升两大招商方向，强化产业链、基金链和生态链招商，吸引龙头引领型产业项目、补链延链项目和重大服务业项目落户余姚。

协调稳定产业链供应链。聚焦新能源汽车及零部件、机器人及高端装备、光电信息、新材料等重点产业链，支持实力型企业拓展延伸产业链，带动上下游发展。着眼国家产业链供应链薄弱环节，开展断链断供替代行动，实施龙头企业本地化配套计划，鼓励企业研发和生产进口替代产品或服务。强化现代物流链、创意设计链、国际结算链的跨区域合作，增强产业链供应链抗风险能力。积极融入宁波国家军民融合创新示范区，引进一批军民融合重大项目，培育一批军民融合骨干企业，带动高新技术产业链全面升级。提升海洋科技研发与产业化水平，积极参与海洋经济产业链建设，融入宁波国家级海洋经济发展示范区。

第四节　深度融入长三角一体化

打造长三角南翼区域性枢纽。高标准构建“接沪、融甬、联杭、通金义”的对外通道，打造公铁水空综合立体交通枢纽体系，着力构建“1330”交通圈[①]。推动余慈城际二期、余慈中心连接线等工程，快速衔接慈溪高铁站、沪甬跨海通道。推动杭绍甬智慧高速、杭甬高速南复线、余慈东西高速、四明山高速、G329余姚段西延等工程，加快联结杭绍通达金义进程。新建二大线，改造提升古乍线（河姆渡段），打通庆丰路、通途路等断头道路，加强与宁波中心城区联系。加快G228建设进度，推动329国道南复线、姚慈路等工程，织密与慈溪、前湾新区的干线路网。谋划建设宁波西内陆港（东港区）及地方型通用机场，打造综合立体交通体系。

加强产业合作交流。聚焦数字经济、智能装备等重点新兴领域，切实加强与长三角城市群的深度合作。加快余姚工业园区沪甬合作园建设，开展项目对接、品牌输入、资本合作，实现互利共赢。以虹桥中意楼、中意复旦（张江）科创中心为重点，建设一批具备“异地研发孵化、驻地招商引智、区域经济协作”三大功能的科创飞地，探索以“园中园”模式打造余姚产业化基地。

推动公共服务共建共享。深化与长三角地区名院名校的校际互访、校长挂职、教师跟班进修、学生交流互访，开展委托管理、共建分校、跨区域集团化办学，共建一批合作专业及实训基地。完善区域卫生联动协作机制，协同开展重大传染病和突发公共卫生事件的应急处置、创新研究，主动在学科建设、人才培养、科研教育、医院管理、公共卫生协同等领域争取全面深度合作，共建健康长三角。

专栏4：交通枢纽工程
余慈城际二期、余慈中心连接线、杭绍甬智慧高速、杭甬高速南复线（虞南高速）、余慈东西高速、四明山高速、G329余姚段西延、G228、通途路西延、通用机场（以上交通项目需要对接争取）；二大线、古乍线河姆渡段提升改造、姚慈路、329国道南复线。

①实现与长三角地区沪、杭两大都市一小时经济圈，宁波、绍兴半小时交通圈，宁波北部副城半小时交通圈，市域半小时交通圈。

第五章　锐意改革市场经济体制

按照系统集成、协同高效导向，深化重点领域和关键环节改革，破除阻碍发展的瓶颈制约，建立更加完善的市场化、法治化、国际化市场经济体制，为高质量发展提供有力保障。

第一节　激发市场主体活力

改善民营经济发展环境。探索实行高水平的贸易和投资自由化便利化政策，争取中国(浙江)自由贸易试验区宁波片区政策延伸覆盖。落实知识产权保护、企业家权益司法保护、企业商业秘密保护等机制，完善促进中小微企业和个体工商户发展的政策体系，实施小微企业信贷“增氧计划”和“滴管工程”，提升企业发展能力。建立涉罪企业合规考察制度，引导企业合法经营、规范发展。大力弘扬新时代姚商精神、企业家精神，办好世界姚商大会。

深化国企国资改革。稳妥深化国有企业混合所有制改革，加快融资性平台公司实体化、市场化转型，提升国有金融资本投资运营水平。积极利用资产证券化途径，支持有条件的市属国企改制挂牌上市，促进国有企业做强做优做大。引导国有资本向战略性、基础性、民生性领域集中，到2025年国有资本90%以上向事关全局的重大基础设施建设、重要城市区块开发、重点民生服务、重点产业引导等领域集聚。

第二节　提高资源配置效率

实现土地资源高效利用。深化“亩均论英雄”改革，全面开展企业分类综合评价，推广差别化供地，完善“标准地”制度，实现新增工业用地“标准地”供地全覆盖。深化农村集体产权制度改革，完善农村集体经营性建设用地入市、农村土地征收等制度，推进宅基地所有权、资格权、使用权“三权分置”，建立农村宅基地置换、有偿使用和退出机制。

强化要素市场化配置。完善要素交易规则和服务体系，提高要素市场化程度，推动要素向优势产业、重大项目集中。开展融资畅通工程，深入实施“凤凰行动”计划，加大企业上市和并购重组推进力度，支持企业发债融资，拓展多元融资渠道。培育数据要素市场，完善数据产权保护机制。健全生态要素的市场化配置和交易机制，完善排污权交易二级市场，推进用能权有偿使用和交易试点，实施税收、用能、用水、排污等要素供给价格和供给方式差别化政策。

第三节　提升政府服务效能

加快营商环境便利化改革。优化营商环境“10+N”体系[①]，深化行政审批制度改革，进一步压减权责清单事项，推动“最多跑一次”“一件事”集成改革取得新成效。深化商事制度改革，深入开展“一业一证”改革，推进“证照分离”“照后减证”。优化企业投资项目审批制度，稳步推行施工图审查“自审备案制”，全面实施市场准入负面清单制度。配套建设新型监管体系，实现跨部门“双随机、一公开”监管全覆盖。

加快政府数字化转型。推进“互联网+政务服务”，拓展“余姚市民云”App服务事项，全面实现政务服务一网通办、全域通办、就近可办。推进“互联网+监管”，形成全程留痕、可追溯的行政监管体制。加快宁波“城市大脑”余姚分平台建设，健全政府公共数据归集、共享、开放、分析处理机制，加快政务数字资源整合共享，构建部门、乡镇街道互联互通的业务信息系统，有效提升整体智治水平。

加快“信用余姚”建设。完善公共信用指标体系、综合监管体系、评价及联合奖惩体系，推进信用信息查询、使用、异议处理等流程规范化标准化。积极运用区块链等新技术，强化行业领域信用信息和个人失信信息归集，构建一体、可信、可控的社会信用体系。健全信用信息应用机制，深化信用体系在行政、市场、社会等重点领域应用，完善守信激励和失信联合惩戒措施，全面提升全社会信用水平。

①“10”是指营商环境便利化的主要指标，按照企业全生命周期分为企业开办、办理建筑许可、用电报装、用水报装、用气报装、不动产登记、获得信贷、纳税、跨境贸易、企业注销；“N”是指若干个无法量化的支撑性指标。

第四节 保障经济运行安全

加强重要经济指标动态监测和研判，强化经济安全风险预警、防控机制和能力建设。加强物资战略储备，保障能源安全。贯彻国家粮食安全战略，落实最严格耕地保护制度，加强种子管理，稳步提高重要农产品自给率，构建统一高效的粮食和重要农产品供应保障体系。深化金融安全治理，完善地方政府性债务风险管控机制，加强网络金融安全监管，守住不发生系统性风险的底线。加强财政资源统筹，健全完善以绩效为核心的集中财力办大事财政政策体系和资金管理机制，深化预算管理制度改革，提高财政政策逆周期管理能力。

第六章 精致打造宁波现代都市北翼核心区

统筹实施新型城镇化和乡村振兴战略，优化城乡区域布局，适时启动行政区划调整，着力提高城市建设品质和形象，深化发展美丽乡村，全力建设安全宜居的宁波现代都市北翼核心区。

第一节 优化城市空间格局

做强“一主”：中心城区。以南优、西拓、北融、东联和中提升为方向，完善城市功能、提升城市品质、美化城市形象，构建中心城区发展新格局。改善城区人居环境，推进区块有机更新，完善教文卫等各类公共设施布局，提升宜居品位。加速人口、资源、资本等要素集聚，加快服务经济新产业、新模式、新业态发展，增强科技创新、文化创意、总部经济、消费服务、要素配置等综合服务功能，提高中心城区首位度。

提升“一副”：泗门—朗霞—低塘副中心城。发挥泗门—朗霞—低塘联接中心城区和前湾新区的关键节点优势，加快培育泗门小城市（卫星城）功能，全面加强与朗霞、低塘联动发展，打造与中心城区融合互补的城市副中心。全面增强交通、商贸、先进制造、公共服务等综合功能，推动特色产业集群高质量转型，发展一批高能级现代服务业，切实增强对周边乡镇的辐射功能，带动沿湾产业带发展，实现与前湾新区、慈溪的相向融合。

统筹“五片”组团：姚中片、姚东片、滨海片、姚西北片、姚南片。统筹提升姚中片，推动中心城区城市功能扩张外溢，实现姚中片全面做强。统筹开发姚东片，推动临甬片区与宁波中心城区产业链互补、基础设施共享、公共服务互通发展，率先融入宁波中心城区。高标准建设滨海片，打造国际化滨海新城新形象，构筑跨湾桥头堡。统筹改造姚西北片，以先进制造带动新型城镇化，促进城镇群更新，崛起甬绍新门户。统筹优化姚南片，强化山区涵养和生态经济功能，打造靓丽城市大花园。

专栏5：“十四五”时期余姚五片组团发展导向

组团名称	空间范围	主要载体	功能导向
滨海片	中意宁波生态园、小曹娥镇	中意宁波生态园	发展高新技术产业与先进制造业，营造现代滨海人居环境，打造接轨上海、国际开放的北部门户
姚西北片	黄家埠镇、临山镇、牟山镇	沿杭州湾特色产业带、牟山湖旅游休闲度假区	促进传统制造高端化，美化沿片田园农业风光，挖掘历史文化名镇资源，成为甬绍一体化合作先行区的重要节点
姚中片	阳明街道、凤山街道、兰江街道、梨洲街道、马渚镇	甬西智能科创走廊、阳明古镇、余姚经济开发区	以提高综合服务功能为导向，建设全市品质化核心区、创新发展引擎区、产城融合主阵地、姚江文化产业带策源地
姚东片	三七市镇、丈亭镇、陆埠镇、大隐镇、河姆渡镇	浙江余姚人才创业园、姚江文化产业带、河姆渡考古遗址公园	依托人才、运河文化及河姆渡文化优势，实施先进制造和文化旅游双轮驱动，改善城镇形象，打造全域旅游特色镇，建设东融宁波的新型门户
姚南片	梁弄镇、鹿亭乡、大岚镇、四明山镇	四明山省级旅游度假区	统筹水源涵养地保护与生态经济发展，提升花草林果等特色生态农业，培育休闲度假和避暑养生功能，打造长三角休闲避暑养生新标杆

第二节 塑造都市特色品质

构筑城市发展轴带。以姚江两岸、环杭州湾、余姚大道、228国道“井”字形态，搭建城市发展框架。提升沿姚江城镇群，融入运河文化和史前文化元素，特色化打造牟山、马渚、陆埠、丈亭、河姆渡、三七市、大隐，激发古镇发展新魅力；全力建设阳明古镇，联动发展周边区块，打造商务商贸、文化创意、滨水休闲、城市居住于一体的城市中心客厅。优化环杭州湾城镇群，以产城融合理念推进泗门、临山、黄家埠、小曹娥等姚西北城镇改造更新，打造新型城镇化发展新标杆。沿余姚大道连绵开发以科创为主的城市功能区，打造集生态、创新、产业、生活于一体的新城区。沿228国道提升发展城市和产业品质，积极对接慈溪片区，打造区域协作产业创新廊道。

强化城市风貌管控。按照集约紧凑、疏密有度、功能融合理念，推动城市“精明增长”，打造山水城一体新形象。强化建筑立面、风貌色彩和景观视廊相协调，保留历史街区市井记忆，创新布局高品质商圈、高颜值街区、复合型创业空间、健康运动廊道等现代城市空间，推进未来社区建设。抓实“城市双修”，建设海绵城市，强化公共空间管控，注重战略留白，提高城市的通透性和微循环能力。

推进重点区块更新。加快城市有机更新，加大城镇棚户区、城中村、危旧房屋等老旧居住区和背街小巷整治改造力度，全方位提升城市品质。统筹建设以高铁新城、塑料城、模具城为核心的城北区块，加强与慈溪区域的互融发展，高水平打造北部新城。开发丰山、胜归山周边区块，结合中央创新谷建设，向西拓展打造创意活力城市新地标。启动城东南组团，向北联动城东新城，更新建设白山头、剑江、竹山等区块，做强东三江口文化休闲核心功能，提升中心城区东部形象。优化开发黄山周边地块，打造面向大湾区时代的国际未来社区、甬西综合性中心公园。

第三节 建设新时代美丽乡村

优化乡村发展空间。以打造全国乡村振兴示范区为牵引，统筹城乡空间利用，优化乡村布局及设施配置，明确村庄发展类型及功能定位，打造一批看得见山望得见水的美丽乡村。推进人口集中、产业集聚、要素集约、功能集成，提质集聚类村庄和集中居住区建设。导入创意文化等功能，发展民宿、度假村等新业态，建设未来乡村，推动空心村、特色村焕发新活力。深化“一镇一创新”专项改革试点，提升中心镇、特色小城镇发展能级，统筹推进乡镇特色化发展。

提升农村人居环境。深入实施新时代“千村示范、万村整治”工程，不断改善乡村生产生活环境。扎实推进农村厕所、垃圾、污水“三大革命”，深化“六清六净”农村人居环境整治提升，加强全域土地综合整治，提高乡村绿化面积与质量，构筑“环境美、村庄美、住房美、乡风美、生活美”的美丽宜居乡村新格局。到2025年，行政村规范化农村公厕、公厕“所长制”实现全覆盖，农作物秸秆资源化利用率95%以上，农药废弃包装物回收处置率90%以上，规模畜禽养殖场粪污综合利用率达到100%。

深化美丽镇村创建。协同推进美丽城镇、美丽乡村、美丽走廊、美丽公路、美丽田园、美丽河湖创建，构筑“一环五线”美丽乡村风景线，分类建成一批美丽宜居示范村、特色精品村、历史文化村、梳理式改造村、景区村，推动美丽乡村建设从“点状美”向“全域美”升级。到2025年，省级美丽乡村达标村达90%以上，创建乡村振兴示范乡镇7个、示范带6条，A级及以上景区村庄占比达70%，美丽城镇全面建成。

第四节 提质城乡基础设施

建设数字化新基建。发展现代信息网络，打造城市大脑、5G网络、大数据中心、工业互联网、物联网、北斗导航等新一代信息基础设施。加大智能基础设施布局，扩大智能快件箱、无人售货机、智能垃圾回收机等终端设施分布。推动城市传统基础设施数字化智能化改造，布局一批充电桩，构建区域性智能电网。

完善市域快捷交通体系。完善北环路—梁周线—城东线中心城区一环，构建南环路—G228—浒溪线—余梁公路北延城区二环。实施通环西路、东环路延伸、肖朗路北延、固北路北延、荷梁线改建等重点交通工程，推进市域内部道路与干线公路网、轨道交通网无缝衔接。提升改造阳明东路、舜水北路、舜宇路等市政道路，畅通城市交通内循环。

健全市政基础设施网络。改善供水系统，新建姚北水厂，提标扩建滨海再生水厂，形成“优质、安全”的城乡一体化供水体系。扩容主干排水设施，建设小曹娥污水处理厂扩建等工程。优化电力燃气布局，加快220千伏变电站布点，推进天然气保障工程。完善防灾减灾设施，推进消防布局、气象预警、山体滑坡加固、减灾性安居、设施减灾等工程，提高防灾减灾能力。

专栏6：余姚市“十四五”时期城乡基础设施重点项目

1. 交通道路项目：杭甬复线二期工程地面道路、浒溪线（城东路—新方路）、兰周路（新方路—余梁公路北延）、北环路（中山路—梁周线）拓宽改造、肖朗路北延、固北路北延、梁周线南线拓宽改造、东环路延伸、通环西路西延、荷梁线改建一期、南环路、科兴路延伸、北姚江路东延

2. 市政道路项目：开丰路（谭家岭西路—南环西路）新建、舜水北路建设、舜宇路（梁周线—新建北路）道路改建、阳明东路改建、中山南路（梁周线—黄山东路）新建、黄山东路新建

3. 水利工程项目：姚江上游余姚“西分”、北排一通道（临海大浦南延）、北排二通道（青山港及奖嘉隆江等整治）、北排水系沟通、下姚江堤防整治、新横江新桥江整治、临海浦水库、四明湖水库防洪能力提升、海塘提标

4. 生态环境项目：中意宁波生态园DN1000给水管安装、余姚市城区中高层住宅小区二次供水改造、市域污水收集二期、姚北水厂新建、乡镇污水管网、余姚市第二污水处理厂、四明湖滨水生态湿地建设（梁弄）、围填海工程生态保护修复、余姚市工业废弃物综合处理

5. 能源项目：中意产业园天然气保障、综合功能服务站、滨海综合气源站新建，220千伏滨海变、朗霞变建设，110千伏三七变、郑巷变、人和变、兰墅变、双河变、横埭变、中江变、兰风变、南雷变、云南变、望海变建设

6. 新基建项目：5G基站、广播电视（含大数据机房）升级改造、城市大脑应用平台（数字余姚应急指挥中心）、数字档案馆、智慧交通、智慧城管四期、智慧水利、智慧旅游

第七章　高标建设绿色秀美家园

践行绿水青山就是金山银山理念，坚定走生产发展、生活富裕、生态良好的文明发展道路，加强资源节约、环境保护和自然恢复，发展绿色低碳经济，努力建设国家生态文明示范市。

第一节　加强环境污染防治

精准治理大气污染。聚焦挥发性有机物（VOCs）治理、细颗粒物和臭氧“双控双减”，从产业结构、能源结构、交通运输结构和用地结构调整着手，深化区域大气污染联防联控联治，统筹做好燃煤、秸秆、挥发性有机物、机动车、扬尘等污染治理，切实强化工业企业大气污染综合治理，推动全市环境空气质量持续稳步改善。

统筹推进水生态保护。深入推进“五水共治”，完善河湖长等制度，严格保护水源地、湿地等区域水环境，持续推进姚江流域水环境综合治理，系统实施污水零直排区建设，加快污水处理设施和管网建设改造，深化工业污水、城镇污水、农业面源治理和水生态修复，全面推进水资源、水生态、水环境“三水统筹”，努力实现清水绿岸鱼翔浅底目标。

加强海洋生态保护。实施杭州湾污染综合治理攻坚战，开展入海河流氮磷减排、排海污染源规范整治、沿岸生态修复扩容等行动，严格控制生态敏感地区围填海，深入实施禁渔休渔政策，切实提升生态净化能力。强化长江经济带生态建设，实施近海环境保护工程，加强入海排污口监管和污水排放纳管处理，实施尾水排海复线工程、尾水排海延伸工程，强化入海排污口规范化管理，切实提升海洋生态保护水平。

综合防控土壤污染。聚焦重点区域、重点行业和重点污染物，加强土壤污染源头管控，开展土壤环境风险分区防控，加强塑料污染治理，削减污染物排放总量，切实保障土壤环境安全。提升污染土地安全利用管理水平，实施土壤修复工程，强化污染地块治理修复工程环境监管、治理修复效果评估和土壤二次污染防治，确保土地转换用途后的安全利用。

加快“无废城市”建设。加快构建固体废物多元处置体系，建立健全固体废物分类收集网络和机制，实现固体废物全过程闭环管理。大力推进生活垃圾分类处理，优化布局和提升建设一批垃圾中转站，加强固废垃圾减量化、资源化、产业化和社会化综合管理和循环利用。到2025年，实现城乡生活垃圾分类全覆盖，

生活垃圾回收利用率达到65%以上，城镇生活垃圾无害化处理率保持100%。

第二节　强化绿色低碳发展

集约利用能源资源。围绕国家能源消耗总量和强度双控的要求，积极淘汰落后产能，加快推广应用各类节能技术和节能设施，抓好建筑、交通等领域节能和绿色发展，大力推进集中供热和分布式光伏等新能源应用，提高综合能源利用效率。持续发展风电、太阳能发电、氢能等清洁能源，实施城镇燃气工程、工业燃料升级工程和交通燃料升级工程，切实推进能源集约节约利用。

发展低碳循环经济。加强重点能耗企业节能监测，建立完善能源审计、诊断等能效提升长效机制。扎实做好碳达峰、碳中和各项工作，积极推行清洁生产，创新低碳发展模式，开展省级低碳企业试点，培育一批低碳标杆企业。推进园区循环化改造，加快完善产业园区资源循环利用、废物交换利用和能量梯级利用体系，构建生态产业链网。倡导低碳生活方式，推进低碳城市建设。

第三节　修复改善生态系统

扩大城景融合生态景观。打造四明山生态屏障、余慈生态屏障、北部田园生态屏障，建设由南向北自山到海的三条绿化生态廊道。打造多彩城乡绿地景观，建成城市绿色廊道，切实增强生态、景观、旅游、休闲度假功能，构筑“绿环围城、绿脉放射、绿道贯通、绿地相融”的生态景观格局。到2025年，人均绿地面积达到15平方米，建成区绿地率达到45%。

保护修复山体生态。加强森林资源保护，着力推进新增百万亩国土绿化行动。实施生态公益林扩面提质增效和森林“三化”工程，建设形成树种结构多样、森林形态稳定的高质量森林生态系统。继续加强废弃矿山等生态修复治理，有效遏制区域山体石漠化、水土流失、植被破坏等现象。加强森林生态监测，开展森林生态效益评估，加快建设“中国天然氧吧”监测体验区。

建设提升湿地集群。强化湿地生态修复、文化展示等功能，加强对河流、湖泊、溪源等重要湿地的保护，启动东江、西江、中江生态整治。坚持山水林田湖草系统治理，加大水系源头保护和生态公益林管护力度，加强高山沼泽湿地保护和植被恢复，强化自然保护地管理。

第四节　完善生态文明治理体系

强化生态环境保护与执法。落实生态保护红线、永久基本农田保护红线、城镇开发边界，划定生态空间、农业空间和城镇空间。开展环境风险调查与评估，实施环境风险分级、分类和全过程管理，建立健全重点环境风险源分类档案、信息数据库。加强环境监察标准化建设，提升环境监察装备水平，加快基层环境监察队伍建设，不断健全环境监管体系。

健全生态文明治理机制。深化完善生态环境管理体制机制，严格落实地方党委政府生态环境保护主体责任。健全污水、固体废物等处理收费机制，完善地方公益林补偿标准动态调整、水资源和水土保持生态补偿等机制。建立健全规范化环保督察制度和环境保护司法联动机制，完善生态文明长效考核制度、生态环境损害责任追究制。

第八章　全面增进幸福美好获得感

加快基本公共服务均等化、普惠化和便捷化，推动公共服务供给多样化、精准化和智慧化，不断增强人民群众获得感和幸福感，聚力打造更有温度的幸福品质之城。

第一节　努力扩就业促增收

深入实施就业优先战略。全面落实更加积极的就业创业政策，全面拓宽就业创业渠道。深化城乡公共就业服务均等化，落实企业用工监控和失业预防调控机制，确保实现更高质量就业。创新劳动关系协调机制，完善欠薪治理工作机制，促进劳动关系和谐稳定。优化创业环境，深入实施全民创业乐业增收计划，规范发展创业担保贷款，建设创业孵化基地，积极推进农村电子商务创业就业。

扎实做好重点群体就业。加大对退役军人、失地农民、农村富余劳动力、城镇登记失业人员等重点群体的就业帮扶力度，规范公益性岗位开发和管理，稳步增加就业岗位，五年内开发公益性岗位1000个以上。加强高校毕业生就业政策宣传和引导，研究开发适配高校毕业生的就业岗位，完善高校毕业生基层服务保障机制，吸引大中专毕业生来姚就业。

稳步提高居民收入水平。贯彻落实国家收入分配政策，提高劳动报酬在初次分配中的比重，多渠道增加城乡居民财产性收入，扩大中等收入群体。落实最低工资标准调整和企业薪酬调查制度，加强社会保障、转移支付等再分配调节，发挥公共财政兜底功能，促进低收入群体收入较快增长。探索建立先富带动后富、推动共同富裕的工作体系，发挥慈善事业在第三次分配中的作用，让人民群众在共建共享中有更多获得感。加强梁弄、大岚、四明山、鹿亭等老区乡镇基础设施建设，深化特色旅游业、特色农业发展，全力提升老区人民收入水平，打造革命老区共同富裕先行示范区。

第二节　着力完善多层次社保体系

扩面提质社会保险。扩大社会保障覆盖面，实现本市户籍全民参保、企业职工全员参保。健全社保待遇调整机制，推进养老保险、医疗保险制度整合衔接，加大农村社会保障补助支持力度，缩小城乡社会保障待遇差距。稳妥推进企业职工基本养老保险省级统收统支工作，强化社保基金风险管控能力。深化医保支付方式改革，完善异地就医结算机制，落实基本医疗保险纳入全省统筹。加强双拥工作，健全退役军人工作体系和保障制度。

兜底强化社会救助。完善社会救助"一门受理、协同办理"机制与社会救助服务信息平台，做好困难人员信息平台动态维护，确保所有困难群众实现基本医保、大病保险、医疗救助同步即时结算。完善低保管理机制，强化对妇女、孤儿、留守儿童、老年人、残疾人等群体的关爱和服务，全面建成以低保、特困、受灾、医疗、教育、住房、就业、临时救助等基本救助为重点，以多元社会力量参与为补充的大社会救助体系。

全面加强养老服务保障。深化养老服务供给侧结构性改革，建立完善居家社区机构相协调、医养康养相结合的服务体系。完善养老服务基础设施，培育智慧养老、康养联合体等新业态，改造提升特困人员供养服务机构，建设智慧养老机构、智慧养老社区，切实提升机构养老规模和现代化水平。创新养老机制体制和方式方法，打造集助餐助医助行助学等功能于一体的居家养老服务闭环，切实提升居家养老服务能级。

着力完善保障性住房建设管理。构建多元化住房保障体系，稳步推进住房保障对象从以城镇户籍家庭为主，向城乡常住人口延伸。着力培育和发展租赁住房，优化完善公共租赁住房供给服务，研究探索政策性租赁住房规范标准和运行机制，多渠道解决住房困难群众住房问题，推动住房保障由"解困型"向"发展型"转变。

第三节　加快建设教育现代化市

实施教育优先发展战略。均衡配置基本公共教育资源，争创省教育现代化市。扩大普惠性幼儿园建设规模，创建全国学前教育普及普惠市。完善城乡一体的义务教育发展机制，建立城乡教育共同体，稳妥推进民办随迁子女学校优化升级，创建全国义务教育优质均衡发展市。优化高中教育布局，推动普通高中形成"分类办学、特色发展"格局。办好特殊教育，提高学前段和高中段适龄持证残疾儿童入学率，全面促进医教结合。

落实立德树人根本任务。构建德智体美劳全面培养的教育体系和科学评价体系，健全学校家庭社会协同育人机制，广泛开展理想信念教育，加强中华优秀传统文化教育，重视心理健康教育，深化体育固本行动，促进学生全面发展。积极培育体育、艺术、科技、劳动教育特色品牌学校，培育一批校园文化建设示范学校、劳动技能培训试点学校、劳动教育实践基地和研学旅行示范学校（基地）。

推进教育领域综合改革。深化校长职级制改革，完善中小学教师激励体系。强化智慧教育，完善入学信息发布和预警机制，健全随迁子女义务教育积分量化入学制度。深化与国内外优质教育资源的交流合作，布局建设高教园区，加快推进宁职院余姚校区建设。优化职业教育学校布局和专业布点，建设产教融合公共实训基地，打造人工智能、汽车制造等一批特色专业。加快发展"互联网＋教育"，完善老年教育体系，建设终身职业技能培训制度，持续打造学习型城市。加强培训市场综合治理，提升民办学校办学质量。

第四节　优质发展卫生健康事业

推进健康余姚建设。完善卫生与健康促进政策、投入机制，加强卫生健康基础设施和人才队伍建设，提升全方位全周期健康服务水平。深入开展爱国卫生运动，实施全民健康素养提升工程，全面提高红十字、健康教育、残疾康复服务质量，普及全民应急救护知识和技能，推进体教体医融合，着力打造"卫生城市升级版”。深化医疗卫生体制改革，推进分级诊疗体系和医共体内涵建设，推广远程医疗，推动优质医疗资源扩容下沉、均衡分布。

筑牢公共卫生安全屏障。健全市镇村三级公共卫生服务网络，加强专业公共卫生机构基础设施和硬件建设，确保市疾控中心达到国家标准化建设要求。完善慢性病防控体系，加强传染病疫情与突发公共卫生事件监测，构建分级分层、规模适宜、功能完善、平战结合的重大疫情救治体系。健全基层心理健康服务平台，强化心理危机干预和心理援助工作。

提升卫生健康服务品质。强化“名院名科名医”建设，打造市级医院“一院一品”新模式，推进医教研协同发展，力争把市人民医院打造成为三甲医院。全面改善基层医疗机构设施设备，推进家庭医生签约服务和镇村医疗卫生一体化管理。促进中医药传承和创新发展，实施中医药临床优势培育和中医治未病健康工程，发展中医特色康复服务。提升民营医疗机构质量，支持社会力量在医疗资源薄弱区域和短缺专科领域建设非营利性医疗机构，满足群众多层次医疗服务需求。

保障人口均衡健康发展。加强3岁以下婴幼儿照护服务等设施建设，推进各级儿童早期发展示范基地创建，加快构建生育支持体系，打造生育友好型社会，激发二孩生育意愿。建立涵盖婚前、孕前、孕期、新生儿各阶段的疾病筛查、监测和防治体系，提升孕产妇和新生儿危急重症救治能力，加强出生人口性别比综合治理。深化户籍制度改革，简化积分落户政策，完善来姚人员公共服务政策，加快人口机械增长。

第九章　传承打造历史文化名城

深入实施“文化+”战略，凸显历史文化资源优势，加强文化保护、传承、利用，协调文化事业与文化产业发展，建设知名度和美誉度更高的国家级历史文化名城。

第一节　守根铸魂先进思想文化

强化思想道德教育。深入开展学习贯彻习近平新时代中国特色社会主义思想主题教育，全面发挥各级党委（党组）理论学习中心组龙头作用，充分发挥“学习强国”、新时代文明实践中心等平台优势，广泛开展党的创新理论走心工程、“我最喜爱的习近平总书记一句话”等活动，引导带动广大干部群众坚定“四个自信”、践行“两个维护”。实施公民道德建设工程，深化“道德银行”建设，全面提升市民社会公德、职业道德、家庭美德、个人品德。

弘扬核心价值观。把践行社会主义核心价值观与传承创新余姚精神有机结合，促进核心价值观全面渗透到社会生活，全方位覆盖公民道德建设。大力弘扬“四知”精神，丰富和提升“崇文崇德、开明开放、创新创优”新时期余姚精神，突出阳明文化传承和时代价值发掘，激发苦干实干、创业创新的强大精神动力。

提高城市文明素养。高标准、常态化开展文明城市、文明村镇、文明单位、文明家庭、文明校园等各级文明创建，争创新时代文明实践全国范例。提升市民文明素养，开展垃圾分类、文明就餐、文明交通、文明经营、守序排队等文明好习惯养成工程，深化“我们的节日”“文明行动日”“文明乡风”等系列实践活动，树立全体市民自尊自信、开放包容、积极向上的对外形象。

第二节　精准供给优质文化服务

优化文化体育设施配置。优化提升图书馆、文化馆（站）、活动中心、体育馆等文体设施，加快布局科学馆等科普设施，支持文创商店、城市书吧、自助微型图书馆建设，补充配置各类流动科普、文体设施，努力打造城市15分钟科教文化圈。提升公共文化设施信息化水平，建设一批数字图书馆、数字文化馆、数字博物馆。

扩大优质文化产品目录。实施优秀传统文化传承工程，加强姚剧等文艺精品创作，传承弘扬佛雕、木偶摔跤、土布和犴舞等非物质文化遗产，扶持一批有影响力的“非遗”手工技艺作坊和传承基地。实施文艺作品质量提升工程，引导激励高质量精神文化作品创作生产，扩大文艺品牌传播与流量转化，打造更多富有时代性、艺术性、地域性的优秀文艺作品。

加强公共文化服务配送。实施“一人一艺”全民艺术普及工程，积极开展公益性培训服务、演出展览和科技普及活动，升级推出“四明阁天天演”“全民读书节”“四明山电影节”等传统惠民品牌活动，丰富城乡居民文化生活。建立健全政府向社会购买供给服务的体制机制，创新开展各类委托管理模式，提高公共文化体育场所市场化运作水平，促进公共文化提供主体、供给方式的多元化。

第三节 培育发展特色文化产业

推进文化制造业升级。鼓励特色舞台文化装备制造向现代舞台机械设备、新型影院系统、游戏游艺设备等领域转型升级，打造高端文化装备制造基地。实施包装印刷现代化提升工程，加快数字远程打样和纳米技术等新技术在包装印刷领域的应用。利用工业设计、品牌策划等创意手段，加快将文化元素融入文具等特色制造业的研发、设计环节，开发打造余姚特色文创 IP。

推进文化创意产业发展。围绕家电、模具、塑料等特色优势产业，引进培育一批工业设计知名企业，加快发展包装与模型、家电轻工、运动器材等工业设计业。鼓励发展互联网广告、数字媒体广告等新兴业态，培育基于互联网和移动智能终端的动漫、游戏传播运营产业，建设综合制播、海量存储和多媒体分发平台，创新推出“短视频＋电商”“自由视角＋直播”等新媒体电商业态，建设“人、货、厂”全链条新媒体电商基地，全速推进数字文化产业发展。

第四节 传承挖掘优秀传统文化

传承打造史前文化精品。围绕“大运河—海丝之路”文化遗产保护开发，推进浙东运河余姚段等项目建设，高水平保护利用河姆渡、田螺山、井头山文化资源，加快打造河姆渡遗址文化区。推动文化遗迹保护区向文化历史街区、遗址公园、主题小镇和休闲景区转化，开发大众化、个性化、年轻化的史前文化产品，推进线上线下数字艺术展示与史前文化空间设施、艺术相结合，打造史前文化旅游体验精品线路，创建余姚史前文化创意品牌。

传承打造名人文化精品。加大“知行合一”“致良知”等阳明文化传播力度，建设姚江书院、阳明心学基地，扩大阳明文化周知名度和美誉度，进一步树立和展示“阳明故里、心学圣地”城市文化形象。加快推进阳明古镇建设，整合提升府前路文化创意街区、武胜门历史文化街区和龙泉山生态休闲公园，建设沿江文化一条街、文化广场音乐舞台等特色街区，打造文旅融合发展产业基地。

传承打造文化休闲精品。以四明山省级旅游度假区为依托，加快浙东唐诗之路文化带建设，加强革命遗址保护利用，打造“红红火火”IP，丰富红色旅游文创产品类型，发展山地越野、山地自行车等山地运动项目，打造四明山名山公园，打响“红色四明、运动四明、云顶四明”文化旅游金名片。加快发展乡村旅游产业，以横坎头、柿林、中村等特色村落为支撑，建设一批文化主题项目，改造一批古村、古宅、古道，推动生态文旅融合发展。

专栏 7：余姚市“十四五”时期社会民生重点项目
1. 教育科技项目：舜通集团城东校区新建、锦凤小学（原万达小学）新建，姚北实验小学新建、古路头小学新建、城西智能光电小镇小学新建、宁职院余姚校区新建、西站小学（马渚求实小学迁建）新建、高铁国际学校新建、梨洲第二初中新建、梁弄镇九年制学校新建、泗门镇 12 年制学校新建、市一职校迁建、市科学馆新建 2. 文化旅游项目：余姚市公共文化中心、河姆渡国家考古遗址公园、浙东红村横坎头景区旅游开发、天下玉苑景区提升改造、中国电影（音乐）版权服务基地、四明山时光小镇、四明山旅游核心区、梁弄四明山门户区、鹿亭古村落度假体验区、四明山森林特色小镇、东岗山森林度假体验区、胜归山胡公岩景区及周边区块建设、姚东特色果品园、陆埠温泉（梨洲文化）特色小镇、丈亭老街及马渚运河特色小镇 3. 养老卫生项目：市第三人民医院（市精神卫生保健院）迁建、四明山区域综合性医院、余姚前湾新区医院建设（暂定）、市医共体基础设施扩面提升、宁波惟德养老、河姆渡南岸太阳城文旅康养

第十章　系统塑造现代化治理典范

聚焦治理体系和治理能力现代化，全面提高社会化、法治化、智能化、专业化水平，加快建设社会治理共同体，着力打造市域治理现代化典范城市。

第一节　推动“多元共治”

健全基层治理机制。完善党委领导、政府负责、社会协同、公众参与、法治保障的社会治理体制，推进“阿拉一起来”“乡村检察官”等基层社会治理品牌，健全自治、法治、德治、智治“四治融合”基层治理体系。推行“县乡一体、条抓块统”高效协同治理模式，深化“大综合、一体化”行政执法改革，推动各类社会群体参与社会治理，着力构建多种主体共同参与的自治体系。

集成社会治理平台。完善市级平台信息汇聚、综合指挥、事件处置、考核督办等功能，建设集城市管理、公共安全、公共服务、基层自治等功能于一体的社会治理综合信息平台。完善乡镇街道统筹协调管理平台和快速处置机制，深化联合执法管理模式。做实村社基层基础前端平台，深入实施“领雁工程”。做精社情民意感知传达网格，建立健全“网格前哨支部”。

建设新型智慧城市。搭建智慧城市运营管理平台，完善城市智慧交通、智慧教育、智慧旅游、智慧城管、智慧健康以及数字政务等数字化应用系统，实现数据治理、应用开发、场景管理一体化。全面推动新场景设计研发，建立惠企便民场景全流程质量管控体系，提高群众生活便利度和治理效率。完善安全预警监测、综合运行管理、应急调度指挥等功能，构建涵盖城市基础设施安全、城市数据中心安全、城市虚拟社会安全的安全体系。

防范化解社会矛盾。完善重大决策社会风险评估制度，健全信息化智能化决策辅助机制，加强矛盾风险源头预防。坚持和发展新时代“枫桥经验”，加强新时代调解工作，完善诉调、警调、检调、专调、访调等多调联动机制，构建“一中心四平台一网格”上下贯通、左右联动的基层社会治理工作体系，实现矛盾纠纷化解只进一扇门、最多跑一地。健全网络舆情研判导控服务机制，深化“平安网格”建设，提高社会舆情管理水平。培育发展行业协会类、公益慈善类、城乡社区服务类等多元化社会组织，加强社会组织登记、备案、分类监管。

第二节　增强安全韧性

强化社会治安防控。创新完善立体化社会治安防控体系，强化重点行业、领域和环节的安全风险监测预警和隐患排查整改，建立公共安全隐患排查和安全预防控制体系。健全网络安全工作责任制，提高政府和涉密信息系统安全管理水平，保障工业控制系统、信息资源和个人信息安全。强化食品药品安全智慧化监管，加强农产品质量安全源头管理。全面推进全省禁毒示范市创建，着力破解禁毒难题。依法严密防范和严厉打击敌对势力渗透颠覆破坏活动、暴力恐怖活动、民族分裂活动、宗教极端活动。严格落实党管武装制度，完善国防动员体系，强化全民国防教育，全面提高双拥工作水平，巩固军政军民团结良好局面。

强化安全生产监管。完善安全生产责任和管理制度体系、隐患排查治理和风险防控体系，加强重点区域、设施、高危生产企业的安全监管和整治，提高在线监测预警水平，落实重大事故隐患挂牌督办制度，坚决遏制较大及以上安全事故发生。加强风险源头管控，严格控制新设高风险行业功能区，科学设置危险化学品等高风险行业的生产区域、储存场所、经营市场和运输干道。推行安全生产“责任保险＋安全服务”模式，发挥保险机构参与风险评估和事故预防功能。

强化公共安全应急处置。加强应急管理制度建设，健全突发事件快速响应防控、应急救援和高效处置机制，提高应急管理的法治化、规范化水平。强化应急基础设施建设，布局一批应急救援中心及防空设施。发展和整合政府专职综合性消防救援队伍、社会救援力量等各类救援组织，建立应急信息数据库，提升自然灾害、事故灾害、新污染物、公共安全等应急和救援能力。健全防灾减灾救灾机制，完善应急物资保障体系，优化避灾场所和救灾物资储备库布局，提高灾害综合防治能力。

第三节　深化法治建设

完善民主法治。支持人大及其常委会依法行使各种权利，健全对“一府一委两院”监督制度，支持人民政协参政议政，健全与人大代表、政协委员沟通对接机制，落实多渠道、多层次民主协商制度，主动接受人大政协监督。依法保证全体社会成员平等参与、平等发展的权利，保障公民的选举权和被选举权等民主政治权利。完善大统战工作格局，充分发挥各民主党派、工商联、无党派作用，扎实做好民族宗教工作，优化港澳台海外统战工作机制，促进政党关系、民族关系、宗教关系、阶层关系、海内外同胞关系和谐。健全完善“一肩挑”后村社组织运行机制，加强村民自治，推进基层民主建设。

维护司法公正公信。深化司法体制综合配套改革，切实提升司法的权威性和公信力。全面落实司法责任制，充分发挥人民陪审员作用，完善员额法官、员额检察官动态管理制度，推广基层公安机关检察官办公室“双轨”工作模式，完善刑事、民事、行政、公益诉讼等检察监督体系，坚决排除对执法司法活动的干预。构建诚信诉讼规则体系，完善防范和打击虚假诉讼长效机制。

深化法治政府建设。深入学习贯彻习近平法治思想，积极开展法治政府示范创建，高标完成乡镇街道合法性审查全覆盖标准化建设。完善政府法律顾问制度，严格执行重大行政决策程序，提高依法科学决策水平。创新行政执法体制，加大食品药品、市场价格、公共卫生、安全生产、资源环境和城市治理等领域综合执法力度，落实行政执法公示制度、执法全过程记录制度和重大执法决定法制审核制度，加强“双随机、一公开”监管，提高公开公正文明执法水平。强化对行政权力的制约监督，自觉接受民主监督、司法监督、社会监督和舆论监督，加强行政监督、审计监督，全面建设“清廉余姚”。

第十一章　全力保障规划组织实施

坚持党总揽全局、协调各方的领导核心作用，科学制定政策和配置公共资源，注重规划体系统一协调，强化纲要实施的组织保障、项目保障和要素保障，确保规划有效实施。

第一节　坚持党的全面领导

加强党的全面领导，坚持党总揽全局、协调各方的领导制度体系，把党的领导落实到经济社会发展的各领域全过程。完善党委研究经济社会发展战略、定期分析经济形势、研究重大方针政策等议事决策机制，提高党把方向、谋大局、定政策、促改革的水平。全面推进党政机关整体智治，完善争先创优工作机制，推进中央宏观决策、省市中观实施、基层微观落地全线高效贯通。坚持新时期好干部标准，提升领导班子和干部专业化水平，加强培养年轻干部，激励党员干部勇担当善作为。坚持党的群众路线，注重发挥工会、共青团、妇联、科协、工商联等群团组织桥梁和纽带作用，创新群众工作机制和方式方法，激发全市人民建设美好家园的积极性，共同推动规划有效实施。

第二节　加强规划衔接和统一管理

统一规划体系，完善规划管理，健全规划衔接协调机制，巩固和提升发展规划的战略统领地位，各类专项规划、区域规划、空间规划须依据发展规划编制，保障重大战略任务、重大平台、重大项目落实落地，确保全市发展“一盘棋”。强化规划编制程序到位，严格落实规划编制目录清单管理制度，规范开展规划起草、论证、审批和发布，深化要素保障、目标设置、风险防范等重大问题论证，落实公众参与和专家咨询工作机制。

第三节　强化规划实施和监测监督

制定余姚市国民经济和社会发展第十四个五年规划和二〇三五年远景目标纲要的分解落实方案和行动计划，明确工作职责。建立健全产业政策、财政政策、土地政策等协同保障机制，市相关部门要制定财政、土地、用海、排放、能耗等资源要素保障方案，优先保障发展规划确定的重大任务和重大工程。加强对重大项目、重大工程地监察和定期跟踪分析，根据形势变化和规划执行情况，适时进行调整。建立健全规划纲要指标体系的统计和评价制度，对预期目标、指标和任务等实施情况开展定期评估。推进规划实施的信息公开，健全政府与企业、市民的信息沟通和交流机制，自觉接受人大、政协和社会监督，提高规划实施的透明度。规划实施情况纳入各级领导班子、领导干部考核评价体系。

专 记

党史学习教育

根据中央和省委、宁波市委部署，余姚市立足革命老区和重要回信地的政治担当，切实提高政治站位，赓续红色血脉，精心部署谋划、强化统筹推进，营造浓厚氛围，交出一份“学党史、悟思想、办实事、开新局”的高分答卷。

在宁波市委第七巡回指导组的精准指导下，余姚市参加党史学习教育单位共95家，包括74家市直单位、21个乡镇街道，覆盖党组织3964个、党员69035人。余姚作为唯一县级市代表，出席全国部分省市党史学习教育领导小组办公室负责人座谈会并作交流发言。形成“四明红路　薪火相传”党史现场学习教育等先进做法和经验，首创党史学习教育六大长效机制，被省委宣传部领导批示肯定。累计编发本级简报83期，向上报送信息280余篇，《不忘嘱托　知行合一　让革命精神薪火相传》在中央党史学习教育简报刊发，《余姚市梁弄镇牢记重要嘱托以学悟党史推动革命老区高质量发展》《余姚市构筑长效机制保障党史学习教育行稳致远》分别在省党史学习教育简报和浙江宣传单篇刊发。在上级简报刊发信息39篇，获得批示3次。在《人民日报》、央视新闻频道、新华社、光明网等中央主流媒体共刊发报道283篇，推进党史学习教育做法被《人民日报》报道，《学党史　办实事　推进革命老区乡村振兴》被央视《新闻联播》报道。市司法局“意定公证”被央视社会与法频道《夕阳红》报道，“道德银行”3.0版入选省党史学习教育百法百例，“双下沉、大联动，阿拉一起来”被评为宁波市“三为”实践活动十佳实践案例。

一、坚持守正创新，高标准落实中央部署

一是迅速启动。中央党史学习教育动员部署会之后，第一时间和省委宣传部、宁波市委宣传部进行对接，连续召开两次座谈会研究工作，市委常委会于3月2日专题审议并通过实施方案。省、宁波动员部署会之后，于3月4日在宁波县（市、区）中率先召开动员部署会，至3月中旬，所有乡镇街道和市直部门完成动员部署，至3月底，303个村（社区）全面完成部署。二是系统谋划。把余姚元素充分融入实施方案，设计一系列具有余姚特色的学习载体，安排“我在重要回信地学党史”专题学习、“真理光芒耀四明”专题宣讲、“百年交响　激荡姚江”专题宣传教育、“知行合一践初心　我为群众办实事”专题实践、专题组织生活会和民主生活会五大板块特色活动。同时，对革命遗迹遗存、革命文物、革命故事等红色资源进行系统梳理。三是完善机制。成立市委书记任组长、分管领导任副组长的领导小组，明确书记为第一责任人，及时成立党史学习教育领导小组及办公室。四是加强巡回指导。组建10个巡回指导组，明确8项重要工作职责、28项工作要点，每月发布巡回指导工作指引，先后两次召开巡回指导工作座谈会。总结党史学习教育巡回指导实践经验，首创《余姚市党内集中教育活动巡回指导工作办法（试行）》，总结出开展巡回指导的“听、谈、查、评、督”5步工作法，为开

展党内集中教育巡回指导工作提供参照。五是开好专题组织生活会。市委专门部署相关工作，党员市领导和各级党员领导干部均以普通党员身份参加所在党支部专题组织生活会。会后全市各党支部，紧扣上级点评、党员群众批评和自身查摆的问题，列出清单，明确整改任务。同时，首创《余姚市党支部组织生活会实施细则（试行）》，打造全流程闭环机制。

二、坚持深学细悟，扎实推进学习研讨

一是重温重要回信精神。抓好对重要回信精神进行再学习、再领悟、再落实，开展重温“习近平在浙江”专题学习活动，召开“重温重要回信精神 推进革命老区共同富裕”理论研讨会，编制完成《余姚市深入贯彻习近平总书记重要回信精神加快打造革命老区共同富裕先行示范区行动方案》，实施四明红锋引领、强村富民增收等九大工程。二是实现全员覆盖。发挥各级党委（党组）理论学习中心组的龙头作用，用好指定教材及《中共余姚地方史》简读本等特色教材，及时跟进习近平总书记关于党史学习教育最新重要讲话，市委理论学习中心组开展专题学习17次，全市各级党委（党组）理论学习中心组等开展集中学习1700余次，组织专题研讨1000余次。充分发挥新时代文明实践中心（所、站）、“周二夜学”、主题党日、“学习强国”等平台载体作用，在全市3900多个基层党组织、6.9万名党员中掀起党史学习热潮，实现全覆盖。制定党组织、党员干部党史学习教育“双十”责任清单，确保以正确的党史观开展学习教育；下发党史学习教育应知应会知识要点，并开展测试，检验学习成效。三是用好红色资源。注重红色遗迹的修缮保护和红色陈列场馆的新建，累计投入1.5亿元修复陆埠孔岙中共浙东临委成立旧址等3处红色革命遗迹，新建新四军浙东游击纵队军史陈列馆、泗门党史馆、大隐“浙东临委驻地”陈列馆、临山党史馆等场馆。在此基础上，积极开展沉浸式、体验式党史学习活动，将23个爱国主义教育基地串点成线，打造“中国红村行”“姚江红史汇”“四明初心路”“姚西寻胜迹”“滨海撷史贝”5条经典红色线路，组织开展“忆峥嵘岁月 走红色之路”党史现场教学活动，研发推出6条“学百年党史”系列红色旅游精品线路，配套推出“穿一件军服”“走一程长征路”“当一回红色主播”等“十六个一”教学与体验产品，游客累计达40万人次。举办“百年交响 激荡姚江”余姚革命文物（图片）巡礼活动，组织全市6.9万名党员分批次参观，梳理全市革命遗址，制作发布《余姚红色地图》等，充分发挥革命文物、红色遗迹党史教育“活教材”的作用。同时，下发《关于进一步加强和改进全市爱国主义教育基地“建、管、用”工作的意见》，进一步完善爱国主义教育基地在党史学习教育中的重要作用。四是破解学习难点。坚持“一把钥匙开一把锁”，组织召开专题座谈会，下发《关于加强“流动党员、两新组织党员、老弱病残党员”党史学习教育的通知》，针对不同党员群体细化具体措施，通过组织共建、活动共办、资源共享等方式方法，完善两新党组织、流动党支部党建制度，实现党员学习阵地、学习平台和学习资料共建共享，开展写一封红色家书、拍摄一段建党百年祝福视频等为主要内容的“十个一”红色快递活动；创新开展党课直播。积极推动机关党支部、年轻党员和流动党员、两新组织、老弱病残等群体党员结对“互帮共学”。制定出台《关于进一步加强基层党员学习教育的意见》《关于在党员干部培训中加强党史学习教育的通知》两个长效机制文件。

三、坚持出新出彩，精心组织宣讲宣传

一是推动宣讲主体多元化。成立市、乡镇街道、村（社区）三级党史宣讲团250余个，组建“市委六中全会精神宣讲团”，下设200余支小分队。汇聚老党员、老战士、先进典型、新时代好少年、劳模工匠和四明女儿等多元宣讲力量，在不同领域不同场合结合亲身经历讲好党史故事。组建以“80”“90”“00”青年宣讲员为骨干的“舜江青语”理论宣讲联盟，积极开展“六进”活动，完成21个乡镇街道全覆盖；全市开展各类党史宣讲超3000场次，线上线下受众累计400余万人次。深入开展党的十九届六中全会精神“六讲六做”，实施“百千万”系列宣讲行动，累计达976场次。二是推动宣讲平台全媒化。充分利用多元传播手段打造全媒体宣讲平台，开展“云宣讲”活动。利用“舜江快播”网络宣讲品牌栏目，策划制作“党史六分钟”系列原创宣讲微视频，“党史六分钟”“老赵讲理论”“阿东讲红色故事”等子栏目，推出党史宣讲微视频60余个，累计点击量超300万人次。“舜江快播”入选中央文明办《建设新时代文明实践中心工作方法100例》；运用数字技术手段，制作党史学习新媒体互动产品，推出“百年百问”网络

党史知识竞赛；整合全市党政机关微信公众号、姚界App、余姚新闻网等媒体资源，搭建传播矩阵联动推送各类党史主题视频。三是推动宣讲场景多样化。组织“草帽子说唱团”、“小板凳宣讲团”、“乡音”宣讲团、“曹娥青年说”等各具特色的基层“草根”宣讲团队，深入各种生活场景，采用“三句半”“姚剧”“乡音”“rap说唱”等形式，开展“接地气、沾土气、冒热气”的面对面宣讲，其中“草帽子说唱团”被新华社、人民网等中央媒体聚焦报道。四是创新开展文艺宣讲。组织开展革命题材姚剧《童小姐的战场》展演活动，首映余姚本土首部红色题材电影《突围》，共计观看1万余人次。充分运用红色素材，创作姚剧《小村》、广播剧《嘱托》、歌曲《巍巍四明山》等文艺作品。积极开展红色主题文化活动，开展“一人一艺”传唱中共十九届六中全会精神活动。五是营造浓厚氛围。整合各类媒体资源和平台，在重要版面、时段、页面联动推出“百年交响　激荡姚江”专题专栏，累计推出各类报道731篇（条）。强化与上级权威媒体的选题对接，在《浙江日报》等省级媒体推送报道241篇（条），新华社“讲好党史故事　走进首站余姚梁弄横坎头村”现场云浏览量超过110万人次，位列该周新华社现场云直播浏览量全国前五。4月22日，浙江卫视大型人文节目《还有诗和远方·诗画浙江》到余姚制作专题节目，聚焦余姚红色文化，形成强大传播效应。精心策划“Show余姚”主播团打卡爱国主义教育基地新媒体传播活动，综合运用漫画、音频、视频、H5等新媒体形式，在网上宣传讲述红色故事、传承红色基因；“姚界”客户端推出红色胜迹电子地图，引导网民线上云游全市21个乡镇（街道）的红色景点。

四、坚持精准有效，用心解决群众难题

一是开展项目化推进。制定“知行合一践初心，我为群众办实事”专题实践活动项目化清单，明确十大民生实事等11项专项行动57项重点任务责任人、时间表，各乡镇街道制定当地实践活动项目化清单200余项，重点解决人居环境改善、生态环境保护、推动乡村振兴、产业发展等方面。同时，打响为民服务品牌，开展“知行合一践初心，我为群众办实事”专题实践活动“十佳实践案例”评选活动。二是突破重点领域。深化“四送一增强”专项行动。推出万名干部联万企“服务卡”，向企业输送审批服务专员等“四大专员”，为企业解难题5460件、为基层减负担1716件。首创“拿地即开工”模式等，重点打造“红小西”党建特色示范街区，建成商业发展和党建元素有机结合的精品街区；投入1.5亿元，实施老旧小区改造；全力打造“城市大脑”，上线全省首个政务服务2.0事项“一网通办”自助服务终端；研发文明城市创建场景应用，并入选全省宣传文化系统首批重点应用。三是着力解决“一老一小”难题，开展AAAAA级居家养老服务中心建设，启动500余户老年人家庭适老化改造；推进“医养结合”工作，全面推广“医养小屋”；开展“滴滴养老”智慧综合服务平台试点，为老年人提供线上“点菜式”服务；提升托育照护能力，建成19个婴幼儿照护服务站点，构建婴幼儿照护“15分钟服务圈”；发挥志愿者作用，完成山区73户困境（留守）儿童家庭改造。四是推进“联六包六”工作法。以“党员在身边、温暖千万家”为主题，组织3万多名农村党员和周围群众结成对子，结合“上门入户访民情　办实事”实践活动和低收入农户“一户一策一干部”结对帮扶活动，做到“走村不漏户、户户见干部”，收集民情信息2万余条，基本当场解决，推广“锋领前哨”百姓微信群，推进“码上办”。同时推进“小板凳”工作法、“村民说事”“民情诊所”等做法，为群众办实事24564件。五是发挥党员志愿服务作用。出台《关于全面深化推行“姚·先锋”党员志愿服务的意见》，进一步完善党员志愿服务机制。发挥新时代文明实践中心（所、站）平台作用，动员党员把志愿服务送到基层农村，广泛开展“机关干部齐上阵，清洁家园我先行”“一扫七治”等主题志愿服务活动，组织机关干部深入联系结对村，开展清洁生活垃圾、清洁基础设施、清洁荷塘水岸、清洁乱涂乱贴等，全市机关干部累计下村（社区）9000人次，协助建设干净、整洁、有序的人居环境，深化“文明出行劝导”“传递文明，全民在行动”等志愿服务，结合“党员志愿服务月”“点亮微心愿”等载体，开展文明城市创建、平安夜巡、上门服务老年人等志愿服务。同时，广大基层党组织自觉组建各类党员“突击队”“抢险队”“冲锋队”，成功防御台风“烟花”“灿都”，打好疫情防控硬仗。

（市党史学习教育领导小组办公室）

抗击台风“烟花”“灿都”

基本情况

2021年入汛以后，余姚市主要受到台风“烟花”“灿都”的严重影响，2个台风都带来了极强的降水，全市2次启动防台风Ⅰ级响应。其中台风“烟花”出现“5个超历史”（台风影响时长超历史、过程雨量超历史、沿海潮位超历史、江河水位超历史、水利防台全面考验超历史）的不利条件。

6号台风“烟花” 1.降雨极大，全市平均过程雨量572.2毫米（7月20日8时至7月28日8时），单站最大为四明山镇梨洲站，过程雨量1007.5毫米，全市84个雨量测站超过500毫米的站点54个，超过800毫米的站点16个，超过1000毫米的站点1个；2.水位极高，姚江干流余姚站最高水位3.53米（7月26日9时10分），超“菲特”最高水位（3.40米），为历史最高水位，超警戒水位1.43米（警戒水位2.10米，超警戒131小时），超保证水位0.93米（保证水位2.60米，超保证95小时），四座大中型水库最高水位均超汛限，其中四明湖水库最高水位17.32米（7月27日9时20分），梁辉水库最高水位46.38米（7月28日8时35分），陆埠水库最高水位47.24米（7月26日5时55分），双溪口水库最高水位66.80米（7月27日23时10分）；3.“风、雨、潮”三碰头，“烟花”影响期间，恰逢天文大潮，沿海高潮位长时间顶托，给河网排水带来较大压力。

14号台风“灿都” 1.降雨较大，全市平均过程雨量251.8毫米，单站最大为华山站，过程雨量477.0毫米，单站超过300毫米的站点28个，超过350毫米的站点17个，超过400毫米的站点10个；2.水位较高，姚江干流余姚站最高水位2.92米（9月13日19时30分），超警戒水位0.82米（警戒水位2.10米，超警戒36.5小时），超保证水位0.32米（保证水位2.60米，超保证16小时），四座大中型水库蓄满未泄，对上游来水实行全拦，共拦蓄水量4358万立方米，有效减轻河网行洪压力。

指挥调度

全市按照市委、市政府和市防指统一部署，扎实做好防台各项工作，重点抓好实时监测预警、调度河网水库、开展抢险服务、实施隐患排查，全力保障人民群众的生命财产安全。特别是城区包围工程、四明湖下游河道整治工程等一系列水利工程在防御台风中发挥了明显成效。

全体动员提前部署 针对台风“烟花”和“灿都”，提前预警研判，做足应急准备，市委、市政府主要领导和其他四套班子市领导靠前指挥，全部下沉乡镇检查指导防台工作，并第一时间成立了抢险救援、监测预警、后勤保障、舆情应对等11个市级层面的应急工作组，集结部署救援队伍32支，提前部署落实发电机、水泵、卫星电话等“三大件”及冲锋舟、沙袋、手电筒、救生衣、食品等各类物资，全市机关党员干部均进岗在位、一线作战。

加强水雨情监测预警 严格落实24小时值班制度，及时跟踪掌握台风动态，密切监视水雨情、工情，及时发布预警信息，转发上级传真电报；加强水旱灾害防御中心软硬件的运维工作，确保监测预警平台及电话传真的正常运作。台风“烟花”和“灿

7月，党员干部支援河姆渡镇抗击台风“烟花”（曾亮／摄）

都”期间，全市共启动防汛防台Ⅰ级响应2次，通过OA系统、传真、浙政钉等平台发出灾害天气预警信息单138份，调度通知单29份，风险提示单15份，防汛防台工作简报21期，通过短信预警平台发布工作动态短信、水雨情预警短信1000多批次，共10万余条。

科学调度水库河网 根据气象预报及实时水雨情等信息，对水库河网实施科学调度。“烟花”期间，一大三中水库共完成预泄1845万立方米。强降雨发生后，4座大中型水库及小型水库全力拦洪错峰，减轻下游河（溪）道的防汛压力。河网方面，平原河网共排泄水量9884万立方米，其中蜀山大闸排水7576万立方米，临海浦新闸及陶家路新闸累计排水2308万立方米。强排泵站方面，泗门泵站累计排水1360万立方米。“灿都”期间，一大三中水库共完成预泄1770万立方米，小型水库完成预泄205万立方米。河网方面，平原河网共排泄水量9323万立方米，其中蜀山大闸排水7470万立方米，临海浦新闸及陶家路新闸累计排水1853万立方米。

做好山洪灾害监测预警 加强对全市山洪灾害监测预警设备和防御责任人的巡查检查，确保预警全覆盖、无遗漏。落实全市289名水库山塘巡查员，并对小流域山洪等风险区进行风险排查，及时排除隐患，为人员安全转移工作打牢基础。落实107名地质灾害群测群防员，推广使用“地灾智防”App，实现日常工作信息化管理，加强全市180处地质灾害隐患点和不稳定斜坡巡查排查。启用全市235个避灾安置场所和78家临时安置点，切实做好人员转移工作。2021年汛期总受灾人口146532人次，紧急避险转移人口3401人次，紧急转移安置人口118737人次，其中集中安置人口34649人次，分散安置人口84088人次。

灾害损失

2021年汛期，余姚市农作物受灾面积9305.40公顷，其中粮食作物受灾面积6566.76公顷。农作物成灾面积5764.53公顷，其中粮食作物成灾面积4101公顷。农作物绝收面积1211.72公顷，其中粮食作物绝收面积778.52公顷。林地受灾面积1546.5公顷，水产养殖受灾面积700.32公顷。直接经济损失235556.05万元，其中农林牧渔业损失28573.53万元，工矿商贸业损失95011.76万元，基础设施损失100466.03万元，公共服务损失2927.03万元，房屋及居民家庭财产损失7720.8万元，其他损失856.9万元。一般损坏房屋户数104户，其中一般损坏农房户数101户。一般损坏房屋间数147间，其中一般损坏农房间数143间。

（胡伶俐　韩烨）

抗击新型冠状病毒肺炎疫情

2021年，全市继续毫不放松、从严从紧抓好新冠肺炎疫情防控工作，严格落实“外防输入、内防反弹”的疫情防控策略，强化平战结合、精准施策，压实压紧疫情防控“四方责任”。年内，在做好常态化疫情防控工作的基础上，做好冬春季和春节期间、市“两会”、中高考、中东欧国际博览会、机器人峰会保障等疫情防控保障工作，尤其是面对镇海、上虞等毗邻县（市、区）的突发疫情，迅速反应、果断行动，在最短时间内控制风险源、切断传播途径，经受住了大战大考，确保了本土疫情零发生。12月，全市200名核酸采样医护人员和21名核酸检测人员前往镇海区支援疫情防控工作。12月12—20日，针对上虞疫情，余姚市对毗邻上虞的乡镇街道先后开展三轮大规模核酸检测，共采样80余万人次，检测结果均为阴性。

年内，为进一步完善疫情防控应急指挥体系，坚决打好疫情防控攻坚战，实现“四个确保一个力争”的疫情防控工作总目标，在原有基础上新建立余姚市核酸检测、流调溯源、农村疫情防控、疫苗接种、铁路疫情防控等工作专班。

完善医疗救治体系

年内强化发热门诊（诊室）建设，全市共设立发热门诊4个（各医共体牵头医院）、发热诊室21个（市三院、各医共体分院），各医疗机构通过规范和细化发热病人接诊、筛查、留观、院内转诊工作流程，确保所有来院患者经预检分诊后再就诊。市人民医院配置有独立方舱CT。各医疗机构通过组织院感等专家开展定期督查，督促各医疗机构加强“小门”管理，落实“亮码、测体温、戴口罩”工作。进一步加强院感防控，加强佩戴口罩、手卫生、环境通风和物表消毒管理，严格落实“两员两监督一巡查”制度，组建余姚市院感管控工作专班专家组，建立对医疗机构每月一督查，每季全覆盖的院感管控制度，坚决筑牢院内零感染底线。

全市有救护车24辆，其中负压救护车6辆，上报三年采购计划（每年新增5辆负压救护车），在采购中。市人民医院作为新冠肺炎救治定点医院，有传染病病床35张，负压病床2张，重症监护病床（负压）4张、传染病专用血透室9间，无负压手术室和负压分娩室。年内仍在建设中的市人民医院感染综合楼，总建筑面积9960平方米，建成后有传染病病床100张，负压病床20张，重症监护病床（负压）7张、负压手术室2间、负压分娩室1间。强化设施设备配备。4家医共体牵头医院均设置24小时开放的发热门诊，其中市人民医院、市第四人民医院配备独立CT，各医疗救治医院均配足配齐急救、抢救、重症救治、监护、检测等仪器设备，发热门诊所有患者均进行核酸检测，4～6小时内出具核酸检测报告。全市配备ECMO1台、呼吸机130台、监护仪1044台。设置有市人民医院急救点和市妇幼保健院急救点两个洗消区。强化医疗物资储备。各医疗机构做好医用耗材、药品、防护装备、消毒用品等储备工作，建立物资储备清单，实行物资动态储备，要求物资储备量应满足医疗机构满负荷运行30天需求。市卫健局建立医疗应急物资储备库，确保储备充足，调配渠道畅通。

抓好重点人群精准防控

2021年，全市坚持“早发现、早报告、早隔离、早治疗”，加强“闭环＋监督”管理，做到科学防控、精准防控。对入境人员，在严格落实“14+7+7”健康管理措施基础上，5月10日开始增加“点对点”闭环转运机制，对省内结束14天集中隔离的由余姚市专车“点对点”闭环转运，核酸检测结果阴性的纳入社区居家健康观察。对省外解除隔离的入境人员，由余姚市做好省内交通站点至余姚的闭环转运工作。全年累计对1000余名入境人员实施健康管理。同时，第一时间向社会更新全国中高风险地区及分类管控要求，成立了区域协查管控专班，第一时间接收处理下发的涉疫风险人群数据，充分发挥基层网格作用，切实强化涉疫重点人群健康管理和核酸检测工作。此外，积极开展健康教育宣传，倡导“戴口罩、勤洗手、一米线”等良好卫生习惯，确保常态化防控措施不放松。不断推进数字化改革，配合数字政府系统建设，打造常态化疫情防控应用，进一步推进完善“源头查控＋硬核隔离＋精密智控”疫情防控机制。

按要求做好病例流调、疫点消毒、密切接触者排查管理。截至年末，全市未报告新增新冠肺炎病例，共排摸、集中隔离密接和次密接8人，均按规范要求做好健康管理及核酸检测工作，检测结果均为阴性。

加强集中隔离能力建设

全市共设置集中隔离点46处，可用房间2820间，按第七次人口普查全市常住人口125万人计算，达到22间／万人。截至年末，共有启用集中隔离点12处，可用房间1178间，使用112间，集中隔离114人。已启用的集中隔离点严格按照上级要求设置，交通便利，有独立空调和卫生间，有独立化粪池，内部能按照生活区、物资保障供应区和隔离医学观察区等相对分区，有保证生活的基础设施、通风条件。配备有专职医生、护士、公安以及消杀人员，按照100个隔离房间原则上不少于30人的标准配备工作人员（含部分轮班、备班人员），其中医务人员的配备与实际隔离对象比例不低于2∶50，驻点所有工作人员均经过培训，并完成新冠病毒疫苗全程接种。同时，开通心理咨询热线微信群提供24小时心理疏导服务。隔离场所每天对走道、楼梯、公共卫生间等公共区域进行1次消毒和1次垃圾清理。每次执行转运任务后及转运下一批隔离对象前，对转运车辆实施严格消毒。所有垃圾均装入黄色医疗废物垃圾袋内，并按医疗废弃物管理要求消毒后每日定期集中回收处理。加强对集中隔离场所工作人员和环境的日常监测工作，工作人员工作周期轮值前48小时均进行1次核酸检测；工作期间每2天进行1次核酸检测；居家健康观察期第3天和第7天再各进行1次核酸检测。同时，每周采集不少于20份的集中隔离场所环境样本进行检测。

提升核酸检测能力

市人民医院、市中医医院、市妇幼保健院、市第四人民医院、市疾病预防控制中心等5家市级医疗卫生健康单位均具备核酸检测能力，全市有核酸检测扩增仪

21台，日理论最大检测量（单人单管、战时）21000份。与技术能力满足应对疫情要求的第三方检测机构（杭州迪安）签订协议。对宁波阳明医学检验实验室有限公司的PCR实验室进行实地考察，并上报宁波临检中心审核。完成市妇幼保健院老院区门诊楼方舱实验室拟征用场地现场踏勘初评。全市各级各类医疗机构完成采样人员库组建3246人，其中核酸采样机动队共510人。核酸检测持证人数83人，另有134人通过省PCR岗位培训考核，成立市核酸检测机动队1队、30人。先后开展新冠病毒核酸采样操作技能、核酸检测操作技能大练兵大比武，通过理论和实操综合培训，进一步提升医务人员相关业务技术水平，全年累计开展核酸检测培训92场次、26721人次。全市设立医疗机构核酸采样点24个，覆盖全市22个乡镇（街道）（中意宁波生态园），大规模核酸采样点911个。截至年底，全市累计核酸检测2113018人次。

1月29日，全市大规模社区核酸筛查应急演练在21个乡镇（街道）采样点同时开展，1小时内合计完成了4200人的采样工作。8月27日上午，在凤山街道穴湖村开展大规模核酸检测实战演练，是全市首次开展不打招呼、不设脚本、不念台词的仿真演练。演练在3小时内完成了近800人次的采样。11月30日，余姚市在河姆渡镇9个村组织开展大规模社区核酸筛查应急演练。17个采样点在1小时内按1∶1单检完成了1789人次的采样任务。

持续加强城市新型冠状病毒核酸检测组织实施能力建设，继续完善网格管理、培训考核督导、应急演练、指挥调度、物资储备、采样能力、转运能力、规范医疗废物处置等方面工作。扎实做好医疗机构工作人员定期核酸检测工作，在全市医疗机构启用重点人群核酸检测监管系统，做好人员维护。做好全市全员核酸采样应急准备工作，启用采样人员梯队储备，各医共体、市三院根据上级要求做好四梯队采样人员储备，总共750人。同时，疫情形势，在持续做好应检尽检重点人员定期核酸检测工作的基础上，开展其他重点人群核酸抽检工作。各乡镇（街道）、中意宁波生态园以实战适用原则，科学调整完善大规模核酸采样点，会同辖区医共体分院做好点位设置、人员安排、岗位培训等相关工作。

10月，制定《余姚市全域全员新冠病毒核酸检测应急预案》，要求根据实际情况制定分级应对措施，迅速统筹调配各方资源，确保在24小时内完成全员核酸检测任务。

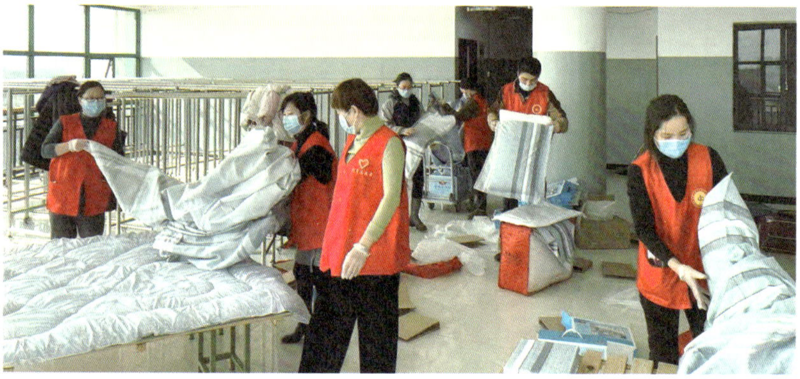

◎ 8月27日，凤山街道穴湖村组织开展大规模核酸检测实战演练
（市交通运输局　供稿）

做好新冠病毒疫苗接种工作

全市按照省、宁波市、余姚市防控办统一部署，坚持预防为主，落实属地责任和行业责任，加强疫苗安全性、有效性的科普宣传，科学有序、积极稳妥推进目标人群疫苗接种工作。全市共设有17个新冠疫苗方舱接种点，2个企业临时方舱接种点，4个接种门诊（大隐、四明山、鹿亭、大岚），为全市广大群众提供安全规范的接种服务，按要求做好信息登记报告，严格执行“三查七对一验证”，确保疫苗全流程可追溯，并妥善做好疑似预防接种异常反应的监测报告和医疗救治保障工作。余姚“全市17个方舱式接种点将‘火力全开’”被中央电视台新闻频道报道。截至12月31日，全市12岁以上人群累计第一针剂接种12007391人，全程接种1163122人；3～11岁人群累计第一针剂接种100430人，全程接种86046人；60岁以上人群第一针剂接种179572人，全程接种175099人；80岁以上人群第一针剂接种6798人，全程接种6212人；18岁以上人群加强免疫接种134765。

加强流调消杀队伍建设

市公安局、市卫生健康局、市大数据局联合组建病例流调组3支、10人，密接流调组7支、27人，各乡镇（街道）及属地派出所联合组建次密流调组21支、67人，全市所有村（社区）均落实至少1名流调协管员，计

356人，切实做好乡镇（街道）流调溯源和应急处置等工作。市级层面安排转运专车3辆，由市第三人民医院落实每车1位随车医务人员，实行24小时待命，乡镇（街道）均落实转运专车1辆，做好应急转运准备。

做好进口冷链食品“物防”闭环管理

不断完善进口冷链食品“物防”闭环管理机制，加强冷链食品预防性全面消毒工作指导评估，规范开展物品、人员、环境新冠病毒核酸日常监测。落实“四早”措施，坚持及时发现、快速处置、精准管控、有效救治，有力有序有效处置可能发生的突发疫情。加强全市冷链食品从业人员的健康管理工作，严格落实直接暴露人员每周核酸检测1次，间接暴露人员每28天检测1次，监管仓直接暴露人员每2天检测1次，非直接暴露人员每7天检测1次的检测频次要求。同时，对农批市场、商场超市、餐饮单位等进口冷链食品经营场所开展常态化检查，对不符合规范的责令整改，并开展相关演练。年内，妥善处理了涉疫食品流入余姚事件，第一时间进行全面排查和处置。

3月1日，为贯彻做好冷链食品“物防”工作，在余姚设立联海（第三方）集中监管仓，冷库容量1万吨，对进入余姚市储存、加工（分包）、销售的进口冷链食品，不能提供入关环节消毒证明或省外规范化核酸检测和消毒证明的，运抵联海仓，进行核酸检测和预防性全面消毒。10月1日，设立联海进口冷链食品专业核酸检测站，对已取得外省或口岸环节规范化核酸检测和消毒证明的，到联海专业核酸检测站进行核酸检测。同时，联海仓完善落实各项疫情防控措施。严格落实进口冷链食品管控，落实核酸检测和预防性全面消毒，委托有资质的第三方核酸检测公司和消杀公司根据冷链食品分级分类处置操作规范和消毒评价指南等要求，对进口冷链食品进行核酸检测和预防性全面消毒，聘请第三方评估机构每周对消毒效果进行评估，市疾控中心每月2次对消毒效果进行飞行检查确保消毒效果合格。落实从业人员管控，直接接触人员每2天核酸检测，实施“集中居住、封闭管理、点对点转运”，非直接接触人员每周2次核酸检测；严格实施作业人员工号管理制度，进一步提高个人防护能力。截至年末，联海仓累计入仓进口冷链食品36611.79吨，出仓近33559.46吨，未检出阳性样品。

加强宣传引导工作

充分利用多种有效手段和方法，通过健康传播、行为干预，使广大群众了解新冠肺炎基本知识，掌握预防疾病的方法，增强自我防护意识。制定《余姚市防治新型冠状病毒健康教育方案》和《新冠防控指导手册》。制作新冠接种画报2000余份。制作公共自行车车棚、灯箱广告覆盖全市200个点。积极利用传统媒体和新媒体，广泛通过《余姚日报》，《姚江桥头》《健康随行》等栏目，“余姚发布”“健康余姚”“余姚疾控”等微信公众号进行疫情防控工作宣传。充分利用乡镇、村级广播、数字电视、落地广告牌、宣传横幅等平台进行健康科普。此外，通过移动、联通、电信三大运营商也对全市手机用户发送防控防疫提醒短信。

（市疫情防控工作领导小组办公室）

胜陆公路建设纪实

G228陆埠互通及S319丈亭互通建设工程（简称胜陆公路余姚段）北接胜山至陆埠公路（横河—余慈界段）工程，南接杭甬高速陆埠互通，全长9.218千米，项目主路采用双向六车道一级公路标准进行设计建设，路基宽33米，设计速度80千米/时，全线控制出入。共设互通立交3处；隧道1处，长1130米；桥梁6座，其中主线特大桥1座，长5646.7米，大桥4座，中桥1座，桥隧占比高达86.4%。胜陆公路余姚段是余姚市交通事业发展史上单体投资规模最大的工程项目，总投资超25亿元，是余姚市“十横十纵二连二通道”的重要“一纵”，也是余姚市市域快速公路网规划的“二横六纵二联”快速路中的重要“一纵”。

胜陆公路是宁波市经济社会转型发展三年行动计划重点交通投资基础设施建设项目，也是宁波市“十三五”综合交通规划中的重点交通基础建设项目之一，是沟通宁波杭州湾新区、慈溪、余姚等建设发展的重要交通基础工程，对完善余慈地区路网结构、提高路网通行能力具有重要作用。

2017年12月22日，胜陆公路余姚段PPP项目在市交通运输局成功签约。为余姚市首个交通行业PPP项目。

2018年10月13日，胜陆公路余姚段项目正式开工。

2018年10月14日，胜陆公路余姚段完成桥梁首根桩基。

2019年1月26日9时08分，G228陆埠互通及S319丈亭互通建设工程全标段第一根墩柱开始浇筑。

2019年4月1日，胜陆公路余姚段完成桥梁首片预制箱梁。

2020年12月21日，胜陆公路跨萧甬铁路立交桥完成箱梁架设。

2021年1月8日，胜陆公路草籽岗隧道双洞贯通。隧道按双向六车道一级公路标准建设，设计时速80千米/时，采用左右洞分离的形式，左洞全长1130米，右洞全长1180米，进口端明洞长10米，洞门采用端墙式，出口端明洞长20米，洞门采用削竹式，隧道单洞设3个行车道，总宽度14米，净高5米。

2021年6月30日，胜陆公路跨姚江大桥正式命名为“郭姆渡大桥”。

2021年8月20日，胜陆公路余姚段郭姆渡大桥正式合龙。大桥跨径为93米+150米+93米，上部结构为波形钢腹板现浇箱梁，这种类型的结构减轻了桥梁自重，彻底解决了传统现浇梁腹板裂缝问题，梁体部件精度、结构稳定性都得到了精细化的控制，从而简化了施工现场的设施，加快了施工进程，最大程度节约了资源和造价。

20日下午，郭姆渡大桥合龙，余姚市人民政府副市长黄和庆、宁波市交通运输局副局长樊献鹏、余姚市人民政府办公室副主任黄强、余姚市交通运输局局长梅百烽、丈亭镇党委书记戚红军、陆埠镇党委副书记镇长龚共军、中建股份浙江投资公司副总经理朱育成、中建八局基础设施事业部总经济师张彦昌、中建八局投资发展公司总经理王炳民、中建八局投资公司浙江公司总经理东仑、中建八局一公司基础事业部总经理张传奎、余姚交通监理咨询公司总经理赵军等领导出席仪式。

2021年9月28日，胜陆公路余姚段主线路面沥青混凝土摊铺基本完成，实现主线贯通。

2021年12月28日，胜陆公路余姚段主线通车。这条高架是余姚首条免费的快速公路，其建成打破了姚东片区南北向无高等级公路的路网格局，沟通起慈溪南部横河镇与余姚东部陆埠镇、丈亭镇，从陆埠镇往来丈亭镇不再需要通过余姚城区或三七市绕路远行，可实现五分钟互通。

（市交通运输局）

◎ 10月12日，胜陆公路航拍图（市交通运输局　供稿）

数字化改革

2021年，余姚市紧紧围绕省委、宁波市委和余姚市委推进数字化改革的部署要求，以“执行好、特色化、创新性”为总要求，找准跑道、全上赛道、精准发力，高质量推进各项数字化改革任务，形成了一批改革成果。

（一）聚焦规定动作，统筹推进改革任务

1.建立健全工作机制。制定《余姚市数字化改革总体方案》，明确重点突破方向和建设任务，确保数字化改革高点起步、强势开局。成立市数字化改革领导小组、工作专班，通过双月定计划、按月列清单、按周抓推进，制定作战图，压实各单位职责，保证工作进度，共计召开数字化改革协调会及各类专题会议20余次，协调推进场景应用，系统建设等工作。

2.优化完善体系架构。一是持续推进“1+5”门户建设。市数字化改革总门户、五大系统分门户全部上线运行。其中，党政机关整体智治门户形成1个“绿箱清单”（梁弄镇打造共同富裕样板镇）、4个“蓝箱清单”（河姆渡遗址、塑博会、智能光电小镇、机器人智谷小镇）。数字政府门户融入30个余姚市特色应用。数字经济门户整合梳理260余条门户数据需求，建成门户专题库。数字社会门户新增社会空间、主要领域、共同富裕等模块。二是深入开展核心业务梳理。拆解重大任务1289项，梳理核心业务128项。其中，党政机关整体智治系统共拆解重大任务636项；数字政府系统拆解重大任务384项。

3.抓实抓好数据平台。数字驾驶舱层面，城市大脑中枢建设完成1.0版本，一体化智能化公共数据平台综合集成一体化政务服务2.0、文旅体大数据平台、数字泗门、五彩梁弄等专题，实现16个专题驾驶舱成功接入。数据治理层面，余姚市数据仓基本建设完成，完成本地数据归集8700万条，开展数据共享9700万余次。IRS系统层面，上架舆情数据、系统投票、媒体类型分布等3个通用组件至省组件超市。数字孪生层面，打造余姚市数字孪生三维场景的全要素管理数字底盘，构建外部数据接入标准和三维场景调用标准，同步实现三维场景模块的可开放调用功能。“国土三调成果”、农业规模补贴管理、城东路智慧交通等项目申报数字孪生试点。核心指标层面，省定的11个核心指标中，党政机关核心业务事件组完成率、“浙政钉”用户日活跃率、“浙里办”日活跃用户数、单轨制协同办案比例、全省统一行政处罚办案系统应用率5个指标达到年度目标要求。

（二）聚焦创新赋能，高标打造改革亮点

1.建好建强场景应用。一是推动应用上线。文明城市创建管理平台、一码听民意、阿拉一起来、“诉查查”诉讼信用评估、乡村检察官云平台、智能家电产业大脑、不见面招标系统、道德银行3.0、公共安全视频图像交换共享应用、四明红炉、关爱帮11个场景应用在浙政钉、浙里办上线。二是争取应用试点。积极争取数字化改革场景应用建设试点，舜宇“未来工厂”、社会治安风险综合评价、“好粮油供应平台”、机关事务协同办公系统、农村集体三资管理服务、一码听民意应用、智能家电产业大脑、文明城市创建管理平台8个场景应用被列入省先行试点项目。三是打造示范应用。文明城市创建场景应用列入首批全省宣传文化系统重点应用场景，在省数字化改革专题会议、宁波数字化改革现场推进会上作演示汇报。“诉查查”诉讼信用查询场景应用自上线以来，累计查询161982人次，该应用获评“2021政法智能化建设智慧法院创新案例”，最高人民法院院长周强对该项成果作出批示，得到省高级人民法院院长李占国推荐与肯定。乡村检察官云平台入选“2021年全国政法智能化建设创新案例”，被法治日报社评为“2021政法智能化建设智慧检务创新案例”。“掌上清”数字平台（四明红炉）获评全国党建创新成果“十佳案例”。

2.做精做优“两大成果”。扎实推进理论和制度规范体系建设。“诉查查”理论成果在《人民法院报》刊发，“乡村检察官云平台”理论成果在《宁波通讯》刊发；“政府数据要素市场化运营机制的实践与思考”“数字经济重大项目利益共享机制和审慎包容监管机制”等理论研究推进。形成《加强和改进人民建议征求工作的五项制度》《余姚市业务部门数据共享需求办理规范》《余姚市一体化智能化公共数据平台（城市大脑）建设使用管理导则》《余姚市数据共享需求申请指南》等10余项制度成果。

（三）聚焦数据共享，高效推进衔接贯通

1. 推进省级重大应用承接落地。党政机关整体智治系统贯通应急处突、新闻宣传和舆情引导应用平台、基层监督数字化运行平台(小微权力)、浙里好干部、七张问题清单、重大决策社会风险评估等6项重大应用。其中，基层监督数字化运行平台（小微权力）完成322个村（社区）业务全覆盖，系统内共计流转数据6800条；七张问题清单应用建立部门和乡镇（街道）账号100多家，并完成34个宁波市级、37个余姚市级相关问题的整改进度反馈。数字政府系统贯通浙里帮农促富、不动产智治、浙里营商、浙里安全、浙里办票、无废城市6项重大应用。数字经济系统实现公共资源交易服务应用贯通。数字社会系统贯通志愿浙江、浙里畅行、智慧救助、浙里民生“关键小事智能速办”、健康大脑+5项重大应用。数字法治系统贯通联合执法指挥、深化执法办案一体化2项重大应用。

2. 推进“152”“141”体系贯通试点。以七张问题清单、e行在线、防台防汛、社区矫正、综合查一次等试点应用为着力点，全力探索两大体系贯通路径。初步形成“152”“141”体系贯通试点实施方案，明确梁弄镇为试点乡镇，全面推进贯通试点工作。

（市数字化改革领导小组办公室）

东西部协作和山海协作

一、东西部协作工作

2021年是推进巩固拓展脱贫攻坚成果同乡村振兴有效衔接工作的起步之年。2021年，余姚市深入贯彻习近平总书记在全国脱贫攻坚总结表彰大会上的重要讲话精神和关于东西部协作的重要指示精神，严格落实上级党委、政府决策部署，通过建立健全组织保障、推进劳务协作、推动产业合作、开展组团式帮扶等工作主抓手，扎实推进与四川省凉山彝族自治州昭觉县新一轮东西部协作工作。

组织领导方面。一是深化互访调研对接。余姚、昭觉两地党委、政府高度重视东西部协作工作，主动对接沟通，高位谋划推进。2021年，余姚市党政主要领导带队赴昭觉县实地考察调研2次，昭觉县党政主要领导带队来余姚实地考察调研对接1次，召开高层联席会议3次，签订了《余姚昭觉东西部协作框架协议》。二是全面强化部署落实。2021年，余姚市先后6次专题研究东西部协作工作，制定出台《关于组织社会力量开展东西部协作工的实施方案》《关于开展2021年余姚市东西部协作消费帮扶企业资格认定申报工作的通知》等政策文件。三是推进基层帮扶结对。2021年，余姚市持续推进与昭觉县开展镇镇结对、村村结对、村企结对、村社会组织结对、学校结对、医院结对工作。实现余姚市21个乡镇街道、2个村、3家医院和昭觉县20个乡镇、2个村、3家医院开展结对帮扶；组织余姚市2个社会组织与昭觉县2个村开展结对帮扶；以“一对一”或“多对一”结对方式，组织余姚市39所学校与昭觉县41所学校结对，实现双方学校结对全覆盖；开展“万企兴万村”活动，组织余姚市20家企业与昭觉县20个村开展结对帮扶。

助力巩固拓展脱贫攻坚成果方面。一是加强劳务协作。2021年，共帮助四川省农村劳动力到余姚市就业16495人，其中脱贫人口1137人，帮助凉山州农村劳动力到余姚市就业480人，其中脱贫人口114人；帮助昭觉县农村劳动力省内就近就业3310人，其中脱贫人口3248人；帮助昭觉县农村劳动力到其他地区就业600人，其中脱贫人口363人；举办劳务协作培训班6期，共培训昭觉县农村劳动力1112人次，其中脱贫人口961人次。二是推动消费帮扶。按照上级消费帮扶工作整体部署，积极与对口地区商务部门开展实地考察对接，深入推进专区、专柜、专馆建设，推动宁波首个凉山东西部协作消费专馆——余姚—昭觉东西部协作消费专馆入驻余姚阳明古镇。开展东西部协作消费帮扶企业资格认定申报工作，落实15家企业作为消费帮扶定点企业。共帮助采购、销售四川省特色农产品7006万元，其中帮助采购、销售凉山州特色农产品6224万元。三是开展职业教育合作。共组织落实140名四川省农村学生来姚就读职业院校，其中昭觉县农村学生10人。

加强区域合作方面。一是引导企业投资。积极引导企业投资落地昭觉，召开“情系昭觉 年年有余”东西部协作投资推介会，促成4个产业发展项目签约。共引导余姚企业到四川省落地投资13家（凉山州外4家，凉山州内9家），新增实际到位投资额6.11亿元，吸纳农村劳动力就业4978人，其中脱贫人口2078人。二是共建产业园区。协助昭觉县共建（续建）产业园3个，其中农业产业园3个，引导入驻园区企业3家，实际到位投资额1.05亿元，吸纳农村劳动力就业2680人，其中脱贫人口1103人。三是援建就业车间。共建（续建）就业车间6个，吸纳农村劳动力166人，其中脱贫人口116人。

促进乡村振兴方面。一是强化人才交流。2021年，余姚市共选派2名党政干部和18名专业技术人才赴昭觉县挂职交流。帮助昭觉县开展乡村振兴干部培训8期，共培训干部616人次；开展专业技术人才培训28期，共培训专业技术人才1751人次。二是落实援建资金。按照省级统筹部署，余姚市落实东西部协作财政帮扶资金6000万元，计划外财政帮扶资金200万元，筛选排定援建项目19项，开工18个，完工项目8个，使用财政援助资金3477万元，资金使用率达58%。三是开展社会帮扶。制定出台《关于组织社会力量开展东西协作工作的实施方案》，动员社会力量捐赠帮扶资金757.24万元，捐赠物资折价171.82万元。四是打造乡村振兴示范村。组织梁弄镇横坎头村与昭觉县三岔河镇三河村、阳明街道西街村与昭觉县解放沟镇火普村开展帮扶协作并签署协议，通过共建基层党建联盟、打造“户联码”基层治理数字化系统等方式帮助昭觉打造乡村振兴示范村。

二、山海协作工作

2021年，余姚市深入学习贯彻省山区26个县跨越式高质量发展暨山海协作工程推进会、宁波市对口工作领导小组暨山海协作领导小组（扩大）会议精神，严格落实宁波市委市政府关于“加快打造山海协作工程升级版”决策部署，积极开展与松阳县山海协作工作，全力打造山海协作工程升级版，山海协作工程建设和发展取得了一定的成效。

2021年，余姚市与松阳县山海协作产业合作项目（含3年续建项目）3个，实际到位资金2.25亿元，完成年度任务的102%；共建产业园区规划面积7.1平方千米，开发土地7.1平方千米，完成固定资产投资10.55亿元，其中基础设施投1.52亿元，项目投资9.03亿元，累计进驻企业52家，新引进企业12家；落实援建资金292万元，其中财政资金232万元、社会帮扶资金60万元；实现消费帮扶总金额2192.43万元；5名干部和2名专技人才在松阳挂职。

主要领导互访情况。2021年，两地主要领导高度重视，积极开展互访。4月15日，余姚市委书记奚明赴松阳县开展山海协作考察交流活动，其间召开了高层联席会议，商讨和交流了下一步山海协作工作情况。11月5日，松阳县委书记李汉勤到余姚开展山海协作考察交流活动，其间召开了高层联席会议，签订了《2021年度余姚—松阳山海协作工程合作协议》。

党委（党组）研究部署山海协作协工作开展情况。先后2次召开市委常委会、市政府常务会议，专题研究部署山海协作工作。8月中旬，召开对口支援和区域合作领导小组会议，进一步明确要高质量完成既定任务。制定出台《2021年余姚市东西部协作对口支援和山海协作工作要点及任务分解》，进一步落实有关单位工作职责。

产业合作、共建产业园等建设情况。一是加强产业合作。共组织2批次24名企业家赴松阳县投资考察，组织开展产业项目洽谈和项目签约会1次，达成签约产业合作项目1个，签约项目为松阳怡智文教用品有限公司年产200万套幼教玩具产品项目。余姚市与松阳县山海协作产业合作项目（含3年续建项目）3个，

◎ 12月，“余姚昭觉博爱助学”活动开展（市红十字会 供稿）

实际到位资金 2.25 亿元。二是推进共建产业园。松阳—余姚山海协作产业园区规划面积 7.1 平方千米，已开发土地 7.1 平方千米，可出让土地 0 平方千米，完成固定资产投资 10.55 亿元，其中基础设施投资 1.52 亿元，项目投资 9.03 亿元，累计进驻企业 52 家，新引进企业 12 家，新入驻企业 6 家。

各单位“飞地”等创新平台建设开展情况。一是“产业飞地”园区建设情况。经过两地相关部门多次沟通对接，确定在中意宁波生态园内规划面积 104 公顷用于共建“产业飞地”，其中一期启动区块面积原则为 3.13 公顷，已完成土地报批。二期建设用地分为两个地块，总面积为 100.87 公顷，其中地块一面积为 61.67 公顷，地块二面积为 39.2 公顷。两地已签订《余姚松阳山海协作“产业飞地”项目框架协议》，成立联合工作专班，召开联席会议，组建“飞地”公司，总投资 2.35 亿元“产业飞地”一期项目于 11 月 5 日开工建设。二是“消薄飞地”园区建设情况。两地在前两年合作成果的基础上，继续推进余姚、松阳“消薄飞地”高质量发展，园区实现满租，累计实现返利 932.7 万元。

乡村振兴示范点、消费帮扶、援建资金（社会帮扶）落实等情况。一是积极推进山海协作乡村振兴示范点建设。2019 年两地共同确定大东坝镇横樟村作为山海协作乡村振兴示范点自创建工作启动以来，横樟村共开展项目 22 个，总投资 2123.6 万元，其中援建资金 360 万元（包括扶贫项目资金），政府配套 700.6 万元，村级自筹 42 万元，工商资本投资 1021 万元。2021 年，已完成示范点规划制定、综合休闲广场、生活污水提升、廉政教育基地设施提升、残疾人之家、弱点线路序化、“一村万树”、饮用水达标提标、古驿道修复、村庄道路提升（铺设沥青路面）、中草药研学基地（中草药馆和中草药基础设施建设两个子项目）、蟠桃基地等 21 个项目，完成投资 1060.6 万元；半山亭民宿、中草药研学基地（廉政食堂、阳光房建设等子项目）、杨梅基地 3 个项目，按计划实施中。二是积极开展消费帮扶。按照上级消费帮扶工作整体部署，积极与对口地区商务部门开展实地考察对接，深入推进专区、专柜、专馆建设。开展消费帮扶企业资格认定申报工作，落实 15 家企业作为消费帮扶定点企业，帮助松阳县销售特色农产品 2192.43 万元。三是落实援建资金。2021 年，余姚市共安排山海协作援建财政资金 232 万元，全部落实到位。积极配合松阳做好援助项目的筛选和确定，确定新兴镇分布式光伏小康工程项目、赤寿乡半古月田垄生产道路建设、乡下包村龙殿后茶山基地道路提升工程项目、枫坪乡黄埠坞村朱岱儿自然河道护栏建设项目、大东坝镇横樟村中草药研学基地项目 5 个援建项目，12 月底全部完成建设。同时，两地共同修订《松阳县山海协作工程援建项目（资金）管理办法》，建立完善援建项目筛选对接机制和援建项目储备库等；余姚市教育局落实帮扶资金 100 万元用于松阳县部分学校基础设施改造提升。积极发动社会力量参与山海协作工作，落实社会帮扶资金 60 万元。

社会事业多领域合作开展情况。双方围绕推动科技、教育、医疗、文化资源共享，积极开展有实质性内容的交流对接活动。2021 年，两地广泛发动社会力量参与山海协作，共组织开展山海协作相关领域合作、调研、培训、帮扶等活动 10 余次，落实科技、教育、医疗、文旅、工会等项目签约 5 项。余姚、松阳以加强基层组织建设为主抓手，聚焦党建合作、乡村振兴、产业提升、村容村貌提升四个方面合作，实施“党建＋乡村振兴”三年行动计划，探索党建引领助力乡村振兴新路径，组织余姚市 3 个村与松阳县 3 个村（余姚市泗门镇谢家路村与松阳县赤寿乡半古月村、余姚市凤山街道永丰村与松阳县板桥畲族乡桐榔村、余姚市阳明街道北郊村与松阳县竹源乡黄庄村）开展结对帮扶，落实村村结对帮扶资金 50 万元。

已签约重大项目情况。2021 年，两地完善联合招商机制，营造优良的营商环境，引导企业赴松阳投资兴业。1 月 31 日，松阳县举行 Hape 国际控股集团儿童益智玩具生产项目签约仪式，松阳怡智文教用品有限公司年产 200 万套幼教玩具产品项目正式落户松阳县赤寿产业园，该项目用地面积约 13.33 公顷，其中一期用地面积约 7.08 公顷，项目固定投资约 1.5 亿元，建设内容包括生产车间、产品研发中心等，建筑面积约 11 万平方米，投资建设儿童益智玩具生产线。

（市对口支援和区域合作工作领导小组办公室）

大事记

1月

1月11日　余姚市文学艺术界联合会第十次代表大会举行。

同日　第十二届中国余姚·河姆渡农业博览会线上开幕。

1月13日　全市召开高层次人才座谈会。

1月14日　全市村（社区）党组织书记培训班动员暨离任书记荣退仪式举行。

1月15日　余姚市第十二次归侨侨眷代表大会举行。

1月18日　全市冬春季水环境治理百日攻坚誓师大会举行。

1月19日　省委常委、宁波市委书记彭佳学赴梁弄四明山革命老区调研经济社会发展时强调，要弘扬革命好传统，砥砺奋进新征程，全面展现“重要窗口”模范生的使命担当。

1月19—20日　中国人民政治协商会议第十三届余姚市委员会第五次会议召开。

1月20—21日　余姚市第十七届人民代表大会第五次会议召开。

同日　市委召开常委会（扩大）会议，传达学习省委常委、宁波市委书记彭佳学在余姚调研重要指示精神。

1月30日　全市开展冬春季新冠肺炎疫情防控桌面推演。

是月　梁弄镇入选浙江美丽宜居小城镇优秀样本。

是月　市供电公司梁弄供电所和临山镇邵家丘村居家养老院工作人员林福宝，分别获得2020年全国“敬老文明号”和全国“敬老爱老助老模范人物”称号。

是月　余姚市获2020年度省“产粮大县”称号，为宁波唯一一个上榜的县（市、区）。

是月　余姚市成功创建省级国土资源节约集约模范市。

2月

2月2日　全市政法信访工作会议召开。

2月19日　全市推进“两强三提升”行动动员大会召开。

2月24日　全市扩大有效投资重大项目集中开工仪式在宁波舜宇红外技术有限公司举行。

2月25日　全市宣传思想工作会议召开。

2月27日　全市在横坎头村召开贯彻习近平总书记重要回信精神、推进革命老区共同富裕座谈会。

3月

3月3—4日　副省长陈奕君到余姚督导生态环保工作。

3月4日　全市党史学习教育动员部署会召开。

同日　第九届“感动余姚”新闻人物暨第三届余姚市道德模范颁奖典礼在龙山剧院举行。

3月9日　宁波市先进典型“走红色之旅·讲党史故事”活动在梁弄镇横坎头村开幕。

3月15日　全国文明城市建设再出发再提升动员大会召开。

同日　2021年春季新兵启运仪式举行。

3月18日　全市城中村改造暨城市品质提升攻坚动员大会召开。

3月31日　全市安全生产综合治理三年行动暨“遏重大”攻坚战推进会召开。

同日　省政协副主席、省革命老区开发建设促进会会长陈铁雄到余姚考察革命老区乡村振兴工作。

是月　梁弄镇横坎头村、马渚镇开元村上榜“全国民主法治示范村”。

是月　三七市镇井头山新石器时代遗址入选2020年中国考古新发现。

4月

4月2日　全市推进数字化改革大会召开。

同日　“忆峥嵘岁月　走红色之路”全市党史现场教学活动暨“百年交响　激荡姚江”余姚革命文物（图片）巡礼启动仪式举行。

4月9日　市人民政府与华为技术有限公司签署合作协议。

同日　第七届中国机器人峰会暨智能经济人才峰会在深圳举行推介会。

4月14日　以“聚焦短板、拉高标杆，全国文明城市建设再出发再提升”为主题的电视问政活动启动。

同日　市新时代文明实践中心揭牌暨“知行合一践初心　我为群众办实事”主题志愿服务活动启动仪式举行。

4月15—16日　市委书记奚明率余姚市党政代表团赴丽水市松阳县开展山海协作工作。

4月22日　由浙江卫视主办、市委宣传部协办的“初心相传　诗画四明”百年风华正美好浙江卫视读诗会在梁弄镇浙东区党委旧址举行。

4月26日　中央农村工作领导小组办公室秘书局副局长吴晓佳率中央农村工作领导小组办公室调研组到余姚调研保障粮食安全工作。

同日　余姚市党团知识竞赛决赛在梁弄镇横坎头村“绿领学院”举行。

4月27日　宁波长振铜业有限公司客户服务平台主任助理、工程师罗高昇获得“全国五一劳动奖章”，成为全市第10位获此荣誉的先进个人。

4月29日　全市举行庆祝“五一”国际劳动节先进表彰大会暨第十三届职工文化活动月启动仪式。

同日　市外商投资企业联谊会成立大会举行。

同日　党史学习教育领导小组第一次会议召开。

是月　余姚市列2020年中国县域知识产权竞争力百强榜单第10名。

是月　余姚市井头山遗址上榜“2020年度全国十大考古新发现”。

是月　市人民医院重症医学科护士长助理魏鲜获“全国五一巾帼标兵”称号。

5月

5月11日　2021余姚四明山（上海）旅游推介会在沪举行。

5月14日　全国部分省区市党史学习教育领导小组办公室负责同志座谈会在浙江嘉兴召开。市委书记、市党史学习教育领导小组组长奚明参加，并作为县（市、区）唯一代表在会上作交流发言。

5月15日　第八届余姚市百姓文化节开幕式暨“百年华诞·阳明礼赞”艺术市集开市活动举行。

5月18日　以“传承红色基因当好模范生，加快建设现代化滨海大都市”为主题的宁波专场发布会在余姚举行。

同日　庆祝建党百年主题系列新闻发布会宁波专场举行。市委书记奚明答记者问。

5月26日　中共国网浙江省电力有限公司党校、中共浙江省委党校四明山分校战略合作协议签约暨“红船·光明学堂”揭牌仪式举行。

5月28日　全市制造业高质量发展大会举行。

6月

6月1日　全国人大社会建设委员会副主任委员、中国网络社会组织联合会会长任贤良一行到余姚调研。

6月6日　全市举行“百年同心　与党同行”统一战线庆祝中国共产党成立100周年会议暨文艺演出。

6月9日　中国—中东欧国家产业合作对接会在余姚举行。

6月11日　“重温重要回信精神　推进老区共同富裕”理论研讨会举行。

6月16—18日　市委书记奚明率余姚市党政代表团赴四川省凉山彝族自治州昭觉县开展东西部协作工作。

6月18日　市老年大学举行新校区启用仪式。

6月21日　余姚市红廉馆开馆仪式在梁弄镇横坎头村举行。

6月23日　全市举行中国共产党成立100周年庆祝活动，表彰“两优一先”，颁发“光荣在党50年”纪念章，并举行庆祝中国共产党成立100周年文艺演出。

同日　“党课开讲啦”宁波主场活动暨“红色宣义”百团百讲发布活动在余姚举行。

6月25日　“千秋伟业 百年风华”余姚市庆祝中国共产党成立100周年书法美术作品展开展。

同日　全市召开统一战线庆祝中国共产党成立100周年座谈会。

6月28日　全市举行《红色四明映初心——余姚典藏革命文物释读》发行座谈会。

同日　余姚市档案馆新馆开馆。

同日　全国“两优一先”表彰大会在北京举行，余姚市横坎头村党委获“全国先进基层党组织”称号。

6月29日　市委书记奚明在省委党校四明山分校讲授党史学习教育暨迎“七一”专题党课。

6月30日　市委召开市级老干部座谈会，征求对余姚高质量发展建设共同富裕先行地行动计划的意见和建议。

同日　国内首台超大规格热等静压设备在宁波江丰热等静压技术有限公司正式投产运行。

7月

7月1日　庆祝中国共产党成立100周年大会在北京举行。市委书记奚明，市委副书记、市长徐云，市人大常委会主任诸晓蓓，市政协主席陈长锋，市委副书记叶枝利等领导集体收看大会盛况。

同日　市委书记奚明赴绍兴市上虞区考察“四明之窗 百里红诗路”精品线路建设情况。

7月6日　井头山遗址两件木器被确定为中国最早漆器。

7月10日　西安交通大学人工智能学院产教融合工程教育基地揭牌仪式在宁波市舜安人工智能研究院举行。

7月13日　希望的田野·余姚横坎头田园综合体正式开业。

7月15日　以“机器智联、赋能万物、合作共赢”为主题的第七届中国机器人峰会暨智能经济人才峰会在余姚开幕。

同日　2021中国·宁波余姚智能制造青年人才创业创新论坛举行。

同日　蓝迪国际智库机器人企业专场对接会举行。

7月16日　第一届长三角数控机床产业创新论坛暨产业链现场对接会举行。

同日　2021中国云城数字经济峰会暨全球招商大会在余姚召开，首次正式发布中国云产业发展指数（余姚指数）。

7月19日　“不忘初心跟党走、远离邪教享安康”2021年宁波市反邪教宣传月启动仪式暨主题文艺会演在余姚举行。

7月22日　全市召开防御台风“烟花”工作会议。

7月27日　国家防汛抗旱总指挥部副总指挥、水利部部长李国英到余姚检查指导防汛工作。

同日　市防汛防台抗旱指挥部召开会议，部署台风“烟花”抢险救灾和灾后重建工作。

7月29日　第38届全国青少年信息学奥林匹克竞赛（NOI2021）在余姚举行。

是月　余姚市被确定为全省创建家庭农场整体提升推进试点单位，成为宁波市唯一入选的单位。

是月　浙东红村横坎头党员教育基地、王守仁故居获评省级党员教育培训基地。

8月

8月4日　全市召开习近平总书记在庆祝中国共产党成立100周年大会上重要讲话精神宣讲集体备课会暨青年宣讲员培训会。

8月5日　全市召开统一战线与共同富裕主题研讨会。

8月6日　《中国共产党余姚历史第三卷（1978—2002）》首发式暨纪念浙东敌后抗日根据地开辟80周年研讨会举行。

8月10日　全市碳达峰、碳中和暨省首批低碳试点县创建工作推进会召开。

8月13日　民盟余姚市支部委员会举行选举大会。

8月16日　宁波县、乡两级人民代表大会换届选举试点工作动员大会在泗门镇举行。

8月16—17日　副省长徐文光到余姚调研指导生态环境治理、城乡建设品质提升等工作。

8月17日　市对口支援和区域合作工作领导小组会议召开。

8月20日　市人民医院成为浙江大学医学院附属第二医院余姚分院。

8月25日　市人民政府和中国农业发展银行浙江省分行签订专项合作框架协议。

8月27日　市人民政府与国家开发银行宁波市分行在宁波举行“十四五”全面深化开发性金融合作备忘录签约仪式。

是月　余姚市农业科技人员代表——市农技总站汪国云获省农业科技先进工作者称号。

9月

9月1日　电影《村里那些事》暨纪录片《了不起的村庄》在临山镇邵家丘村开机。

9月10日　全市召开防御台风“灿都”工作会议。

9月15日　全市“双减”工作会议召开。

9月16日　省委常委、宁波市委书记彭佳学在余姚调研企业创新工作。

同日　省第十二届“中国统计开放日”活动在梁弄镇横坎头村举行。

9月23日　全市召开市政府部门与民主党派、工商联、无党派人士对口联系工作座谈会。

9月27日　市政协开展“请你来协商·全会提案现场办理”活动。

9月29日　全市开展以“对照标准、提升细节，推动全国文明城市建设争先进位”为主题的电视问政活动。

10月

10月1日　宁波市暨余姚市各界在梁弄四明山革命烈士陵园举行向革命烈士敬献花篮仪式。

10月12日　2021年中国（宁波）智能工具装备博览会在余姚开幕。

10月13—15日　市委副书记、市长徐云率余姚市党政代表团赴四川省凉山彝族自治州昭觉县开展东西部协作工作。

10月17—18日　四川省凉山彝族自治州昭觉县委书记马小合率昭觉县党政代表团到余姚开展东西部协作活动。

10月18日　昭觉（余姚）投资推介会在余姚举行。

10月19日　2021年城市品质提升暨拆迁清零攻坚誓师大会召开。

10月20日　省全面深化行政检察监督研讨会在余姚召开。

10月23日　2021余姚四明山千里国家登山步道线路发布仪式暨金秋登高活动在梁弄镇羊额古道举行。

10月30日　“次元妙乐季”走进余姚。

同日　省委宣传部副部长、省社科联主席盛世豪到余姚调研历史文化遗产保护工作。

10月31日　2021宁波（余姚）阳明文化周活动在余姚开幕。

11月

11月5日　丽水市松阳县委书记李汉勤率松阳县党政代表团到余姚开展山海协作活动。

11月9日　2021年余姚市“119”消防宣传月活动启动。

11月25日　省委常委、宁波市委书记彭佳学在余姚宣讲中共十九届六中全会精神。

11月26日　市委学习贯彻中共十九届六中全会精神“六讲六做”大宣讲活动动员部署会召开。

同日　市委书记傅贵荣、市委副书记沃勇特赴四明山革命老区调研老区建设发展情况。

是月　余姚市宁波江丰电子材料股份有限公司的超高纯铝钛铜钽金属溅射靶材制备技术及应用项目获得国家技术发明奖二等奖。

是月　唐田村、谢家路村入选省首批低（零）碳村试点创建单位。

12月

12月5日　中共十九届六中全会精神宣讲报告会暨市管领导干部推动共同富裕主题集中轮训班（第一期）开班式举行。

12月15日　平安中国建设表彰大会在北京举行。会上，余姚被授牌命名为“2017—2020年度平安中国建设示范县”。

12月21日　市委议军会召开。

12月27—29日　中国共产党余姚市第十六次代表大会召开。

12月29日　中国共产党余姚市第十六届委员会举行第一次全体会议。会议选举产生新一届市委常委。傅贵荣当选为市委书记，沃勇特、王娇俐当选为市委副书记。

12月30日　余姚获评“2021中国最具幸福感城市（县级市）”。市委书记傅贵荣通过视频连线作主旨发言。

是月　余姚市施岙遗址古稻田入选2021年第四季度“考古中国”重大项目。

是月　《余姚穴湖孙吴时期虞氏墓发掘简报》获2020年浙江考古优秀成果奖一等奖。

市情概况

自然资源

【地域地貌】 余姚市境位于浙江省东部、杭州湾南岸，北纬 29° 39′ ~ 30° 21′ 、东经 120° 52′ ~ 121° 25′ ，东西宽 58.5 千米，南北长 79 千米。区域总面积 1526.86 平方千米，其中陆地面积 1336.8 平方千米，水域面积 190.06 平方千米。地势南高北低，呈丘陵、平原、滩涂 3 级朝杭州湾展开，山地丘陵、平原（含海涂）、水域（含海域）面积比为 53 ∶ 29 ∶ 18，素有“五山二水三分田”之称。

市境南部为中低山丘陵区，包括四明山镇、大岚镇、梁弄镇、鹿亭乡、大隐镇、陆埠镇（不含郭姆、沿江片）、河姆渡镇车厩片、梨洲街道（不含明伟片），占陆地面积的 46.4%。区域内四明山脉自西南向东北方向延伸，低山丘陵起伏，地势由南向北逐步倾斜。其中，海拔 500 米以上的中低山占 21.2%，海拔 250 ~ 500 米的山丘占 22%，海拔 250 米以下的丘陵占 56.8%。最高峰为四明山镇青虎湾岗，海拔 979 米。

中部为姚江平原区，包括牟山镇、马渚镇、阳明街道、兰江街道、梨洲街道明伟片、凤山街道、丈亭镇、三七市镇、河姆渡镇（不含车厩片）、陆埠镇（不含兰山、洪山片），占陆地面积的 34.8%。

北部为海涂冲积平原区，包括临山镇、黄家埠镇、泗门镇、小曹娥镇、朗霞街道和低塘街道。位于钱塘江、杭州湾以南，大古塘前后，50% 的土地由海涂围垦而成，占陆地面积的 18.8%。

（姚　鉴）

【水文水资源】 2021 年，全市水雨情主要特征：一是降水量偏多，属降水偏丰年份，也是自余姚市有水文资料记载以来年降水量最大的年份。二是台风影响次数接近常年，但过程雨量较大，特别是台风“烟花”影响期间，降水总量破历史极值，水库、河网水位短时上涨迅猛，河网水位破历史极值，对全市影响较大。三是降雨时空分布不均，山区大于平原，台汛期异常偏多。四是入梅与出梅时间总体偏早，持续时长与常年相近，梅雨过程不典型，梅雨量接近常年同期。五是年初降雨异常偏少，旱情明显。

雨情　2021 年，余姚全市面平均降水量为 2301.1 毫米，较常年同期均值偏多 44.9%，比上年同期偏多 713.8 毫米，是自 2012 年以来，连续第 10 个丰水年，也是自余姚市有水文资料记录以来，年降水量最大的年份。

从降雨空间分布上看，总体为南多北少，其中南部山区降水量在 2500 毫米以上，部分地区超过 3000 毫米；中部姚江平原降水量在 2200 毫米左右；北部滨海平原地区降水量在 1600 毫米左右。据全市 8 个国家基本雨量站实测资料统计，最大站为四明山镇梨洲站，降水量为 3425.5 毫米，较常年同期偏多 86.0%；其次为大岚镇夏家岭站，降水量为 3229.0 毫米，较常年同期偏多 57.8%；最小为临山镇临山站，降水量为 1588.5 毫米，较常年同期偏多 15.2%。

从降雨时间分布上看，2021 年全市降雨时程分布较不均匀，年初降雨偏少，尤其是 1 月降雨严重偏少，梅雨期降雨较常年同期相近，台汛期台风影响次数接近常年，但影响程度较大，特别是台风“烟花”期间雨量破历史极值，12 月以后又经历明显的少雨过程。据统计，2021 年全市各地降雨（雪）天数在150日以上，其中陆埠镇与梁弄镇降雨天数均超165日，最多的为陆埠镇黄土岭站达167日。2021年梅汛期全市面平均降水量为525.8毫米，占汛期总降水量的29.2%，较常年同期均值偏多4.8%；台汛期全市面平均降水量为1274.0毫米，占汛期总降水量的70.8%，较常年同期均值偏多139%，突破历史同期最大值，也是历史同期平均雨量超1000毫米的唯一年份。

水情 2021年，全市水库、河网水情态势总体起伏偏大，水库、河网水位经历了明显的暴涨，短时汛情明显，姚江干流水位突破历史极值，水库蓄水则表现为旱涝并存。年初持续阴雨天气偏多，出现了一定程度的春汛，致使水库、河网水位相对偏高。入梅后，受强降雨和台风影响，全市水库、河网水位均出现了明显的上涨，特别是平原河网水位在台风“烟花”期间，均出现了大幅上涨，水库、河网均出现不同程度的超警戒水位。尤其是平原河网姚江干流在台风“烟花”期间水位创历史新高，余姚站最高水位达3.53米。

（胡伶俐）

【森林资源】 截至2021年底，全市林地总面积67153公顷（含宁波市林场余姚部分，下同），其中森林面积63680公顷。森林面积中，乔木林面积32620公顷。其中，天然林面积22060公顷，占67.63%；人工林面积10560公顷，占32.37%。全市灌木林面积9880公顷，其中天然灌木林面积20公顷，占0.2%；人工灌木林面积9860公顷，占99.8%。

全市森林覆盖率42.3%，林木绿化率42.93%。全市活立木蓄积313.78万立方米，其中乔木林蓄积292.94万立方米；全市乔木林单位面积蓄积量89.85立方米/公顷，其中，天然乔木林89.1立方米/公顷，人工乔木林0.75立方米/公顷，林木蓄积量实现持续稳定增长，年增长率达5%以上。

全市有生态公益林40980公顷（其中余姚市本级37853.33公顷，宁波市林场3126.67公顷），其中四明山区域生态公益林面积31286.67公顷（其中余姚市本级28160公顷，宁波市林场3126.67公顷），水源涵养林面积21913.34公顷（其中余姚市本级21766.67公顷，宁波市林场146.67公顷），公益林建设直接保护了陆域近30%的生态空间和65%的森林生态资源，对调节气候、涵养水源、改善生态环境、恢复森林生态功能、构建绿化生态屏障发挥了重要作用。

【野生动植物资源】 **国家重点保护野生动物** 根据《余姚市陆生野生动物调查报告（初稿）》，《2021年国家重点保护野生动物名录（调整版）》核对调整后，余姚市境内分布的国家一级保护动物有东方白鹳、黑鹳、中华秋沙鸭、黄腹角雉、白颈长尾雉、白鹤、白头鹤、遗鸥、黑麂、镇海棘螈、黄嘴白鹭、黑脸琵鹭、彩鹮、秃鹫、穿山甲、小灵猫16种，国家二级保护动物有虎纹蛙、角䴙䴘、卷羽鹈鹕、岩鹭、白琵鹭、鸳鸯、鸿雁、黑鸢、赤腹鹰、雀鹰、松雀鹰、白尾鹞、鹊鹞、鹗、黑翅鸢、白腹鹞、凤头蜂鹰、黑冠鹃隼、凤头鹰、日本松雀鹰、灰脸鹰、毛脚、灰背隼、红脚隼、红隼、燕隼、黄爪隼、白鹇、勺鸡、小杓鹬、红翅绿鸠、褐翅鸦鹃、小鸦鹃、草鸮、短耳鸮、红角鸮、领角鸮、雕鸮、斑头鸺鹠、鹰鸮、灰林鸮、长耳鸮、仙八色鸫、河麂44种。

国家重点保护野生植物 根据宁波市植物资源调查，余姚市境内分布的国家一级重点保护野生植物有南方红豆杉、银缕梅等2种，国家二级重点保护野生植物有千层塔、金钱松、榧树、六角莲、长序榆、榉树、金荞麦、软枣猕猴桃、大籽猕猴桃、中华猕猴桃、华顶杜鹃、香樟、野大豆、毛红椿、野菱、小勾儿茶、香果树、七子花、水禾、华重楼、荞麦叶大百合、白及、春兰、蕙兰、寒兰、建兰、多花兰、铁皮石斛等。

（蒋志强）

气　候

【年度气候特点】 2021年，全市气象灾害严重。主要气候特点为年平均气温明显偏高，打破历史最高纪录，年降水量、降水日数偏多，但有阶段性干旱，日照时数偏少。年内主要气象灾害有冬季寒潮过程、低温雨雪冰冻、雾、连阴雨，春季阶段性干旱，春、夏季强对流（雷电、大风、短时暴雨），其中8月强对流异常偏强，夏季高温天气连续，共受3个台风影响，其中“烟花”“灿都”影响严重。

【主要气象要素概述】 **气温** 年平均气温18.4℃，比常年偏高1℃，为历史同期第一高。其中，7月、8月、11月平均气温较常年偏低，其他各月平均气温均比常年偏高。具体如下：7月、8月、11月分别较常年偏低0.2℃、0.3℃、0.3℃，2月偏高3.6℃，3月、5月、9月较常年偏高 1.4℃ ~ 2.2℃，其余各月偏高幅度在 0.7℃ ~ 0.9℃。10 月 1—7 日国庆假期余姚市最高温度 33.5℃，平均温度 26.3℃，较常年偏高 5.1℃，破历史同期纪录。年最高气温 39.1℃，出现在 7 月 7 日；年最低气温 -6.6℃，出现在 1 月 8 日。年内有日平均气温低于 5℃寒冷日 17 天，日最高气温 35℃以上高温日 23 天。

降水 年平均降水量为 2301.1 毫米，比常年同期均值偏多 44.9%，为历史同期第二多。年降水日数 162 天，比常年偏多 7 天，其中暴雨日 7 天（日累计降水量≥ 50 毫米）。1 月、2 月、4 月、12 月降水量较常年偏少，其中 2 月比历史平均值少两成，1 月、4 月、12 月比历史平均值少六至九成；其余月份降水量均偏多，其中 7 月多 2.3 倍，历史同期第一多，10 月多 1.2 倍，9 月、11 月多一至二成，其余月份多三至四成。1 月中旬至 2 月下旬全市降水持续偏少，累计降水量仅为 40.5 毫米，较常年少 64%，气象干旱程度达到中旱，局部重旱。

日照 年日照时数为 1527.5 小时，比常年少 14.5%。除 1 月、9 月、11 月、12 月较常年偏多外，其他各月均偏少，其中 6 月、8 月、10 月少三至四成，其他月份偏少一至三成。

其他 2020 —2021 年终霜日为 2 月 19 日，结冰终日为 1 月 30 日，降雪终日为 1 月 7 日。2021—2022 年度初霜日为 11 月 24 日。

表 1

2021 年余姚市主要气象要素一览表

时段	气温（℃）		降水量（毫米）		雨日（天）		日照时间（小时）	
	实况	距平	实况	距平	实况	距平	实况	距平
1 月	6	0.8	10.8	-84.2	7	-5.9	148.2	46.7
2 月	10.7	3.6	61.3	-22.2	11	-1	90.1	-16.8
3 月	12.6	1.6	176.5	49.3	17	1.9	91.9	-38.2
4 月	17.3	0.7	41.9	-64.9	14	0.1	119.3	-37
5 月	23	1.4	155.2	36	17	2.8	125.4	-42.6
6 月	25.6	0.7	287	76.1	18	1.9	91.1	-47.6
7 月	29	-0.2	500.9	348.4	17	4.4	125.5	-103.6
8 月	28.3	-0.3	284.1	79	16	1.7	137.8	-72.3
9 月	26.7	2.2	198.6	22	13	0.1	182	26.5
10 月	20.2	0.9	214.9	119	15	5.6	98	-52.9
11 月	13.4	-0.3	106.2	17.9	12	1	129.6	9.3
12 月	8.2	0.7	12.9	-64.9	5	-5.6	188.6	70.2
全年	18.4	1	2050.3	511.5	162	7	1527.5	-258.3

说明：常年资料年代 1991—2020 年

【主要气候事件】 **冷涡大风夜来扰，小麦倒伏设施损** 受东北冷涡影响，4 月 30 日夜里至 5 月 1 日凌晨，全市自北向南普遍出现 8 ~ 10 级、局部 11 ~ 12 级偏北大风，有 31 个站点达到 8 级，15 个站点达到 9 级，7 个站点达到 10 级，3 个站达到 11 级，最大为国家站 35.7 米/秒（12

级），其次梨洲街道上王岗站30.4米/秒（11级）。大风造成小麦等农作物严重倒伏，并导致部分农业设施的损坏。

梅汛形势较典型，前后特征区别大 2021年，余姚市6月10日入梅（常年6月14日），7月5日出梅（常年7月9日），均较常年同期偏早；梅期25天，与常年持平；国家站降水量250.6毫米，较常年偏多46.9毫米。6月20日前的梅雨具有分散性、突发性、局地性等特点，局部伴有强雷电、8～10级雷雨大风等强对流天气。6月26日后以系统性降水为主，强降水持续时间较长、覆盖范围大，并伴有局部强对流，部分地区累计雨量较大。

7月“烟花”来势猛，多项记录创极值 2021年第6号台风“烟花”是1951年以来对余姚市影响时间最长、过程总雨量最大的台风，具有路径复杂、移速慢、影响时间超长、过程总雨量破纪录等特点，对全市造成重大影响。7月20日8时至7月28日8时受“烟花”影响，全市面雨量475.2毫米，为此次台风过程宁波市各县（市、区）雨量之最，雨量呈南多北少分布，其中大岚镇丁家畈站1048.2毫米和四明山镇森林公园站975.3毫米为单站雨量全省第一和第二位，均破登陆浙江台风的全省实测过程雨量极值。“烟花”造成余姚市部分地区积涝严重，山区局部出现塌方、泥石流等地质灾害、小流域山洪，给全市生产生活造成了较大影响。

夏季对流频现身，阴雨连绵日照少 2021年6—8月共有24天出现强对流天气，常伴有短时暴雨、雷雨大风和强雷电。该时期内，降水日数51天，较历史同期（43天）偏多8天，为历史同期第四多；累计日照时数233.4小时，较历史同期（580.8小时）偏少59.8%，为历史同期最少。持续的阴雨天气对作物生长、农业生产造成较为严重的不利影响。其中，8月10—17日连续8天出现强对流天气，12日16—19时中部平原地区出现强对流天气，沿姚江一带普遍出现暴雨，局部大暴雨，凤山街道蜀山大闸站3小时降水量达到116.1毫米，对交通出行造成了一定影响。

“灿都”路径难捉摸，疾风暴雨齐上阵 第14号台风“灿都”于9月11日8时至16日17时影响余姚市。“灿都”路径复杂，移速较慢，13日夜里至16日白天在东海北部海域“南落—回旋”，停滞少动近3天，较为罕见。受其影响，余姚市降雨量220毫米，最大为大岚镇丁家畈507.7毫米；风力普遍达到7～8级，局部9级，最大梨洲街道上王岗23.8米/秒（9级）。“灿都”造成余姚市部分区域积涝，山区地质灾害、山洪多发，给全市生产生活造成一定的影响。

冷锋纷纷自北来，四明雪景初乍现 2021年，冷空气活动频繁，共经历11次较强及以上冷空气过程。受寒潮影响，市内12月24日傍晚开始下雨，夜里山区转雨夹雪，25日白天雪势渐大，四明山部分地区出现明显的积雪，四明山森林公园出现雾凇和冰柱等雪景。26日平原最低气温-1.2℃，有冰冻，山区-8℃～-3℃，有严重冰冻。山区的冰冻造成部分路段道路结冰，对交通产生了一定的影响。

（注：本文采用的常年气象资料，年代平均值为1991—2020年，极值为1961—2021年。）

（牛海林）

历史文化

【历史沿革】 据《禹贡》记载，余姚在夏、商、周三代为“扬州之域”。春秋战国时属越国，战国后期“服朝于楚”。秦始皇三十七年（前210），始置余姚县（一说置于汉），属会稽郡。两汉及魏晋南北朝，均隶会稽郡。隋开皇九年（589），撤余姚县，并入句章县，属越州，县治设城山（今大隐一带）。唐武德四年（621），复置余姚县，并置姚州，属越州。武德七年（624），废姚州。长庆元年（821），废上虞县，并入余姚县。次年复置上虞县。五代时，余姚仍属越州，隶吴越国。北宋时属越州，庆历年间（1041—1048）升为望级县。南宋建炎五年（1131），升越州为绍兴府，余姚县属绍兴府。元朝元贞元年（1295），升余姚县为余姚州，属绍兴路。明洪武二年（1369），废余姚州复余姚县，属绍兴府。民国元年（1912）废府，余姚县为浙江省直辖，次年属会稽道。民国16年（1927）废道，余姚县复为省直辖。民国21年（1932），属浙江省第五特区行政专员公署。民国23年（1934），改属第三行政督察专员公署。民国30年（1941）4月23日，日本侵略军侵占余姚县城，县政府向南撤离，后至天台。民国34年（1945）9月，抗日战争胜利后，县政府迁回。民国37年（1948），第三行政督察专员公署改称第二行政督察专员公署。1949年5月23日，余姚解放，设余姚市军事管制委员会。次月建立余姚县人民政府，隶属宁波专区（1970年改宁波地区）。1983年7月，宁波地区与宁波市合并称宁波市，余姚县属宁波市。1985年7月，余姚撤县建市（县级市）。

【红色文化】 第一次国内革命战争时期，境内已有共产党人活动。1926年、1927年，中共坎镇支部、马家路支部、余姚支部相继建立，部分共产党员跨党参加国民党，会同外地回姚人员筹建国民党县党部，发动群众，成立工会、农民协会、妇女联合会等群众团体，组织盐民暴动，茶民请愿，反对北洋军阀，掀起国民革命高潮。1927年，策动姚北水巡队起义，改编为浙东人民自卫军，一度占领县城，给北洋军阀在余姚的统治势力以沉重打击。同年，蒋介石发动"四·一二"反革命政变，中共组织被破坏。次年，建立中共余姚县委。

1930年，中共江苏省总行动委员会派遣党员史济勋回乡，协助县委组织武装暴动，建立以费德昭为师长的浙东工农红军第一师，转战姚北一带，后遭失败。1938年3月，余姚县战时政治工作队建立，共产党员参与领导，开展抗日救亡运动。

1941年4月23日，余姚沦陷，5—9月，共产党领导的浦东抗日部队分批南渡姚北，开展武装抗日斗争。翌年，成立以谭启龙为书记的中共浙东区委员会和以何克希为司令的第三战区三北游击司令部，挺进四明山，建立以姚南梁弄为活动中心的浙东敌后抗日根据地。1943年，公开宣告新四军浙东游击纵队成立。次年，于梁弄召开浙东敌后各界临时代表大会，成立浙东行政委员会。成为抗日战争时期全国19个革命根据地之一。

抗战胜利后，根据地党政军奉命北撤，留下少数人员坚持隐蔽斗争。1947年初，建立中共浙东工委和中共四明工委。5月，于陆埠草茅庵重建革命武装，开展游击战争。1948年，建立浙东人民解放军第三、第五支队，发展成为江南8个革命游击区之一。

抗日战争和解放战争时期，余姚人民为抗日战争和解放战争的胜利作出了重大贡献，一大批优秀儿女为之壮烈牺牲。中华人民共和国成立后，余姚被定为革命老区县（市），全市71个乡镇中，62个被定为革命老区乡镇，占87%。

【河姆渡文化】 1973年6月，原丈亭区罗江公社在河姆村（今河姆渡镇芦山寺村）西南姚江渡口建排涝站时，发现大量陶器碎片、鹿角及各种动物骨骸的混合堆积物。1973年11月4日至1974年1月10日，1977年10月8日至1978年1月28日，浙江省考古队进行两次较大规模的科学发掘，确定遗址面积约4万平方米，由四个相互叠压文化堆积层构成，文物遗物丰富，保存完好，属于新石器时代遗物，文物特征与长江流域其他新石器时代遗址出土文物不同，即命名为河姆渡文化。河姆渡文化的发现与确立，是中国新石器时代考古的重大突破，证明长江流域和黄河流域同为中华民族远古文化的发祥地，从而改写中国文明发展的历史。河姆渡文化遗址是指遗址蕴含、反映河姆渡文化的人类生产生活及人与自然关系的文化遗存，丰富的栽培稻、成熟的干栏式木构建筑、独特的夹炭陶器和精美的象牙雕刻艺术品等是其主要文化内涵。河姆渡文化遗址主要分布于杭州湾南岸的宁（波）绍（兴）地区东部，越海东达舟山群岛，南至台州路桥区，迄今共发现40余处，集中分布于姚江流域，余姚市境内有20余处。

【历史名人】 余姚历代人文荟萃，名贤辈出，素有"文献名邦"之誉，东汉有隐士严光，以高风亮节称世。三国吴虞翻，著名易学家。东晋虞喜，天文学家，最大贡献为发现"岁差"。隋唐时的文学家、书法家虞世南，被唐太宗誉为德行、忠直、博学、文辞、书翰五绝。明清时期，"姚江人物甲天下"，明代，余姚中进士389人，其中状元3人、武进士42人、征辟107人。王守仁，集心学之大成，创立"致良知"学说，提倡"知行合一"，为"姚江学派之鼻祖"。同邑高足有徐爱、钱德洪等传人，代代不绝，蜚声国内外。嘉靖年间东阁大学士谢迁，"见事明敏，善持论"，名著朝野，时称贤相。明末清初朱之瑜，被梁启超誉为清初五大思想家之一，一生拒征不仕，抗清不息，60岁时定居日本，讲学23年，为中日文化交流先驱。同时代的黄宗羲，博学多才，著述宏富，是民主主义启蒙思想家、浙东史学派奠基人。近现代有马克思主义教育家杨贤江，文学家、出版家、中共余姚第一任支部书记楼适夷，金融家宋汉章，教育家蒋梦麟，农学家沈宗瀚，病理学家谷镜汧，法学家严景耀，史学家黄云眉、王仲荦，诗人邵洵美，经济学家周伯棣，水利学家娄溥礼等。当代，有姚籍中国科学院院士、中国工程院院士多人，专业领域涉及航天飞行力学、航空医学和生物工程、神经生理学、气象学、内科学、计算机研究、计算机软件开发等。

【文物保护单位】 全国重点文物保护单位8处。河姆渡遗址，位于河姆渡镇芦山寺村，1982年2月公布；浙东抗日根据地旧址，位于梁弄镇建成区及横坎头村，2006年5月公布；王守仁故居，位于阳明街道武胜门路，2006年5月公布；黄宗羲墓，位于陆埠镇十五岙村，2006年5月公布；鲻山遗址，位于丈亭镇汇头村，2013年3月公布；田螺山遗址，位于三七市镇相岙村，2013年3月公布；大运河（余姚段），2013年3月公布；通济桥，位于余姚市凤山街道宪卿第社区姚江上，2019年10月公布。

省级文物保护单位11处。五桂楼，位于梁弄镇学堂弄，1988年12月公布；胡公岩摩崖石刻，位于阳明街道胜归山，2005年3月公布；王守仁讲学处，位于阳明街道龙泉山，2005年3月公布；舜江楼，位于凤山街道北滨江路，2011年1月公布；大隐石宕遗址（含山王庙），位于大隐镇大隐村，2011年1月公布；白云桥，位于鹿亭乡中村村，2011年1月公布；泗门谢氏始祖祠堂，位于泗门镇后塘河社区，2011年1月公布；马渚横河水利航运设施，2011年1月公布；姚江（余姚）水利航运设施及相关遗址群，2011年1月公布；孙子秀墓，位于梁弄镇贺溪村，2017年1月公布；成之庄，位于泗门镇西大街社区望安路，2017年1月公布。

【方言】 余姚方言处于吴语太湖片临绍小片与甬江小片交汇地，大部分地区属临绍小片，东南部分地区为甬江小片。自秦汉至中华人民共和国成立，建置和境域基本保持稳定，方言也相对单纯。城区及其周围属临绍小片，梁弄一带更接近于上虞方言；利济塘以北的滨海地区因绍兴移民较多，带有绍兴方言。中华人民共和国成立后，界域迭次更改，原余姚东北部划入慈溪，而原慈溪的西南部及奉化、嵊县、上虞的一部分划入余姚，于是两小片方言交汇。余姚方言既保留古代遗韵，又表现出鲜明个性。语音声调简单朴实，声母清浊有致，韵母丰富多彩。词汇形式灵活，结构丰富，语义生动。语法相当简略，又变化多样。

（姚 鉴）

区划人口

【行政区划调整】 截至2021年底，在余姚市行政区域范围内，设6个街道、14个镇、1个乡。共有社区43个、居委19个、行政村261个。2021年新成立崇文社区。

（潘立波）

【地名命（更）名】 2021年，余姚市共批准地名新命名申请28项，其中包括桥梁3座、道路22条、建筑物群11处；批准地名更名申请2项，其中道路2条、建筑物群1处。

【人口】 2021年底，全市户籍总户数330445户，户籍人口832984人，其中城镇人口628390人；18周岁以下人口101335人，60周岁以上人口246163人。2021年全市出生4271人，在出生人口中，男性2170人，女性2101人，男女性别比为103.3。人口出生率、死亡率分别为5.12‰和8.57‰，自然增长率为-3.44‰，比上年下降1.37个千分点。2021年底全市流动人口登记在册人数为680710人，其中男性388380人；未成年流动人口82827人，60周岁以上流动人口18275人。

（市统计局）

表2 **2021年余姚地名更名情况表**

编号	标准地名	类别	申报单位	所属区域	更名情况	批准时间
2021057	曹娥南路、曹娥北路	道路	余姚市小曹娥镇人民政府	小曹娥镇	原“爱国江南路”更名为“曹娥南路”，原“爱国江北路”更名为“曹娥北路”	2021年11月19日
2021047	四明银座	建筑物群	余姚伊顿银座商业管理有限公司	兰江街道	“伊顿银座”更名为“四明银座”	2021年10月9日

2021年余姚地名新命名一览表

表3

编号	标准地名	类别	申报单位	所属区域	地理位置	批准时间
2021031	罗家渡大桥、郭姆渡大桥	桥梁	余姚市交通运输局	阳明街道	跨姚江，南至兰江街道丰杨河村的新建桥梁，命名为“罗家渡大桥”；北起丈亭镇龙南村，跨姚江，南至陆埠镇郭姆村的新建桥梁，命名为“郭姆渡大桥”	2021年6月28日
2021036	咏蕙桥	桥梁	余姚市人民政府兰江街道办事处	兰江街道	北至桂语兰庭，东至悦观庭颜家江上的桥梁	2021年7月12日
2021004	朱庄路	道路	余姚市人民政府兰江街道办事处	兰江街道	北起三凤路，南至许家山路	2021年1月18日
2021007	凤亭路、金翠路	道路	余姚市梁弄镇人民政府	梁弄镇	北起镇北路，沿四明湖湿地往西，经梁朱线，南至横坎头村进口的道路命名为“凤亭路”；位于横坎头村，东起浒溪线，西至横坎头牛轭丘的道路命名为“金翠路”	2021年1月27日
2021014	庄巷路	道路	余姚市人民政府兰江街道办事处	兰江街道	东至兰馨路，南至余姚市妇幼保健院，西至西环南路，北至星光华府	2021年3月11日
2021016	高风路、车北弄	道路	余姚市人民政府凤山街道办事处	凤山街道	北起横河棣路，西至怡景路，呈直角转弯的道路命名为“高风路”；北至车站路，南至北河沿路的道路命名为“车北弄”	2021年3月16日
2021023	南门市场东路	道路	余姚市人民政府梨洲街道办事处	梨洲街道	南至南雷里社区，北至世南东路，东邻南雷里新村，西邻副食品市场	2021年5月11日
2021025	欣园路、茂海路	道路	余姚市黄家埠镇人民政府	黄家埠镇	东西走向，东至临山界，西至兰风大道，南邻七四丘北横江，北邻海涂工业用地的道路命名为“欣园路”；南北走向，南至规划道路，北至规划道路，东邻规划用地，西邻小微园区的道路命名为“茂海路”	2021年5月19日
2021035	五云路	道路	余姚市人民政府兰江街道办事处	兰江街道	南北走向，南至杭甬高速公路，北至姚江，东邻郭相桥大河桥、夏巷村刘黄，西邻夏巷村张油车	2021年7月12日
2021041	河姆渡东路、河姆渡西路	道路	余姚市河姆渡镇人民政府	河姆渡镇	东西走向，东至罗江228国道，西至河姆渡南路，南邻幸福河，北邻农田的道路命名为“河姆渡东路”；东西走向，东至河姆渡南路，西至丈亭大桥，南邻幸福河，北邻农田的道路命名为“河姆渡西路”	2021年8月11日
2021044	高庙南路	道路	余姚市人民政府兰江街道办事处	兰江街道	南至筀竹村陆家桥村道，北至高庙山山顶，东邻高庙山山麓，西邻高庙山山麓	2021年9月1日
2021048	福茵德路	道路	余姚市临山镇人民政府	临山镇	南至329国道，北至湖田路，西至宁波晨科日用品有限公司，东至余姚市耀鸿霓虹电子有限公司	2021年10月9日
2021051	绿荫路、云图路	道路	余姚经济开发区建设投资发展有限公司	梨洲街道	东西走向，东至规划道路，西至南雷南路，南邻时代云图里，北邻工业厂房的道路命名为“绿荫路”；南北走向，南至黄山东路，北至规划道路，东邻时代云图里，西邻时代云图里的道路命名为“云图路”	2021年10月15日

续表 3

编号	标准地名	类别	申报单位	所属区域	地理位置	批准时间
2021053	金国路	道路	余姚市丈亭镇人民政府	丈亭镇	东西走向，东至应王村排涝站，西至蜀山沙场，南邻农田，北邻农田	2021 年 10 月 21 日
2021055	方兴路	道路	余姚市人民政府阳明街道办事处	阳明街道	南北走向，南至方桥小微园区规划北红线，北至余方公路，东邻厂房，西邻厂房	2021 年 11 月 15 日
2021056	兴黄路、惠云路、科兴路	道路	余姚市人民政府兰江街道办事处	兰江街道	南北走向，南至黄家巷路，北至四明西路的道路命名为“兴黄路”；东西走向，东至大河桥江，西至兴黄路的道路命名为“惠云路”；东西走向，东至郭相桥村村民住宅，西至兴黄路的道路命名为“科兴路”	2021 年 11 月 19 日
2021059	环场南路	道路	余姚市马渚镇人民政府	马渚镇	南北走向，南起小戴家村道，北至世纪路，东邻怡家名苑，西接街路江	2021 年 12 月 21 日
2021013	华创智慧小微园	建筑物群	宁波川肇智慧城开发有限公司	牟山镇	东至村庄，南至余姚市三箭工具有限公司，西至五五路，北至田地	2021 年 3 月 9 日
2021026	启创小微园	建筑物群	余姚圣景实业发展有限公司	陆埠镇	东至规划道路，南至宇熊洁具，西至河道，北至规划道路	2021 年 6 月 15 日
2021027	锦凤菜场	建筑物群	宁波市云成房地产开发有限公司	兰江街道	东至兰凤路，南至悦观庭，西至悦观庭，北至许家山路的农贸市场	2021 年 6 月 15 日
2021034	白山头菜场	建筑物群	余姚市白鹂春置业有限公司	梨洲街道	东至白鹂江景，南至规划住宅用地，西至中山中路，北至世南东路的农贸市场	2021 年 7 月 7 日
2021042	鲸彩汇	建筑物群	余姚天昱置业有限公司	梨洲街道	东至远东中二路，南至远东中一路，西至南雷南路，北至黄山东路	2021 年 8 月 17 日
2021039	云尚中心	建筑物群	浙江余姚中晟置业有限公司	凤山街道	东至中山北路，南至里畈路，西至规划道路，北至站南路	2021 年 8 月 2 日
2021043	新邻中心	建筑物群	余姚新邻里开发建设有限公司	河姆渡镇	东至河姆渡镇中心小学、中学，南至寺慈线，西至现状田地，北至耀河路	2021 年 8 月 23 日
2021045	青澜邸	建筑物群	宁波鸿瀚置业有限公司	梨洲街道	东至城东路，南至余姚慈吉之星汽车有限公司，西至规划道路，北至规划道路	2021 年 9 月 28 日
2021046	明辰东院	建筑物群	宁波恒岭置业有限公司	梨洲街道	东至梨洲路，南至现状村道，西至余姚宝恒汽车销售服务有限公司及规划用地，北至谭家岭东路防护绿带	2021 年 10 月 8 日
2021050	胜一菜场	建筑物群	余姚市凤山街道胜一村村民委员会	凤山街道	东至中山北路，南至金山路，西至东楼新村，北至胜一村东楼村	2021 年 10 月 14 日
2021052	荣华中心	建筑物群	新中宇集团有限公司	梨洲街道	东至远东中二路，南至中国银行余姚远东支行，西至南雷南路，北至远东中一路	2021 年 10 月 21 日

（潘立波）

名优特产

【杨梅】 余姚是中国杨梅的发源地之一，余姚杨梅有乌种、红种、粉红种、白种四大品种群系，荸荠种、粉红种、水晶种、荔枝种、湖南种、早大种、迟种等20余个品种，品种数量之多位居全国前列。其中，荸荠种杨梅是余姚主要栽培品种，以其果实成熟时呈紫黑色，形似荸荠而得名，主要分布于三七市镇、丈亭镇、大隐镇、陆埠镇、凤山街道等姚东地区，俗称“东山乌杨梅”。姚西马渚镇、牟山镇、临山镇一带主产白种、粉红种杨梅，俗称“西山白杨梅”。水晶种杨梅又名白砂杨梅，为中国品质最优的白杨梅。2019年，余姚杨梅获农产品地理标志登记保护。截至2021年，三七市镇有杨梅800公顷，常年产量8000吨。丈亭镇栽培面积约1500公顷，常年商品果产量在1万吨，年产值约1亿元。

【葡萄】 余姚是浙江省葡萄的重点产区之一，已有20余年栽培历史，栽培区域集中分布在姚西北临山、黄家埠两个乡镇，主栽品种已由过去的“金皇后”“巨峰”调整到“藤稔”“美国提子”等优良品种。全市葡萄生产栽培集中，规模大，品种新、质量好，栽培品种均为当前市场最受欢迎的优良品种，如红提、青提、黑提等均具有味甜、色艳、粒大、耐贮的特点。2017年8月，临山镇味香园葡萄专业合作社选送的“黑美人”葡萄获2017浙江精品果蔬展销会金奖。11月，临山镇成为省级特色农业（葡萄特色）强镇创建对象。同月，“余姚葡萄”品牌入选2017中国果品区域公用品牌价值榜，价值升至8.01亿元。2019年7月，临山镇味香园“巨峰”葡萄被授予浙江省知名品牌农产品展会金奖。

【榨菜】 余姚市是中国著名的榨菜生产加工基地，是全国最大的榨菜生产加工基地，是农业部命名的“全国榨菜之乡”。2009年，全市有榨菜基地面积8000公顷，年产鲜榨菜头5亿千克以上，全市有榨菜加工企业120余家，加工产值12亿元，全国市场占有率达到60%，并出口10余个国家和地区。姚北榨菜秋种春收，菜色微黄，具有质地嫩、脆的特点，种植地主要集中于姚北濒杭州湾的泗门、临山、小曹娥、黄家埠等乡镇，种植连片集中，榨菜圆头大，特别鲜嫩，口感爽脆。2017年，余姚榨菜上榜“全国果菜产业绿色发展百佳地标品牌”和“全国十佳蔬菜地标品牌”，同时获得两项大奖。小曹娥镇拥有万亩榨菜生产基地，有中国驰名商标“久久红”“乡下妹”“阿姚皇”等，有榨菜企业10余家，2021年冬季播种榨菜约680公顷，亩产1841千克，总产18816吨，平均收购价为1.62元/千克。泗门镇年均种植面积约2000公顷，榨菜一产产值约1亿元，榨菜全产业链产值5.81亿元，拥有不同系列、口味、规格包装的榨菜丝、芯等产品300余种。

【茶叶】 据晋代王浮《神异记》记载，余姚人虞洪入山采茗，在瀑布山遇道士丹丘子赠大茗（瀑布仙茗）。唐代陆羽在《茶经》中三次提及余姚瀑布仙茗，瀑布仙茗也是《茶经》中唯一有名号的茶叶。境内种植有乌牛早、翠峰、迎霜等十多种茶叶品种，形成了以“四明龙尖”和“余姚瀑布仙茗”为主的茶叶品牌。“四明龙尖”则是大岚自创的品牌，浙江省著名商标，其茶外形坚挺似针、色泽翠绿，香气高而持久，汤色嫩绿，清澈明亮，滋味鲜醇爽口，回味甘甜，曾多次在国内外名茶评比中获得佳绩。“余姚瀑布仙茗”是浙江省名牌产品，曾多次荣获国内外大奖。2002年，大岚镇获评“中国高山云雾茶之乡”，2010年获评“中国名茶之乡”。2018年，“诸水之源”获中国（上海）国际茶业博览会金奖和义乌国际森林产品博览会金奖；“瑶境茗珠”获浙江绿茶（银川）博览会金奖和浙江省农业博览会优质奖。

【甲鱼】 余姚甲鱼外形色泽光亮，裙边光滑厚实富有弹性，体内脂肪较少呈自然黄，品质上乘，接近野生甲鱼。余姚甲鱼为国家农产品地理标志保护产品。全市生态甲鱼套养面积超2000公顷，年产值超3亿元。2011年余姚被授予中国生态甲鱼之乡称号。2013年，余姚市水产技术推广中心申报的“余姚甲鱼”通过农业部农产品质量安全中心审查和组织专家评审，实施国家农产品地理标志登记保护。2018年2月2—7日，第九届中国余姚·河姆渡农业博览会暨第五届中国甲鱼节在中塑国际会展中心举行。2019年8月，“余姚甲鱼”获评地理标志证明商标。

【蜜梨】 余姚蜜梨具有个大、均匀、汁多、外观漂亮，含糖量高、品质好的优点。“舜水牌”“嫦娥牌”等蜜梨品牌多次在浙江省、宁波市评比中获奖，成为省、宁波市优质农产品，其中“舜水牌”蜜梨夺得2000年浙江省精品水果展示会一等奖。全市拥有宁波市专业特色村——小曹娥镇曹一村，低塘镇果木园等一大批优质、高效梨生产基地和低塘早熟蜜梨种苗基地。2017 年，余姚蜜梨上榜“全国名特优新农产品目录”。2019 年 8 月，“余姚蜜梨”获“2019 浙江省十佳梨”称号。

【番薯枣子】 俗称番薯瘪。镇域农家传统消闲食品，亦是农户干活防饥的干粮，民国时期就多有制作。番薯枣子两头尖，中间大，略扁，呈暗红色，表面有糖分溢出，泛着油光，软硬适中，举在太阳光下看，通体鲜红，吃起来糯而不腻，香甜可口，因味道类似蜜枣，有股清香味，而美其名曰番薯枣子。

番薯枣子的制作首先选用优质的当地种植的高山红薯，洗净去皮后，将番薯用铁锅煮熟后，放在用铁丝编成的圆匾内，用白炭或者柴木的炭火烘烤烟熏一天一夜后制作而成。2005 年，番薯枣子主产地大岚镇黄家庄村成立了“余姚市华枫高山甘薯专业合作社”，统一品牌、统一质量、统一包装对外销售番薯枣子。

【梁弄大糕】 梁弄大糕是余姚市梁弄镇的传统糕点，以外形美观、香甜柔糯、百尝不厌赢得口碑。梁弄大糕外形方正，雪白的大糕上面有可食用红粉印的“恭喜发财”“吉祥如意”“福禄寿喜”等不同字样。制作大糕的手工技艺，是梁弄古镇的独创，其制作技艺已被列入余姚市非物质文化遗产代表作名录。如今的余姚梁弄镇，依然有数家梁弄大糕店，并形成“大糕一条街”。

【河姆渡茭白】 余姚河姆渡茭白历经多年选育，具有出苗早、孕茭早、个体大、肉质嫩、品质优、产量高的特点。据河姆渡遗址考证，早在七千年前已有野生茭白生长，在姚东低洼地区历来有种植茭白的习惯。20 世纪初，组织实施了宁波市河姆渡万亩茭白特色农业产业基地，相继建立了浙江省无公害农产品基地、浙江省高效农业示范基地、浙江省河姆渡茭白产业标准化推广示范基地。1998 年被浙江省农作物品种审定委员会认定为“河姆渡双季茭白”，并获省农博会银质奖，注册为“古址”牌商标。“古址”牌商标注册后，从 2002 年开始，古址牌茭白连续 5 年获得农业博览会金奖。2006 年、2008 年，分别在中国绿色食品“2006 上海绿色食品博览会”和中国绿色食品“2008 上海绿色食品博览会”上获畅销产品奖。2017 年，余姚茭白上榜“全国名特优新农产品目录”。2020 年，茭白种质资源圃建立，现保存茭白品种 44 种，其中双季茭 24 种，单季茭 20 种。2021 年，茭白复种面积 1000 公顷，产量 30644 吨，总产值 1.37 亿元。

【鹿亭番薯粉丝】 余姚鹿亭番薯粉丝，是四明山区的传统美食，色泽鲜而白，易存储。主要原料是新鲜番薯，具有久煮不烂、清香可口、食法多样、老少皆宜的特点。其制作过程坚持传承传统工艺，严格依照清洗去杂、粉碎磨浆、过滤沉淀、和面成坨、磨丝晾晒、成品包装等六大流程，全程无任何添加物，确保番薯粉丝保留独特风味，煮熟后颜色晶莹剔透，质量、口感最为上乘。2018 年，鹿亭番薯粉丝入选余姚市非物质文化遗产名录，现有“鹿亭牌”“白云桥牌”“东岗山牌”番薯粉丝。2021 年，鹿亭乡制作番薯粉丝 82500 千克，销售额达 600 余万元，人均增收 1400 元，形成具有鹿亭特色的“粉丝经济”。

【笋干】 笋干有着色泽黄亮、香气内敛、鲜嫩可口的特色。鹿亭乡以笋干为主导的竹产业年产值在 6000 万元以上。笋干菜制作技艺被列为宁波市非物质文化遗产、宁波市非遗“三位一体”保护示范项目，获得第四届中国竹博会银奖。鹿亭乡还被中国林

© 鹿亭番薯粉丝（郑国光摄于 2021 年）

学会竹子分会授牌“中国笋干特色之乡”。

【朗霞豆浆】 朗霞豆浆是余姚风味小吃，有100余年的历史，曾入选浙江著名地方特色小吃，获评甬尚小食十佳，是宁波市级的非物质文化遗产。朗霞豆浆以师从于豆浆世家徐国香的“干大林豆浆”最为正统，其咸豆浆喝起来口感十足，加上豆浆里满满的牛肉粒，鲜香四溢。朗霞豆浆选料讲究、做工精细、口味独特，其特色是色泽清白、浆汁肥润、外观醇厚、入口香鲜、营养丰富、四季皆宜。朗霞豆浆选用本地产的花沟、八月黄黄豆，用纯净的天落水，严格掌握浸豆的时间、煮浆的火候和水浆比例，使其浓度、香度、凝固度、肥润度、口感等各项质量指标都优于其他同类产品。

（姚　鉴）

国民经济和社会发展

【经济总量】 地区生产总值。2021年全市实现地区生产总值1441.5亿元，按可比价计算，增长9.1%，两年平均增长7.1%。其中，第一产业实现增加值50.68亿元，增长2.4%；第二产业实现增加值885.23亿元，同比增长11.4%；第三产业实现增加值505.59亿元，增长6.1%。三次产业之比为3.5∶61.4∶35.1。按户籍人口计算，全市人均地区生产总值为172912元（按年平均汇率折合26802美元）。

财政收支。2021年全市财政总收入226.3亿元，比上年增长22.2%（以下简称增长）。完成一般公共预算收入129.72亿元，增长13.6%，其中税收收入113.96亿元，占一般公共预算收入比重为87.9%。全市一般公共预算支出142.52亿元，增长10.6%，其中教育、文化体育与传媒、社会保障和就业、医疗卫生、节能环保等民生支出110.19亿元。

就业和再就业。2021年全市城镇新增就业3.4万人，5512名失业人员实现再就业，困难人员再就业3758人，城镇登记失业率2.65%。全年新增创业实体2.41万家，创业带动就业12.06万人。开展职业技能培训3.7万人次，培训高技能人才5811人。

【农业、农村】 农林生产。2021年全市实现农林牧渔业总产值79.51亿元，按可比价计算，同比增长3.6%。其中，完成农业产值55.23亿元，增长0.3%；林业产值4.51亿元，增长2.7%；牧业产值7.9亿元，增长18.1%；渔业产值7.95亿元，增长5.3%；农林牧渔服务业产值3.93亿元，增长8.2%。全年粮食作物播种面积27449.5公顷，增长1.4%，粮食总产量17.55万吨，增长2.4%。生猪年末存栏增长3.1%，全年出栏增长19.7%；全年肉类产量增长25%，生牛奶产量增长160.6%。全年新增宁波级农业龙头企业2家，累计55家，其中产值上亿元的达11家。

新农村建设。2021年成功创建省级美丽乡村示范乡镇2个、特色精品村5个、达标村87个，宁波市级美丽乡村示范乡镇3个，完成梳理式改造村50个。开展垃圾分类、污水治理、公厕改造工作，创建省级高标准农村生活垃圾分类示范村1个，宁波级垃圾分类示范镇1个、示范村3个，创建省级示范性农村公厕3座、星级农村公厕36座。

新增省级特色农业强镇1个，累计3个，省级特色农产品优势区1个，省级农业产业化联合体2家。推动“四明臻货”区域公用品牌展示展销中心建设，培育无公害农产品7个、绿色食品11个，新申报宁波市农产品质量安全追溯标杆企业1家。省级高品质绿色科技示范基地2家，培育宁波市级及以上示范性经营主体17家，组织开展各类农民培训4430人次。

【工业、建筑业】 工业经济。2021年全市1364家规模以上工业企业实现总产值2418.22亿元，增长20.2%；实现增加值564.83亿元，按可比价计算，增长13.4%，两年平均增长11.2%。分行业看，在33个行业大类中，28个行业增加值同比上升，增加值总量排名前十的行业共实现工业增加值488.66亿元，占规模以上工业增加值的比重为86.5%，对规模以上工业增加值增长的贡献率达82.0%。其中电气机械和器材制造业完成增加值102.52亿元，居各行业之首；汽车制造业增长28.9%，增速居前十位行业之首。全年规模以上工业企业实现销售产值2404.01亿元，增长20.1%。其中出口交货值为652.97亿元，增长24%。全年规模以上工业企业实现利税总额240.2亿元，下降1.8%，其中利润总额198.55亿元，增长2.7%，营业收入利润率为8.1%。规模以上工业亏损企业167家，占企业总数的12.2%；亏损额5.57亿元，同比下降45.9%。全市规模以上工业企业新产品产值率41.6%，比上年降低2.3个百分点。全年全市规模以上工业企业平均产能利用率为79.8%，规模以上工业企业资产负债率为57.6%，产销率99.4%。全年实现规模以上战略性新兴产业增加值252.22亿元，规模以上高新技术产业增加值408.54亿元，分别增长18.2%和16.2%，占规模以上工业增加值的比重分别达到44.7%和72.3%。“246”重点培育产业增加值、高端装备制造业增加值、17个重点传统制造业增加值分别增长12.3%、19.3%、15.1%。全年规模以上工业企业资产同比增长10.8%，从业人员平均人数同比增长4.3%，人均创利税10.24万元，同比下降5.8%。

建筑业。2021年资质以上建筑业156家，其中二级及以上资质企业56家。2021年完成资质以上建筑业总产值139.55亿元，其中省内产值103.65亿元，分别增长33.1%和5.4%。房屋建筑施工面积888.29万平方米，增长17.8%。全年建筑业从业人员平均人数3.65万人，比上年增加0.76万人。

【固定资产投资、城市建设】固定资产投资。2021年全市固定资产投资增长13.1%。其中民间投资（占比70.3%）增长0.7%，房地产开发投资（占比44.1%）增长1.5%，基础设施投资（占比12.6%）增长15.7%，工业投资（占比35.8%）增长25.5%。高新技术产业投资、交通投资分别增长28.0%和17.5%，生态环境和公共设施投资下降5.8%。商品房销售面积188.96万平方米，下降20.4%。

城市建设。2021年建设完成四明东路（南排江路—东环南路）、金舜西路（兴贤路—中江）、兴贤路（北环西路—舜汇路）、舜达路一期（梁周线—景桥江西）等一批道路新建工程，完成丰山路和子陵路（姚州大桥—新建北路）道路大修工程，完成新建路与南河沿路交叉口改造工程、中山路与金山路交叉口改造工程2个堵点路口改造。市第三人民医院（市精神卫生中心）迁建工程、华狮北侧地块安置房、浙江四明山干部学院改（扩）建一期工程等项目已完工。加快推进各类停车场（位）建设，累计完成各类停车位建设4588个。高标完成民生实事工程，其中总长近10千米的滨江水环慢行系统建设工程（一期）已实现贯通，把公共文化中心、玉皇山、通济桥、龙泉山等多个重要节点串联成线；城区道路“补丁减量”行动已完成四明西路、新建北路等道路15万平方米的改造提升。

【贸易、旅游】贸易业。2021年全市商品销售总额比上年增长28.4%。其中批发业销售额增长28.1%，零售业销售额增长29.8%，全年完成社会消费品零售总额449.7亿元，增长13.2%。限额以上社零按商品类别分，服装鞋帽类、金银珠宝类、汽车类和石油制品类商品增长较快，分别增长30.8%、34.3%、55.1%和23.7%；粮油食品类、中西药品类下降2.0%和6.1%。年末全市限额以上贸易企业达355家，全年实现营业收入807.4亿元，实现利润总额5.4亿元。

旅游业。2021年余姚市夯实省全域旅游示范市创建成果，姚江水岸诗路文化交流中心项目竣工，阳明古镇二期等项目进展顺利。梁弄镇创建成为宁波市乡村全域旅游示范区、宁波市首批红色旅游融合发展示范区，丹山赤水景区、浙东小九寨中共浙东临委驻地成功创建为宁波市首批红色旅游教育基地。临山镇、牟山镇创建成为“省AAA级景区镇”，新创或提档60个景区村庄。全年共新建、改（扩）建旅游厕所11座。同时启动智慧文旅项目建设，以满足人民群众对美好生活的向往为导向，以智慧文化云和智慧旅游为目的，通过数字赋能，打造互联互通、便捷高效的立体式公共文旅云服务平台，为人民群众提供高品质全域文旅共享服务。

【对外经济】对外贸易。2021年全市实现外贸进出口总额1180.4亿元，增长21.2%，其中出口791.5亿元，增长18.9%；进口388.9亿元，增长26.2%。“三资”企业和贸易流通企业分别完成出口208.8亿元和93.0亿元，分别增长20.1%和下降0.2%，自营生产企业完成出口489.7亿元，增长22.8%。机电产品出口595.6亿元，增长19.6%，占全部出口比重为75.3%；高新技术产品出口103.6亿元，增长24.7%。欧美市场出口额占出口总额的62.2%，其中对美国、俄罗斯的出口额实现了7.1%和31%的增幅；非洲、亚洲、大洋洲出口额分别增长1.4%、15.2%和7.5%。全年新增对外贸易经营备案登记企业683家，累计达7884家。自营出口实绩企业3064家，比上年新增199家，其中超亿元企业151家。

招商引资。2021年全年商务部口径实到外资25740万美元，同比增长150.8%，宁波市外实到内资133.26亿元、余姚市外实到内资141.5亿元、浙商创业创新实到资金91.63亿元，同比分别增长25.84%、30.25%、24.16%。全年全市签约招商引资项目103个，总投资551亿元。

【交通、邮电】交通运输。2021年全年完成公路客运量79.07万人次，公路旅客周转量6153万人千米；公路货运量1330万吨，公路货物周转量193197万吨千米。完成新建农村公路33.75千米，大中修107.12千米，公路服务站新建1个。完成新增公交线路6条、专线1条，优化调整10条，新（改）建农村港湾式停靠站24个。年末出租汽车拥有量288辆；公交线路121条，新增新能源车9辆，更新新能源公交车213辆。年末小型汽车保有量383455辆，其中私人小汽车325212辆。

邮电业。2021年底全市共有固定电话用户数23.7万户，移动电话用户数174.9万户，互联网宽带接入用户数62.9万户；完成电信业务收入15.24亿元。完成邮政业务收入2.5亿元。

【金融】 银行业。2021年底全市金融机构本外币存款余额2381.35亿元，比上年增长11.6%；金融机构本外币贷款余额1921.64亿元，比上年增长19.2%。年末银行不良贷款率为0.62%，比上年下降0.35个百分点。年末全市银行业金融机构达32家，其中政策性银行1家，大型银行4家，股份制商业银行12家，城市商业银行12家，邮储银行1家，农村合作金融机构1家，新型农村金融机构1家。

证券。2021年底全市共有证券营业部14家，期货营业部5家。全市股票账户数19.82万户，全年股票交易额4346.88亿元；期货投资者开户数4905户，全年期货交易金额5045.72亿元。全年新增上市公司4家，累计15家上市公司；累计新三板挂牌企业10家，甬股交挂牌企业250家。

保险业。2021年累计实现原保险保费收入30.12亿元，同比增长0.2%。财产险实现保费收入15.28亿元，同比增长4.2%，赔付支出10.53亿元，同比增长28.2%；人身险实现保费收入14.84亿元，同比下降3.6%，赔付支出2.71亿元，同比增长5.6%。

【科技、教育、人才】 科技创新。2021年完成规模以上工业企业研发费用77.5亿元，同比增长20.8%；完成技术交易额22.5亿元，同比增长24.4%。新认定高新技术企业99家，高新技术企业数量达到388家；新认定省级高新技术企业研发中心7家、省级企业研究院1家，宁波级工程技术中心42家，宁波级企业研究院5家，余姚级工程技术中心221家。全市累计拥有各级研发中心686家，其中国家级3家，省级71家，宁波级190家，余姚级422家。2021年获得国家技术发明二等奖1项，宁波市科技进步二等奖2项、三等奖2项、青年科技创新奖1项。全年新增专利申请9957件，授权10719件，分别下降2.8%和增长18.9%；其中新增发明专利申请2535件，授权812件，占专利总量的比例分别为25.5%和7.6%。

教育事业。2021年底全市共有各级各类学校288所，在校学生总数160524人，15年教育普及率为99.77%。其中，普通高中10所，在校学生11724人；中职学校6所，在校学生6905人；初中27所，在校学生29640人；小学78所，在校学生73414人；幼儿园166所，在园学生38679人；特教中心1所，在校学生162人。全年新（改、扩）建中小学和幼儿园19所，新增学位3260个。公办幼儿园招生覆盖率提升至50.3%，比上年提高7.24个百分点。全年全市共实施教育基建项目36个，投入资金7.4亿元。

人才开发。2021年全市新增博士、博士后55人；新增国家重点人才计划专家3人、省重点人才计划专家10人、省领军型创新创业团队3个、宁波市甬江引才工程项目20个，31个高层次人才项目新获“4个500万”政策支持，5人新获评“阳明学者”；引进国外人才21人，总量达142人。新建院士工作站（院士科创中心）3家，累计17家；新建博士后工作站4家，累计21家；新建技能大师工作室4家，累计20家；新增高技能人才6442人，总量达4.1万人；新引进人力资源服务机构15家。

【文化、卫生、体育】 文化建设。2021年围绕建党百年主题，组织开展“百年交响激荡姚江”主题文艺演出、“幸福新时代永远跟党走”系列群众文化活动，引导各乡镇街道广泛开展具有当地特色的群众文化活动。姚剧现代戏《童小姐的战场》作为优秀剧目，参加宁波市和浙江省庆祝建党100周年优秀舞台艺术作品展演。创作《在余姚过年》等“以艺战疫”作品，小品《老街书店》、美术作品《煦风》等多项作品获浙江省第三十二届戏剧小品大赛金奖、浙江省第八届青年美展优秀奖（最高奖）和宁波市级以上奖项。余姚市文化馆成功复评国家一级馆，余姚市图书馆为浙江省第一批“满意图书馆”。全年图书馆接待读者30.3万人次，图书借阅52.6万册次。余姚博物馆、河姆渡遗址博物馆、王阳明故居等教育基地共接待观众约68.2万人次。

卫生事业。2021年底全市实有病床3377张，卫生技术人员8579人，其中执业医师（含助理）3717人，注册护士3594人。基层就诊率达到64.12%，县域就诊率达到80.5%。全市适龄儿童七苗覆盖率97.03%，实现孕产妇零死亡，全年户籍人口婴儿死亡率1.02‰，5岁以下儿童死亡率2.29‰，均稳定在较低水平。余姚市居民健康素养水平为34.94%，人均期望寿命为81.80岁。全年全市无偿献血

10069人次，献血总量315.87万毫升，用血6296人次，用血总量246.78万毫升，无输血安全事故发生。

体育事业。2021年余姚市获得“全国围棋之乡”称号、“十三五”浙江省体育场地设施建设突出贡献奖，梁弄镇获全国群众体育先进单位称号。中国四明山100千米山地户外运动挑战赛入选省重点培育品牌体育赛事名录库。举办第十六届市运会，总参与7000人。举办国家级交流赛事2场，省级交流赛事6场，宁波级交流赛事9场。举办第五届环四明山自行车骑游大会等各级各类线上线下结合的全民健身活动158场，完成体育进农村文化礼堂任务数215个，乡镇（街道）社区赛事活动参与率100%，首次举办文旅体消费周线上活动。全长1600里（800千米）的四明山千里国家登山步道仪式发布，同步推出小程序。人均体育场地面积达到2.6平方米。完成“一人一技”体育公益培训7场次，新增3A级协会3个，新增社会体育指导员245名。开展国民体质监测3714人，脊柱侧弯普查2600名。第十四届全运会获1金1铜，第十一届全国残运会获8金4银2铜。新注册浙江省运动员925人，向上输送优秀体育苗子25人。全市体彩销售额逾2.26亿元，筹集公益金约800万元。

【居民收支、社会保障、慈善事业】 居民收支。2021年全市全体居民人均可支配收入63381元，比上年增长10.2%。其中，城镇居民人均可支配收入71548元，增长9.7%；农村居民人均可支配收入43428元，增长10.4%。按一体化城乡住户调查新口径统计，城乡居民人均可支配收入比为1.65∶1。2021年余姚市城镇居民人均生活消费支出44482元，增长18.1%，农村居民人均生活消费支出29301元，增长18.3%。

社会保障。2021年底全市职工基本养老保险、职工医疗保险（含生育保险）、失业保险、工伤保险参保人数分别达61.1万人、55.9万人、36.5万人、45.7万人，其中职工基本养老保险比上年末新增2.36万人。全市城乡居民社会养老保险、被征地人员养老保障参保人数分别为20.12万人和4.73万人，本市户籍人口养老保险参保率达98.78%。2021年全市拥有各类社会福利机构36处，床位9140个，每千名老年人拥有社会养老床位数为61.2张。社区服务设施3457处。全市共有低保对象6616户8428人，每月支出低保资金739万元。

慈善事业。2021年全市慈善总会募集善款9442万元，比上年增长29.2%；全年救助支出8399万元，增长18.4%。截至2021年底，全市慈善总会累计募集已达108647万元，累计救助支出93968万元，受助66.5万人次。2021年底，全市共有网站注册志愿者5.38万余人，共开展各种市级志愿服务活动512场。

【生态建设、社会安全】 生态建设。2021年全市空气质量优良天数340天，比率为93.2%，比上年提高4.9个百分点。$PM_{2.5}$浓度为26微克/立方米，下降7.1%；饮用水水源地达标率继续保持100%；地表水宁波市控以上断面达标率为100%。制定实施《姚江流域水环境综合治理三年行动方案》，推进33个工业园区“污水零直排区”建设，强化菁江渡、浦口闸等省控考核断面的监测研判和综合治理。以“无废城市”建设为契机，建设完成一般工业固废分拣中心2个，并建立了电子地图和管理平台。截至2021年底，省固废平台已上网注册9500余家，签约企业5200余家，累计收运一般工业固废9300余吨。

“平安余姚”建设。2021年，全市共发生各类生产安全事故20起、死亡9人，按可比口径，事故起数、死亡人数分别下降29.8%、40.0%。全年共立案查处食品安全各类违法案件261件，其中大要案2件，罚没款287万元。主要药品安全抽检合格率为100%。全年共受理刑事案件1323件，审结1326件，同比分别上升13.6%和13.8%，判处罪犯1903人；受理各类民商事案件9235件，审结9285件，同比分别下降22.9%和24.4%；受理行政诉讼案件58件，审结65件，同比分别下降12.1%和上升1.6%。加大对社会高度关注的犯罪活动的打击力度，审结危害食品药品安全、醉驾、涉黄赌毒等犯罪案件共368件。坚决惩治腐败、不作为、滥作为，审结受贿、玩忽职守、滥用职权等犯罪案件4件。

（市统计局）

中国共产党余姚市委员会

综 述

2021年，中共余姚市委坚持以习近平新时代中国特色社会主义思想为指导，深入践行习近平总书记对浙江、宁波工作的重要指示精神及对余姚的重要回信精神，认真落实上级决策部署，统筹推进疫情防控和经济社会发展，聚焦聚力高质量发展、竞争力提升、现代化先行和共同富裕，以“争先创优进位”为要求，坚持抓重点、补短板、强弱项，扎实开展“两强三提升”行动，全年经济运行稳进提质、社会大局保持和谐稳定，实现地区生产总值1441.5亿元，同比增长9.1%，总量居全省第13位，居全国县域经济基本竞争力百强县第9位。

发展质效持续提升。实现规模以上工业增加值564.83亿元，同比增长13.4%；“246”产业、十大产业链、战略性新兴产业、高新技术产业、高端装备制造业增加值分别同比增长16.1%、12.3%、18.2%、16.2%、19.3%；新增国家级专精特新企业18家，新增上市企业4家，累计15家；舜宇光电公司被列入省“未来工厂”试点名单，智能光电小镇全面过验收被命名为省级特色小镇。

动能活力不断增强。全年完成固定资产投资343.8亿元，同比增长13.1%，工业投资、高新技术产业投资分别增长25.5%、28%，获得规模以上工业企业研发费用78亿元，同比增长30%；新入选省级人才培养工程3人，宁波“甬江引才工程”人才（团队）20个，新增高技能人才5811人、高新技术企业99家，新入库国家科技型中小企业评价371家，江丰电子牵头项目获国家技术发明奖二等奖；研究与试验发展经费占地区生产总值比重3.92%，居全省第5位。数字化改革持续深化，文明城市创建场景应用参加全省数字化改革成果展，“诉查查”“乡村检察官”“四明红炉·掌上清”等获全国大奖。成功举（承）办中国—中东欧国家产业合作对接会、中国机器人峰会，全年新增签约项目103个，实到外资2.51亿美元，余姚市外实到内资147.5亿元，浙商创业创新实到资金94.61亿元。

市场消费稳步增长。进出口首次突破1000亿元，其中出口791.5亿元，同比增长18.9%；实现社会消费品零售总额449.75亿元，同比增长13.2%；新增各类市场主体26134家，“个转企”“小升规”分别新增414户、154家。

民生福祉更加殷实。城镇、农村居民人均可支配收入达71548元、43428元，分别同比增长9.7%、10.4%，城乡居民收入比值为1.65，较上年度缩小0.01；城镇新增就业3.4万人，新增创业实体2.41万家，创业带动就业12.06万人；全年空气质量优良率达93.2%，上升4.9个百分点，细颗粒物（$PM_{2.5}$）平均浓度下降7.1%，入选省首批低碳试点县创建单位。

社会大局和谐稳定。统筹抓好常态化疫情防控、安全生产、信访等工作，顺利完成平安护航建党100周年活动各项任务，来信投诉、来电来访投诉、网上投诉问题总量较近三年均值分别下降53%、40.99%、21.5%，各类生产安全事故和死亡人数分别下降29.8%、40%，获“平安中国建设示范县”称号，是宁波唯一获评的县（市、区）。坚决打赢台风“烟花”“灿都”防台防汛攻坚战，岁末年初周边本土疫情阻击战，低温雨雪冰冻天气安全保卫战等，保障人民群众生命财产安全和城市安全有序运行。

党的建设全面过硬。始终把党的政治建设摆在首要位置，扎实开展党史学习教育，作为唯一县级代表在全国部分省区市党史学习教育座谈会上交流发言，有关经验做法在《人民日报》《党史学习教育简报》刊发，“道德银行”3.0版入选省党史学习教育百法百例。狠抓基层基础，乡镇换届后领导班子成员平均年龄比上届下降6.5岁，全日制大学以上学历人员占比上升24.4%；11人入选新一轮省和宁波市兴村治社名师，12人获评“省和宁波市担当作为好支书”，1人获评“宁波市十大强基先锋”；全域党建联盟实现各村全覆盖，横坎头村党委被评为全国先进基层党组织。狠抓正风反腐，全市累计开展正风肃纪专项行动1346次，处理人员550人。

（沈文杰）

重要会议

【中共余姚市委十五届十一次全体（扩大）会议】 7月5日上午，举行中共余姚市委十五届十一次全体（扩大）会议，全会坚持以习近平新时代中国特色社会主义思想为指导，听取和讨论市委常委会工作报告，审议并原则通过《中共余姚市委十五届十一次全会关于勇担新使命干出新境界奋力推动高质量发展建设共同富裕先行地的决议》和《余姚高质量发展建设共同富裕先行地行动计划（2021—2025年）》，动员全市上下忠实践行“八八战略”、奋力打造“重要窗口”，积极融入宁波加快建设现代化滨海大都市的大局，勇担新使命、干出新境界，奋力推动高质量发展建设共同富裕先行地，率先探索建设共同富裕美好社会，充分展现服务全国发展的政治担当。市委书记奚明代表市委常委会向全会作报告，并在全会结束时讲话。市委副书记、市长徐云，市人大常委会主任诸晓蓓，市政协主席陈长锋，市委副书记叶枝利等出席会议。

【中国共产党余姚市第十六次代表大会】 12月27—29日，举行中国共产党余姚市第十六次代表大会。傅贵荣代表中国共产党余姚市第十五届委员会向大会作题为《知行合一　勇争一流　为建设现代化美好活力“最名邑”而努力奋斗》的报告。大会深入学习贯彻习近平新时代中国特色社会主义思想，回顾总结市第十五次党代会以来的工作，研究确定今后五年的奋斗目标和主要任务，选举产生中共余姚市第十六届委员会、中共余姚市第十六届纪律检查委员会和出席宁波市第十四次党代会的代表。大会由沃勇特主持。大会应到代表440人，实到代表428人。

（沈文杰）

市委办公室工作

【概况】 2021年，余姚市委办深入学习贯彻习近平总书记考察浙江重要讲话精神和对余姚重要回信精神，以及中共十九届六中全会和省委、宁波市委、市委全会精神，深化“八八战略”，对标“重要窗口”模范生的排头兵的使命担当，争做“两个确立”忠诚拥护者、“两个维护”示范引领者，各项工作都取得了新进步，有效发挥了职能作用。

【办文办事办会】 **会务接待发文**　全年共组织会议40余次，协调上级领导到余姚检查指导和兄弟县市到余姚学习考察70余批次，完成省部级领导到余姚调研考察等接待任务，确保市第十六次党代会、第七届中国机器人峰会、宁波（余姚）阳明文化周活动等大型会议和重要活动的顺利举行。全年共下发市委文件140份，市委办文件79份，会议通知30份。

机要保密工作　全年共办理各类电报1600余份，保障各类党政涉密视频会议102场，做到全年视频会议保障“零事故”。推进“912”工程，全年完成了内外网终端替代218台，配套打印机等设施43台，完成余姚市电子政务业务协同办理系统的适配改造。推进整体智治系统建设，五个“金名片”被省委办公厅录用，“余姚市文明城市创建管理平台”“一码听民意”等场景上线应用。全年举行各类保密培训16批次，对全市非涉密机进行拉网式检查，共完成电脑自查5580台，下达65份检查意见书，查出问题线索2000余条。

法规法治工作　凡以市委、市委办名义下发的规范性文件，均在规定期限内报宁波市委备案，全年共上报规范性文件28件，共审查下备文件132件，共指出各类问题30余个。

【决策协调沟通】 **文稿起草服务**　完成各类领导讲话稿件、调研文章、汇报材料、经验介绍等文字材料360余篇，内容涉及上级领导专题调研、重大会议报告、经济高质量发展、党史学习教育、数字化改革、共同富裕等各个方面。全年共审核市委及主要领导新闻稿280余篇。

信息纽带辅政 全年编发《每日信息》223期、《领导专报》39期、《工作交流》20期，录用各地各部门上报信息1000余条；上报信息500余条，被中办综合录用1篇、省委办录用10篇、宁波市委办录用50余篇。在防台、防疫一级响应期间，指导市防指、市联防办做好信息收集和简报编写工作，为防范化解台风等极端天气、疫情所带来的各类风险隐患起到积极作用。

专项协调沟通 精品线路改造工程和特色街区提升项目基本完成当年建设任务，10个亮点工程超时间进度25.33个百分点。全力推进“四送一增强”专项行动，全年共受理企业问题诉求7125件。《余姚市上线“智能预审平台”提升政务服务效能》入选全省“三服务”活动十个好典型。推进“发现解决问题闭环机制”，全市共发现并上报各类问题202个。

【督查考核】 **深化提效督查** 完成市委、市政府督查检查事项23件次，办结上级批示件193件，本级批示件117件。做好《今日聚焦》《第一聚焦》等上级媒体曝光问题的整改督办和反馈，同时开展调研类督查检查，起草督查专报18件次。深入开展“七多问题”、指尖上的形式主义等问题清理整顿工作，核减9项市本级创建示范事项，通过浙政钉“机关内部最多跑一次”事项实现线上办理乡镇（街道）领导小组成立审批，建立执行独立App白名单、黑名单机制。

优化考核机制 对考核内容进行深度清理和进一步规范，对考核细则中的内容数量加以控制，消除考核体系“隐形膨胀”。制定出台对乡镇（街道）、市直部门和中意宁波生态园的考核实施办法，对各考核子项操作细则进行审核把关，对年度考核结果进行汇总统计。

【干部队伍建设】 开展党史学习教育主题活动，推进党史学习教育“六个一”活动，全年以党支部为单位，开展党史学习教育40余次，开展中层干部业务交流2次，党员干部心得研讨1次、知识竞赛2次。坚持“我为群众办实事”，组织党员开展志愿者服务25次，深化低收入农户结对帮扶行动。抓好干部党风廉政建设，全年共组织开展各类政治理论、专题教育学习活动50余次。

（沈文杰）

组织工作

【概况】 2021年，全市组织系统在市委坚强领导和上级组织部门有力指导下，深入贯彻新时代党的建设总要求和新时代党的组织路线，高标履行主责主业，在服务中心大局中尽职尽责，在应对大战大考中担当作为，各项工作取得了积极成效。

【政治建设】 年内，高质量推进党史学习教育，成功承办宁波新党员集中入党宣誓、“党课开讲啦”等重大活动，党员联户“联六包六”工作法入选宁波市“三为”专题实践活动首批典型案例，作为唯一县级代表在全国部分省区市党史学习教育座谈会上发言。创新推出机关“组织生活掌上清”数字平台，对12项组织生活实行亮灯管理，获评全国机关第三届党建创新成果“十佳案例”。全面推进乡镇（街道）党校规范化建设，发挥好省委党校四明山分校、浙江四明山干部学院主阵地作用，举办年轻干部培训班、共同富裕主题系列培训班等主体班次和重点调训班次32个，累计培训学员5800余人次。

【干部队伍建设】 把系统性重塑理念贯穿乡镇换届全过程，从严落实选人用人“一体系三机制”，突出政治首位、以事择人、实干实绩，换届后乡镇领导班子成员平均年龄比上届下降6.5岁，全日制大学以上学历占比提升25个百分点，乡镇党政正职中35岁以下占比23.3%，全日制大学以上学历占比90%。加强年轻干部培养选拔，公开选拔市管干部和市属国有企业领导干部培养人选21人，择优选派88名优秀年轻干部到“四线一岗”综合历练。实施干部专业化能力提升计划，高质量举办制造业高质量发展、城市品质提升、金融经济专题研讨班等主体班次，调整选派174名优秀干部到各类平台、专班、市属国企和基层一线历练或担任第一书记，专业性较强的机关部门领导班子中有相关专业背景、工作经历的干部配备占比62.4%。高质量做好中央、省委巡视反映问题整改工作。全力推进干部大监督、立体监督系统建设，全覆盖开展2020年度选人用人工作“一报告两评议”，高质量开展选人用人专项检查工作，细化建立《领导干部个人重大事项日常报告清单》，全方位、立体式、动态化干部监督信息系统进一步形成。

同时，实施公务员（选调生）扩容提质工程，有效发挥职级晋升激励作用，升级完善考核系统，全面激发公务员干事创业热情。健全1个服务指导机构、1个综合性服务中心和3个专业化分中心、1张全覆盖服务网络，升级

“知行心坊”线上服务平台，培育市级特色工作站12家，实现21个乡镇（街道）基层工作站全覆盖。

【基层党建】 聚力打造基层党建“四明红锋”升级版，做好村社换届“后半篇文章”，获评上级“两优一先”数量居宁波大市前列，横坎头村党委获评全国先进基层党组织，3个村（梁弄镇横坎头村、大岚镇柿林村、黄家埠镇十六户村）入选中央和省级红色美丽村庄建设试点，成立红锋共富联盟党委并得到省委组织部肯定，新时代党建样板镇等4项品牌工作入选宁波市基层党建“金名片”。成功打造“红小西”党建引领特色示范街区，成立市物业管理行业党委、快递物流行业党委，深入推进新业态、新就业群体党建。高质量推进各级党群服务中心建设，实施市党群服务中心迁建工程，积极打造“甬爱e家”，创建省、宁波市示范党群服务中心各1个，AAAAA级党群服务中心17个。深化运用党建联建促脱贫攻坚经验，与四川省昭觉县积极探索党建联建促东西部协作共富新路子。24名村社干部分别获评十大强基先锋、省和宁波兴村治社名师、担当作为好支书。创新推出“红锋共富贷”，全面推行“红锋信贷”升级版，累计向534家单位授信88亿元。

【人才工作】 认真贯彻落实上级人才工作会议精神，编制人才发展“十四五”规划，深化实施“姚江英才计划”“阳明学者”“揭榜挂帅”等聚才举措，举办智能经济人才峰会、智能制造创业创新大赛等重大赛会活动，发挥中意宁波生态园、浙江余姚人才创业园引才聚才主阵地作用，设立高层次人才双创服务保障中心，启用宁波人才之家（余姚），启动人才数字化服务平台建设，拓展“人才码”“姚江惠才卡”应用场景，创新出台特殊金融人才贡献奖励办法。人才硬核力量持续汇聚，31个高层次人才项目获“4个500万”政策支持，新入选省级以上重点人才计划13人、省领军型团队3个、宁波甬江引才工程20个，浙江工匠培育工程31个，姚力军成为宁波首位全国杰出专技人才和以第一完成人身份获国家技术发明二等奖的专家。

◎ 8月，横坎头红锋共富联盟党委揭牌仪式举行（市委组织部 供稿）

【自身建设】 市委组织部高标准开展部机关党史学习教育、“争做新时代浙江组工人”活动和“六个争先”攻坚行动，深化打造“姚组”学习品牌，统筹推进组织部门数字化改革、调查研究、信息宣传、机关党建、信访督查等工作。获宁波市组织系统特色工作一等奖和宣传工作先进单位称号。

（苏一星）

宣传思想工作和精神文明建设

【概况】 2021年，市委理论学习中心组开展习近平新时代中国特色社会主义思想等专题学习、报告会33场次。组织对13个乡镇（街道）和9个重点市直部门进行了巡听。全市各基层党（工）委（党组）理论学习中心组累计开展各类理论学习1600余场次。征集基层党（工）委（党组）理论调研文章95篇。加强理论研究阐释，横坎头村入选首批浙江省习近平新时代中国特色社会主义思想研究中心调研基地。梁弄镇红色教育基地升格成为省级社科普及基地，成功举办“重温重要回信精神 推进老区共同富裕”理论研讨会。组织开展全市第十四届微型党课大赛、“我最喜爱的习总书记的一句话”主题宣讲比赛。“舜江快播”网络宣讲品牌入选中央文明办《建设新时代文明实践中心工作方法100例》，“舜江快播”宣讲名师工作室入选宁波市宣讲名师工作室。“舜江青语”理论宣讲联盟实现21个乡镇（街道）宣讲全覆盖。共向“学习强国”学习平台供稿1500余条，签发通过近500条，数量居宁波前列。在宁波市“学习强国”的平台，“学习之星”评选中，共评选出4个先进集体、16个先进个人、3名优秀供稿员及4篇优秀稿件。

舆论宣传积极有为。主题宣传精准高效。坚持和完善“年规划、季商议、月例会、周策划”的新闻宣传策划机制，围绕“加快打造革命老区共同富裕样板地”“党史学习教育”“文明城市再提升再出发”等主题主线和紧抓重大活动契机，在上级主流媒体推送报道3800余篇（条），其中《人民日报》和中央电视台报道数量较上年翻一番。制定出台《关于进一步推进〈四明聚焦〉媒体舆论监督栏目建设工作方案》，着力打造《四明聚焦》和《部门问政面对面》两档舆论监督类栏目，开展各类舆论监督71次。持续推进融媒体中心建设，印发《关于推进市融媒体中心改革实施方案》和《余姚市人民政府关于印发余姚市传媒集团有限公司组建方案的通知》，并据此制定《余姚市传媒集团有限公司职能配置、内设机构和人员编制设置方案》。健全“典型申报、典型遴选、媒体挖掘”的典型选树机制，举行第九届“感动余姚”新闻人物暨第三届余姚市道德模范颁奖典礼。以“国家和地方相结合、现场发布与网上发布相结合”的方式，建立多层次、多渠道、多平台信息发布机制，承办浙江省“守好‘红色根脉’，打造‘重要窗口’”主题系列新闻发布会宁波专场。制定《余姚市加强新时代爱国主义教育实施意见》，推动“青少年中华经典诗文诵读大赛”“余姚市青少年红色故事大赛”等活动开展。深入挖掘本地红色文化资源，串联全市24个“红色地标”推出五条“红色之路”。多元传播持续发力。“余姚发布”新媒体平台“粉丝”总量达30万人次，启动“阳明文旅”杯2021“Show余姚”短视频大赛，在抖音平台开设的“Show余姚”专属话题，播放量超过1.2亿次。指导市融媒体中心和市互联网发展联合会创作新媒体产品，其中《余姚土布制作技艺》获得第二届“美丽浙江”国际短视频大赛二等奖；《龙泉山下》获得宁波“NB轰红”6月月评冠军；《最美背影胡小二》获得阿里巴巴天天正能量奖。

文明建设常抓不懈。持续开展身边好人、道德模范评选推荐活动，全年评选产生51例“余姚好人”，其中16人入选“宁波好人”、3人入选“浙江好人”，谢向杰、沈国英、黄昇富获评宁波市道德模范。深化“道德银行”建设，评选“道德银行”示范村（社区）27个，推广“道德银行”3.0版，261个行政村、22.3万户家庭、54.45万人完成道德评议，更新道德礼遇59项。“道德银行”数字化应用场景上线“浙里办”服务端，入选《浙江省党史学习教育百法百例》。建立常态推进、多元督导、通报约谈、台账收集等四大类十项常态长效工作机制和专业督导、媒体监督、群众巡查、纪检督察“四位一体”工作机制。组织实施十大专项提升行动。数字化改革扎实推进，探索建设文明城市创建场景应用，为文明城市创建提供掌上测评、闭环督办、大数据分析等数字支持，该应用与宁波联合揭榜入选全省宣传文化系统首批重点应用和宁波市数字化改革重点应用项目，先后在全省数字化改革专题会、宁波市数字化改革工作现场推进会上作演示汇报。全市文明创建数字化工作获2021年度宁波市宣传思想文化工作创新奖。文明实践阵地全面覆盖，扎实推进新时代文明实践中心（所站）建设，累计建成21个新时代文明实践所、303个新时代文明实践站，实现阵地全覆盖，通过省新时代文明实践中心建设试点县（市、区）验收。全市注册志愿者22.7万余人，各级各类志愿服务组织超1800支，全年志愿服务时间达40余万小时，志愿服务渗透率、活跃度、人均服务时长明显提高。农村文化礼堂稳步推进，评选三星级文化礼堂27家，文化礼堂改造提升点23家。余姚市获评2021年省农村文化礼堂建设示范县（市、区），梁弄镇获评省农村文化礼堂建设示范乡镇（街道）。

文化发展繁荣兴盛。弘扬优秀传统文化。成功举办2021宁波（余姚）阳明文化周活动，启动谋划黄梨洲故里修缮工作，创作长篇传记文学《达人严子陵》，广泛开展优秀传统文化“六进”工作，加快优秀传统文化创造性转化和创新性发展。提升公共文化服务。举办“百年交响　激荡姚江”余姚市庆祝中国共产党成立100周年文艺演出、第八届余姚市百姓文化节、第十一届全民读书节等重要活动，在元旦、春节、中秋和国庆等节庆日开展城乡群众品牌文化活动100余场次，发放“阳光文化爱心卡”6500余张，结合数字化阅读创建农家书屋示范点21家。打造文艺精品高地。省首部农村共同富裕题材电影《村里那些事》和纪录片《了不起的村庄》开机。首部集中反映浙东抗日根据地故事的红色革命题材电影《突围》在余姚首映。姚剧《童小姐的战场》参加浙江省庆祝建党百年优秀舞台剧目展演，在杭州剧院完成第100场演出。纪录片《王阳明》在中央电视台科教频道播出。歌曲《巍巍四明山》等14个项目被列入2021年度余姚市级文化精品工程重点项目。编撰完成《浙江文化记忆丛书（余姚卷）》。编撰出版社科普及读物《四明山的味道》。助推文化产业发展。编制完成余姚市文化产业发展"十四五"规划。协同推进重点文化项目的建设，阳明古镇府前路历史文化街区于5月全面开放运营；河姆渡国家考古遗址公园总体规划通过专家评审。大丰实业、索普科技入围2021—2022年度国家文化出口重点企业，大丰实业被浙江省委宣传部认定为"浙江省数字文化示范企业"，入选第十三届"全国文化企业30强"及提名企业名单。对570家印刷企业和118家出版物零售单位完成年度核验。版权管理工作成效明显。净化文化市场环境。持续推动"扫黄打非"工作，积极推进"正道""新风""护苗"等行动，宁波市"扫黄打非"工作现场会和培训会分别在余姚召开。

党史学习教育走深走实。全市参加党史学习教育单位共93家，包括72家市直单位、21个乡镇（街道），覆盖党组织3890个、党员66479人。余姚市作为唯一县级市代表，在全国部分省市党史学习教育领导小组办公室负责人志座谈会上作交流发言。在党史学习教育中，形成"四明红路"党史现场学习教育等先进做法和经验，建立党史学习教育六大长效机制，被省委宣传部领导批示肯定。累计编发本级简报65期，向上报送信息280余篇，《不忘嘱托　知行合一　让革命精神薪火相传》在中央党史学习教育简报刊发，《余姚市梁弄镇牢记重要嘱托以学悟党史推动革命老区高质量发展》《余姚市构筑长效机制保障党史学习教育行稳致远》分别在省党史学习教育简报和浙江宣传单篇刊发。推进党史学习教育做法被《人民日报》报道，《学党史　办实事　推进革命老区乡村振兴》被中央电视台《新闻联播》报道。"道德银行"3.0版入选省党史学习教育百法百例，"双下沉、大联动，阿拉一起来"被评为宁波市"三为"实践活动十佳实践案例。

【第九届"感动余姚"新闻人物暨第三届余姚市道德模范颁奖典礼举行】 3月4日晚，第九届"感动余姚"新闻人物暨第三届余姚市道德模范颁奖典礼在龙山剧院举行。现场揭晓了第九届"感动余姚"新闻人物和第三届余姚市道德模范，获第九届"感动余姚"新闻人物称号的是井头山遗址考古发掘领队孙国平、四明山上坚守"村医"岗位四十余载的卢武林、照顾患病小叔的最美嫂子郑建丽、替去世好友尽孝的好男儿张哲磊、身残志坚的最美助残人许奶迪、回报桑梓的优秀企业家钱文君、用生命拯救生命的英勇小伙黄昇富、齐心照料住院孤寡老人的前俞巷爱心村民以及余姚市抗击新冠肺炎医疗群体和社会群体、余姚市对口支援和区域合作帮扶群体，获第三届余姚市道德模范称号的是吴长浩、沈国英。

【市青年理论宣讲大赛暨第十四届微型党课决赛举行】 4月27日晚，由市委宣传部、市直机关工委、市教育局、市国资办和团市委联合主办的"永远跟党走"市青年理论宣讲大赛暨第十四届微型党课大赛决赛举行。市委常委、宣传部部长王娇俐出席。决赛中，选手们紧扣"永远跟党走"主题，结合自身所思所想、所见所闻，在6分钟内为现场观众和网友带来微型党课。决赛全程通过新媒体平台现场直播，同步观看人数近23万。决赛后，主办单位结合党史学习教育，组织优秀选手开展党史宣讲进企业、进农村、进机关、进校园、进社区、进网络等"六进"活动。

【浙江省守好"红色根脉"打造"重要窗口"主题系列新闻发布会宁波专场举行】 5月18日上午，浙江省守好"红色根脉"打造"重要窗口"主题系列新闻发布会宁波专场在位于余姚市梁弄镇的浙东抗日根据地旧址举行。宁波市委常委、市委宣传部部长李军以"传承红色基因当好模范生　加快建设现代化滨海大都市"为主题，介绍中国共产党成立100周年以来宁波的奋斗历程，并回答记者提问。

参加发布会的媒体记者就宁波推进高水平开放、建设全国文明典范城市、保护和传承革命资源、革命老区建设发展等话题踊跃提问。发布会上，余姚市委书记奚明介绍了余姚四明山革命老区的变化和发展成就。发布会吸引了中央和省市几十家媒体。

【“重温重要回信精神　推进老区共同富裕”理论研讨会举行】

6月11日下午，“重温重要回信精神　推进老区共同富裕”理论研讨会在余姚市梁弄镇举行。研讨会上，来自不同领域的相关专家围绕“重温重要回信精神　推进老区共同富裕”这一主题，从率先实现社会主义共同富裕的创新思维、打造全国传承红色基因的新平台、构建乡风文明新格局等不同维度，开展理论研讨和交流。

【余姚市庆祝中国共产党成立100周年文艺演出举行】　6月23日晚，余姚市庆祝中国共产党成立100周年文艺演出在龙山剧院举行。演出以大型音诗画的形式展现了中国共产党走过的100年光辉岁月以及余姚人民在中国共产党带领下在革命、建设、改革、发展的历程中明理、增信、崇德、力行，并从中取得的巨大成就和宝贵经验。600余名观众在现场观看了演出，另有380余万名观众通过网络直播观看演出。晚会以情景表演“灿烂阳光下”拉开序幕。整台晚会分“四明烽火”“春潮涌动”“德润民心”“知行合一”四个篇章，既有“唱支山歌给党听”“我的祖国”“在希望的田野上”等经典作品，也有“魂系桃花岭”“红旗永飘横坎头”“勇立潮头”等与时代合拍的本土原创作品。

【电影《突围》首映式举行】

9月28日下午，由浙江省新四军历史研究会、中共鄞州区委宣传部、中共余姚市委宣传部、浙江省新四军历史研究会浙东分会联合摄制，宁波海悦文化创意有限公司出品的全国首部集中反映新四军浙东游击纵队北撤的红色题材电影《突围》首映式在余姚影城举行。

首发式由余姚市新四军历史研究会会长宋建勋主持。首先由中共余姚市委常委、市委宣传部部长王娇俐致辞。随后，电影《突围》导演、制片人、编剧唐海祥介绍了影片创作情况和主创人员，北京新四军研究会会长张晓龙致辞。最后，浙江省新四军历史研究会常务副会长宋光宝宣布电影《突围》正式首映。首发式结束后，在场人员一同观看了电影《突围》。

（方旭锋）

◎9月28日，电影《突围》首映式在余姚举行（张志伟　摄）

统一战线工作

【概况】　2021年，余姚市统一战线以习近平新时代中国特色社会主义思想为指导，深入学习贯彻习近平总书记关于加强和改进统一战线工作的重要思想，以学习宣传贯彻《中国共产党统一战线工作条例》为重点，以聚焦政治引领提升向心力、聚焦服务大局提升作用力、聚焦品牌创建提升影响力、聚焦自身建设提升战斗力“四聚焦四提升”行动为主线，推动统战工作高质量发展。

高质量开展党史学习教育。组织引导民主党派人士和无党派人士赴浙东红村横坎头等地开展现场教学，承办浙江侨界“侨心向党再出发”初心之旅活动，组织基层侨联主席带头上“党史课”，组织新联会、网联会举办“守护姚江、‘益’起徒步”公益活动。举办庆祝中国共产党成立100周年系列活动，组织开展民主党派和无党派人士“风雨同舟”、姚商“永远跟党走”、宗教界“爱党爱国爱社会主义”、侨界“红心侨建·同心圆梦”等各领域主题活动，举办以“百年同心·与党同行”为主题的文艺演出、书画摄影展、党外年轻干部演讲比赛、各界人士座谈会等10项活动。抓好《中国共产党统一战线工作条例》学习宣传贯彻。

服务民营经济高质量发展。持续推进民营企业服务联盟建设，深化政企、税企、银企、法企等服务平台建设，成立民营企业司法服务联络站。推进异地商会建设，新成立余姚市深圳商会。以法治体检进民企、把脉问诊优服务为重点，实行周巡诊、月体检、季开方、年评价工作法，打造“警企服务2.0版”。深化亲清文化建设，推进清廉民营企业建设，建成市“亲清园”，举办“亲清直通车、政企恳谈会”等活动。做好市工商联（总商会）换届工作。发挥统战资源优势。制订出台《全市统一战线同心助力高质量发展建设共同富裕先行地实施意见》，创新实施“阳明归谷”计划，积极发挥侨梦苑吸引侨商、海外高层次人才创业创新主渠道优势，建立余姚籍海外高层次人才资源库，在深圳、上海等地举行余姚籍海归青年联谊活动，举办“阳明归谷”青年人才线上云招聘等活动，余姚成之庄入选宁波市华侨文化交流基地，40余名海归青年入职舜宇集团等余姚企业。做好为侨服务工作，在宁波市率先开展涉侨纠纷多元化解试点工作，成立余姚市涉侨纠纷调解中心。同时，深化新乡贤工作，新成立乡镇级新乡贤联谊会4家，筹建新乡贤杭州驿站，开展新乡贤名医服务基地建设，促成浙一医院设立新乡贤名医工作室等项目。推进“鹿亭同心服务基地”等项目建设。主动参与全市招商引资工作，“甬商回归”工作位居宁波各县（市、区）前列。助推民主协商功能作用发挥。协助市委出台民主协商年度计划，召开“余姚高质量发展建设共同富裕先行地行动计划”专题民主协商会议。组织各民主党派、工商联、无党派人士召开民主协商会、座谈会、情况通报会、中秋茶话会等7次，召开对口联系工作会5次，提交各类意见建议、提案议案近100件。

深入学习习近平总书记在中央民族工作会议上发表的重要讲话精神，发挥全国民族团结进步示范单位季卫桥社区、省级民族团结进步示范培育单位陆埠镇第二中心小学等阵地示范作用，在余姚中学和四明山镇启动民族团结进步教育基地创建工作。依托全市少数民族创新创业基地，持续深化市民促会与“邮掌柜”电商平台融合发展。150户少数民族农户进驻“邮掌柜”，销售各类农副产品50余种，每月销售额超过60万元。余姚季卫桥社区民族工作在宁波市民族工作会作典型发言。全面提升宗教工作水平。做好宗教场所疫情防控工作。召开全市民族宗教工作协调小组会议，协助市委出台《关于加强和改进新形势下宗教工作的实施意见》，切实发挥“五人驻宗教和民间信仰活动场所”制度实效，在10个重点乡镇（街道）挂牌成立民宗事务管理办公室。制定并实施全市民间信仰活动场所星级考评办法，破解完成筹备场所登记1家，新开设民间信仰活动场所对公账户7家。贯彻上级宗教工作部署，成立民宗行业专业安全委员会和工作专班，完成“平安护航建党百年”民宗领域安全大检查大整治等重点工作。做好统一战线意识形态工作。积极引导统一战线成员投身经济社会发展，在意识形态领域正面发声。做好统一战线各领域挑战防范化解风险工作，特别是新形势下坚决抵御境外势力利用宗教进行渗透，依法取缔非法组织“弘愿法门”。

持续深化无党派人士结构化建设，完成市知联会、市侨联、市网联会等社团换届工作。依托市社会主义学院和乡镇（街道）分院，举办统战领域专题培训25期，召开“同心讲堂”专题学习会、报告会、座谈会12次。深入实施党外代表人士“墩苗行动”，做好发现、培养、使用、管理等工作。全年，新发展民主党派成员16人，新提拔党外市管以上干部3人。农工党余姚市基层委员会获得农工党中央脱贫攻坚工作先进集体荣誉称号。完成民盟余姚市支部委员会班子搭建工作。深化统战工作创新和改革。做好统战工作品牌迭代升级工作，举行全市统战工作品牌“评标立项”活动，完成37个品牌项目立项，采取市镇两级联动、合力打造，推出党外干部培养闭环机制、新的社会阶层人士“姚新苑”等品牌，推进“姚时光影视工作室”等网络人士统战工作实践创新基地建设，中标省级统战理论课题1项，宁波级统战理论课题2项，“阳明归谷”计划被列入宁波市委统战部实践创新重点项目。

【余姚市网络人士联谊会第二次会员大会举行】 1月7日，余姚市网络人士联谊会第二次会员大会暨互联网生态研讨会举行。市委常委、统战部部长蒋士勇出席会议并讲话，宁波市委统战部知工处处长石雅洁出席会议。会议审议通过了修改后的《余姚市网络人士联谊会章程》；选举产生了第二届理事会成员，赵冲当选为新一届网联会会长。

【“鹿亭同心服务基地”年终走访慰问暨新一批项目捐赠活动开展】 1月28日上午，余姚市统一战线“鹿亭同心服务基地”年终走访慰问暨新一批项目捐赠仪式在鹿亭乡举行。市委常委、统战部部长蒋士勇出席并讲话。捐赠仪式上，市台办捐赠了东岗村“台联之家”建设项目，浙商一号产业园捐赠了鹿亭乡居家养老服务中心餐车和阳光厨房建设项目，余姚市统一战线捐赠了2020年度“鹿亭同心服务基地”年终慰问款物10万元。

当天，全市统一战线各单位、各民主党派、统战社团等有关负责人赴12个结对村进行年终走访慰问，向150户困难群众送上

◎ 1月28日上午，余姚市统一战线“鹿亭同心服务基地”年终走访慰问暨新一批项目捐赠仪式在鹿亭乡举行（市委统战部　供稿）

了慰问款物，并致以春节的问候。同时，还举行了民进余姚基层委送春联活动。

【全市统战工作会议召开】 3月17日上午，全市统战工作会议召开。会议学习贯彻全国、省、宁波统战部长会议精神，总结2020年工作，部署2021年任务。市委书记奚明作出批示，市委常委、市委统战部部长蒋士勇出席会议并讲话。市委统战部常务副部长阮坚定主持会议。会上还通报表彰了2020年度全市统战工作先进集体、统战信息宣传工作先进集体和个人、优秀民宗专管员。凤山街道、梨洲街道、泗门镇、小曹娥镇、民革余姚市总支部、市卫生健康局分别围绕新乡贤工作、侨联工作、民营经济统战工作、民宗工作、示范支部创建、发挥党外人士作用，作了交流发言。

【余姚市上海商会一届三次会员大会召开】 3月26日下午，余姚市上海商会一届三次会员大会暨“抓住新‘基’遇，赋能新业态”高峰论坛在上海举办。市委书记奚明发来贺信，市委常委、市委统战部部长蒋士勇出席活动。会议审议通过了《余姚市上海商会2020年度工作报告和2021年工作要点》，举行了第一届理事会增补理事授牌仪式，表彰了2020年度优秀会员，并宣读了已签约战略合作项目。中国科学院院士、中国科学院上海应用物理研究所副所长马余刚，上海爱建集团股份有限公司党委书记、董事长范永进围绕“抓住新‘基’遇，赋能新业态”，分别从科技、金融两个层面进行主旨演讲。

【余姚市深圳商会成立】 4月9日，余姚市深圳商会成立大会暨第一次会员大会在深圳召开。会上，市委统战部副部长、市工商联党组书记陈岳阳宣读了余姚市深圳商会成立批复。大会审议并通过了《余姚市深圳商会章程》《余姚市深圳商会会费收取标准及财务管理办法》《余姚市深圳商会第一次会员大会选举办法》。选举了第一届理事会成员11人，由理事会推选产生了商会第一届领导班子成员。深圳市名家汇股份有限公司总裁徐建平当选为会长。随后，徐建平作表态发言。市委常委、市委统战部部长蒋士勇为余姚市深圳商会授牌。市委副书记、市长徐云发表讲话。

【余姚市党外知识分子联谊会四届一次会员大会召开】 4月25日下午，余姚市党外知识分子联谊会（简称市知联会）四届一次会员大会召开。宁波市委统战部二级巡视员黄国海，余姚市委常委、市委统战部部长蒋士勇，宁波市委统战部党外知识分子和新的社会阶层人士工作处处长石雅洁等领导出席会议。黄国海、蒋士勇先后发表讲话。

【全市统战工作品牌“评标立项”活动举行】 5月6日下午，2021年全市统战工作品牌“评标立项”活动举行。2021年的统战工作品牌启动后，市委统战部对来自统战系统各单位、各科室和各乡镇（街道）、民主党派申报的37个品牌项目进行了立项。活动从中选取了6个品牌项目进行上台路演展示，并邀请嘉宾作指导点评。活动现场，对2020年统战工作示范品牌和优秀品牌进行了表彰，各民主党派基层组织和乡镇（街道）认领了品牌项目共建任务书。

【全市党外年轻干部主题演讲比赛决赛举行】 5月14日下午，“同心向党·启航新征程”余姚市党外年轻干部主题演讲比赛决赛举行。比赛自4月开始，经过前期的预赛，共有16名选手进入了最终决赛。演讲中，参赛选

◎ 5 月 14 日，“同心向党·启航新征程”余姚市党外年轻干部主题演讲比赛决赛举行（市委统战部 供稿）

手以“同心向党·启航新征程”为主题，结合自身成长工作经历进行演讲。最终 2 人获得一等奖，3 人获得二等奖，5 人获得三等奖，6 人获得优秀奖。

【全市统一战线“百年同心·与党同行”庆祝中国共产党成立 100 周年会议暨文艺演出举行】 6 月 6 日下午，中共余姚市委统战部举行“百年同心与党同行”余姚市统一战线庆祝中国共产党成立 100 周年会议暨文艺演出。活动分庆祝会议与文艺演出两个部分。庆祝会议由市委常委、市委统战部部长蒋士勇主持。市委书记奚明、宁波市委统战部副部长娄黛敏先后致辞。

【全市统一战线庆祝中国共产党成立 100 周年座谈会召开】 6 月 25 日上午，全市统一战线庆祝中国共产党成立 100 周年座谈会召开。市委副书记叶枝利出席，市委常委、市委统战部部长蒋士勇出席会议主持。市政协副主席缪正刚、姚俊杰参加座谈会。

座谈会上，各民主党派、工商联、无党派人士和侨界、台界、新的社会阶层人士、少数民族和宗教界的代表，结合自身实际，从不同方面、不同角度回顾了中国共产党成立 100 周年来，统一战线各领域在中国共产党的领导下发生的巨大变化、作出的突出贡献。

【余姚市统一战线与共同富裕主题研讨会召开】 8 月 5 日下午，余姚市召开统一战线与共同富裕主题研讨会。九三学社浙江省委会副主委范柏乃作主旨宣讲，宁波市委统战部副部长娄黛敏讲话，余姚市委常委、市委统战部部长蒋士勇主持会议，余姚市政协副主席赵银海等领导出席。

会上，来自余姚市委统战部、市委政研室、市社会主义学院、泗门镇党委、梁弄镇横坎头村党委的 5 位代表，围绕统一战线与共同富裕的主题，分别从新乡贤助推共同富裕、高质量发展建设共同富裕的余姚路径、弘扬四明山精神建设共同富裕先行地、“四力工作法”统一战线探索共同富裕新路径、先行先试加快建设全国革命老区共同富裕样板村等不同角度作了交流发言。

【“宁波市阳明文化海外传习基地”揭牌仪式举行】 10 月 26 日上午，“宁波市阳明文化海外传习基地”揭牌仪式在余姚市举行。宁波市委统战部副部长、市侨办主任顾正为，市委常委、统战部部长蒋士勇出席活动并共同为“宁波市阳明文化海外传习基地”揭牌。

现场，来自浙江中华文化海外传播促进会、华人头条、盛和塾的嘉宾还就阳明文化海外传播开展了一场“主题微论坛”。来自中非文化、天一文化、盛和塾、华人头条和阳明街道的有关负责人还与基地承建单位杰盛兄弟影视文化传媒机构举行了合作签约仪式。活动作为“宁波市阳明文化海外传习基地”的首次活动还同步进行了网上直播。

“宁波市阳明文化海外传习基地”设立于余姚市市中心毗邻阳明古镇街区，总占地面积 600 余平方米，由公共大厅 + 主题文化展示区、主题书吧 + 多功能互动区、直播间 + 主题摄影棚三大功能区块组成。

【浙江中华文化海外传播促进会阳明文化传习基地落户余姚】 10 月 31 日，在 2021 宁波（余姚）阳明文化周礼贤仪典暨开幕式上，浙江中华文化海外传播促进会阳明文化传习基地正式落户余姚。市委常委、市委统战部部长蒋士勇出席活动并接受浙江省委统战部原副部长、浙江中华文化海外传播促进会会长蒋学基的授牌。

揭牌活动后，蒋学基前往“宁

◎ 10月31日，浙江中华文化海外传播促进会阳明文化传习基地正式落户余姚（市委统战部　供稿）

波市阳明文化海外传习基地”，以直播形式在云端为海外华侨华人和阳明心学爱好者上了一堂“阳明心学与心志磨炼”的讲座。

（市委统战部）

留学生工作

【概况】　2021年，市侨联重点围绕“侨务引才”工作推出“阳明归谷——百名留学生回归工程”。以阳明文化为载体，做好吸引留学人才回归、服务家乡的各项工作。先后接洽各类招商引资项目、海外高层次人才团队20批次300余人，举办感受美丽余姚、走进“侨梦苑”、海归青年联谊、海外云招聘等活动30余场，800余人次参与，成功吸引百名留学人才到余姚创业就业。

搭建人才回流平台。引导广大留学人才回流。以国别、地域分类设立以联络维系留学人员及家属为目标的微信矩阵群，共建立群组50个，累计涵盖4400多名涉侨人士。依托余姚市在国内8个主要城市建立的异地商会组织，逐步建立下属青年留创人才分会，在深圳、上海开展“阳明归谷”姚籍青年人才联谊活动，完成上海青年留创会架构。排摸余姚市高新技术、新业态企业和留学人才回归需求，对接专业才服公司，联合舜宇集团、江丰电子等高新企业开展多期“阳明归谷——海外云招聘活动”，在掌握供需的基础上实施双向云推介。

创新多元引才机制。发挥“侨梦苑”特色引才聚才品牌作用，加强与中意宁波生态园、余姚人才创业园等重大产业平台和市委人才办、市人社局等部门的合作，吸引更多优质项目与海归人才进驻余姚“侨梦苑”。与宁波市委统战部共同打造“宁波阳明文化海外传习基地”，以多元形式向海外侨胞和留学生展示以“阳明文化”为代表的优秀本土文化。同时，打破亲缘地缘限制，通过邀请海内外留学生参加网上夏令营、人才周、阳明文化周等活动，在更广范围内探寻人力资源。

营造良好暖才氛围。设立侨联微信小程序平台，与市人民法院联合打造宁波市首家与法院共建的涉侨纠纷调解中心，为海内外留学生、侨界人士提供无地界无时限的贴心服务。发挥留联会、海创会等社团的联络联谊作用，依托“侨之家”活动、培训、爱国教育基地，定期组织海归人才开展青年联谊、教育培训、集体观影、体育友谊赛等活动。邀请留学人员以摄影、微视频拍摄等形式参与家乡文旅推介，组织侨界“心动姚城·火红四明”摄影大赛、在沪海归青年“我为余姚代言”等活动，结合建党百年开展“留声机”合唱团红歌颂党、留学生讲党史等活动。

侨务工作

【余姚市第十二次归侨侨眷代表大会召开】　1月15日，余姚市第十二次归侨侨眷代表大会召开。会议听取、讨论并通过了《余姚市侨联第十一届委员会工作报告》，审议通过了修改后的《余姚市归国华侨联合会工作细则》，选举产生了余姚市侨联第十二届委员会领导班子，周姚平当选为市侨联第十二届委员会主席。浙江省侨联副主席、宁波市侨联党组书记、主席徐挺对大会的召开表示祝贺，并对今后工作提出希望。余姚市委书记奚明发表讲话。

1月15日下午，余姚市第十二次归侨侨眷代表大会闭幕。市委常委、市委统战部部长蒋士勇出席闭幕式并对市侨联工作提出具体要求。

【余姚市涉侨纠纷调解中心揭牌】　3月11日上午，余姚市涉侨纠纷调解中心揭牌仪式举行。宁波市侨联党组成员、二级巡视员王东海，余姚市委常委、市委统战部部长蒋士勇，余姚市人民法院院长王家星参加揭牌仪式。市委统战部副部长、市侨联主席周姚平主持揭牌仪式，市侨

◎ 3月11日上午，余姚市涉侨纠纷调解中心揭牌成立（市委统战部　供稿）

联全体委员及市律协、公证处、海外侨领代表参与见证。余姚市涉侨诉讼调解中心是市法院和市侨联联手，在侨务工作领域坚持发展新时代“枫桥经验”，建构涉侨纠纷多元化解机制的新探索。

【第二届国际茶日暨第六届全民饮茶日活动开展】 5月16日上午，由市侨联、市茶文化促进会、余姚瀑布仙茗协会、市音乐家协会主办的“茶为国饮健康全民”第二届国际茶日暨余姚市第六届全民饮茶日活动在万达广场举行。活动倡导“茶为国饮”理念，旨在让更多人知茶、爱茶、饮茶，共品茶香茶韵，共享美好生活。活动现场设置了10余家茶企摊位展示茶品。

【姚籍青年海归“我为余姚代言”活动启动】 5月18日，“摘杨梅　品文化　享山水——余姚杨梅中国红”2021余姚杨梅节（上海）云直播推介会在上海东方明珠城市广场落下帷幕。活动中，市侨联与市文广局合作，组织在沪青年海归代表参与推介会“Show余姚”环节。此次活动也代表着余姚市侨联青年海归人才“我为余姚代言”正式启动。

【2021“亲情中华·为你讲故事”网上夏令营（余姚营）开营】 6月1日，由中国侨联主办，浙江省侨联、余姚市侨联承办，澳大利亚宁波同乡会、澳大利亚新金山中文学校协办的2021年“亲情中华·为你讲故事”网上夏令营（余姚营）开营。余姚营共有来自澳大利亚新金山中文学校的59名华裔青少年参加，共组建了两个班级群。

开营仪式上，海外华裔青少年们观看了由中国侨联文化交流部与北京演艺集团具体承办的“亲情中华·童心欢畅”——“云端六一”综艺演出。此后15天，海外华裔小营员们以网络互动方式开启中华文化学习之旅，内容包括先锋人物介绍、封神演义系列故事、荒野大冒险系列故事、三字经系列故事、成语寓言故事等。余姚市侨联还特别为余姚营的小营员们准备了“王阳明家风家训”特色内容。

（市委统战部）

民族宗教工作

【概况】 2021年，余姚市深入学习贯彻习近平总书记关于加强和改进民族工作的重要思想，立足实际，全面落实中央、省委、宁波市委民族工作会议精神，依法加强和规范宗教场所管理工作，做好民族宗教领域的和谐稳定，推进民族宗教事业取得新成绩。

【民族工作】 强化宣传教育。以民族团结进步宣传月为契机，召开统战部部务会议、民宗局全

◎ 5月16日，市侨联等主办的第二届国际茶日暨余姚市第六届全民饮茶日活动举行（市委统战部　供稿）

体干部会议，通过乡镇（街道）及民族团体集中学习等方式，确保决策部署落地落实。强化阵地建设。指导帮助梨洲小学设计民族文化长廊、小曹娥朗海村农业实践基地布展、四明山棠溪村民族彩绘上墙等，打造民族团结进步创建活动示范单位。依托陆埠二小民族融合馆和民族工作展示馆两大阵地，开展铸牢中华民族共同体意识主题实践系列活动。强化品牌建设。重点打造王阳明民族团结进步教育基地品牌，提炼阳明文化的民族理论精华，成立王阳明民族理论研究会，在余姚中学建立宣传阵地，在阳明古镇开展各民族浓情过端午活动，宣传王阳明的民族观。

在已有鹿亭分会基础上，5月成立市民促会四明山镇分会。提出“民族致富带头人培养计划”，选拔出以“布依农家乐”、农场经济“农家风情园”、电商平台“四明杉麓”为代表的青年民族同胞进行重点培养。继续做精做大邮掌柜工作。邮掌柜平台每月销售额超过60万元。四明山镇开启“养养得益”精准帮扶行动，深化与城区酒店合作，开发“知行合一”农副产品民族创业实践基地项目。做好宁波市2021年民族发展专项资金的发放跟踪工作以及温州文成畲族乡80万元结对资金落实工作。

完善体制机制。建立以“基层党政组织为龙头，社区、企业、学校为依托，民族联谊组织为桥梁纽带，全社会积极参与”的城市民族工作新机制。加强部门联动。优化服务管理。认真做好来电来访民族政策解读相关工作，个性化解答协调民族企业员工工伤、子女就学、民族成分变更、民族学生加分等咨询。5月，为383名中考生办理少数民族加分审核手续。

【宗教工作】 部署开展“学党史、庆百年、作贡献、开新局”活动。组织宗教界人士参加全市统一战线庆祝中国共产党成立100周年书法美术摄影作品展；组织佛教协会、基督教两会等团体代表参加“百年同心·与党同行”文艺会演；指导宗教团体做好“爱党爱国爱社会主义”主题教育和宗教团体“学党史、知党恩”“五个一”系列活动。压实宗教工作主体责任。5月初，市委出台《关于加强和改进新形势下宗教工作的实施意见》。8月，市委召开统一战线工作领导小组会议，专题部署抵御宗教渗透和整治非法宗教活动工作。同月，出台《制止宗教邪教非法违法活动和抵御境外宗教渗透专项行动工作方案》《互联网宗教问题整治专项行动方案》《防范和抵御宗教邪教向校园渗透专项行动工作方案》等。

强化落实疫情防控。3月10日，发布《关于恢复宗教活动场所常态化管理的通知》，做好宗教场所有序开放工作。累计检查（巡查）场所157处（次），发现问题27个。年初与乡镇（街道）、宗教场所签订安全责任协议书。配合做好智慧森林相关工作，共采集林区宗教和民间信仰活动场所经纬度130处。配合相关部门做好建筑消防领域大排查大整治等工作，检查场所519处，发现并整改火灾隐患56处。着力防范风险隐患。排摸出55处未登记佛道教场所并登记造册。做好除夕“烧头香”、二月十九芦城庙会等重大宗教传统节日活动的安全工作。继续探索基督教私设聚会点综合治理工作和佛教界“以寺带管”模式。

成立民宗行业安全工作专班，设立宗教活动场所安全工作联络员。年初，在10个民宗工作重点乡镇（街道）挂牌成立民宗事务管理办公室。完成“五教同行·奋进新时代”教育引领工程、宗教工作基层基础夯实工程和“同心同行·百千万人才”培养工程。完成宗教数字化工作品牌申报，初步确定数字宗教地图模块。4月，赴绍兴考察宗教场所标准化建设工作。同月，配合公安国保大队做好非法组织“弘愿法门”的取缔工作。5月，配合市文广局、市公安局开展非法出版物专项整治工作，收缴完成基督教城堂1名教职人员采购的非法出版物。

【民间信仰管理】 开展民间信仰活动场所“星级考评”工作，纳入乡镇（街道）统战工作的考核内容。出台《关于对全市民间信仰活动场所实行“星级考评、动态管理”的通知》。“‘星级考评、动态管理’——打造民间信仰活动场所规范化管理的余姚模式”课题被确定为宁波市民宗局2021年度典型案例创新成果，并参评宁波市统战工作实践创新成果。全年未发生民间信仰活动场所安全事故，民间信仰活动场所对公账户开通率大幅提升，实现民间信仰活动场所“一庙一故事”全覆盖等。

迎接做好宁波市民宗局对余姚市民间信仰活动场所“回头看”工作，新申报宁波市特色民间信仰活动场所2家。全市301处民间信仰活动场所和39处纳入“清单式”管理场所实现“五人驻场所”小组制度全覆盖，并制作“五人驻场所”公示牌上墙。

【省民宗委到余姚调研城市民族工作】 1月27日，省民宗委民族二处处长毛建翔带队到余姚走访调研民族工作并征求“十四五”规划编制的意见建议。走访中，调研组一行与朗霞街道民族用工重点企业负责人及民族员工进行交谈慰问。随后，调研组召开了“十四五”规划编制征求意见座谈会。宁波市民宗局党组成员李伟波及各县（市、区）民族工作负责人参加会议。与会人员就“铸牢中华民族共同体意识”样板工程、“民族团结进步创建”提升工程、“城市民族工作”创新工程等内容开展讨论并提出相关的意见与建议。

【“省级宗教法治宣传教育基地”授牌仪式举行】 3月29日上午，“省级宗教法治宣传教育基地”授牌仪式在阳明街道天福庵举行。市委统战部副部长、市民宗局局长翁贤权参加仪式并为基地授牌。仪式上，翁贤权宣读了《关于确定省级宗教普法示范点和省级宗教法治宣传教育基地名单的通知》，并为天福庵授牌。

【市民族团结进步促进会四明山镇分会成立】 5月20日，市民族团结进步促进会四明山镇分会成立仪式在棠溪村民族工作室举行，来自全镇的20余位各民族同胞参加了此次活动。大会通过了《余姚市民族团结进步促进会四明山镇分会工作规则》，选举产生会长1人，副会长3人，秘书长1人。冉琼林当选为余姚市民族团结促进会四明山镇分会会长，并作表态发言。

（市委统战部）

◎ 3月29日上午，“省级宗教法治宣传教育基地”授牌仪式在阳明街道天福庵举行（市委统战部 供稿）

政策研究

【概况】 2021年，市委政研室在市委的正确领导下，以习近平新时代中国特色社会主义思想为指导，深入贯彻中共十九大和十九届历次全会精神，深刻领悟习近平总书记在庆祝中国共产党成立100周年大会上的重要讲话精神，以及对浙江、宁波、余姚工作的重要指示批示精神，围绕忠实践行“八八战略”、奋力打造“重要窗口”，积极融入宁波加快建设现代化滨海大都市大局，按照市委、市政府争创社会主义现代化先行市、高质量发展建设共同富裕先行地的决策部署，积极发挥“核心智库、改革中枢”的职能作用，主动作为，求实创新，实现服务能力、服务效果双提升。

【政策调研】 组织起草《关于开展“两强三提升”行动的实施方案》《余姚市深入贯彻习近平总书记重要回信精神 加快打造革命老区共同富裕先行示范区行动方案》《余姚高质量发展建设共同富裕先行地行动计划（2021—2025）》等10个重要文件。牵头或参与制定《关于加快现代服务业和开放型经济发展政策的若干补充意见》《关于进一步强化招商引资“一号工程”的若干政策意见》《关于加快全域旅游发展的若干政策意见》等

3个重要政策。完成《余姚市发展定位研究报告》，进一步明晰余姚在宁波市的发展方位。中国共产党余姚市第十六次代表大会期间，组织参与党代会报告和市委主要领导讲话稿30余篇。

【全面深化改革】 年内，积极发挥全市改革领域牵头抓总职能，狠抓机制建设、典型挖掘和经验总结，全市改革工作呈现多点突破良好局面。组织召开深改会议等15次，起草《市委全面深化改革委员会2021年工作要点》《余姚市数字化改革总体实施方案》等重要改革文件3个，排定市领导领衔重点改革项目29项，制定全面深化改革、数字化改革两个考核实施细则，倒逼各单位改革争先。水利工程管理“三化”改革、规范地方行政执法队伍人员编制管理、行政备案规范管理改革等8个改革项目被列入省部级以上试点项目。“诉查查”获评全国2021政法智能化建设智慧法院创新案例，司法责任制改革相关经验做法入选最高院司法改革动态，知识产权“一件事”改革在《2020年中国县域知识产权竞争力百强报告》公布榜单中名列第十，舜江快播入选中央文明办优秀创新案例，“阿良工作室”被浙江省协调劳动关系三方会议办公室推荐为浙江省第一批“金牌劳动人事争议调解组织”，在全省率先研发“被执行人最低生活保障金发放平台”，并得到省高级人民法院院长肯定。《余姚市搭建“智能家电云平台”助推家电产业升级》在省《每日简报》刊登，《余姚市率先开发“诉查查”系统推行诉讼信用服务集成应用》等3篇信息在《改革先锋》刊登。

（徐文琴）

机构编制工作

【概况】 2021年，市委编办服务地方经济发展，在“大综合一体化”行政执法体制改革、开发区（园区）整合提升、政府职责体系建设等市委、市编委重点工作中，落实机构编制部门各项工作任务。

完成乡村振兴局组建、中共余姚市委社会建设委员会组建、市人大常委会教科文卫工作委员会更名、农贸市场管理和改造提升工作职能移交涉及的有关单位机构编制事项调整、市委宣传部网信科室调整设置等重点机构编制议题的办理工作，保障上级有关工作要求落实到位。

对城中村改造管理职责和人员编制等情况进行梳理分析，借鉴其他地区经验，提出新设立市城中村改造管理中心，集中承担全市城中村改造管理相关职责，构建统一高效的城中村改造管理工作体制机制的建议方案。制定出台《余姚市城中村改造管理中心主要职责、内设机构和人员编制规定》，并协调做好人员转隶审核工作，确保市城中村改造管理中心按时正常运作。

做好机构编制统计调查、监督检查工作，完成省委第十轮巡视选人用人专项检查发现问题整改，针对超职数配备干部、违规提高机构规格、擅自提高干部职级待遇等问题，提出整改措施并落实到位。完成机关编制数和领导职数倒挂问题整改。完成局级机构现状、科研机构基本情况、基层文物保护与博物馆机构编制配备、基层畜牧兽医专业机构编制配备、农村宅基地管理执法人员力量配备等方面的机构编制统计调查任务。

制定并下发《关于推行机关事业单位编外用工机构编制实名制系统管理工作的通知》，按照编外人员实名制系统入库工作要求，督促各单位及时完成编外人员信息录入工作，并对用工形式、岗位类别、岗位性质等指标项进行审核。实现实名制系统与“一件事”多部门联办系统的无缝对接，对在编人员信息进行全面性维护完善，避免单位多系统重复操作增减人员的出入编事项，进一步提升系统数据质量。

发动布置教育、科技、文广旅游、卫生健康等4个行政部门所属事业单位做好章程制定核准（备案）工作，推动实现“一单位一章程”。做好2020年度事业单位法人年度报告公示工作，完成公示324家，报送率100%。2021年，共办理事业单位法人设立登记2家，变更登记216家次，注销登记2家，证书到期换领63家。12月，组织42名未参加过初任培训的事业单位法定代表人参加宁波市第25期事业单位法定代表人培训班培训，取得法定代表人培训合格证书。

【“大综合一体化”行政执法体制改革推进】 年内，将统一规范行政执法队伍机构编制有机融入“大综合一体化”行政执法体制改革，加快有关改革措施落地见效。通过座谈、实地调研等方式，梳理当前基层行政执法工作在组织体系、职责体系、指挥体系、流程机制、队伍管理等方面面临的堵点、难点10余个。组织开展全市13支行政执法队伍以及资规所、环保所等基层站所（中队）机构编制事项、监管执法工作量等方面的摸底梳理工作。梳理历年相关领域体制改革的政策、经验做法，总结得失，寻找破解改革难题的办法。指导市场监管部门与商务、经信部门完成商务与盐业领域执法事项的划转交接工作，明确职责边界。指导综合行政执法部门与市直相关单位做好省定综合行政执法事项划转交接等工作。

【开发区（园区）管理机构整合推进】 年内，拟订余姚市开发区（园区）管理机构整合建议方案和实体化运作建议方案，将浙江余姚经济开发区管委会、浙江余姚工业园区管委会、浙江余姚人才创业园管理中心以及市城西开发建设中心4个开发区（园区）管理机构整合为余姚经济开发区管委会、余姚工业园区管委会2个。会同有关单位拟制余姚经济开发区管委会、余姚工业园区管委会2个开发区（园区）管理机构的“三定”规定草案。

【政府职责体系建设推进】 年内，会同市司法局、市综合行政执法局等部门督促各单位做好监管事项认领和检查事项覆盖工作。会同市大数据局等部门及时督促指导各单位做好行政许可、行政确认、行政给付、公共服务等政务服务管理事项的认领和动态调整工作。继续贯彻落实“首问负责、即问即办”制度，及时研究答复市信访局、市矛调中心、市检察院等单位提出的餐饮店、食品零售店向未成年人出售烟酒监管执法、擅自挖建地下室以及降低房屋地坪标高、农村古树名木监管执法等10余项职责分工争议事项的职责界定意见，保障有关群众投诉举报事项得到及时有效处置。

（沈　洁）

信访工作

【概况】 2021年，全市共受理群众来信636件次、来访782人次、网上信访4679件次，分别较近三年均值下降53%、40.99%、21.5%。信访事项按期受理率和按期办结率均达到100%，群众满意率达到95.98%。初次来信、来访、网上信访化解率分别达到96.74%、98.23%、97.88%。市社会矛盾纠纷调处化解中心（线下平台）共接待群众8538批11439人次，调处化解率达到97.9%。

年内，对标省数字化改革，创新打造“一码听民意”场景应用，进一步加强改进人民建议征集工作。实现建议征集、闭环处理、积分管理、数据分析等功能，加强和改进人民建议征集工作，着力解决现有渠道覆盖面不广、建议办理反馈性不足、部门推进协同性不够、制定政策互动性不强等痛点、难点、堵点。7月，省信访局专门发文，让余姚市信访局试点先行，为全省信访数字化改革先行探路，提供宝贵经验。10月12日，“一码听民意”场景应用正式上架“浙里办”“浙政钉”运行。此外，结合全市实际，全力推进制度创新实践，发布《人民建议征集办理制度》《重要人民建议跟踪孵化制度》《重大民生决策事项民意征集制度》《人民建议分析研判制度》《特邀建议人管理制度》五项制度，被宁波市信访局在全宁波转发，供学习借鉴。

【领导干部三级下访制度建立】 年内，研究出台《关于开展市、镇、村三级领导干部下访接待群众的工作方案》，由市领导每月下沉到镇、镇领导每周下沉到村、村干部常态化下沉到户，实现党员干部下访接访的常态化、制度化和规范化。全年，市四套班子领导共下沉接待群众353批831人次，直接答复146批，批示交办207批并纳入闭环管理。市委、市政府主要领导共阅批群众初次来信67件，占初信总量的100%。相关做法在宁波全市信访工作会议上作经验介绍。

【信访积案化解】 通过“治重化积”专项工作，存量信访“大起底、大包干、大化解”专项行动，“主官包案件”攻坚行动，全力推进各类信访积案化解工作。全市共有四级重复访260件，化解257件，总体化解率98.85%。其中，国家级125件化解122件，化解率97.6%；省级97件、宁波级21件、余姚本级17件均全部化解。

【夯实村级基层基础】 出台《关于夯实村级基础开展信访“四无村”创建的实施方案》，扎实开展信访“四无村”创建活动，明确村级党组织在农村信访矛盾化解中的主体责任和第一道防线作用，村书记为“第一责任人”。全面推广“联六包六”工作法，通过党员常态化的结对走访，切实发现信访苗头、调处信访问题、关心信访家庭。全市信访“四无村”实现率达88%。

【环保信访“直通车”机制建立】 1月，制定《关于进一步加强生态环境信访件办理工作的通知》《关于建立生态环境信访直通车机制推进解决群众身边突出生态环境问题的试行方案》，并建立由市信访局、宁波市生态环境局余姚分局、市矛调中心、各镇乡（街道）主要负责人组成的

"余姚市环保直通车"工作群，构建了相关职能部门和属地主要负责人实时在线、协调联动的工作机制，要求一般生态环境信访件3日内办理完毕，重要信访件马上就办、连夜查办、立即整改、限期回复，形成工作闭环。为宁波首个建立生态环境信访"直通车"机制的县（市、区）。

市信访局每日编辑《生态环境信访情况日报》，对全市当日环境信访受理情况、重复投诉情况等进行梳理并发送到工作群，通过分管市领导在线"@乡镇长"、市政府分管副主任协调督办，要求限期在群内反馈核实和调处情况，确保损害群众切身利益的生态环境问题得到及时纠正。

机制建立后，全市生态环境信访件平均办理时长缩短0.4天，群众满意率上升28个百分点，重复信访率下降34.07个百分点，得到了宁波市委副书记、市长裘东耀批示肯定，并在宁波推广。

【市委理论学习中心组专题学习《信访工作条例》】 4月28日上午，市委理论学习中心组举行专题学习会，解读学习《信访工作条例》，研究余姚市贯彻落实意见。市委书记傅贵荣主持会议并讲话。傅贵荣指出，要狠抓工作推进。以"信访工作现代化示范县"创建活动为抓手，以信访"一图一指数"工作为载体，统筹抓好信访积案化解清零攻坚、初信初访案件办理和群众满意度评价等工作，推动信访工作体制机制更加健全、源头预防更加高效、解决问题更加及时、信访业务更加规范、防范风险更加精准、信访生态更加优化。

（胡　哲）

老干部工作

【概况】 截至2021年底，全市共有离休干部97人，副市级及以上老领导46人（其中离休干部2人、退休干部44人）。全市建有离退休干部党支部153个（其中离退休干部党支部119个，"银辉"党支部34个）。

围绕中国共产党成立100周年组织开展"十个一百"系列活动。举办"百年党史读书会"1期，26位老领导参加；组织"走基层、看变化、促发展"活动4次；组织离退休干部党支部（"银辉"党支部）书记培训2次，参加老干部300余人次；多次开展党史学习教育专题辅导，集中辅导700余人次。更新局工作网站信息、图片240条，向上级老干部工作部门等报送信息364条，被各级刊物、网站等录用180条。在"余姚老干部"公众号发布信息135篇，分别被各级老干部公众号录用21篇。

全市"银辉"党建工作取得新成效。市、镇、社区三级"银辉"志愿服务网络架构完善，新成立低塘分会，累计建立"银辉"志愿者联合会分会13个。全市累计成立"银辉"志愿服务大队33个，"银辉"志愿服务团队291个，共有"银辉"志愿者2764人。开展"百场服务送村（社）企""百首赞歌颂党恩""喜迎建党百年·'银'护百姓健康"等"银耀四明"系列主题活动，服务群众6000余人次。开展"百名银才大寻访"和"银辉"工作标识征集等活动，吸纳银色人才加入志愿服务组织，提升"银耀四明"工作品牌知名度和影响力。精准应对银发族"数字鸿沟"困境，组建"银辉数字助教团"，以"一对一"助教形式助力万余银发跨越"数字鸿沟"。精准把握"共同富裕姚先行"要求，按照"银辉"队伍专业化、规范化建设要求，梳理组建"一枝六叶"共富先行银助团，以银助联盟模式，进镇入村（企）开展"银辉"助力共富活动。市"银辉"志愿者联合会获"蝉联全国文明城市集体嘉奖"，受到市委、市政府表彰。

开展精准化优质服务，老干部保健室和"就医绿色通道"全年接待服务老干部1100人次。为老干部联系落实保姆或钟点工72人（户），提供家政、足浴、理发服务263人次，通过"一键通"接受老干部求助求救服务505人次。运用健康信息云平台为老干部建立健康档案，组织老干部健康体检和"一对一"反馈，将健康状况关联至健康信息平台。完善社区责任医生结对联系服务制度，做到每月一次电话问候，重点对象上门服务。依托云平台全天候开展远程血压血糖监控，提供上门诊疗、化验、代配药等个性化服务。运用局"一对一"家属微信群等"云联系"方式，及时掌握老干部情况、提供优质服务。完善局机关干部联系结对老干部和每月上门祝寿、生病住院探望制度，做好重大节庆日走访慰问工作，开展"夏季送清凉、冬季送温暖、节日送祝福"等活动。全年，局机关干部上门走访老干部1815人次，电话联系老干部2555人次，收集意见建议26条，解决困难问题31个。

全新开建老干部学习活动阵地。新场所占地0.856公顷，建筑面积1.4万余平方米，内设老党员驿站、老干部综合活动室、老年大学各类综合性教室等40余个。6月，市老年大学新校区启用。市老干部活动中心以打造党建服务、硬件配套、正能量汇聚、文化娱乐、健康关爱“五个示范”为目标，分级分类开展活动。精心推进书画摄影作品展、兴趣活动小组培育活动，打造银色人才培育中心。继续开展好“夕阳余晖促和谐”帮困助学结对活动，在舜辰老年公寓活动点定期开展主题党日学习、趣味运动、门球赛等。推出“百个支部进驿站”活动，共接待20余个支部600余人参加活动。“串烧传统国艺，演绎‘姚’味党史”主题党日活动获省优秀主题党日活动案例二等奖。市老年大学以创建红色、智慧、示范、满意、平安“五大校园”和实施银辉党建示范、基础配套提升、城乡均衡覆盖、知名品牌培育、优质资源配送、银发人才开发“六项工程”为抓手，谋划现代化老年大学发展方向。积极探索老年教育普惠及文化养老新模式，加快推进乡镇老年大学分校、村（社区）老年学习网点建设，致力打造“一体、两维、三级”的老年学习共同体。

【全市规范干部退休工作推进会暨荣誉退休观摩仪式举行】 2月5日上午，市委组织部、市委老干部局、市人力资源和社会保障局联合举办全市规范干部退休工作推进会暨荣誉退休观摩仪式。市委组织部常务副部长何张辉出席会议并讲话。仪式上，为新退休干部代表送上了鲜花、纪念章和“初心礼盒”。

【“银辉”志愿者大型歌咏晚会举办】 6月9日晚上，“百首赞歌颂党恩”余姚市“银辉”志愿者大型歌咏晚会在龙山剧院举办。宁波市委老干部局副局长、二级巡视员张晖出席活动并致辞。余姚市“银辉”志愿者、演出人员等500余人参加活动。整场演出以“百首赞歌颂党恩”为主题，10余个精彩节目由城区四街道、市老年大学通过层层选拔推荐选送。

【市老年大学新校区启用仪式举行】 6月18日上午，市老年大学新校区启用仪式举行。宁波市委组织部副部长、老干部局局长俞小勋致辞，余姚市委副书记、市长徐云发表讲话，市委常委、组织部部长、市老年大学校长林伟主持仪式，市委组织部副部长、老干部局局长、市老年大学副校长唐飞琴介绍老年大学基本情况，市人大常委会副主任余烽、副市长王安静、市政协副主席华红出席仪式，离退休干部代表、社会各界及老年大学师生代表参加仪式。

◎ 2月5日上午，全市规范干部退休工作推进会暨荣誉退休观摩仪式举行（市委老干部局　供稿）

◎ 6月18日上午，余姚市老年大学新校区正式启用（市委老干部局　供稿）

【市“共同富裕示范区、银辉助力姚先行”工作会议召开】 8月3日上午，市“共同富裕示范区、银辉助力姚先行”工作会议召开。市委组织部副部长、老干部局局长唐飞琴传达了市委关于《余姚高质量发展建设共同富裕先行地行动计划（2021—2025）》文件精神。市委老干部局、市“银辉”志愿者联合会向文明宣讲、科技帮扶、社会自治、文化教育、关心关爱、全民健康6个新组建的“共富先行银助团”正副团长颁发聘书，余姚市“共同富裕示范区、银辉助力姚先行”活动正式启动。

【培育打造“老年学习共同体”】 年内，市委老干部局、市老年大学坚持按照“123+N”思路构建老年教育新蓝图，加快“老年学习共同体”建设，即加快打造一体“老年学习共同体”，两维推进实体学校和“没有围墙”的开放学校建设，构建覆盖“市、乡镇（街道）、社区（村）”的三级学习服务体系，并依托N种力量资源，N个覆盖城市实体的老年教学点，N种学习选择模式，有效扩充老年教育资源供给，构建优质老年教育资源共享共惠体系。

（陈莉敏）

党校工作

【概况】 2021年，市委党校（省委党校四明山分校、浙江四明山干部学院）共举办主体班次培训26个、姚江讲坛6期，培训学员5115余人次，其中宁波市委组织部委托班次7个、学员数量773人次。以“七个一”标准规范21个乡镇（街道）党校的机构设置，建立“校领导包片、教师一对一”联系指导的工作制度，全市乡镇（街道）党校围绕党史学习教育、共同富裕等主题，共开展教育培训267期，培训学员3万余人次。加强与中国科学院心理研究所史占彪教授合作，举办中国后现代三剑客2021余姚学术论坛暨首届督导心理教练发展论坛、2021年全市干部心理健康科普巡回宣传活动。参与中国科学院心理研究所祝卓宏团队关于党史与心理学结合的课题研究，获浙江省委党校中特中心规划课题立项2项。

全年探索合作办班，通过对红船干部学院、诸暨新时代枫桥经验学院、横坎头村文化学院的考察走访，联动办班5期。共承接对外培训188批次，培训学员1.44万余人次。配优配强现场教学师资，落实现场教学基地教师AB岗制度，完善更新四明山烈士陵园等4个现场教学基地的配套课程，优化提升红色通道十六户等3个现场教学基地配套课程。成功入选宁波市第二批干部教育培训现场教学基地2个、创建宁波市委党校典型性党性教育基地3个、特色现场教学线路2条。积极申报宁波市党校系统领导干部红色教育资源库，参与编印《宁波党校系统现场教学资源手册》。

全年累计组织调研活动6次、科研专题辅导4次，参与省市课题活动5次。完成省、宁波市立项课题结题18项，其中获宁波市级及以上优秀课题3项，新立项课题15项（其中省级8项、宁波市级7项）。获浙江省党校系统理论研讨会一等奖3篇、二等奖1篇、三等奖3篇；获浙江省党校系统优秀决策咨询评奖二等奖2篇；获宁波市党校系统决策咨询评奖一等奖1篇、三等奖2篇、优秀奖1篇；获宁波市宣传系统优秀奖1篇，创历史最好成绩。公开发表文章6篇。形成咨政报告6篇，获余姚市领导批示4篇。深入打磨2020年度全市年轻干部培训班学员咨政，获宁波市委书记彭佳学批示，实现宁波市领导批示零的突破。

引入中央党校（国家行政学院）“网上党校”平台，组织教师开展线上十九届五中、六中全会和党史学习教育专题师资培训班，选送骨干教师赴井冈山干部学院、延安干部学院等院校开展轮训，深入实施年轻教职工关心关爱工程。以科室业务论坛、外请师资专题辅导和院校集中学习为载体，抓实现场教员常态化业务培训，成功创建宁波市级巾帼文明岗。完成干部学院改扩建工程遗留项目校史馆的建设。继续高标准做好常态化疫情防控时期的班级和学员管理工作，确保防疫和教学两不误。

【科研咨政工作专题会议召开】 4月30日，市委党校召开全体教师科研咨政工作专题会议，中共余姚市委党校副校长赵瑞林主持并作工作部署，全体教师参加。赵瑞林传达了宁波市党校系统咨政学习精神，重点部署了下一阶段科研咨政工作。他强调，全体教师要善于结合政策需求和科研基础，充分运用学员资源和教师优势，推动教研咨一体化高质量发展。

【战略合作协议签约暨“红船·光明学堂”揭牌仪式举行】 5月26日上午，浙江省电力有限公司党校与中共浙江省委党校四明山分校战略合作协议签约暨“红船·光明学堂”揭牌仪式举行。浙江省电力有限公司董事、党委

◎ 5月26日上午，"红船·光明学堂"揭牌
（市委党校 供稿）

副书记、副总经理李海翔，余姚市委书记奚明，市委常委毛丕显，浙江四明山干部学院党委书记、常务副院长杨国元，省电力公司一级职员余兆忠等出席签约揭牌仪式。仪式上，双方签署战略合作协议。奚明和李海翔为"红船·光明学堂"揭牌。

【市消防救援大队党史教育基地挂牌】 6月25日上午，浙江省消防救援总队余姚市消防救援大队与中共浙江省委党校四明山分校共建合作签约暨党史教育基地揭牌仪式在院校举行。浙江四明山干部学院党委书记、常务副院长杨国元，市消防救援大队党委书记、政治教导员李管良出席签约揭牌仪式。会上，杨国元与李管良共同签署战略合作协议，并为"党史学习教育基地"揭牌。

【省委党校暑期读书会】 7月19日至20日上午，浙江省委党校在四明山分校召开校委理论学习中心组专题学习会暨2021年读书会，省委党校常务副校长陆发桃主持会议并讲话，省纪委省监委派驻纪检监察组、省党史学习教育巡回指导组有关人员，校委会成员和一、二级巡视员，各部门主要负责人、各市委党校和省委党校分校常务副校长参加会议。会议期间，与会人员还考察了"浙东抗日根据地为什么能"现场教学基地。

【彭佳学到省委党校四明山分校授课】 11月25日下午，省委常委、宁波市委书记彭佳学到浙江省委党校四明山分校带头宣讲中共十九届六中全会精神。市四套班子领导，法检两长，中意宁波生态园管委会领导班子成员，一级调研员及其他副市级以上领导；各乡镇（街道）党（工）委书记；市直有关单位主要负责人；市十九届六中全会精神宣讲团成员；省委党校四明山分校（四明山干部学院）领导班子成员，培训班学员代表；四明山革命老区代表；余姚市民主党派和无党派人士代表，社科界专家学者、企业家、基层党员干部代表和驻余姚部队官兵代表等参加。

（史桃桃）

党史地方志工作

【概况】 2021年，全市党史、地方志工作按照市委、市政府的中心工作要求，有序推进党史研究、党史教育、革命胜迹保护、地方志修编、年鉴编写、专题调研等各项工作，取得了较好的发展成绩。

扎实推进党史著作编写工作。8月，《中国共产党余姚历史第三卷（1978—2002）》正式出版，出版质量受到省委党史研究室和宁波市委党史研究室的高度肯定，成为全省县一级三卷编写蓝本，高质量完成省试点任务。扎实做好党史资料征集工作。在加快浙东抗日根据地史料征集基础上，拓宽研究领域，搜集整理1946年至2021年《人民日报》余姚相关报道，出版《人民日报看余姚》；搜集整理1921年至2021年大事记，出版《中国共产党余姚百年大事记》；派员赴广州核实革命先辈符锦惠的相关事迹并形成调查报告。

紧扣党史学习教育和中国共产党成立100周年重要节点，编写《中共余姚地方史（1919—1949）简读本》，作为全市党员干部必读书目，全书内容同步在《余姚日报·舜江周刊》进行连载，在余姚电台进行联播。举办"纪念浙东敌后抗日根据地开辟80周年研讨会"、余姚市"百年百问"党史知识竞赛等党史学习教育专题活动。联合省新四军历史研究会举办"建党百年　走进百校"余姚专场宣讲活动的同时，积极组织"岁月余姚"宣讲团骨干成员开展余姚地方党史宣讲活动，全年累计宣讲超过220场，受众超过万人。积极配合全市党史学习教育工作，完成市委宣传部、市委组织部、市民政局、市妇联、21个乡镇（街道）的党史材料审校任务。

加强党史胜迹保护利用工作。全力配合浙东抗日根据地旧址群整体提升工作，高标准完成新四军浙东游击纵队政治部旧址修复与展陈设计。积极鼓励基层开展红色革命纪念场馆建设的同时，强化布展内容审核，确保史实准确。浙东游击纵队政治部旧址、临山党史馆、泗门党史馆、中共浙东临委成立地旧址（陆埠）、浙东临委驻地旧址（大隐）、中共余姚县第一次代表大会旧址、四明山第一支部等多个革命胜迹项目修复或新建完成，正式投入使用。

推进基层志书编纂工作。根据乡镇（街道）志书编写实际进度，抓住关键少数，采取上门督办、上门培训、上门开展业务指导的方式，有序推进乡镇（街道）志书编写。年内，进入出版印刷阶段，《大岚镇志》《鹿亭乡志》完成终审，《小曹娥镇志》《朗霞街道志》《大隐镇志》完成初稿，三七市镇志编写班子搭建完成，正式启动镇志编写。

推进综合年鉴编写工作，加快《余姚年鉴（2021）》的编写出版进度。深入挖掘地方历史文化内涵，推进地方文化研究工作。紧密围绕余姚经济、政治、文化、生态文明建设等中心工作，深入挖掘以阳明文化为代表的姚江文化，出版《书话阳明》《姚江王氏及阳明家事探源》《余姚旧志散文解读》《王阳明与弟子》等作品。

【新四军浙东游击纵队政治部旧址修复开放】 3月26日，新四军浙东游击纵队政治部旧址完成修复布展，正式对外开放。副市长王安静出席开馆仪式。

仪式上，市阳明文旅集团董事长黄桂树介绍政治部旧址布展及开馆运营情况。现场还举行"四明洗心"之旅精品线路发布仪式。市四明山旅游度假区管委会党组书记赵阳军向红色研学首发团进行授旗，市文化和广电旅游体育局局长杨玉红宣读余姚市红色旅游发展联盟倡议。随后，余姚市副市长王安静宣布政治部旧址开馆，现场领导、嘉宾共同按下开馆启动键。

【《中共余姚地方史（1919—1949）简读本》编印完成】 3月，《中共余姚地方史（1919—1949）简读本》编印完成。该读本由市委党史研究室、市新四军历史研究会组织编写，由市党史学习教育领导小组办公室组织编印，以时间为序，按照大革命时期、土地革命时期、抗日战争时期、解放战争时期的历史阶段，分为"星火初燃，革命风暴席卷姚江两岸""逆境亮剑，'红一师'暴动威震浙东""血雨腥风，抗日烽火燃遍四明山麓""迎接曙光，胜利红旗插上姚城之巅"四个章节。该读本编印完成后，发放到全市各基层党组织的全体党员手中，并以此读本为主要教材，组织开展党史学习教育。

◎3月，《中共余姚地方史（1919—1949）简读本》编印完成

（市委党史研究室　供稿）

【《大岚镇志》编纂终审会议召开】 4月9日，《大岚镇志》编纂终审会议召开。会议首先由《大岚镇志》编写人员郑奕训介绍镇志概况。在听取镇志概况的介绍后，市委党史研究室领导及专家从不同角度对《大岚镇志》进行了评审，各自从框架结构、内容编写、格式规范、字词用法等方面提出了具体的修改意见和建议。随后，市委党史研究室主任高李生代表评审组对《大岚镇志》作出评审意见，同意按照评审意见修改后，公开出版。最后，镇党委副书记、镇长张忠宣布《大岚镇志》通过终审。

【"浙东临委驻地"革命史迹陈列馆落成开放】 4月20日上午，"浙东临委驻地"革命史迹陈列馆在余姚市大隐镇芝林村落成并对外开放。陈列馆坐落于芝林村浙东小九寨景区内，总面积约5000平方米。当天，现场还举行了"省新四军历史研究会浙东分会革命传统教育基地""浙江四明山干部学院、省委党校四明山分校党员干部教育培训现场教学基地""宁波市中小学生研学实践教育基地"授牌仪式。

【"建党百年　走进百校"余姚市红色文化宣传活动启动仪式暨首场宣讲活动举行】 5月13日，由浙江省新四军历史研究会和中共余姚市委宣传部主办的"建党百年　走进百校"余姚市红色文化宣传活动启动仪式暨首场宣讲

◎ 5月13日，“建党百年　走进百校”余姚市红色文化宣传活动启动仪式暨首场宣讲活动举行（市委党史研究室　供稿）

活动在余姚举行。启动仪式上，省新四军历史研究会副会长林妙春致辞。还进行了赠送红色书籍和“星火小队”授旗仪式。市新四军历史研究会会长宋建勋宣布活动启动。仪式结束后，宣讲团成员分头开展余姚第一批校园红色宣讲。

【《红色四明映初心——余姚典藏革命文物释读》发行座谈会举行】　6月28日下午，《红色四明映初心——余姚典藏革命文物释读》发行座谈会在余姚市梁弄镇横坎头村举行。《红色四明映初心——余姚典藏革命文物释读》一书由市政协、市文化和广电旅游体育局、市委党史研究室、市档案馆共同编撰出版，书中共收录196件典藏革命文物，文物年代主要为新民主主义革命时期，分为“星火燎原——风起云涌的余姚早期革命斗争”“同仇敌忾——轰轰烈烈的浙东抗日烽火”“人间正道——艰难曲折的余姚解放之路”三个篇章。市委书记奚明就《红色四明映初心——余姚典藏革命文物释读》一书的出版发行作出批示。座谈会上还举行了赠书仪式，市政协相关负责人介绍了该书编撰情况，市文保所相关负责人对该书作了解读，市委宣传部、市委党史研究室、市教育局等单位与会领导结合自身实际，就下一步在党史学习教育中充分发挥《红色四明映初心——余姚典藏革命文物释读》一书作用作了交流。

【《中国共产党余姚历史第三卷（1978—2002）》首发式举行】　8月6日上午，《中国共产党余姚历史第三卷（1978—2002）》首发式举行。首发式上，市委常委、市委宣传部部长王娇俐传达了市委书记奚明对余姚党史三卷出版的批示，市委副书记叶枝利致辞，市委党史研究室主任高李生介绍余姚党史三卷编写情况，浙江省委党史和文献研究室副主任王祖强、宁波市委党史研究室主任陈银绍发表讲话。现场还举行了赠书仪式。

余姚党史三卷共分5编、22章，约55万字。全面、系统、客观地记述从1978年12月到2002年10月，中国共产党团结带领余姚人民进行改革开放和社会主义现代化建设，以及加强党的自身建设的历史进程。

【《鹿亭乡志》终审会议举行】　11月9日上午，《鹿亭乡志》终审会议举行。会上，《鹿亭乡志》编撰人员首先介绍了《鹿亭乡志》的编纂概况。随后，各评审专家分别从乡志纲目框架、体例写法、内容结构、字词规范、图表设置等方面对《鹿亭乡志》进行点评。随后，市委党史研究室主任高李生宣布，《鹿亭乡志》符合志书编撰要求，同意在进一步修改完善后公开出版。

（卢　杰）

新四军历史研究工作

【概况】　2021年，余姚市新四军历史研究会紧扣中国共产党成立100周年和党史学习教育两大主题，积极参与各项活动。年内，整理出版了《中共余姚地方史（1919—1949）简读本》《四明英雄颂——百个红色小故事》，参与编纂《中国共产党浙江省余姚市组织史资料》，整理和修缮革命旧址纪念碑，修复革命遗址和新建革命史迹展览馆，组织参与浙东抗日根据地开辟80周年研讨会，组织会员深入社会，积极宣讲党史军史。

3月3日，市新四军历史研究会召开全体理事会议，学习习近平总书记在党史学习教育动员大会和庆祝中国共产党成立100周年大会上的重要讲话精神，以及习近平总书记给上海市新四军历史研究会百岁老战士们的回信，联系余姚实际，完善制定2021年工作目标。为保证全市党史学习教育扎实有效地深入开展，市新四军历史研究会积极发挥自身的优势，立即组织整理余姚党组织建立以来至中华人民共和国成立的斗争史，编辑近3万字的《中共余姚地方史（1919—1949）简读本》，印刷7万余册，被确定为全市党史学习教育的必读本。7月，市新四军历史研究会梁弄分会编辑出版《四明英雄颂——百个红色小故事》，为全市党史学习教育提供教材。

同时，市新四军历史研究会积极投身宣讲活动。全年深入机关、学校、企业、村（社区）进行宣讲250余场次，受教育人员约2万人次。11月，陆埠镇孔岙村、裘岙村被浙江省新四军历史研究会命名为浙江省革命传统教育基地，并获授匾额。

【中国共产党余姚县第一次代表大会旧址纪念碑修缮】 年内，针对群众反映中国共产党余姚县第一次代表大会旧址纪念碑褪色破旧亟须修复的情况，余姚市委党史研究室和余姚市新四军历史研究会，立即派员查勘，及时组织施工修复并对周边绿化进行改造。余姚一大旧址纪念碑位于阳明街道龙泉社区逊埭路144号余姚市老年活动中心办公楼二楼外侧，反面刻有铭文，于2000年6月落成，碑名由时任余姚市委书记谢廷斋题写，2008年又在该中心四楼教室开设中共余姚一大旧址图文陈列室，是社会各界开展党史学习教育的重要阵地。

【浙东游击根据地史迹展落成】 8月5日下午，浙东游击根据地史迹展落成仪式在孔岙村的中共浙东临委成立旧址地举行。开展仪式上，省新四军历史研究会浙东分会向孔岙村捐赠了红色书画作品，宁波市委党史研究室和宁波市新四军历史研究会分别向孔岙村赠送一批红色书籍，并举行了揭牌仪式。仪式后，全体人员参观了史迹展。

中共浙东临委成立旧址，始建于清代，原为徐家祠堂，占地建筑面积1000平方米。2020年年底开始，陆埠镇投入200余万元，对此进行重建修复，并在旧址内布置了一批文史资料，史迹展陈列有“新四军浙东游击纵队北撤与隐蔽坚持的部署”“中共浙东工作委员会的建立和重建武装”等10个方面内容。

◎中国共产党余姚县第一次代表大会旧址纪念碑修缮完成
（市委党史研究室　供稿/拍摄时间3月）

【纪念浙东敌后抗日根据地开辟80周年研讨会举行】 8月6日上午，由浙江省新四军历史研究会、中共余姚市委主办，中共余姚市委党史研究室、余姚市阳明文旅集团、中共梁弄镇委员会、余姚市新四军历史研究会承办的纪念浙东敌后抗日根据地开辟80周年研讨会在四明湖开元山庄举行。

研讨会邀请到浙江省新四军历史研究会、宁波市新四军历史研究会、余姚市新四军历史研究会、慈溪市新四军历史研究会的多名嘉宾，重点围绕“党旗引领浙东前行，回信照耀红色四明”主题开展座谈研讨，共同回顾浙东抗日根据地的革命斗争历史，缅怀先烈业绩，弘扬革命精神，展望未来发展。

（张华章）

档案工作

【概况】 2021年，市档案馆持续深化长三角区域民生档案一网查档，实现掌上查档和电子出证。2021年，市档案馆共接待查询利用2269人次，有效利用3039卷次，打印6564页，复印961页，出证明190次，摘抄1791页，主要涉及婚姻、养老保险、招工、修史编志等方面。浙江档案服务网查档209件，咨询答复8件，省外函电查询1件。加快档案数字化加工步伐，2021年数字化加工共计10400卷、1669件，1543749页，著录条目243565条，馆藏数字化率89.6%。加强档案资源建设，开展档案图书资料征集工作，全年共征集档案、图书资料185册（件、张）。管好用好红色档案资源，多部门合作出版《红色四明映初心——余姚典藏革命文物释读》和《斯人已去清风在——楼适夷书信选集》；向建党百年档案主题宣传活动报送《毛主席和我们在一起》红色档案；“6·9”国际档案日举办馆藏名家书画精品展、红色藏品展。

做好“两类”档案归集工作。主动加强与市疫情防控办的对接联动，转发宁波市档案局《关于进一步做好新冠肺炎疫情防控档案材料收集归档工作的通知》。及时传达省档案局组织的脱贫攻坚档案和疫情防控档案归集工作视频培训会议精神，实时开展指导监督，进行档案数据归集工作。同时在决战脱贫攻坚之际，起草并印发《余姚市档案局　余姚市档案馆关于做好脱贫攻坚档案归集工作的通知》，推动脱贫攻坚档案应收尽收、应归尽归。截至2021年底，报送疫情防控档案归集目录4546条，脱贫攻坚档案归集目录991条。

推进档案工作服务农村基层社会治理试点工作。在上年度工作的基础上，进一步推进试点单位泗门镇及辖区内谢家路村、后塘河社区的基层档案规范化建设，优化行政村基层档案公共服务。实现市、镇、村三级联动的档案服务体系。完成泗门镇的试点工作，8月上旬通过宁波市档案局组织的专家组验收。下半年，确定阳明街道、凤山街道、梨洲街道、兰江街道、河姆渡镇、大隐镇6个乡镇（街道）作为试点工作扩面单位。其间有关科室人员多次进行沟通指导，做精做实这6家单位的档案服务农村基层社会治理工作，并形成三级联动的工作模板，以整体推进。

持续加大新修订档案法的宣传贯彻力度，创新档案监管执法模式，继续推进“最多跑一次”改革工作。按照省、宁波市统一部署和要求，做好行政权力事项和公共服务事项的调整规范和后续维护工作。根据机关内部“最多跑一次”改革工作部署，使用浙江省机关内部“最多跑一次”协同办事系统，实现机关内部办事事项的网上办和掌上办。继续开展国家“互联网＋监管”系统监管事项清单认领工作、实施清单编制录入和监察事项录入工作。全面应用浙江省行政执法监管平台。对照省、宁波市工作要求，进一步提升“互联网＋监管”各项指标，完成“双随机”抽查事项、认领的监管事项全覆盖。

规范化、系统化推进数字化改革和管理。1月，顺利通过国家规范化数字档案馆测试。在数字档案馆（二期）建设中，对数字档案馆软件、硬件、应用系统等全部进行更新和升级，建成余姚市档案馆一体化平台，集馆藏档案综合管理系统、多媒体档案管理系统、电子阅览室系统、虚拟库房管理系统于一体；建成余姚市档案馆室一体化平台，集电子文件归档处理系统、集中式档案室管理系统、电子文件移交接收系统于一体；全面对接政府数字化转型改革成果，深化电子文件归档和电子档案管理工作，对原有电子文件归档处置系统进行了进一步的升级改造，保持电子文件归档率在90%以上；与市OA系统完成对接，并进一步完善电子公文的归档试运行工作，逐步完善数字档案服务“一件事”工程。

【数字档案馆系统成功通过国家级测试】 1月7日，受国家档案局委托，浙江省档案局组织专家组对余姚市数字档案馆系统进行了测试，认为市档案馆依据国家和行业相关标准规范，在“三网隔离”环境下，建立了较为完备的数字档案资源体系，启动了“最多跑一次”行政审批事项文件和OA系统电子文件归档工作，开展了“远程查档、跨馆出证”等档案便民服务，实现了档案资源数字化、管理规范化、利用便捷化，一致同意余姚市数字档案馆系统以“国家级数字档案馆”报请国家档案局审批。

【市档案馆新馆开馆仪式举行】 6月28日上午，余姚市档案馆新馆举行开馆仪式。浙江省档案馆副馆长胡元潮，余姚市委副书记叶枝利为余姚市档案馆新馆揭牌。宁波市委副秘书长、宁波市档案局局长王海娟，宁波市档案馆馆长鲍娴萍，余姚市人大常委会副主任严忠苗，余姚市副市长王安静，余姚市政协副主席朱卫东等出席开馆仪式。开馆仪式结束后，参加活动的领导和嘉宾参观了新馆一楼馆藏名家书画展、红色藏品展。

市档案馆新馆位于南雷南路迎宾大道旁，总投资约2.28亿元，总建筑面积约23000平方米，按照县级一类综合档案馆设计，集数字化、智能化于一体，可以存放369.6万卷（件）档案，能够满足未来30年的档案接收、保管以及利用等功能的需要。

【余姚兰台讲堂举办】 6月28日下午，余姚市档案局、市档案馆举办余姚兰台讲堂暨2021年档案从业人员继续教育培训。活动邀请到浙江省档案馆副馆长、研究馆员胡元潮到会授课，培训主题为“牢记总书记重要嘱托，建设‘三个走向’示范区”。全市各乡镇街道、市直各部门以及

◎ 6 月 28 日上午，余姚市档案馆新馆开馆（余姚市档案馆　供稿）

企事业单位的档案从业人员近160 人参加。

【《斯人已去清风在——楼适夷书信选集》出版发行】 12 月下旬，由市档案局（馆）和市政协文史委、市文化和广电旅游体育局组织编印，由人民日报出版社出版发行。楼适夷（1905—2001），原名楼锡春，浙江余姚人。他是中国左翼文学的拓荒者，现代作家、翻译家、编辑出版家，中共余姚支部第一任书记，余姚与四明山红色文化的优秀代表之一。该书由余姚几位学者共同整理编注，共收录 20 世纪 50 年代至 90 年代楼适夷先生与乡友、同事、亲人的通信 181 封。

（徐冰青）

综合指挥

【概况】 2021 年，全市 1130 个执行网格共上报事件 22.39 万件，开展重点人员、商事主体走访 176.29 万次，日常巡查1053.13 万余次。系统内共有人口信息 140.37 万条、房屋信息16.80 万条、商事主体信息 13.55 万条，基础信息完整率 100%。

出台《余姚市迭代升级“基层治理四平台”完善基层治理体系指导意见》。网格层面通过指标考核、履职抽查、业务培训、星级评定等举措强化队伍能力建设；指挥室层面通过月例会研讨、季能力培训、入基层调研等方式强化沟通交流、调研指导。全市21 个乡镇（街道）已完成“四平台”软硬件升级，其中凤山街道强化多元座谈推进重大矛盾纠纷调处化解、牟山镇“代表督事”助力基层治理等。

在原有网格基础上，进一步划分网格单元，按照每50 ~ 100 户建立一个微网格的要求，共划分 14620 个微网格，组建 1+4 微网格团队。下发《余姚市“一四一”体系疫情防控实施方案》，编制《网格疫情防控任务清单暨工作标准》，发挥“141”体系基础信息辅助感知、涉疫数据汇总分析、涉疫区域协助保障作用，统一部署网格长做好疾病预防宣传、群众服务、情绪安抚等工作，累计已开展走访巡察 97.5 万次，上报涉疫事件1.26 万件。相关经验做法相继获得《宁波晚报》、余姚电视台、《余姚日报》等主流媒体报道。

推进基层治理“一件事”集成改革，制定“犬类管理一件事”“井盖一件事”“油烟噪声一件事”工作流程，共处置公共设施类案件 944 件。通过浙政钉应用模块，形成乡镇（街道）线上发起联合巡查、联合会商、联合执法申请，指挥室综合评价的闭环管理机制。加大对派驻机构和内设科室联合巡查、联合会商、联合执法实效发挥的考核配比力度，形成镇级矛调中心统一牵头，内设（派驻）机构协同配合的作战模式。

定期汇总分析基层治理“四平台”、智慧城管和“12345”政务热线三大系统事件，通过系统挖掘加人工审核的方式形成研判预警信息，纳入《每日信息》《信息周报》《社情月报》和专题专报。指导马渚镇加强“大巡查”与“大执法”两支队伍建设，上线运行“数治马渚”AI 视频分析系统，做强前端感知、后端处置力量；指导泗门镇谢家路村升级“小板凳”工作法 2.0 版，打造村智治管理闭环区，并设立村综合“智慧”室，接入各类子平台和智能设备，推动多元智治系统高效集成；指导梁弄镇开发以“户联码”为基础的梁弄数字治理应用的场景建设；指导凤山街道将智慧城管系统纳入矛调中心工作平台，同时将 AI 分析系统接入 E 宁波，实现一地调度、一网指挥、可视可控等。“双下沉大联动一起来”基层社会治理机制改革分别入选宁波市党史学习教育“三为”专题实践活动最佳实践案例、余姚市“知行合一践初心、我为群众办实事”十佳事件案例。揭榜认领省级社会治理现代化场景项目“社会治安风险综合评价”。

【余姚获宁波市“12345”技能大赛二等奖】 4月25—26日，第三届宁波市“12345”政务服务热线技能大赛举行，比赛设线上竞答、线上接听、情景模拟、回访实操、协同配合、才艺展示6个项目，余姚“12345”团队最终荣获二等奖。

【全市基层治理“四平台”迭代升级推进会召开】 10月15日，余姚市全市基层治理“四平台”迭代升级推进会召开，会上学习了《关于迭代升级“基层治理四平台”完善基层治理体系的指导意见》。余姚市副市长、公安局党委书记、局长钱秉湧出席会议并讲话，提出“基层治埋四平台”迭代升级要强化基层指挥室对“基层治理四平台”的指挥权、督导权、考核权，提出基层治理“一件事”流程，并同步升级全科网格治理模式。

（叶娜群）

涉台工作

【概况】 市委常委会专题听取省、宁波对台工作会议精神传达，并召开市委对台工作领导小组（扩大）会议暨全市对台工作会议，指导部署全市对台工作开展。市委领导、上级台办领导多次走访重点台企，了解企业经营发展情况，协调解决问题难题，做好疫情常态化防控中涉台领域的防控工作，掌握上报返姚台胞情况，及时处理厦门疫情发生后涉台人员工作，并根据要求做好台胞接种新冠病毒疫苗工作，组织近200名台胞进行疫苗接种。

开展台企“三服务”工作，走访全市重点台企，发放各类调研问卷，梳理问题项目“两张清单”，协调了求助案件10多件，台风“烟花”后、拉闸限电措施实施后及时走访慰问，了解情况，提供帮助。

7月，举办了“走创业路、扬复兴旗”台湾青年创业之旅走进余姚活动，在甬台青和余姚创业青年50余人参加，参观了王阳明故居、阳明古镇、梁弄横坎头村等，并在古镇文明书局举办了阳明文化研学沙龙，共同研学阳明文化、探寻文创之路；10月，举办了第四届海峡两岸乡村振兴论坛余姚专场活动，市台商联谊会、市台联会的50余名台胞台属齐聚一堂，以“阳明乡约助推老区发展”为主题，通过“阳明文化讲堂”的形式，邀请本土阳明心学专家向家门口台胞宣讲和介绍阳明文化在当代的价值。

加强台青交流，年初成立姚台青年企业家创业联盟，打造新的青年交流合作载体，开展两岸青年企业家乡村振兴座谈交流，实地考察鹿亭东岗村、四明山棠溪村等新农村建设，积极组织人员参与省市级重大涉台活动及电竞比赛、电商培训、网络直播等活动。加强民间交流，在台湾疫情期间，积极捐赠抗疫物资入岛，在传统节庆日期间保持日常联络和问候。

加强对台联、台协两会的指导，完善两会组织建设。召开市台联七届六次理事会议，开展了春节走访慰问、中秋联谊、“学党史”红色教育活动等，组织参加市政协十三届五次会议、统一战线庆祝中国共产党成立100周年系列活动、社会各界人士中秋茶话会等市级会议活动。指导余姚台商联谊会理监事会进行换届，顺利推选出新一届主任委员和理监事共6人，支持联谊会开展各类活动和培训，包春节留姚台商送温暖活动、节后开工送政策进台企活动、中秋联谊活动、阳明文化讲堂、鹿亭东岗村结对帮扶等。

【姚台青年企业家创业联盟成立】 4月10日上午，在四明山镇棠溪村举行的“探唐诗之路，访梨洲故里”第十六届中国·四明山红枫樱花节开幕式上，姚台青年企业家创业联盟正式成立。宁波市台办副主任顾海飞向姚台

◎ 4月，姚台青年企业家创业联盟授牌仪式举行（市台办　供稿）

青年企业家代表授牌，来自宁波、温州、绍兴等地的台湾青年和余姚海创会等当地青年企业家代表们共同见证了这一时刻。市委常委、统战部部长蒋士勇参加活动并宣布开幕。开幕式后，第三届四明山国际越野跑挑战赛开赛，台青们参加了 6 千米体验组的赛事，跟随 1000 多名来自各地的山地越野跑选手一起，用脚步丈量四明沃土，用心欣赏如画风景。下午，两岸青年企业家们坐在一起联谊交流，围绕乡村振兴、农业产业、创业合作等议题表达观点、抒发感想，并一同参观了台商投资的酒店慕溪谷、千年古镇棠溪村等地，实地感受余姚山区美丽乡村建设的新风貌。

【“走创业路、扬复兴旗”台湾青年创业之旅活动走进余姚】 7 月 18—19 日，“走创业路、扬复兴旗”台湾青年创业之旅系列活动走进了余姚，40 余名台湾青年代表和余姚青年一起研学阳明文化，探寻文化创业之路，寻找文化融合之根。两岸青年一行先后来到王阳明故居、阳明古镇进行参访，并在古镇的普文明书局举办了一场阳明文化研学沙龙活动。沙龙活动现场，余姚青年文史专家解读了阳明文化与余姚的渊源，融入青年一代的视角瞻仰学习先贤思想，邀请了台湾青年、余姚青年代表立足文化引领、文创思维、产业融合等角度分享了创业经历，并进行了阳明文化书籍授书仪式。青年一行还参观了余姚梁弄横坎头村、美丽乡村样板风貌区、四明湖景区等地，了解革命老区梁弄镇的文化特色和乡村振兴建设成果，并开展了联谊表演活动，进一步深化青年间情感的交流。

【余姚举办第四届海峡两岸乡村振兴论坛专场活动】 10 月 22—23 日，第四届海峡两岸乡村振兴论坛余姚专场活动在余姚市举行，来自市台商联谊会、市台联会的 50 余名台胞台属齐聚一堂，悟阳明心学，话乡村振兴。本次活动以“阳明乡约助推老区发展”为主题，通过“阳明文化讲堂”的形式，邀请全国基层理论宣讲先进个人谢建龙老师向家门口的台胞朋友宣讲和弘扬余姚先贤王阳明的心学理论，介绍阳明文化在当代的价值及其影响，引发了在场台胞对阳明文化的思考和共鸣，也进一步了解了近年来余姚在乡村振兴、乡村治理、文化共建等领域取得的成效。随后，嘉宾一行参观了陆埠乡村振兴特色村，实地感受余姚乡村振兴发展的成果。

（市台办）

余姚市人民代表大会

综 述

【概况】 2021年，市人大常委会在中共余姚市委的坚强领导下，以习近平新时代中国特色社会主义思想为指导，深入学习贯彻党的十九大和十九届历次全会精神，紧紧围绕中心大局，切实履行法定职责，为余姚经济社会发展和民主法治建设作出了积极贡献。全年共召开常委会会议7次、主任会议23次，听取和审议专项工作报告39项，作出决议、决定20项，任免国家机关工作人员137人次，开展视察调研、专题询问6次。截至2021年底，选举产生余姚市第十八届人民代表大会代表共337名，市十七届人大常委会第三十五次会议根据代表资格审查委员会提出的审查报告，确认336名代表的代表资格有效；市十七届人大常委会实有组成人员41人，其中主任1人、副主任6人、委员34人。

【助推高质量发展】 围绕经济社会平稳健康发展，关注重大产业、重大项目、重大平台建设情况，审议工业企业智能化改造情况，对制造业“十四五”规划科技创新发展部署情况开展专题调研。深化政府重大投资项目审查监督，对市十七届人民代表大会以来常委会审议通过的2000万元及以上政府投资项目和重点工程建设情况开展“回头看”。审议国有企业资产管理情况和政府性债务、国有资产管理情况，对财政资金使用绩效情况开展监督。修订完成《余姚市人大常委会关于政府投资项目监督办法》和《余姚市人大常委会财政预算审查监督办法》2项制度，将项目监督额度从原来的2000万元及以上提高到3000万元及以上，增加绩效预算、预算联网监督等要求。审议现代农业产业发展情况，配合省、宁波人大联动开展《浙江省粮食安全保障条例》执法检查。听取余姚市农村集体经济发展情况和农房确权登记发证工作汇报，专题调研农村产权制度改革、全域土地整理情况。

【推动市域社会治理现代化】 审议本届政府履职以来法治政府建设情况。听取法院家事审判工作情况汇报，专题调研市法院破产审判工作。总结“七五”普法经验做法，作出“八五”普法决议，推动全民守法、学法、用法水平提升。总结推广阳明街道人大代表联络站立法调研活动经验，打造基层人大参与地方立法的余姚品牌。听取一般工业固废处理情况汇报，跟踪监督第二轮中央环保督察反馈问题整改落实情况，对城区污水治理情况进行“回头看”。

【促进民生福祉改善】 跟踪监督医疗卫生工作情况，助力新冠肺炎疫情常态化防控。围绕品质城市建设，审议中心城区一体化保洁工作，跟踪市级农贸市场建设专题询问意见和问题清单研究落实情况。审议全市社会组织建设情况，听取退役军人事务工作情况汇报，专题调研公益性墓地规划建设管理、残疾人无障碍设施建设情况。回应群众“上好学”的现实需求，听取义务教育资源布局情况和学前教育审议意见及附加清单落实情况，对职业教育开展专题询问。围绕宜居宜业的品质之城建设目标，审议年度城乡规划实施情况报告，持续跟踪国土空间规划编制工作。持续跟踪监督城中村、老旧小区改造工作，视察交通重大工程，督促余梁线北延、四明西路西延等“断头路”打通。

【提升代表履职效能】　建立人大代表反映社情民意、参与社会治理的数字化平台，打造基层治理“代表一起来”特色品牌，全年共收到各级代表反映的意见和建议331件，督促解决问题312个，该项工作获得2021年宁波人大工作创新奖。持续推进代表联络站规范化建设，全市46个代表联络站开展人大代表和国家机关负责人代表联络站接待选民群众活动共计174次，共有人大代表1768人次、国家机关工作人员659人次走进代表联络站，收集意见和建议1523条，协调解决各类矛盾和问题1169件。指导泗门镇在省内率先完成市、乡镇两级代表同步选举。加强对疫情防控背景下代表换届选举全过程的指导和监督，完成县乡人大换届选举工作，依法选举产生337名新一届市人大代表、971名新一届乡镇人大代表。

（张　超）

重要会议

【市十七届人民代表大会第五次会议】　2021年1月20日，余姚市第十七届人民代表大会第五次会议在余姚影城召开。会议听取和审查了市人民政府代市长徐云所作的政府工作报告；审查和批准了《余姚市国民经济和社会发展第十四个五年规划和二〇三五年远景目标纲要》；审查和批准了关于余姚市2020年国民经济和社会发展计划执行情况与2021年国民经济和社会发展计划（草案）的报告，批准了余姚市2021年国民经济和社会发展计划；审查和批准了关于余姚市2020年预算执行情况与2021年预算草案的报告，批准了余姚市2021年预算；听取和审查了市人大常委会主任诸晓蓓所作的余姚市人大常委会工作报告；听取和审查了市人民法院院长王家星所作的余姚市人民法院工作报告；听取和审查了市人民检察院检察长陈莹所作的余姚市人民检察院工作报告。

会议审议了余姚市2020年政府民生实事项目完成情况，并进行了满意度测评；会议通过表决，确定余姚市2021年政府民生实事项目共10项，分别为村级水环境整治工程、“农村路名亮显”工程、公共卫生补短板工程、老年健康促进工程、基层文体服务提升工程、新时代余姚工匠培育工程、城区小学扩容工程、滨江水环慢行系统建设工程（一期）、市政道路“补丁”减量工程、“厕所革命”工程。

会议依法选举徐云为余姚市人民政府市长。会议依法选举郑利刚为余姚市第十七届人民代表大会常务委员会副主任。会议依法选举严定汉、杨荷锋、戚劲杉为余姚市第十七届人民代表大会常务委员会委员。

【市十七届人大常务委员会会议】　2021年，共举行市十七届人大常委会会议7次。会议具体情况如下：

2月1日，召开市十七届人大常委会第二十九次会议。会议听取和审议了市人大常委会主任会议关于提请许可对市十七届人大代表叶振华依法予以行政拘留处罚的议案，并作出了相关决定；审议决定了有关人事任命事项；补选徐云为宁波市第十五届人民代表大会代表。

◎ 8月16日下午，余姚市泗门镇县乡两级人大换届选举试点工作动员大会举行（市人大常委会办公室　供稿）

3月26日，召开市十七届人大常委会第三十次会议。会议听取和审议了市政府关于2020年生态环境状况和环境保护目标完成情况的报告；听取和审议了市政府关于法治政府建设工作情况的报告；听取和审议了各街道人大工作报告，并作出了相关决议；五位宁波市人大代表报告了履职情况；审议了市人大常委会2021年工作要点（草案）；审议决定了有关人事任免事项。

5月27日，召开市十七届人大常委会第三十一次会议。会议听取和审议了市政府关于中心城区一体化保洁工作情况的报告；听取和审议了市政府关于全市社会组织建设情况的报告；听取和审议了市政府关于现代农业产业发展情况的报告；听取和审议了市政府关于美丽乡村建设情况审议意见研究处理情况的报告，并进行了满意度测评；五位宁波市人大代表报告了履职情况；审议决定了有关人事任免事项。

7月30日，召开市十七届人大常委会第三十二次会议。会议听取和审议了市政府关于2020年余姚市财政决算草案的报告，并作出了相关决定；听取和审议了市政府关于2020年余姚市本级预算执行和其他财政收支的审计工作报告，并进行了满意度测评；听取和审议了市政府关于2021年上半年余姚市国民经济和社会发展计划执行情况的报告；听取和审议了市政府关于2021年上半年预算执行情况的报告；听取和审议了市政府关于2021年上半年市2000万元及以上政府投资项目计划完成和调整情况的报告；听取和审议了市政府关于余姚市国有企业资产管理情况的报告，审议了关于2020年度余姚市国有资产管理情况的报告；听取和审议了市政府关于余姚市工业企业智能化改造情况的报告；审议并通过了《余姚市人民代表大会常务委员会讨论决定重大事项规定（修改）》《余姚市人民代表大会常务委员会议事规则（修改）》《余姚市人大常委会任免国家机关工作人员办法（修改）》；作出了余姚市人大常委会关于新一届乡镇人民代表大会代表名额的决定、余姚市人大常委会关于设立余姚市选举委员会的决定、余姚市人大常委会关于设立泗门镇选举委员会的决定；六位宁波市人大代表报告了履职情况；审议了市发改局、市统计局、生态环境局余姚分局关于2020年部门预算执行情况的报告；审议了市人大财经委员会关于2020年余姚市财政决算草案的审查报告；审议了市政府关于2020年度城乡规划实施情况的报告；审议了市政府关于全市社会组织建设情况、关于现代农业产业发展情况、关于中心城区一体化保洁工作情况审议意见研究处理情况的报告；审议了关于市人大常委会教科文卫工作委员会更名的议案，并作出了相关决定；审议决定了有关人事任命和辞职事项。

9月27日，召开市十七届人大常委会第三十三次会议。会议对市政府经信工作、农业农村工作和商务工作进行了专项评议和满意度测评；听取和审议了市政府关于法治宣传教育工作“七五”总结和“八五”部署情况的报告，并作出了相关决议；作出了余姚市人大常委会关于设立各乡镇选举委员会、各街道选举办事处的决定；八位宁波市人大代表报告了履职情况；审议决定了有关人事任免事项。

11月29日，召开市十七届人大常委会第三十四次会议。会议听取和审议了关于2021年财政预算调整情况的报告，审议了市人大财经委员会关于2021年预算调整方案的审查报告，并作出了相关决议；听取和审议了关于本届以来市2000万元及以上政府投资项目和重点工程“回头看”情况的报告；听取和审议了关于市十七届人大五次会议代表建议办理情况及本届以来重点建议办理“回头看”情况的报告；审议并通过了《余姚市人民代表大会常务委员会预算审查监督办法（修改）》《余姚市人民代表大会常务委员会关于政府投资项目监督办法（修改）》；作出了余姚市人大常委会关于接受部分人员辞去市（乡镇）选举委员会及街道选举办事处职务的决定；十位宁波市人大代表报告了履职情况；审议了市政府关于经信、商务和农业农村工作评议意见整改落实情况的报告；审议决定了有关人事任免和辞职事项。

12月20日，召开市十七届人大常委会第三十五次会议。会议听取和初审了市政府关于2021年国民经济和社会发展计划执行情况与2022年国民经济和社会发展计划（草案）的报告；听取和初审了市政府关于2021年预算执行情况与2022年预算（草案）的报告；听取和初审了市政府关于2021年政府民生实事项目完成情况和2022年政府民生实事候选项目形成情况的报告；听取和审议了市政府关于2021年余姚市2000万元及以上政府投资项目和重点工程计划完成情况及2022年计划安排情况的报告；听取和审议了市人大常委会主任会议关于召开市十八届人大一次会议的说明，并作出了相关决定；听取和审议了市人大常委会主任会议关于提请审议市十八届人大一次会议议程和各项名单草案的议案；审议了市人大常委会工作报告稿；听取和审议了市人大常委会代表资格审查委员会关于余姚市第十八届人民代表大会代表资格审查的报告；初审了市交通局、市文广局2个部门2022年预算编制情况，6个街道和中意宁波生态园、经济开发区2021年预算执行情况及2022年预算安排情况的报告，市人大财经委员会关于计划、预算报告（草案）的审查报告；审议决定了有关人事任免和辞职事项。

（张 超）

视察活动

【遗址文化旅游工作视察】 5月14日上午，宁波市人大代表余姚中心组举行视察活动，专题视察余姚市遗址文化旅游工作。市人大常委会主任诸晓蓓、副主任卢建国参加视察。副市长王安静陪同视察。人大代表先后到井头山遗址、河姆渡遗址三期，详细了解余姚市遗址文化旅游工作开展情况。在随后召开的座谈会上，代表们听取了市政府关于全市遗址文化旅游工作情况汇报，并就进一步做好河姆渡文化保护利用等提出了意见和建议。

【工业企业智能化改造工作视察】 7月21日上午，市人大常委会组织常委会组成人员和财经委员会成员，就工业企业智能化改造开展专题视察，并赴鄞州区考察学习。市人大常委会主任诸晓蓓，副主任卢建国、严忠苗、郑利刚、余烽、熊培军参加活动。鄞州区人大常委会主任杨慧芳、副主任陈家连，余姚市委常委毛丕显分别陪同。常委会组成人员和财经委员会成员先后到宁波劳仕塑业科技有限公司和鄞州区奥克斯集团，实地了解参观智能化车间和企业在推进智能化改造中的创新思路、发展方向、工作重点情况。

【重点工程和民生实事项目视察】 11月10日下午，市人大常委会组织常委会组成人员视察政府重点工程和民生实事项目建设情况。市委副书记、市长徐云陪同视察。市人大常委会主任诸晓蓓，副主任卢建国、姚桂珍、郑利刚、余烽、熊培军参加视察。视察组一行先后到滨江水环慢行系统建设工程（一期）竹山桥段、G228陆埠互通及S319丈亭互通建设工程等工程现场，实地了解项目实施情况。在随后召开的座谈会上，市发改局、市水利局有关负责人汇报了2021年民生实事项目进展情况、水利重点工程总体建设情况及姚江西分工程建设情况，常委会组成人员围绕如何推进重点工程和民生实事项目积极建言献策，提出了建立健全科学的管理运营机制、鼓励和引导社会资本共同参与项目建设等建议。

（张 超）

建议办理

【代表建议办理情况】 全年共受理市人大代表提出的建议200件，其中人代会期间194件、闭会期间6件，均已全部办结，促成问题解决或部分解决的124件占66.5%。其中，承办单位承诺解决（A类）和部分解决（B类）的建议占97%，办理结果满意及基本满意的建议占98.5%。2021年度代表建议办理工作先进单位：市住房和城乡建设局、市交通运输局、市自然资源和规划局、市教育局、市水利局、市农业农村局、市卫健局、市公安局。

2021年开始，由原来的“重点件”督办延伸为“重点类”督办。围绕代表建议反映比较集中的突出问题，经市人大常委会主任会议研究，确定了“加强农村食品安全管理”“基层医疗卫生机构建设”“姚江流域防洪排涝”“提升工业用地利用率”“出租房屋管理”“城区停车位收费优化”六大“重点类”督办代表建议，共24件，代表对办理情况反馈均为满意。

（张 超）

余姚市人民政府

重要会议

【市政府全体（扩大）会议暨廉政工作会议】 1月29日召开。市政府市长、副市长，市政府工作部门主要负责人，各乡镇长、街道办事处主任，市直有关部门主要负责人，市府办主任、副主任参会，邀请有关部门负责人列席会议。市委常委、常务副市长郑传统主持会议。会上，市府办主任胡建立对2021年《政府工作报告》任务分解作有关说明，市委副书记、市长徐云讲话。

【市政府全体（扩大）会议】 8月19日召开。市政府市长、副市长，市政府工作部门主要负责人，各乡镇长、街道办事处主任，市直有关部门主要负责人，市府办副主任参会，邀请有关部门负责人列席会议。市委常委、常务副市长郑传统主持会议。会上，市委副书记、市长徐云讲话。

【市政府常务会议】 2021年，市政府召开常务会议11次。会议具体情况如下：

1月12日，召开市政府第38次常务会议。会议听取并审议了宁波市生态环境局余姚分局局长鲁海滨关于媒体曝光“大运河浙江余姚段屡遭污染”上级领导批示落实情况、《余姚市省级生态文明建设示范市创建工作实施方案（送审稿）》的汇报，听取并审议了市府办副主任马江领关于《政府工作报告（送审稿）》的汇报。会议书面审议了市文化和广电旅游体育局提交的《关于井头山遗址保护建设有关情况的报告（送审稿）》，市政府发展研究中心提交的《市第十七届人大五次会议参阅文件（送审稿）》，中意宁波生态园管委会提交的《关于甬矽电子相关历史沿革的有关情况（送审稿）》《余姚市新能源汽车及关键零部件产业链培育方案（送审稿）》，市经济和信息化局提交的《余姚市机器人及智能装备产业链培育方案（送审稿）》，市科技局提交的《余姚市光电信息产业链培育方案（送审稿）》，余姚经济开发区管委会提交的《余姚市电子新材料——超高纯溅射靶材产业链培育方案（送审稿）》，市安全生产委员会提交的《全市高层建筑消防安全专项整治行动实施意见（送审稿）》，市招商中心提交的《关于调整2020年度余姚市投资促进工作评价办法的通知（送审稿）》。

1月27日，召开市政府第39次常务会议。会议听取并审议了市安委办副主任陈哲明关于2020年全市安全生产工作情况及2021年重点工作情况的汇报，听取并审议了市民政局局长茅建刚关于《余姚市大病致贫困难群众帮扶基金管理使用办法（送审稿）》的汇报，听取并审议了市发展和改革局局长高权关于东西部扶贫协作工作情况的汇报，听取并审议了市大数据发展管理局局长洪波关于推进宁波城市大脑余姚分平台建设相关情况的汇报，听取并审议了市房屋征收管理中心主任孙雪波《关于〈余姚市征收集体所有土地房屋拆迁实施办法〉的补充规定（送审稿）》的汇报。会议书面审议了市委编办提交的《关于全面推进乡镇（街道）“属地管理”规范工作的实施方案（送审稿）》。

3月5日，召开市政府第40次常务会议。会议听取并审议了市文广局局长杨玉红关于招收培养第九代姚剧传承人相关情况的汇报，听取并审议了市自然资源和规划局局长陈国军关于《余姚市临时改变房屋用途操作办法（试行）（送审稿）》《余姚市规划控制地段既有工业仓储用地改扩建实施规定（送审稿）》的汇报，听取并审议了市“四送一增强”办公室相关负责人王海强《关于开展“四送一增强”2.0版服务企业专项行动方案（送审稿）》的汇报。会议书面审议了市自然资源和规划局提交的《余姚市地质灾害“整体智治”三年行动方案（2020—2022年）（送审稿）》《城北编制单元控制性详细规划（修编）（送审稿）》《阳明编制单元控制性详细规划（修编）（送审稿）》，市经济和信息化局提交的《余姚市重点工业投资项目用地资格评价实施意见（送审稿）》。

3月24日，召开市政府第41次常务会议。会议听取并审议了市安委办常务副主任陈哲明关于余姚市2021年第一季度安全生产情况及近期重点工作的汇报，听取并审议了宁波市生态环境局余姚分局局长诸剑军关于《余姚市2020年度环境状况和环境保护目标完成情况报告（送审稿）》的汇报，听取并审议了市农业农村局党委委员俞红权《关于促进粮油生产高质量发展进一步提高保供能力实施意见（送审稿）》的汇报，听取并审议了市住房和城乡建设局局长谢高《关于建立和完善房地产市场平稳健康发展长效机制的工作方案（送审稿）》《关于建立房地产市场平稳健康发展主体责任制的实施意见（送审稿）》及关于《中铁十九局华东总部经济项目投资协议（送审稿）》的汇报，听取并审议了市大数据发展管理局局长洪波关于余姚城市大脑运营指挥中心建设工程EPC总承包方式招标方案的汇报。会议书面审议了市房屋征收管理中心提交的《陶家路江三期（二）整治工程项目房屋征收决定（送审稿）》，市市场监管局提交的《关于商务、盐业执法事项整合划入市场监管综合行政执法范围的公告（送审稿）》《余姚市叉车智慧化安全监管试点实施方案（送审稿）》，市司法局提交的《关于法治政府建设工作情况的报告（送审稿）》，市经济和信息化局提交的《“容百2025动力型锂电材料综合基地”项目投资协议的变更（送审稿）》《“容百2025动力型锂电材料综合基地”项目补充协议书的变更（送审稿）》，市峰会筹备办提交的《第七届中国机器人峰会暨智能经济人才峰会总体方案（送审稿）》，宁波市生态环境局余姚分局提交的《余姚市生态环境问题“举一反三”大排查大整治工作方案（送审稿）》，余姚经济开发区管委会提交的《宁波余姚智能装备高新技术产业园区创建方案（草案）（送审稿）》，市安委办提交的《余姚市关于坚决打赢遏制重大生产安全事故攻坚战的实施意见（送审稿）》《余姚市安全生产委员会及其专业委员会成员名单及工作职责（送审稿）》。

4月29日，召开市政府第42次常务会议。会议听取并审议了市水利局局长史勇军关于《余姚市姚江沿线闸泵排水管理办法（试行）（送审稿）》的汇报，听取并审议了市金融发展服务中心主任宋越敏关于《进一步深入实施余姚市“凤凰行动”实施方案（送审稿）》《余姚市母基金设立方案（送审稿）》《余姚市基金业发展扶持政策（送审稿）》《余姚市高层次紧缺金融人才贡献奖励办法（送审稿）》的汇报，听取并审议了市自然资源和规划局局长陈国军《关于进一步促进工业用地节约集约利用的有关意见（送审稿）》《余姚市国有土地上低层住宅重建、改建管理暂行办法（送审稿）》的汇报。会议书面审议了市安委办提交的《余姚市安全生产巡查工作办法（暂行）（送审稿）》、市经信局提交的《余姚市通信保障应急预案（送审稿）》、市科技局提交的《余姚市科技创新“十四五”规划（送审稿）》、市卫生健康局提交的《关于促进中医药传承创新发展的实施意见（送审稿）》。

6月1日，召开市政府第43次常务会议。会议听取并审议了市教育局局长王胜战《关于学前教育深化改革规范发展的实施意见（送审稿）》的汇报，听取并审议了市政府办公室副主任马江领关于2021年建议提案办理工作进展情况的汇报，听取并审议了市信访局局长严鸿炳关于庆祝中国共产党成立100周年活动期间信访保障工作情况的汇报，听取并审议了市应急管理局党委书记陈哲明关于《余姚市综合森林救援队伍建设方案（送审稿）》的汇报，听取并审议了市综合行政执法局局长陈冠民关于《中心城区建筑装修（大件）垃圾收运处置一体化体系建设实施意见（试行）（送审稿）》的汇报。会议书面审议了市农业农村局提交的《余姚市“十四五”时期农业农村现代化发展规划（送审稿）》、市应急管理局提交的《2021年余姚市“安全生产月”活动方案（送审稿）》、市住房和城乡建设局提交的《余姚市公共租赁住房保障管理办法》修订情况、市经济和信息化局提交《关于实施新一轮余姚市工业企业“350”梯度培育计划的若干意见（送审稿）》、中意宁波生态园管委会提交的《余姚市滨海新城BH06编制单元控制性详细规划（送审稿）》。

7月23日，召开市政府第44次常务会议。会议听取并审议了市安全生产委员会办公室常务副主任陈哲明关于上半年安全生产工作情况和下半年主要工作安排的汇报，听取并审议了市发展和改革局局长高权《关于余姚市2021年上半年国民经济和社会发展计划执行情况的报告（送审稿）》、关于2021年上半年市2000万元及以上政府投资项目计划完成和调整情况的汇报，听取并审议了市财政局局长王文辉关于2020年余姚市财政决算草案、2021年上半年预算执行情况、关于进一步深化预算管理制度改革和集中财力办大事相关情况的汇报，听取并审议了市农业农村局局长鲁海滨《关于深入推进农业产业现代化发展的若干意见（送审稿）》的汇报，听取并审议了市国有资产管理办公室主任周益忠关于2020年度余姚市企业国有资产管理情况的汇报。会议书面审议了市气象局提交的《余姚市气象事业发展“十四五”规划（送审稿）》，市自然资源和规划局提交的《余姚市基础测绘“十四五”规划（2021—2025年）（送审稿）》，朗霞街道办事处提交的《关于余姚市姚北新城朗霞街道模客小镇编制单元（LX-04）控制性详细规划局部调整的汇报（送审稿）》《2021中国（余姚）国际裘皮时装博览会总体方案（送审稿）》，市财政局提交的《关于全面落实预算绩效管理的实施意见（送审稿）》《余姚市市级行政事业性国有资产管理暂行办法（送审稿）》《关于2020年度国有资产管理情况的汇报（送审稿）》，市房屋征收管理中心提交的《关于补报2021年度房屋拆迁征收计划项目的情况汇报（送审稿）》，市政府办公室提交的《关于2021年省、宁波市政府民生实事项目半年度推进情况的汇报（送审稿）》，市发展和改革局提交的《2021年市政府民生实事项目进展情况的汇报（送审稿）》，市审计局提交的《2020年度余姚市本级预算执行和其他财政收支的审计工作报告（送审稿）》，市经济和信息化局提交的《关于全市工业企业智能化改造情况的汇报（送审稿）》，宁波市生态环境局余姚分局提交的《余姚市人民政府关于划定高排放非道路移动机械禁止使用区的通告（送审稿）》。

8月19日，召开市政府第45次常务会议。会议听取并审议了市住房和城乡建设局局长谢高关于《余姚市城区及四明湖环湖截污范围雨污水管网大排查大起底项目招标方案（送审稿）》的汇报，听取并审议了市综合行政执法局局长陈冠民关于《余姚市中心城区城中村一体化保洁实施方案（送审稿）》的汇报，听取并审议了市自然资源和规划局局长陈国军关于《余姚市耕地“非粮化”整治恢复耕地功能工作方案（送审稿）》的汇报，听取并审议了宁波市生态环境局余姚分局局长诸剑军关于《余姚市2021年环境空气质量巩固提升行动暨清新空气示范区建设实施方案（送审稿）》和《关于进一步建立健全余姚市环境污染问题发现机制实施意见（送审稿）》的汇报，听取并审议了市教育局局长王胜战关于北师大余姚学校办学性质调整情况的汇报，听取并审议了市交通运输局副局长冯建红《关于专线（特线）公交票价定价方案（送审稿）》的汇报。同时，会议就当前余姚市疫情防控工作作了部署。会议书面审议了宁波市生态环境局余姚分局提交的《余姚市关于加快推进环境治理体系和治理能力现代化的实施意见（送审稿）》、市经济和信息化局提交的《2020年余姚市规模以上工业企业“亩均论英雄”综合评价结果情况说明（送审稿）》、市大数据发展管理局提交的《余姚市省级数字经济创新发展试验区创建实施方案（修正版）（送审稿）》、市国有资产管理办公室提交的《关于宁波舜龙丰山发电有限公司股权转受让情况汇报（送审稿）》和《关于余姚供电公司与舜建集团房屋、土地相关置换事项的汇报（送审稿）》、市公共资源交易管理办公室提交的《关于建议取消工程建设项目交易服务费的报告（送审稿）》、市市场监督管理局提交的《余姚市药品安全事件应急预案（送审稿）》、中国塑料城管理委员会提交的《关于对余姚中国塑料城物流有限公司及余姚中国塑料城集团有限公司所持浙江甬易电子支付有限公司国有股份进行公开挂牌转让的情况汇报（送审稿）》、余姚经济开发区管委会提交的《宁波共创联盈基金（有限合伙）出售浙江景昇科技有限公司索莱公司部分股权的情况汇报（送审稿）》。

10月22日，召开市政府第46次常务会议。会议听取并审议了市安全生产委员会办公室副主任何前明关于前三季度安全生产工作情况和下阶段主要工作安排的汇报，听取并审议了市卫生健康局局长李斌关于当前余姚市疫情防控工作情况的汇报，听取并审议了市发展和改革局局长高权关于《2021年余姚市有序用电方案（送审稿）》的汇报，听取并审议了市文化和广电旅游体育局局长杨玉红关于《余姚市旅游业“微改造、精提升”五年行动计划（2021—2025）（送审稿）》的汇报，听取并审议了市交通运输局局长梅百烽关于《余姚市四明山区域路网提升专项规划（2021—2025）（送审稿）》的汇报，听取并审议了市住房和城乡建设局局长谢高关于余姚市行政事业单位住房分配货币化工作推进情况的汇报。会议书面审议了市发展和改革局提交的《余姚市政府投资项目管理办法（2021年修订版）（送审稿）》、市招商中心提交的《关于进一步强化招商引资“一号工程”的工作意见（送审稿）》、市人力资源和社会保障局提交的《关于调整全市最低工作标准的情况汇报（送审稿）》和《余姚市人力资源和社会保障事业发展“十四五”规划（送审稿）》、市气象局提交的《余姚市应对极端天气停课安排和误工处理实施办法（送审稿）》、市交通运输局提交的《余姚市干线路网中长期发展规划（2020—2035）（送审稿）》、宁波市生态环境局余姚分局提交的《余姚市生态环境保护“十四五”规划（送审稿）》、市卫生健康局提交的《余姚市卫生健康事业发展“十四五”规划（送审稿）》、市经济和信息化局提交的《余姚市制造业高质量发展“十四五”规划（2021—2025）（送审稿）》、市委组织部提交的《余姚市人才发展“十四五”规划（送审稿）》、市商务局提交的《余姚市2021年度开展消费帮扶对口地区巩固拓展脱贫攻坚成果实施方案（送审稿）》。

11月15日，召开市政府第47次常务会议。会议听取并审议了宁波市生态环境局余姚分局局长诸剑军关于《余姚市贯彻落实第二轮中央生态环境保护督察报告整改方案（送审稿）》的汇报，听取并审议了市发展和改革局局长高权关于2017—2021年余姚市2000万元及以上政府投资项目和重点工程“回头看”情况的汇报，听取并审议了市政府督查室主任朱柯关于市十七届人大五次会议代表建议办理情况及本届以来重点建议办理“回头看”情况的汇报，听取并审议了市财政局局长王文辉关于2021年预算调整方案的汇报。会议书面审议了市财政局提交的《关于新一轮乡镇财政管理体制的实施意见（送审稿）》、市司法局提交的《法治余姚建设规划（2021—2025年）（送审稿）》、中意宁波生态园管委会提交的《中意宁波生态园“十四五”发展规划（送审稿）》、市大数据发展管理局提交的《余姚市智慧城市和数字政府建设“十四五”规划（送审稿）》、市民政局提交的《余姚市民政事业发展“十四五”规划（送审稿）》、市消防救援大队提交的《余姚市消防事业发展“十四五”规划（送审稿）》、市住房和城乡建设局提交的《余姚市市政基础设施“十四五”发展规划（送审稿）》、市水利局提交的《余姚市水安全保障“十四五”规划（送审稿）》、市商务局提交的《余姚市商务经济发展“十四五”规划（送审稿）》、市妇联提交的《余姚市妇女发展规划（2021—2025年）》和《余姚市儿童发展规划（2021—2025年）（送审稿）》、市红十字会提交的《余姚市红十字事业发展“十四五”规划（送审稿）》、市发展和改革局提交的《余姚市重大建设项目“十四五”规划（送审稿）》和《余姚市服务业发展“十四五”规划（送审稿）》、市自然资源和规划局提交的《关于全面建立林长制的实施方案（送审稿）》。

12月18日，召开市政府第48次常务会议。会议听取并审议了市卫生健康局局长李斌关于余姚市疫情防控工作相关情况的汇报，听取并审议了市财政局局长王文辉关于余姚市2021年预算执行情况和2022年预算草案的汇报，听取并审议了市发展和改革局局长高权《关于余姚市2021年经济社会发展主要指标预测及2022年主要指标初步安排（送审稿）》、《关于余姚市2021年国民经济和社会发展计划执行情况及2022年国民经济和社会发展计划（草案）的报告（送审稿）》、《关于2021年政府民生实事项目完成情况和

2022年政府民生实事候选项目形成情况的报告（送审稿）》、关于2021年余姚市2000万元及以上政府性投资项目和重点工程计划完成情况、2022年余姚市50万元及以上政府性投资项目和重点工程计划安排情况的汇报，听取并审议了市国有资产管理办公室副主任唐柏江《关于参与组建宁波甬欣韦豪半导体产业基金的报告（送审稿）》的汇报，听取并审议了市科学技术局局长梁红霞关于2021年度“姚江英才计划”第三批高层次人才（团队）项目评审及大赛引才项目情况的汇报，听取并审议了市自然资源和规划局局长陈国军《关于规范建设占用土地规费收缴标准的通知（送审稿）》的汇报，听取并审议了市医疗保障局局长黄胜利关于《余姚市全面做实基本医疗保险宁波市级统筹有关政策调整方案（送审稿）》的汇报，听取并审议了市退役军人事务局局长柳雅敏关于《余姚市2021年度符合政府安排工作条件退役士兵安置工作方案（送审稿）》的汇报，听取并审议了有关单位关于有关股份股权收购事宜相关情况的汇报。会议书面审议了市农业农村局提交的《第十三届中国余姚·河姆渡农业博览会网上举办总体方案（送审稿）》，市自然资源和规划局提交的《关于原煤场地块地上建（构）筑物收购事宜的情况汇报（送审稿）》《余姚市测绘应急保障预案（送审稿）》《浙江省余姚市地质灾害防治“十四五”规划（送审稿）》，市应急管理局提交的《余姚市安全生产巡查工作办法（暂行）（送审稿）》和《余姚市应急管理“十四五”规划（2021—2025）（送审稿）》，市住房和城乡建设局提交的《余姚市人民防空工程产权登记和使用维护管理暂行办法（送审稿）》，市市场监督管理局提交的《余姚市2021年食品安全工作情况报告（送审稿）》和《余姚市食品安全事故应急预案（送审稿）》，市发展和改革局提交的《余姚市人民政府松阳县人民政府共建山海协作“科创飞地”框架协议（送审稿）》《余姚市能源“十四五”规划（2021—2025）（送审稿）》《余姚市人口发展“十四五”规划（2021—2025）（送审稿）》，市水利局提交的《余姚市小型水库系统治理方案（2021—2025）（送审稿）》和《余姚市重要水域划定方案（送审稿）》，市综合行政执法局提交的《余姚市泗门镇“镇队合一”行政执法体制改革试点方案（送审稿）》，市商务局提交的《余姚市菜市场专项规划（2021—2035）（送审稿）》，市气象局提交的《余姚国家气象观测站探测环境保护专项规划（2021—2035年）（送审稿）》，市金融发展服务中心提交的《余姚市金融业发展“十四五”规划（送审稿）》，余姚经济开发区管理委员会提交的《余姚经济开发区“十四五”发展规划（送审稿）》，市文化和广电旅游体育局提交的《余姚市文化旅游体育发展“十四五”规划（送审稿）》，市交通运输局提交的《余姚市综合交通运输发展“十四五”规划（送审稿）》，市教育局提交的《余姚市教育事业发展“十四五”规划（送审稿）》。

【市长办公会议】 2021年，市政府召开市长办公会议11次。会议具体情况如下：

1月27日，研究关于甬矽电子二期项目、“姚江英才计划”2020年度第三批、2021年度第一批高层次人才（团队）项目、四明湖水库泄洪闸裂缝加固应急工程等具体事项。

3月5日，研究关于吉利领克汽车出口公司项目、《余姚市首创农村生活污水治理扩面实施方案（送审稿）》、2021年度全市房屋拆迁征收与安置房建设计划、小曹娥工业区垃圾堆场和市原生活垃圾应急填埋场生态治理项目、《余姚市围涂土地移交中意宁波生态园区移交方案（送审稿）》、杭州湾地区环线并行线G92N（杭甬高速复线）宁波段二期甬绍界至小曹娥互通段地面道路建设方案等具体事项。

3月31日，研究关于省政府、宁波市政府民生实事工程任务分解、《余姚市关于加强律师业发展的实施意见（送审稿）》、舜建集团与中睿信等公司合作成立合资公司等具体事项。

4月29日，研究关于打防治理电信网络新型违法犯罪、城中村改造攻坚行动工作、开行余姚北至上海虹桥始发动车组列车、杭甬高速余姚段生态林带用地续租等有关问题等具体事项。

6月1日，研究关于建议将“瓶装燃气的销售者未经查验并登记购买者身份信息”的行政处罚事项划转给市综合行政执法局、要求启动余姚市环卫中心外来务工人员宿舍楼改建租赁合作项目、《余姚市机关事业单位编外人员绩效考核办法（送审稿）》等具体事项。

6月8日，研究关于2021年度“姚江英才计划”第二批高层次人才（团队）项目评审、社会治安防控体系建设要求通道智能化建设、余姚市开展燃气大排查工作等具体事项。

7月13日，研究关于《余姚市水利工程管理“三化”改革试点暨小型水库系统治理工作方案（送审稿）》、《余姚市“一大三中”水库放水预警方案（送审稿）》、《2021年度余姚市新时代乡村富裕富足示范线建设方案（送审稿）》、引入社会资本参与城中村改造、《关于城区道路泊位机动车停放服务收费标准作部分调整的方案(送审稿)》、《余姚战略新兴产业母基金管理办法（送审稿）》、将部分行政事业性国有资产划拨至国资或乡镇（街道）、《余姚市深化农村公路管理养护体制改革实施意见（送审稿）》和《余姚市“四好农村路”建设管理实施细则（送审稿）》等具体事项。

8月26日，研究关于《余姚市支持数字经济高质量发展的若干政策意见(送审稿)》、《四明臻货运营管理及其展示展销中心建设工作方案（送审稿）》、出资设立余姚智能装备产业基金（暂定名）、要求出资取得宁波舜宇智能科技有限公司28%股权、关于移交高铁新城综合管廊新建工程高压舱资产、《余姚市四明山区域路网提升方案（2021—2025）（送审稿）》、《余姚市干线路网中长期发展规划（2021—2035）（送审稿）》、2021年省委生态环境保护专项督查等具体事项。

9月17日，研究关于余姚市三季度经济形势预测分析、《余姚市进一步减轻义务教育阶段学生作业负担和校外培训负担工作方案（送审稿）》、进一步落实余姚市人力资源服务产业园相关工作和余姚市人力资源市场搬迁、启动原世茂酒店项目H地块国有土地收储及相关股权转让、余姚市整市推进光伏规模化开发工作等具体事项。

10月28日，研究关于余姚市主要经济指标全年预测分析及下步建议、2021年全年GDP预测分析、要求解决高风中学有关遗留问题、《关于支持市人民医院打造市域医疗高峰创建三甲综合医院的意见（送审稿）》、开展余姚市“十四五”电网储备项目站址路径方案论证、《关于新一轮乡镇财政管理体制的实施意见（送审稿）》、第23届塑博会相关活动调整等具体事项。

11月15日，研究关于疫情防控应急能力建设工作、《余姚市房屋拆迁征收工作评定操作办法（送审稿）》、城中村改造区块招商等具体事项。

（市政府办公室）

市政府办公室工作

【概况】 在推动产业转型升级方面，市政府办公室研究出台了“亩均论英雄”改革2.0版、重点工业投资项目“拿地即开工”等系列政策措施，为经济社会高质量发展注入了动能。在企业服务方面，围绕“强五链、破四难”，迭代实施“四送一增强”2.0版，做大了企业能级、筑牢了发展支撑。在推动数字政府建设方面，牵头成立数字政府系统建设专班，谋划推进智慧防汛等一系列应用场景，进入省数字化改革数字政府系统领跑榜。做好专项债务项目争取和项目包装工作，第一批进入宁波市项目库。

以文辅政方面，共起草政府工作报告、领导讲话、工作汇报等各类综合文稿240多篇和各类会议纪要28期；《科技引领产业提振政策赋能——余姚市推进制造业高质量发展的主要做法》等9条政务信息被省、宁波市领导批示；编发的《决策参考》获市政府领导批示9件，高质量完成了5个重点选题研究。督查督办方面，共办理各类批示件462件，做到事事有回音、件件有着落；开展网上督查42次、联合督查16次，办结上级督查件39件，编辑《督查专报》等49期；办理人大代表建议210件、政协委员提案228件。办文办会方面，重点精简的三类文件发文数量同比下降了9.26%，各类全市性会议做到了从严控制。外事工作方面，做好“浙外防”应用系统的使用和维护，主动参与“一带一路”建设，配合全市重大涉外活动，及时协调解决一批涉外经济纠纷和领事保护等问题。法治工作方面，行政规范性文件的合法性审查和清理、重大执法决定和合同审查、重大行政决策事项目录公开等工作有序开展。流动人口方面，完成宁波量化积分平台归并提升、新量化积分指标体系制订，推进宁波市“新居民”一件事场景应用方案推广应用，全年新增量化积分申请用户近万人，协调各乡镇（街道）、市直有关部门审核积分事项5.72万项。政务公开方面，完成门户网站升级改造，余姚市人民政府网站获“2021年度中国设计创新型政务网站”称号；完成市财政资金直达基层、六保六稳、优化营商环境等六个专题建设，充分

◎ 10月18日，梨洲街道古路头小学（暂名）新建工程开工，此为效果图（市住建局　供稿）

保障人民群众的参与权、知情权和获得感。

工作先进方面，培育“246”万千亿级产业集群、推动制造业高质量发展等7项工作获宁波市政府督查激励，“好粮油供应平台”被列入全省第一批数字政府“一地创新、全省共享”建设名单，农村产权超市交易平台被列入省多跨应用场景第一批“先行先试”项目。推出了无纸化会议系统，实现了市政府常务会议审议材料数字化、审阅即时化、工作低碳化，进一步提升了办公效率。

（市政府办公室）

【民生实事项目】　（一）村级水环境整治工程。包括两方面工作：一是完成4个村级水环境整治工程，低塘街道低塘村，小曹娥镇朗海村、镇海村，黄家埠镇五车堰村等4个村已全面完工。二是启动2个村级水环境整治工程，已完成马渚镇乐安湖村、牟山镇魏家村村级水环境整治工程。

（二）“农村路名亮显”工程。已为全市261个村设置道路指示牌2334个，完成年度任务。

（三）公共卫生补短板工程。年度任务是完成市人民医院感染综合楼建设工程项目，并通过工程验收，于2021年12月投用。

（四）老年健康促进工程。包括三个方面内容：一是对余姚市3.1万名70周岁以上老年人免费接种流感疫苗，已接种45236人；二是对余姚市1000名50～74周岁户籍居民进行结直肠癌筛查服务，已服务1003人；三是力争全市公办养老机构“医养小屋”建设全覆盖，除大隐、四明山两个乡镇不符合建设条件，其余乡镇街道均已覆盖。

（五）基层文体服务提升工程。包括五方面内容：一是开展公共文化演出配送350场，已配送449场；二是送培训、送讲座、送非遗课堂等全民艺术普及活动100场，已开展129场；三是21个乡镇（街道）图书馆全部达到宁波一级馆以上标准，已全部完成；四是推进体育进农村文化礼堂200个，已完成215个；五是百姓健身场地建设项目，已完成6个百姓健身房、3个村级多功能运动场、2片笼式足球场建设。均完成年度任务。

（六）新时代余姚工匠培育工程。包括四方面工作：一是开展技能人才培训34487人，其中高技能人才5811人，分别完成目标任务的172.4%、102%；二是新增11家技能等级认定单位，完成目标任务的366.7%，开展新型学徒制培训312人，完成目标任务的104%；三是评选各级技能大师工作室3家，已评选1家宁波市级技能大师工作室、3家余姚市技能大师工作室，超额完成任务；四是开展姚工学堂职工培训4158人，完成目标任务的104%。

（七）城区小学扩容工程。梨洲街道古路头小学正在桩基施工、兰江街道锦凤小学部分教学楼2~3层主体施工，综合楼基础及地下室施工。均完成年内开工的目标任务。

（八）滨江水环慢行系统建设工程（一期）。对新西门桥至竹山江桥间姚江南岸、最良江北岸约10千米环线进行绿道改造，已于6月份投用。

（九）市政道路“补丁”减量工程。已完成新建路（北滨江路—南河沿路）、北滨江路（玉立路—舜水南路）、南滨江路（西石山路—舜水南路）、舜水南路（北滨江路—阳明西路）路面品质提升。完成年度任务。

（十）“厕所革命”工程。包括两方面工作：一是新建公共厕所5座，已完成捷丰地块、河姆渡国际花园、凤山地块、四明东路北侧与城东路东侧配建公厕、日月星苑东侧公厕。二是整体改造公共厕所7座，已完成南滨江路西石山桥东公厕、兰墅公园东公厕、兰墅公园西公厕、火车站公厕、富巷公园公厕、舜北新村公厕、阳明公园公厕。

（陈智杰）

决策咨询

【概况】 2021年，市决咨委、市政府发展研究中心紧紧围绕全市工作大局，努力发挥委员的集体智慧，积极探索决策咨询工作的新机制、新方法，不断拓宽咨询领域，扎实开展调查研究，精心撰写报告建议，形成了一批具有前瞻性、针对性、可操作性的课题成果。全年共召开决咨委主任办公会议4次，组织赴山东、广东、福建、江苏和浙江省内等地市外调研考察活动7次，开展市内调研活动4次，召开专题座谈会6次，共88人次参加课题调研活动。同时，接待上级领导、其他县（市、区）领导到余姚考察调研2次。全年共完成重点课题报告5篇，编辑刊发《决策参考》31期，获市政府领导批示14件。

2021年，进一步完善工作制度、运行机制，组织召开《政府工作报告》决策咨询座谈会，9名参会委员就2021年度余姚市政府工作报告提出建议，部分建议被吸纳；开展2021年度政府工作创新奖评选工作，通过咨询委员和副市长评分，采用综合评分法，从21个候选项目中评选出12个政府工作创新奖获奖项目。同时，围绕市委、市政府中心工作，结合课题需要，适时组织赴外地学习考察，加强合作交流，拓宽研究视野，提高课题质量。加强与宁波市决咨委的对接联系，积极参与宁波市决咨委组织的各类活动，通过与宁波市决咨委课题合作等方式，进一步提高决策咨询工作水平。

【重大课题】 2021年，按照市委、市政府主要领导的指示精神，在征求市直有关部门意见的基础上，各部初拟年度课题计划，经过决咨委主任办公会议多次研究，最终确定“深度融入中国——中东欧经贸合作示范区建设的余姚路径选择”“数字余姚建设的对策与思考”“关于推进余姚市养老服务高质量发展的建议”“完善产业生态 锻造硬核力量 加快‘新塑模’服务产业发展的若干建议”“关于推进余姚市国有企业提质增效的对策建议”5个重点课题。明确各专业部分工后，陆续组织撰写课题报告，4月上旬完善课题提纲，6月上旬完成课题初稿。初稿形成后，又相继召开多次主任办公会议，讨论修改完善意见，最终以较高的质量形成了课题报告，送市委、市政府主要领导和其他相关领导后，受到了市委、市政府领导的批示肯定。

【建议意见】 2021年，根据市委决策部署和《政府工作报告》主要精神，紧密结合全市各个阶段推进的工作实际，要求各位部长、特约咨询员和工作人员结合本职工作和日常所见所闻，有针对性地撰写决策建议，编辑后以《决策参考》形式报送市委、市政府。全年共刊发《决策参考》31期，其中《氢能源专刊》《制造业专刊》《数字孪生专刊》《环境整治专刊》等10篇决策建议得到市委、市政府主要领导批示。有不少建议意见被有关部门吸纳并在实际工作中加以应用，收到良好的效果。

（郑含笑）

应急管理

【概况】 2021年，市应急管理局围绕上级关于应急管理工作部署，统筹发展和安全，牢牢抓住遏制较大及以上事故这根主线，以真正压实责任为关键，以推进安全生产三年行动为平台，以实施“遏重大”攻坚战为重点，以严肃严格监管执法为抓手，以全面推进自然灾害风险普查为牵引，以加快数字赋能应急管理为突破，以夯实应急救援基础为保障，以推动社会化服务为助力，以打造应急铁军为支撑，有效防范和坚决遏制了较大及以上安全生产事故，为全市高质量发展提供了安全稳定的社会环境。

强化基层应急管理体制建设。市委办、市府办于3月31日印发《关于进一步加强基层应急管理体系和能力建设的实施办法》。按照突出应急管理、加强安全监管、提升保障体系的要求，全市21个乡镇街道均组建应急管理所，有在编人员80人，其中专职人员75人。同时，各乡镇街道成立了应急管理委员会和安全生产（消防安全）委员会，建立“1+X”工作机制，负责协调推进相关行业领域安全生产（消防安全）工作。

持续完善应急预案，夯实应急救援基础。制定年度市级相关部门专项应急预案修订和演练计划安排，定期对有关责任单位进行指导和督促，以确保有序推进，按期完成目标任务。完成修订《余姚市防汛防台抗旱应急预案》等4个预案，2项预案上报市政府。开展多部门联动模拟隧道内车祸起火演练活动等7项应急预案演练。

推进应急救援力量建设，制定基层综合应急救援队的建设方案，在重点乡镇（街道）建立“一专多能、一队多用”的综合性应急救援队伍。每季度更新专业应急救援队伍联络人名单，全市共有包含公安、住建、交通、综合行政执法、通信等各类专业队伍27支，队伍总人数2280人。为进一步加强扑救森林火灾和处置其他灾害的能力，在梁弄、陆埠2个乡镇组建了综合森林火灾应急救援队。9月下旬，宁波局对两支队伍进行验收考核。

全面加强应急联动机制。建立市气象局、市水利局、市资规局等16个重点部门组成的应急事态联络机制，确保突发事件能够第一时间信息共享，进一步提高救援、指挥效率。制订年度市级相关部门专项应急预案修订和演练计划，定期对有关责任单位进行指导和督促，以确保有序推进，按期完成目标任务，与公安、住建、环保等部门签订应急救援合作机制协议，构建多部门联动的应急抢险救援队，共1084人，并配备各类抢险救援设备，以高效应对突发事件，推进多方联动实现一体化工作。

强化指挥调度系统建设，实施数字赋能应急管理工作。下发《关于做好基层应急可视化设备配置的通知》，明确各乡镇（街道）可视化调度指挥系统的配备要求，不断建立健全平台指挥体系，形成纵向贯通、扁平指挥的可视化指挥调度体系，逐步实现各类可视化设备延伸至乡镇一级要求。同时制定《2021年余姚市应急管理局数字化改革行动方案》，完成数字政府任务数创建、门户界面上线等工作，完成重大任务信息、指标体系、工作体系的运维工作。根据《关于做好问题发现机制中排查发现问题录入信息系统的通知》，明确各地、各部门定人定时定责广泛应用问题发现处置机制。

深化应急管理综合行政执法改革。9月18日上午，市应急管理行政执法队在市应急管理局揭牌，实行“局队合一”管理体制。

◎ 9月18日上午，余姚市应急管理行政执法队在市应急管理局揭牌
（翁张翔　摄）

【防灾减灾】 做好防灾减灾保障工作。及时修订《余姚市防汛防台抗旱应急预案》，更新全市317张村级防汛防台形势图，开展年度防汛防台检查暨隐患大排查。共发现安全风险隐患171个，并完成整改。全面梳理更新21个乡镇（街道）、306个村（社区）、372名基层防汛责任人，便于指挥和追根溯源。组织工作组对乡镇（街道）56个应急物资装备储备点进行汛前检查和清点工作，全市共储备冲锋舟21艘，编织（麻）袋227230个，汽（柴）油应急发电机356台，水泵2092台，应急照明设备（设施）5178套。开展全市41个规范化避灾安置场所创建工作，使全市规范化避灾安置场所数量达182家，规范化创建率77%以上。指导各乡镇（街道）申报全国、省级综合减灾示范区3家。

建立气象、自然资源规划、应急管理、民政、旅游等部门森林火情会商机制，明确部门职责分工，抓好春节、清明等时段森林火灾气象预警会商2次，及时发布预警信息5次。

加强森林防灭火督促指导，压紧压实森林草原防灭火工作责任。对全市18个乡镇（街道）和林场进行森林防灭火工作明察暗访，发现隐患46个。对13个乡镇（街道）发出整改警示单。全力推进智慧森林项目，开展森林防火高位监控项目实施，以梁弄镇为试点，确定安装15个高空监控探头，建成集灾感知、火灾预警、火场感知救援指挥于一体的防控系统。

【社会化服务】 发挥安责险服务事故预防功能，召开4次安责险协调会、2次安责险推进会，对全市风险较高、安全生产信用等级D级、曾发生火灾事故企业作重点推广。2021年，全市工业企业投保2766家，实收保费834.36万元，保障额度79.98亿元，覆盖人数26566人，服务2259家投保企业，发现隐患数15313项，风险数量13363项。

深入推进全民宣教活动。依托《余姚日报》、余姚电视台、微信公众号等媒体开辟“应急科普”“安全智囊”“典型案例”等专栏，线下开展“3·19”森林消防宣传日、“‘三下乡’防汛减灾宣传”、“5·12”防灾减灾日、“6·16”安全生产咨询日等一系列活动，提升应急管理、安全生产、防灾减灾等方面知识的覆盖面和提高知识的可接受性。组织开展以灾害防范知识、预警信息查收为内容的各类安全生产、防汛减灾等现场宣教活动18场次，发放宣传资料7000余份，接受群众咨询500余人。为不断提升全市应急管理系统干部职工能力水平，组织开展全市应急管理和安全生产专题培训、安全生产法律法规培训等各类培训18次。

【模拟隧道内车祸起火演练】 5月8日下午，公路隧道火灾事故暨危化品运输车突发事故应急救援演练在余姚市通环路华家山隧道内举行。演练模拟的是装有浓盐酸的危化品运输车与小货车发生的追尾事故，事故引起小货车司机被困，车头起火燃烧，产生大量浓烟。同时，危化品运输车罐体凹陷、所装浓盐酸出现泄漏，隧道通行受阻，道路交通中断。

情指中心立即与消防、交警、医疗、交通运输等相关部门联系，并通报应急管理局。紧急会商后，各有关单位立即赶赴现场，并成立现场联合指挥部，组织救援。在进行人员救援、灭火、阻止泄漏、稀释浓度后，演练顺利结束。

◎ 5月8日下午，公路隧道火灾事故暨危化品运输车突发事故应急救援演练现场（市应急管理局 供稿）

【余姚市应急管理局行政执法队成立】 9月18日上午，余姚市应急管理行政执法队在市应急管理局揭牌。余姚市委常委、常务副市长郑传统，市政协副主席、市应急管理局局长姚俊杰出席揭牌仪式。组建市应急管理行政执法队，是深化应急管理综合行政执法改革，解决安全生产、防灾减灾、应急救援等应急管理领域突出问题，防范化解重大安全风险，保护人民群众生命财产安全和维护社会稳定的内在要求，也是进一步明确执法地位、树立执法权威、健全执法体系、加强执法力量、规范执法行动、强化执法保障的重要举措。

（韩　烨）

消防救援

【概况】 2021年，市消防救援大队共接处警1738起，其中火灾737起、抢险救援382起、社会救助547起、其他72起，直接财产损失537.6万元，无人员伤亡。全年共受理安全检查项目229个，下发行政处罚决定书252份，责令“三停”87家。

为做好火灾隐患排查整治，消防救援大队提请市政府通过《余姚市消防事业发展“十四五”规划》，计划新增消防站3个。市委将消防工作纳入基层干部履职考核内容，市政府将消防安全作为重要内容纳入市政府安全生产和消防安全目标责任书，实行一票否决。“9+2”专业安全委员会办公室常态化运作，市消安

◎ 双峰会期间，余姚大队消防员在场馆进行消防器材检查
（市消防救援大队　供稿）

委牵头部署、督导合用场所、工业企业、高层建筑、民生实事工程等重点工作。

【全市半年度消防安全工作会议召开】 8月11日，市委副书记、市长徐云主持召开全市半年度消防安全工作会议。市委常委、常务副市长郑传统，副市长王安静，副市长薛晓伟，副市长黄和庆，副市长、市公安局局长钱秉湧，市政协副主席、应急管理局局长姚俊杰以及相关行业主管部门和乡镇（街道）主要领导参加会议。

【监地联防联控协议签约仪式举行】 为进一步加强监狱系统消防安全管理工作，全面提升应急救援监地联防联控能力，预防重点领域（区域）火灾事故发生，2月5日上午，宁波市黄湖监狱副监狱长吴晨达带队一行专程到余姚市消防救援大队，共同举行了监地联防联控协议签约仪式。

【第七届中国机器人峰会暨智能经济人才峰会消防安保工作任务完成】 7月15—16日，第七届中国机器人峰会暨智能经济人才峰会在余姚市四明湖国际会议中心开幕。在双峰会召开前，大队多次召开消防安保工作会，分析当前全市火灾形势，并要求严格落实上级各项安保工作部署，研判峰会期间火灾风险点，切实将峰会期间的消防安全责任担起来，高标准、高要求把消防安保工作做实、做细，确保了双峰会期间全市火灾形势安全稳定。

（毛振仰）

流动人口管理

【概况】 截至2021年底，全市共有登记做证的流动人口68.99万人，其中男性39.33万人，女性29.66万人，比2020年同期增加5.72万人。全年共发放浙江省居住证1.64万张，累计发放居住证18.59万张，登记出租房屋12.1万户，共50.66万间。

全年流动人口在余姚出生婴儿3981人，其中男性2151人，女性1830人，出生性别比为117.54。流动人口出生婴儿比本地户籍人口多321人。刚满周岁流动儿童6458人，“五苗”覆盖6365人，覆盖率98.56%，“七苗”覆盖6007人，覆盖率93.02%。加强流动人口传染病防控工作，2021年累计报告流动人口甲、乙、丙类传染病1083例，均按要求进行规范的流行病学调查和处置。

全市共有中小学在校学生12.45万人，其中外来务工人员子女6.25万人，占50%左右。在学段分布中，义务段学生10.3万人，其中外来务工子女5.67万人，高中段学生2.15万人，其中外来务工子女5856人。2021年小学一年级招生流动人口子女5719人，初中一年级招生流动人口子女6758人。流动人口子女义务段公办学校接纳率达到100%。

2021年“余姚新市民”微信公众号关注人数增加1.2万人，达到5.2万人。全年受理申请流动人口量化积分新增注册用户0.92万人，协调各乡镇（街道）、市直有关部门审核积分事项5.72万项，审核通过4.79万项，审核未通过0.93万项。为1.25万外来流动人口子女入学提供量化积分；为2000余人提供住房租赁补贴积分，600户享受了住房租赁补贴，发放补贴132万元。

【就业服务】 2021年城镇新增就业3.4万人，失业人员实现再就业5512人，就业困难人员实现就业3758人，城镇登记失业率为2.65%；新增创业实体2.41万家，创业带动就业12.06万人；引进硕士1075人、博士46人、本专科毕业生15963人。全年共举办专场招聘、校园招聘、直播带岗等各类招聘会130余场，扩展安徽蒙城县、四川成都市、湖南保靖县等劳务协作基地11个，与哈尔滨、武汉等地11所高校签订校企合作协议，组织508名四川昭觉籍务工人员到余姚就业。全年共受理劳动监察案件4020件，其中欠薪类案件3190件，为1.1万名劳动者追回被拖欠克扣的工资1.57亿元。全年共受理劳动仲裁案件1694件，结案1739件（包括上年未结案件110件），结案率96.4%，调解率85.8%，网络办案率45.4%，仲裁终结率90.2%。

【环卫中心外来务工人员宿舍楼改建租赁项目完工】 10月13日，环卫中心外来务工人员宿舍楼改建租赁项目完工。该项目由市环卫中心与建设银行签订合作协议，由建设银行全资子公司具体实施，于7月1日动工。项目建筑面积2604平方米，可为外来务工的一线环卫工人提供60间租赁房源，每间月租仅320元。截至年底共有55户环卫工人入住。

（石国栋）

机关事务管理

【概况】 2021年，智慧机关一卡通系统启用，增加人脸识别支付和手机二维码支付功能。余姚市政府大院访客系统、车辆道闸系统升级，并与短信系统实现对接。做好公务员职业生涯全周期“一件事”管理和“浙政钉”2.0平台应用推广，整合办公用房管理、公务用车管理等事项，简化办事流程，共上线办公用房存量调剂、人员进出行政中心智能卡申办等线上“内跑”事项三大类13项，实现掌上办事“一端通办”。

制定出台《关于进一步落实做好公务用车规范使用的工作方案》，严格核定编制内车辆的更新，按照配备标准和程序做好相关车辆的更新购置工作，把关审核车改单位新增、转任、调动人员的参改申请工作。推进机关事业单位办公用房集中统一管理。制订《关于全面推进机关事业单位截污纳管工作方案》，余姚市城区四街道61家机关事业单位（涉及9条重点河道34个点位）开展截污纳管工作。

开展节能宣传月系列活动，举办“倡导绿色办公、践行低碳生活”的签名活动和“节能降碳，绿色发展——新能源汽车进机关”等全国节能宣传周主题活动。做好市机器人峰会、第二届中国—中东欧国家博览会暨国际消费品博览会第二十三届中国浙江投资贸易洽谈会的后勤保障工作。成立“悦享心晴”心灵驿站，设置健康书吧、休闲茶吧、文体活动室、情志调养室、谈心谈话室和心理咨询室等功能板块，开展心理健康宣讲、情志调养和文艺文化活动。

【全市首批机关事业单位共享停车开放】 10月15日，余姚市首批10家试点共享停车的机关事业单位全部开放内部停车场。为解决“停车难”问题，经过实地踏勘和分析研判，市房屋征收管理中心等10家单位被确定为首批试点单位，经过设施设备升级改造、公告发布、应急预案制定等流程，10家试点单位的开放工作全部完成，向社会提供共享车位500余个。

（胡　景）

政务服务

【概况】 2021年，余姚市行政服务中心共有工作人员420人，开设对外服务窗口148个，进驻办理各类政务服务事项2079项，其中行政许可事项749项。2021年，市行政服务中心及各分中心共受理各类政务服务事项967881件（其中各分中心101057件），按期办结率100%，收取各类税费160亿元（其中各分中心0.038亿元）。除因涉密、安全和对场地有特殊要求等原因外，依申请政务服务事项100%进驻行政服务中心。

年内，深化“考级制”技能等级评定，参加宁波市政务服务系统行政办事员职业技能大赛，获团体二等奖。修订完善《余姚市行政服务中心2021年度考核办法》《余姚市行政服务中心分中心2021年考核办法》《余姚市政务服务办公室关于调整窗口服务之星评选办法的通知》等一系列管理制度，加强大厅人员的统一规范管理，将大厅63位中介及辅助人员统一纳入牵头窗口考核，明确牵头窗口督促管理职责。完善行政服务中心文明创建三方联动机制、责任包干机制、应急保障机制，固化文明城市创建常态长效工作机制，全面巩固中心创建成果。2021年，成功创建成为余姚市级文明单位。

【“智慧化”大厅升级】 全面推进行政服务中心各服务区政务服务2.0改造，配置“宁波办事”综合自助服务终端、PC一体机、折叠式高拍仪等自助办理设备100余台，全面构建集“窗口端、PC端、移动端、自助端”多端一体的多元同步政务服务2.0体系。全面推进“24小时自助服务区”、“互联网+政务服务”体验区、政务服务综合受理区和后台集中审批协同中心的“三区一中心”功能布局。建成政务服务数据展示系统，实时展示大厅各窗口排队等候、平台收件、网办掌办、“好差评”等服务数据。开发电子版办事指南模块，有效替代传统的纸质服务指南，减少纸张浪费。

【智能平台应用拓展】 6月28日，上线全省首个政务服务2.0事项“一网通办”自助服务终端，首批上线事项316项。8月25日，在全省率先上线“智能预审平台”，实现公共场所卫生许可新设、公共场所卫生许可延续2个事项智能预审，提升审批效率。2021年度，全市政务服务“一网通办率”为90%，超过省定85%的考核指标。开发远程预约功能，实现“非现场取号”和智能导服。2021年，“非现场取号”服务事项扩增至1665项，累计为群众提供远程取号3000余次。

【“姚小智”导服队伍组建】 年内，抽调各窗口工作人员，组建“姚小智”导服队伍，提供便民导航、分流引导、咨询解答“肩并肩”“手把手”全流程引导服务，实现群众办事“简单事项自助办、一般事项引导办、复杂事项窗口办”的分类办事新模式。

【异地政务服务合作交流推进】 设置跨省通办、全省通办、长三角通办、定点地区异地通办等跨区域通办专窗，实行专人、专岗受理服务。2021年，与贵州望谟县、晴隆县、普安县、兴义市、册亨县等地区开展政务服务通办，通办事项215项，完成两地通办服务专窗开设、专职业务受理人员配备工作。

【“一件事”领域拓展】 推进医疗机构辐射安全许可和放射诊疗许可跨部门“一件事”联办，精简审批申请材料5项。依托供电、天然气、自来水服务资源，推进水电气3.0版服务工作，实现群众和企业办理水电气业务三家营业厅通办。

【镇村两级便民服务中心建设】 建立办领导班子联系乡镇工作机制，指导乡镇街道、村（社区）两级便民服务中心做好规范化建设。2021年，全市17个乡镇街道完成示范型、4个乡镇街道完成标准型便民服务中心创建工作。乡镇街道便民服务大厅浙江政务服务网上线率100%；2.0事项“一网通办”自助服务终端实现乡镇街道便民服务中心全覆盖；泗门、阳明等乡镇街道便民服务中心可办事项达300余项，月办件量近2万件。

【自助服务终端延伸扩面】 按照村（社区）辐射能力、人员配置等综合条件，开展“宁波办事”综合自助服务终端延伸扩面。2021年，新增综合自助服务终端办事网点50个，覆盖重点村（社区）、工业功能区、旅游景区等区域。特别是在舜宇智能光电小镇完成布设，实现该园区内1.5万名企业员工就近自助办理政务服务事项。试点开展市、镇、村三级24小时自助服务模式，其中市行政服务中心、税务分中心、阳明街道便民服务中心、新城市社区启动24小时自助服务运行模式。

【政银社企联动合作】 建优建强“政银合作”服务品牌，集成综合自助服务终端、税务发票代售一体机、人行征信等自助办理设备向金融机构延伸，推进企业注册登记、公积金缴存提取、不动产抵押登记等业务向银行网点延伸工作，加强线上政银合作服务，依托农商行政务服务2.0“一网通办”平台和丰收互联App，融通政银系统，在宁波市内率先实现政银一体化服务新场景，将政务服务拓展到全市86个农商行网点和165个金融服务点。

【“好差评”闭环管理机制落实】全力做好差评回访、核实、反馈及整改，差评督办、申诉审核、文本审核、整改复核、数据通报等工作。2021年，余姚市办件量5303396件，主动评价数4050936件，主动评价率为76.38%，居宁波县（市、区）第3名。按期处理率100%，平均处理时长1.4天，整改件追评好评率94.29%（宁波市整改件追评好评率87.53%），全市政务服务满意率达到99.99%，收集政务服务建议和意见321条。

【“拿地即开工”项目审批新模式打造】 年内，优化模拟审批，打造“拿地即开工”项目审批新模式，通过“点对点”精准服务、“一对一”全程代办，提供个性化的项目审批“套餐”，实现企业摘地后20日内开工建设。2021年，完成11个“拿地即开工”重点工业投资项目代办帮办服务。设立企业难办事项代理专窗，制定《余姚市行政服务中心难办事项代理制度（试行）》《余姚市行政服务中心绿色通道办理制度》《关于进一步提升企业投资项目审批服务便利化的实施意见》等工作制度，增强服务效能，切实为企兜底排忧解难。2021年，累计代办帮办项目137个，涉及总投资额150.39亿元。

（徐　展）

外事工作

【概况】 2021年，因新冠肺炎疫情，因公出国（境）暂停。同时，为有效应对境外疫情，做好入境人员的管控和服务，3月24日，“浙外防”境外服务码体系正式上线。

4月20—21日，余姚市领导徐云、薛晓伟赴北京参加宁波市与中东欧国家合作交流会，徐云在会上做中东欧国际产业合作园推介。

6月9日上午，中国—中东欧国家产业合作对接会在余姚举行。宁波市委副书记、市长裘东耀，斯洛伐克驻华大使杜尚·贝拉、保加利亚驻沪总领事斯帕索夫，宁波市副市长陈炳荣，宁波市政府秘书长朱金茂，余姚市领导奚明、徐云、韩柏顺、薛晓伟、陆国栋、曾一胜等出席。

7月14日下午，省委常委、宁波市委书记彭佳学在太平洋大酒店会见参加第七届中国机器人峰会暨智能经济人才峰会的中外嘉宾、客商。副省长卢山，宁波市委副书记、市长裘东耀，宁波市委常委、秘书长施惠芳，宁波市副市长陈炳荣，宁波市政府秘书长朱金茂，余姚市领导奚明、徐云参加会见。

7月15日上午，以“机器智联、赋能万物、合作共赢”为主题的第七届中国机器人峰会暨智能经济人才峰会在余姚市开幕。省委副书记、省长郑栅洁宣布开幕，省委常委、宁波市委书记彭佳学致辞,副省长卢山主持，宁波市委副书记、市长裘东耀出席，省政府秘书长陈新，宁波市委常委、市委秘书长施惠芳，宁波市副市长陈炳荣，宁波市政府秘书长朱金茂和余姚市领导奚明、徐云、诸晓蓓、陈长锋等出席开幕式。

7月15日下午，蓝迪国际智库机器人企业专场对接会举行，为机器人产业发展把脉、为项目合作牵线、为协同创新助力。十二届全国人大外事委员会副主任委员、中国社科院“一带一路”国际智库专家委员会主席、蓝迪国际智库专家委员会主席赵白鸽主持会议，余姚市领导徐云、韩柏顺、陈亚南出席。

【主要礼宾接待】 4月30日下午，市委副书记、市长徐云会见浙欧精密制模科技有限公司德方总经理Wilmsen Michael、工程师Lorenz Hinterho等客商，余姚经济开发区党工委书记潘帅铁出席。

9月3日，市委副书记、市长徐云会见外商盍碧玺曼公司集团董事高岩一行，双方就相关合作事项交流。

【友好交流】 4月15日，以“新丝绸之路——2021中波合作新机遇”为主题的“中国波兰经贸交流会”在ZOOM平台举办。这次活动是受疫情影响以来，余姚市与友好交流城市——波兰凯尔采市对接谋划的首次线上活动。

6月9日下午，余姚市友好城市波兰凯尔采市通过ZOOM平台参加2021中国—中东欧国家市长论坛，推介了该市的投资环境。

【涉外管理】 2021年，余姚市按照“统一领导、归口管理、分级负责、协调配合”的原则，协同市有关部门及乡镇（街道），稳妥处置涉外案（事）件，维护余姚市良好的对外形象。

【宁波市外事系统读书会暨外办主任会议召开】 8月5—6日，2021年宁波市外事系统读书会暨外办主任会议在中共浙江省委党校（四明山分校）召开。会议以习近平总书记在庆祝中国共产党成立100周年大会上重要讲话精神为指引，组织全体外事干部专题学习研讨，并进行工作总结和部署。宁波市外办党组书记、主任叶荣钟围绕“学好‘七一’讲话精神,做好余姚市外事工作”作工作报告，党组成员、副主任陈国苗主持会议。宁波市外办、宁波市外事翻译中心全体干部及市外事服务中心、国交公司主要负责人，各县(市、区)外办主任，各功能区、高校及市级有关单位外事部门负责人参加会议。

【第四届宁波市外事翻译研修班举办】 9月7—9日，由宁波市外事翻译中心主办的第四届宁波市外事翻译研修班在余姚举办，来自宁波市外事、经贸、卫健、文旅、港航等系统的32家机关和企事业单位从事国际交流工作的50名学员参加此次培训。研修班为期3天，邀请了浙江大学、宁波大学翻译理论研究与实践教师及上海市外事、商务系统资深同传讲授涉外翻译及其策略变迁、地方外事及经贸翻译实践、汉英互译使用技巧等。除课堂教学外，研修班还安排了余姚河姆渡遗址双语标识调研和王守仁故居纪念馆现场学习。

（孙雪丹　朱琼）

◎ 9月7—9日，第四届宁波市外事翻译研修班在余姚举办
（市外事办　供稿）

政协余姚市委员会

综　述

2021年，市政协共召开常委会会议5次、主席会议13次、常委会会议专题协商1次，开展主席会议视察3次、专题视察1次。

深入协商议政，积极建言献策。围绕新发展格局下外向型经济高质量发展组织议政性常委会会议，提出4个方面12条建议，有力推动全市经济双循环发展。聚焦深度融入长三角一体化发展组织恳谈协商会，围绕全市模具产业、生产性服务业、四大新兴产业等发展情况开展视察协商监督活动。重点围绕加快推进全市数字经济发展、促进林下经济发展等开展课题调研，相关对策建议获市政府主要领导批示肯定。围绕姚江流域防洪工程建设情况开展“请你来协商”专题视察活动，聚焦深入推进治堵保畅工作开展、加快推进新时代美丽乡村示范线建设等议题开展恳谈协商会，就重点交通工程建设情况组织主席会议成员视察，持续跟进深入推进城中村改造全会提案办理工作，邀请市长与委员面对面协商办理；围绕加强城区保洁工作开展重点课题调研，有力推动“一把扫帚扫到底”的城乡保洁一体化工作。聚焦推进“健康余姚”建设，就推动养老服务高质量发展开展恳谈协商，重点调研公共卫生与医疗机构健康发展情况，组织主席会议成员专题听取医疗保障工作。聚焦文化事业发展，组织主席会议成员视察河姆渡文化遗址群保护利用情况，围绕推进大运河余姚段文化产业带建设组织恳谈协商。聚焦基层社会治理，组织主席会议成员视察普法工作、听取公益诉讼工作介绍，就高质量推进数字乡村建设、加强基层安监队伍建设等议题组织协商调研，有效助力余姚市社会治理提质增效。

广泛凝聚共识，充分发扬民主。切实加强与各民主党派、工商联和无党派代表人士的合作共事，对党派团体在政协发表意见、提出建议等作出制度性安排，支持党派团体以集体名义积极参与大会发言、联合调研、专题协商、视察监督、提交提案等履职活动，党派团体累计参与调研视察12次，各类会议发言30余人次，提交社情民意信息90余条。坚持以文化人、以史育人，加强阳明文化、浙东红色文化、运河文化、丝路文化等地方历史文化的研究阐释，撰写著作近百万字，《红色四明映初心——余姚典藏革命文物释读》一书获市委主要领导批示肯定。加大政协工作宣传力度，打造“报、网、端、微、屏”新闻宣传矩阵，刊发各类宣传稿件200余篇，多次登上人民网、《人民政协报》、《联谊报》等权威媒体，获全省政协联谊报宣传工作先进单位称号。

坚持创新赋能，推动品牌升级。推进品牌工作迭代升级。创新打造协商助推“一村一实事”工作品牌。结合党史学习教育，创新开展协商助推“一村一实事”活动，通过“民情收集月”“界别活动周”“委员活动日”等专题活动，推动委员深入基层、服务群众。累计开展“小微协商”活动167次、公益活动30次，助推解决民生实事243件，为基层提供资金755万元，活动被人民网、人民政协网、《联谊报》等媒体广泛报道。创新打造助力共同富裕“4321”工作品牌。聚焦市委高质量发展建设共同富裕先行地决定，第一时间出台《政协余姚市委员会关于开展助力高质量发展建设共同富裕先行地“4321”行动的意见》，制定10条硬核举措，组织开展政协履职“四助力”、委员履职“三实践”、服务基层“双走进”、助力共富“强品牌”等系列行动，活动被省政协、宁波市政协相关媒体深度报道。创新开展数字政协建设。大力开展“数字改革年”活动，着力推进“数字政协”“智慧政协”建设。共实施推行4个项目，“余姚政协”微信公众平台正式上线，推出《委员视界》《委员风采》等特色栏目；政协提案系统全面升级，实现网页端、手机端“双端联动”；政协官网完成全面改版迁移；“浙政钉”平台的政协专题门户成功上线点亮，“数字政协”建设的“四梁八柱”初步形成。

加强自身建设，提升履职能力。深入学习贯彻习近平总书记考察浙江重要讲话精神和对余姚的重要回信精神，扎实推进“书香政协”建设，建立完善全覆盖学习体系，深入推进党史学习教育，始终坚持“第一议题”制度，做到逢会必学，机关党组成员带头讲党课，研讨交流学习心得，通过组织委员参加省、宁波委员读书活动，组织开展界别组集体学习，发动广大政协委员下基层宣讲等途径，积极参与党史学习教育，委员参与超2000人次。扎实做好意识形态工作，建立完善意识形态工作责任制，完善网络舆情和意识形态工作新闻发言人等制度，站稳政治立场、提升政治自觉。切实强化党的建设。深入贯彻落实《关于加强新时代人民政协党的建设工作的若干意见》，坚持党对政协机关工作的全面领导，不断提高政协机关党的建设质量和水平。

（蔡　菲）

重要会议

【市政协十三届五次会议】 1月19—20日召开。会议听取和审议政协第十三届余姚市委员会常务委员会工作报告；听取和审议政协第十三届余姚市委员会常务委员会提案工作报告；列席市第十七届人民代表大会第五次会议，听取并讨论政府工作报告；组织大会发言，建言献策；讨论市“十四五”规划纲要；补选政协第十三届余姚市委员会副主席、常务委员；审议通过政协第十三届余姚市委员会第五次会议全体会议提案；审议通过政协第十三届余姚市委员会第五次会议决议。

【市政协常委会会议】 2021年，市政协召开常委会会议5次。会议具体情况如下：

1月18日下午，召开市政协第十三届余姚市委员会常务委员会第二十三次会议。会议审议政协第十三届余姚市委员会第五次会议议程（草案）；审议通过政协第十三届余姚市委员会第五次会议日程；审议通过政协第十三届余姚市委员会第五次会议各次大会执行主席和会议主持人名单；审议通过政协第十三届余姚市委员会第五次会议全体会议提案初选案；讨论政协第十三届余姚市委员会第五次会议选举办法（草案）；协商提出政协第十三届余姚市委员会第五次会议总监票人、监票人名单（草案）；审议通过关于补选政协第十三届余姚市委员会副主席、常务委员候选人建议名单。

1月19日下午，召开市政协第十三届余姚市委员会常务委员会第二十四次会议。会议听取关于补选政协第十三届余姚市委员会副主席、常务委员候选人建议名单，选举办法（草案）和总监票人、监票人名单（草案）的讨论情况汇报；审议通过选举办法（草案）；审议通过总监票人、监票人名单（草案）；审议通过政协第十三届余姚市委员会副主席、常务委员候选人名单（草案）。会议还审议通过政协第十三届余姚市委员会第五次会议决议（草案）。

6月17日下午，召开市政协第十三届余姚市委员会常务委员会第二十五次会议。专题协商“新发展格局下推进外贸经济高质量发展”工作。市商务局汇报全市外贸经济工作的相关情况，8位委员、常委就新形势下促进外贸企业拓展市场、强化外贸新业态和新模式培育、推进创新驱动增强外贸竞争优势、加强外贸企业品牌建设、加快推进进口贸易发展、优化外贸企业发展营商环境、破解外贸企业跨境物流困境、融入浙江自贸区宁波片区建设等内容建言献策。副市长薛晓伟应邀参加会议，市政协主席陈长锋出席会议并讲话。

9月8日下午，召开市政协第十三届余姚市委员会常务委员会第二十六次会议。会议审议通过《政协余姚市委员会关于开展助力高质量发展建设共同富裕先行地“4321”行动的意见》；审议通过《政协余姚市委员会协商工作规则》《政协余姚市委员会关于加强和促进人民政协凝聚共识工作的实施意见》《政协余姚市委员会关于强化政协委员责任担当的意见》；审议通过有关人事事项。

12月23日，召开市政协第十三届余姚市委员会常务委员会第二十七次会议。会议审议通过关于召开市政协十四届一次会议的决定；审议市政协十四届一次会议议程（草案）、日程（草案）；审议市政协十三届常务委员会工作报告和提案工作报告；审议通过市政协十三届常务委员会工作报告和提案工作报告报告人名单；审议通过政协第十四届余姚市委员会参加单位、委员名额和界别设置；审议通过政协第十四届余姚市委员会委员名单；审议市政协十四届一次会议主席团和秘书长名单（草案）；审议市政协十四届一次会议副秘书长名单（草案）；审议市政协十四届一次会议提案审查委员会名单（草案）；审议市政协十四届一次会议委员分组办法及召集人名单（草案）；审议通过市政协十四届一次会议列席人员范围。

（蔡　菲）

表 4

市政协十三届五次会议重点提案一览表

序号	提案者	案由	主办单位	政协督办领导	政协联系单位
1	民进余姚市基层委员会	关于打造余姚西站客运枢纽 推动城市西部发展的建议	市铁路与轨道交通建设管理服务中心	华　红	经济和城建资源环境委
2	张洁	关于开放政府事业单位停车场为潮汐车位的建议	市机关事务局	华　红	经济和城建资源环境委
3	经济界一	关于规范农村家宴 保障食品安全的建议	市市场监督管理局	徐栋芳	委员工作委
4	九三学社余姚市基层委员会	关于推进余姚市交通事故“医警联动”救援机制的建议	市公安局	赵银海	社会法制和港澳台侨委
5	科技界	关于加快推进余姚市工业科技创新发展的建议	市科技局	朱卫东	教科卫体文化文史和学习委
6	陈海燕	关于优化余姚市职业学校布局加快职业教育发展的建议	市教育局	朱卫东	教科卫体文化文史和学习委
7	农业界	关于延伸余姚市水果产业链条助推现代农业高质量发展的建议	市农业农村局	缪正刚	农业农村委
8	叶科	关于加强农村水环境整治 深入落实“河长制”的建议	市五水共治办	缪正刚	提案委

提案工作

【概况】 市政协十三届五次会议以来，共提出意见、建议 238 件，经审查，立案 222 件，其中全会提案 1 件，集体提案 34 件，委员个人提案 187 件。提案分别送交 74 家承办单位办理，全部办复。其中，采纳 147 件，占 66.2%；部分采纳或列入计划采纳 72 件，占 32.4%；因条件、能力所限近期尚不能落实的 3 件，占 1.4%。提案者对办理情况给予了反馈，对办理工作和办理结果满意和基本满意率均达到 100%。

重要活动

【姚江流域防洪工程专题视察】 4 月 15 日下午，市政协组织部分政协委员专题视察姚江流域防洪工程建设情况。视察中，政协委员到姚江上游余姚西分工程 I 标段，实地了解姚江流域防洪工程建设情况。在随后召开的“请你来协商”市政协委员专题视察座谈会上，市水利局汇报了姚江流域防洪工程建设情况，3 名政协委员建言献策。

【重点交通工程建设情况视察】 5 月 13 日下午，市政协组织主席会议成员视察重点交通工程建设情况，并召开“请你来协商”专题协商会。市政协主席陈长锋，副主席华红、徐栋芳、赵银海、缪正刚、姚俊杰参加，副市长黄和庆应邀参加。视察组一行先后到余梁公路北延工程、胜陆高架跨姚江大桥施工段，实地了解两个项目的建设情况。在随后召开

◎ 4 月 15 日下午，市政协组织部分政协委员专题视察姚江流域防洪工程建设情况（市政协办公室　供稿）

◎ 8 月 26 日上午，市政协组织主席会议成员视察河姆渡文化遗址群保护利用情况（市政协办公室　供稿）

的“请你来协商”专题协商会上，市交通局和舜通集团有关负责人汇报了全市重点交通工程建设情况，市政协主席会议成员就推动交通强市建设积极建言献策。

【普法工作视察】 7 月 21 日下午，市政协开展主席会议成员视察全市普法工作活动。市政协主席陈长锋，市委副书记叶枝利，市政协副主席华红、徐栋芳、赵银海、朱卫东参加。视察组一行到全国民主法治示范村马渚镇开元村，实地视察了开元村民主法治线路，详细了解该村普法工作开展情况。在随后召开的座谈会上，市普法办相关负责人就余姚市普法工作作了汇报，市政协主席会议成员和政协委员围绕余姚市普法工作积极建言献策。

【河姆渡文化遗址群保护利用情况视察】 8 月 26 日上午，市政协组织主席会议成员视察河姆渡文化遗址群保护利用情况，并召开“请你来协商”专题协商会。市政协主席陈长锋，副主席徐栋芳、赵银海、朱卫东、缪正刚、姚俊杰参加，副市长王安静应邀参加。视察组一行实地视察了井头山遗址，了解最新的考古发掘成果。在随后召开的“请你来协商”专题协商会上，市文广局汇报了河姆渡文化遗址群考古研究与开发利用情况，市政协主席会议成员围绕推进河姆渡文化遗址群保护利用工作，从体制机制、保护传承、展示利用、要素保障等方面积极建言献策。

【“请你来协商·全会提案现场办理”活动】 9 月 27 日上午，市政协举行“请你来协商·全会提案现场办理”活动，邀请市长与委员面对面，围绕“深入推进余姚市城中村改造”开展协商交流。活动现场，来自不同界别的政协委员聚焦党政所需、群众所盼，围绕“城中村改造”这一主题积极提问并建言献策。副市长黄和庆介绍全会提案办理情况，市政协主席陈长锋主持，市委副书记、市长徐云参加会议并讲话。

（蔡　菲）

纪检·监察

综　述

2021年，市纪委、市监委围绕习近平总书记重要指示批示精神具体化常态化开展政治监督，聚焦党委中心工作落实情况跟进监督，创设“1+1+5”专项监督机制，既督又战参与防台、防疫等大战大考，助力应对台风“烟花”姚江历史性高水位影响。配合中央和省委巡视，上下联动推进巡察监督，完成十五届市委巡察任务。深化基层纪检监察机构规范化建设，推进“减存遏增”行动，整治群众身边腐败和作风问题。推动构建“四责协同”机制，持续深化纪检监察体制改革，开展纪检监察整体智治工作，推进清廉余姚建设。深化运用监督执纪“四种形态”，有效实施问责，实事求是做好澄清正名，查处诬告陷害。

（市纪委、市监委）

重要会议

【市纪委十五届七次全会】　2月19日，市第十五届纪律检查委员会第七次全体会议召开。会议传达习近平总书记在十九届中央纪委五次全会上的重要讲话、中央纪委常委会工作报告、省纪委十四届六次全会、宁波市纪委十三届六次全会精神，回顾总结2020年纪检监察工作，研究部署2021年任务。会议审议通过《中国共产党余姚市第十五届纪律检查委员会第七次全体会议决议》。市委书记奚明讲话，市委常委、市纪委书记、市监委主任汪志代表市纪委常委会作工作报告。

【市纪委十六届一次全会】　12月19日，市第十六届纪律检查委员会第一次全体会议召开。会议审议通过《中国共产党余姚市第十六届纪律检查委员会第一次全体会议选举办法》和全会选举监票人名单，选举产生中国共产党余姚市第十六届纪律检查委员会常务委员会委员和书记、副书记。市委常委、市纪委书记、市监委代主任虞存斌主持会议。

（市纪委、市监委）

重要活动

【概况】　2021年，市纪委、市监委深入贯彻落实上级关于加强对“一把手”和领导班子监督文件精神，协助市委制定出台《中共余姚市委关于印发“加强对‘一把手’和领导班子监督的二十二项制度”的通知》，推动落实全面从严治党主体责任。落实“四项报告”和廉情谈话制度，4名“一把手”分别向市纪委全会或市纪委书记当面报告主体责任履行情况；市纪委主要领导对53位新任党政主要负责人开展“三交底”廉政谈话。落实“十个严禁”换届纪律要求，联合做好换届考察、换届风气巡回督查等工作，就干部提拔使用共回复党风廉政询问11批、413人次。

【加快推动清廉余姚建设】　协助市委出台《关于纵深推进清廉余姚建设的意见》，召开清廉医院、清廉学校建设等的推进会，推动各清廉单元责任压实、全域共进。组织“清廉余姚”评选活动，选出59个成绩突出集体和94名个人，以模范先进引领清廉建设。

【持续深化“廉情专报”制度】 在市、镇两级全面推行“廉情专报”制度，以廉情分析为抓手，通过“一份报表、一份报告”的形式，每季度向同级党委报告本地阶段性政治生态状况，助力党委主要领导更好掌握本地党风廉政建设和反腐败工作情况，推动全面从严治党主体责任与监督责任贯通协同、形成合力。在市级层面，2021年连续4个季度向市委常委会专题汇报“廉情专报”，累计建议整改问题12个。

【推动基层公权力大数据监督应用建设】 完成中央纪委“监督一点通”项目推广，畅通村（社）数字化监督途径。点亮市纪委、市监委专题门户。统筹推进全市基层监督数字化运行平台建设，完成与政法、农业农村、民政等系统多跨协同。对标省纪委、省监委“一本账”S0，梳理余姚市业务系统及应用场景架构，梯度推进党员干部廉政档案建设。

【整治群众身边腐败和作风问题】 市纪委、市监委会同13家市直单位对漠视侵害群众利益的15项重点问题开展集中治理，共组织督导检查35次，处理6人。聚焦农村基层“三资”管理、“大棚房”问题清查、农村乱占耕地建房等领域，查处群众身边腐败和作风问题28起，处理39人，其中党纪政务处分24人。配合开展政法队伍教育整顿，处理政法系统干警17人，上报政法干警主动说明问题10人。

【推进“减存遏增、提质增效”行动】 完善“廉情室站”网络，落实领导包案、提级办理等制度，全年共接受信访举报202件次，检举控告件188件，同比下降53.02%和49.32%。开展“三多”信访件“清淤”行动，年内10件省市县三级督办“三多”信访件均提前办结。

（市纪委、市监委）

党风政风监督

【概况】 2021年，全市各级纪检监察机关持之以恒纠治“四风”，查处不担当、不作为、乱作为等形式主义、官僚主义问题18起，处理26人，其中党纪政务处分12人。查处享乐主义、奢靡之风问题24起，处理31人，其中党纪政务处分17人。累计下发通报4期，点名道姓通报典型案例11起，处理13人。开展正风肃纪累计发现问题886个，处理550人次。开展“天价茶”背后“四风”问题、公车规范使用、公款购买发放节礼、公职人员酒驾醉驾等专项整治行动。

【强化疫情防控监督】 创建“1+1+5”专项监督机制，累计出动纪检监察干部1591人次，下沉覆盖一线点位2804个，累计发现问题958个，提出工作建议421条，做到靠前监督、规范监督、全面监督、闭环监督。

（市纪委、市监委）

◎3月12日，全市公安机关队伍教育整顿、党史学习教育、辅警队伍“严明纪律、严格管理、严肃形象”教育整顿动员部署会召开

（市公安局 供稿）

纪律审查

【概况】 2021年，全市各级纪检监察组织共处置问题线索548件，立案231件，结案216件，给予党纪政务处分212人，其中市管领导干部8人，包括实施监察留置1人、移送司法机关7人，严肃查处了履职不力、违规收受礼品等一批违纪违法案件。聚焦政法、国企、教育、医疗、交通、拆迁、金融、供销社、粮食等重点领域，系统推进13项上级纪委部署的专项整治。运用“四种形态”批评教育和处理829人次，第一至第四种形态分别占

73.8%、17.4%、2.5% 和 6.3%。健全办案和治理相互贯通的工作机制，严格落实“一案五必须”，完成 14 件 16 人以案促改工作，制作案件剖析报告 11 篇、发出纪检监察建议书 10 份，推动及时堵塞监管漏洞。

（市纪委、市监委）

巡察工作

【概况】 2021 年，组织开展市委第十一轮、第十二轮 2 轮巡察，巡察单位党组织 11 家，巡察“回头看”单位党组织 4 家，发现“三个聚焦”问题 252 个，党纪处分 5 人，根据上级巡视巡察机构统一部署，对市供销联社开展巡察整改回访检查，选派巡察干部参与宁波市对各县（市、区）粮食系统的专项巡察，圆满完成了十五届市委巡察全覆盖任务。健全完善巡察整改机制，出台《关于规范开展巡察整改工作的若干要求（试行）》，对农村基层巡察整改力度不足的 4 个乡镇（街道）下发巡察整改督办函，提出整改落实意见 22 项，督促 22 家被巡察单位党组织规范召开巡察整改专题民主生活会，通过巡察整改，推动被巡察单位“第一种形态”处置 225 人，收回资金 1424 万元，建立完善制度 200 项。扎实推进贯通融合机制，严格落实《市委巡察工作部门协作机制暂行办法（试行）》，积极协调市纪委、市监委、市委组织部、市审计局、市信访局等部门，做好巡前通报。

（市纪委、市监委）

宣传教育

【概况】 2021 年，多措并举推进廉政教育全覆盖，大力培育新时代新风正气。做实红色文化与清廉文化融合文章，建成市级廉政教育基地“红廉馆”“红廉公园”，精心组织“红廉展”“红廉对话”等活动，“四明红廉”品牌持续擦亮。扎实推进“一案五必须”，做深做实警示教育，深刻剖析典型案例，并多次以“漫画说纪”“漫访谈”等漫画、视频方式开展案例警示教育，形式新颖、内容深刻，反响效果好。做好纪检监察工作高质量发展对外宣传，总结提炼一系列具有余姚辨识度的特色亮点工作，全年被中央、省、宁波市级媒体录用新闻稿 505 篇，其中国家级媒体 116 篇、省级媒体 170 篇，形成宣传强势，市纪委、市监委被中央纪委国家监委新闻传播中心评为 2021 年度宣传先进单位。

【红廉馆开馆】 6 月 21 日，位于梁弄镇横坎头村的余姚市“红廉馆”正式开馆。余姚市“红廉馆”以习近平总书记在对横坎头村全体党员回信中提出的“两个必须”为主基调，分“答 · 两个必须”“创·清廉村居”“品·红廉文化”三个篇章。该馆作为一家集根据地红色廉政文化和党的十八大以来纪检监察工作展示功能于一体的地方专题性廉政教育展馆，讲述了余姚纪检监察机关传承红色廉脉、赓续清廉力量，推动全面从严治党向纵深推进、向基层延伸、向每个基层党组织和每名党员覆盖的生动实践。同时，在开馆期间举办“传承红色基因”“开启红廉之旅”“护航老区发展”三个篇章的主题展，90 岁老战士和“90 后”纪检干部“红廉对话”等一系列活动。通过线上线下互动，充分展示近年来余姚市红色廉政文化建设成果，集中体现全市纪检监察干部薪火相传、砥砺前行的护航足迹。

（市纪委、市监委）

民主党派

中国国民党革命委员会余姚市综合支部委员会

【概况】 2021年，民革余姚综合支部持续加强自身建设，发挥党派优势，强化社会服务工作。年内新发展2名党员。组织全体党员深入学习“四史”以及《中国共产党统一战线工作条例》、民革发展史、民革章程，认真学习贯彻中共十九届五中全会精神、余姚市委“十四五”规划、市委民主协商会议精神、民革宁波市委会十二届九次全体（扩大）会议精神。分批次组织党员赴鹿亭浙东新四军后方医院、浙东抗日根据地旧址群和中共浙东区委行政公署旧址等爱国主义教育基地，积极选派党员参加统战系统以“同心向党·共谱新篇”为主题的庆祝中国共产党成立100周年系列活动。组织全体党员集体培训2天。

发挥党派特色，积极履职尽责。聚焦中心，围绕发展智能经济、建设历史文化名城、深化消防执法改革、推进防汛抗旱、完善居家“医养护一体化”、加强电动车管理、建设农村精神文化阵地、优化职业教育发展、推进小微企业园区建设等方面提交1件集体提案，提交委员个人建议和提案近10件。钱荣麓代表总支部作题为《关于优化矛调中心建设 推进市域治理现代化的建议》的大会发言。年内，邀请民革市委会成员作“关于如何撰写社情民意”专题讲座。上半年，组织12名社情民意小组成员集中召开2次交流座谈会，分别赴东钱湖、嘉善、鹿亭乡、梁弄镇和数家外贸公司就如何共同富裕、乡村振兴、增强外贸竞争优势等课题进行专题调研。提交了26件社情民意，其中《关于办理宗教场所用地合法化手续的建议》被省委统战部录用。完成各类理论研究文章、调研文章3篇。

【民革余姚市总支部召开2020年度总结会议】 1月17日，民革余姚市总支部召开2020年度总结会议。会议传达学习了余姚市委“十四五”规划、民革宁波市委会十二届九次全体（扩大）会议精神，全面总结民革余姚市总支部2020年度工作并部署2021年度重点工作。市统计局局长、民革余姚市总支部主委阮岳军出席会议并讲话。会上，民革余姚市总支部对在2020年度获得过荣誉的党员进行了表彰。

【民革余姚市总支部与四明山镇签约旅游融合帮扶合作协议】 4月10日，由民革余姚市总支部策划牵头的“四明山旅游融合帮扶合作协议”在四明山红枫樱花节开幕式上举行签约仪式。民革余姚市总支部主委阮岳军，四明山镇党委副书记、镇长叶文溢，台资企业宁波太平洋大酒店常务副总经理周能飞代表三方共同签署协议。该协议的签订，旨在帮助提升四明山旅游服务水平和能力，提高“随山食单”农产品系列的知名度，有效加快四明山镇产品转型和发展，促进四明山镇村民增收。

（中国国民党革命委员会余姚市综合支部委员会）

◎ 4月10日，民革余姚市总支部牵头策划的四明山旅游融合项目签约仪式举行（市委统战部　供稿）

中国民主促进会余姚市基层委员会

【概况】　2021年，民进余姚市基层委员会在中共余姚市委和民进宁波市委会的领导下，在余姚市委统战部的直接指导下，立足自身特点、发挥自身优势，党派工作取得了丰硕成果。全年新加入的会员共4人，会员人数达98人，景耀支部被评为全省优秀基层组织。

年内，开展“学党史、明会史”教育活动。组织部分会员赴宁海参观民进浙江省会史教育基地——张明养故居纪念馆，教育一支部赴梁弄横坎头村红色研学实践基地体验式学习党史，景耀支部参观严景耀故居重温会史，综合支部赴陆埠参观烈士纪念碑，部分会员聆听了民进宁波市委会组织的《延安精神及时代价值》的讲座。积极组织会员参加市委统战部组织的“百年同心与党同行”庆祝中国共产党成立100周年会议暨文艺演出。会员程载国获得宁波市学科论文评比一等奖，沈琳旦被评为“宁波市十佳检察院优秀公务员”，万纪网被评为宁波“四有好老师”，朱震绯获宁波市小学数学优质课一等奖，胡素音被评为“余姚市骨干园长”，杨丰撰写的论文获得宁波市政协理论研究优秀论文二等奖，宓丽文被评为“2019—2020年度宁波市优秀青年律师”。

【参政议政】　通过多种渠道，积极开展参政议政活动。在全体会员大会上，邀请宁波市委会调研信息处处长吴苗苗进行社情民意信息写作辅导。“两会”期间，民进会员提出人大建议4件，政协集体提案4件，委员个人提案17件，还有2件社情民意信息。内容涉及疫情防控常态化条件下余姚市旅游业发展、提高公益性保险资金绩效、打造余姚西站客运枢纽、姚江污水治理、乡村文旅振兴、教育装备投入、公共体育设施建设等方面。会员陶琳代表民进余姚市基层委在政协会议上作题为《关于擦亮河姆渡文化金名片　打造史前文化新高地的建议》的大会发言。会员胡素音撰写的《关于深度融合打造“阳明古镇”理事文化步行街区的建议》和会员程载国撰写的《关于对越调吟诵进行抢救性保护传承的建议》被评为优秀提案。会员胡素音和方麒君被评为2020年度余姚市政协优秀政协委员。全年共上报社情民意信息50余篇，被宁波民进录用45篇，其中《关于推进城镇老旧小区改造中管线入地的建议》被全国政协录用，《讲好中国故事　增强文化自信　亟待进一步擦亮中国河姆渡文化“金名片”》被民进中央录用。会员余静凯被民进中央评为“民进全国反映社情民意信息工作先进个人”。全年开展7期开明沙龙，主题有学习《宁波市国民经济和社会发展第十四个五年规划和二〇三五年远景目标纲要》、参政议政议题讨论、《中小学教育惩戒》施行后学校师生的认知和反响等问题对策调研、研讨新形势下强化外贸新业态新模式的培育及围绕民进组织目标的头脑风暴，参与会员300余人次。

【沟通协商】　按照市政府统一安排，先后与市文广局、市教育局等开展对口联系活动。市文广局就民进余姚市基层委在余姚市政协十三届五次会议上提交的《关于擦亮河姆渡文化金名片　打造史前文化新高地的建议》集体提案，作现场答复，并进行对口交流活动。与市教育局开展对口联系及职业教育专项调研活动。除听取市教育局工作情况介绍外，就职业教育如何更好服务区域性经济发展方面进行专题调研，并就余姚职业教育的现状、存在困难、今后发展策略探索等方面进行了座谈交流。先后形成《完善全民健身体系建设　助推健康余姚新发展》的调研文章和《切实增强职业教育适应性、加快构建现代职业教育体系》的大会发言材料。

【社会服务】　持续开展社会服务活动，打造多个品牌活动，获得各方好评。年初，由主委朱初雷带队，两次到鹿亭乡高岩村走访对接同心结对工作，开展“幸福鹿鸣　同心福联”送春联活动，并走访慰问困难户。民进景耀支部走进同心结对学校——万瑞东方学校开展“爱心助教　同心结对”服务活动。教育一支部与余姚中学党委联合开展高考志愿填报公益咨询服务，由副主委吴建平带领6名中高级优秀教师会员和余姚中学2名党员教师共同组成义务咨询团，提供高考志愿填报指导、咨询服务。

【民进余姚市景耀支部开展支部活动】　3月18日中午，民进景耀支部18名会员赴低塘开展“爱心助教　同心结对”服务活动及“寻迹先贤”学习生活会。会员们首先到低塘万瑞东方学校进行送教活动。课后，景耀支部一行与学校老师进行互动交流，了解学校的办学情况和开展艺术教学的困难和问题。会员们随后走访了严景耀的故乡——低塘街道姆湖村，参观了严景耀故居。

【高考志愿填报公益咨询服务开展】　6月27日上午，民进余姚市基层委教育一支部与余姚中学党委联合开展高考志愿填报公益咨询服务。由民进余姚市基层委副主委吴建平带领的6名中高级优秀教师会员和余姚中学党支部2名教师共同组成的义务咨询团，为余姚各高中的考生、家长提供高考志愿填报指导、咨询服务，总共解答了100余人次的各类咨询。

（中国民主促进会余姚市基层委员会）

◎6月27日上午，民进余姚教育一支部中共余姚中学委员会开展2021年高考志愿填报公益咨询活动（市委统战部　供稿）

农工党余姚市基层委员会

【概况】　2021年，农工党余姚市基层委员会在中共余姚市委和农工党宁波市委会的领导下，在中共余姚市委统战部的关心和支持下，立足自身特点、发挥自身优势，党派工作取得了丰硕成果。全年新加入的党员共10人，医卫界5人，其他界别5人。党员人数达到123人。9月，基层委10名党员赴宁波参加农工党宁波市委会第十三次代表大会，审议了十二届委员会工作报告，选举了十三届委员会，共同为宁波农工党今后五年发展献计献策。在7月5日召开的农工党中央脱贫攻坚工作总结表彰大会上，余姚基层委获得农工党脱贫攻坚工作先进集体荣誉称号；被宁波市委会评为2020—2021年度先进基层组织、宣传工作先进集体。

全年两次组织骨干党员赴宁波参加“前进讲堂”活动。8月，组织骨干党员参加市委统战部举办的全市民主党派骨干培训班。11月底，与农工党杭州湾基层委联合举行中共十九届六中全会精神学习座谈会。组织党员积极参加市委统战部组织的“百年同心与党同行”庆祝中国共产党成立100周年会议暨文艺演出，与农工党海曙基层委共同赴大岚镇参观四明山中共第一党支部陈列室，赴杭州湾新区红色文化主题公园参观。

【参政议政】 5月9日，举行基层委参政议政小组成立仪式，并邀请宁波市政协负责社情民意信息的老师为全体组员授课，指导信息写作。以参政议政小组为单位，不定期召开信息沙龙，共同探讨当前热点话题，梳理社情民意信息要点。在两会上，基层委的代表、委员们共提交提议案20余件，集体提案3件，党员游新茂、方锦鑫、朱延芳分别代表基层委、经济界一组、教育界作题为“加快农文旅融合、助推四明山区域协调发展”“规范农村家宴，保障食品安全”“加快城区老旧公办义务段中小学改造扩容提升”的大会发言，集体提案《关于推进基层社会治理　深化“一起来”改革的建议》被列为市政协十三届四次会议以来优秀提案。全年一共向宁波市委会报送社情民意信息25篇，其中党员陈学明与其他支部党员合作的《我省药品集中采购和医保支付全覆盖问题和建议》获省领导批示。

【社会服务】 持续开展“特奥健康计划”筛查活动。6月11日上午，基层委连续第六年在市特教中心举行国际特殊奥林匹克健康计划筛查活动。60多名小朋友们接受了视力、色觉、眼压、眼底、口腔卫生、营养宣教、耳鼻喉、骨密度等20余项内容的检查。累计为近400名特殊小朋友提供各类健康筛查。支持鹿亭同心服务基地建设。年初，赴同心服务结对村鹿亭乡石潭村开展慰问活动；年中，组织基层委全体班子成员赴石潭村开展专题调研活动，了解石潭村实际情况，提出帮扶建议；11月26日，组织10余位专家党员赴石潭村开展“服务山区百姓　同心助力共建美丽乡村”社会服务活动，活动现场共为100人次的山区群众提供了义诊、法律咨询、农技咨询等服务。

◎ 6月11日，2021年特奥健康计划筛查活动走进余姚市特殊教育中心（市委统战部　供稿）

【对口联系】 按照市政府统一安排，先后与市卫健局、市市场监督管理局等单位开展好相关对口联系活动，赴小曹娥镇对市尾水排海延伸工程开展民主监督，赴市卫健局开展“姚优医”专项民主监督活动，先后形成《关于高水平建设中医药强市助力共同富裕样板市建设的建议》《关于推进余姚市农贸市场智慧化改造的建议》等调研报告。

【农工党余姚市基层委参政议政工作小组成立会暨培训会召开】 5月9日下午，农工党余姚市基层委参政议政工作小组成立会暨培训会召开。余姚市政协副主席、基层委主委缪正刚参加会议并讲话，宁波市政协调研室一级主任科员毛盛杰应邀作专题讲座。余姚基层委参政议政工作小组成员等30余人参加会议。会议通报了余姚基层委参政议政工作小组的成员名单，明确了参政议政工作小组的工作要求。

【农工党特奥健康计划筛查活动走进余姚市特殊教育中心】 6月11日，由农工党余姚市基层委员会发起的2021年特奥健康计划筛查活动走进余姚市特殊教育中心，特奥东亚区、农工党余姚市人民医院支部、市残联、市特教中心等单位共同组织开展。活动现场，由30名专业医师、27名志愿者组成的服务团队为60多名特教中心的特殊小朋友们提供了专业健康筛查的服务。活动总共开展了“明亮眼睛”“健康微笑”“提升营养”“健美双足”等四个特奥健康检查项目，涉及眼科、口腔科、儿科、营养科、骨科等五个专业科室。

【农工党余姚市基层委员会获得农工党中央脱贫攻坚表彰】 7月5日，农工党中央在沈阳举行脱贫攻坚工作总结表彰大会。大会对在脱贫攻坚工作中取得优异成绩的400个集体和920名个人给予表彰。会上，农工党余姚市基层委员会获得农工党脱贫攻坚工作先进集体荣誉称号。

（农工党余姚市基层委员会）

九三学社余姚市基层委员会

【概况】 2021年，九三学社余姚市基层委在中共余姚市委和九三学社宁波市委会的领导及余姚市委统战部的指导下，认真履行参政党职能，在参政议政、民主监督、社会服务、自身建设等方面都取得了新成绩。

年内，基层委发展新社员1人，确定新发展对象3人。召开基层委员会委员会议6次，社员专题学习活动2次，青年工作小组专题座谈会2次，学习活动2次，并与九三学社浙江省环保支社、衢州市委员会、宁波海曙区基层委等开展社务工作交流，加强与社内其他组织间的交流和联系。认真学习《九三学社纪律处分办法（试行）》，印发《九三学社余姚市基层委员会社费收缴使用管理细则》《九三学社余姚市基层委员会社员慰问制度》，对原社费按制度进行了移交，并建立统一的保管、记账方式。对70岁以上社员进行集中慰问，对患病社员、有工作生活变故的社员及时进行看望慰问。召开“颂党恩·迎重阳”退休社员茶话会，为入社30周年以上社员颁发“光荣入社30年”纪念证书和纪念瓷盘，并安排社员代表带来老年保健、财产安全“微课堂”和文艺表演。

进一步巩固和深化“不忘合作初心，继续携手前进”主题教育成果，在“五四”和建党百年等重要时间节点，开展了形式各样的庆祝活动，引导社员重温社史社章。组织基层委班子成员及各支社委员开展以“同心跟党走，奋进新征程”为主题的交流会，组织宋迎春、陈央央、刘飞峰等社员参加“百年同心、与党同行”余姚市统一战线庆祝中国共产党100周年文艺会演，组织诸晨、张娜、刘飞峰参加“九三新青年，五四鉴初心”演讲比赛，组织陈央央、王永江选送作品参加市委统战部书画摄影比赛。青年工作小组与三支社赴上虞区、梁弄镇开展“党史社史一起学”主题教育，二支社与海曙二支社联合开展“铭初心、跟党走”学习教育。

【参政议政】 基层委领导多次参加中共余姚市委、市政府、市政协、市委统战部召开的征求意见会、座谈会、传达会、协商会、报告会等，共商政治生活和经济建设中的重大方针。“两会”期间，基层委及担任政协委员和人大代表的社员共提交政协大会发言材料1篇，集体提案3件，委员个人提案19件，人大代表建议2件。孙奇代表余姚市基层委作题为“提高余姚市模具产业竞争力”的政协大会发言。3件集体提案分别为《关于整合余姚市产业扶持政策促进经济高质量发展的建议》《关于推进余姚市交通事故“医警联动”救援机制的建议》和《关于深化“标准地”制度改革推行“控地价、竞贡献”工业用地出让模式的建议》。两级人大代表、政协委员积极参加人大、政协组织的会议协商和视察调研活动，社员宋迎春在宁波市人大会议上作《让垃圾分类成为生活新时尚》《让文化和旅游深度融合》的发言，戴天瑛《关于推进四明山区域生态发展的建议》获评优秀建议，张韶岩在政协专题协商外贸经济高质量发展的常委会上作《关于新形势下加快打造进口贸易发展的建议》的发言。

积极投标社省委和社宁波市委会参政议政课题，共承接6个课题。分别是“打造阳明心学高地，提高宁波文化竞争力”“关于规范粮食功能区设施农业用地管理的建议”“数字化改革中数字资源要素的培育研究”“以大健康理念推进余姚市疾病预防控制体系改革的建议”“关于高质量推进新时代美丽乡村建设的建议”和“四明山道教休闲养生旅游市场培育研究”，其中4项课题完成。

报送的社情民意信息有3条被全国政协采用，1条被九三学社中央采用，5条被社省委采用，15条被社宁波市委采用。首次以青年小组为主体与市发改局开展“十四五”规划专题协商调研；与市科技局创新对口联系活动方式，对二职校的红色四明智慧兴农星创天地、临山味香园星创天地、泗门农合联就农业科技创新工作开展联合调研，完成《地区特色农产品产业发展的现状与对策》调研报告。

【社会服务】 做好鹿亭乡沿夹岙村同心结对服务基地、“九三·舜辰”同心助老服务基地、科举文化博物馆——九三学社优秀传统文化教育传承基地、“九三·知乎”同心法律服务基地、陆埠镇鼎绿农庄“同心农技”服务基地等几个社会服务基地建设，开展各类社务活动40余场。其中，5月，联合宁波市第一医院、余姚市人民医院、浙大宁波理工学院的社员专家近30人开展“同心益行·走进鹿亭”大型社会服务活动，为村民看诊300余人次，并向村民们赠送了价值6000多元的家庭常备药品，向鹿亭乡中心小学的学生赠送了精心选购的校服27套。组织《数字赋能乡村振兴》《青少年常见意外伤害的预防和急救知识》等讲座。一支社联合市农林局开展农业技术推广、茶文化宣讲等活动；二支社联合市科协开展科普宣传进农村、进社区、进企业等多种形式的科普活动，联合市退役军人事务局开展“树九三新风·传文明薪火”学雷锋主题系列志愿服务活动，联合知乎法律顾问中心开展法律相关知识宣讲活动；三支社开展党史讲解、青少年传统文化教学、全民营养周宣讲、急救知识培训等。

【九三学社余姚市基层委与市科技局联合调研农业科技创新工作】 4月28日上午，市政协副主席、九三学社宁波市委常委赵银海，市科技局局长、九三学社余姚基层委主委梁红霞等一行调研余姚现代农业产业发展，九三学社余姚一支社部分社员参加。调研组先后考察了余姚市第二职业技术学校、余姚市临山镇味香园葡萄专业合作社和泗门镇农民经济组织联合会。随后，在泗门镇农民经济组织联合会的会议室召开了农业科技创新工作座谈会。座谈会上，与会社员围绕余姚市现代农业发展，特别是农业科技创新工作，分析现状与存在问题，提出了以科技创新助推全市现代农业质量发展的对策建议。

◎ 5月，余姚九三青年工作小组座谈会召开（市委统战部　供稿）

【“同心益行·走进鹿亭” 社会服务活动开展】 5月8日，九三学社宁波市委员会带领宁波市第一医院基层委、余姚基层委、浙大宁波理工学院支社赴鹿亭乡开展2021年浙江省九三科技服务月“同心益行·走进鹿亭”社会服务活动。此次社会服务内容涵盖医疗义诊服务、科普教育讲堂、数字赋能乡村振兴及青少年常见意外伤害的预防讲座等。此外，九三学社宁波市委员会还捐赠了27套校服，150份常用药品。（九三学社余姚市基层委员会）

中国民主同盟余姚市支部委员会

【概况】 2021年，余姚民盟支部在上级民盟的领导下、在市委统战部的具体指导帮助下，着力抓好自身建设，不断弘扬民盟传统，在思想建设、组织建设、参政议政、社会服务各项工作中取得了新进展。2021年，从外地新转入盟员2人，新加入盟员4人，共有盟员22人，另有多人提交入盟申请书，划为重点发展对象进行考察。8月13日，召开支部会，选举产生以王钢为主委的民盟余姚市支部第一届委员会委员，明确支部委员分工。制订支部年度计划，结合支部实际，落实各项学习、教育、社会服务活动，将理论学习、支部建设、盟员发展等各项工作细化落实。定期召开支部会议，对支部建设、盟员发展等工作进行商讨。先后赴宁波机关、慈溪、奉化民盟组织学习交流，就制度建设、组织建设、阵地建设、品牌活动建设等事项进行交流。做好长治市民盟调研组一行到余姚考察调研陪同接待工作，并就如何发挥民主党派社会服务工作与参政议政工作进行探讨。

结合中国共产党成立100周年、中国民主同盟成立80周年等主题，开展系列学习教育活动。4月，组织盟员前往泗门党史馆、谢之光纪念馆进行现场学习。7月，组织盟员赴鹿亭乡晓云村新四军浙东纵队后方医院旧址参观。9月，举行专题培训会对宁波民盟十五次代表大会精神进行专题讲解。10月，举行碳达峰、碳中和专题讲座。组织新入盟成员、支部委员进行专项学习教育活动，增强盟员的身份认同感，提高支委的业务服务水平。7月12—16日，组织支部10名盟员参加民盟宁波市委会举办的2021年新盟员培训班。8月22—23日，组织支委会3名成员参加2021年余姚市民主党派骨干培训班。开展盟员走访活动，对支部盟员所在单位进行走访，了解盟员工作生活情况。

【参政议政】 支部2名盟员作为政协委员参加政协会议，提出提案。提交市委统战部主题调研6篇，报送余姚统战文化约稿4篇，报送宁波的社情民意文章15篇，涉及教育、环保、营商环境、乡村建设等各个方面。

【社会服务】 根据市委统战部统一安排，与鹿亭乡李家塔村进行结对帮扶。先后开展春节前老年人慰问、重阳节老年人慰问、环卫节环卫工人慰问等活动，涉及慰问人员80余人次。台风“烟花”期间，盟员张波因工作出色被上级媒体报道；盟员朱廷富发挥医疗卫生经验丰富的优势，主动进学校，开展青少年健康讲座。

【民盟余姚市支部委员会选举大会召开】 8月13日下午，民盟余姚市支部委员会选举大会召开。民盟宁波市委会专职副主委郭强，中共余姚市委常委、市委统战部部长蒋士勇，中共宁波市委统战部党派处处长郑杰，中共余姚市委统战部常务副部长阮坚定等领导出席会议。大会选举产生了第一届支部领导班子，王钢任民盟余姚市支部委员会主委。

【碳达峰、碳中和专题讲座举办】 10月26日，民盟余姚市支部联合阳明街道办事处举办碳达峰、碳中和专题讲座，邀请民盟浙江省委科普讲师团副团长、浙江工业大学工程与材料学院副教授、硕士生导师宁文生到余姚作《“碳中和”的由来和实现方法》专题讲座。

（中国民主同盟余姚市支部委员会）

◎ 8月13日下午，民盟余姚市支部委员会选举大会举行
（市委统战部　供稿）

群众团体

余姚市总工会

【概况】 2021年，全市有基层工会2542家，其中单独基层工会2276家，联合工会250家，工会联合会16家，会员人数393267人。全市21个乡镇（街道）和经济开发区均建有总工会。全市有五星级工会273家（其中宁波级示范工会35家、五星级工会193家），四星级工会170家，三星级工会286家，共占全市工会的32%。

新增新领域新群体建会3家、会员2500人。面向劳模工匠、优秀产业工人等做好“推优入党”，向同级党组织推荐入党121人，其中一线产业工人占52.1%。逐步增加产业工人在党的各级委员会、人大代表、政协委员中的比例，在乡镇领导班子换届中，全市共选举产生乡镇党代表1095人，与上届相比，生产一线代表比例提高19.96%。余姚市三星级及以上示范基层工会企业实现集体协商和企业与工会联席会议全覆盖。获宁波市第三届全市集体协商模拟比赛团体二等奖，宁波五谷金属制品有限公司、宁波胜康纸业有限公司被评为“宁波市集体协商精细化示范单位”。新增宁波市五星级示范工会6家、区域性行业性工会组织星级单位1家。完成工会志愿队组建工作，共组建志愿者队伍53支，志愿者1068人。

制订出台《新时代余姚非公企业产业工人队伍建设改革工作综合全域推进实施方案》等3个文件。持续开展“百场竞赛比技能”活动，引领广大职工建功“十四五”。获浙江省污水处理工（农村污水运维工）职工职业技能竞赛团体金奖，包揽2021年宁波市“最多跑一次”电力客户经理服务大赛团体和个人第一名、宁波市职工农家乐厨艺技能精英赛个人前三名。第十七届职工合理化建议评出“金点子”合理化建议32项、优秀合理化建议84项，为企业创造经济效益4.73亿元。依托“姚工学堂”，举办职工培训班80余期，外送培训服务20期，受益职工超过4000人次。推荐评选全国五一劳动奖章1人，全国五一巾帼标兵1人，“浙江工匠”“港城工匠”各4人，5家单位获宁波市五一劳动奖状，9名个人获五一劳动奖章，6个班组获评“宁波市工人先锋号”，新评选余姚市优秀产业工人1017人、杰出工匠10人、好师傅好徒弟30对、以职工命名的先进操作法10个。

全年累计开展“学党史、感党恩、提技能、强创新”劳模工匠“三进”宣讲35场，覆盖职工群众2500余人次。在余姚人民广播电台开办《工会之声》栏目，推出《匠人匠心》系列访谈节目18期。开展工会重点工作、重要活动和重大典型先进事迹宣传，共刊发各类新闻稿件1300余篇。举办余姚市庆祝“五一”国际劳动节先进表彰大会。打造职工文化家园，启动多个市总工会直管的职工文化中心建设项目，创建户外劳动者驿站20家，新建“职工悦读漂流基地”8个。高标准谋划“我心向党”庆祝建党百年华诞系列活动，成功举办第十三届职工文化活动月、第二届职工运动联赛、职工舞蹈、茶道比武、职工征文等文体活动。承办“忆峥嵘岁月　走红色之路”宁波职工党史现场教学暨“我心向党”红色走读体验走进余姚梁弄活动。文艺进基层活动深入推进，全年共演出节目80余场，下基层辅导节目60余次，覆盖21个乡镇（街道）、经济开发区及市直部门。先后获得宁波市职工声乐、广场舞、合唱比赛金奖，职工党史知识竞赛第一名。

推出持“5·1服务卡”，享受“6折乘公交”“一元看大片”“超市购物立减”“免费送”等系列活动，累计投入资金79万元，惠及职工25万人次。推出就业服务“春风行动”计划，开展“云招工”4场，提供岗位391个，服务企业89家，职工3473人次。医疗互助保障参保12.87万人次，参保总金额449.9万元，新增单位67家，参保13056人次，给付资金247万元，受益职工895人。组织“千名职工健康体检疗休养”“万名女工享健康”“百场健康讲座进企业”等服务职工实事项目。东西部协作和山海协作深入推进，安排204批次3654名职工赴四川昭觉、丽水松阳等地开展疗休养，通过集中购买农产品的方式完成消费扶贫340万元。市本级“两节送温暖”走访慰问困难职工150人，发放慰问款、物折合23.2万元。春节期间各项“稳岗留工”举措取得良好成效，推出“惠生活、惠出行、惠文旅”等就地过年迎春特惠活动，为5000名留在余姚职工发放年货礼包。

全年全市各级工会共接待职工劳动法律法规咨询求助536件，提供法律援助20起，帮助挽回经济损失903万元。连续三年开展百场心理讲座进企业活动，完成100家乡镇街道级工会劳动关系调处工作室建设。为因疫情身心受到创伤的农民工免费提供心理咨询160余次。新增宁波市第七批和谐（平安）企业创建先进单位4家，已建工会企业参与和谐企业创建面动态保持在98%以上。

【带电作业项目技能竞赛活动举行】 2月24日，国网浙江余姚市供电有限公司工会2021年度带电作业项目技能竞赛活动拉开序幕。22名带电作业专业新职工参加竞赛。竞赛设置为个人赛，竞赛成绩由“理论+体能+地电位作业+中间电位作业”四个部分组成。竞赛为期两天，实操考试设置的项目是日常工作中常见的带电作业工作任务。

【“当一周工人，体工会初心”活动开展】 5月26日上午，市总工会11名干部在市总工会副主席杨万里带领下，到宁波五谷金属制品有限公司，参加“当一周工人，体工会初心”活动。全体人员首先参观了五谷文化馆和工匠创作室，听取有关企业创业、发展历程和公司远景，以及企业党团组织建设情况。随后，全体干部到车间，参加企业劳动，体验“当一周工人，体工会初心”活动。

【宁波职工走进余姚梁弄开展红色走读活动】 5月30日，“忆峥嵘岁月　走红色之路”宁波职工党史现场教学暨“我心向党”红色走读体验走进余姚梁弄活动举行。此次活动由宁波市总工会主办，余姚市总工会、梁弄镇人民政府承办，吸引了来自宁波各地的300名职工参加。中华全国总工会、宁波市总工会、余姚市总工会以及梁弄镇有关领导干部出席活动启动仪式。启动仪式后，职工们到四明山革命烈士纪念碑、横坎头村、横坎头村新时代文明实践站、浙东（四明山）抗日根据地旧址群开展红色走读体验活动。

【朗迪劳模工匠创新工作室通过宁波市劳模工匠创新工作室评审】 8月5日上午，由宁波市总工会组织的市第七批劳模工匠创新工作室评审组江浩波调研员一行3人到朗迪集团股份有限公司，对朗迪劳模工匠创新工作室开展走访评审。评审组通过实地

◎5月26日上午，“当一周工人，体工会初心”活动开展
（市总工会　供稿）

◎ 5月30日，"忆峥嵘岁月　走红色之路"宁波职工党史现场教学暨"我心向党"红色走读体验走进余姚梁弄活动举行（市总工会　供稿）

考察、听取汇报、检查工作台账等方式，随后根据宁波市劳模工匠创新工作室《考核创建评价细则》进行现场打分。评审组充分肯定工作室取得的工作成果和良好的创新工作氛围，对工作室在劳模领衔、创新项目等方面充分肯定，并打出91分的高分。

【户外劳动者驿站亮相大隐】8月，大隐镇总工会牵头学士桥村村委会、大隐村村委会，为环卫工人、快递小哥、交警等一线户外劳动者共建的户外劳动者驿站建成投用。驿站为一线户外劳动者提供了"冷可取暖、热可纳凉、累可歇脚、临时避雨"的场所，并提供了充电宝、充电线、防暑应急药品、一次性雨具等物资。

【"于遥"道义助学签约仪式举行】　8月24日下午，市总工会举行第七批"于遥"道义助学签约仪式，11名新受助的贫困大学生从市总工会领导手中分别领取了第一年的5000元助学款。同时，这批受助学生在一份道义助学协议上签字，承诺将来在自己有能力时归还受助资金，去帮助其他同样需要帮助的人。在此后的大学生涯中，他们每学年都能得到5000元的"于遥"道义助学金。在签约仪式上，市总工会同时对全市126名困难大学生和高中生开展金秋助学活动，发放助学金总额11.43万元。

在前六批的"于遥"道义助学中，全市累计有71名贫困大学生受到捐助，37名受助大学生相继毕业，其中有14人逐步偿还助学金，共计88100元，4人已全部归还。

【张才方调研工会工作】　9月1日上午，省总工会党组书记、副主席张才方一行到余姚市泗门镇调研基层工会工作。在余姚期间，张才方听取泗门镇总工会主要工作及特色亮点工作汇报，对泗门镇工会工作给予了肯定。在宁波长振铜业有限公司，张才方听取企业经营及产业工人队伍建设、企业技能培训、创新提升、劳模精神发挥等情况汇报，对企业打造全流程产业工人培养机制的做法给予充分肯定。此外，张才方还查看了"泗工驿站"各项设备，并到宁波舜韵电子有限公司看望慰问困难职工。

（沈琼卓）

共青团余姚市委员会

【概况】　2021年，余姚团市委深入贯彻落实余姚市委和宁波团市委各项决策部署，以党史学习教育为契机，以深入推进全国共青团基层组织改革试点为抓手，在强化思想引领、围绕党政中心、联系服务青年、夯实基层基础的新征程中跑出青春加速度，为余姚建设现代化美好活力"最名邑"而努力奋斗。

6月，余姚入选全国县域共青团基层组织改革综合试点地区，抢抓试点机遇，从四大方面、10块内容和42个小点着手，扎实推进各项工作任务落地落实。改革以来，新增"两新"等领域团组织555个，各领域工作力量899人，建立塔群式网上青年社群3774个、实体"青年之家"36家，其中阳明汇、历山村等青年之家阵地5次获评浙江省"闪亮青年之家"。严格入团标准，出台《余姚市各领域青少年积分入团实施管理办法》，全年共发展新团员1595人，推优入党234人，28岁以下新发展党员中团员比例和经团组织推优比例均为100%。团建、队建工作首次纳入全市党建工作部署考核、市委巡察等工作范畴。《中国共青团》改革专栏6次聚焦余姚共青团基层组织改革综合试点做法。

发动全市4万余名团员参与党史学习教育，举办"共庆建党一百载，启航奋进新征程"余姚市共青团系统党团知识竞赛。创新“擂台赛讲”主题团日、青春再走纪念路等学习载体10余种，累计开展各类主题活动1500余场。发挥“舜江青语”理论宣讲联盟先锋骨干作用，开展“七一”重要讲话精神、中共十九届六中全会精神等主题宣讲560余场，线上线下覆盖党员群众40余万人次。以“六一”儿童节、“建队节”等重要节日为契机，开展“争做新时代好少年”“请党放心 强国有我”等主题活动300余场，覆盖少先队员6万余人。结合“红领巾爱学习”网上学习平台，探索少先队辅导员领学、少先队员跟学、全社会共同助学的少先队党史学习模式。以建党百年为契机，成立红领巾党史宣讲团，开展“童心向党·党的故事我来讲”等主题巡讲50余场。以红色研学、书画创作等形式，开展“团聚余姚过大年”“红色基因 薪火相传”等主题活动100余场。围绕党史学习教育、共青团基层组织改革等主题，推出“六中全会青年说”“青改革 姚行动”等专栏，总阅读量达6.7万人次。开展“青年大学习·一起学党史”网上主题团课，周平均参与达3.2万人次。原创制作《青春时代》MV，全网点赞转发量超20万次。推出余姚共青团官方IP形象——余小团和系列周边文创产品。

构建线上线下互动融合服务机制，推动四个“亲青”平台交互融合。用好“亲青筹”平台，发布项目3个，开展助学助困助医行动12次。在“99公益日”期间广泛动员2.9万人次，累计筹得善款56.6万元，发动人次和募得善款金额均居全省第一。做活“亲青创”平台，鼓励发动14位创业青年参加2021年“创青春”浙江省青年创新创业大赛，2个项目入选大赛百强，初新青创农场创业项目“希望的田野·横坎头田园综合体”获乡村振兴组银奖。做新“亲青恋”平台，开展亲青恋6场，服务300余人次。做实“亲青帮”平台，助力平安余姚建设，动态排查、帮扶走访五类重点青少年173人次。参与矛调中心建设，成立“青红”劳动关系纠纷青年调解团，共参与调解劳动仲裁案件8起，劳动监察案件67起。持续深化“三服务”活动，部署开展“团情大调研、团建大提升”专项行动，累计走访企业和基层单位40家，解决问题25个。促进多地交流，与松阳团县委签署友好合作协议，为昭觉青少年送去帮扶资金11万元。完善实践育人机制，以全市78家红色教育基地为实践阵地，结合各级“青创农场”阵地，推出青创农场实践活动。推出“姚城青年十二小时生活实验室”特色活动，通过主题手绘地图进行全方位推介，吸引超过1.6万名青少年参与路线打卡，沿线民宿、文化、餐饮业直接增收超过200万元。擦亮阳明故里新青年志愿服务品牌，指导各市直团（工）委建立专业志愿服务分队84支。吸纳余姚市澄禾青少年公益服务中心、余姚市小卷毛公益服务队等8家社会组织和青年街舞社等2个团办青年社团建立志愿服务分队。开展青春治水、垃圾分类、光盘行动等志愿活动5000余场，参与达9万余人次。组织300余人服务“双峰会”“阳明文化周”等大型赛会。针对“双减”政策。推出“双减”志愿服务课程91项。

开展“青春建功乡村振兴专项行动”，承办团省委“守好红色根脉·助力乡村振兴‘我在窗口写青春’青牛论坛（余姚站）”，打造“青春建功乡村振兴”示范线，开展青春助力乡村振兴带头人“青牛奖”寻访活动，沈智慧入围省“青牛奖”30强，章力晨入围宁波“青牛奖”10强，毛柯翔、汪艇艇等7人的农村创业故事登上《宁波日报》专版。推进青创农场建设，新增省级青创农场孵化器1家、宁波级青创农场2家，全市累计建设省级青创农场3家，宁波级青创农场6家。

打响人才品牌。充分利用“两微一端”等社交媒体平台，深入开展“河姆智谷”国际人才科技洽谈会——“姚江学子家乡行暨名校人才直通车”活动，推介人才政策和企业，主动对接项目资源，推出岗位200余个。全面提升配套水平。打造青年人才驿站，提供免费的一站式临时住宿、政策咨询、就业创业指导等服务。完善青年创新创业扶持体系，提供导师帮带、资金支持、技能培训等服务，提供小额贷款等帮扶措施。持续壮大人才队伍。共凝聚新兴青年300余人，打造“姚筑梦想营”12家，开展“共绘姚城”“青社学堂”等活动8场。实施“舜江青年”培养计划，通过创建青年文明号、培养青年岗位能手、成立青年突击队、打造青年岗位能手工作室、培树青年工匠、开展团员青年活力指数评价等，持续激发“青”字号品牌效应。创建宁波市级、余姚市级青年文明号46家，开展青工风采节系列活动128场，其中市供电公司青创项目“管线卫士——基于北斗定位的防外破数智化管控生态圈”在第四届浙江省青工创新创效大赛斩获金奖。强化关心关爱重点青少年群体，承办“情暖童心”2021年宁波共青团关爱农村留守儿童活动。开展青少年法治宣传教育，集中开展“青春自护·暑期安全”“中高考减压阳光行动”等活动7场，覆盖青少年600余人。开展“开学第一课”等普法系列活动90余场。落实公益诉讼志愿观察员制度省级试点工作，开展“小小公益志愿者走进检察院”“以公益诉讼之名走进梁弄烈士陵园”等专题活动4场，获评浙江省优秀试点。

全力织密团的基层组织网络，进一步激发基层团组织活力。完成全市村（社区）团组织换届选举工作。加快推进新兴领域团建工作，在非公有制经济组织、社会组织等新兴领域迅速“扩容增量”，新增团组织439家，同比增长487%。

【“学雷锋忆党史，争做时代脊梁”主题活动暨阳明故里新青年logo发布仪式举行】 3月5日上午，“学雷锋忆党史，争做时代脊梁”主题活动暨阳明故里新青年logo发布仪式在横坎头村新时代文明实践站举行。活动中，梁弄镇党委副书记周优发表讲话，共青团余姚市委副书记陈凌雁向梁弄镇新青年代表授旗。活动现场，发布了阳明故里新青年logo和梁弄镇红色研学路线，并举行优秀青年志愿服务集体和个人表彰仪式。仪式结束后，浙江省委党校四明山分校教育科副科长符勤勤讲授“重温党史话初心”党课。

【余姚市村（社区）团组织换届选举工作完成】 截至3月15日，全市261个行政村和41个社区团组织均完成换届选举工作。此次换届选举产生了新一届村（社区）团组织班子。全市新当选村（社区）团组织班子平均年龄29.2岁，其中团组织书记由“两委”班子成员兼任的村社数191个；新当选村（社区）团组织班子拥有大专及以上学历的占84.6%，女性班子成员占比48.9%。

【余姚市党团知识竞赛决赛举行】 4月26日下午，“共庆建党一百载，启航奋进新征程”余姚市党团知识竞赛决赛在梁弄镇横坎头村绿领学院举行。决赛答题分为“智在必答”必答题、“争分夺秒”勇者闯关题、微团课展示、“斗转星移”抢答题4个环节。最终，黄家埠镇团委的黄者荣耀队夺得一等奖；河姆渡镇团委的爱渡青年队、马渚镇团委的渚山青年队获得二等奖；市税务局团委舜穗青阳队、余姚技师学院（筹）团委的青团队、国网余姚供电公司团委姚要领先队获得三等奖。在决赛现场，还正式推出了官方IP形象“余小团”，发布了《青春时代》主题MV。

◎3月5日上午，“学雷锋忆党史，争做时代脊梁”主题活动暨阳明故里新青年logo发布仪式举行（团市委　供稿）

【余姚市新时代好少年党史宣讲活动决赛举行】 4月28日下午，“童心向党·党的故事我来讲”余姚市新时代好少年党史宣讲活动决赛在余姚市第一实验小学举行。活动开展后，共收到演讲作品58个，经过初赛、复赛选拔，15名优秀选手晋级决赛。决赛现场，选手们围绕演讲主题进行演讲。经过角逐，最终产生一等奖2人、二等奖4人、三等奖9人。同时，获奖选手被聘为“余姚市新时代好少年党史宣讲团”成员。

【习近平总书记“七一”重要讲话精神宣讲集体备课会暨青年宣讲员培训会举行】 8月4日下午，习近平总书记在庆祝中国共产党成立100周年大会上重要讲话精神宣讲集体备课会暨青年宣讲员培训会举行。会上，省基层宣讲名师赵永焕为宣讲员作专题培训辅导，详细解读了习近平总书记“七一”重要讲话精神。“舜江青语”理论宣讲联盟青年宣讲员代表进行现场宣讲和交流分享宣讲工作心得体会。会上，还举行了“舜江青语”理论宣讲联盟“七一”重要讲话精神“六进”宣讲出征仪式，为“80后”“90后”“00后”青年宣讲员代表授旗。

◎ 4月28日下午，“童心向党　党的故事我来讲”余姚市新时代好少年党史宣讲活动决赛在余姚市第一实验小学举行（团市委　供稿）

【致敬抗台救灾和抗击疫情一线志愿者行动启动】　8月19日上午，“奉献青春·感恩逆行”致敬防台救灾和抗击疫情一线志愿者行动启动。活动旨在向防台救灾和抗击疫情期间，奋斗在一线的志愿者和志愿服务组织致敬。活动中，余姚市澄禾青少年服务中心理事长王红岩作为青年志愿者代表宣读志愿服务倡议书。绿城中国宁波城市公司副总经理徐世建作为爱心企业代表发言。宁波绿城向防台救灾和抗击疫情一线志愿者捐赠1000份志愿者爱心工作包。共青团宁波市委、浙江省青少年发展基金会、宁波市志愿者协会向余姚志愿者捐赠50台净水器。活动后，余姚市澄禾青少年服务中心、小卷毛公益服务队、余姚市五职校志愿服务队、宁波绿城党工团志愿服务队参加了现场志愿服务。

【2021年余姚市“我最喜爱的习总书记的一句话”宣讲决赛举行】　9月28日晚，2021年余姚市“我最喜爱的习总书记的一句话”宣讲比赛（决赛）举行。决赛现场，选手以习近平总书记在庆祝中国共产党成立100周年大会上的重要讲话精神为重点，结合党史学习教育必读书目等鲜活教材，以学习中感触最深、收获最大的“一句话”为主题开展宣讲。经过角逐，2人获一等奖，4人获二等奖，8人获三等奖。市公安局党委、市卫健局党委、梨洲街道党工委、泗门镇党委获优秀组织奖。现场还公布了“我最喜爱的习总书记的一句话”主题征文比赛结果。该活动共收到文章118篇，共评选出一等奖3个、二等奖7个、三等奖10个。

【2021年“红领巾朗读者”决赛举行】　10月17日下午，“传承红色经典，共庆建党百年”红领巾朗读者决赛在米悦影视中心举行。活动以庆祝中国共产党成立100周年为契机，以传承红色精神为主题，旨在用诵经典、讲故事等多种形式展示自我风采，传颂革命故事，弘扬时代精神。决赛现场，选手们结合红色经典，紧跟时事主题，朗诵了红色诗文、红色故事。比赛最终评选出一等奖4人、二等奖6人、三等奖10人、优秀奖20人。同时现场通过网络投票，评选出了最佳人气奖、最佳风采奖和最佳表现奖共计25人。

【余姚团干部培训班暨共青团基层组织改革青锋训练营举行】　11月10—11日，2021年度余姚团干部培训班暨共青团基层组织改革青锋训练营在浙江省委党校四明山分校和初新营地举行，全市72家市直团（工）委书记参

◎ 10月17日下午，“传承红色经典　共庆建党百年”2021年度“红领巾朗读者”活动决赛在米悦影视中心举行（团市委　供稿）

与培训。省团校青马培训中心主管刘东海做共青团基层组织改革专题讲座《大力实施“潮头工程”夯实基层组织建设》。浙江省委党校四明山分校高级讲师陈云做专题讲座《共同富裕 浙江先行》。团市委组织部部长应佳玮为团干部做共青团基层组织改革专题培训。

（俞之暾）

余姚市妇女联合会

【概况】 2021年，市妇联启动“小姐姐微课”品牌宣讲课程，发挥宣讲团作用，共开展“小姐姐微课”公益宣讲180余场次，参与2万余人。组织动员开展以宣传倡议、文明劝导、环境整治等为内容的巾帼志愿服务活动，开展以“凝聚家力量 共建文明城”为主题的文明瞬间征集活动，助力余姚蝉联全国文明城市“三连冠”。各妇联执委和巾帼志愿者参与疫情防控。

完成妇女儿童发展“十三五”规划终期监测评估。编制“十四五”妇儿发展规划。开展“姚江巧姐”双创行动，成立“姚江巧姐”工作室，开通线上营销渠道，通过开展培训、设立“姚江巧姐”专柜、举行美食集市日等活动促进巧姐增收。举行春季女性专场招聘会，以市巾帼孵化中心为阵地，推出核心菜单和技能培训点单服务。深化“巾帼创业贷”“巾帼农创贷”和小额贴息贷款服务，提供各类免息、低息贷款共计1718万元。开展“美丽庭院”提质升级行动，划拨200万元用于美丽庭院专项建设，成功创建美丽庭院精品村8个、美丽庭院特色带（区块）5条（个）、巾帼苗圃3个，“最美庭院”、“美丽庭院”精品户、“美丽庭院”示范户等完成指标任务。开展年度各级巾帼文明岗创建申报，寻找市级巾帼建功活动先进集体6个，巾帼建功标兵30人，创建余姚市级巾帼文明岗12个。组织参加宁波市巾帼文明岗“千岗千场”学党史办实事主题展演，国网余姚市供电营业厅获优胜奖。

开展学党史赋家庭之能、搭鹊桥赋服务之能、提品质赋庭院之能、创平台赋阅读之能等四大主题活动。推送家庭阅读书单，开展“悦读·越美”读书分享会、亲子阅读快闪、“百米长卷现场绘”等活动。开展“你我携手 知心护航”家庭教育提质行动，依托社区学院成立余姚市家长学院，调整更新讲师团成员，引入家庭教育导师团。推进家庭教育分层课堂建设，按需点单，线上线下共开设课堂30余场，累计受益3万余人次。深化“hello阅读”亲子公益课堂建设，依托儿童之家、妇女微家等妇女儿童活动阵地和“小姐姐微课”“家庭教育大讲堂”等平台传播教育理念。开展平安、文明、最美、书香等各类家庭寻找活动。胡建江家庭、杨群家庭等9户家庭被推荐为“宁波市党员先锋家庭”，杨群家庭、陈建设家庭、杨敏杰家庭分别被推荐为省级第一季度、第三季度、第四季度最美家庭。发挥金石榴女律师维权服务分站、金凤工作室、基层家庭矛盾纠纷调解社会组织等作用，线上线下做实婚姻家庭纠纷预防化解工作。整合维权热线“12338”进入市民热线。建立宁波首个巾帼法治文化园，开展“平安进万家”普法宣传活动，做好“平安三率”宣传，共开展普法宣传49场，受益达13000余人次。成立兰江街道四明西路商圈妇联、梨洲街道国亿电器妇联和邦儿骨科医院妇联。完成11个重点项目承接。制定乡镇（街道）妇联工作例会制度，建立执委“四必访”工作制度，1923名妇联执委参与走访，走访家庭户41826人次。尝试市妇联干部送课、基层干部分片参与的培训模式。开展“新时代基层妇联干部推动共同富裕主题”培训班，设立执委工作室。

深化“童馨乐园”公益项目，累计为73户困境（留守）儿童改善生活学习环境。开展“守护同年”暑期牵手共成长、“把爱带回家”寒假关爱行动，用好“康乃馨”救助金、“树兰”救助金和农商行“困难母亲”等各类救助金，为100余名困难妇女送去温暖，救助金额近30万元。开展机关干部廉政教育行动。妇联机关在2021年度民主评议机关中排名前进6位，被授予市级美丽乡村建设先进集体称号和党史学习教育十佳案例优秀奖。

【“留你在姚 姐妹相守”活动开展】 1—2月，余姚市妇联开展“留你在姚·姐妹相守”主题活动，发挥乡镇（街道）妇联、村（社区）妇联、女性社会组织、巾帼志愿者、专业社会工作者等作用，开展留姚儿童关爱、留姚青年专场相亲、留姚女工技能培训、留姚女工专场招聘会等四大活动。

【“姚江芳华致敬百年辉光”余姚庆祝“三八”节纪念活动】 3月2日，余姚市妇联开展“姚江芳华致敬百年辉光”余姚市庆祝“三八”国际妇女节111周年纪念大会暨“四明女儿大宣讲”活动。9名宣讲员用先进事例展示巾帼风采，用榜样力量激励引

◎ 3月2日，“姚江芳华致敬百年辉光”系列活动之余姚市妇联庆祝中国共产党成立100周年主题访谈现场（市妇联 供稿）

领广大妇女听党话、跟党走，凝聚起“十四五”巾帼力量。活动视频于3月8日晚在余姚电视台新闻综合频道播出。同时，余姚市各乡镇（街道）妇联也开展了系列活动，包括老照片展、三八红旗手（集体）联盟成立大会、妇运知识隔空赛、抖音开播暨抖音大赛、梁弄妇儿法治文化园启用暨普法宣传进革命老区、女性社会组织微视频展、“春风送岗”招聘会、接力亮灯活动、走近来宝香干等。

【2021年度“童馨乐园·书房改造”公益项目启动】 4月23日，市妇联举行了2021年度“童馨乐园”公益项目启动仪式。该项目为6~12周岁居住环境简陋的困境（留守）儿童家庭改造全新的书房、卧室，改善学习和生活环境，截至2021年底，项目已为73户困境（留守）儿童提供公益援助。8月2日，部分受助家庭参加了“幸福圆梦 哈罗同行”公益夏令营，参与心智成长、情感培养、科学探究、团队拓展等十二大主题活动。市妇联“梦想改造家”——“童馨乐园 书房改造”项目获评余姚市“知行合一践初心、我为群众办实事”优秀实践案例。

◎ 5月，困境（留守）儿童琦琦在“童馨乐园”公益项目改造后的书房内学习（潘苗 摄）

【“小姐姐微课”在丈亭镇启动】 3月8日，市妇联在丈亭镇举行了余姚市“小姐姐微课”启动仪式暨女性健康知识宣讲活动。市妇联挂职副主席胡莺莺为部分乡镇（街道）妇联代表颁发了分基地牌匾，丈亭镇党委副书记干闻宇为部分代表颁发“小姐姐微课”宣讲员证书。启动仪式后，市人民医院大妇产科主任马建婷、甲状腺乳腺外科主任黄小娥带来了女性健康知识讲座。同时，两位专家在人民广场上进行了为期半天的义诊。

【姚江巧姐双创行动启动】 4月29日，市妇联在河姆渡举行“姚江巧姐”创业创新行动启动仪式。启动仪式上，凤山街道剪纸工作室、马渚镇刺绣居、陆埠镇厨艺小馆、梁弄镇大糕工坊、河姆渡镇编织小铺、鹿亭乡草编心舍等6个“姚江巧姐”工作室挂牌成立。同时，市妇联联合农业农村局开展的姚江巧姐高素质女性农民培训班已于4月20日开班，培训内容涉及皮具制作、布艺制作、刺绣、编织4个方面，共100余名女性参加了培训。

【四明商圈妇联成立】 4月30日，兰江街道四明西路商圈妇女联合会成立并召开第一次妇女代表大会，大会选举阶段共产生7

名妇联执委和1名妇联主席、2名副主席。四明商圈妇联为兰江街道首家“四新”（新领域、新业态、新阶层、新群体）领域妇联组织。

【“四明女儿大宣讲”党史说唱比赛举行】 6月，市妇联举行“四明女儿大宣讲”党史说唱比赛。比赛预赛于6月17日举行，共选送26个节目，最终13个节目进入决赛。决赛于6月29日在梁弄镇举行，最后评选出2个一等奖、4个二等奖、7个三等奖。

【家庭教育工作会议暨家长学院成立仪式举行】 8月18日上午，在市职成教中心举行全市家庭教育工作会议暨家长学院成立仪式，市委常委、宣传部部长、市家庭教育工作领导小组组长王娇俐参加仪式并作讲话，市家庭教育工作领导小组成员、各乡镇街道教辅室负责人、妇联主席、市直属学校（单位）负责人及全市家庭教育讲师团成员共计180余人参加了此次会议。会上，举行了余姚市家长学院揭牌仪式，并向家庭教育讲师团成员颁发了聘书。

（徐　旦）

◎ 8月18日，在全市家庭教育工作会议暨家长学院成立仪式上，市妇联向家庭教育讲师团成员颁发聘书（市妇联　供稿）

余姚市科学技术协会

【概况】 2021年，余姚市科学技术协会服务创新驱动发展。服务中国云城开展试点，建设打造云城“科创中国·宁波”创新基地，组织市级学会（协会）进云城开展技术指导和项目及科研成果转化对接，举荐云城科技工作者之家获评宁波市级科技工作者之家。年内，新建院士工作站1家（宁波加瑞信息科技有限公司），新建院士科技创新中心2家（余姚大发化纤有限公司、宁波舜邦模具科技有限公司）；转建院士科技创新中心2家（浙江中杭新材料股份有限公司、宁波天邦饲料科技有限公司）。

服务公民科学素质提升。制定《余姚市全民科学素质行动计划纲要（2021—2025）》，加强《宁波市科学技术普及条例》宣传。“老年人智能手机技能操作普及工程”累计完成11000人次。中国科学院老科学家科普教育基地开展高端科普报告34场，服务5000余人次。组织开展校园科技节、科技周、“玩转科学”和“科技创新大赛”等青少年主题科普活动。新建“余姚市青少年科普馆”，指导泗门后塘河社区成立社区科普馆。依托网站、论坛、微博、微信公众号，科普E站、科普长廊多渠道开展应急科普宣传。

服务科技工作者。市领导在“全国科技工作者日”期间带队走访慰问科技工作者代表，组织召开老中青科技工作者座谈会。分批走访慰问冯煜芳、余梦伦、俞梦孙、徐祥德等余姚籍院士和邱定蕃、赵法箴、王正国等建站院士及科技工作者代表。评选表彰年度优秀科技工作者23人，宣传报道典型事迹50余人次。举荐王志坚（浙大机器人）获评宁波市十佳“最美科技追梦人”，鲁定尧（佳音电器）、梁平（鑫高益）获评浙江省科创中国浙江企业“创新达人”。

服务党委政府科学决策。围绕党委政府中心工作，鼓励市级学会（协会）开展科技创新项目申报和举办专业论坛，中国电动测试学会电工测试委员会余姚服务站举办“智能控制自动化技术应用论坛”。市水利学会、中国水利学会宁波（余姚）服务站举办主题科技沙龙和学术年会，并获中国水利学会来信点赞。市老科协开展“关于加大‘节水型企业’创建力度的研究与建议”的课题研究获市领导批示。

加强自身建设。完成市级学会年检，指导市甲鱼产业协会、市水利学会换届选举，指导成立余姚市机器人与智能装备学会，新建园区科协1家（中国云城），新建企业科协2家（宁波纯派、宁波大发化纤有限公司），对4家院士工作站和2家学会服务站进行年度考核。加快科协数字化改革，完成科协统一工作平台数据库建设任务，梳理制定科协核心业务8项，点亮“党政机关整体智治专题门户”。

【叶枝利慰问科技工作者】 5月26日第五个“全国科技工作者日”前夕，市委副书记叶枝利带队走访慰问余姚市部分科技工作者，包括浙江大学机器人研究院王志坚、英苗农机服务专业合作社朱涛，并向全市广大科技工作者致以节日的问候，希望广大科技工作者继续投身科技创新实践，在各自科研领域取得更大突破，为余姚市发展作出新贡献。

【老中青科技工作者代表座谈会举行】 6月11日，“迎建党百年、谈心路历程”老中青科技工作者代表座谈会在鑫高益医疗设备股份有限公司举行，市政协副主席朱卫东、市科协主席张志红、市优秀科技工作者代表参加座谈会。科技工作者围绕建党百年主题，结合个人成长历程和各自工作实践，谈体会、谈认识、谈打算，一致表示坚决贯彻落实习近平总书记重要讲话精神，特别是习近平总书记在两院院士大会和中国科协十大上的重要讲话精神，展示新时代余姚科技工作者的良好风貌。

【全国科普日活动举行】 9月23日，2021年余姚市全国科普日活动启动仪式暨现场科普活动在玉皇山公园举行。宁波市科协一级调研员王标、余姚市委常委毛丕显出席活动。市科协在现场开展“三模”表演、专家义诊、科普咨询等科普活动。

（谢凯悦）

余姚市工商业联合会（总商会）

【概况】 2021年，组织20家企业与四川大凉山昭觉县20个村开展帮扶结对活动，落实社会力量帮扶资金118万元。家属联谊会“小善大爱”第三年为部分松阳贫困学子提供爱心午餐。

◎ 9月23日，2021年余姚市全国科普日活动启动仪式暨现场科普活动在玉皇山公园举行（市科协　供稿）

与余姚市公安局共同发起的“余姚市工商联（总商会）警企服务工作站”和在乡镇街道（直属）商会成立的“警企服务工作室”实现迭代升级，被选为全国工商联2021年度“工商联法律服务在行动”法治体检创新案例。与市法院合作建立“余姚市民营企业司法服务联络站”和“基层民营企业司法服务联络点”。

与税务局、科技局、商务局举办3场“亲清直通车·政企恳谈会”，30多家企业参加恳谈会。共梳理汇总意见和建议40多条，及时报送至相关部门，并进行跟踪落实。成功申报舜韵、宇华电器、欧伦泰为清廉民企创建单位、余姚市裘皮商会为清廉商会创建单位。

定期开展企业运行状况调查、营商环境调查等专项调研工作，动态了解企业经营情况和意见诉求。2021年，《关于尽快出台法律法规推进城市更新的建议》《工业厂区土地利用率低亟待竞争性改造激发活力》被全国工商联办公厅录用。积极组织企业参与民营企业社会责任调研工作、上规模民营企业调研、民营企业劳动关系监测调查问卷、全国营商环境评价调研等10多起调研工作，被评为省民营企业调查点工作先进单位。

赴上海参加主题为“同心同向，扶姚直上”余姚市上海商会第一届第三次会员大会暨“抓住新‘基’遇，赋能新业态”高峰论坛，促成余姚市上海商会与大岚镇乡村振兴项目落地。赴杭州参加杭州市余姚商会三届二次会员大会；赴青岛参加青岛市宁波商会第四届第一次会员大会暨15周年庆典，并走访余姚市青岛商会，考察在青姚籍会员企业。新建异地商会（余姚市深圳商会）1家。聘请戎伟军、叶辽

◎ 5月6日下午，市“亲清园”揭牌仪式在市工商联举行
（市委统战部 供稿）

宁等7位余姚市优秀企业家为创业导师，余姚市新生代企业家联谊会创业导师、余姚市工商联（总商会）副主席（副会长）、富诚汽车零部件有限公司董事长方叶盛为新生代企业家们作了创业经验分享。

【市工商联工作获评“创新中国”最佳案例】 1月19日，中华工商时报社公布了工商联（商会）工作2020年度“创新中国”最佳案例榜单，余姚市工商联申报的《护航民企发展，推动基层商会“警企之家”全覆盖》获评最佳案例。据悉，全国仅有20家县级工商联获此奖项，全省仅3家，余姚市工商联是其中之一。

【余姚市“亲清园”揭牌仪式举行】 5月6日，余姚市“亲清园”展示厅揭牌仪式在市工商联举行，宁波市工商联副主席陈彩月，余姚市委常委、统战部部长蒋士勇参加。“亲清园”展示厅内容包括姚商精神、历史沿革、会员风采、杰出姚商、服务联盟、特色产业、余姚经济人士之家等板块。“亲清园”内设立有“亲清讲堂”，为广大企业家提供最新政策资讯、生产经营新思路新策略等内容，并组织机关干部开展党风廉政教育、理想信念教育。

【温州市新生代企业家联谊会到余姚开展青蓝访学创新之旅活动】 2021年5月，温州市新生代企业家联谊会到余姚开展青蓝访学创新之旅活动。先后来到甬矽电子（宁波）股份有限公司、舜宇集团新基地以及神通科技集团股份有限公司的新厂区，学习企业发展经验，寻求企业合作。同时，温州、余姚两地企业家座谈会在余姚举行。

（陈 枭）

余姚市文学艺术界联合会

【概况】 2021年，余姚市文联围绕市委、市政府工作大局，认真履行团结引领、联络协调、服务管理、自律维权职能，继续加大文艺精品创作和文艺人才培养，组织开展重大文艺活动，进一步加强下属协会和基层文联组织建设，为全市建设社会主义现代化先行市贡献文艺力量。年内，召开市文联第十次代表大会，选举产生十届委员会委员和新一届领导班子。进一步梳理基层会员信息，做好文联会员数据库信息录入工作。运营好余姚文联门户网站和“余姚文联”公众号、微博等互联网平台，开通“余姚文艺”百家号，扩大优秀文艺作品的社会影响力。

年内，深入开展党史学习教育。市文联明确指导思想和目标要求，制定专题学习、专题宣讲、专题宣传、专题实践活动和专题民主生活会五方面的活动计划，做到规定动作不折不扣，自选动作有声有色。通过中心组学习、周二夜学等方式，系统学习了习近平总书记关于党史学习教育的重要论述等内容，开展了一系列主题实践活动。严格执行《市文联党组落实意识形态工作责任制“十不准”规定》，切实加强对组织创作的文艺作品、出版物和展览展示展演、杜鹃花奖评选的监管，尤其是加强庆祝中国共产党成立100周年的各项文艺活动审核把关和监督管理，确保坚持正确政治方向。严管网上文艺，加大协会微信公众号和文艺家个人公众号、微博号管理力度，做到时刻关注，严格把关。

参与美丽城市、乡村振兴建设。在城东路提升工程、新西门—竹山江桥段绿道建设工程、凤山街道唐诗之路打造工程中，组织文艺家协会对工程的建设规划、景观打造等提供文艺支持。积极参与阳明古镇建设，民协、美协、书协、收藏家协会等以挂牌入驻、组织活动等形式，为古镇提供优质的文艺服务。积极配合做好疫情防控工作。春节开展送文艺下乡进企活动，通过书协送春联、摄协拍摄全家福、美协举办迎春画展、剧协举办姚韵越音新春文艺晚会等活动，响应政府号召，引导新余姚人“在姚过年”。唱响时代主旋律，开展系列主题活动。组织开展“百年辉煌·艺心向党”2021年余姚市第六届“文艺与新时代同行”暨庆祝中国共产党成立100周年系列活动，先后举办长三角青年诗人改稿会、宁波市第七届改稿会、“奋斗百年路 启航新征程”庆祝中国共产党成立100周年文学征文大赛、余姚市美术书法摄影采风创作活动、“丹青颂歌·三人吟”中国画联展、“颂歌献给党”红色经典歌曲大赛等重大活动23场。

始终抓紧抓实主题文艺创作，持之以恒抓好“出精品、出人才”工作，扎实推进中国共产党成立100周年主题文艺创作重点项目。《江南聊斋》和《带不走的处方》两部作品获得省优秀文学奖，列宁波各县（市、区）首位。文学评论《如何发现当代微型小说内部的秘密》、散文诗集《大地的诗篇》、短篇小说《温润的夜》、民间文学《山村访古玉》、歌曲《巍巍四明山》被列入2021年余姚市文化精品工程重点项目。评论集《如何发现当代微型小说内部的秘密》、民间文学《山村访古玉》、国画《城市音符》3件作品被列入宁波市文联重点扶持项目。组织开展余姚市第六届优秀文艺作品“杜鹃花奖”评选工作。通过广泛组织发动，共收到参评作品112件，评选产生金奖2件，银奖14件，铜奖30件，优秀奖30件。

全年共有14人发展成为国家级会员，全市国家级会员达到70人，有17人发展成为省级会员，全市省级会员达到264人。民协会员褚纳新被评为宁波宣传文化系统六个一批人才。剧协会员章旺、魏东获2021年度宁波市“春蕾计划”青年文艺人才称号。范江明越窑秘瓷工作室传承基地成功申报越窑青瓷烧制技艺，谢阁老传说传承人褚纳新、木偶摔跤传承人钱百君、余姚剪纸传承人韩波玲入围第六批宁波市级“非遗”代表性项目、代表性传承人名单。

深化“三服务、强四力”主题实践，发挥文艺优势服务经济社会发展，扩大覆盖面，增强实效性，组织各文艺家协会广泛开展文艺活动，发动文艺志愿者积极参与新时代文明实践中心建设，实施文艺志愿者服务农村文化礼堂活动，在阳明、凤山等10个乡镇（街道）开展宁波市青年文艺人才下基层帮扶活动，向基层输送文艺活动和师资力量。围绕春节、元旦等传统节庆日，持续深入开展送书画下乡、送春联进万家、公益摄影送农民工返乡等活动10余场。组织凤山、马渚文联参加宁波市红杜鹃基层文艺社团健康舞大赛，获得优秀奖；参加“赞歌颂党”新宁波人歌唱大赛，1人获铜奖。

◎ 1月11日，余姚市文学艺术界联合会第十次代表大会举行
（市文联 供稿）

【市文联第十次代表大会举行】 1月11日，余姚市文学艺术界联合会第十次代表大会举行。大会听取和审议了余姚市文学艺术界联合会第九届委员会工作报告；审议通过了《余姚市文学艺术界联合会章程》；选举产生了余姚市文学艺术界联合会第十届委员会。

1月11日下午，市文联第十次代表大会闭幕。在此前举行的市文联十届一次全委会上，徐然当选为市文联第十届委员会主席。

【宁波市第七届故事会演讲比赛收官】 3月20日，“追寻红色印记·筑梦时代先锋”——宁波市第七届故事会演讲比赛在余姚梁弄镇横坎头村收官。该活动是市文联2021“文艺与新时代同行暨百年伟业·艺心颂党”庆祝中国共产党成立100周年系列活动之一。参赛作品围绕浙东抗日根据地的创建发展历程，讲述建党百年间发生在四明大地上的感人故事和梁弄镇党员群众建设“全国革命老区全面奔小康样板镇”的典型事迹。故事会比赛分少儿和成人两场。来自宁波各县（市、区）曲协、三江曲苑、宁波四明曲艺团、少儿曲艺传承基地等48名故事员共同参赛。余姚选手郑静参赛的《那片湖》，在比赛中获得成人组二等奖。

【余姚市美术书法摄影采风创作活动开展】 5月14日上午，庆祝中国共产党成立100周年余姚市美术书法摄影采风创作活动启动仪式在梨洲街道革命历史纪念馆举行。市美术、书法、摄影艺术家及梨洲街道文联骨干成员共50余人参加现场活动。采风创作团一行先后参观了梨洲街道革命历史纪念馆、宁绍特委秘密联络处旧址、黄明烈士故居、上王岗革命史迹陈列馆、四明云顶和达人山庄，并进行现场写生。7月1日，余姚市美术书法摄影采风创作成果展在阳明古镇文德园开展。展览选取了100件优秀作品，其中美术作品30件，书法作品30件，摄影作品40件。

【“三人吟”王国瑞、俞祥忠、俞建立中国画作品展开幕】 5月28日下午，“三人吟”王国瑞、俞祥忠、俞建立中国画作品展在余姚阳明电商园区阳明艺术馆开幕。此次画展是市文联开展“百年辉煌·艺心向党”2021余姚市第六届“文艺与新时代同行”暨庆祝中国共产党成立100周年系列活动之一。画展作为赴宁波美术馆展览的预展，是继2015年6月首届“三人吟”中国画展以来三位国画家对传统绘画不懈探索与创新追求的阶段性总结，也是诠释“三人吟”中国画作品系列展现实品格与现实精神的理念坚守。此次共展出近70件画作。

【余姚市红色经典歌曲大赛总决赛举办】 6月19日晚，“颂歌献给党”余姚市红色经典歌曲大赛决赛在余姚宾馆举办。此次红歌大赛作为第八届市百姓文化节、第六届“文艺与新时代同行”系列活动之一，从4月启动，共有300余名选手参与比赛，经过初赛、复赛，共有16名选手和团队进入决赛，决赛共评选出十佳优秀奖和6个单项奖。决赛后，中共余姚市委常委、宣传部部长王娇俐为十佳优秀奖颁奖。

【余姚市民间收藏品特展举办】 6月19日上午，由市文联、市档案局主办，市收藏家协会承办的民间收藏品特展在位于阳明古镇府前路历史文化街区的市古玩艺术品会展中心开幕。展览持续至7月6日。展览是“百年伟业·艺心颂党”2021余姚市第六届“文艺与新时代同行”暨庆祝中国共产党成立100周年系列活动之一，也是市古玩艺术品会展中心开馆首展。展览分红色藏品区和民间藏品区两个区域，共展出藏品200余件。

（沈亚云）

◎王国瑞画作《四明红叶》（市文联　供稿）

余姚市残疾人联合会

【概况】 2021年，余姚市落实残疾人两项补贴政策，累计发放重度残疾人护理补贴3804.98万元，惠及14651人次；发放困难残疾人生活补贴4173.65万元，惠及8163人次。投入380余万元为24826名残疾人免费参加了综合医疗保险，防止因病致贫、返贫，为8200余名残疾人提供城乡居民基本医疗养老保险补助。

全年安装假肢、矫形器等45个（只），验配助听器、助视器和智能眼镜等98台，适配辅具器具384件，提供辅助器具租赁服务50名，完成脊髓损伤伤友训练、运动功能康复训练、精神作业治疗等13人。发放残疾儿童和少年定点机构康复补助156万元，受惠86人。承办宁波市精神残疾人及其亲友团体心理辅导培训班，发放精神病人服药专项救助卡3674张，实现精神残疾人服药费用“全保障”。阳明街道社区卫生服务中心成功创建为宁波市级成年肢体康复治疗及训练机构。启动市妇幼保健院残疾儿童康复定点机构创建工作。24017名持证残疾人得到康复服务，康复服务率达到100%，对22911名持证残疾人实施家庭责任医生签约服务，签约率92.6%，其中三类重点人群做到应签尽签。

实施贫困残疾人重大疾病和精神患者住院医疗救助特惠政策，共救助140余人，补助资金40余万元。为遇到突发性事件或临时有急难事的残疾人136人次提供临时救助资金27.49万元；为贫困残疾人家庭子女412人次提供助学帮扶资金110.39万元；为50户残疾人种植户提供无偿扶持资金10万元。

办理残保金抵扣备案手续企业达400余家，涉及近1900名残疾人。切实抓好残疾人之家考核的目标任务，有残疾人之家21家，完成1家星级提升，有2家申报五星级残疾人之家，安置残疾人400余人。完成兰江街道锦凤社区省级无障碍社区创建工作，完成残疾人家庭无障碍改造104户。组织参加全国第十一届残运会暨第八届特奥会，荣获8金4银2铜成绩。开展助残志愿服务活动70余次，服务残疾人4000余人。

【第三期困难残疾人家庭“净居亮居”项目启动】 4月29日下午，余姚市残联在余姚市低塘街道历山公园开展第三期困难残疾人家庭“净居亮居”项目启动仪式暨“四访四助”助残服务活动。困难残疾人家庭“净居亮居”改造项目是由宁波市残疾人福利基金会联合宁波市慈善总会发起的，余姚市残疾人联合会执行，

◎ 2021年10月，王益楠在全国第十一届残运会暨第八届特奥会上收获4枚金牌（市残联 供稿）

◎ 4月19日，余姚市困难残疾人家庭“净居亮居”改造项目第三期启动仪式暨“四访四助”助残服务活动在低塘街道历山村文化公园举行（何郑巧 摄）

采用“政府引导、残联牵头、社会参与、残疾人受益”的运作模式，对困难残疾人家庭实施无障碍设施改造、水电气安全隐患排除、厨卫设施功能提升、屋顶修葺和墙面粉刷等，帮助改善家居生活环境，提升生活质量。第三期项目对象为低塘街道、牟山镇、马渚镇共9户困难残疾人家庭。同时，仪式上还向浙江省残疾人福利基金会、宁波市残疾人福利基金会、宁波市慈善总会等单位赠送了锦旗。

【宁波市暨余姚市第十五次全国特奥日活动举办】 7月17日上午，宁波市暨余姚市第十五次全国特奥日活动在余姚市举办。活动通过运动健身比赛的方式，设立了50米跑、100米跑、200米跑、400米跑、立定跳远、跳高和跳远七个项目，选拔参加全国特奥会田径项目优秀运动员。

（叶小芬）

余姚市红十字会

【概况】 2021年，《余姚市红十字事业发展“十四五”规划》出台。余姚市红十字会承办“红十字心向党——坚守人道初心·弘扬奉献精神”宁波市红十字系统纪念第74个世界红十字日宣传活动，举办“我为建党百年献血样——造血干细胞集中采样活动”、“光辉历程·红十字同行”知识竞赛及“红十字心向党”微视频选送活动。2021年，余姚市红十字会发展成人会员11982人，“红十字”注册志愿者3445人。新建“三好”红十字基层组织21家，累计超过100家。举办博爱家园项目建设现场会，新增梨洲街道三江口社区、泗门镇万圣村2个博爱家园，累计达到7个。

全年募集爱心款物399万元，其中接受“河南洪灾”、台风“烟花”、“余姚抗疫”捐赠款物共135.57万元。支出460万余元，救助7000人次。“99公益日”发起“为凉山孩子送新衣”“余姚红十字博爱家园”项目，分别募集资金5.01万元和1.13万元。开展“红十字博爱送万家”“红十字伴你‘童’行”等慰问及白血病、先天性心脏病、自闭症孩子人道救助活动。

余姚市红十字会联合市减灾委员会等单位开展第13个全国“5·12”防灾减灾日宣传活动，同市应急管理局签订《应急联动工作机制框架协议》。新设200余平方米备灾救灾仓库。4支市属救援队参与余姚“烟花”灾后救援，共转移受困群众500余人次，处理险情30余起。组织救援队走进“家长学校”“假日课堂”“社区公益课堂”“防溺水公益课堂”，为50余个村、社、校的青少年学生及市民群众普及防灾减灾和自救互救等知识与技能。新增救护员3497人，普及培训29457人次。新投放AED(自动体外除颤仪）21台，累计达到108台，对高危体育行业等人员开展救护培训，新设老年大学救护培训点。救护员参与“马自骑”等大型赛事、重大活动安保6场。2名救护员被省委宣传部等四部门联会授予“最美救护员”称号。救护员韩丹凤雨中救人事迹——“大雨中的撑伞姐”登上《中国红十字报》头版及近百个媒体。

市属14支专业化志愿队开展志愿服务350余场，服务时间3900余小时。海燕队的“防溺零计划”——青少年防溺水进校园志愿服务项目获宁波市红十字会志愿服务项目扶持。

全市新增造血干细胞捐献志愿者157人，实现捐献2例。新增器官、遗体（角膜）捐献登记志愿者917人，实现遗体捐献2

◎ 5月22日，红十字极速救援队参与“大叶工业”杯2021余姚市第五届24小时公益跑暨场地接力赛赛事保障工作（市红十字会 供稿）

例，角膜捐献3例，器官捐献1例。组织“三献”志愿者、捐献者（家属）代表举办外出感恩活动及清明缅怀活动。在“浙里办”、“数字红会”及微信公众号等平台开通筹资功能。使用“浙里办”平台进行造血干细胞捐献志愿者填报登记。

【“红十字博爱送万家”活动开展】 1月7日，市红十字会2021年“红十字博爱送万家”慰问活动正式启动。实行市、镇、村三级联动，走访慰问造血干细胞捐献者，人体器官、遗体（组织）捐献者家庭，捐献志愿者困难家庭以及山区困难学生、麻风病休养员等困难群体。全市发放慰问款物160余万元，惠及困难群众2000余人次。

【对口帮扶工作开展】 3月30—31日，委派救护师在望谟县人民医院开设救护员培训班，采取理论讲解、实操演练和考试考核相结合的方式为县直机关干部进行授课。

9月9日，市红十字会发起“为凉山孩子送新衣”公益项目，筹集的6.6万元爱心善款全部用于为昭觉县希望小学的孩子们购买280件羽绒服。同时向昭觉县拨付5万元助学金，用于改善昭觉县困难家庭学生的学习生活条件，受助学生309人次。

【“24小时公益跑”赛事活动开展】 5月22日，由市红十字会、市文广局等单位主办的“大叶工业”杯2021余姚市第五届24小时公益跑暨场地接力赛在全民健身中心开展。28支长跑队伍，近600名选手“为爱而跑”，以“每跑1千米，捐献1元钱”的模式转化为捐款，用于关爱困境、留守儿童公益项目。活动累计奔跑总数9518千米，赛事组向红十字会捐出1万元。红十字极速救援队全程参与赛事保障。

【“世界急救日”活动开展】 9月8日，市红十字会在世南中学开展了一堂以“做学校社区急救英雄”为主题的救护知识普及培训课。课前为每位学生发放急救知识读本，给每个班赠送一个急救包，课间向大家讲解拨打急救电话、气道异物梗阻等日常急救知识，并与学生积极展开互动。“世界急救日”期间，市红十字会开展了救护培训进校园、进社区、进军营等活动。

【2人实现造血干细胞捐献】 4月9日，单海涛在宁波一院完成141毫升造血干细胞混悬液的采集。成为余姚市第10例、宁波第118例、全省第676例非血缘关系造血干细胞捐献者。

7月16日，丈亭中心卫生院健康管理中心主任李亿在宁波一院完成252毫升造血干细胞混悬液的采集。成为余姚市第11例、宁波第121例、全省第702例造血干细胞捐献者。

（市红十字会）

法治·军事

政法工作

【概况】 2021年，市委政法委以庆祝中国共产党成立100周年维稳安保为主线，实现平安余姚建设“十五连冠”，捧回省平安建设“一星金鼎”，被命名为2017—2020年度“平安中国建设示范县”。全年共发现各类涉稳线索信息1500余条，全年各类安全生产事故起数、死亡数同比分别下降72.2%、51%，未发生“一票否决”事项，实现了经济发展与社会稳定同步推进、社会治理与平安建设水平同步提升的良好局面。

【维稳安保工作】 在全国“两会”、庆祝中国共产党成立100周年、国庆、中共十九届六中全会等重大会议、节点期间启动维稳安保等级响应机制。响应期间，先后与宁波视频连线11次，开展日会商25次，下发任务清单17份。

【“平安余姚”建设】 2021年，余姚实施平安建设提升行动，持续开展平安小区、平安乡村建设，聚焦打击电信（网络）诈骗，防范交通、安全生产事故等专项整治；常态化开展扫黑除恶专项斗争；举办“不忘初心跟党走、远离邪教享安康”宁波市反邪教宣传月启动仪式。全年平安建设各项指标持续向好，集体访人次下降17.3%。

【“数字法治”改革】 2021年，余姚在数字法治改革领域取得新进展。基层社会治理“阿拉一起来”品牌持续深化，形成了乡镇（街道）线上发起联合巡查、会商、执法申请的闭环管理机制；全市“社会治安风险综合评价”应用场景被列入全省数字赋能社会治理现代化场景省级指定揭榜认领项目；市法院的“诉查查”和“5G+VR，E站法庭”，市检察院的“特定案由的刑事案件嵌入式办案系统辅助”“乡村检察官云平台”作为线上检察履职载体均被列为省级项目。

【政法队伍教育整顿】 统筹推进全市政法队伍教育整顿。综合运用自查自纠、组织查处等手段，办结宁波市委教整办移交问题线索21件、宁波市纪委、市监委

◎7月19日，2021年宁波市反邪教宣传月启动（市委政法委 供稿）

◎ 4月1日，全市政法队伍政治轮训暨政法英模事迹报告会召开

（市委政法委　供稿）

转办问题线索4件，主动向组织说明问题10人次，立案查处4人次。

（龚　易）

法治政府建设

【概况】 2021年，余姚市持续推进依法治市工作，将法治建设有关要求纳入全市“十四五”发展规划和二〇三五年远景目标纲要，做到同步谋划、同步部署、同步推进。召开市委全面依法治市委员会第三次会议暨市委法治余姚建设工作会议。出台《法治余姚建设规划（2021—2025）》《关于进一步推动党政主要负责人履行推进法治建设第一责任人职责的实施意见》，并将法治建设第一责任人履职情况列入年终述职内容，通过党委（党组）中心组学习、“周二夜学”等方式，切实推动全市干部以习近平法治思想推动工作。制订《2021年法治余姚建设重点工作清单》《法治余姚建设六大抓手实施方案》并抓好贯彻落实，指导临山镇成功创建为第一批宁波市法治建设示范乡镇，确定泗门镇、小曹娥镇为省、市两级法治化综合改革试点乡镇。配合宁波市对余姚市法治督察工作，有序开展本级法治督察工作。

深化法治政府建设。高质量完成市级层面法治政府建设工作报告（2015—2020年）。抓好“双下降”“以案治本”专项行动和机关负责人出庭应诉工作，发布2020年出庭应诉情况通报，制定下发《余姚市行政机关负责人行政诉讼出庭应诉工作规定》，并将出庭应诉纳入法治政府建设考核内容，向机关、乡镇（街道）发送出庭应诉通知函22份，会同市政府督查室督查7次。全年行政复议、诉讼发案量共149件，下降15.3%，其中行政复议发案量72件，下降20%，行政诉讼发案量77件，下降10.5%，败诉率6.19%，完成“双下降”目标。召开全市府院府检联席会议，规范全市行政行为。组织开展行政机关“旁听百场庭审活动”，全市24个执法部门分管领导及科室负责人50人参会。推进行政复议基层受理点建设，拟定工作机制、职能、场地及人员。提升行政执法人员依法行政水平和执法监督质效。组织综合法律知识集中培训200余人次，对全市50多个行政执法单位的行政执法证开展换发工作，注销执法证307本，市直部门、乡镇（街道）持证率分别达到93.9%、90.4%，位居宁波各县（市、区）前列。开展轻微违法和证明事项告知承诺制专项执法监督和败诉败议案件个案监督，共梳理承诺事项140项，制发行政执法监督建议书18份、行政执法监督通知书8份。

提升政府法律事务水平。编制并公布全市112项重大行政决策目录，并开展“色域化”追踪管理工作。2021年，全市21个乡镇（街道）累计审查行政合同、规范性文件、重大行政决策、重大执法决定等涉法事项1074件，审查意见采纳率达98.9%，乡镇（街道）作为被复议行政机关的案件占比从2020年的19.1%下降到12.5%。马渚镇“两圈一圆桌”模式入选省合法性审查“最佳实践”点。实现规范性文件源头管控、动态清理。全年共审查规范性文件26件、备案19件，同时针对“烦企扰民”、行政处罚、人口与计划生育等方面规章、和规范性文件开展专项清理。高质高效完成立法调研任务和各界意见征求工作，对36个规章条例实施意见等文件提出155条意见和建议。通过明确要求、加强监管、定期备案梳理等途径，有效规范全市行政机关合同合法性审查备案工作。被列入第一批试点管理单位的13个部门和3个乡镇（街道）在宁波市政府法律事务管理平台录入行政合同257份。

【开展“4·15”国家安全教育日活动】 4月15日，余姚市司法局开展第六个“4·15”全民国家安全教育日普法宣传活动，打造“1+1+1”普法模式。抓一个数字平台。运用“互联网+法治宣传教育”形式，利用全市政务微信、微博、抖音等新媒体宣传矩阵开展“指尖普法”活动。在各平台推送国家安全法、网络安全法、反间谍法、反恐怖主义法等国家安全重点法律法规；借助全市463个楼宇普法宣传点滚动播放国家安全日相关法律法规。抓一支普法队伍。开展“街头普法”活动，组织司法所工作人员、党员干部、热心群众组成“普法小分队”在乡镇街头、农贸市场周边开展普法宣传活动，向群众分发普法“大礼包”和普法纪念品。抓一个重要节点。利用全面开展新冠疫苗接种的契机，走进“方舱”接种点进行普法宣传。工作人员在等候区积极配合保证现场秩序，提供咨询、疏导等服务，在留观区宣传发放习近平法治思想、民法典、《浙江省数字经济促进条例》等资料。

【市委全面依法治市委员会第三次（扩大）会议暨市委法治余姚建设工作会议召开】 7月9日，市委书记、市委全面依法治市委员会主任奚明主持召开市委全面依法治市委员会第三次（扩大）会议暨市委法治余姚建设工作会议。会上，市委副书记、政法委书记、市委依法治市办主任叶枝利汇报《2020年法治余姚建设工作情况报告》《2021年法治余姚建设重点工作清单》起草情况及法治余姚建设“六大抓手”前期工作情况。市综合行政执法局、市房屋征收管理中心、阳明街道、低塘街道主要负责人作履行推进法治建设第一责任人职责情况述法报告。会议讨论审议了《2020年法治余姚建设工作情况报告》、市委全面依法治市委员会四个协调小组2020年工作情况报告、《2021年法治余姚建设重点工作清单》、法治余姚建设“六大抓手”实施方案相关内容。奚明发表讲话。市领导徐云、叶枝利、王娇俐、林伟、余烽、黄和庆出席会议。

（赵辰芳）

◎4月15日，第六个“4·15”全民国家安全教育日普法宣传活动现场（市司法局　供稿）

公　安

【概况】 2021年，市公安局共有6个职能科室和23个直属机构，下属23个派出所。共有民警906人、辅警1318人、机关工人14人、事业编制职工17人，民警数占全市户籍人口1.08‰。年内，全市未发生重大群体性事件、重大恶性刑事案件、有影响的涉黄涉赌涉枪治安问题、较大以上交通和火灾事故。全市共受理案件2.09万起，与上年相比上升10.6%；刑事案件立案6104起，与上年相比上升37.9%，盗抢骗侵财型案件立案10740起（包括治安案件），与上年相比上升15.4%，破获侵财型案件1247起，与上年相比上升22.5%，刑事拘留2670人，移送起诉2774人；行政案件立案1.48万起，查处5417起，行政拘留3028人。年内，市公安局4个集体、50名个人立二等功，238个集体、1500名个人受到上级各类表彰奖励。

【惩治违法犯罪】 **打击刑事犯罪** 市公安局建强侦查中心，打防治理电信网络诈骗，开展打击跨境赌博犯罪活动、“扫黄禁赌”等专项行动，打击“整治枪爆”“盗抢骗”“黄赌毒”“食药环”等违法犯罪。全年刑事案件共立案6104起，同比上升37.9%；破获刑事案件2370起，同比上升47.7%，刑事案件破案率38.8%，与上年相比上升19.1%。移送起诉犯罪嫌疑人

2774 人，同比上升 25.2%。

命案侦破 全市共发命案 5 起，破获 5 起，破获命案积案 1 起，共抓获犯罪嫌疑人 8 人。

常态化扫黑除恶 市公安局成立扫黑除恶大队，常态化开展扫黑除恶工作。全年完成上级下发线索 28 条，抓获犯罪嫌疑人 449 人，侦办涉网黑恶团伙 7 个，破获案件 159 起，移送起诉恶势力犯罪集团案件 7 个，冻结扣押资产 1 亿余元，侦办宁波大市仅有的 2 起省厅督办案件。

打击涉黄涉赌犯罪 市公安局推进“利剑 2 号”扫黄专项行动。全年共侦办涉赌刑事案件 239 起、行政案件 602 起，其中跨境赌博刑事案件 101 起，捣毁涉案团伙 45 个，摧毁实体赌场和网赌平台 29 个，抓获违法犯罪嫌疑人 761 人，冻结扣押资金 4100 余万元；侦办涉黄刑事案件 37 起、行政案件 196 起，打处涉黄犯罪嫌疑人 84 人。

◎ 6 月 1 日，市公安局举办“警移同心　反诈同行”系列活动（市公安局　供稿）

◎ 6 月 8 日，余姚市举行禁毒教育基地揭牌仪式暨全民禁毒宣传月启动仪式（市公安局　供稿）

打击预防通信（网络）新型侵财犯罪 市公安局贯彻落实宁波市“3·24”“5·14”会议部署要求，有序推进宣防、预警、打击三方面工作。全年共受理电信网络诈骗案件 2250 起，同比上升 5.5%，损失金额 1.1 亿元。其中，立案 1892 起，共打处电信网络诈骗犯罪嫌疑人 623 人，移送起诉犯罪嫌疑人 551 人，移诉案件 2123 起，摧毁涉“两卡”团伙 20 个，挽回经济损失 120.98 万元，成功预警劝阻 401 人、劝阻金额 1781.98 万元。

打击毒品犯罪 市公安局采购禁毒数据技术服务项目“风洞”系统，开展“云战 6 号”“云战 7 号”“净边 2021”“一打三防”“平安关爱”专项行动。全年共移送起诉涉毒犯罪嫌疑人 60 人，查获吸毒人员 77 人，社会面吸毒人员累计尿样检测 19977 人次、毛发检测 11506 人次。

打击经济犯罪 市公安局加强防范化解金融风险、打击突出经济犯罪、服务经济高质量发展。全年共受理经济案件 87 起，立案侦查 85 起，破案 59 起，抓获犯罪嫌疑人 81 人，涉案总金额 2.8 亿余元，挽回损失 2500 余万元。

打击涉枪涉爆违法犯罪 市公安局推进打击整治枪爆违法犯罪专项行动，核查上级下发涉枪、涉爆线索 22 条，治安处罚涉枪人员 3 人，抓获涉枪犯罪嫌疑人 3 人，破获 1 起公安部督办涉爆案件，刑事处罚 4 人，捣毁销售储存烟花爆竹窝点 6 个，查扣非法烟花爆竹 1611 箱。

打击食药环违法犯罪 市公安局重点打击水环境污染、矿产资源非法开采以及禁渔期非法捕捞等违法犯罪，加强部门间沟通联络，先后开展“净水清源”、矿产资源非法开采等联合整治行动。全年共侦破危害食品药品、污染环境等案件30起，采取刑事强制措施111人，与上年相比上升32%，其中1起公安部督办案件入选浙江公安机关2021年度打击生态环境领域犯罪“剑锋”统一收网行动“十大”典型案例。

监管工作 市公安局发挥监所教育引导作用，抓好疫情防控和防汛抗台期间监所内人员安全工作，其中拘留所报送的案例被评为全省司法拘留社会矛盾化解优秀案例。全年余姚市看守所入所3157人次、出所3233人次，余姚市拘留所入所3297人次、出所3194人次，均未发生被监管人员脱逃及非正常死亡等案事件，疫情防控期间实现“零输入、零感染、零减员”。

反恐工作 市公安局核查反馈触网预警1056条，检查重点行业单位及场所971家，共发现问题和隐患144处，下发专项检查通报4期，开具问题整改通知书16份，约谈责任单位1家。

【行政管理】 **行政审批工作** 市公安局推进政务服务2.0平台应用，打造梁弄警务服务中心“一窗通办”样板，深化政务服务“集成办”“就近办”“网上办”。全年共受理政务服务办件123497件，其中政务服务2.0平台及互联网申报件111774件，网办率98.93%。

“枫桥式公安派出所”创建 市公安局对标省厅、宁波市局各项创建要求，以“枫桥指数”评估工作为抓手，积极指导派出所开展“枫桥式公安派出所”创建工作，推荐上报省级枫桥式公安派出所1家，宁波市级枫桥式公安派出所1家。

犬类治理 市公安局推出“我要养犬”警务品牌，会同市综合执法局开展贯彻全年的犬类专项整治行动。全年共清理收容街面流浪犬、无主犬1172只，办理电子犬证2938个，教育劝导养犬不合规行为2800余人次，查处无证养犬等行为130起、罚款3.2万元，处罚不文明养犬行为242起，全市涉犬纠纷、犬只扰民警情同比下降60%。

出入境管理 市公安局批准公民因私出国（境）4823人次，与上年相比下降41.8%，其中批准公民因私出国519人次，出境4304人次；接待临时到余姚的国（境）外人员3878人次，与上年相比下降22.7%；新增法定不准出境人员数据3915条，报列出入境管控“黑名单”数据174条；查处“三非”案件18起，遣返9人。

道路交通安全管理 市公安局开展全市“夯基础、强整治、保安全、迎大庆”道路交通安全综合治理攻坚专项行动。全年共接交通警情13.08万起，受理道路交通事故4.24万起，查处交通违法118.1万起，交通事故全口径死亡人数77人，同比下降11.24%。

信访工作 市公安局创新打造“智能管控平台＋专案经营”机制开展信访积案攻坚化解行动。全年共收到信访4153件，其中传统来访305件、来信199件、网信3649件。公安部、省厅交办信访积案84起，化解83起。局领导集中下访、接访群众54批、57人次。

◎ 3月2日，余姚市梁弄镇警务服务中心启动仪式举行
（市公安局 供稿）

【警务保障】 **公安数字化改革** 市公安局系统谋划、数字赋能、高效协同，成立“1+5+1”工作推进组，稳步推进治安大队“我要养犬”、交警大队“道路施工及占道挖掘管控平台”和“余姚市黄牌车数字化监管平台”、刑侦大队“财政供养人员及其家属电诈预警宣防集成应用”、禁毒大队“禁毒社会化管理服务平台”、警务保障室“公检法取保候审保证金收退一体化应用平台”等6个数改项目。

基础设施建设 市公安局推动重点建设项目，改善执法办案工作基础设施，完成马渚派出所迁建工程房屋和室外工程，做好牟山派出所迁建工程前期工作，推动落实市级治安卡点新建工程建设。

执法规范化建设 市公安局推动执法办案管理分中心和徐君案管实操工作室实体运行，建立“亮分晒绩”通报问责机制，搭建“周三法制能力集训”和“周二派驻法制员业务夜学”培训载体。是年，全局共刑事拘留2670人，取保候审2073人，监视居住55人，提请批准逮捕1216人，逮捕准确率86.18%，移送起诉2774人；共作出行政处罚5023人次，行政拘留3028人，办理行政诉讼4起、行政复议4起。

【安保维稳工作】 市公安局以庆祝中国共产党成立100周年安保维稳为主线，做好重大活动安保、群体性事件处置，研发“关爱帮”App落实精神障碍患者帮扶稳控工作。是年，顺利完成第五届四明山自行车骑游大会、中国—中东欧国际产业合作对接会等大型安保活动15次，完成全国人大常务委员会副委员长张春贤到宁波等7次警卫任务。

【庆祝首个“中国人民警察节”】 为庆祝首个中国人民警察节，1月10日上午，余姚市公安局举行“中国人民警察节”升警旗仪式。副市长、市公安局党委书记、局长钱秉湧带领参加仪式的全体民警面向警旗庄严宣誓。仪式由市公安局党委副书记、政委章国庆主持。

1月10日下午，市公安局举行庆祝中国人民警察节“学‘三能’铸铁军”荣誉仪式。钱秉湧出席会议并讲话。会上，市公安局为到龄退休的民警和从警三十年的民警颁发了纪念牌，为立功个人、“三能警队”、“三能民警”以及“抗击新冠肺炎疫情”先进个人代表进行了集中授奖，退休民警代表、从警三十年民警回顾了从警生涯，青年民警代表作了表态发言。

【梁弄镇警务服务中心启动】 3月2日上午，余姚市梁弄镇警务服务中心启动仪式举行。宁波市公安局党委委员、副局长赵永山出席启动仪式并为余姚市梁弄镇警务服务中心授牌。仪式结束后，参加仪式的领导实地参观了余姚市梁弄镇警务服务中心。

梁弄警务服务中心是在全省领先推出的“集成服务、数字赋能、线上线下融合”的“一窗通办”服务新样板，是市公安局深化“一窗通办、集成服务”改革，健全“马上办、网上办、就近办、一次办”工作机制，努力打造“审批环节最少、办事效率最高、服务质量最优”的公安政务服务窗口的一次尝试。梁弄警务服务中心全面接入政务服务2.0平台，打破了“分警种、分窗口”的条线管理壁垒，集成户籍业务、车驾管业务、交通违法处理、出入境业务等212项警务相关事项，实现前台受理由“专科”向“全科”的升级转型。该中心既设置了掌上办理、网上办理、自助帮办等七大功能区块，又设置了难办（兜底）窗口，以解决复杂业务办理以及老龄群体办事障碍等问题，满足各类群体的办事需要。引入“互联网＋可信身份认证”新技术，投入身份证自助申请机、人像采集系统、刷脸电子储物柜等9台智能设备，实现全业务“刷脸办”的场景体验；安装有多模态智慧识别门禁系统，以解决群众使用网证或未带身份证场景的身份核验难题；自助服务区内设有户籍、出入境、交警三个警种的自助服务设备，可为群众提供24小时自助服务。

【禁毒教育基地投入使用】 6月8日上午，在中国共产党成立100周年又恰逢第34个国际禁毒日来临之际，余姚市禁毒办在位于梁弄镇的余姚市中小学实践基地举行了余姚市禁毒教育基地揭牌仪式暨2021年全民禁毒宣传月启动仪式。此次宣传月的主题是“共建无毒家园　守护红色根脉”。该禁毒教育基地由余姚市禁毒办、余姚市教育局以及梁弄镇党委政府共同建设，占地面积200平方米，以“珍爱生命、拒绝毒品”为宗旨，通过历史资料、珍贵图片、仿真实物、典型案例、视频资料等形式，介绍毒品知识、揭示毒品危害、展示禁毒成果，引导青少年参与禁毒斗争，并通过VR体验、智能抢答、体感游戏等互动体验、互动游戏等方式，以及设立的专用教室，为青少年学生及广大群众提供科学性、知识性、趣味性相结合的立体式禁毒教育。

【“三能”主题教育实践活动动员部署会召开】 9月7日下午，全市公安机关“三能”主题教育实践活动动员部署会召开，深入贯彻落实省公安厅、宁波市公安局部署要求，全面动员部署全市公安机关“三能”主题教育实践活动。余姚市副市长、公安局党委书记、局长钱秉湧作动员讲话。余姚市公安局党委委员李向国主持会议，党委委员、政治处主任谢群芳部署全市公安机关“三能”主题教育实践活动。市公安局党委班子成员，除正在执行任务、勤务外的全体民警参加。

（郑　前）

检 察

【概况】 2021年，共受理移送审查逮捕案件4487件6503人，受理移送审查起诉案件9072件12956人，依法批捕犯罪嫌疑人3941人、起诉9658人。打击危害安定安宁的犯罪，起诉故意杀人、强奸、放火等严重暴力犯罪218人，“黄赌毒”等妨害社会管理秩序犯罪2880人，盗窃、敲诈勒索等多发性侵财犯罪3119人，上述三类案件同比下降35.1%。高度关注新型犯罪，起诉非法吸收公众存款、集资诈骗等涉众型经济金融犯罪114人，电信诈骗、破坏计算机信息系统、侵犯公民个人信息、网络赌博等1054人，上述两类案件同比上升118.7%。帮助被害人挽回损失9718万余元，移送金融惩戒312人，整治网络犯罪黑灰产业链。

依法批捕黑恶势力犯罪75人、起诉130人，移送“保护伞”线索18条，引导侦查机关查封、扣押、冻结涉黑财产6234万余元。检察长、副检察长带头办理涉及“红通人员”的“3·20”专案、省委政法委督办的“5·27”专案及人民群众反映强烈的“套路贷”等一批黑恶案件。所办案件获评全省检察机关扫黑除恶精品案件，市检察院扫黑办荣立集体三等功。

实现对职务犯罪案件提前介入全覆盖，起诉职务犯罪42人。依法行使检察机关对司法工作人员相关职务犯罪侦查权，协助宁波市检察院立案查处5人，所办案件入选全省检察机关职务犯罪侦查精品案例。完成中央交办的职务犯罪专案，承办检察官立个人二等功。

起诉破坏市场经济秩序和侵犯企业合法权益犯罪598人，办理“4·22”特大假冒塑料粒子案等一批具有社会影响的案件。综合评估案件办理对生产经营、劳动就业、社会稳定可能带来的影响，对犯罪情节轻微的企业负责人、核心技术骨干，依法不批捕56人，不起诉179人，同步督促相关部门予以行政处罚。全省率先设立知识产权检察办公室，办理全省首例涉知识产权刑事附带民事诉讼案，降低科创企业维权成本，被省市场监管局联合省公安厅、省法院、省检察院共同评定为全省知识产权保护十大典型案例。

全省首创“带案下乡”的乡村检察官工作模式，走访村社1560余次、提供法律意见1132次、促成刑事和解170件。围绕村社组织换届开展剥夺政治权利刑罚执行专项监督，打击涉农“微腐败”。起诉破坏乡村生态环境犯罪188人。乡村检察官工作登上宁波市委“六争攻坚”先锋榜，被浙江省政府命名为县乡法治政府建设“最佳实践”项目、全省第三批社会大普法“六优”培育行动计划优秀名单。

在全省率先出台疫情防控刑事案件快速反应机制，从严打击疫情期间聚众赌博、虚假出售防疫物资等行为。向市委报送法律风险研判建议、推送涉疫法律问题69答、入企法律服务107次，获评全省检察机关助力企业复工复产十大典型事例。当好党委政府“法治参谋”，结合办案发出社会治理类检察建议39份，协同解决打击恶意逃废债、固体废弃物跨区域倾倒、消防隐患、邮寄违禁品、非法采矿等问题，相关对策建议获省委副书记、省长郑栅洁批示，法律监督年度工作报告获评全省5份优秀报告之一。

打造知识产权领域以罚代刑、违规使用非成品油专用发票、违规领取社会保障领域专项资金等数字监督模型，2个案例入选全省检察机关数字检察办案指引。揭榜认领省检察院“开设赌场罪”刑事案件智辅系统。落实政法一体化办案系统的牵头责任，累计协同刑事办案11509件次。打造“空中走廊”监督线索辅助系统，实现从人工发现向智能提取的迭代升级，获评全省数字检察创新应用创意设计“十佳方案”。研发乡村检察官云平台，构建贯穿县、乡、村三级的线上履职模式，畅通司法便民“最后一公里”，获评2021年全国政法智能化建设创新案例。

针对判处缓刑人数比例从22.2%升至36.4%的犯罪结构变化，落实“少捕慎诉慎押”刑事政策，依法不批捕2472人、不起诉1662人，不捕率从38.1%升至41.5%，不诉率从9.0%升至21.1%；对依法可不继续羁押的，变更强制措施220人，诉前羁押率从53.0%降至38.8%。全面适用认罪认罚从宽制度，促成5289名犯罪嫌疑人认罪悔罪、积极退赃退赔，量刑建议法院采纳率97.4%，经验做法被《检察日报》头版报道。对侦查机关监督立案91件、监督撤案17件，纠正漏捕漏诉135人，对认为确有错误的刑事裁判提出抗诉36件，法院已再审或改判33件。督促纠正刑事执行违法或不当情形237件，所办案件获评全国、全省检察机关刑事检察精品案件。

办理各类民事检察案件354件，同比上升109.5%。依法提请民事抗诉55件，提出再审检察建议121件，对法院裁判无误的申诉案件，同步做好释法说理、矛盾化解工作，所办案件获评全省检察机关《中华人民共和国民法典》实施类精品案例、民事检察优秀案例。聚焦民间借贷、建设工程等领域打“假官司”问题，办理虚假诉讼监督案件198件，涉案金额7400万余元。着眼共同解决“执行难”问题，起诉涉嫌拒不执行判决、裁定罪的失信被执行人21人，发出“终结本次执行”“信用惩戒”等专项监督检察建议66份，会同法院建立执行环节当事人申请检察监督权利告知机制，被省检察院肯定推广。

发挥行政检察促进司法公正和依法行政的双重作用，办理行政检察案件304件，同比上升20倍。发出行政非诉执行类案监督检察建议47份，督促行政罚款执行到位417万余元。率先在全省探索行政复议环节检察参与争议化解工作机制，妥善化解行政争议42件，所办案件获评全国、全省检察机关行政争议实质性化解典型案例。市检察院获评全国检察机关促进行政争议实质性化解专项活动优秀组织单位，系全国唯一基层检察院。

实施公益诉讼检察制度，办理公益诉讼案件315件，实现生态环境和资源保护、食品药品安全、国有财产保护和国有土地使用权出让四大领域全覆盖。通过诉前检察建议，督促行政机关治理被污染损毁土地160余亩、清理固体废物21000余吨、整治违法排水户107家，督促追回国有财产467万余元。加强生态环境公益诉讼与生态环境损害赔偿制度衔接，追偿生态修复、治理环境费用701万余元。所办案件获评全国检察机关大运河保护典型案例、全省守护海洋专项活动典型案例。开展“守护红色根脉”公益诉讼专项监督，推动英烈纪念设施整修21处。

打击性侵、故意伤害等侵害未成年人犯罪，起诉236人，同步帮助未成年被害人心理修复。对犯罪情节轻微并有悔罪表现的未成年人，相对不起诉170人、附条件不起诉31人；应当依法惩戒的，起诉185人。经过帮教使近200名涉罪未成年人重新回归社会。开展检爱“启梦进校园”行动，为1万余名未成年人送去“法治爱心餐”。办理全省首例未成年人个人信息保护公益诉讼、学校周边违规建造墓地案。会同教育部门试行教育行业入职前查询应聘者是否具有性侵害、虐待、暴力伤害等违法犯罪记录，所办案件获评全国检察机关典型案例。

依法起诉袭警、妨害公务、冒充军人招摇撞骗等犯罪43人。针对曹某捏造事实对救火消防员发表极端侮辱性网评的行为，办理全国首例在烈士称号授予前侵害英烈名誉民事公益诉讼案。关心残疾人、老年人、伤病人员等有特殊需要群体，开展无障碍标识规范和非法占用盲道整治专项公益诉讼。联合相关部门帮助284名农民工追回拖欠工资165万余元。为119个经济困难的刑事被害人家庭争取司法救助金近50万元。

率先实现“12309”检察服务中心成建制入驻矛调中心，认真做好“群众来信件件有回复”工作，妥善办理信访事项972件，监督纠正身份被冒用10年无法消除“前科”的申诉案，获省检察院贾宇检察长批示“表现出负责任的人民检察情怀”。利用远程视频提审系统为辩护律师提供会见便利。探索“公开听证+网络直播”办案模式，邀请人大代表、政协委员、人民监督员参与，获最高人民检察院通报表扬。

【全市政法系统开放日活动走进余姚市人民检察院】 3月31日，全市政法系统开放日活动走进余姚市人民检察院，余姚市委副书记、政法委书记叶枝利和“两代表一委员”、人民陪审员、法治督察员、律师、案件当事人和群众代表参加，市人民法院、人民检察院、市委政法委、市公安局、市司法局等领导陪同。社会各界代表参观了“姚·蓝工作室”，观看了未成年人检察专题宣传片，了解了检察院未成年人检察工作的职责、办案流程、工作情况等。随后走进公益诉讼快速检测实验室，观看“水中常见污染物的快速检测”现场演示。同时，社会各界代表参观了远程视频提审室和公开听证室。

【张雪樵到余姚调研工作】 6月15日，最高人民检察院副检察长张雪樵一行到余姚市人民检察院调研指导工作。浙江省人民检察院检委会专职委员过孟超，宁波市人民检察院党组副书记、常务副检察长黄贤宏等陪同调研，余姚市委副书记、市长徐云，余姚市人民检察院党组书记、检察长陈莹等参加调研并进行座谈。

【全面深化行政检察监督研讨会召开】 10月20日，由浙江省检察院和检察日报社联合主办的“贯彻落实中央《意见》，全面深化行政检察监督”研讨会在余姚市召开，来自最高人民检察院和上海、江苏、安徽、浙江等地检察机关、论文获奖作者代表及浙江省高级法院、省司法厅及高校行政检察理论和实务方面专

◎ 3月31日，余姚市社会各界代表走进检察院参观（市检察院　供稿）

家、学者60余人参加研讨交流。此次研讨会共征集到论文近百篇，涵盖行政检察调处化解的理论基础、制度构建、创新实践等方面。与会代表从基础理论研究和实证研究两个方面进行专题研讨。

【余姚市府法检联席会议召开】11月2日上午，余姚召开市政府与市法院、市检察院联席会议，由市委常委、常务副市长郑传统主持，余姚市委副书记、市长徐云出席并作工作部署，市法院党组书记、院长王家星，市检察院党组副书记、副检察长王金夫以及市政府各有关部门主要领导，市法院、市检察院领导班子参加。

（王天成）

法　院

【概况】　2021年，市人民法院共有在编干警188人，其中员额法官73人，全年新收各类案件15228件，结案15359件，同期结案率100.86%。在省高院“八升五降”13项指标中，4项指标排名前二，另有5项指标排名全市前四，12个月以上未结案件连续17个月保持“清零”，28篇调研成果在省市级获奖，114篇宣传报道在国家级、省级媒体发表，蝉联宁波法院司法业绩评价总分第一，荣获“全国党建工作先进集体”称号。

审结刑事案件1326件，判处罪犯1903人。推动建立“家庭法治教育基地”，推进“法治校园”“平安校园”建设。联合公安、检察机关出台《关于涉案财产处置的联合规定（试行）》，相关经验做法被《宁波日报》刊登。受理民商事案件9235件，审结9285件。完善民法典实施和宣讲机制，宣判宁波首例适用民法典新增规定案件，被浙江电视台等10余家媒体报道。依法审理“偷摘南瓜逃跑意外落水身亡索赔案”，入选“宁波法院大力弘扬社会主义核心价值观十大典型案例”。推动形成“示范判决＋批量调解＋统一司确＋集中督促”的集约化办理机制。发布《家事审判白皮书（2018—2020）》，获余姚市人大常委会领导和宁波中院领导批示肯定，被授予“全国维护妇女儿童权益先进单位”称号。审结行政诉讼案件65件，审查行政非诉案件141件。参与行政机关决策咨询论证15次，协调撤诉22件，协调撤诉率33.85%。执结案件4386件，执行到位12.09亿元。开展“保民生、保就业”集中执行行动，607件涉民生案件执行到位2382.91万元。加大拒执行打击力度，移送22起涉拒执案件，公安立案5起，引导当事人提起刑事自诉案件3起。深入推进执行案款清理，超期未发案款全部清理到位，“不明款”实现清零。

◎ 11月2日，余姚市政府与市法院、市检察院召开联席会议（市检察院　供稿）

审结企业破产案件67件，释放土地148亩、房屋8.36万平方米。创新共益债融资模式，促进世模公司重整自救并举行云上复工仪式。发布破产案件司法大数据报告。设立“民营企业司法服务联络站”，举办“对话民营企业家”座谈会等活动。深化“新经济司法保护委员工作室”品牌，打造“小明创业记”协商故事会。优选审判团队入驻市矛调中心，开展诉源治理“减量工程”，一审民商事收案同比下降27.95%。在全市率先设立两家驻乡镇“旅游巡回法庭”。设立司法服务站助力地方特色农业发展，推动涉梅纠纷源头预防、就地化解。设立“人大代表联络工作室”。参与破产重整、信访办理等协调会和法律论证会10余次。扎实推进涉诉信访化解工作，组织院领导下基层大接访、大走访活动，接访群众20批次，解决群众“急难愁盼”问题12个。

“诉查查”平台实现迭代升级，获评全国2021政法智能化建设智慧法院创新案例和省2021年度有辨识度有影响力法治建设成果。后台共上传样本35047人，提交失信样本765人，累计查询199875人次。打造“被执行人最低生活保障金发放平台”，破除被执行人领取最低生活费存在“法院多次扣、当事人反复跑”弊端，实行“银行一键转入+被执行人每月领取”新模式。2021年2月上线后，共完成64个被执行人的工资及退休金账户限额支取，被纳入省高院智慧执行2.0和“执行一件事”子场景建设试点。出台《加强“共享法庭”建设实施方案》，实现21个乡镇（街道）全覆盖，并与6个行业合作开设“特设共享法庭”，通过解纷直通车平台，在329个村（社区）设立线上共享法庭。

【“被执行人最低生活保障金发放平台”启动】 3月9日下午，市人民法院与宁波银行余姚支行举办“关于被执行人最低生活保障金发放新模式”合作签约仪式，仪式上市人民法院与宁波银行共同启动“被执行人最低生活保障金发放平台”。该平台提供被执行人银行账户冻结定制功能，实现被执行人在银行账户被冻结状态下，每月可自行提取一定额度的款项，作为最低生活保障金的功能，法院无须再办理解封、扣划、发放等手续。

【余姚法官之歌发布】 4月14日上午，市人民法院举办党史学习教育暨余姚法官之歌MV发布会。宁波市中级人民法院党组成员、执行局局长吕宇，余姚市委副书记、政法委书记叶枝利，余姚市委常委、宣传部部长王娇俐等领导以及省市新闻媒体记者受邀参加活动。《水调歌头·君在龙山下》余姚法官之歌MV正式全网上线揭幕，活动通过姚界、抖音、微博、视频号、今日头条等融媒体进行了全程直播，11.7万人次在线观看。

【“民营企业司法服务联络站”揭牌】 4月15日，市人民法院举办“民营企业司法服务联络站”揭牌仪式暨“对话民营企业家”座谈会，余姚市委常委、统战部部长蒋士勇，市委统战部副部长、市工商联党组成员陈岳阳及7位民营企业家代表参加活动。座谈会上，通报了涉企商事纠纷审判、涉企服务保障情况。民营企业家代表也交流了企业生产经营过程中遇到的法律困惑，对司法服务保障的需求以及对宁波两级法院教育整顿工作提出意见和建议。

【“家庭法治教育基地”成功授牌】 4月11日，市人民法院党组书记、院长王家星将“余姚市家庭法治教育基地”牌匾授予余姚市实验学校。基地设立后将致力于协助学校做好家长及学生的法治培训，通过法院干警现场讲座、法庭直播、模拟法庭等活动，打造校园法治课堂。

◎ 4月14日上午，《水调歌头·君在龙山下》余姚法官之歌全网首发
（市法院　供稿）

【与西南政法大学共建“教学科研实践基地”】 4月20日，西南政法大学“教学科研实践基地”在市人民法院签约揭牌。市人民法院党组书记、院长王家星，党组成员、副院长余国英，西南政法大学人工智能法学院正处级组织员赵干甫，教师、法学博士吕辉等出席签约仪式。市人民法院与西南政法大学将搭建起司法实践和法学教育研究相互交流融合的平台，依托各自优势，将法学院校的丰富教育研究资源引进法院，把法院优质实践教学资源送进高校，推动院校合作。

【全市首家驻乡镇“旅游巡回法庭”落户鹿亭】 4月30日上午，市人民法院、市文广局、鹿亭乡人民政府在鹿亭乡矛盾调解中心举办“鹿亭旅游巡回法庭”揭牌仪式。市法院党组成员、副院长余国英，市文广局党委委员、副局长王国滨，鹿亭乡党委副书记陈剑锋出席仪式并讲话。

【“余姚法院人大代表联络工作室”成立】 6月11日上午，“余姚市人民法院人大代表联络工作室”授牌仪式在市人民法院举行。市人大常委会副主任、党组成员余烽，市人大常委会监察司法工委主任吕银淼，市法院党组书记、院长王家星出席仪式。部分市人大代表、媒体记者应邀参加仪式。

【“诉查查”获评2021政法智能化建设智慧法院创新案例】 7月27日至28日，2021全国政法智能化建设技术装备及成果展在北京国家会议中心举行，经过网络投票、专家评审，市人民法院“诉查查”助推诉讼信用服务集成应用获评“2021政法智能化建设智慧法院创新案例”。

（赵　艳）

司法行政

【概况】 2021年，市司法局以党史学习教育为契机，通过举办“四明湖畔”习近平法治思想大讲堂等方式开展“四史”教育，通过分解8个大项19个小项评价指标体系强化落实清单，实行台账资料“日收集、月更新、年装册”动态管理。推出11项“公证为民办实事”红色服务举措。成立中共余姚市司法局机关委员会，律师行业党总支委员会。制定《余姚市司法行政队伍教育整顿实施方案》，量化分解13项重点任务，细化33条具体措施。坚持服务促改，推出“一科一行动”10个项目和“让群众打得起‘官司’”爱民实践六大专项活动，帮助群众解决问题476个。

司法所规范化建设有效有力。以“枫桥式”创建为核心，聚力打造低塘司法所创建省级“枫桥式”司法所，创新设置人民调解“低塘模式”、多维度普法宣传、“舜耕学堂”社区矫正基地、数智法律服务平台。同时指导陆埠、临山、梁弄三家司法所创建宁波市“文明规范公正”司法所。指导司法所积极融入“四个平台”，实现整体联动推进。梁弄、陆埠司法所借助矛调中心建设实现“一窗接待受理、闭环流转处置”的合署办公，打造联动模式。谋划地域品牌，优先发展特色矫正基地、品牌调解工作室、法治文化公园等场所。临山司法所以社区矫正分中心建设为重点，打造社区矫正教育基地。

聚焦数字赋能，打造“智慧司法”。成立数字化改革领导小组，推荐两名律师担任数字化改革观察员。印发《关于强化“法治微管家2.0版——公共法律服务云智助”推广应用工作的实施方案》。挖掘数字化潜力。加快局机关整体智治专题门户建设，10月底完成点亮上线；推广综合行政执法集成应用，各行政执法单位处罚案件录入率居宁波市前列；构建“智慧矫正”监管体系，加强功能区建设；打造“非接触”式多元解纷体系，引导群众选择“浙里调”、浙江法律服务网、在线矛盾纠纷多元化解平台（ODR平台）等在线申请调解。线上平台受理各类矛盾纠纷257件。推进特色化应用。优化“法治微管家”使用体验，提供视频咨询771次，留言咨询216次，预约服务41次，智能咨询、法治宣传、赔偿计算等线上服务25176次；试点“孝德余姚临

◎7月，市人民法院“诉查查”助推诉讼信用服务集成应用获评“2021政法智能化建设创新案例”（市法院　供稿）

山”微信小程序；拓展“公证E通”服务领域，进一步将服务场景向金融领域、知识产权、“三农”领域等延伸；根据宁波改革要求，梳理出社区矫正工作流程，初步形成浙里社区矫正“152”“141”贯通应用流程图。12月12日，两大模块贯通运行，并形成日上报日汇总机制。完成全市645名社区矫正对象走访任务，在宁波市率先实现走访率100%。

开展特殊人群规范化管控。开展社区矫正重点案件评查和顽瘴痼疾专项整治活动；做好建党百年等重大节点的维稳安保工作；举行《中华人民共和国社区矫正法》宣传大使聘请仪式，拍摄微视频；召开市社区矫正委员会第一次会议；与红盾社会服务中心合作，加强社区矫正对象的教育帮扶、公益活动等项目。全年接收社区矫正对象543人，解矫社区矫正对象469人；全年完成审前调查212人，累计训诫123人次，警告36人次，治安管理处罚6人次，提请收监执行1人（哺乳期到期的），提请撤销缓刑4人，因发现漏罪终止7人，因再犯罪终止5人（梨洲、低塘、丈亭、临山、大岚），正常死亡2人。落实安置帮教和远程视频会见工作，全年共接收安置帮教对象643人，帮教率99%；开展远程会见263次，接待家属491人。其中，协助法院开庭23次，公安提审12次，公证4次，法律援助1次。

实现调解品质蝶变跃升。提升人民调解“四化建设”。推进人民调解协会实体化运作，建立人民调解基金，推动人民调解融入矛盾纠纷“一揽子调处，全链条解决”的工作格局。开展人民调解组织品牌化建设，指导设立梁弄“弄里说法”、低塘“舜耕老娘舅”、兰江“兰馨”3家品牌调解工作室。提升人民调解组织队伍的专职化、社会化水平，制定《关于做好村（社区）人民调解委员会换届选举工作的指导意见》，指导各人民调解组织依法做好调解员的选聘及备案工作。出台《余姚市首席人民调解员评选办法（试行）》，推荐评选出10位首席调解员，开展全市骨干人民调解员培训，编制人民调解工作指导手册。全市共有人民调解员1452人，专职人民调解员423人。全市各类调解组织共受理各类矛盾纠纷11953起，线上平台受理各类矛盾纠纷257件，调处成功11932起，调处成功率达99.82%，涉及人数24465人，涉及金额10036.82万元。开展隐患排查15516次，预防纠纷7749件。

推进普法与依法治理工作。“八五”普法全面启动，编制发布《关于在全市开展法治宣传教育的第八个五年规划（2021—2025年）》。积极推进法治乡村建设，实现《宁波市法治乡村建设促进条例》学习宣传全覆盖。梁弄镇横坎头村、马渚镇开元村创建为全国民主法治示范村。在宁波率先举办“法律明白人”“法治带头人”轮训班。制定下发全市法治宣传教育工作实施意见和责任清单，推动普法责任制落实。通过全市305个公告栏，463个楼宇广告，200余个银行、商超、加油站LED显示屏及手机视频彩铃等方式，线上线下同步宣传。开展具有余姚特色的法治文化研究，调研文章《法治浙江基层社会治理法治化样本研究——以王阳明化俗为任推进乡村基层治理与司法建设现代意义为例》获法治浙江建设15周年理论研讨会三等奖。

公共法律服务稳步推进。全面运用矛调管理平台实现办事事项智慧分流，有效落实协同系统案件签收、办结工作。编印下发《余姚市公共法律服务指南手册》3000余册，公布《余姚市公共法律服务产品目录清单（第二批）》，实现“订单式”供给。修订《村（社区）法律顾问工作规程》，对2021年村（社区）法律顾问工作进行年中督查和年度考核。举办全市公共法律服务（法律援助）业务培训。全市公共法律服务平台共接待法律咨询22171人次，发放法治宣传资料179000份，举办法治宣传756场次。

法律援助有序开展。开通“12348”公共法律服务热线非工作日人工接听服务。拟定值班律师法律帮助案卷归档规定和认罪认罚法律帮助谈话笔录样本。开展政法一体化办案平台法律援助协同运行工作。市法律援助中心共受理法律援助案件811件，接听咨询电话13369件，接待访客咨询3855人次，值班律师提供认罪认罚法律帮助1996件，为当事人挽回经济损失7472.4万元。

法律服务队伍育强育优。出台《余姚市关于加强律师业发展的实施意见》《关于进一步加强律师人才队伍建设的实施方案》，安排专项经费用于律师事务所和青年律师的培养扶持。组织53名机关事业单位工作人员和14名企业法务人员参加“两公律师”岗前培训。深化法律职业共同体建设，达成宁波市首个警律合作框架协议。开展律师行业和公证行业突出问题专项治理工作。会同市工商联、宁波律师协会余姚分会签订“百所联百会”战略合作框架协议。推进市场主体法律顾问网格化全覆盖工作，惠及全市156112家市场主体。开展“法雨春风”法律服务月专题活动，线上线下共体检企业2805家，律师参与排查涉企矛盾纠纷347

件，撰写法治体检报告 133 份，为企业解决问题或困难 292 个。

【《中华人民共和国社区矫正法》宣传公益大使聘请仪式举行】 2 月，市司法局举行《中华人民共和国社区矫正法》宣传公益大使聘请仪式。市司法局副局长韩立波向受聘的《中华人民共和国社区矫正法》宣传公益大使冯晓东颁发聘书。随后，在市社区矫正中心开展《中华人民共和国社区矫正法》宣传微视频拍摄活动。冯晓东通过微视频介绍开展《中华人民共和国社区矫正法》的重点内容，以及余姚市社区矫正工作的亮点特色工作。

【横坎头村、开元村被授予“全国民主法治示范村”称号】 年内，司法部、民政部公布第八批“全国民主法治示范村(社区)”名单揭晓，余姚市梁弄镇横坎头村、马渚镇开元村榜上有名，这是余姚普法历史上首次同时有两个村成功创建为全国民主法治村。余姚市累计有 5 个村被命名为“全国民主法治示范村”。

【“余姚市人民调解基金”设立】 年内，“余姚市人民调解基金”设立，并接受捐赠。余姚成为宁波市内第一个设立“人民调解基金”的县(市、区)。“余姚市人民调解基金”由余姚市人民调解协会、余姚市慈善总会、宁波精诚网络工程有限公司共同签署设立。该基金的设立旨在进一步推进余姚市新时代人民调解工作，发挥人民调解在矛盾纠纷化解中的重要作用，维护社会稳定和谐，拓宽人民调解工作保障渠道，促进人民调解工作健康发展。该基金专门用于困难当事人救助、人民调解工作保障等公益项目。

◎ 余姚市马渚镇开元村宪法主题公园(摄于 2021 年 12 月)
(市司法局　供稿)

◎ 5 月 21 日，“习近平法治思想指引下的《社区矫正法》”教育学习会举办(市司法局　供稿)

【余姚市社区矫正委员会第一次全体会议召开】 3 月 25 日，余姚市社区矫正委员会第一次全体会议召开。会议听取了市司法局局长、市矫正委副主任郑少军关于近年来余姚市社区矫正工作开展情况的报告，审议了《余姚市社区矫正委员会工作规则》《余姚市社区矫正委员会办公室工作细则》《余姚市社区矫正委员会成员单位工作责任清单》。市委常委、常务副市长、市矫正委主任郑传统发表讲话。

【律师人才库组建】 年内，经宁波市律师协会余姚分会讨论通过，决定组建“专业律师人才库”。律师人才库的工作范围包括协助律师协会开展业务培训，组织业务交流活动；进行业务调研和业务预测，进一步拓展律师业务范围；组织重大、疑难案件的集体研讨；积极参与余姚市法律职业共同体建设活动；余姚分会指派的其他各项工作。招募业务领域分为刑事领域、民事领域、商事领域、行政领域。经遴选，第一批 28 名律师入选专业人才库名单。

【习近平法治思想指引下的《社区矫正法》”教育学习会举办】 5 月 21 日，“习近平法治思想指引下的《社区矫正法》”教育学习会举办。会议邀请到浙江梦麟律师事务所主任、红盾公益理事长冯晓东在阳明街道会议大厅为部分社区矫正对象授课。会议期间，红盾公益社工为社区矫正对象发放心理测试卷和社区矫正工作问卷调查。

【职业共同体建设座谈会召开】 9月23日，市司法局、市法院、律协余姚分会召开职业共同体建设座谈会。市司法局局长郑少军、市法院院长王家星出席座谈会。律协余姚分会会长徐敏介绍了近年来律法职业共同体建设相关情况。座谈会上，围绕宁波市《关于保障律师依法履职的实施意见》，就突出党建引领共融、优化诉讼服务、保障律师履职权利、加强法律职业共同体建设等几方面内容，律师代表与在座法官开展讨论和交流，提出意见建议和存在的问题，共同探讨完善的办法和举措。

（赵辰芳）

人民武装

【概况】 2021年，余姚市人民武装部队在军分区党委和市委的正确领导下，在上级机关的具体指导下，以强军目标为统揽，以“全面建设一流人武部”为目标，突出思想引领、使命引领、发展引领，呈现出向上向好的发展态势，市人武部党委被军委国防动员部表彰为“先进旅团级党委”，市人武部被浙江省表彰为“征兵工作先进单位”，被浙江省军区表彰为“全面建设先进人武部”“安全管理工作先进单位”。

【思想建设】 2021年，市人武部广泛开展党史学习教育，拍摄制作“运用驻地红色资源，深入抓好民兵政治教育”微课视频，共享于军事职业教育平台。依托余姚市泗门镇成之庄建立“宁波市民兵党史教育基地”，常态组织民兵参观学习。聚焦“传承红色基因、担当强军重任”主题，组织常态化学习教育。组织开展“学回信精神、做新时代民兵”教育活动。充分发挥余姚红色资源优势，组织预征青年参观浙东抗日根据地旧址，并进行签名宣誓。

【应急备战】 2021年，市人武部贯彻落实省军区战备工作规定和战备规范化建设现场会成果，组织修订辖区兵要地志和战备方案，精准掌握数据资料。坚持“以练为战、以战为练、平战结合”的原则，每季度组织值班应急排紧急出动和应急处突演练。结合军分区专武干部及民兵骨干“训练月”、集中训练等时机，先后组织市属民兵保交护路连、工程机械连，以及新任普通民兵连长、民兵应急连、民兵防汛抗洪分队、对抗保障海军伪装防护连等分队训练，训实训足战场侦察、战场救护、应急处突、模拟打捞、冲锋舟编队训练等内容。积极备战宁波军分区第三届岗位练兵比武，区分共同基础和战场侦察、分队战术、防汛救援、森林灭火4个专项能力，科学制订计划组织强化训练，7月15日参加军分区第三届岗位练兵比武，取得单项1个第一、1个第二和综合第三的成绩。

【应急抢险】 2021年，市人武部坚持把民兵应急队伍纳入地方应急管理体系，协调市应急管理局在姚江组织2批次共108人防汛防台骨干联训，努力形成“双应”一体、军地耦合、急常兼备抢险救灾能力。超强台风“烟花”期间，及时组织预案修订，传达防台任务，落实24小时双人值班，准备物资器材，成立防台指挥部，统一指挥基干民兵和支援兵力。

【民兵整组】 2021年，市人武部巩固上年度军委国防动员部深化民兵调整改革检查考评“回头看”成果，坚持问题导向、查漏补缺、固强补弱，完成潜力修改充实、数据信息核准更新、适编潜力全面统计、新质潜力深入挖掘、民兵整组点验和检查验收等工作，6月16日，高标准迎接军分区民兵调整改革检查考核，取得检查考评第一名。

【兵役征集】 2021年，市人武部以最新的征兵“五率”考评标准为抓手，持续搞好宣传发动，累计发放2万余份宣传手册，拍摄制作大学生征兵宣传片，通过微信朋友圈、短信等精准投放、精准宣传，依托《余姚日报》等社会媒体开展线上“云端”征兵宣传。完成新兵征集任务，大学生征集比例达到97.3%，大学毕业生比例达到52%，创历史新高。大学生新兵启运欢送的视频在央视一套《新闻联播》中播出，余姚市牟山镇应征青年吴磊减肥圆梦参军的故事被《人民日报》、央视新闻、人民网等中央媒体相继报道。

【国防教育】 2021年，市人武部紧紧扭住领导干部这个“关键少数”，将党管武装工作理论、国防形势教育纳入党委中心组理论学习，纳入市委党校干部培训课程，不断提高各级领导干部的国防意识。坚持国防教育进机关、进学校、进企业、进农村、进社区，扩大国防教育的辐射面和渗透力，开展第21个“全民国防教育日”和省第10个“国防教育宣传周”活动，协调推动在玉皇山姚江畔筹建余姚市革命历史纪念馆，精心打造“一山一村一园一馆”国防教育红色阵地。在纸媒和公众号刊登余姚籍立功官兵“八一”光荣榜，完善军人荣誉墙。

【评星挂牌】 2021年，市人武部深入贯彻落实军委基层建设会议精神，认真贯彻省军区柯桥人武部正规化建设现场会精神，持续抓好人武部正规化建设，严格按照标准要求，规范各类库室、职责标牌、柜子桌椅等内容，“四个秩序”正规化建设按要求高标准建设完成。全面贯彻浙委发〔2020〕30号文件精神，持续兴起大抓基层武装部热潮，充分展示“乡镇（街道）武装部建设学余姚”窗口效应，扎实开展“建强武装一线阵地，争做基层国动标兵”实践活动，全市21个乡镇（街道）基层武装部“评星挂牌”全部达到“五星”标准。

【市委议军会议】 12月21日，余姚市召开市委议军会议。市委书记、市人武部党委第一书记傅贵荣主持，会议深入学习贯彻习近平强军思想。市委常委、市人武部政治委员传达军委国防动员部全国民兵建设“十四五”规划任务部署会、浙江省委议军会议精神。市人武部部长殷锐汇报余姚“十三五”期间民兵建设情况和“十四五”规划落实基本考虑，并就加快推进余姚民兵训练基地建设有关情况作了汇报。市领导傅贵荣、沃勇特、诸晓蓓、陈长锋、王娇俐、毛丕显、沈小贤、虞存斌、林振宇、张明、李昭、董盛益等出席会议。

（张雪莲）

◎ 12月21日，余姚市召开市委议军会议（市人武部　供稿）

人防事业

【概况】 2021年，余姚市在党委、政府、军事机关和上级人防部门正确领导下，深入学习贯彻习近平新时代中国特色社会主义思想、习近平总书记关于人民防空和对浙江人防的重要指示精神，按照“战时防空、平时服务、应急支援”要求，扎实推进各项建设，人民防空工作取得了较快发展。

【人防工程】 2021年，余姚市积极推进人防工程产权制度改革工作，作为宁波试点，制定《余姚市人民防空工程产权登记和使用维护管理暂行办法》。

【“3·1”国际民防日宣传教育活动】 3月1日，市人防办在市中心繁华路段、公园出入口及疏散基地开展“3·1”国际民防日宣传活动。此次宣传主题是“关爱民生、关注民防”。市人防办以LED广告屏、微信公众号、信息橱窗等多种形式展开宣传，践行人防“五进”，增强人民群众的国防观念和人防（民防）意识。同时，人防宣教中心共发放宣传资料200余份，为全民参与民防建设营造良好社会氛围。

【防灾减灾宣传活动】 5月，全市利用各种媒体开展人防和防灾减灾宣传活动，通过宣传展板、发放宣传手册和现场咨询等手段，普及人防知识。8月，每周一次在人防宣传教育中心开设社会大课堂“人防防护实验室”互动体验课。

【“人防防护实验室”互动体验课】 8月7日上午，余姚城市展览馆（余姚市人防宣教中心）“人防防护实验室”互动体验课开课。开课伊始，授课老师带领孩子们一起参观人防展示厅，讲述发生在国内和国际社会的重大空袭事件；随后播放防空防灾警报动画，讲解人防设施概念和应急自救方法，同时利用三维模型展示灾害来临时如何快速找到人防工程入口和如何正确进入人防工程。课后，发放了防空防灾手册。

◎ 8月7日上午，余姚城市展览馆（余姚市人防宣教中心）“人防防护实验室”互动体验课开课（市住建局　供稿）

【省人防办赴余姚市开展人防延伸督查】 12月，省人防办人事宣传处处长张军伟一行到余姚市开展人防延伸督查工作。督查小组采取听汇报、查资料、看现场等方式，深入了解余姚市人防办近年来人防工作的开展落实情况。督查小组在认真听取余姚市人防办落实巡察整改情况以及重点工作推进情况后，对余姚市人民防空建设发展表示满意。随后，督查小组随机抽查了位于绿城明园的地下人防工程以及全民健身中心的人防警报设施点，提出了建设性意见。

（刘艳瑞　虞一帆）

农业农村·水利

农业经济

【概况】 2021年农村居民人均可支配收入43428元，同比增长10.4%，增速位居宁波第一，城乡居民收入比缩小至1.65∶1，连续14年保持缩小态势。截至2021年底，全市共有低收入农户7467户9830人，其中低保6176户7918人，低边和特困1291户1912人。粮食面积41.17万亩、产量17.55万吨，较2020年核定面积、产量增加1.35%、2.45%，粮食生产全程机械化率达93%以上。其中早稻6.03万亩、亩产406.7千克，单季晚稻15.47万亩、亩产571.58千克，连作晚稻6.57万亩、亩产406.25千克，小麦6.69万亩、亩产307.54千克。

全年蔬菜收获面积26.3万亩，比上年减少0.4万亩，总产量约49.9万吨，比上年减少9.8万吨，总产值约12.1亿元，比上年增加2.8亿元。全市水果种植面积约为15.3万亩，新增水果面积310亩；水果总产量约为8.78万吨，较上年减产6%左右。其中，杨梅2.95万吨，与上年基本持平；梨2.38万吨，与上年基本持平；葡萄2.71万吨，较上年减产7%左右；其他水果0.74万吨，较上年减产4%。全年辖区内茶叶产量为4215吨，总产值达36289万元，与2020年相比，产量下降12.9%，产值增加4.1%，其中名优茶产量783吨，产值25050万元，同比减产5.7%、增值0.9%。

年末生猪存栏12.47万头，同比增长4.74%，年出栏15.74万头，同比增长17.91%，其中能繁母猪存栏1.40万头，同比增长48.1%；家禽存栏80.18万羽，同比减少10.31%，年出栏141.31万只，同比减少12.23%；牛存栏4538头，同比增长6.3%，年出栏1596头，同比增长74.6%；羊存栏1.04万只，同比减少0.3%，年出栏0.95万只，同比增长12.7%；兔存栏2.62万只，同比减少2.7%，年出栏8.82万只，同比增长17.9%。全年肉类总产量21356吨，同比增长25.1%；禽蛋产量2944吨，同比减少24.5%；牛奶产量11042吨，同比增长155%。

水产品总产量达22008吨，同比增长4.84%。其中海洋捕捞产量达1208吨，同比增长1.17%，淡水捕捞产量达5532吨，同比增长5.13%，淡水养殖产量可达15268吨，同比增长5.04%。

2021年启动农机“全民飞手”培育工程，新建农业“机器换人”示范基地4家，累计27家，农机“全程机械化+综合农事”服务模式入选全国典型案例；培育宁波市级以上经营主体17家，累计136家。推广各类农用无人机95架，北斗无人驾驶导航设备9台，山区轨道运输机25台。全市主要农作物综合机械化率达93%。培育出农机宁波示范合作社2家，农机作业公司2家。

【粮食生产】 2021年优化落实粮食扶持政策，加快高标农建设，推进耕地“非粮化”整治和“大棚房”问题“回头看”。新建高标农2.13万亩；推广高效节水灌溉1500余亩；完成省审计发现粮功区“非粮化”整治2.62万亩。

2021年完成750个取土、测土任务，向253个规模主体提供免费测土服务，建设余姚市耕地质量保护与提升技术示范区1个。推广统防统治面积18.3万亩（宁波考核任务为18万亩）。

【高产高效示范】 开展花菜、茭白、抗白叶枯病优质粳稻、水果、茶叶等新品种比较试验10余个，引进筛选出适宜余姚市种植推广的蔬菜、水果等品种20余个；开展水稻肥料利用率试验、单季茭一种三收试验、植保药剂筛选试验等田间试验20余个，推广梨避雨栽培技术、大棚杨梅授粉技术、集约化育苗、榨菜机播等轻简化生产技术等20余项。主持或参与省、市级项目20余项，获得省农业丰收奖三等奖、宁波市科技进步二等奖等4项荣誉。余姚樱桃获农产品地理标志登记保护，余姚杨梅入选浙江省特色农产品优势区。

创建粮食绿色高产高效示范方11个，其中小麦、水稻高产高效示范方7个，优质稻米示范基地3个，旱粮示范基地1个；做好6288亩水稻制繁种基地产地检疫工作。做好放心菜园、精品果园、生态茶园等4个宁波“六园”的创建工作。新申报水果无公害产品4个、复查换证45个，新申报绿色食品产品11个、续展2个。

【动物防疫管理】 制订全市推进兽用抗菌药减量化和饲料环保化试点三年行动方案，确立14家兽药减量化试点场和7家饲料环保化试点场，年底已评估验收通过18家试点场。全年开展“两化”专题培训会2次，发放宣传资料120余份，发放“两化”专用养殖台账70册，完成禽蛋、猪肝、饲料、粪便等采样168份。

全年余姚市累计使用禽流感疫苗149.52万毫升、口蹄疫疫苗51.93万毫升、猪瘟疫苗32.62万头份、高致病性猪蓝耳病疫苗7.82万头份、新城疫疫苗370.27万头份、小反刍兽疫疫苗2.55万头份，共免疫家禽禽流感286.2万羽次，牲畜口蹄疫49.74万头次，猪瘟31.18万头次，猪蓝耳病7.738万头次，鸡新城疫201.41万羽次，羊小反刍兽疫2.50万头次。

【杨梅民间擂台赛举行】 6月11日上午，由余姚市农业农村局、余姚杨梅产业协会主办的2021年余姚杨梅民间擂台赛在余姚市丈亭镇举办。宁波市农业农村发展中心主任张继群等领导出席活动，来自余姚市6个乡镇（街道）近30家主体（个人）参加比赛。擂台赛设过糖度和单果重的计量环节以及品评环节，其中品评环节的评委为参赛乡镇街道的带队农技人员和参赛人员代表。最终选出荸荠种最甜杨梅王1个，最大杨梅王1个，一等奖4个，二等奖2个；粉红种最甜杨梅王1个，最大杨梅王1个，一等奖1个，二等奖3个。

（周乃君）

◎ 6月11日，由余姚市农业农村局、余姚杨梅产业协会主办的2021年余姚杨梅民间擂台赛在余姚市丈亭镇举办（市农业农村局 供稿）

农业产业化

【概况】 2021年余姚市获评省级2020年度“产粮大县”称号。余姚杨梅特色农产品优势区获评“浙江省级特色农产品优势区”，余姚茶叶产业联合体创建为浙江省级联合体。新建成浙江省特色农业强镇1个，累计3个。泗门（榨菜）、陆埠裘岙村（茶叶）入选国家级“一村一品”示范村镇、乡村特色产业亿元村名单。新建种植业“六园”示范基地4家。新增宁波级农业龙头企业2家，余姚市级农业龙头企业6家。

农产品溯源区块链试点完成

9个基地建设，涉及河姆渡茭白田甲鱼、余姚杨梅和瀑布仙茗3个品种。建成省级数字农业工厂2个，宁波数字化改造种养基地6个。制订完成“四明臻货”运营方案。累计培育农创客300名。

新增政策性农业保险品种9个（包括早晚稻种植保险完全成本保险、西兰花价格指数保险、梨种植气象指数保险等），累计推出保险品种达到98个，修改完善杨梅气象指数保险条款，开发铁皮石斛等新险种2个。2021年保险费用三级财政补贴达到4455万元。

组织腌制池治理，开展动态清零行动，累计清理平整腌制池357只，面积51.3亩。

【杨梅白酒获“SC食品安全生产许可证”】 8月，宁波市舜邑杨梅酒业有限公司酿制的杨梅白酒获得了“SC食品安全生产许可证”，成为余姚市首家取得证书的杨梅白酒生产企业。宁波市舜邑杨梅酒业有限公司位于余姚市凤山街道穴湖村，为余姚市杨梅深加工龙头企业。

【余姚杨梅入选浙江省特色农产品优势区】 11月，余姚杨梅特色农产品优势区获评浙江省级特色农产品优势区。余姚杨梅经过数千年的自然演变和人工筛选，已形成乌种、红种、粉红种、白种四大品种群系。余姚境内尚存荸荠种、粉红种、水晶种、荔枝种、早大种、迟种等20余个品种，品种数量位居全国前列，在丈亭镇建设“中国杨梅种质资源圃”。

【余姚市入选农业社会化服务创新试点单位】 11月15日，农业农村部确定的全国农业社会化服务创新试点单位，余姚市成功入选。本次试点期限为3年，自2021年11月起至2024年10月止，要求试点县（市、区）围绕探索农业社会化服务推动现代农业发展的有效路径、探索农业社会化服务引领小农户和现代农业有机衔接的多种形式、探索推进服务资源整合的方法路径、探索加强农业社会化服务行业指导的方式方法、探索完善农业社会化服务支持政策措施5个方面开展试点工作。

【余姚市果酒产业协会成立】 11月16日，余姚市果酒产业协会成立大会成功召开，来自丈亭、三七市、临山、凤山、河姆渡、泗门、阳明、黄家埠、梁弄、马渚等乡镇（街道）会员和农技员参加了此次会议。市农业农村局、市科技局、市民政局相关领导出席会议。大会选举产生了第一届理事会、监事会组织领导机构，审议通过了协会有关事项，明确了协会今后5年工作方向和重点工程。余姚市已有生产水果白酒的各类主体21家，年加工各类水果总量约500吨，年生产水果白酒合计超过200吨。

农村经营管理

【概况】 全市累计培育省级美丽乡村示范乡镇7个、特色精品村16个、新时代美丽乡村覆盖率达84%，创建宁波市级美丽乡村示范乡镇8个、示范村18个、合格村112个，景区村135个，成功打造风景线4条，建设四明山区域生态发展项目200余个，实施农村生活污水世行项目、首创项目及单体式项目173个，农村生活垃圾分类村实现全覆盖，创建省级高标准农村生活垃圾分类示范村5个，宁波级镇、村20个。新建省、市级美丽乡村示范项目、四明山区域生态发展项目80余个，重点完成了“四明之窗”百里红诗路、“都市融合”山水文化两条精品线沿线村庄梳理改造。

2021年全市村集体经济总收入8.96亿元、村均343.17万元，同比增长8.54%，村集体经营性收入总额3.13亿元、村均120.01万元，同比增长4.97%（其中，山区78个村集体经济总收入1.65亿元，同比增长9.35%，经营性收入3247万元，同比增长4.71%），全市村集体经济经营性收入15万元以下村全面清零。

2021年，新开发特色险种9个、累计100个，农信担保全年在保额4700万元，累计3.45亿元，10支农技服务队累计开展实地指导650余人次、帮助农户解决实际问题480余个。

完成审计村120个、全市三年累计开展审计313个村，新建省级清廉村居40个、善治及示范村32个，开展乡村法制宣传教育21场，推进梁弄横坎头片区、泗门谢家路村、河姆渡芦山寺村3个未来乡村建设，其中泗门镇谢家路村获评国家级乡村治理示范村。

培育创建省级示范性家庭农场6家、宁波级6家、余姚级13家。完成余姚市家庭农场协会换届选举及培训工作。完成国家级3家、省级13家、宁波级

◎ 2021 年 4 月，农户正在操作无人驾驶插秧机
（市农业农村局　供稿）

12家农民专业合作社监测工作，同时申报创建省级示范社 1 家、宁波级示范社 2 家。

【乡村振兴】 建设农村“三资”管理服务体系。实现全市乡镇(街道）“三资”管理服务全覆盖，财务初始化已达 100%，105 个村实现月结，人口及组织信息录入全面启动。农村“产权超市”交易量增加，21 个乡镇（街道）的 150 个村经济合作社申请交易 760 笔，交易底价总额 16910.1 万元，其中已完成交易 361 笔，完成交易金额累计 11258.57 万元，较本年度年初增加 95%，交易溢价 1282.97 万元。

推进“肥药两制”改革。全市 15 家农资店活跃度达到 90%；105 家种植业试点主体全部达到活跃度考核要求。取土化验 750 个、化肥减量增效技术示范区 2 个、有机肥推广应用 15000 吨、配方肥和按方施肥 15000 吨。建设水稻病虫害绿色防控示范基地 2 个，面积 2200 亩。

推广应用“甬农码”，开展农产品定量检测 2412 批次（不含上级抽检），定性检测 6200 余批次，合格率均达到 99% 以上。推进农产品全程追溯试点，全市已有 366 家农产品生产主体纳入追溯体系、市级以上示范性主体覆盖率 100%，年合格证打印量 11 万余张。

建成省级数字农业工厂 2 个，宁波数字化改造种养基地 6 个。推进“三农”基础数据归集，基本完成第一批采集归集。推进农产品区块链溯源建设项目。

【谢家路村签约“十亿助力万村共建”数字乡村公益服务项目】 6 月 9 日上午，2021 浙江数字乡村先锋榜暨助力数字乡村建设推介活动启动仪式在浙江国际影视中心举办。百优“未来乡村”场景先行村——谢家路村党委书记杜海军作为宁波代表在台上签约，并进行发言。

【市乡村振兴局正式挂牌】 6 月 11 日，经余姚市委、市政府同意，市农业农村局增挂市乡村振兴局牌子。余姚市农业农村局班子成员参加挂牌仪式。市农业农村局工作职责增加巩固拓展脱贫攻坚成果及完成上级交办的有关工作等职责，并强化统筹推进实施乡村振兴战略方面内容。

（周乃君）

农业执法

【概况】 全年共开展各类安全、执法检查 860 余次，查处各类违法行为 129 起，组织安全培训 230 余人次，完成 1097 台变型拖拉机提前报废淘汰。

开展“绿剑”农资打假、农村宅基地违建专项执法、农产品质量安全“治违禁　控药残　促提升”、卫生用农药专项执法检查、“肥药两制”改革专项执法检查等专项执法行动。检查各类主体 716 户次，监督抽检农业投入品 55 批次、农产品 32 批次，查处各类违法违规行为 42 起，立案 8 起，办结 13 起（包括上年底立案、2021 年办结的 11 起），办理行刑衔接 1 起，共完成农产品抽样检查 6972 个，共打印食用农产品合格证 10 万余张。

责令整改内陆渔船 12 艘次，查处无证捕捞行为 5 起，查处电捕鱼案件 11 起，其中 1 起主城区电鱼案件移送公安机关，收缴罚款 3.1 万元，当事人自愿缴纳渔业资源补偿款 1.65 万元。检查水产养殖场 114 场次，办理初级水产品案件 1 起。

◎ 5月28日上午，梨洲街道最后一辆变型拖拉机办理完报废注销手续（市农业农村局　供稿）

◎ 9月3日，余姚市农业农村局、海盐县农业农村局开展杭州湾海上联合执法行动（市农业农村局　供稿）

开展“畜牧兽医领域专项执法行动”“瘦肉精专项整治行动”“春、夏、秋三季绿剑集中执法行动”。2021年畜牧执法中队办理农业行政处罚案件30起，办结30起，共计罚款91535.2元。

对7家畜禽养殖场进行无公害农产品复查换证现场检查工作。开展畜牧业投入品监督抽检，抽取饲料样品6个，兽药样品13个。累计完成畜产品质量安全抽样送检1876批次，其中农业农村部例行抽检20批次、浙江省例行抽检55批次、浙江省监督抽检50批次、宁波市例行和专项抽检180批次。对全市屠宰环节猪尿采样2859份、牛尿采样16322份，对每个样品同时进行“莱克多巴胺”“盐酸克伦特罗”“沙丁胺醇”的快速检测。每个月进行生鲜乳例行巡查监管，检查奶牛养殖场兽药室和饲料仓库有无“三聚氰胺”等违禁物质。

【完成变型拖拉机报废清零任务】 5月28日上午，梨洲街道最后一辆变型拖拉机办理完报废注销手续，全市在册变型拖拉机1097台全部报废清零，提前3天圆满完成宁波市下达的变型拖拉机5月底全面报废清零的工作任务。余姚市存量变型拖拉机报废数量居宁波各县（市、区）首位，占宁波全市总量的1/5。自2021年3月12日宁波市农业农村局召开全市变型拖拉机报废清零工作部署会议后，余姚市贯彻宁波市委市政府下达的变型拖拉机5月底前全面报废清零的任务，制定了由市政府任总指挥，市农业农村局牵头推进，市直有关部门共同作战，乡镇（街道）狠抓落实的工作机制。1月出台余姚市的变型拖拉机提前报废实施方案和奖励办法，印制4000

册的告知书和宣传画册，利用农机安全短信平台及借助农业信息网站、《余姚日报》、余姚电视台等媒体力量，做好政策解读和宣传引导。

【渔政联合执法】 9月3日，余姚市农业农村局、海盐县农业农村局开展杭州湾海上联合执法行动。本次执法内容包括六个方面：对涉渔“三无”船舶高压严打，遏制涉渔“三无”船舶回潮势头；打击无证捕捞行为；检查“船证不符”“人证不符”“网具不合规”等违法行为；取缔禁用渔具，对发现的地笼网、滩涂串网等禁用渔具一律依法取缔、没收；强化渔船安全生产，重点检查渔船救生衣、救生圈等救生配备，灭火器、太平斧等消防设备的配备、放置和使用情况；严查渔船违章搭客、装载行为。本次联合执法行动，共出动执法人员13人，执法船2艘，航程100海里，检查渔船8艘，清理地笼网4条。

（周乃君）

水利建设

【概况】 2021年，流域防洪工程建设方面，姚江上游余姚西分工程Ⅰ标段瑶街弄调控枢纽工程基本完工，Ⅱ标段输排水通道工程的2.9千米排水隧洞已全线贯通，贺墅江节制工程基本完工，涉铁的西分出口工程、35千伏下穿萧甬铁路工程完工并通过验收，新开河道、乐安湖整治工程、乐安湖泵站、西横河泵闸等项目顺利推进。陶家路江三期整治工程Ⅰ至Ⅳ标段基本完工，Ⅴ标段完成招标工作，根据政策处理推进程度适时开工建设。四明湖水库自溃坝改闸工程和湖塘江堤防加固工程（牟山江至青山港段）开工建设。

进一步夯实农村饮用水达标提标行动成果。重点突破28座千人以上村级供水站的数字化提升改造，完成摄像头、余氯、浊度、流量计等在线仪表安装，运用数字化手段，构建网络化、智能化、集成化的农村供水核心业务应用体系。实施农业水价综合改革工作，2021年下达专项补助资金216万元（其中精准补贴134万元，节水奖励82万元）。

组织开展4座1000千瓦以上电站的安全生产标准化复评，通过了专家的评审，达到安全生产标准化三级标化要求。实施“三化”改革和小型水库系统治理工作，完成253处水利工程确权登记（其中规模以上水利工程204处），物业化覆盖率达69.8%，所有规模以上水利工程已通过“浙水安澜—工程运管”应用进行管理。

【全市水利工程建设和运行管理工作推进会议召开】 5月21日，市水利局组织召开全市水利工程建设和运行管理工作推进会议，会上，相关科室通报了水利工程建设及运行管理情况，介绍了水利工程管理“三化”改革、小型水库系统治理、山塘安全评定与美丽山塘建设情况。各乡镇街道水利工作负责人、各局属单位主要负责人对所属区域内水利工程建设和运行管理工作进展情况进行了交流。

【曹娥江至慈溪引水工程（余姚段）通过验收】 11月12日，宁波市发改委在余姚主持召开曹娥江至慈溪引水工程（余姚段）竣工验收会议。会上成立竣工验收委员会。与会代表认真审阅了工程竣工验收资料，查看了工

◎ 11月11日，曹娥江至慈溪引水工程（余姚段）竣工验收会议召开

（市水利局　供稿）

程现场，听取了工程建设管理、竣工技术预验收工作报告和质量与安全审计等相关单位的意见建议，一致同意曹娥江至慈溪引水工程（余姚段）通过竣工验收。

【陶家路江三期整治工程Ⅳ标段通过合同工程完工验收】 12月23日上午，余姚市陶家路江三期整治工程Ⅳ标段顺利通过合同工程完工验收。验收会议采取线上线下结合的方式，验收工作组先通过视频查看了工程建设情况，然后听取了建设、设计、监理、施工等参建单位的汇报，并详细查阅了工程档案资料。经验收工作组分析并讨论后，一致认为余姚市陶家路江三期整治工程Ⅳ标段合同工程已按设计文件和合同约定完成全部施工任务，施工质量满足设计和规范要求，资料齐全，具备合同工程完工验收条件，同意通过合同工程完工验收。

（胡伶俐）

水政水务

【概况】 2021年，余姚市进一步落实行政审批“最多跑一次”深化改革，涉及的审批件全部开通网上申请服务、快递寄送服务。完成2021年度最严水资源管理制度监督检查工作及省水利厅最严水资源考核。河道保洁全覆盖，实现“三洁九无”目标，全年共投入专项资金2525万元。强化水政监察，共巡查河道长度10314千米，巡查水域面积3441平方千米，出动执法人员13157人次，出动车辆2406车次，出动船只2676航次，现场及时制止违法行为5起。处理各类河道涉水案件123起，拆除涉水违建面积4735平方米，恢复水域1425平方米。共受理来信来电来访20起，均给予答复和妥善处理。切实做好“互联网+监管”工作，截至12月底，全市执法人员掌上执法激活率、掌上执法率及“双随机、一公开”监管抽查事项覆盖率、任务完成率均为100%。

【“世界水日”“中国水周”系列宣传活动开展】 3月22—28日，第34届中国水周系列宣传活动开展。活动启动当天，市水利局举行“世界水日”“中国水周”主题宣传活动。活动期间，开展了“五进”宣传活动，通过邮寄的方式发放《世界水日·中国水周特刊》《中华人民共和国长江保护法》等宣传资料，进入全市各机关、企业、村（居、社区）、学校、家庭，共400余份。呼吁并组织“水利铁军”志愿者50余人，开展巡游四明湖和保护水环境的捡垃圾活动，共清理出垃圾0.5吨。同时，通过电视开屏的广告投放、《余姚日报》专版宣传，发挥媒体舆论作用，通过平台广告开展节水、幸福河以及水与卫生等相关知识宣传，在数字电视机顶盒开机公益广告投放1个月。

【古井水源保护推进会召开】 6月28日，市水利局组织召开古井水源保护工作推进会。会上，市水利局传达了省水利厅、省文物局相关文件精神，并指出要核对古井信息，建立基础信息动态更新机制；明确古井保护管理主体，将管理主体落实到乡镇街道和相关产权部门，并安排专人负责古井保护管理；落实古井保护举措，根据古井水源保护需要，设立标识牌，标示古井基本信息等内容。

（胡伶俐）

防汛抗旱

【概况】 2021年，全市降水量较常年明显偏多，台风影响严重，降雨时空分布不均，南部山区比平原地区多，台汛期两次台风（6号台风“烟花”和14号台风“灿都”）均带来强降雨。整个汛期（4月15日至10

◎ 7月，党员干部在河姆渡镇抗击台风“烟花”（曾亮　摄）

月15日），全市平均降水量为1799.9毫米，较常年同期1035.4毫米偏多73.8%。其中，梅汛期平均降水量为525.8毫米，较常年同期501.5毫米偏多4.8%，占汛期总降水量的29.2%。台汛期平均降水量为1274.1毫米，较常年同期均值533.9毫米偏多138.6%，占汛期总降水量的70.8%。

2021年主要受到1轮强降雨和2个台风影响，全市共启动防汛防台应急响应3次，其中针对台风启动Ⅰ级响应2次，针对强降雨启动Ⅳ级响应1次。通过OA系统、传真、“浙政钉”等平台发出灾害天气预警信息单148份，调度通知单39份，风险提示单21份，防汛防台工作简报22期，通过短信预警平台发布工作动态短信、水雨情预警短信共1226批次，共101712条，并通过电视、广播向公众滚动播报台风防御指引，第一时间向群众发出预警信息。

【水旱灾害防御汛前大检查开展】 2月5日，市水利局发出《余姚市水利局关于开展2021年度水旱灾害防御汛前大检查的通知》（余水发〔2021〕12号），通知要求各乡镇街道和有关单位认真做好2021年度水旱灾害防御工作，全面开展汛前检查工作。通过单位自查、组织抽查、进行督查三个阶段，市水利局共派出6个检查组，发出意见反馈书29份，提出整改隐患问题54项，依次梳理问题清单、责任清单、监督清单“三张清单”逐项落实责任单位和监督科室，要求限时完成整改落实。

4月13日，汛前检查督查情况汇总会议召开，各督查科室就负责的问题隐患整改情况进行了汇报。4月28日，再次下发《关于继续督查做好汛前检查有关问题整改落实的通知》，通报尚未完成整改的问题，督促督查科室继续跟踪，确保此次汛前检查工作发现的问题能够全部销号，形成闭环，确保安全度汛。

【余姚市山洪灾害分析评价和调查成果报告审查会召开】 3月26日，市山洪灾害分析评价和调查成果报告审查会在市水利局召开，对全市2020年度的山洪灾害防御能力提升项目（山洪灾害调查评价部分）进行了验收审查。会议邀请了余姚市防指、市应急管理局、市自然资源和规划局、市住建局、市交通局、市农业农村局、市文广局、市气象局等部门及市水利局相关科室参加，同时还邀请了宁波市水利局和宁波市水利水电规划设计院的专家进行评审。经过设计单位汇报、各部门提问交流和专家评审等多项议程后，2020年度的山洪灾害防御能力提升项目（山洪灾害调查评价部分）顺利通过验收审查。

【防汛防台检查及督查整改】 年内，市防汛防台抗旱指挥部办公室分三个阶段组织汛前检查及督查工作。第一阶段为3月15日前，各地各有关部门要按照通知要求完成自查，特别是对水库山塘安全管理、河道（渠道）行洪、山洪灾害防范、地质灾害危险区域、排涝设备设施等情况进行全面摸排，重点对水库山塘、江海堤塘、泵站水闸等水利工程在防御暴雨、台风过程中存在的问题进行排查和整改。第二阶段为3月25—31日，市防指办组织应急、水利、气象、资规、建设、交通、农业农村等部门分8个小组，赴全市21个乡镇街道、2个开发园区进行督查。第三阶段市防指办对各督查组的反馈意见进行汇总、梳理，明确整改责任单位和督查单位，并出具整改单，要求各有关乡镇街道和有关单位限期整改。检查组共发出意见反馈书21份，提出整改隐患问题68项，所有隐患于5月底整改完毕。

【市防汛防台工作会议召开】 4月15—16日，市防指有关成员在余姚分会场参加国家、省、宁波防指相继召开防汛防台视频工作会议并召开2021年余姚市防指全体成员暨防汛工作会议，重点部署汛期防汛防台各项工作。7月12日，市防指全体成员单位主要负责人和各乡镇街道、开发园区主要负责人、分管负责人等90余人参加全市防汛防台工作会议，市委副书记、市长徐云对防汛工作进行全面部署。

（胡伶俐　韩烨）

工业·工业园区

工业经济

【概况】 2021年，全年实现规模以上工业增加值564.83亿元，同比增长13.4%，高于宁波1.5个百分点，规模以上工业增加值增速位居宁波第四。“246”万千亿级产业集群增加值同比增长16.1%，增速位居宁波第三，连续三年保持两位数增长。十七大传统制造业全年实现增加值301.18亿元，同比增长15.1%，增速位居宁波第二。

创新“拿地即开工”机制，2021年有11个项目获重点工业投资用地资格，其中松原汽车、宇达实业、天瑞电器等9个项目均实现拿地20天内开工，最短的仅用时15天。全年完成工业投资123亿元，同比增长25.5%，总量和增长分别居宁波第三、第四位。落实新一轮智能化改造三年行动计划，宁波舜宇光电信息被列入省“未来工厂”试点名单。2021年实施智能化改造项目206个，其中数字化车间/智能工厂8个（省级5个、宁波级3个）、自动化成套装备项目1个，新增省级数字化车间/智能工厂培育库项目5个（舜宇光学、贝隆精密、比依电器、领克汽车、盈瑞），新增工业机器人492台，宁波市智能制造优秀方案解决商2家。余姚智能家电工业互联网平台上线，实现注册家电企业430家，累计开展项目实施25家，引入生态合作伙伴35家。以余姚智能家电工业互联网平台为主体的家电产业大脑成功申报行业产业大脑“揭榜挂帅”项目。伟立机器人（机器人智造工业互联网平台）、云络科技（余姚智能家电平台）2家企业平台入选2020年度宁波市优秀工业互联网平台，云络科技和智昌机器人入选宁波市级工业互联网示范平台。

走访受台风“烟花”影响严重企业30余家，协调解决垃圾清理难、保险理赔难、灾后招工难等困难问题10余类，推动企业码功能升级和线下推广。编印《制造业高质量发展政策汇编》宣传册，绘制细化政策申报操作流程图，2021年举办“8718”

◎ 7月14日，宁波市经信局领导参观机器人峰会余姚联通展台
（联通余姚分公司　供稿）

政策推介、政策解读、行业培训线上线下活动12场，参与企业3000余家。

【第七届中国机器人峰会举办】 7月14—16日，第七届中国机器人峰会暨智能经济人才峰会举办。本次大会以“机器智联、赋能万物、合作共赢”为主题，开展行业交流论坛、引才引智、产业对接、展览展示、机器人大赛等活动，聚焦机器人产业发展新趋势、新技术、新应用，开展多渠道、多层次的技术交流和产业合作，积极推动机器人、人工智能等新兴产业高质量发展。60多家国内外知名企业及科研机构的涉及20多个行业应用的300余件（套）最新技术成果、应用产品、解决方案集中亮相。现场完成项目签约30个，总投资约为252.1亿元。本届峰会通过线上直播+线下现场的形式，同期举行海外学者线上论坛。

【重大科技创新项目验收会举行】 1月14日，余姚市重大科技创新项目验收会在余姚辰茂玉兰酒店举行，由4位技术专家和1位财务专家组成的专家组通过审查验收资料、质询、讨论等方式对参加项目进行验收。最终参加本次验收会的宁波长振铜业有限公司承担的“特种密封铜合金与异型材精密加工产业化技术研究”项目、浙江晟祺实业有限公司承担的“基于自润滑可降解技术的新型包装材料关键技术研发及产业化”项目和宁波乔士橡塑有限公司承担的“轨道交通制动气室橡胶隔膜关键技术研发及产业化”项目均通过验收。

【电机、电控与驱动技术系列论坛举行】 3月19日，由诺丁汉（余姚）智能电气化研究院承办的电机、电控与驱动技术系列论坛在余姚蝶来酒店举行。活动现场，诺丁汉（余姚）智能电气化研究院的3位专家分别以“高速电机驱动技术和应用”“高性能高荷载无人机电驱动技术及应用”“超高效无稀土永磁电机技术及应用”为主题进行了科技成果推介。

【制造业高质量发展政策培训暨服务共建协议签约仪式举办】 6月18日下午，制造业高质量发展政策培训暨服务共建协议签约仪式在余姚市科创中心举办。活动中邀请浙江省余姚机器人与智能装备产业创新服务综合体、中意启迪创业服务有限公司、宁波市汇成企业管理咨询有限公司、宁波智创技术经纪有限公司4家服务机构签约服务共建协议，为余姚全市企业提供“点对点、针对性、个性化、网络化”服务。活动还就企业码平台应用、重点企业培育、智能改造升级、高层次人才培育、创新科技研发投入、税收等专题进行了培训。

（王　静）

重点产业

【概况】 2021年，余姚市全方位、全角度、全链条推进“35”千百亿产业集群高质量发展，十大产业链全年实现增加值320.2亿元，同比增长12.3%，增速位居宁波第二；高端装备制造业增加值同比增长19.3%，位列宁波第二；高新技术产业和战略性新兴产业增加值同比增长分别达到16.2%、18.2%，均位列宁波第四。制定出台《关于实施新一轮余姚市制造业企业“350”梯度培育计划的若干意见（试行）》，落实《余姚市单项冠军培育三年行动计划》，新增国家级单项冠军示范企业2家，14家企业获评第三批国家级专精特新“小巨人”，天瑞精工被列入2021年宁波市制造业创新中心创建名单，3个项目被列入省重点技术创新项目和省重点高新技术产品项目计划。集中精力主攻新材料、光电信息、新能源汽车及关键零部件、机器人及智能装备四大产业链，制订出台细分产业链培育方案。3家企业成功纳入宁波市第一批十大标志性产业链培育主体名单，新增省级产业链上下游企业共同体4家、宁波市级6家。

制订《余姚市全域产业治理工作方案》，基本完成对全市工业集聚区和工业集聚点的用地调查，建立形成“一地一档”和初步治理清单。编制工业集聚区规划，计划将现状36个工业区块整合优化为5个工业集聚区，形成“1+2+2”的分布格局。优化制定并推进实施“亩均论英雄”综合评价办法2.0版，完成对6132家工业企业基础信息调查和1316家规模以上企业、2541家占地0.2公顷及以上规模以下企业的综合评价。推进小微园区建设，支持有条件的园区建设数字化管理平台，开展园区绩效评价和星级评定，制定出台星级小微企业园财政专项奖励政策。全年建成省级小微企业园8个（其中三星级园区1个、二星级园区5个），累计入园企业510家。

【4 家企业入围浙江省创造力百强企业】 5 月 17 日，浙江省市场监管局发布浙江省创造力百强企业榜单，宁波舜宇光电信息有限公司、宁波江丰电子材料股份有限公司、浙江舜宇光学有限公司、浙江大丰实业股份有限公司入选。该榜单以 2020 年底数据为基准，以企业有效发明专利存量、高价值发明专利量和近三年发明专利授权量为主要指标构建企业创造力综合指数模型，综合评价了企业的创新实力。

【家电产业大脑获评省行业产业大脑建设试点“揭榜挂帅”项目】 5 月 28 日，余姚市和慈溪市、宁波市高新技术开发区联合共建的家电产业大脑入选浙江省首批行业产业大脑建设试点“揭榜挂帅”项目。家电产业大脑由数据中枢系统、政府端数据仓、企业端数据仓等构成，通过数据整合，实现政府数据、产业数据、企业数据互联共享，通过打通供需匹配和政企联动，融合产业链、供应链、人才链和创新链，从而实现家电产业高质量发展。

【2 家企业获国家级制造业单项冠军】 11 月，工业和信息化部、中国工业经济联合会联合发布的第六批制造业单项冠军企业名单，余姚 2 家企业入选。其中宁波长振铜业有限公司入选制造业单项冠军示范企业，浙江舜宇光学有限公司的手机镜头入选制造业单项冠军产品。

【5 家企业入选省高新技术企业创新能力百强】 12 月，2021 年浙江省高新技术企业创新能力百强榜单公布，余姚共有 5 家企业入选，分别为浙江舜宇光学有限公司、浙江正庄实业有限公司、宁波舜宇光电信息有限公司、浙江大丰实业股份有限公司、宁波舜宇车载光学技术有限公司。其中，浙江舜宇光学有限公司、浙江正庄实业有限公司入围新材料技术领域十强，浙江大丰实业股份有限公司入选高技术服务十强。

（王　静）

2021 年工业前 50 强企业一览表

表 5

企业名称	
宁波舜宇光电信息有限公司	浙江正庄实业有限公司
余姚领克汽车部件有限公司	宁波科环新型建材股份有限公司
宁波世茂铜业股份有限公司	基伟休闲用品有限公司
浙江舜宇光学有限公司	浙江峻和科技股份有限公司
宁波昊阳新材料科技有限公司	余姚世纪华通金属实业有限公司
宁波长振铜业有限公司	浙江松原汽车安全系统股份有限公司
宁波大沃科技有限公司	宁波生久科技有限公司
宁波舜宇车载光学技术有限公司	余姚市舜江电器有限公司
宁波德昌电机股份有限公司	余姚新得丽针织有限公司
甬矽电子（宁波）股份有限公司	余姚杭湾包装有限公司
宁波富佳实业股份有限公司	宁波兴敖达金属新材料有限公司
宁波容百新能源科技股份有限公司	宁波瑞成包装材料有限公司
浙江大丰实业股份有限公司	余姚市元翔电器有限公司
余姚大发化纤有限公司	宁波大叶园林工业股份有限公司

续表 5

企业名称	
余姚舜宇智能光学技术有限公司	余姚市兰山电机企业有限公司
宁波王龙科技股份有限公司	宁波正欣消防设备有限公司
浙江比依电器股份有限公司	宁波明禾新能源科技有限公司
浙江美源新材料股份有限公司	宁波好伙伴电器有限公司
宁波大叶园林设备股份有限公司	宁波更大集团有限公司
富诚汽车零部件有限公司	宁波舜宇红外技术有限公司
宁波江丰电子材料股份有限公司	宁波青琪金属制品有限公司
浙江金瑞薄膜材料有限公司	宁波唯尔电器有限公司
国能浙江余姚燃气发电有限责任公司	浙江丰茂科技股份有限公司
宁波天瑞电器有限公司	余姚中淳高科桩业有限公司
神通科技集团股份有限公司	宁波捷丰现代家具有限公司

（王　静）

电网建设与电力供应

【概况】　2021年，余姚电网拥有500千伏变电所2座，220千伏变电所7座，110千伏变电所37座，35千伏变电所10座，合计变电容量1209.3万千伏安。110千伏线路87条，共460.712千米，35千伏线路23条，共211.676千米，10千伏公用线路771条，共5945千米。

2021年，余姚供电公司全年完成固定资产投资3.40亿元，售电量122.98亿千瓦时，同比增长17.45%；营业收入70.88亿元，同比增长19.99%；综合线损率2.91%，下降0.02个百分点；全员劳动生产率达220万元/人·年。全域供电可靠性达99.9918%，列全省64家县公司第三位、宁波市第一位。

【经营管理】　2021年，公司接收迁建资产2.91亿元、用户资产6.2亿元，全年新增有效资产11.9亿元，列全省第一位、集团第二位。强化“业务+成本”管控，单位资产维护成本同比下降19%。修订“三重一大”决策管理制度，进一步规范公司重大决策程序。优化调整营销、生产组织体系，成立营销数据稽查班，理顺二次设备管理职责。积极配合电力市场化改革，稳妥开展代购电业务。试点开展“电力数据+区块链”环保监测，阳光业扩项目获得浙江省和省公司管理创新两个一等奖，北斗防外破系统推广至海宁、衢州、兰州等地区，成果转化金额53万元。

【电网建设与发展】　2021年，公司投产110千伏郑巷变等5项输变电工程，新增变电容量47.7万千伏安。检修超周期变电站减少9座。

电网发展转型提速。推动政府出台“新能源+储能”支持政策，保障新能源健康有序发展。编写新型电力系统建设余姚方案，一体推进40个项目落地。促成政府第14年召开全市电网建设和有序用电会议，电力工程建设成效纳入乡镇街道考核体系。全年开工输变电工程5项，完成可研6项、核准3项。建设全国首个装配式超高性能混凝土变电站110千伏双河变。220千伏楚屿变入选省公司质量提升示范工程，基建“五色地图”实现全面飘红。投运配网项目60项，改造6个老小区电力线路，重过载线路、配变数分别同比压降20%和40%。安装智能开关224台，上线1285个台区智能融合终端，自动化有效覆盖率提升

12%，线路智能化率达95%，四明山区线路实现跨区互供"全自愈"。

【安全生产】 年内，修订《安全生产委员会工作管理实施意见》，健全安委会常态运作机制。完善《作业计划管控实施方案》，全量作业计划纳入刚性管理。保持反违章高压态势，全年查处各类违章684起，处罚722人次。推进安全生产专项整治"二下二上"，整改问题隐患32项，废改立制度10项。深入实施学安规、懂安规、守安规"蓝盾行动"。全面推广北斗防外破系统，建立电力联合执法机制，输电线路外破事件连续两年"零发生"。首批承接110千伏智能站二次检修下放，推行变电站"排雷"行动。实施配网"两清理"和图实一致性竞赛，整改10条高故障线路，上线负面清单管理小程序，主分线故障次数同比下降36%。应用开关站房智能巡视机器人，完成配网无人机自主巡检首飞。

【营销与优质服务】 全面推广"阳光业扩一站通"平台，上线业扩全流程数字化管控程序。构建重要客户分级负责制，深入开展"四直四送"服务大客户活动。推动城乡电力服务一体化，在全市256个住宅小区推行用能智慧"云服务"，建成12家电力驿站，新增1家无人营业厅，"网上国网"用户总数突破30万户。实施新时代乡村电气化三年行动计划，建成10个乡村电气化村。以建党百年为契机，推出"乡村振兴电力指数"，相关工作经验入选新华社动态清样，获余姚市委、市政府主要领导批示肯定。推动消费侧能效提升，对全市1396家规模以上企业实施用能普查，出具能效账单2200余份，启动牟山小微园集中式空压站建设，建成后户均能耗压降15%以上。新增公共充电桩12台，全年充电量突破300万千瓦时，同比增长19%。

◎ 12月16日，电力人员在余姚某小区完成电缆故障指示器安装调试

（国网余姚市供电公司 供稿）

【配网不停电作业技能竞赛举行】 2月24日，国网浙江余姚市供电有限公司工会2021年度带电作业项目技能竞赛活动拉开序幕。22名带电作业专业新职工参加竞赛。技能竞赛设置为个人赛，竞赛成绩由"理论＋体能＋地电位作业＋中间电位作业"四个部分组成。竞赛为期两天，实操考试设置的项目是日常工作中常见的带电作业工作任务。

【台风"烟花"后供电保障】 7月，受2021年第6号台风"烟花"影响，余姚遭受特大暴雨，余姚电网遭受损坏，累计发生10千伏线路停电139条，公变1684台，涉及停电用户达136898户。据统计，台风期间，国网余姚市供电公司累计派出灾后供电保障人员4023人次，1857车次，为9个区域的2600余家企业提供用电检查，发放安全用电告知书12000余份，为台风后居民恢复正常生活提供充足电力动能。

【为疫情防控提供电力保障】 12月，为坚决阻断新冠肺炎疫情传播途径，余姚市对毗邻上虞相关乡镇街道组织开展大规模核酸检测。国网余姚市供电公司临山供电所马上组织供电骨干前往各检测点，配合做好现场安全用电工作。同时，以红船共产党员服务队为先锋，奔赴抗疫一线担当抗疫志愿者。

在余姚市智能光电小镇的舜宇新基地，刚完成硬装的员工宿舍成为了风险地区旅居人员的隔离点。国网余姚市供电公司客户服务中心组织红船共产党员服务队主动对接舜宇集团，检查宿舍楼配电房变压器的运行情况，并对主供隔离楼的线路进行测温检查。

【余姚首个园区公共充电站建成投运】 12月27日，中意宁波生态园和余姚泗门汝湖公园公共充电站相继完成调试并顺利投入运营。此次投运的2座公共充电站均位于余姚西北，且中意宁波生态园充电站为余姚首个园区公共充电站。2座公共充电站分别配置了6台60千瓦一体式充电桩，能满足6辆新能源汽车同时充电，全年充电次数可达4万余次，充电量可达66万千瓦时。

（国网浙江余姚市供电有限公司）

中意宁波生态园

【概况】 2021年，中意宁波生态园按照余姚市"两强三提升"行动部署要求，扎实实施"高质量发展突破年"活动，统筹推进疫情防控和经济社会发展，奋力推动高质量发展走在前列，纵深推进全面从严治党，园区各项事业取得了新进展。

总体经济高速增长。在复杂多变的宏观经济形势下，生态园主要经济指标保持高速增长的良好态势。全年完成工业总产值337.69亿元，增长53.3%；规模以上企业工业产值333.7亿元，增长61.1%；工业增加值70.2亿元，增长50.5%，对全市工业增加值的贡献率达35.3%；战略性新兴产业增加值、高新技术产业增加值和数字经济核心产业制造业分别增长66.4%、64.7%和95.6%；完成财政总收入16.81亿元、一般公共预算收入6.27亿元，分别增长224.7%和145.2%。

招商引资稳中提质。全年完成宁波市外实到内资29.85亿元，余姚市外实到内资29.93亿元，浙商创业创新资金27.44亿元，实到外资3092.1万美元。新签约项目54个，总投资达191.4亿元，项目签约数较上年同期增长17.4%。新引进意大利企业2家。累计引进10亿元以上项目8个，5亿元以上项目14个，均较上年同期增长100%。

改革创新不断深入。聚力打造国际品牌。中国—中东欧国家产业合作对接会成功举办，园区在中东欧国家影响力持续扩大。新签约中东欧项目11个，总投资62.9亿元。宁波中东欧创新基地累计引荐中东欧国家项目43个，其中3个项目注册落地。聚力打造"前湾硅谷"。以"科创飞地"建设为抓手，聚焦上海虹桥中意楼、中意复旦（张江）科创中心两个平台建设，积极融入长三角一体化发展。2021年，园区入选浙江省推进长三角一体化发展先进集体。中意复旦（张江）科创中心四大研发平台建成投用，上海虹桥中意楼企业入驻率超50%。新引进高级人才23人，入选宁波"甬江引才工程"7个，申报宁波市杰出人才1人。

基础配套全面提档。共安排政府投资项目22项，全年完成投资6.51亿元。新开工7个，完工9个。滨海新城北排江西侧北块路网、生命健康产业区块路网等重点区块路网建设工程加速推进，科兴路东延（余姚段）、固北北路道路等主干外连道路开工建设。电力系统三期、DN1000给水管安装等项目扎实推进，220千伏滨海变、LNG供气站土建完工，即将正式投用，110千伏望海变、110千伏电缆入地等项目前期工作有序开展。

整合提升开发区（园区）。根据宁波市委编委《关于规范开发区（园区）管理机构促进开发区（园区）创新发展的实施办法》（甬编〔2021〕4号）和《关于

◎ 4月1日，中意宁波生态园经济工作会议召开
（中意宁波生态园管委会　供稿）

调整宁波市有关开发区（园区）管理机构设置的通知》（甬编〔2021〕24号）等文件精神，由中共宁波前湾新区工作委员会、宁波前湾新区管理委员会挂中意宁波生态园管理委员会、宁波杭州湾经济技术开发区管理委员会、宁波前湾综合保税区管理委员会牌子。12月28日，在中共宁波市委机构编制委员会办公室下发的《关于印发〈中共宁波前湾新区工作委员会、宁波前湾新区管理委员会机构编制框架〉的通知》（甬编办发〔2021〕41号）文件中，指出中意宁波生态园区域在宁波前湾新区党工委、管委会统筹下，由余姚市成立指挥部进行开发建设。

【中意宁波生态园经济工作会议召开】 4月1日下午，中意宁波生态园召开经济工作会议，市领导徐云、韩柏顺、陈亚南、曾一胜出席会议。市委副书记、市长，中意宁波生态园党工委副书记、管委会主任（兼）徐云发表讲话，总结回顾园区2020年工作，部署2021年的工作任务。会上还表彰了2020年度获得各类先进称号的园区企业。

【中国—中东欧国家产业合作对接会举行】 6月9日上午，中国—中东欧国家产业合作对接会在余姚举行。宁波市委副书记、市长裘东耀，斯洛伐克驻华大使杜尚·贝拉，保加利亚驻沪总领事斯帕索夫，宁波市副市长陈炳荣，宁波市政府秘书长朱金茂，余姚市领导奚明、徐云、韩柏顺、薛晓伟、陆国栋、曾一胜等出席。

对接会上，匈牙利 Oxydtron 量子水泥项目、匈牙利社区医院项目、爱沙尼亚 Mist Mesh 边缘计算通信智慧路灯项目等17个项目签约落户中国—中东欧国际产业合作园，总投资78.3亿元。

（毛梦蝶）

余姚经济开发区

【概况】 2021年，余姚经济开发区经济运行呈现出持续健康较快发展，其中直属区块128家规模以上企业实现工业总产值189.6亿元，同比增长17.7%；完成规模以上工业增加值50.2亿元，同比增长15.1%；实现高新技术产业增加值41.8亿元，同比增长17.0%；数字经济核心制造业增加值10.4亿元，同比增长17.4%。完成固定资产投资13.9亿元，其中工业投资10亿元，分别增长2.5%和15%。年内，在2020年度省级经济开发区综合考评中获第二名。

企业高质量发展特色明显，2021年新入选国家专精特新企业2家，国家专精特新“小巨人”企业5家，宁波市专精特新“小巨人”企业5家，宁波市重点培育专精特新中小企业22家；宁波单项冠军培育企业5家、余姚市级单项冠军示范、培育企业20家。机器人智谷小镇在省命名和创建特色小镇2020年度考核中获创建类小镇考核良好等级。2021年组织实施政府项目14项，总投资15.37亿元，小镇面貌呈现出生产、生活、生态“三生”融合的良好形态。

招商引资强有力推进，2021年完成实到外资7000万美元，完成余姚市外实到内资18.2亿元，完成宁波市外实到内资18亿元，完成浙商创业创新资金12.5亿元。新增招商注册项目46个，引进院士团队3个，国家级高层次人才项目3个，省级高层次人才项目4个。

6月30日，余姚经济开发区正式开始推进开发区整合提升工作。根据余姚市政府《余姚市开发区（园区）整合提升方案》，依托原浙江余姚经济开发区，将浙江余姚人才创业园、阳明科技园区、梁辉扶贫经济开发区东区、东郊工业园、邵竹工业园、永丰工业园、梨洲街道黄箭山工业区、梨洲街道明伟工业功能区、低塘产业园等园区进行整合，组成新的浙江余姚经济开发区。整合后总面积83.85平方千米，以机器人及关键零部件、新材料、智能家电（光学仪器）为主导产业，打造“一城两园”空间发展格局。8月17日，根据中共余姚市委机构编制委员会发文，将浙江余姚人才创业园管理中心更名为余姚市高层次人才双创服务保障中心。

【重点招商项目进行“云签约”】 2月18日，余姚经济开发区重点招商项目进行“云签约”。此次“云签约”共有10个重点项目，均属于机器人本体及核心零部件产业，其中高层次人才领衔项目8个、产业化项目2个。项目将柔性引进院士2人，国家级高层次人才1人，省级高层次人才2人，博士5人，全部达产后有望实现年销售额6亿元。

【机器人及智能装备产业项目集中投产仪式举行】 6月25日，2021年机器人及智能装备产业项目集中投产仪式在余姚机器人智谷小镇举行，9个机器人及智能装备项目正式投产。其中，高层次人才领衔项目6个，已入选余姚“姚江英才计划”项目4个，核心团队包含国家级高层次人才1人，其他高层次人才31人。达产后，9个项目预计年销售可达到约10.58亿元。

【国内首台超大规格热等静压设备投产运行】 6月30日，国内首台超大规格热等静压设备在余姚经济开发区正式投产运行。此次投产的超大规格热等静压设备由宁波江丰电子材料股份有限公司和四川航空工业川西机器有限责任公司联合自主研制，产品实现了完全国产化，相关技术参数均达到国际先进水平。该设备的投产，对热等静压技术在超高纯靶材制备的应用产生重要促进作用，推动了半导体材料产业链相关产业的技术提升。首炉高纯度钽靶也于当日产出。

【与松阳经济开发区（筹）签约结对共建协议】 9月3日，浙江省余姚经济开发区、浙江省松阳经济开发区（筹）结对共建协议签约仪式在松阳举行。余姚经济开发区管委会领导潘帅轶、王燎民、叶伟松、鲁君，中共松阳县委常委、副县长、松阳—余姚山海协作产业园管委会主任诸跃波等参加活动。

【彭佳学调研企业创新工作】 9月16日，省委常委、宁波市委书记彭佳学在余姚经济开发区调研企业创新工作，先后走访了宁波江丰电子材料股份有限公司、甬矽电子（宁波）股份有限公司、宁波智能制造研究院、浙江大丰实业股份有限公司、宁波舜宇光学科技（集团）有限公司和余姚领克汽车部件有限公司等多家创新型企业和创新平台，了解技术创新、产品开发、市场应用、人才集聚等情况。在调研过程中，彭佳学强调，要深入学习贯彻习近平总书记关于科技创新的重要论述，坚持创新在现代化建设全局中的核心地位，大力实施创新驱动发展战略，强化企业创新主体地位，打造创新创造的生力军，为建设高水平创新型城市注入源源不竭的动力。

（王旭丁）

◎ 6月30日，国内首台超大规格热等静压设备在余姚经济开发区正式投产运行（余姚经济开发区管委会　供稿）

余姚工业园区

【概况】 2021年6月，根据市委、市政府印发的《中共余姚工业园区工作委员会、余姚工业园区管理委员会职能配置、内设机构和人员编制规定》（余党办〔2021〕42号）及《关于印发余姚市开发区（园区）整合提升方案的通知》（余政发〔2021〕16号）文件精神，浙江余姚工业园区依托原浙江余姚工业园区，将城西工业园、阳明街道丰南工业园、阳明街道方桥工业园、阳明工业园西拓、兰江街道工业园、泗门镇新能源汽车工业园、黄家埠临山海涂工业园、马渚镇斗门菁江渡工业园、马渚镇工业园北区等园区进行整合，组成新的浙江余姚工业园区。整合后总面积79.7平方千米。

【空间规划】 加强控规性详细规划引领作用。年内，根据余姚市空间规划调整编制工作的总体安排以及城西工业园实际情况，市城西开发建设中心分析研判规划执行情况、谋划“十四五”时期及长远发展蓝图，与余姚市资规等部门开展多轮论证，完成《余姚市0574-YY-YM-04编制单元（城西工业园一期）控规性详细规划》总体规划调整稿报批工作。

谋划布局智能光电配套产业

园。启动智能光电配套产业园方案编制，智能光电配套产业园位于余姚智能光电小镇西翼，东至肖朗路、南至通环路、西至余姚大道、北至舜达西路，总规划面积约189公顷，由上海广境规划设计有限公司负责编制。该产业园以深化产业转型、推进光电产业全面升级为宗旨，着力塑造成功能完备、配套完善、服务优质的智能光电配套产业园。

【园区建设】 深入推进基础设施建设。道路建设方面，2021年共启动丰茹路Ⅰ标段、丰乐路Ⅱ标段新建工程，续建马鞍山路Ⅰ标段、丰悦路Ⅱ标段，共4条道路，总投资2.28亿元。其中，丰悦路Ⅱ标段、丰乐路Ⅱ标段2021年完工。水系建设方面，庙根江Ⅱ标段于2021年上半年基本完成河道施工；五庙江于上半年与待建房产单位对接后，6月基本完成工程监理、施工招标，12月开工建设；智能光电小镇污水纳管处理工程于2月委托阳明街道实施，10月启动建设。绿化建设方面，肖朗路和通环路两侧绿化工程总绿化面积14.5万平方米，完成11.5万平方米；通环路道路绿化改造提升总绿化面积7736平方米，全部完成。

完善公建配套建设。安置房一期南区采用“限房价、竞地价”模式，于9月27日经18轮竞拍后由宁波海荣建设有限公司（中建国际）竞得，2021年基本完成回购监管协议、成交确认书签订等工作。城西幼儿园规划15个班级，由河角路东侧、五庙江北侧地块进行配建，要求与住宅同步设计，并无偿移交给市城西开发建设中心。该地块于5月由杭州凯斯置业有限公司竞得。

加大商住开发力度。按照智能光电小镇“产城融合”发展目标，坚持“以产兴城、以城带产”，全年出让四宗土地。其中，地块一肖朗路西侧、通环路北侧2.07公顷商业用地出让起始价为4003万元，最终以溢价率35.0%，报价5403万元成交；地块二河角路东侧、丰茹路南侧4.87公顷二类居住用地起始价为23815万元，最终以溢价率29.4%、报价30815万元、投报配套用房面积38500平方米成交；地块三安置房一期南区出让起始价26302万元，最终溢价率12.90%，报价29702万元成交；地块四舜宇红外线用地于12月8日完成出让工作。此外，肖朗路东侧、五庙江北侧7.87公顷商住地块于2020年出让，一期、二期、三期开盘即售罄。

有序推进征拆迁工作。两个项目被列入2021年市政府征迁项目。一是钱家桥自然村整体拆迁，共计44户征迁人家，均完成签约。二是康山地块（宁职院余姚校区）一期完成征迁52户人家，拨付资金2.35亿元；二期完成202户企业调查。持续推进丰乐村幼儿园及后朝东屋剩余9户的征迁工作。

◎ 2021年，丰悦路（肖朗路—孝义堰路）竣工并通车
（余姚工业园区管委会 供稿）

【块状经济】 舜宇城西产业基地建设明显加快。围绕智能装备产业化、智能光学技术产业化两大方向，舜宇光学项目基本建成，舜宇二期东区建筑面积17.5万平方米，已于2020年9月投用；西区建筑面积19万平方米，主体工程于2020年竣工，2021年装修完毕。光电项目陆续竣工，舜宇三期Ⅰ标段建筑面积8.8万平方米，2021年完成主体工程竣工验收。红外项目快速启动，舜宇四期项目为“年新增100万套防疫应急红外测温镜头生产项目”，总建筑面积12.8万平方米，是全国首个涉及占用永久基本农田的疫情防控先行用地项目，用地面积为5.79公顷，于3月启动建设，主体厂房于年底结顶。

农批市场经营活力显著加强。余姚海吉新城农副产品批发市场月交易量约5.2万吨，月交易额约3.75亿元，2021年总交易量达 62.5 万吨，总交易额 45 亿元。

【社会治理】 2021 年，园区积极探索社会化项目建设、管理、维护一体化机制，进一步落实长效管理措施，首次引进余姚碧橙、宁波景胜物业、浙江洁士物业等公司参与园区事务，实现了对 PPP 项目、城西工业园道路及周边环境保洁服务等项目的专业化、社会化、常态化管理。

联合城管、公安等部门，对肖朗路、舜宇一期、守望家园区域乱停车、乱摆摊等“老大难”问题，开展了集中整治，清理取缔近 120 个临时摊位，协调启用舜宇停车楼，将近 2000 辆汽车规范引入指定停车区域，并在重要路段增设违停抓拍系统，确保了周边主要道路通畅、马路沿线环境整洁。同时，针对海吉新农批市场周边“停车难”问题，协调新建临时停车场一座，新划定道路停车位 400 个，解决了市场周边 1600 辆机动车停车问题。

（邵东珏）

高铁新城

【概况】 2021 年，高铁新城建设指挥部结合年度重点工作的实施，加快推进高铁新城核心区开发建设，找准在疫情防控和云城项目开发建设工作中的着力点，努力推动解决重点难点问题。截至年末，示范区 1.8 平方千米范围内，所有经营性用地尽数出让，由华晟操盘的七大产业项目纷纷启动建设，部分已竣工或投入使用，6 家地产公司分别操盘的 6 个房产项目公开预售，云示范区现初具规模。根据协议，云城一期为 3.2 平方千米，其中云示范区 1.8 平方千米基本开发完毕，云示范区外 1.4 平方千米及云城二期综合开发提上合作双方的议事日程。

年内，完成《余姚市高铁新城（0574–YY–FS–01）编制单元控制性详细规划》局部调整，并配合市自然资源和规划局做好城镇开发边界划定工作。云城云示范区 1.8 平方千米，共 16 宗土地，共计 83.07 公顷全部出让。上半年，指挥部会同市人民政府房屋征收管理中心做好 1.8 平方千米区块内相关的征迁审计工作。其次，根据云城一期滚动开发安排，启动示范区外 1.4 平方千米征迁工作，做好余慈公路以北五星村区块及舜宇路以南永丰村区块征迁的各项测绘前期准备工作，特别是要确定安置地块，做好被征迁地块摸底勘察和部分地块土地性质调整工作。此外，云城基础设施等建设持续推进。市“十四五”重大建设项目中国云城中轴景观带新建工程完成供地手续，部分土地调整为商业用地由铁投公司摘牌，办理完成建设用地规划许可证等相关工作，并配合云建设公司启动中轴景观带项目概念性方案研究工作。中国云城总部基地配套道路完成施工招标，进场施工。高铁新城综合管廊新建工程项目，作为全市第一条综合管廊，全长 1853 米，总投资约 1.15 亿元，完成竣工验收，其中高压舱移交宁波电力并投入使用。

年内，总投资 8000 万元的创业创新孵化基地河姆渡创新产业园率先建成投用，部分企业入驻办公，先后有德国费森尤斯赫利奥斯医院管理公司、中睿信浙江区总部、腾讯（宁波）网络安全研究中心、余姚市民云等 20 余家企业落户云城，中国银行、中信建投、阳明律师事务所等 42 家企业专业服务机构进驻园区，作为创新产业园配套的河姆渡书店对外营业，圣马可国际学校完成装修；总投资 7000 万元的云城加速器项目美国 3M 新材料研究中心项目竣工；总投资 4.5 亿元的 5.5 万平方米国际机器人博览中心项目，一期工程开工建设；总投资 7 亿元的云产业总部基地于 2020 年 4 月动工，一期工程全部封顶，部分投入使用，二期基本封顶；智晟云谷北区项目于 2020 年 5 月动工，完成项目封顶；智晟云谷南区项目于 2020 年 7 月动工，2/3 标段工程完成封顶；亚太智慧医疗健康综合体项目共三期，一期项目正式开工。

作为先行先试重点区域，中国云城发力 5G 新基建，全面布局 5G 网络。2021 年新增 3 个 5G 基站，原基站改造 5 个，共有 8 个 5G 基站投入使用，首批 6 个特斯拉超级充电桩于云城河姆渡创新产业园投入使用。

加快云产业招商，不断提升云城智能化建设水平。年内，共洽谈企业 76 家，招商引进企业 12 家，招商面积近 1 万平方米。签订空间实验室战略合作协议 9 家，企业服务战略合作协议 9 家，举办系列活动 10 余次。云产业总部基地战略签约 23 家。河姆渡书店及河姆渡员工餐厅实现智慧支付试运行，河姆渡创新孵化器筹备申报市级孵化器。7 月，云城数字经济峰会暨全球招商大会在云城顺利召开。

密集开展配套房建设，云示

范区形象初显。示范区内住宅总建筑面积达151万平方米，有力高、红星、德信、中昂、中梁、远洋等房产项目先后启动建设，前期开盘房源皆售罄。年内，为促进云城产业招商，针对云城范围内引进企业员工开展产业配套用房申请认证，对特定云城产业引进对象优先选购，上线云城汇系统，产业配套用房实现线上审批认证约600人次。

【“数字云城”运营服务平台项目签约】 7月15日，以“机器智联、赋能万物、合作共赢”为主题的第七届中国机器人峰会暨智能经济人才峰会在余姚开幕。开幕式上，发布了《浙江省机器人产业链标准体系建设指南（2021年版）》、AE Net OS产业群智大脑操作系统和一批全甬产机器人新品，哔哩哔哩（浙江）信息科技项目、杉杉控股战略合作项目、宁波北斗时空智能科创中心项目、费森尤斯奥美德余姚国际医院项目、智昌智能制造产业基地项目等30个总投资额约252亿元的项目集中签约。

中信云网有限公司与高铁新城建设指挥部、华晟基金管理（深圳）有限公司签订了《“数字云城”运营服务平台项目投资意向书》。此次协议签署是研发建设服务余姚和宁波社会经济发展的“数字云城”线上运营平台，联袂打造“数字云城”创新促进服务平台、资本服务平台，落实为期20年每年1000万元的“云服务项目”相关约定，总投资0.5亿元。

【数字经济峰会暨全球招商大会举行】 7月16日，2021中国云城数字经济峰会暨全球招商大会在浙江余姚举行。峰会由余姚市人民政府、中信改革发展研究基金会主办，华晟基金管理（深圳）有限公司、中国智慧城市运营联盟承办。峰会聚焦数字经济，集中探讨数字经济与智慧园区、智慧社区的融合，全面展示云城形象。同时，启动全球招商，诚邀产业合作伙伴。

峰会上，招商启动仪式暨集中揭牌仪式举行，中国云城“5G+HOPSCA”的未来社区模式全新亮相，中国云城各项目在峰会上集中亮相。中国云城全球招商正式启动，依次与近50家重要企业、智慧城市空间实验室、河姆渡创新产业园入园企业、金融机构和服务机构等签约。中国云城的全新亮相在国际上也获得了较高的关注。

【中国云城社区入选浙江省“未来社区”创建名单】 12月，中国云城社区入选浙江省第四批“未来社区”创建名单。中国云城社区是余姚唯一入选的新建类未来社区。中国云城位于余姚新兴板块的高铁新城，借助城市运营的创新理念和模式，践行“产城融合”与“产融结合”战略，立足本土产业集群优势以及国内高端科技平台，导入国际前沿的优势创新资源，打造云城国际机器人交易博览中心等智慧城市运营国际化设施，配建智慧人才社区、国际双语学校等现代公共服务设施，塑造国内顶尖、国际一流的创新创业综合体。

（朱森苗）

◎ 7月16日，中国云城数字经济峰会暨全球招商大会正式启动
（高铁新城建设指挥部　供稿）

商　贸

商贸流通

【概况】　2021年，全市实现社会消费品零售总额449.75亿元，同比增长13.2%，增幅位列宁波第一，其中限额以上社会消费品零售总额98.5亿元，同比增长32.6%，增幅位列宁波第一。实现商品销售总额同比增长28.4%，增幅位列宁波第七。其中，限额以上商品销售额887.5亿元，同比增长32.1%，增幅位列宁波第四。招引中采通供应链公司、领克汽车国际销售（余姚）有限公司、车淘淘（宁波）电子商务有限公司等3家大型商贸企业，新增销售额74亿元。

年内，开展桐江桥核心商区和万达广场、华润五彩城、众安广场等三大综合体商圈改造行动，完成胜山西路餐饮一条街、朗霞裘皮特色街区、正蒙街特色街区等三条宁波商业特色街复评，建成四明西路“红小西”党建特色示范街区和朗霞裘皮风情特色街。引入知名品牌53个，泸溪河桃酥（华润五彩城店）开业当天全国销量第一。举办余姚购物节，发挥260万元购物节红包杠杆，激发消费活力。节假日搭建促销平台，开展“特别的爱给特别的你”、大型车展、“520”浪漫季等促销活动，重点监测企业销售业绩喜人。“十一”黄金周期间，华联商厦、万达广场、华润五彩城、众安广场共实现销售额1.25亿元，同比增长7.5%；累计客流超86万人次，同比增长6.52%。

以“三专”（专卖店、专区、专柜）、“五进”（进机关、进企业、进学校、进医院、进社区）为载体，召开企业座谈会2次，赴凉山州实地考察对接3次，举办昭觉专场农特产品展会，共有15家昭觉当地优质特色农产品生产商和7家余姚市对口帮扶企业参加此次活动。全年实现消费协作9198万元，超额完成6700万元的目标任务。

做好信访投诉处理工作，全年共调处各类投诉967件。其中现场调解单用途商业预付卡群体性事件12次。严格落实安全生产管理工作制度，开展“安全生产月”、安全生产隐患大排查专项行动，推进第二轮安全生产综合治理三年行动计划，抓好沿街店铺消防安全隐患排查和燃气安全专项整治，推进平安商场、平安加油站创建和安全生产教育培训工作，完成84家成品油经营企业年检年审，45家成品油经营企业变更登记，对2家年检不合格的企业发出责令整改通知书，并加强成品油市场和报废汽车行业的日常监管，保障商贸领域安全生产形势平稳有序。

【四明西路“红小西”党建特色示范街区建成】　2021年，由市商务局牵头多个部门，对四明西路的“软硬件”进行再改造、再提升，创建了“红小西”党建特色示范街区。工程对全长2.7千米的街区主干道进行“黑化”，对人行道及沿街店铺前的辅路进行全面整修，对沿街的停车场进行智慧化改造，还对沿街绿化带进行全面提升。在此基础上，打造大型公共艺术作品《映山红》雕塑，党群服务中心、红锋驿站两个服务体，党建文化公园、红廉公园和道德广场，“七彩人生”雕塑、汇集100位余姚先进分子的“手印”作品、“奋斗百年路　启航新征程”及“幸福都是奋斗出来的”艺术标牌等四个景观小品。同时，充分利用街区的灯杆、交通护栏、路障、窨井盖、导视牌等载体，附加红色元素。

【朗霞裘皮风情特色街创建】 9月，中国裘皮城被列入宁波“特色街区”，相关单位投资5000万元，打造以展示裘皮文化、销售裘皮服装为主，集餐饮、购物、娱乐等功能于一体的商业特色街区。

裘皮风情特色街区创建工作以实现裘皮特色消费提质增效为着力点，注重时尚元素和传统产业、数字消费和实体购物的有机融合，在保留原有建设结构的基础上，通过对裘皮元素的深挖，完善区域服务功能，加强各类业态互补共生。主要从街区外观有升级、内街街景有提升、业态布局有优化等三方面着手做好工作。

【2021余姚购物节启动】 10月1日，以“魅力姚城悦享生活”为主题的2021余姚购物节启动。购物节继续以“促消费、扩内需”为目标，以“活市场、惠民生”为导向，组织余姚市重点商圈、特色商街、商贸名企、品牌商家开展联动营销活动，通过线上、线下派发消费券等引流手段带动实体消费。购物节着重打造“2021余姚阿拉券”限量抢购暨26万元通用消费券首发、2021消费惠民季暨180万元电子消费券大派发、2021余姚购物节车展、农特产品网络促消费促销售活动以及商圈“云上购物周”等五大主题活动。

10月24日，2021余姚购物节＆姚界民生车展（第7届余姚购物节汽车交易会）在万达广场落下帷幕。车展总计销售汽车264辆，销售额达3724.8万元，213张总价60万元的“2021年余姚市购车补贴券”全部派发完毕。

（孙红霞）

对外经济贸易

【概况】 2021年，全市实现外贸进出口总额1180.47亿元，同比增长21.19%，其中出口791.47亿元，同比增长18.86%，进口389.0亿元，同比增长26.23%。“三资”企业和贸易流通企业分别完成出口208.8亿元和93.0亿元，分别同比增长20.07%和下降0.19%，自营生产企业完成出口489.7亿元，同比增长22.78%。机电产品出口595.6亿元，同比增长19.58%，占全部出口比重为75.25%；高新技术产品出口103.6亿元，同比增长24.68%。对欧美市场出口额占出口总额的62.15%，其中对美国、俄罗斯的出口额实现同比增长7.05%和30.96%；非洲、亚洲、大洋洲出口额分别同比增长1.44%、15.16%和7.48%。全年新增对外贸易经营备案登记企业683家，累计达7884家。自营出口实绩企业3064家，比上年新增199家，其中超亿元企业151家。

培育“华伦”外贸综合服务平台，通过优化整合各项外贸服务资源和银行资源，线上化操作及建立信用数据系统，为600多家中小企业在通关、退税、融资、收汇、信保、物流等方面提供外贸综合服务，出口额达8.6亿元，同比增长18.59%。

2021年企业“走出去”的项目规模较大。全年新增备案企业6家，备案中方投资额1.5亿美元，同比增长30.1%。其中投资规模较大的两个项目分别为余姚经济开发区建设投资发展有限公司在BVI（英属维尔京群岛）设立的商务咨询服务企业，投资额1亿美元，以及宁波兴隆巨创机电科技有限公司在摩洛哥设立的电动车生产企业，投资额160万美元。全年实现境外承包工程劳务合作营业额1.3亿美元，同比增长20.7%。大丰实业境外承包工程项目额达到1135万美元。宏源灯具、金羽桥照明科技、康辉灯具等加快国外市场的开拓布局，获得大量订单。

【小微外贸企业信保政策统保平台搭建完成】 1月，余姚市商务局与中国信保宁波分公司、中国人保宁波市分公司、中国太保宁波分公司举行“余姚市小微外贸企业信保政策统保平台”签约仪式，余姚市小微外贸企业信保政策统保平台正式搭建完成。平台在企业自愿的基础上，采用“企业参保、政府买单”的模式，为小微外贸企业投保出口信用保险。该平台采取“政府代缴”的方式支持企业投保，符合条件的企业无须支付任何费用即可享受出口信保的保障。平台提供“索赔指导服务、积极减损服务、勘察追讨服务和绿色理赔通道”四项服务举措，确保快速减损和高效赔付，护航小微企业开拓海外市场。2021年，统保服务覆盖2489家小微出口企业，累计承保小微企业出口额25.56亿美元，实现小微企业平台参保扶持政策全覆盖。

【中国机电产品出口网上交易会暨2021余姚出口商品云展会开幕】 5月20日上午，宁波市商务局、余姚市人民政府和机电商会联合主办的中国机电产品出口网上交易会暨2021余姚出口商品云展会拉开帷幕，柬埔寨王国大使馆、柬埔寨总商会、宁波市商务局、余姚市人民政府、柬埔寨采购商、中方供应商等通过数字云端系统，参加了云端开

◎ 5 月 7 日，“余姚市小微外贸企业政府统保平台介绍”授课现场（章征宇　摄）

幕式活动。举办出口商品网上交易会，旨在进一步深化中国与柬埔寨等国的经贸往来，助力双方企业加强交流合作和供需精准对接，共同应对疫情挑战，共同助力世界经济复苏。

来自柬埔寨、泰国、马来西亚、巴基斯坦、乌兹别克斯坦、俄罗斯等国家的 200 多个专业采购商将同中方 150 余家优质供应商进行为期 20 天的合作对接。双方在家电、汽配、工具等行业进行务实洽谈。

（孙红霞）

招商引资

【概况】 2021 年，根据商务部口径，余姚市实到外资 25740 万美元，同比增长 150.8%；宁波市外实到内资 133.26 亿元、余姚市外实到内资 141.50 亿元、浙商创业创新实到资金 91.63 亿元，分别同比增长 25.84%、30.25%、24.16%。

全市新增签约项目 103 个，总投资约 551 亿元，有大骐年产 960 万片 OLED 显示屏修复项目等 10 亿元以上项目 13 个（含意向协议）。另有年产 8000 台智能医院物联网设备生产项目等 5 亿元以上项目 11 个。项目涵盖智能装备及机器人、集成电路、新材料、智能家电等新兴产业。

【余姚市外商投资企业联谊会成立】 4 月 29 日，余姚市外商投资企业联谊会成立大会举行。市外商投资企业联谊会旨在进一步优化全市外商投资企业服务工作，支持外商投资企业健康发展。联谊会以政策服务为基础，以企业需求为中心，在政策宣传、信息咨询、投诉调解、法律援助、招商引资、人才招引等方面为广大外商投资企业提供优质服务。

【30 个项目在第七届中国机器人峰会上签约】 7 月 15 日，以“机器智联、赋能万物、合作共赢”为主题的第七届中国机器人峰会暨智能经济人才峰会在余姚开幕。开幕式上，哔哩哔哩（浙江）信息科技项目、杉杉控股战略合作项目、宁波北斗时空智能科创中心项目、费森尤斯奥美德余姚国际医院项目、智昌智能制造产业基地项目等 30 个总投资约 252 亿元的项目集中签约。

（杨　烟）

电子商务

【概况】 2021 年，全市实现网络零售额 177.9 亿元，同比下降 19.1%。跨境电商出口额 121.9 亿元，同比增长 20.8%。新建海外仓 3 个。新增电商经营主体 106 家，培育直播基地 1 个，开展直播带货千余场次，开展培训、招商系列活动 22 场次，受惠企业逾 1300 家次。

鼓励应用直播模式。各电商园区、规模企业开展直播，其中赵记电器、小麦电器等规模电商直播场次超过 500 场。鲟鱼直播基地有抖音、快手、淘宝、小红

◎ 7 月 15 日，30 个总投资额约 252 亿元的项目在第七届中国机器人峰会上签约（市招商中心　供稿）

书及B站等直播平台，抖音“粉丝”覆盖1.2亿人次。鼓励社区、社交电商应用。联合打造智慧商圈、智慧小店；鼓励企业利用小程序、公众号、微店促销，通过短视频进入社交渠道。加强人才引育。选送优秀电商个人和团队参加各级各类比赛，市四职校和市职成教中心学校分获省第十五届电商大赛暨山海协作消费帮扶新媒体营销大赛一、二等奖，引进“品艺文化——全球一站式文玩工艺品选购平台”电商项目，指导其成功申报入选“甬江引才工程”电商项目。

强化电商专业村、示范村镇的培育创建，新增电商专业村6个，超过年初目标3个，电商镇1个。加强电商服务点建设，全年新建21个村级服务点，行政村覆盖率达75%。加强与“美丽四明山”电商平台的合作，助力本地和消费协作对口地区农特产品销售额超过1000万元。

开展了阿里巴巴跨境培训分享会、中国（宁波）户外园艺及电器跨境电商企业家峰会、全市跨境电商企业家峰会等3场大型会议，超过500家企业参加。举办实操培训、业务沙龙20余场，累计1100余人次参加。

【“余姚农博”小程序上线】1月11日下午，“余姚农博”线上发布活动在中塑国际会展中心召开，市委副书记叶枝利、市人大常委会副主任熊培军、市政府副市长楼鼎鼎、市政协副主席赵银海、农产品经纪人代表以及供应商代表上台启动“余姚农博”上线发布，由余姚供销电子商务有限公司开发的“余姚农博”小程序随之上线。“余姚农博”小程序涵盖了余姚市各个乡镇（街道）的名优特产，涉及新鲜水果、蔬菜制品、肉禽蛋品、海鲜水产、休闲食品、粮油制品、茶饮等，同时特别推出“一键送礼”“扶贫助农”分类，展示展销精品特产礼盒及结对帮扶地区的特色农产品。

余姚农博上线发布活动的同时，“余姚农博”小程序直播平台正式开播，直播间不仅为市民朋友们推介了青鱼干、生态甲鱼、榨菜等极具余姚特色的名优农特产品，还通过好物推荐、福利抽奖等方式拓展线上农博宣传渠道。

【跨境电商培训分享会举办】4月22日，由市商务局、市电子商务公共服务中心主办，阿里巴巴（余姚）跨境服务中心、市跨境电商出海联盟承办，宁波万牛网络科技有限公司、市电商协会协办的“共享 助力 跨越”2021跨境电商培训分享会举办，来自市内中小外贸企业、跨境电商企业的160余位代表参会。市商务局总经济师沈李利到会并致辞。阿里巴巴浙江大区浙东区域总经理吴敏超分享了最新跨境电商趋势和阿里国际站运营策略；义乌机械行业协会会长、跨境达人徐镜钱分享了跨境运作的成功经验；宁波跨境电子商务协会副会长单位、浙江铭弘家居有限公司跨境负责人张文丰分享了跨境创新模式“9610”“9710”“9810”的运作和相关的跨境政策介绍。

（孙红霞）

供销合作

【概况】2021年，余姚市供销社系统新建村级综合服务社10家，新建1家省级现代农业服务中心（临山镇），新增1家省级产业农合联（榨菜），农业社会化三项服务面积10万亩，建成“搭把手”智慧回收站点150个，年内实现总销售15.8亿元，实现利润660万元。泗门供销社创建为省百强基层社，河姆渡、三七市、鹿亭等3家基层社实现改造升级。1月19日，浙江省委常委、宁波市委书记彭佳学视察余姚市农合联四明红锋服务社，对服务社提供的供销、农技和金融等综合服务给予充分肯定。

“三化融合”模式（标准化管理，精细化种植、品牌化）塑造提升杨梅专业合作社，与浙农集团等单位合作，探索优化杨梅种植模式。安排30万元用于市葡萄产业农合联提升。新建梁弄镇汪巷村、四明山镇唐田村等10家村级服务社。落实资金200余万元在鹿亭乡添置15台烘房设备。全年供应农资29000吨，惠农金额超过150万元。开展统防统治28000亩，回收农资包装物和废弃农膜624吨。

在淘宝、京东、拼多多以及美丽四明山电商平台建立余姚农产品销售店。举办网上农博会、“余姚杨梅中国红”及竹笋、樱桃、枇杷等多场农产品营销活动，其中美丽四明山电商平台入驻商家390家，上线农副产品370个，农旅产品累计销售超6000万元。

完成宁波市民生实事“搭把手”智慧回收项目150家的建设任务，余姚全市共计设置回收站点474个（其中建成人工站点272个，投放智能回收箱202组），回收体系覆盖率达到100%。2021年度全市“两网融合”可回收物数量共计13500吨（不包含废旧家电4097件），其中低价值可回收物6837吨，全市城镇生活垃圾回收利用率达到65%，农村生活垃圾回收利用率达到60%。"我要换糖余姚站"微信公众号实际关注人数为25337人，推广活动19次，接到市民订单2166条，上门回收量6543吨（另计回收家电629件）。开展再生资源回收行业专项整治，共计督查、整治回收企业151家，其中绿榜企业72家、黄榜企业73家、红榜企业6家。

【第十二届农业博览会在余姚农博平台举办】 1月11日至25日，第十二届中国余姚·河姆渡农业博览会在余姚农博平台举办。由于受到疫情影响，本届农博会"云端"举办，以"数字赋能农业、共创美好生活"为主题，推出"7彩云"系列主题活动，突出"互联网+元素""地产特色元素"。农博会期间，余姚农博平台累计入驻商家289家，上线农副产品956个，吸引游览点击数2300万余人次，销售总额达到1153.5万元，其中订单销售总额143.5万元，云信息订单销售总额570余万元，云联动销售440余万元。

【"味香园"葡萄合作社入选全国示范社】 2021年9月，"味香园"葡萄合作社入选2020年度全国供销合作社系统示范社。"味香园"葡萄合作社位于余姚市临山镇，为区域化专业葡萄产业生产基地，采用统一技术、分户种植，统一包装（商标）、分户标识，统一供应、生产农资，统一质量、精益生产的"四个统一"的管理模式，2021年共向社会提供葡萄果品约3万吨，产值近2.2亿元，占临山镇农业总产值的1/3。

【供销社指导帮助受灾农户恢复生产】 2021年7月下旬，宁波、余姚两级供销社向受到台风"烟花"影响严重的余姚6个乡镇农户赠送化肥100吨，帮助受灾农户尽快恢复生产。同时，灾后恢复生产的农资一律低于成本价进行销售，降低农户恢复生产的成本，并派遣余姚市甬舜农资公司和现代农业服务中心的"乡土专家""庄稼医生"为农户灾后恢复农业生产提供技术支持。

【"余姚杨梅中国红"系列活动举办】 2021年5月，"余姚杨梅中国红"系列活动启动。5月18日，摘杨梅、品文化、享山水——"余姚杨梅中国红"2021余姚杨梅节（上海）云直播推介会在上海东方明珠塔下举行，直播在线观看人数累计超过50万人，"美丽四明山"电商平台杨梅线上销售数量突破4万单。5月27日，在丈亭梅溪杨梅专业合作社举行余姚杨梅产地供销对接活动，宁波顺丰速运有限公司、供应商代表和采购商代表针对余姚杨梅营销、物流运输等方面进行了交流对接，当天达成合作意向26个，并建立长期产销合作关系。6月7—15日，分别在三七市、丈亭、牟山等杨梅主产地以网络云直播的新媒体宣推模式，依托电商平台、社交平台进行直播带货，观看量15万人次以上，现场共售出杨梅6000余份。

（华晓川）

烟草专卖管理

【概况】 2021年，余姚市烟草局（分公司）围绕省局"数字强基年"、市局"基础提质年"的定位，结合余姚实际深度谋划，凝聚合力迎难而上，全力抓好"1+2+3"全年重点工作目标任务。

以"互联网+营销"深化落地为工作目标，2021年，余姚烟草经济运行稳中向好，品牌培育、终端建设、智慧物流等工作亮点显著。主要指标稳中有升。实现卷烟销售54872.91箱，同比增长3.21%，占宁波地区比重14.03%；实现销售额28.27亿元，同比增长9.35%；毛利8.06亿元，同比增长10.15%；单箱销售额5.15万元，同比增长5.95%。创新品类大幅提升。实现中支烟销量2484.89箱，同比增长101.55%；单箱结构8.33万元/箱，大幅高于平均结构61.75%。品牌培育全面铺开。严格按照"1+4"制订品牌培育方案，积极组织入企访会，组建青年突击队驻店宣传，与五大国有银行合作推介，挖掘高端消费者渠道，提高定制品规曝光度。共开展"入企访会"50余次，驻店营销80余次，实现云端系列销售74箱，同比增长97.44%。终端建设生态优化。以"三级示范街（圈）"为工作思路，稳步推进"四层七类"终端建设，新建加盟终端、货源终端、专项终端共541家，到2021年底现代终端及以上占比27.41%。推动农网数字化改造，形成29条三级终端示范街（圈）。深度应用"一钉四香"，实现"香溢购"使用全覆盖，非烟商城进货客户2684户，占比39.92%，"香溢通"客户2065户，占比32.36%；每月平均有70%的零售客户通过使用"香溢坊"开展订烟、接受经营指导。全年共新增"香溢家"会员73289个，累计23.94万个。终端数字化转型终端形象、经营能力、盈利水平得到显著提升。精益物流深化落地。推进"智慧物流"建设，数字化签收99%以上，实现卷烟人均配送2277箱，与销量增幅持平。开展约定取货、弹性配送试点工作，为762户客户试行"两周一送"，反馈评价良好。

【专卖治理】 坚持外打内管，加强执法联合，深化智慧监管应用，开展“双随机”检查、百日攻坚战、元春市场保卫战等专项行动，全力护航卷烟市场秩序。市场净化成效明显。2021 年共查获各类涉烟违法案件 590 起，查获违法卷烟 43484 条，总涉案值 868 万余元，其中 10 万元以上案件 13 起，5 万元以上 39 起。查获省外流入卷烟 10594 条，同比增长 176.17%。刑拘 2 人，判刑 10 人，取缔违法经营户 29 户。构建专卖、内管、营销三位一体信息互通网络，扎紧卷烟异常流动防线。2021 年，产生订单均价异常、代订货等各类预警 1805 起，发送内管建议书 5 份，四员联动表 32 份。智慧监管亮点凸显。强化互联网思维，优化监管方式，加强与公安、邮政、交通等部门的联系，逐步实现涉烟信息情报互联互通、跨部门联合作战。通过案件线索共享合判，联合市公安局破获一起涉案金额达 1500 万元的走私雪茄烟网络案件。通过跨地市协作，与杭州市局查获假私烟 6100 条，案值 126 万元。与宁波海警局余姚工作站签订联合执法协议，在海上运输、寄递环节和互联网涉烟监管中持续发力。全年在物流寄递环节查获卷烟案件 174 起，查获卷烟 6441.6 条。通过全域标签化信息整合，加强重点籍零售户、空壳证监管，做到“精准制导”。政务服务高效规范。依托浙江政务网和“浙里办”App，推行线上自助业务办理，由“一网申请、云端审批”实现“最多跑一次”，全年共计受理各类行政许可事项 1820 件，网上办理率达 99.95%。落实校园周边经烟户清理整顿，推进“守护成长”专项行动和电子烟监管，强化未成年人保护法等相关法律政策宣传贯彻。

（沈风艳）

盐业管理

【概况】 2021 年，全市共销售各类盐产品 26556 吨，其中食品腌制及加工用盐 23514 吨，小包装盐 2893 吨。公司常年储备食品腌制及加工用盐 1000 吨，小包装盐 250 吨，季节性储备食品腌制及加工用盐 5938.3 吨，用于保证疫情期间食盐市场稳定，保障食盐供应安全。

【防治碘缺乏病日主题宣传活动开展】 5 月 15 日第 28 个“防治碘缺乏病日”，由市卫生健康局、浙盐集团余姚市盐业有限公司主办，市疾控中心承办的“科学补碘，健康一生”防治碘缺乏病日主题宣传活动在浙江四明山红军小学开展活动。

活动现场，市人民医院营养科专家通过“吃什么”“怎么吃”和“吃多少”三个方面，向学生进行讲解碘缺乏病的危害和科学补碘知识，通过大量图片、案例，告诉大家应该少吃盐、糖，多喝水，鼓励学生能从小养成少盐少糖的健康生活习惯。

（宓文彬）

中国塑料城

【概况】 2021 年，中国塑料城实现市场总交易额 740 亿元，同比增长 4.4%，交易量 670 万吨，同比增长 3.9%。余姚市入选“2020 年度中国县域会展城市 15 强”，被授予“金五星”最佳会展目的地大奖。中国塑料城获“全国十大著名品牌市场”“中国商品市场百强”“浙江省商业秘密保护示范区”等荣誉称号。

深化“为民办实事”长效机制，鼓励市场企业做大做强做优。作为全省第一批“五化”市场创建单位，优化“五化”提升改造工作；针对塑料城区域停车难问题，出台停车场改造规划方案，对市场内停车区域进行重新布局，规范管理；最大力度争取 2020 年度企业政策奖励补助，

◎ 2 月 8 日，市烟草局查获一起涉案金额近 30 万元的卷烟异常流动案件

（市烟草局 供稿）

兑现授奖企业430家，总奖励金额799.96万元；持续擦亮诚信市场品牌，赢得市场广泛“点赞”，收到日本宝理（上海）公司董事长亲临送的锦旗和感谢信。

以“理论培训+实践操作”的方式，提升市场安全生产管理水平。成立由领导班子带队的安全生产检查小组，组织开展安全生产大检查5次，消防安全和防汛应急演练4次，发送安全生产提醒短信2万余条。以第二十个全国“安全生产月”为契机，重点开展送安全进企业、“隐患集中大清扫”专项检查，沿街店面、出租用房消防安全检查、高层建筑防雷设施安全检查等活动。

谋划“十四五”期间中国塑料城发展展望，明确中国塑料城规划区域的产业基础、发展形势、总体思路、功能定位、空间布局和战略举措。重点规划塑料城西侧地块开发策划研究及城市设计。推进北至舜科路、南至北环西路、东至兴诚路及中江、西至梁周线围合区域的二次开发建设，构建“一核两轴四区”的规划空间结构。林特市场地块完成公开挂牌出让，向市财政局申请预拨土地出让款1.4亿元；屯山变至银泰城北电力排管工程基本完成施工；城北中学西侧地块出让前与北郊村的相关配套前期对接完成。

促进国有股权公开转让，实现国有资产保值。中塑物流公司持有的浙江网塑28.2%股权公开挂牌转让；甬易支付完成资产评估，实现股东分红，11月18日由上海宽娱数码科技有限公司摘牌，11月19日签订股权转让协议，由中国人民银行进行审批。

在新冠肺炎疫情复杂形势下，举办展会活动6次，展览面积共7.1923万平方米，展位3675个，参观4.78万人次，成交额或协议资金近4.28亿元。结合余姚市“工业智造”特色块状产业，创办2021第一届中国（余姚）智能制造技术博览会，新引办“2021宁波·余姚红色四明武林大会”展会。考虑疫情复杂形势，及时响应上级要求，线上举办第十七届中国塑料产业发展国际论坛，延期举办第二十三届塑博会重要活动，做好广大搭建商、参展商和专业客商的维稳工作。

以东方物流为依托，搭建数字化服务赋能平台。同台州动产质押金融服务有限公司签订动产质押融资服务业务合作协议，着手仓库物联改造，与余姚农村商业银行股份合作有限公司确定质押融资服务合作意向。

搭建涉塑产业交流合作平台。先后组织举办中国塑料城云沙龙、2021年余姚市涉塑产业专家库技术交流会暨VOCs治理专题研讨会，并成立道一高分子聚合物（宁波）有限公司院士工作站。

【中国塑料城云沙龙举办】 3月17日，2021年中国塑料城云沙龙在中国塑料城管委会举办。此次沙龙通过直播的形式，邀请到了浙商证券研究配置部总经理詹诗华、中石油华东化工销售公司信息部副经理许彦，分别就“后疫情时期宏观经济展望”和“2021年聚烯烃市场分析及展望”进行了深入阐述。塑料城近300名企业家在线聆听，在线点击率破万次。

【首届中国（余姚）智能制造技术博览会举办】 4月17—19日，第一届中国（余姚）智能制造技术博览会在中塑国际会展中心举行。展会聚焦“智能制造技术落地”，紧扣家电制造、五金制品、电子元器件、汽车及配件、灯具制造、轴承制造、模具加工、机械加工、塑料机械、医疗器械、生物科技、新能源技术、光通信、半导体、仓储物流、包装印刷、航空航天、铁路及轨道交通等重点行业应用需求。共设置4个室内展馆，面积达15000平方米，展位700余个。设有数控机床、激光加工、模具加工、智能加工装备与技术、柔性加工单元，工业机器人及系统集成、自动化装备与技术、智能工厂整体解决方

◎ 11月，第17届中国塑料产业发展国际论坛举行，图文余姚分会场
（中国塑料城管委会　供稿）

案，智能物流仓储及包装解决方案、机器视觉系统、动力传动与控制技术等展区。吸引到300家来自全国各地知名客商参展，专业观众达7200人。其间，现场订单成交额8500万元。

【第17届中国塑料产业发展国际论坛举办】　11月1—2日，以“聚焦双循环　重塑产业链”为主题的第17届中国塑料产业发展国际论坛举办。论坛由中国石油和化学工业联合会、中国轻工业联合会及余姚市人民政府联合主办。论坛全部以线上方式举行，在余姚市和北京设立分会场，线上观看超30万人次。中国石油和化学工业联合会副会长吴甫、余姚市人民政府副市长薛晓伟分别代表论坛主办方致辞。

论坛邀请专家学者和塑料界知名企业高层，共同探讨数字经济助力双循环发展格局、双循环格局下中国塑料产业发展前景分析、中国塑料加工业现状分析及“十四五”发展展望、全球宏观资产与石化大宗商品分析、发挥塑料期货市场功能构建双循环新发展格局等，并发布《2021全球塑料国际贸易发展报告》。

（徐佳文）

海关

【概况】　2021年，余姚海关审核验放进出口报关单2297份，同比增长10.1%；监管进出口货物5.3万吨，货值4亿美元，增长44%；征收税款3.9亿元，增长39.5%；检验检疫进出口货物1.5万批，货值6.8亿美元；签发各类产地证书5.1万份，金额21.3亿美元；加工贸易合同备案415份，备案金额3.7亿美元，增长11.7%；审核减免税证明98份，减免税款2723.8万元，分别增长63.3%、78.3%；完成稽核查作业163起，稽核查补税合计865万元；办理行政处罚案件12起，处罚金额7.38万元，分别增长1倍、1.6倍；新增注册企业648家，实有注册企业6682家。

2021年，余姚地区外贸进出口实现快速增长，进出口总额连续突破1000亿元和1100亿元大关，达到1181.1亿元，同比增长21.2%，在疫情大流行和全球经济衰退的双重压力下，余姚的外贸进出口规模再上新台阶。

【推进减税降费】　在政策性减免税等优惠政策办理方面，余姚海关通过锁定重点高新技术企业，开展“一对一”专门指导，精准施策，主动提供归类、规范申报等技术服务，开通绿色通道，优化审核流程，提高审核时效。2021年，共新增减免税项目5个，累计完成减免税审核确认98份，涉及货值8719.1万美元，减免税关税和增值税共计2723.8万元，同比分别增长84.9%、199.7%和91.3%，有力助推集成电路、信息光电等高新技术产业和项目在余姚落地。

在落实优惠贸易协定税收优惠政策方面，推广原产地证书智能审单和“自助打印”，打造原产地签证全流程的电子化、网络化、智能化的“一次都不跑”模式，惠及余姚758家进出口企业，专题组织RCEP关税实施政策宣传贯彻会2次，向辖区154家企业的174名代表开展原产地规则、关税减让政策等政策解读和宣讲，2021年共签发各类原产地证书50721份，签证金额21.3亿美元，帮助余姚出口企业享受国外关税优惠约4300万美元，切实为企业减负提质增效。

【海关信用管理政策宣讲会举办】　5月，余姚海关联合余姚市商务局共同举办海关信用管理政策宣讲会，余姚海关、市商务局相关负责人及20余家企业代表参加。宣讲会邀请了海关系统的海关信用管理专家围绕海关信用管理办法、高级认证企业标准以及联合惩戒措施等内容开展了重点讲解，帮助企业树立诚信兴商意识，受到与会企业代表的高度好评。

（符国均）

◎ 2021年2月，余姚海关关员到辖区某锂电池出口企业开展查验工作（余姚海关　供稿）

财政·税务

财　政

【概况】　2021年，余姚市财政总收入226.30亿元，比上年增长22.2%，其中一般公共预算收入129.72亿元，同比增长13.6%。一般公共预算支出142.52亿元，同比增长10.6%。

【财政收入组织】　围绕收入目标任务，加强收入分析研究，强化财源建设，努力挖掘增收潜力，做到依法征收、应收尽收，实现财政收入平稳增长。注重收入质量，一般公共预算收入占财政总收入的比重为57.3%，税收收入113.96亿元，占一般公共预算收入的比重为87.9%。加强非税收收入管理，2021年全市非税收收入15.76亿元，同比下降1.5%。

【财政改革推进】　做好行政事业单位、社会组织财政电子票据管理改革，拓宽统一公共支付平台应用面，推进"智慧财政"建设。在广泛征求意见基础上，做好新一轮乡镇财政体制调整，加大对乡镇财力的倾斜力度。

【财政运行】　严格预算管理，强化预算刚性约束、执行分析和动态监控。加大存量资金盘活力度，开展结转结余资金清理。严格落实"过紧日子"要求，压缩一般性支出，全市"三公"经费同比下降3%。加强预算绩效管理，对6个项目开展重点绩效评价。组织全市行政事业单位国有资产清查工作，提出分类处置方案，修订行政事业单位资产管理制度。加强财政监督，组织开展基层财政资金安全专项检查工作"回头看"、预决算公开情况专项检查、动用财政资金违规兴建楼堂馆所专项核查、会计和评估监督检查。做好新冠肺炎疫情防控资金保障，全年落实疫情防控资金3.39亿元。加强乡镇财政管理，出台新一轮乡镇财政体制。加强债务风险防控，完善细化化债方案，督促各单位有序推进各项化债工作。积极向上争取政府债券，2021年新增专项债券6.50亿元。

【预算执行情况】　2021年，余姚市一般公共预算收入129.72亿元，完成调整预算的101.4%，同比增长13.6%，加上转移性收入60.96亿元（其中上级补助收入31.58亿元，上年结余收入7.53亿元，调入资金6.54亿元，动用预算稳定调节基金5.22亿元，债务转贷收入10.09亿元），收入合计190.68亿元。全市一般公共预算支出142.52元，完成调整预算的102.6%，同比增长10.6%，加上转移性支出31.05亿元（其中上解上级支出23.80亿元，安排预算稳定调节基金7.25亿元），债券还本支出10.09亿元，年终结余7.02亿元，支出合计190.68亿元。收支相抵，全市一般公共预算收支平衡。

2021年，全市政府债务限额155.40亿元，其中当年新增限额6.50亿元。截至年底，全市政府债务余额153.50亿元。

【政府性基金预算执行情况】　2021年，余姚市政府性基金预算收入158.39亿元，完成调整预算的98.2%，同比增长57.5%，转移性收入23.07亿元（其中上级补助收入2700万元，上年结余收入15.95亿元，债务转贷收入6.85亿元），收入合计181.46亿元。全市政府性基金预算支出150.57亿元，完成调整预算的90.0%，同比增长31.2%，转移性支出14.27亿元（其中上解上级支出8.81亿元，调出资金5.46亿元），债务还本支出1.18亿元，结转下年15.44亿元，支出合计181.46亿元。收支相抵，全市政府性基金预算收支平衡。

【国有资本经营预算执行情况】
2021年，余姚市国有资本经营预算收入9633万元，完成调整预算的97.3%，转移性收入39万元，收入合计9672万元。全市国有资本经营预算支出739万元，完成调整预算的104.1%，转移性支出8933万元，支出合计9672万元。收支相抵，全市国有资本经营预算收支平衡。

【社会保险基金预算执行情况】
2021年，余姚市社会保险基金预算收入60.07亿元，完成调整预算的102.4%。全市社会保险基金预算支出51.52亿元，完成调整预算的100.1%。

【支持经济社会发展】 年内，会同相关部门制定出台支持制造业高质量发展、加快现代服务业和开放型经济发展政策措施。落实财政扶持经济政策，2021年拨付各级财政扶持企业政策资金8.43亿元。贯彻落实各项减税降费政策，2021年共减免各项税费25.77亿元。推动直达资金落实落地，全年下达直达资金4.42亿元，支付完成率为99.2%。全年一般公共预算用于民生支出110.19亿元，同比增长9.9%，占全市一般公共预算支出的77.3%。

【预决算公开专项检查开展】
6月，根据财政部要求和宁波市财政局要求，市财政局对2019年、2020年政府和部门预决算公开进行专项自查。从公开内容的及时性、完整性、真实性等三方面，对72家单位2019年预算公开情况、67家单位2020年预算公开情况及72家单位2018年决算公开情况、67家单位2019年决算公开情况进行全面检查，覆盖面达到100%。

【“智慧财政”建设推进】 6月，在做好前期准备工作基础上，完成对各单位用户登录“智慧财政”测试环境的系统测试。8月，对全市174家单位250余人分批次进行系统业务培训，并作为宁波首家“智慧财政”支付系统试点单位上线运行。截至年底，全市预算单位全面上线“智慧财政”系统。

【财政电子票据管理改革推进】
年内，组织开展行政事业单位、社会组织财政电子票据改革。票据包括捐赠票据、非税票据、往来结算票据等。截至年底，全市完成财政电子票据改革单位268家，其中行政事业单位230家、社会组织38家，涉及民生领域的财政电子票据改革基本完成。

【拟上市企业助航活动举办】
10月28日，市财政局联合招商银行宁波分行举办“余姚拟上市企业助航”活动。活动邀请深圳证券交易所宁波基地负责人、毕马威宁波事务所高管和招商银行总行金融市场部专家授课，内容为上市企业资本运作、路径分析、风险中性管理、股权激励和高管战略配售等。全市40余名拟上市及具有上市发展潜力企业的财务负责人参加活动。

【《余姚市市级行政事业性国有资产管理暂行办法》修订】 年内，根据国务院《行政事业性国有资产管理条例》，结合余姚实际，修订《余姚市市级行政事业性国有资产管理暂行办法》，并于8月18日开始施行。该办法共9章56条，分别对市级行政事业单位国有资产的管理机构及职责、资产配置、使用、处置、评估、清查核酸和统计报告等方面作了规范。

（陈立军）

税　务

【概况】 2021年，国家税务总局余姚市税务局坚决贯彻中共中央、国务院决策部署，认真落实宁波市税务局，余姚市委、市政府工作要求，统筹推进新冠肺炎疫情防控和经济社会发展，聚焦组织收入主业，不折不扣落实减税降费政策，持续优化税收营商环境，扎实推进新一轮征管改革，为经济社会发展提供财力支持，实现“十四五”税收现代化建设良好开局。2021年，全局共完成税收收入214.58亿元，同比增长23.3%。

创新推出“外贸企业首次申报智慧引导系统”，破解首次申报企业出口退（免）税备案、备案单证收集、退税电子数据申报三大难题。全年共计办理出口退税总额69.5亿元，同比增长37.92%；审核免抵税额30.17亿元，同比增长2%；出口退税平均办理时间为2.88个工作日，比上年同期减少0.25个工作日。

【收入目标完成】 2021年，余姚市两级税收实现协同平稳增长，分别完成中央级、地方级税收 101.55 亿元、113.03 亿元，同比增长 33.09%、15.65%。分税种看：国内增值税 109.45 亿元，同比增长 18.96%，其中直接收入 78.57 亿元，同比增长 12.69%，免抵调库 30.88 亿元，同比增长 38.6%；消费税 6.2 亿元，同比增长 305.77%；企业所得税 42.42 亿元，同比增长 61.08%；车购税 4.87 亿元，同比下降 2.96%；个人所得税 17.18 亿元，同比增长 31.97%；城市维护建设税 7.07 亿元，同比增长 8.5%；房产税 3.41 亿元，同比下降 20.52%；印花税 1.57 亿元，同比增长 26.32%；土地使用税 3.08 亿元，同比下降 28.41%；土地增值税 7.17 亿元，同比增长 4.77%；车船使用税 1.12 亿元，同比增长 7.08%；资源税 0.27 亿元，同比增长 50.59%；耕地占用税 0.71 亿元，同比下降 68.78%；契税 10.05 亿元，同比增长 10.04%；环保税 0.02 亿元。

2021 年，其他收入合计 6.38 亿元，同比增长 1.58%，其中，教育费附加 3.39 亿元，同比增长 2.21%；地方教育附加 2.26 亿元，同比增长 2.21%；残疾人就业保障金 0.36 亿元，同比下降 49.92%；其他收入 0.37 亿元，同比增长 1015.82%。

2021 年，完成社保基金收入 75.15 亿元，同比增长 40.42%。

【减税降费推进】 2021 年，减税降费政策聚焦研发费用加计扣除和疫情防控，全市累计新增减税降费 28.14 亿元，享受减免税费政策实际户数达 13.06 万户。减税降费情况包括：“2021 年新出台的政策”减税降费情况，包括小型微利企业所得税再减半优惠 0.992 亿元，个体工商户经营所得减半征收个人所得税 0.647 亿元，提高小规模纳税人增值税起征点 0.712 亿元，提前享受前三季度研发费用加计扣除 11.364 亿元，新增先进制造业增值税留抵退税 0.135 亿元，累计减免各类税费 13.85 亿元；“2021 年展期实施政策”减税降费情况，包括支持疫情防控和复工复产的税费优惠政策 12.222 亿元，阶段性减免企业社会保险费 1.174 亿元，非税收收入减免 0.016 亿元，累计减免各类税费 13.41 亿元；“2020 年年中出台政策在 2021 年的翘尾新增”减税降费情况，包括税收减免 0.336 亿元，社保降费 0.547 亿元，共计 0.88 亿元。累计解决大企业股权转让、境外劳务抵扣、特殊性重组等涉税难题 128 个，助力 79 户次大企业尽享税费优惠政策，实现减税降费 7.7 亿元。

【非税收收入划转】 1 月 1 日起，划转水土保持补偿费、排污权出让收入、防空地下室异地建设费至税务部门征收。2 月 1 日起，划转地方水库移民扶持基金至税务部门征收。7 月 1 日起，划转土地闲置费和城镇垃圾处理费至税务部门征收。全年入库新划转非税收收入 268 笔，合计 3511 万元。

【税收营商环境优化】 2021 年，市税务局推广“非接触式”办税缴费方式，落实 193 项“最多跑一次”涉税事项和 89 项“全市通办”事项，推行“网上办”“邮寄办”“容缺办”服务，实现全年综合网办率 98% 以上，在宁波市居前列。落实简并税费申报便利化改革，将纳税次数压减至每年 6 次，年纳税时间 80 个小时以内，总税收和缴费率降至 60% 以下。在 2021 年全国纳税人满意度调查中，市税务局列全国第 20 名，比上年提升 182 位。

【纳税信用管理】 2021 年，市税务局完成纳税信用年度评价工作，共评价企业 3.3 户，个体工商户 7.1 户，动态调整信用级别 5831 户。及时落实 1524 户 D 级纳税人（含“黑名单”19 户）的内部惩戒措施，并定期开展信用管理风险排查，共计自查 543 户次，确保惩戒到位。深化“银税互动”，截至年底，共签约“银税互动”银行 9 家，新增 2 家，累计授信银税贷 4229 笔，贷款余额 15.84 亿元。

【纳税权益维护】 2021 年，市税务局落实政务服务“好差评”制度，好评率达 99.99%。优化咨询服务，小呼中心共受理咨询电话 2.6 万通，接通率 98.15%，满意率 100%；自然人电子税务局留言平台共受理咨询问题 2385 个，答复率和答复及时率均为 100%。强化涉税服务监管，开展涉税专业服务机构培训和问需活动，动态监控其信用积分变动状况。组织“大问需、大宣讲、大服务”活动，举办“亲清直通车·政企恳谈会”，问计问需于民，主动解决纳税人缴费人急难愁盼问题，全年累计组织培训座谈 23 场，走访纳税人 350 余户，征集意见 106 条，解决纳税人疑难问题 36 个。

【税收执法】 2021 年，共计发生行政许可事项 10535 件，行政处罚事项 614 件，作出“首违不罚”决定 986 次，行政强制事项 2 件。优化税收执法方式。全面深化行政执法“三项制度”，对34项执法信息公示事项实现应公示尽公示，合理配置法制审核人员13人。同时，深入推进税收违法行为法制教育、开展守法承诺等柔性执法举措，探索使用非强制性执法方式推进日常征管，高质量提升执法精确度。完善司法协作机制。全年共计发生司法拍卖涉税业务131笔，合计金额13253万元，保障司法执行环节税款及时足额入库。

【“舜穗前哨”村头办税】 2021年，市税务局紧扣老区人民办税缴费需求，在乡村设立多功能“舜穗前哨”。优先选取剑江村、泗北村、兰溪村等10个村建立首批试点单位，以横坎头村作为始发站，于4月1日建立“舜穗·红村前哨”样板站点，让3万余户纳税人缴费人便捷享受涉税服务“村头办”。“舜穗前哨”集自助化办税、远程化辅导、可视化帮办、个性化宣传等功能于一体，配备发票发售机、可视化“办实事专线”专线、涉农税收优化政策手册等设施，税务骨干专家可远程帮办发票代开、发票领用、社保缴纳等204项涉税事项。

【“春风行动”开展】 2021年，市税务局围绕“我为群众办实事”主题，全面落实总局和宁波市局“100+60+16”条便民举措，并组织开展系列特色服务项目：推广建设10个“舜穗前哨”服务站点；开展“春雨润苗”专项行动，为小微企业“送政策、优体验、助成长”；开展税费服务产品体验师活动，招募体验师24人次，体验服务产品10余个；开展“舜穗云”智能画像企业体检服务，运用7个维度38个指标，对131户成长型企业进行全方位体检，并提出涉税建议。

【“携手育百企，同心迎华诞”活动启动】 4月29日下午，“携手育百企，同心迎华诞”活动启动仪式暨2021年度高新技术企业认定培训会举行。活动由市税务局联合市科技局、市财政局、市经信局和宁波银行余姚中心区支行共同开展。活动结合市“四送一增强”服务企业专项行动，对全市高新技术培育库企业联合开展政策诊断、精准辅导、技术攻关、信贷支持等活动。培训会上，相关专家讲解了高新技术企业认定管理政策和网络申报流程，为企业代表解析了高新技术企业申报及审批过程中出现的重难点问题。截至年底，开展高新技术专题培训5场次，入户问需走访、精准辅导企业165户次，854户企业提前享受前三季度研发费加计扣除优惠15.45亿元，帮扶147户企业成功申报2021年度高新技术企业。

【“甬穗云”国际税收直通车启动】 9月10日，“甬穗云”国际税收直通车项目启动仪式在中国—中东欧国际产业合作园举行。启动仪式上，余姚市税务局局长周望转致辞。随后，周望转、中意宁波生态园管理委员会财政局局长韩胜余以及重点企业代表宁波颐栎庭园用品有限公司负责人代表政税企三方进行合作协议签约。宁波市税务局党委委员、副局长连平与余姚市委常委韩柏顺共同为“甬穗云”国际税收直通车项目揭牌，活动现场还为宁波颐栎庭园用品有限公司、浙江宏源灯具集团有限公司等7家代表企业授予了“税收服务中东欧示范项目重点企业”铭牌。随后，现场还进行了专家漫谈、企业分享和互动环节。

（黄　慧）

◎ 4月，余姚市税务局联合市财政局、市经信局、市科技局和宁波银行余姚中心区支行开展“四局一行”联合扶持高新技术培育库企业专项活动（市税务局　供稿）

金　融

综　述

2021年，全市银行业金融机构本外币存款余额2345.12亿元，同比增长8.63%，比年初增加211.89亿元。存款余额位列宁波大市第四，增长位列宁波大市第五。全市银行业金融机构本外币贷款余额1915.71亿元，同比增长20.44%，比年初增加303.37亿元，贷款余额位列宁波大市第四，增长处于宁波大市第一。制造业贷款余额531.16亿元，同比增长20.66%。

全市中心支公司以上的保险机构共计40家，剔除风险处置机构后，累计实现原保险保费收入30.12亿元，同比增长0.19%。其中，财产险实现保费收入15.28亿元，同比增长4.17%，赔付支出10.53亿元，同比增长28.24%；人身险实现保费收入14.84亿元，同比减少3.60%，赔付支出2.71亿元，同比增加5.61%。

2021年，小额贷款公司3家，总注册资金4.2亿元，贷款余额为3.98亿元，同比下降8.3%；累计贷款总额为17.86亿元，同比下降2.46%；不良贷款余额4261万元，同比上升2.18%，不良率为10.7%，同比上升1.25个百分点。

全市境内外上市企业15家，新三板挂牌企业6家，宁波股权交易中心累计挂牌企业221家。

截至2021年底，全市股票账户数19.75万户，证券经营机构累计代理交易额3879.69亿元，实现证券经纪佣金累计收入0.89亿元；全市期货投资者开户数4884户，期货经营机构累计代理交易量为684.27万手，累计代理交易金额4649.34亿元。

（杨晟婴）

金融服务与管理

【概况】 制订《余姚市“三争三服务”专班实施方案》，组织开展金融“扫需求”、保险进万家等13项金融专项行动，累计协调解决各类融资需求30余例。深化政银企合作机制，推动农发行浙江省分行和国开行宁波分行分别与本市签约《余姚市高质量发展建设共同富裕先行地专项合作框架协议》和《“十四五”全面深化开发性金融合作》，集聚双方资源，深度支持余姚市各项事业发展。同时，结合数字化改革，进一步深化“金融超市”功能建设。对接市大数据局、人行余姚市支行、余姚农商行，制订“小微易贷”模型建设初步方案。截至2021年底，注册企业130147家，发布融资需求100.44亿元，实际解决融资需求73.61亿元。

持续开展类金融机构专项整治，实地核查全市12家高风险类金融机构，继续保持投资者人数和存量投资余额双降态势，类金融风险趋于可控。做好涉及商业秘密判案的行业龙头企业金融维稳事宜，帮扶企业渡过暂时性难关。根据市政府专班要求，做好恒大和蓝光两个房地产项目的金融维稳事宜，守住不发生系统性风险的底线。截至2021年底，全市银行机构不良贷款余额11.91亿元，同比减少3.75亿元。不良贷款率0.62%，同比下降0.17个百分点。

【全市发展资本市场工作推进会召开】 1月7日，余姚市发展资本市场工作推进会召开，余姚市委书记奚明出席会议并讲话，余姚市委副书记、市长徐云主持会议。会上通报了全市企业上市工作情况，全市的2家上市公司、2家过会及辅导公司、2家新三板及甬股交企业代表等分别作了交流发言。会议邀请宁波证监局主要负责人出席并作专业指导。

【与农发行浙江分行签订专项合作框架协议】 8月17日，余姚市人民政府和中国农业发展银行浙江省分行在杭州签订专项合作框架协议，长期开展战略合作。余姚市委副书记、市长徐云，副市长薛晓伟等出席签约仪式。此次双方签订的合作协议，涵盖了乡村振兴集成改革、城乡融合均衡发展、城市更新改造提升、四明山区综合开发等领域，构筑起“全方位、多角度、深层次”的合作框架，打造银政协同推进共同富裕示范样本。签约仪式前，签约双方进行了座谈交流。

【“十四五”全面深化开发性金融合作备忘录签约仪式】 8月27日，余姚市人民政府与国家开发银行宁波市分行在宁波举行“十四五”全面深化开发性金融合作备忘录签约仪式，备忘录明确签约双方围绕新型城镇化、先进制造业等领域，开展更大幅度的战略合作。余姚市委副书记、市长徐云，副市长薛晓伟等出席。

（杨晟罂）

企业上市

【概况】 2021年，余姚市挖掘更多的苗子企业参与资本市场，新增后备企业3家，挖掘苗子企业5家，宁波股权交易中心挂牌企业38家。制订新一轮“凤凰行动”余姚计划，2021年累计向企业兑现资金超5000万元。及时排摸梳理和协调解决企业上市过程中存在的困难和问题，对重点拟上市企业建立与市领导“一对一”联系服务机制，2021年累计走访企业超过40家次，协调解决难题24个。

【神通科技集团股份有限公司上市】 1月20日，上海证券交易所举行主板挂牌上市仪式，余姚市的神通科技集团股份有限公司正式挂牌交易。股票代码605228，共发行8000万股，发行价格5.89元。当天股票开盘价为7.07元，随即价格上涨至8.48元，一字板涨停，涨幅达43.97%。神通科技集团股份有限公司从事汽车非金属部件及模具的研发、生产和销售，已发展成为上汽通用、一汽－大众、吉利控股、广汽集团、奇瑞捷豹路虎等知名整车厂的一级供应商以及延峰汽车饰件、佛吉亚、李尔、恩坦华等国内外知名汽车零部件企业的合格供应商。

【宁波世茂能源股份有限公司上市】 7月12日，宁波世茂能源股份有限公司正式挂牌交易，余姚市委书记奚明，市委常委、中意宁波生态园管委会副主任韩柏顺，副市长薛晓伟等领导与公司董事长李立峰一起在现场见证。股票代码605028，公开发行股票4000万股，发行价格为14.18元。宁波世茂能源股份有限公司成立于2003年12月，是一家以生活垃圾和燃煤为主要原材料的热电联产企业，主要产品是蒸汽和电力，均为工业企业基础的能源产品。

【宁波德昌电机股份有限公司上市】 10月21日上午，上海证券交易所举行主板挂牌上市仪式，余姚市的宁波德昌电机股份有限公司作为此次挂牌上市的唯一一家公司，正式挂牌交易。

◎ 10月21日，宁波德昌电机股份有限公司在上交所上市

（凤山街道　供稿）

股票代码605555，本次上市流通股本5000万股，发行价格为32.35元。宁波德昌电机股份有限公司是一家以电机制造为基础的高新技术企业，主要从事小家电及汽车EPS电机的设计、制造与销售业务，与TTI、HOT等全球知名企业建立了长期稳定的业务合作，连续三年被评为“中国十大吸尘器出口企业”。

【宁波富佳实业股份有限公司上市】 11月22日上午，宁波富佳实业股份有限公司在余姚太平洋大酒店，以“云挂牌”形式，参加上海证券交易所举办的网络上市仪式。股票代码603219，本次上市流通股本4100万股，发行价为9.56元，募资总额为3.92亿元。宁波富佳实业股份有限公司主营吸尘器、扫地机器人等智能清洁类小家电产品及无刷电机等重要零部件的研发、设计、生产与销售，主要产品包括高效分离无线锂电吸尘器、高效分离有线吸尘器、多功能无线拖把、智能扫地机器人以及高效电机等。销售区域涵盖北美、欧洲、亚洲、大洋洲的30多个国家和地区，客户群体包括Shark、伊莱克斯、戴森、Bissell、GTech等国际吸尘器品牌，并为国内米家、顺造、苏泊尔等品牌供应产品。

（杨晟曌）

中国人民银行余姚市支行

【概况】 2021年，余姚市金融运行总体平稳。全年信贷总量保持稳步增长，2021年底全市金融机构本外币各项贷款余额1921.64亿元，同比增长19.2%，高于宁波市5.1个百分点。存款增长小幅放缓。2021年底本外币各项存款余额2381.35亿元，同比增长11.6%。年末全市银行业金融机构达32家，其中政策性银行1家，大型国有商业银行5家，股份制商业银行11家，城市商业银行12家。邮储银行1家，农村合作金融机构1家，新型农村金融机构1家。金融机构不良贷款率保持低位，2021年底金融机构不良率0.62%，同比减少0.35个百分点，低于宁波市0.36个百分点。

【信贷管理】 余姚市支行认真贯彻执行稳健货币政策要求，按季分析辖内信贷形势。加强对地方法人金融机构贷款投放指导与监测。指导法人机构积极推进支农支小再贷款和两项直达货币政策工具，全年累计发放支农支小再贷款30.34亿元，符合央行资金支持条件的信用贷款32.38亿元，延期贷款本金59.18亿元。支持台风受灾企业和农户的灾后重建。指导余姚农商行发放6笔救灾援助贷款，金额526万元，办理救灾延期还本贷款业务420万元。深入开展制造业中长期专项行动。市财政统筹600万元资金用于制造业中长期贷款配套，2021年底制造业贷款余额531.16亿元，同比增长20.7%。制造业中长期贷款余额160.19亿元，同比增长82.77%。会同宁波市生态环境局余姚分局探索推进绿色信贷产品创新的新模式，共同推动建立绿色产业多元化融资渠道。认真排摸辖区内3家有碳排放配额的发电企业参与全国碳交易的现状及意愿，指导银行机构持续跟踪名单企业，做好金融支持工作。推进并深化知识产权质押融资专项行动，举办知识产权质押融资专项对接会，已对62家企业知识产权融资质押授信9.89亿元，发放贷款4.38亿元。

【外汇管理】 余姚市支行大力推进汇率避险“首办户”拓展行动，增强市场主体风险中性意识，2021年新增“首办户”企业190家，“首办户”签约金额5.5亿美元，全市外贸企业总签约金额达44.4亿美元。聚焦外汇政策便利，依托“深化外汇普惠金融，暖心帮企优服务”外汇普惠活动，通过“送策上门”“现场办公”的方式在最短时间内帮助企业解决难题。创新外汇政策举措，跨境金融区块链应用不断增量扩面，全年通过平台共办理出口应收账款融资1342笔，合计金额2亿美元，涉及82家企业。推动贸易外汇收支便利化试点金额同比增长、资本项目收入支付便利化覆盖比例双双超90%，其中贸易收支便利化试点企业增至11家，全年便利业务金额4.73亿美元。新增一家跨国公司跨境资金集中运营的备案企业。全年共办理30笔外债新增和变更登记业务，登记总金额45.79亿美元，支持企业用好“两个市场、两种资源”，降低资金使用成本。

【支付管理】 余姚市支行推进移动支付示范县创建活动，对指标完成率相对落后的10家银行进行约谈，对1家落实不力的银行下发管理意见抄告，优化辖区支付结算环境，全辖区移动支付功能开通比例达80%。完成棠溪村、横坎头村两个特色金融助农服务点的升级工作。出台《余姚市反假货币工作联席会议制度》，推出《余姚市假币违法犯罪举报奖励办法》，进一步提升社会公众反假意识。开展“现金服务示范社区创建”大型宣传活动，推动丈亭镇省级现金示范区创建，创建白云社区现金服务示范社区，创新开设“小面额人民币现金兑换超市”。开展硬币大篷车活动，惠及60余商家和个人。

【金融稳定】 余姚市支行防范化解新型金融风险，切实维护辖区金融稳定。加强辖内房地产金融审慎管理。对辖内在建房地产项目进行排摸，全面掌握项目基本情况、预售资金管理使用情况、房地产项目贷款发放情况等。压实银行责任，要求银行严格履行监管职责，确保商品房预售资金归集足额及时到账，严把拨付关。重点关注恒大、蓝光等出险企业在余姚房产项目情况，按周核实风险楼盘开工复工情况，做好舆情应对方案。严厉打击电信诈骗和犯罪洗钱活动。积极开展“百日攻坚”行动，严厉打击新型网络电信诈骗和跨境赌博。对银行机构进行约谈并开展试点报送新开个人结算账户信息工作。会同市公安局、市检察院及部分商业银行召开“断卡”行动研讨会。与反诈中心就如何减少辖内涉案账户数量进行充分沟通。做好打击治理跨境赌博资金链周报报送工作，开展电信网络新型违法犯罪涉案银行卡账户倒查工作。推进辖内反洗钱工作，重点摸排辖内已起诉或即将宣判的案件、洗钱上游七大类犯罪的立案起诉案源，进一步推动辖内洗钱犯罪的立案与判决，严厉打击和治理各类洗钱犯罪活动。

【普惠金融】 余姚市支行持续深化普惠金融工作，全面改善金融服务与管理。研究制定《余姚市普惠金融服务经济高质量发展的二十八条意见》《余姚市开展“宁波市普惠金融改革试验区建设”推进月活动方案》等系列文件，全方位推进普惠金融改革建设。积极开展“红色领航 信用赋能”信用贷款占比提升专项行动，提升“道德银行”和“红锋信贷”两个特色信用贷款产品能级，推出“红锋共富贷”，带动辖内信用贷款余额同比增长超40%。深入开展首贷户拓展专项行动，推动普惠信贷扩面增量。普惠小微贷款余额382.76亿元，同比增长29.4%，普惠小微首贷户拓展3717户。积极向宁波金融学会申报“道德银行”产品规范的团体标准，推动金融产品标准化建设。持续推进老年人支付服务便利化工作，指导银行在继续保留传统网点服务方式的同时，创新适老金融服务，帮助老年人跨越“数字鸿沟”。组织金融机构参与地方红色社区“红小西”创建，建立金融知识教育基地，服务社区。在中小学教育实验基地开展32次课程，为3500名学生带去存款保险、人民币反假、预防金融诈骗等金融知识。“双百双千”工程实现全部社区、行政村80%的再覆盖。推动“红锋驿站”申报创建省级金融教育示范基地。

（陈雪燕）

银行业

【概况】 制定印发《余姚市普惠金融服务经济高质量发展的二十八条意见》，积极引导

截至2021年12月31日余姚市金融系统本外币存贷款情况表

表6

行名	月末存款余额（万元）	比上月增减额（万元）	比年初增减额（万元）	其中，个人存款（万元）	比上月增减额（万元）	比年初增减额（万元）	月末贷款余额（万元）	比上月增减额（万元）	比年初增减额（万元）	存贷比（%）	新增存贷比（%）
人行	196398	–69266	134482	—	—	—	—	—	—	—	—
工行	2024278	85799	153004	905348	15936	69289	1637915	–32986	116575	80.91	76.19
农行	3537216	140004	503397	2098110	57753	147534	2133754	3861	409810	60.32	81.41
中行	1331986	–59802	122127	535738	21314	35210	1304489	–28842	241422	—	197.68
建行	1344847	91601	12530	699005	24418	23577	1289918	–8611	79505	—	634.52

续表 6

行名	月末存款余额（万元）	比上月增减额（万元）	比年初增减额（万元）	其中，个人存款（万元）	比上月增减额（万元）	比年初增减额（万元）	月末贷款余额（万元）	比上月增减额（万元）	比年初增减额（万元）	存贷比（%）	新增存贷比（%）
农发	17435	-30172	-4199	—	—	—	205292	-2018	92501	—	-2202.72
交行	782377	17634	-43634	208407	6294	-581	796392	-17505	986	—	-2.26
中信	914803	27571	86007	168373	-589	17060	1038423	59972	212452	—	247.02
光大	201203	607	-70424	69418	2041	-5201	243434	1561	-36687	—	52.09
华夏	82690	5057	-40610	33628	-1627	-9436	67907	-845	-31954	—	78.68
广发	388932	52422	165900	31061	1258	7196	385612	-4683	91060	—	54.89
平安	129360	-5514	-20916	70719	497	2508	98291	3516	42438	—	-202.90
招商	159708	5133	-13185	96830	6995	22437	238688	-7931	7580	—	-57.49
浦发	548547	38785	26632	122641	3235	16054	595716	1697	55813	—	209.57
兴业	194417	1929	51991	62740	1413	12686	442947	-6353	63053	—	121.28
民生	386921	-14436	-151390	50031	4078	-377	285485	-18567	-122622	—	81.00
浙商	410776	75378	77428	61801	-9604	-41423	473409	69106	197287	—	254.80
宁波银行	2655319	-92625	222408	1318394	1878	85608	1309573	-3403	228881	—	102.91
上海银行	199206	-10414	58678	40391	-1529	7402	394027	3987	129343	—	220.43
杭州银行	394111	-37769	73829	45043	1800	1019	483990	3313	159751	—	216.38
温州银行	125906	2927	11473	17086	2326	633	229735	445	72393	—	630.97
泰隆银行	197422	21587	33850	110487	9688	14325	191251	1916	24545	—	72.51
民泰银行	70691	4054	-568	36093	-233	-2752	64242	-3045	10623	—	-1871.24
台州银行	35612	2801	11809	16256	18	1572	44619	149	4180	—	35.39
临商银行	22803	-1469	270	11912	290	819	44346	603	10264	—	3805.22
徽商银行	48942	-47761	21156	33649	1580	6004	42692	108	28739	—	135.84
通商银行	248704	5226	62036	27828	1	-744	327501	18216	81386	—	131.19
稠州银行	84036	8082	17376	50012	9216	8914	47118	4069	14834	—	85.37
恒丰银行	40777	-1970	6384	4704	-254	1532	175708	-4483	26046	—	407.97
农商行	5633310	152687	806013	4236932	55056	537548	4026806	27048	721408	—	89.50
村镇银行	43891	4751	10407	35493	1826	9141	73068	768	12489	—	120.01
邮政	1362150	-10589	158154	1286779	-11015	154931	568479	-1767	159165	—	100.64
合计	23813465	362245	2481106	12484906	204062	1122483	19216427	59297	3092968	—	124.66

注：根据不同统计口径，单家机构存款、贷款总数与合计数（全市合并数据）中的存款、贷款数不一定相等。

（杨晟曌）

银行机构大力发展普惠金融，截至2021年底，普惠小微贷款余额382.76亿元，同比增长29.43%，其中普惠小微信用贷款64.77亿元，占比16.94%；普惠小微首贷户共3717户，比上月增长225户，首贷率达到9.99%。制订“宁波普惠金融改革试验区建设推进月”余姚活动方案，印发《余姚市创建现金服务示范社区工作实施方案》，深入推进普惠金改试验区建设。

【中国工商银行股份有限公司余姚分行】 2021年，工商银行余姚分行贯彻落实中央和上级行党委决策部署，坚持关注并积极融入余姚市经济金融建设中，充分利用多元化融资渠道鼎力支持社会经济发展，提升区域内普惠、民营、“三农”等领域金融服务质效。秉持着“做人民满意银行”的宗旨，积极践行金融为民、金融利民、金融安民、金融惠民，竭力服务余姚区域先进制造业、绿色产业、科技创新等领域。截至2021年12月末，工行余姚分行各项存款余额202.42亿元，较年初增加15.26亿元；各项贷款余额163.79亿元，较年初增加11.65亿元，其中普惠贷款实际增量5.72亿元，全行不良贷款余额降至1792万元（自营口径），不良率0.11%。

（翁冰磊）

【中国农业银行股份有限公司余姚市支行】 2021年，支行下辖二级支行17个，营业部1个，离行式自助银行13家。支行设7个部室，共有员工368人。年末各项本外币存款241.09亿元，比年初增加18.79亿元，总量四行占比39.38%，增量系统第三、同业第一。各项本外币贷款153.58亿元，比年初增加20.77亿元，总量四行占比30.91%，增量系统第二、四行第一，总量居四行首位。全年实现中间业务收入1.53亿元，四行排名第二。年末不良贷款余额1.22亿元，不良率0.8%，较年初实现“双下降”。

（农业银行余姚市支行）

6月，中国农业银行余姚支行会同市税务局、舜宇集团有限公司联合举办“税银企党史学习成果展”。（市税务局　供稿）

【中国建设银行股份有限公司余姚支行】 2021年，建设银行余姚支行内设9个部门，下辖15个营业网点。5月，余姚下菱支行撤并。截至年末，本外币一般性存款时点余额133.99亿元，较年初新增3.23亿元。本外币各项贷款时点余额129.25亿元，较年初新增8.2亿元。

积极推进“三大战略”，履行社会责任。普惠金融贷款余额22.08亿元，较年初新增8.62亿元；普惠金融贷款客户较年初新增860户；办理建行宁波分行首笔“e政通”“善担贷”“政银担”业务。“CCB建融家园·余姚环卫工人租赁住房品质化提升改造项目”正式投入运营，为建行宁波分行首个两权分离模式住房租赁项目。深入贯彻落实“以客户为中心”的经营理念和“客户至上，注重细节”的服务理念，全面提升营业网点服务水平，支行营业室被中国银行业协会正式授予“2021年银行业营业网点文明规范服务千佳示范单位”称号。余姚支行获“宁波市先进保卫组织”称号。

加快发展住房金融业务，满足全市居民住房贷款需求。年末，住房公积金贷款余额和新增额均列全市各银行业金融机构首位；公积金缴存客户累计托收金额列各银行业金融机构首位；在公积金中心考核评比中排各银行业金融机构首位。

积极开展金融知识宣传教育活动。全年深入乡村、校园、街道、社区、企业开展防诈骗等各类金融知识普及活动。持续深化

"劳动者港湾"公益服务品牌。

（徐世洋）

【中国银行股份有限公司余姚分行】 2021年，本外币各项存款余额134亿元（时点），比年初增加10亿元。本外币各项贷款余额130亿元，比年初增加24亿元。实现国际结算业务量30亿美元，同比增加18.96%。实现拨备前利润3.46亿元，同比增加4869万元。

积极践行金融职责。投身区域经济发展，提升服务实体经济质效。不断夯实客户基础，牢固树立"亲市场、亲客户"的理念。建立分层营销维护机制，紧盯政府、上市企业等重点客户和项目，积极推广手机银行、中银来聚财、中银支付通等惠民便民金融产品，向6500多家企业、39万名个人客户提供优质的金融服务。不断拓宽业务渠道，为广大中小企业提供全球化、综合化、一体化的金融服务。普惠金融银保监会"两增"口径增长居宁波市分行辖内前列。不断推进网点转型，持续提升网点效能，从"坐商"向"行商"转变，积极开展"走出去""引进来"营销战略，为企业提供7×24小时全方位的金融服务，成为诸多企业的金融顾问。

（李家兴）

【交通银行股份有限公司宁波余姚支行】 余姚支行本部设置"三部一室"，分别为公司业务部、个金零售部、营运部和办公室；辖属5个二级支行，分别是联盟桥支行、塑料城支行、泗门支行、金融大厦支行、城西支行。支行共有在编员工78人。

2021年底，支行本外币时点存款余额78.42亿元，日均存款余额76.3亿元；本外币贷款时点余额79.36亿元，不良贷款余额263万元，不良率0.03%。

（交通银行余姚支行）

【上海浦东发展银行宁波余姚支行】 2021年底，支行一般存款余额51.50亿元，较年初增长1.52亿元，其中对公一般性存款余额39.89亿元，较年初增长0.18亿元，个人存款余额11.85亿元，较年初增长1.04亿元；本外币贷款余额59.57亿元，较年初增长5.58亿元，其中对公贷款余额51.55亿元，较年初增长3.95亿元，零售贷款余额8.02亿元，较年初增长1.51亿元。不良贷款余额30万元，较年初减少136万元，不良贷款率0.01%，较上年降低0.02个百分点。国际业务量6.35亿美元，其中出口5.19亿美元，同比增长7900万美元；进口1.16亿美元，同比增长3007万美元。全年实现账面利润1.52亿元，其中营收1.75亿元，税前利润较上年增加1100万元。

（浦发银行余姚支行）

【宁波余姚农村商业银行股份有限公司】 截至2021年底，各项存款余额563.33亿元，较年初增加80.60亿元，增幅16.70%；各项贷款余额402.68亿元，较年初增加72.14亿元，增幅21.83%；五级不良贷款余额25469万元，不良率0.64%，分别较年初下降190万元、0.14个百分点，资本充足率16.59%，拨备覆盖率612.31%，全部超过监管评级满分标准；全年实现营业净收入133393万元，增幅17.49%；拨备前利润87437万元，增幅20.87%；账面利润56088万元，增幅15.16%；成本收入比31.94%，较年初下降1.43个百分点。

发挥"道德银行""红锋信贷"两大特色品牌优势，主动参谋将"道德银行"纳入余姚市党史学习教育，积极打造"红锋信贷"2.0，举办宣讲会1214场，完成道德评议54.69万人，"道德银行"授信3.80万户，用信余额23.12亿元，"红锋信贷"授信企业541家，用信余额43.83亿元。依托"数据支撑＋移动设备＋人员下沉"，实施有效走访、精准营销、客户深耕。建立驻勤机制，开展驻勤服务44次，累计派出驻勤小组5661个，走访农户32644户，激活道德绿码22772户，签约道德银行14349户。与江丰电子、舜工集团签署全面战略合作协议，参与舜农、舜通、中意生态园等优质企业的债券融资；相继中标宁波市融资担保有限公司等项目30个，低成本竞争性存款余额较年初增加9.84亿元。发布金融助力共同富裕五年行动计划，发行自营理财33期，推动理财客户增加2754户、余额增长17.80亿元，"三资系统"启用率100%。

（鲁含蕾）

【中国农业发展银行余姚市支行】 年末，支行各项贷款余额20.53亿元，贷款日均余额15.36亿元，各项存款余额2.83亿元，存款日均余额4.11亿元。全年累放贷款13.41亿元，累收贷款4.16亿元。发放地方储备粮油贷款5819万元，支持轮换地方储备粮36480吨；发放粮食调控贷款20750万元，完成粮食收购工作；全年累计发放中长期贷款10.6亿元，助力共同富裕先行地建设。

（农业发展银行余姚支行）

【宁波银行余姚支行】　余姚支行于2001年7月26日成立，下辖1个支行营业部、10家二级支行、4家社区支行，共15个网点，员工268名。截至2021年12月末，存款余额171亿元，理财规模202亿元，表内外资产规模192亿元。服务规模以上企业800余户，上市企业13家，中小企业1.3万户，个人客户33万户，私银客户700户，是一家集投行业务、国际业务、金融市场业务、小微租赁业务、财富管理业务于一体的综合性银行。获浙江省级巾帼文明岗、浙江省级安全评估先进单位余姚市级银行业金融机构综合评价A类行，余姚市银行外汇业务合规与审慎经营情况A类行，余姚市金融综合评价A类行，余姚市级文明单位等荣誉称号。

（郑　维）

◎ 3月9日下午，市人民法院与宁波银行余姚支行举行“被执行人最低生活保障金发放”平台上线仪式（市法院　供稿）

◎ 11月18日上午，中意宁波生态园首家金融机构——宁波银行余姚中意支行开业（宁波中意生态园管委会　供稿）

【宁波银行余姚中心区支行】2021年，宁波银行余姚中心区支行AUM（资产管理规模）达198.67亿元，新增量为29.92亿元。截至年末，存款日均余额102.25亿元，存款规模列区域同业第八位，较年初增长5.82亿元，区域市场占有率4%。其中活期化占比37%，公司存款32.96亿元，占比32%。贷款余额54.75亿元，较年初新增9.86亿元。余姚中心区支行获评辖区内银行业金融机构2021年度综合评价A类行。

（宁波银行余姚中心区支行）

保险业

【概况】　制定《2021年余姚市保险创新工作推进要点》，加快推动电梯安全综合保险、小额保证保险贷款业务、建设工程综合保险发展。联合市应急管理局成立推进工贸企业安全责任险工作专班，明确共保体各保险公司承保比例、区域，加快推进一般工贸企业安全责任险进度。发挥余姚市保险业经济补偿功能。做好台风“烟花”应对工作，努力发挥保险业灾害预防预警和经济补偿功能，加强理赔情况跟踪，实时掌握全市灾后理赔工作进展情况。宣传推广宁波市普惠保险“天一甬宁保”，组织保险公司进村、进社区、进企业、进广场进行推广宣传，积极发动机关事业单位、乡镇（街道）、国有企业的干部职工带头参保，全市覆盖率近30%，进一步完善多层次医疗保障体系。

（杨晟罂）

【中国人民财产保险股份有限公司余姚中心支公司】 2021年，中国人民财产保险股份有限公司余姚中心支公司全年实现保费收入65229万元，增长6.68%，保费增量4087万元，市场增量占比48.09%；当年市场份额为39.64%；车险增长2.68%，非车险增长15.37%。2021年向地方财政上缴税款5641万元。

年内，人保财险余姚中心支公司落实常态化抗疫发展，集中力量保稳保增，带头构建和谐的保险市场发展生态；落地智慧叉车保险、梨气象指数保险、政策性农险+商业补充等创新项目，推进宁波市考核项目一般工贸企业安全生产责任险与生态环境绿色保险的属地推广。全力投入一线抗台风“烟花”抢险救灾工作，快速完成查勘理赔，支付赔款超1.3亿元。主动帮扶困难地区群众脱贫攻坚，累计爱心款项16万元。公司被评为宁波市青年文明号。

（郑　超）

【中国人寿保险股份有限公司余姚市支公司】 2021年，公司实现股份保费收入16535.74万元，同比下降9.4%。寿险首年保费收入2613.96万元，同比下降29.88%；短期保费收入2041.19万元，同比增长6.69%；续期保费收入11880.57万元。

（人寿保险余姚市支公司）

【中国太平洋财产保险股份有限公司余姚支公司】 2021年，中国太平洋财产保险股份有限公司余姚支公司实现保费收入3.7890亿元，同比增长7.91%，其中车险保费收入2.5130亿元，非车险保费收入1.2760亿元，市场份额23.02%。在台风“烟花”中，协助受灾群众和企业尽快恢复生活生产，全年累计赔款支出21727亿元，同比增长26%。

（诸克琴）

【中国太平洋人寿保险股份有限公司余姚支公司】 中国太平洋人寿保险股份有限公司余姚支公司2021年全年共完成总保费21795.46万元，其中个人营销19082.33万元，团体业务2694.43万元，银行代理18.7万元；短险赔款支出3210.07万元，死伤医给付金额780.69万元，满期给付576.87万元，年金给付2255.21万元，承保余姚市城乡居民大病医疗保险2225.03万元，继续承办余姚市基本医保经办服务和工伤调查服务。

（太平洋寿险余姚支公司）

综合经济管理

发展与改革

【概况】 2021年，全市实现地区生产总值1441.50亿元，同比增长9.1%，增长居宁波各县（市、区）第一位。其中，第一产业实现增加值50.68亿元，同比增长2.4%；第二产业实现增加值885.23亿元，同比增长11.4%；第三产业实现增加值505.59亿元，同比增长6.1%。三次产业之比为3.5∶61.4∶35.1。一般公共预算收入129.72亿元，同比增长13.6%；规模以上工业增加值564.83亿元，同比增长13.4%；固定资产投资343.76亿元，同比增长13.1%；社会消费品零售总额449.75亿元，同比增长13.2%；自营进出口总额、自营出口总额占宁波全市份额高于上年；研究与试验发展经费占地区生产总值比重3.92%。全年地区生产总值增长达9.1%，位居宁波各县（市、区）第三。位居县域经济基本竞争力百强县第九，第12次荣登“中国最具幸福感城市”榜单。

编制完成并发布“十四五”规划和2035年愿景目标纲要。构建1个发展规划+6个区域规划+25个重点专项规划的“十四五”规划体系。组织开展“项目争速、投资争先”专项行动。作为甬凉东西部协作的代表接受国家考核；横坎头村和凉山州昭觉县三河村结对的相关做法被人民网、《光明日报》、《浙江日报》等媒体平台宣传报道。山海协作连续多年取得宁波市考核“优秀”等次；松阳县横樟村乡村振兴示范点建设成效明显，在全省山区26县结对帮扶“双向赛马”考核中取得“优秀”等次。

【强化投资和项目管理】 编制市财政及PPP模式融资的2000万元及以上政府性投资建设项目计划、50万（含）～2000万元（不含）政府投资项目计划、重点建设项目计划、2000万元及以上政府投资前期项目计划、重点前期项目计划、乡镇长（主任）项目计划。81个项目参加余姚市级、18个项目参加宁波市级、4个项目参加省级重点项目集中开工仪式。

◎ 9月20日，一批总重量19吨的鲜挖高山小土豆从凉山州昭觉县运抵余姚市（市发改局　供稿）

【深化行政审批制度改革】推进“最多80天”改革工作，已实现从项目赋码备案到竣工验收“最多80天”项目33个、开工前审批“最多50天”项目142个、竣工验收阶段“最多30天”项目114个，实现率达到100%。通过在线审批监管平台3.0累计申报事项3817项，办结事项3524项，网上申报率、网上审批率和网上批文出具率保持100%。

【强化社会信用体系建设】2021年，依托宁波市社会信用平台，在干部监督、公务员招录、评优评先等方面，信用核查10563次，积极推广联合奖惩云桌面平台，在2021年稳岗返还工作、2021年宁波市十佳创业导师推荐工作和机关事业单位退休人员资格认证等方面开展信用核查4700余次。

（陈智杰）

自然资源管理

【概况】2021年，在市委、市政府统一领导和精心指导下，在系统干部职工的共同努力下，市资规局全面做好管空间、管资源、保生态、保发展、保民生工作，唯实惟先，创新破难，为余姚高质量发展提供了充足的要素保障。

市资规局夯实基础，努力创新，推动自然资源基础管理工作进入了新轨道。完成三调验收工作，发布第三次国土调查数据公报。首次完成全域变化监测，完成2020年度变更调查和2021年度地理国情监测。实施首次全民所有土地、森林、草原、湿地、矿产和海洋等6类自然资源资产清查，并向市人大作2020年度国有自然资源（资产）报告。完成基准地价和城镇标定地价研究编制，初步形成余姚市城乡基准地价体系成果。推进自然资源统一确权登记试点，完成余姚四明山省级地质公园统一确权登记。承接宁波林权登记发证试点，核发完成首本林权不动产权证书，发放全省首本国有林场林权类不动产权证书，形成林权登记“余姚模式”。扎实推进农房确权登记“百日攻坚”专项行动，登簿完成率、农房发证率分别提高至73.62%和47.41%。贯彻落实新土地管理法和实施条例，调整征地程序，完成土地征收成片开发方案编制。

【保障建设用地】2021年，全市共报批12个计划批次、1个增减挂钩批次和1个单独选址项目，主要以稳定耕地上的用地报批为主，合计用地面积173.73公顷（新增建设用地144.2公顷），其中舜宇红外项目用地获得省政府批准，属全国唯一一个占用永久基本农田的疫情防控项目。全年公开出让土地95宗，面积385.14公顷，成交金额121.93亿元。其中，经营性用地31宗，面积132.87公顷，成交金额100.57亿元；工业用地64宗，面积252.27公顷，成交金额21.36亿元，工业用地占出让土地面积的65.5%，占全年国有建设用地供应量的56.1%，有效保障中意生态园、光电小镇、余姚工业园区、经济开发区等重大产业平台用地项目。全年共供应土地331宗，土地出让收入（含划拨价款）147.87亿元。积极落实“增存挂钩”“以增定存”机制，全年消化“批而未供”“供而未用”土地518.67公顷，盘活存量建设用地138.87公顷，完成城镇低效用地再开发116.2公顷，近5年平均供地率提高到82.10%，为历史最高。出台《关于进一步促进工业用地节约集约利用的有关意见》，全年实现“标准地”出让62宗，面积231.87公顷，重点工业项目出让14宗，面积36.53公顷，“土地超市”上线交易137宗，面积102.67公顷，交易金额14.9亿元，在工业用地上改（扩）建增加建筑面积87万平方米。

【耕地保护】深挖农村闲散建设用地、废弃矿地等造地潜力，推进耕地垦造和建设用地复垦工程，完成“旱改水”22.6公顷，371.8公顷耕地质量提升，进一步拓宽“占补平衡”土地储备。同时，积极开展永农集中连片建设和全域土地综合整治，落实“千亩方”项目1个，完成梁弄、丈亭全域项目初验收和马渚项目编制，河姆渡项目被评为省级精品工程，土地整理工作水平处在宁波乃至全省的前列。另外，平稳有序推动耕地“非粮化”整治和耕地功能恢复工作，通过实体专班运行，建立会商机制，制定补助政策，全年完成整治898.2公顷（粮功区452.07公顷）。2021年度，共备案设施农业用地28宗，面积共计37.47公顷。完成表土剥离验收合格项目13个，面积52.6公顷，土方量148572立方米。为保护耕地红线，开展2020年度卫片执法、农村乱占耕地建房问题专项整治和“大棚房”问题专项清理整治行动“回头看”等工作，协同乡镇（街道）和职能部门联合攻坚，卫片违法占用耕地面积进一步得到压降，违法占用耕地形势总体向好发展。

【不动产登记】 2021年践行以人民为中心的理念，结合党史学习教育与“我为群众办实事”实践活动，不断提升不动产登记便民利民服务水平。充分发挥企业专窗服务功能，在现有数据系统基础上，整合局内部各科室职责，将土地首次登记、房地首次登记等业务办理所需的数据实时上传系统，实现线上数据共享集成；同时，线下与税务、住建等部门沟通统筹协调，精简流程，形成工作合力。有序推行建设工程竣工规划核实与用地复核合并办理，试行不动产权籍调查与项目竣工核验同步实施，在“行政审批业务支撑系统”中实现“核验合一”“调验合一”，验收时间缩短50%以上。通过采取资料实地互证、专题研讨、分类处置等方式方法，开展不动产登记历史遗留问题排查和解决，对用途不一致、登记年限不一致、权证不齐、权源资料缺少等15类历史遗留问题进行及时处置，取得阶段性成果。全年共受理各类不动产登记事项139570件，办结112313件，发出不动产权证书74720本、证明28085份，查档31282件，查封897件，解封864件，行政限制82项。

【土地执法监察】 围绕法治政府建设，市资规局全面落实行政执法三项制度，建立局行政处罚案件会审及集体讨论制度，出台行政机关负责人出庭应诉暂行办法等规范性文件，系统的法治水平不断提升。2021年，市资规局负责人出庭应诉率达100%，以市资规局为被申请人的行政复议案件较上年下降36.3%，行政诉讼案件数量较上年下降50%，实现“双下降”，受理信访举报807件，承办省、市三级交办的重复信访20件，全部处置完成，立案查处土地违法案件150起、非法开采案件39起，做到依法查处。另外，认真开展“八五”普法工作，做好全国土地日、全国海洋日、“防灾减灾日”、测绘法宣传日等主题宣传工作。

【地理与测绘信息】 充分发挥测绘地理信息对自然资源“两服务、两支撑”作用，不断提高地理与测绘信息水平。2021年，联合市发改局印发了《余姚市基础测绘“十四五”规划》。在推进市地理信息平台“天地图”建设方面，完成1∶500修测图斑和竣工测量数据的天地图融合，完成电子地图更新8.02平方千米，新增、修改、删除地名地址1260个、兴趣点7181个，对46万平方米地下公共停车场、3.5万平方米人防工程和2处地下通道进行了全面普查和数据库建设，并对地下管线1127千米数据进行更新。在开展三维实景数据库建设方面，利用无人机航空摄影，完成全市三维数据1331平方千米采集，完成三维实景数据建模600平方千米和高清正射影像约800平方千米。在地理信息公共服务水平提升方面，开展县级卫星应用节点建设，共计完成用户开通34个，覆盖面扩展至各自然资源和规划所，为快速应用遥感影像做好准备。在测绘监管服务方面，加强测绘地理信息“双随机”监督监管，开展测绘质量、地图市场、保密安全监督检查，完成对全市测绘单位的资质复审换证。在项目竣工验收方面，规范综合测绘技术服务合同管理，全面推行“多验合一”，全年完成竣工规划核实项目178项，合计竣工建筑面积520.05万平方米。

【森林生态建设】 2021年，全市以“森林宁波”建设任务为主线，坚持一手抓绿化造林、一手抓生态保护，完成新造林面积

◎ 3月12日，纪念全民义务植树运动40周年活动开展
（市资规局 供稿）

258.73公顷，完成森林抚育面积140.53公顷。启动新一轮“一村万树”五年行动，成功创建省“一村万树”示范村2个（兰江街道夏巷村和马渚镇马漕头村）、宁波市生态文化基地3个（余姚市林场、马渚镇沿山村和丈亭镇龙南村）；省级生态文化基地1个（大隐镇芝林村）；省级森林氧吧1个（大岚镇柿林村）；省级森林人家1个（大隐镇芝林村）。鹿亭乡香泉湾入选宁波市自然教育学校，大隐镇浙东小九寨入选为宁波市自然教育基地。开展古树名木社会认养等工作，营造古树保护良好氛围，在原有树种、科属、树龄、经纬度、位置、图片等的信息上，增添二维码，古树管理查询更加现代化。扎实推进全市自然保护地整合优化工作，编制《余姚市自然保护地整合优化调整方案纲要》，将生态红线划定、生态保护及自然保护地有序发展有机结合，发挥最大优势。完成2021年度松材线虫病除治任务，清理发病面积763.1公顷，清理病死松树8228株，清理下山各类死亡松树（包括病疫木、火烧木、衰弱木及采伐剩余物等）1621吨（其中5吨现砍现烧），有效控制松材线虫病发生范围。承担全市范围内受伤、病弱、饥饿、受困、迷途的国家和省重点保护陆生野生动物的收容救护工作。全年共计接警111件，救助伤病及幼小野生动物139只。2021年，市林业局、余姚市森林病虫害防治站获全省松材线虫病防治工作和全面禁止非法交易、滥食野生动物工作突出贡献集体，市林业局获浙江省生态文化建设突出贡献集体。

【矿产、海洋、林业资源管控】 年内，保障重大项目用林用矿用海，完成石料采矿权挂牌出让2宗，余姚市海岸线总长23千米，海域面积196平方千米，获批中意宁波生态园基础设施固北路9.25公顷、北排江西侧路网44.54公顷，完成中意宁波生态园三到十区块207.33公顷用海项目论证评审，办理林地使用审批12宗，使用林地面积35.14公顷。

【余姚市实现省级森林城镇全覆盖】 1月上旬，浙江省关注森林组织委员会公布2020年度“浙江省森林城镇”名单，余姚市四明山镇、河姆渡镇上榜。至此，余姚市成功创建“浙江省森林城镇”17个，实现了森林城镇全覆盖（城区除外），是宁波大市范围内首个实现省级森林城镇全覆盖的县级市。

【余姚河姆渡全域土地整治项目被列为省级精品工程】 1月下旬，余姚市河姆渡镇全域土地综合整治项目通过宁波市保护耕地和全域土地综合整治与生态修复领导小组验收，这是全市第一个通过宁波市级验收的项目。项目总面积65.02平方千米，总投资近1.94亿元，共有22个子项目，工程目标完成度100%。

11月8日，省厅公布2020年度乡村全域土地综合整治与生态修复省级精品工程项目，余姚市河姆渡镇乡村全域土地综合整治与生态修复工程被列入2020年度乡村全域土地综合整治与生态修复省级精品工程。

【余姚市第25次地产市场领导小组（扩大）会议召开】 2月7日下午，余姚市第25次地产市场领导小组（扩大）会议召开。会议由余姚市委常委、常务副市长郑传统主持，市委副书记、市长徐云出席会议并讲话，市地产市场领导小组成员及相关单位负责人参加会议。

【防疫应急红外测温镜头生产项目建设用地获批】 6月，宁波舜宇红外技术有限公司的年新增

◎7月7日，余姚市重点松林保护区“十四五”规划专家评审会召开（市资规局 供稿）

100万套防疫应急红外测温镜头生产项目用地获浙江省人民政府批准，这是全国唯一一个占用永久基本农田获得批准的疫情防控工业项目。为满足疫情防控常态化下，红外测温镜头的紧急加单和新增产能需求，该公司计划扩建新增红外测温镜头生产线10条。

【余姚市重点松林保护区“十四五”规划通过评审】 7月7日，市森防站组织召开《余姚市重点松林保护区规划（2021—2025年）》专家评审会，会议邀请了5位林业专家对规划进行审议评定。会上，专家组和与会人员对规划成果进行了深入研讨，并肯定了项目组的编制成果。评审专家认为该规划的基础数据翔实、依据科学充分，具有指导性和可操作性。在对规划中部分文字表述及文本结构提出了建议后，专家组一致同意规划终期成果通过验收。

【余姚实现新建商品房“交房即办证”】 8月27日上午，在试点的余姚巧园小区楼盘交房现场，通过“交房即办证”程序完成做证5套，涉税资金10余万元，现场单次受理时间为15分钟，较前往窗口办理，除省去来回耽搁的时间外，办理登记时间也缩短约50%。

【宁波市级农业重大科技项目通过验收】 10月21日，宁波市科技局组织专家对市资规局林业服务中心承担的宁波市农业重大项目“蓝莓种质创新与贮藏加工及其产业化研究”（2016C11009）完成验收。该项目通过引进国内外蓝莓种质资源，建立蓝莓种质资源圃，开展品种区域试验、评价与选育工作，筛选出适性广、品质优、抗性强的主栽品种。在研究过程中，着重开展蓝莓种质创新，研发蓝莓扦插快繁与容器育苗技术、设施等栽培技术，并在蓝莓的贮藏保鲜与深加工方面也形成了关键技术，编制出全市的蓝莓优质高效栽培技术规程，建立了标准化栽培示范基地、休闲主题观光公园。

【余姚市不动产登记服务中心发出第一本电子证书】 11月5日，余姚市行政服务中心不动产登记窗口发出全市第一本不动产权电子证书，该不动产权位于某新建小区，此次首次登记，标志着全市不动产登记进入电子证照时代。

（蒋志强）

公共资源交易

【概况】 2021年，市公共资源交易市级平台共完成工程建设项目招投标392项，涉及预算金额49.54亿元，成交金额45.44亿元，节减资金4.09亿元，节减率8.26%；与上年同期相比较，项目数减少32.76%，预算金额减少27.08%，成交金额减少27.70%。完成政府采购11351项，涉及财政批准预算金额8.58亿元，成交金额8.04亿元，节减资金0.54亿元，节减率6.32%；与上年同期相比较，项目数增加9.91%，预算金额和成交金额减少17.26%、18.95%。完成国有产权交易92项，成交价4.38亿元，溢价3836.38万元；与上年同期相比较，成交数量增加9.52%，成交价增加3.06%。完成农村产权交易44项，成交价7589.73万元，溢价1237.50万元；与上年同期相比较，成交数量减少57.69%，成交价增加74.38%。

【数字化改革】 实现工程项目开标不见面。升级改造电子招投标系统，将开标场景迁移到线上，建成“不见面”开标系统，做到开标全流程线上操作，投标人远程参与投标，评标结果即时在网上大厅公布，实现交易全流程电子化，全过程可视化，音视频管理档案化，并在2021世界数字经济大会暨第十一届智慧城市与智能经济博览会期间参加了

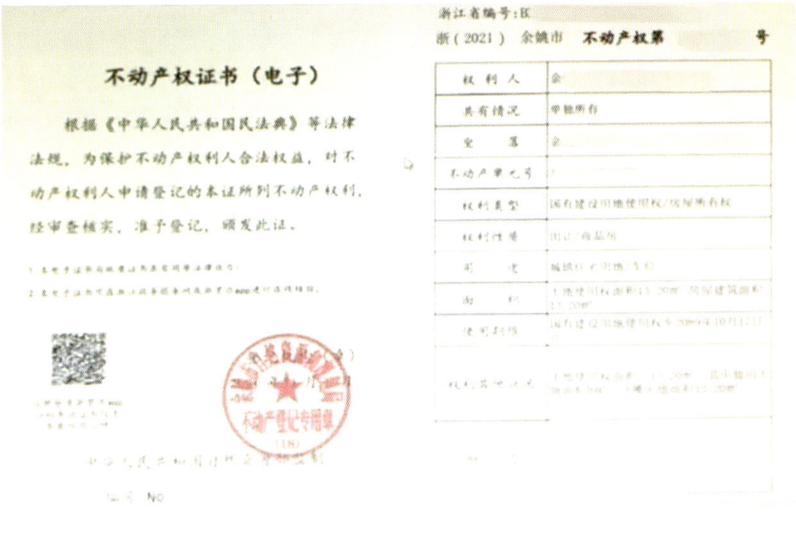

◎余姚市第一本不动产权证书（电子）（市资规局摄于2021年 供稿）

宁波市数字经济系统场景应用路演。系统自8月2日正式运行始，全年共完成不见面开标项目133个，交易额23.57亿元，涉及投标企业10314家次，为企业节省资金约1169万元。

实现政府采购"零次跑"。深入挖掘政采云平台潜力，实现政府采购项目全流程电子化操作。采购人从采购申请到采购完成，供应商从获得采购信息到确认成交，全流程线上完成，实现交易过程"零次跑""无纸化"，政府采购电子化普及率达100%。

实现产权交易网上拍。依托国有产权交易系统和农村产权交易系统，实现交易申请、信息发布、结果公告、合同签订、资料归档等12个环节数据跑路。产权交易网上竞拍比率达82.9%。

【服务效能】 强化企业融资支持。推出"政采贷""工程贷"等融资产品，帮助企业拓展融资渠道，供应商和中标人凭项目合同即可获得项目贷款资金，为企业融资开辟绿色通道，助力破解中小企业融资难、融资贵问题。全年累计为企业解决融资近1000万元。

推动保证金制度改革。创新工程建设项目投标担保支付方式，减轻企业资金周转压力，降低投标保证金缴纳额度，推行建筑业企业投标保证金"包年"制度，推广电子保险保函、银行保函、担保保函，为投标人提供多渠道选择，通过竞争机制减轻投标人资金成本。全年共为675家企业提供担保，减轻现金压力，金额达33.84亿元。

推进公平竞争审查。建立公平竞争工作联席会议制度，做好政策性文件审查和公示，完善乡镇（街道）管理考核办法，落实乡镇（街道）、行政事业单位、国有企业等公共资源交易主体责任，严格开展公共资源交易文件公平竞争审查工作，进一步完善公平竞争体系，优化营商环境。全年废止有关文件33个，新制定和修改8个，发放宣传资料4000余份。

【营商环境】 减免交易服务费。在减免政府采购项目、国有产权交易项目、农村产权交易项目交易服务费的基础上，于10月开始减免工程建设项目交易服务费，在宁波市率先实现公共资源交易零收费，减轻企业负担，提高公共资源配置效率和效益。全年为投标企业减免交易服务费约200万元。

优化服务流程。厘清公共资源交易监管责任，简化交易流程，建立健全工程建设招投标集中监管机制，进一步明确共同监管领域公共资源交管办与各主管部门的职责分工、权利边界和工作流程。实现交易文件备案、场所预约、专家抽取等事项网上一次办理。可减少工程项目建设工期约30天。

精简交易资料。取消建设工程规划许可证、建设项目选址意见书等前置文件，实行备案审批资料"容缺受理"机制，推动重点工程、民生工程早开工、早建设。

【交易监管】 健全集中监管。根据《浙江省行政程序办法》《宁波市公共资源交易管理条例》，对工程建设项目实行集中监管，对依法必须招标的项目实行全流程监管，推行"EPC招标模式""评定分离"评标办法，对评标专家和代理机构实行"动态评价"管理，实行"双随机、一公开"监督检查，推进监管标准化、规范化。

规范投诉流程。根据《宁波市公共资源交易活动投诉处理程序暂行规定》，明确投诉受理情形、处理程序，做好资料调处、证据获取、分析反馈等工作，切实保护社会公共利益和公共资源交易当事人合法权益。全年办理投诉5起。

创新执法手段。4月，经市政府同意，确认行政执法主体资格，依托"数字侦探"（数字评标系统）开展行政执法工作，通过智能化分析电子投标文件相关数字信息，为监管部门查处违法行为提供关键线索和有效证据，依法查处多起串通投标案件，对违法行为主体形成强大威慑，公共资源交易领域市场秩序不断净化，营商环境不断优化。

（汪航行）

国有资产管理

【概况】 2021年，余姚市国有及国有控股企业资产总额达到2271亿元，净资产达到801亿元，均比上年有不同程度增长；实现营业收入180.48亿元，同比增长53.43%，居宁波各县市区前列；利润总额2.7亿元。2021年调整国企领导班子成员1名。面向国内外重点高校应届毕业生公开选聘12名优秀研究生、博士生，引入高端优秀人才入职市属国企，充实国资国企青年管理人才队伍。

【资产清理盘活】 办理国有资产权证8件，公开拍卖房屋98处，累计金额3264.63万元。余姚市杭州湾区域范围内通过围海造地形成的海涂资产15338亩（经评估111.50亿元）注入各市属10家国有企业，降低企业资产负债率。

【国企优化整合】 指导报社与广电的整合重组工作，注销合并4家传媒类企业，组建余姚市传媒集团有限公司。宁波舜通集团下属城市公交公司与城乡公交公司合并；宁波舜建集团下属第一自来水厂与第二自来水厂合并。

【增强国企营收能力】 审批新成立企业15家（包括参股企业）。宁波舜建集团与宁波开投蓝城共同开发"阳明古镇"项目，其中商业板块一期府前路历史文化商业街区于2021年5月全面开街运营；宁波舜通集团参股成立中铁十九局舜通（宁波）矿业发展有限公司；余姚阳明文旅集团与宁波东方人力资源公司合资成立了余姚东方阳明人力资源公司，开展编外人员招聘和劳务派遣业务；舜农集团重点打造余姚"四明臻货"品牌。

【提高国资运营效率】 2021年9月，成立余姚市战略新兴产业创业投资母基金，总规模100亿元，首期出资规模20亿元，下设若干产业子基金。通过基金市场化招商，引入符合余姚产业导向的全国性头部优质产业落户余姚，助力余姚市产业升级。

【国有资产监管】 构建数字化国资监管系统，上线"政企采购云平台"，余姚市146家国有企业采购事项全部纳入余姚政企采购云平台，实现网上交易服务和数字化监管。统筹政策性融资担保业务，通过转贷业务、"总对总"批量担保业务和"姚创贷"担保业务等帮助企业节省融资成本600万元。

（高瞻远）

国有企业

【宁波舜建集团有限公司】 2021年，宁波舜建集团贯彻落实市委、市政府各项决策部署，补短板、抓提升、强管理，将国企市场化转型与高质量发展相结合，做大做强集团业务。截至年底，集团公司合并总资产435亿元，同比增长3.57%，资产负债率62%，同上年度持平。

拓展转型发展新局面。持续优化社会公共事业板块。余姚市景邑停车产业有限公司持续推进"智慧停车"项目，累计建设改造智慧停车位5007个，其中固定停车场31个、车位2875个，城区道路50条、泊位2131个；有序推进南兰江西路文化休闲广场等商管、物管停车场建设。宁波智邦市政工程有限公司实施集团下属公司代建项目42个，总投资9.2亿元。积极推动混改项目。余姚开投蓝城建设开发有限公司"阳明古镇"项目，府前路历史文化街区于5月1日全面开街运营；老余姚中学地块（明庐）项目于年底竣工备案；田螺山项目一期地块摘地11.07公顷；山后新村地块建筑方案待国家文物局审批；剑江地块摘地并建设。宁波一再生金环境科技有限公司、宁波市景胜城市综合物业服务有限公司拓展业务范围；余姚申燃能源有限公司、宁波喜威清洁能源有限公司发挥自身优势，提升行业竞争力。同时加快注入性企业融合，做大营收。

促进国有资产保值增值。加快存量变现。成功出让碧桂园东侧和南雷南路两侧共计6.922公顷土地，实现收入1.54亿元；通过存量安置房调配、公开拍卖、应收款催缴等方式，实现收入2.8亿元。推进区块开发。黄山社区列入省未来社区创建名单，开展全过程咨询单位和实施方案编制单位招投标前期工作，完成实施方案省级备案；黄山公园周边地块一期征迁全面完成拆迁签约，

◎ 星光御墅南侧滨江绿地公园（舜建集团摄于2021年 供稿）

投入7.8亿元完成堰头区块等房屋征迁，并对接征迁安置房（兰墅公寓三期）进行调配。永丰村、明伟村地块继续谋划“一二三级”联动开发。此外，继续做好府前路北侧改造工程、阳明东路店铺等权证补办和玉皇山公园周边地块土地改革前期工作，加快对接市政部门停车资产的注入。

2021年，舜建集团加速发展科技信息板块，注册成立全资子公司余姚舜智投资发展有限公司、参股公司浙江睿臻数字技术有限公司（占股35%），在智慧城市建设相关领域进行投资、建设、运营和存量资产盘活，投资1.8亿元，立项7个子项目，推进城市大脑分平台等建设和运营，助力全市数字化改革。

（黄　珊）

【宁波舜通集团有限公司】

2021年，宁波舜通集团牢牢把住市委、市政府赋予的“市域综合交通建设运营商、公共交通投资运营商、功能区块开发运营商和国有资本投资运营商”发展定位，立足服务余姚发展战略，紧紧围绕保障“三区三城”“高水平交通强市”建设和“两强三提升”行动，统筹抓好重点项目建设、公交客运服务、功能区块开发、产业投资发展等，实现多元化经营稳步发展。

全年完成融资66.55亿元，比上年增长63.84%；成功发行2亿元碳中和绿色公交ABS（资产支持证券），创全国首单碳中和绿色ABS，也是全省首单“碳中和”资产支持证券化产品；获批中银投资债转股项目10亿元，首期投资款到账5亿元；分期完成发行中期票据20亿元、公司债10亿元。截至年底，集团共有下属子公司38家，合并总资产282.45亿元，同比增长10.63%；净资产110.77亿元，同比增长18.41%；资产负债率60.78%，较上年度下降2.58个百分点。

年内，市政府下达由舜通集团承接的交通新续建项目共9个（续建项目5个，新建项目4个），总投资38亿元，年度计划投资3.24亿元，实际完成投资6.39亿元，超额完成全年目标任务。其中，余梁公路北延工程（规划省道S206）、古午线（黄箭山至姚东大桥段）改建工程、余慈城际快速通道（K0+000～K0+354）新建工程、杭甬高速余慈连接线（浒溪线K11+000～K12+066段）、古午线河姆渡段（K12+200～K21+020）改造提升工程5个项目先后建成通车。6月9日，规划S309荷梁线改建工程一期正式开工，8月5日，出洞口梁弄端隧道开挖首次爆破实施；12月21日，杭甬高速牟山连接线扩宽改造工程开工建设；12月24日，余姚市城西工业园区配套道路（一期）新建工程开工建设。

年内，继续做深做透剑江区块土地开发，推进棚户区改造项目，挂牌出让剑江村2#、4#、5#、7#地块，共计出让土地14.62公顷；完成舜通集团城东校区（北师大余姚学校）建设工程所有主体结构结顶，小学、初中教学楼进入装饰装修施工阶段；完成商住用房建设项目（丰杨河开发地块）新建工程的主体建设，共建设安置房182套、商品房267套；完成剑江村下木桥南安置地块施工许可证办理等。

年内，舜通集团按照依托交通运输主业拓展产业，支撑交通道路建设融资的思路，稳步促进转型提升。下属合资公司建设综合供能服务站4座，其中，中意宁波生态园综合供能服务站于10月27日正式运营、世南西路站完成拍租、康山站完成主体施工，进入验收阶段、筀竹站进入主体施工；持续推进东港区物流基础设施建设项目（仓储用房建设项目）；谋划推进宁波西内陆港（物流产业集聚区）项目前期工作。下属余姚市通途建材有限公司实现货物贸易销售4亿余

◎ 10月27日下午，浙石油中意宁波生态园综合供能服务站开业运营
（舜通集团　供稿）

元；合资的宁波舜通新材料科技有限公司绿色环保型沥青混合料生产基地项目于11月初试拌沥青，截至12月底销售总产量达10万吨。与中铁十九局集团有限公司合资成立中铁十九局舜通（宁波）矿业开发有限公司，投资矿山产业；持续推进上市公司镇海股份二次收购、入股参与舜智股份等工作；下属余姚市交通汽车维修有限公司积极拓展汽车修理和检测业务，全年累计完成车辆维修24898台次，抛锚救济1222台次，实现营业收入2060.16万元；大顺检测站实现营收149万元，超预期指标近2倍。

年内，在防台抗汛、疫情防控中，舜通集团积极承担社会责任，第六号强台风“烟花”影响余姚期间，同时24小时不间断协助河姆渡镇党委、政府和各村完成群众、民兵、城管等群体的各项转运任务，累计调派公交、客运车辆52辆次，共计108班次，累计转移受灾人员3930余人。年底，为助力疫情防控工作，舜通集团全力发挥运输企业职能，累计调派公交、客运车辆175辆次，累计运送863车次，运送隔离人员5842人，公安、医护2280人，运送核酸检测样本2450箱。

（倪红微）

【宁波舜工集团有限公司】

2021年，舜工集团合并资产22.76亿元，净资产11.63亿元，资产负债率48.90%，比上年的65.50%下降了16.6个百分点，持续保持着“资产覆盖债务、收益覆盖利息”的良性运作势头。2021年，企业联合会转贷互助基金运行转贷业务227笔、总金额17.49亿元，服务转贷企业120家，业务合作银行10家。投资公司在投业务余额3.98亿元。担保公司在保业务420笔、在保余额10.89亿元，担保代偿率控制在0.35%，其中，农商行“总对总”项目在保业务321笔、金额4.75亿元；“350”培育企业在保业务28笔、金额4.28亿元；“姚创贷”项目在保业务13笔、金额0.43亿元。

2021年，集团着重做好上年度疫情期间政策性担保业务的续保工作，以实际行动开展助企纾困解难服务。下属中小担保公司担保规模居宁波各县（市、区）担保机构第二位，获评2021年度宁波市优秀担保机构。

坚持保本微利的原则，在可持续经营的前提下，适时调降担保费率，对小微企业和“三农”主体实行低收费，平均担保费率降至0.5%，低于国家1%的平均担保费率标准，切实降低企业综合融资成本，全年共计为企业节约融资成本688.6万元。

加强与银行等金融机构的密切合作，积极拓展业务合作新模式。与全市24家银行建立业务合作，合作银行家数占全市一级支行总数的75%，总担保授信额度突破30亿元。同时，积极与市经信局、市科技局和相关银行金融机构联手，合力推出“350”信用担保项目、“姚创贷”信用担保项目、农商行“总对总”批量担保业务、交行“自主保证业务”项目等一系列新型担保业务产品，取得了明显成效。

充分发挥基金优势，不断加大投资力度，资本市场化运作成效日益显现。到2021年底，在投产业基金11只、金额2.81亿元，通过姚商基金累计投资68家企业（其中市内企业14家），已收到证券基金分红2340.12万元。同时，探索寻求工业地产开发项目，配合市经信局开展21个乡镇街道、开发区的56个工业集聚区用地情况专项调查，为后续参与全市工业低效用地二次改造和区域产业集聚平台打造奠定基础。

建立健全国有资产集中管理和运营机制，进一步加强资产管理、租赁、维修工作，有效提升国有资产利用效益。全面开展资产安全性排查，定期对张启钊旧址、化肥厂宿舍等地块进行巡查、维护。认真落实国有资产台账登记管理，及时健全资料信息，为国有资产规范管理提供完整、真实、可靠的信息支撑。

（张　升）

【宁波舜农集团有限公司】

2021年，舜农集团按照市委市政府“两强三提升”的工作要求，紧紧围绕“做大资产规模、做优资产结构、做强主责主业、做大市场营收、做响品牌价值”的经营思路，坚持以市场化和实体化为导向，聚焦农业、水利主责主业，各项工作取得新成效。

全力抓好债务管理和融资工作，严守集团资金链安全底线。集团以资金管理为核心，拓宽融资渠道，调整融资结构，创新融资产品，2021年，集团在与传统商业银行构建紧密合作关系的同时，通过积极用好中期票据、PPN（非公开定向债务）等融资工具，融资工作取得良好成效，在确保重大工程项目建设的稳步推进的基础上，为集团市场化转型发展提供了资金支持。与此同时，集团抢抓专项债发行窗口期，充分利用资产注入、项目承建的契机，谋划一批、储备一批项目贷款以获取专项债支持。

全力保障市级重大项目建设

及专项任务稳步推进。集团紧紧围绕市委、市政府重大工程项目建设工作安排部署，以抓项目、保投资为目标，为全市20余个项目提供资金保障服务，确保了西分、陶家路江三期整治工程、海塘除险治江围涂四期工程等一批省市级重大工程项目建设稳步推进。自行实施项目牢固树立“建精品、树标杆”的管理理念，在保证疫情防控和安全生产前提下有序推进项目建设。湖北北块耕地垦造与土地改良一体化项目开发总面积356.81公顷，新增耕地面积314.65公顷，投资总额约1.4亿元，通过降盐培肥处理等手段，将海涂变成良田沃土。余姚市四期围区临海南块土地整治开发高标准改造服务项目开发总面积357.39公顷，水田面积288.13公顷。两个项目处在财务审计阶段。

以创新发展为手段，加快推进集团市场化实体化转型步伐。积极参与围海股份股权重组。9月以来，集团联合东方资产、围海股份高管团队作为联合重整投资人，其中东方资产、舜农集团分列第一、二大股东，同时东方资产通过委托表决权的方式，由舜农集团成为上市公司实际控制人。经营板块培育工作取得阶段性成果。2021年，集团立足全市“农口线”国企的角色定位，发挥余姚市域资源禀赋和特色优势，紧紧围绕“农”字做文章，把大力开拓经营业务板块作为集团市场化转型的重要着力点。农资农产品经营板块重点打造区域公用农业品牌——“四明臻货”，完成实体公司工商注册，积极搭建位于海吉星市场C1号楼的首个线下销售实体店及微信线上平台，计划在2022年3月底前投入运营。海涂经营业务步入市场化实体化运营轨道，在加强海涂区域日常巡查管理的基础上，舜农集团积极做好相关土地资产发包管理，提高了资产运营效率，确保国有资产保值增值。土地经营业务集中力量盘活在手资产。大隐双溪口地块侧重通过招拍挂形式整体出让的操作模式，蜀山大闸地块计划引入行业优秀企业打造高端养老产业。两项目积极开展市场推介。原水经营板块积极推进原水经营业务落地工作，集团与市水利局、市财政局等单位就原水收费模式、返还形式及水库开发公司职工编制划转等事项进行深入研究，加快原水经营业务的落地进程。水库采砂经营业务立足全市“一大三中”水库及溪道疏浚清淤项目，拓展砂石料的生产经营业务，通过对砂石料的深加工进一步提高集团营业收入，落实经营场所及做好资产评估。再生资源交易经营业务牢牢把握全市创建省级生态文明示范市、“无废城市”的机遇，顺势切入再生资源经营业务领域，业务落地工作积极论证推进。

（谢　竞）

【余姚市阳明文化旅游集团】2021年，集团全年实现营收2.502亿元，利润总额966万元，资产总额达69.71亿元，净资产26.82亿元，资产负债率61.54%。全年融资转贷8.65亿元，实际新增2.96亿元，融资综合成本6.07%。

在投资建设方面，年内集团与梁弄镇政府合资设立宁波阳明环湖开发建设有限公司，集团出资4284万元，占股51%；向晟旻建设公司投资金额668.94万元，占股10%；鹿亭乡中村村委西侧地块拍卖土地款投资2007.96万元、鹿亭乡中村景区专营权投资3000万元。全年投资建设重大项目6个，总投资约2.27亿元，完成投资额约9500万元。其中，2000万元以上项目2个，分别为浙东红村游客服务中心和四明山旅游度假区（梁弄）游客集散中心项目；500万～2000万元项目1个，500万元以下项目3个。其中总投资1.5亿元的重点项目浙东红村游客服务中心（浙东红村旅游综合体）年内完成土地摘牌、项目报批、土建招标，于12月正式开工建设；投资0.6亿元的四明山游度假区（梁弄）游客集散中心完成室内装修招标，11月中旬进场施工；横坎头乡村旅游综合体二期3月竣工运行；河姆渡遗址博物馆AAAA级景区标识标牌、停车场、厕所等在10月完成创建工程建设、三期生态园参与性项目设置及标识标牌的制作；全年完成紫溪原舍租赁后的维修改造工作，完成6944观唐酒店改造提升工程EPC备案，红枫山庄二期包厢装修、四明湖开元山庄年度预算内维养及四明山门户区项目环四明湖周边亮灯工程等。

在开发运营方面，年内集团先后通过招投标委托编制龙泉山、四窗岩景区、临山古镇等区块的AAA级景区规划以及集团“十四五”发展规划、梁弄章家岙至东岗山段索道策划方案、四明山森林轨道项目概念性方案。提出新四军浙东游击纵队司令部旧址修缮及展陈提升规划方案，四明山门户区改建提升规划方案，四明山地质公园参与性项目策划方案。完成观唐6944酒店与翠竹山舍民宿的经营权承包拍卖客商招引、天下玉苑AAAA级景区整体转让若干投资商多轮洽谈、胜归山区块开发数批客商接洽、大岚师训基地全资收购确定、阳明东方人力资源公司混改方案拟定、河姆渡遗址公园引资招商。在运营上相继牵头举办全国百家旅行社“东南名邑”采风活动、“阳明文旅”杯短视频大赛；参与举办2021“四明山 中国红”旅游节、宁波市第七届故事会；参与承办2021余姚四明山（上海）旅游推介会、“心动姚城 火红四明”摄影大赛、“四明山千里国家登山步道线路发布仪式暨金秋登高活动”等。

（于晨磊）

市场监督管理

【概况】 2021年，市市场监管局落细落实农贸市场等重点场所新冠肺炎疫情管控要求，扎实推进进口冷链食品“物防”工作，“浙冷链”平台激活企业437家，赋码扫码334157条，集中监管仓累计入仓36611.79吨，出仓33559.46吨，查处进口冷链食品违法案件32件。全省率先推进校园配送场景“浙食链”系统应用，指导全市非粮油类的学校食品配送商9家、农批经营户208家、学校食堂90家加入“浙食链”系统，建立“农批经营户—校园食品配送商—学校食堂”三级流转链条，确保源头可溯、安全可靠，相关做法获省市系统高度认可并在余姚召开现场会推广。中榜全省“市监基层在线”试点任务，完成集成任务50个、即时任务6个、自建任务24个，覆盖对象3490家，助力监管服务、服务管理效能大提升。在宁波率先探索叉车“智慧监管＋保险＋服务”模式，累计148家企业301台叉车完成设备安装。创新“微监管e起来”新模式，实现风险隐患在线排查、培训指导在线开展、消费纠纷在线调解，完成小餐饮单位“微监管”实名认证746家，开展远程视频检查461家次、在线调解4次，该工作获2021年度市政府工作创新奖唯一一个一等奖。

推进市场主体清冗提质，清吊市场主体2591户。迭代优化“互联网＋监管”模式，“双随机”事项覆盖率89.45%、应用信用规则率94.91%。实施年报精细化管理，企业、个体工商户、农民专业合作社年报率居宁波前列、创历史新高，分别高于全省平均值3.13个、4.07个和6.64个百分点。

落实综合行政执法体制改革相关任务，做好62项商务和15项盐业行政处罚事项划转衔接工作。强化反垄断和反不正当竞争执法、知识产权和商业秘密保护、价格和广告监管，深化“亮剑”系列综合执法行动，累计查处各类案件1220件，其中大要案269件，罚没款1692.35万元，同比分别增长29.6%、13.0%和40.0%，移送涉嫌犯罪案件9件；另有药械化案件76件，罚没款109.07万元。

【工商行政管理】 2021年，市市场监管局深化商事制度改革，加强事中事后监管，管理服务市场主体全生命周期成效显著，余姚获宁波市政府办公厅督查激励，省市场环境建设成绩突出集体和个人双嘉奖。实施涉企“一件事”、登记确认制和企业注销便利化改革，深化“证照分离”改革，对涉及市场监管领域46项涉企经营许可事项，实行“一事项一范本”，并将食品经营许可等7项事项由优化审批调整为告知承诺，梳理“证照分离”改革事项518项，打造极简审批模式。2021年全市新设市场主体26134户，注册资本（金）332.55亿元，实有各类市场主体162759户，注册资本（金）2326.19亿元，同比分别增长8.49%和9.79%。实施新一轮“小微企业三年成长计划”，办理“个转企”414户，其中公司制企业379户。开展“联企、走街、服务、破难”活动，走访重点企业3614家一线解难帮困，处置困难诉求994个。组织“诚信民营企业”“五好经营户”评选，认定2019—2020年度“诚信民营企业”162家、“诚信工商户”94家、“五好经营户”482家。

深化“质优余姚”建设，照明灯具产业入选全省新一轮质量提升行动11个特色产业名单，新增省政府质量管理创新奖企业1家、余姚市市长质量奖企业5家。深化“标准化＋”战略，指导企业参与制定国际标准1项，发布国家标准29项，打造“品字标浙江制造”企业16家、发布“浙江制造”标准12项，均居宁波第一位。构建知识产权创造、运用、保护、管理、服务体系，新增注册商标6680件、发明专利授权755件、知识产权贯标认证企业25家；运用行政裁决程序接连调解4起重大专利纠纷案，其中1起为全国县级局通过行政手段解决的赔付金额最大的专利侵权纠纷案件，余姚进入“中国县域知识产权竞争力百强”前十，其中知识产权创造能力、保护能力分列全国第三和第四，相关工作先后4次获宁波市局和余姚市政府主要领导批示肯定。

聚力推进放心消费重点县（市、区）建设，累计培育发展放心消费单位2870家、放心消费商圈（街区）7个、放心消费乡村2个，办理投诉举报10362

件，同比下降34%，为消费者挽回经济损失405.5万元。联合印发中央巡视反馈市场监管领域信访问题整改工作方案，分类推进“三品一车一网”领域和教育、预付卡专项整改落实。提前超额完成省、市民生实事项目，建成食品生产企业“阳光工厂”110家、全程可追溯的食品生产经营主体675家、农村家宴“阳光厨房”34家、学校食堂智能“阳光厨房”328家、民生药事服务站4家，“浙江外卖在线”商户端激活量居全省前列，成功创建万达“阳光餐饮”示范街区，在宁波现场会上作典型发言。投入财政专项资金1500余万元，改造提升农贸市场22家；创建省放心农贸市场11家、省“五化”市场6家、“四个一批”农贸市场3家。

【食品药品监督管理】 2021年，市市场监管局高标准完成宁波创建国家食品安全示范城市迎检任务，加强农贸市场长效管理测评等2项工作获市委、市政府主要领导批示肯定；完成食品抽检6566批次（不合格119批次），查处食品违法案件541件，罚没款254.20万元。

广泛开展“你点我检”、“你我同查”、消费体验等活动，实施食品生产小作坊和餐饮“红黑榜”管理，公示抽检信息10期，发布食品生产小作坊“红黑榜”4期和餐饮“红黑榜”13期，营造社会共治氛围。

扎实推进省药品安全智慧监管“黑匣子”应用、宁波第一类医疗器械生产企业“互联网＋监管”试点工作，开展医疗器械和化妆品抽检321批次，上报药品不良反应报告1368例、医疗器械不良事件337例、化妆品不良反应报告74例，查处药品、医疗器械和化妆品违法案件76件，罚没款109.07万元。

【质量技术监督】 2021年，市市场监管局扎实开展特种设备安全专项整治三年行动、“平安护航建党百年”特种设备安全隐患大排查大整治专项行动，推动“特种设备码”赋码应用工作，提前赋码所有在用特种设备25639台，查处特种设备违法案件52件，罚没款208.5万元。组织电线电缆、家用液化石油气调压器等产品质量专项整治，查办质量违法案件112件，罚没款148.2万元，燃气不锈钢波纹管产品检验合格率由0提高到77.8%。检定水表、燃气表、电子秤等民生计量强检器具58690台（件），减免检定费182.61万元。推进电动自行车综合治理集成改革，电动自行车车架及电池赋码3319个，逐步构建电动自行车全生命周期闭环管理。

【价格监管】 2021年，市市场监管局持续加强价格监督检查，查处价格违法案件89件，罚没款56.12万元。开展行业协会商会收费联合检查、涉企收费专项检查、转供电专项整治，责令退还违规收取耕地开垦费292万元，监督企业退降电费37万余元，查处转供电案件3件，罚没款13.57万元。开展全市医疗机构医疗服务收费行为“双随机”抽查，重点检查明码标价、政府定价执行情况，查处不执行政府定价违法行为1起。开展学校收费专项检查，督促清退多收价款40.64万元。

【2021年全市市场监督管理工作会议召开】 2月7日下午，市市场监管局召开2021年全市市场监督管理工作会议。市市场监管局局长孙峰作题为《创新攻坚勇担当　创先争优再进发　奋力开启市场监管现代化建设新征程》的工作报告。会议明确了2021年全市市场监管工作的总体要求。会议对2020年度科所工作绩效评价情况、专项工作先进集体和先进个人、信息宣传工作先进集体和优秀信息宣传员进行了表彰，陆埠分局、阳明所、食品流通科、信用监管科4个单位主要负责人作交流发言。

【学校食堂“智能阳光厨房”建设推进会召开】 4月2日，市

◎ 2月7日下午，市市场监管局召开2021年全市市场监督管理工作会议（市市场监管局　供稿）

市场监管局联合市教育局召开学校食堂“智能阳光厨房”建设推进会。会上，市市场监管局餐饮科相关负责人解读了浙江省“智能阳光厨房”建设标准，对全年的建设指标、质量要求、时间进度、后期管理等方面作了一一布置。市市场监管局副局长马斌和市教育局副总督学魏代明分别作讲话。2021年，全市在335家学校托幼机构食堂全面推广“智能阳光厨房”。

【“餐饮安全你我同查”活动启动】 5月20日，市市场监管局召集余姚宾馆有限责任公司、余姚辰茂河姆渡酒店有限公司、宁波伯瑞特酒店有限公司3家单位的餐饮经理、食品安全管理员、厨师长等食品安全管理人员组成“互查互学团”，开展了首次餐饮服务食品安全管理互查互学活动。活动中，“互查互学团”对3家餐饮单位的后厨开展了现场检查，从全方位查找存在的问题，同时记录每家单位在食品安全管理上的亮点。现场检查后，10名“互查互学团”成员召开了报告交流会，对检查中发现的问题、看到的亮点进行了互相报告和深入交流。

【“特种设备码”赋码应用】 6月1日下午，兰江市场监管所的工作人员到万达广场，在商场东1~2楼东扶梯口张贴上一张新的特种设备使用标志，并对商场和电梯维保单位的工作人员进行了“特种设备码”赋码的指导。使用标志上有一个二维码，公众通过扫描该二维码，就能全面知晓这部电梯的所有信息。这是市场监管部门对特种设备实施“特种设备码”赋码应用后发出的第一个二维码。当天，万达广场在用的50余台特种设备全部贴上“特种设备码”。

5月31日，“浙江特种设备在线”系统正式上线，通过“特种设备码”赋码应用，可以对特种设备进行物联智控。7月1日前，余姚市2.7万余台特种设备全部完成“特种设备码”赋码工作。

◎ 6月12日，在食品安全宣传周广场宣传活动中，执法人员正在抽检样品（市市场监管局　供稿）

【2021年食品安全宣传周活动启动】 6月12日下午，市食品药品安全委员会办公室在万达广场举办食品安全宣传周广场宣传活动，2021年食品安全宣传周活动正式启动。此次食品安全宣传周的主题是“尚俭崇信，守护阳光下的盘中餐”，首次将“反对食品浪费”作为宣传主旨。市市场监管局、市农业农村局、市卫生健康局、余姚海关等食药安办成员单位参加了广场宣传活动。通过现场设置宣传展板、咨询解答热点问题、发放宣传册子等方式向老百姓普及食品安全知识，增强安全意识。此次活动，共设立咨询服务台6个、宣传展板10块，接受群众咨询180余人次，发放宣传资料400余份。

【“安全用药月”宣传活动启动】 10月中旬至11月中旬是“全国安全用药月”，此次活动主题是“安全用药，坚守初心”。“安全用药月”结合党史学习教育等活动，从药品安全知识科普、药品安全网络知识竞赛、安全合理用药宣传三方面着手，线上线下联动开展。余姚市在城区四个街道的大型商场、城市综合体等场所投放药品知识科普视频、悬挂宣传横幅，全市各药品经营企业电子屏滚动播放“安全用药月”宣传标语，同时由监管人员对药品零售环节进行规范性指导，并开展《中华人民共和国疫苗管理法》宣传等活动。

（邢　峰）

安全生产监督管理

【概况】 2021年，全市共发生各类生产安全事故18起，死亡9人，与前两年平均数相比分别下降36.84%和40%。其中，工矿领域，发生生产安全事故6起，死亡6人，与前两年平均数相比分别上升9.09%和33.33%；道路运输领域，共发生事故12起，死亡3人，与前两年平均数相比分别下降47.83%和71.43%；未发生水上交通、渔业船舶生产安全事故；消防安全方面，共接出警1721起，火警799起，成灾87起（同比下降36%）；森林防火方面，共发生森林火情27起，同比下降6.9%。全年未发生较大及以上生产安全事故，全市安全形势持续稳定好转。

完善调整市安委会、各专业安委会组织架构，建立“1+13”安全生产工作体系。制定了《余姚市安全生产委员会工作规则》，印发《关于进一步加强专业安委会工作的通知》，进一步明确安委会、安委办、专委会、专委办责任分工，推动13个专业安委会全面建立统筹协调、责任体系建设、督查检查、宣传发动、研究解决重大问题等工作机制，安全生产体制机制进一步健全。2021年，市安委会组织召开各类安全生产会议20次，约谈属地负责人3次，发送工作提醒单22份，开展工作督查暗访6次。各专委会召开会议研究部署工作41次，组织检查104次。

【执法整治】 推进13个重点行业领域深入开展“平安护航建党百年”安全隐患大排查大整治、焊接与热切割、城市运行、燃气安全等系列整治行动。全市各行业领域开展安全生产检查2.7万家次，发现问题隐患2.2万个，作出行政处罚757起，罚款1616.5万元。

推进第二轮安全生产综合治理三年行动，按照13个专题专项工作要求，实施挂图作战，闭环销号，狠抓工作进度。目标任务有年度任务147项和阶段性任务42项，完成年度任务57项和阶段性任务25项。根据省、宁波市部署，制订8个重点领域“遏重大”攻坚行动推进方案，对照安全风险链鱼骨图，落实关键节点管控措施和监管责任。8个重点领域明确细化任务339条，完成178条。

开展企业主体责任及“利剑”“铸安”“铁拳”等安全生产专项执法行动。截至年底，全市共开展执法检查企业2564家次，立案384起［4起8人移交公安部门追究刑事责任，5起行政拘留（4起无证电焊工、1起造假资格证）］，行政处罚1149.27万元（罚款5万以上案件31起）。为实现应急管理执法透明化、公正化，连续三年邀请市人大代表和新闻媒体，对全市企业安全生产主体责任专项执法“双随机”抽取进行全程监督。4月，市应急管理局举行2021年推动企业落实安全生产主体责任专项执法行动“双随机”抽选仪式。抽取仪式按照公正、公平、公开的原则，通过浙江省行政执法监管平台“双随机”抽取系统，在全市2020年销售额500万元以上的5185家工矿企业中，随机抽取280家待检企业，并在《余姚日报》、局微信公众号等媒体中予以公告。

开展危化品领域全生命周期安全重点整治、危化品安全生产人检查、危化品经营企业专项整治、非法违法“小化工”专项整治等行动，共检查危化企业290余次，注销许可证13家，立案处罚10家。推进余姚市化工集聚区整治提升，消除高风险等级；对70家化工医药企业开展专项整治，共发现隐患714条，全部完成整改；开展多部门烟花爆竹联合执法行动，共查处违

◎ 10月29日上午，省应急管理厅相关人员到余姚市梁弄镇指导检查森林防火灭火工作（严华　摄）

法经营行为8起，收缴烟花爆竹1000余箱。

深化厂中厂安全生产和消防安全专项整治，共核实出租方357家，承租方1080个，排查隐患4735处，全部完成整改。联合市经信局、市消防救援大队开展“两小”企业（小微企业、小作坊）消防生命通道畅通工程和突出火灾隐患集中排查专项整治“回头看”，共检查企业69家，排查隐患241处，全部整改完成。打击非煤矿山安全生产违法违规行为，邀请矿山安全专家对3家非煤矿山企业进行全面检查，共发现隐患2项，均整改完成。

做好森林防灭火督促指导工作。对全市18个乡镇街道和林场进行森林防灭火工作检查，发现隐患46个，发出整改警示单13件，向市森林公安局依法移交火情案件27起（行政处罚5起5人）。组织开展野外火源专项治理行动，成立市级工作组5个，乡镇街道级工作组39个，出动检查人员233人，查出问题45个，整改落实45个，违规用火教育277人。

【专业安委会专题工作会议召开】 1月14日上午，全市专业安委会年度工作会议召开。市道路交通安全工作领导小组对2020年工作亮点、2021年工作安排以及三年行动专项工作、巡查反馈问题的整改落实情况进行了探讨和交流，要求牢固树立安全发展的理念，严格落实安全生产“党政同责、一岗双责、齐抓共管”和“三个必须”工作要求，切实保障全年安全生产形势持续平稳向好。

【“安全生产月”活动开展】 6月16日上午，市应急管理局联合市人社局、市住建局、市公安局交警大队、国网余姚供电公司等12家单位共同开展以“落实安全责任，推动安全发展”为主题的安全生产月广场宣传咨询日活动。各单位结合自身安全生产工作，以设摊宣传的形式，向市民发放安全知识常识手册、安全宣传用品等，工作人员现场为市民宣传讲解安全生产方针政策、法律法规、防灾减灾救灾、自救与互救、应急救援等相关知识，并解答有关政策。

（韩　烨）

审　计

【概况】 2021年，余姚市审计局完成审计项目24个，查出主要问题金额94784万元，其中违规金额39644万元、管理不规范金额55140万元；移送纪检监察机关和有关部门处理事项10件；审计促进整改落实有关问题金额34281万元；审计后挽回（避免）损失1831万元，推动被审计单位制定整改措施149项。

2021年度考核获得省、宁波市“双优秀”，3个审计项目被评为宁波市优秀项目，其中1个被评为省表彰项目；内部审计考核获得宁波市优秀，3个内审项目2个被宁波市评为优秀项目、1个被评为表彰项目，其中1个被评为省优秀项目。认真履行市委审计委员会办公室工作职责，严格执行重大事项请示报告制度，向市委审计委员会报送业务报告、信息专报等重要文稿34份，市领导批示31篇次。

【政策执行审计】 年内，围绕上级重大决策部署和市委、市政府中心工作，认真梳理以往审计发现问题，探索建立动态政策专题库，科学选择审计重点，作为“必审项”同步开展审计。在常规事项核查基础上，重点围绕专题实施审计，统筹实施“+专题审计”，在同级审中设计了政府重大投资项目办理竣工决算、政府财务报告编制、招商引资政策、上级专项资金等7个专题，编报的审计专报得到市领导批示15篇次。

【财政审计】 在财政同级审中，聚焦高效化流程。根据财政同级审涉及内容多等特点，开展同步延伸核查，对同一延伸单位，提前确定所需核查内容，一次完成延伸核查，提高工作效率。同时，实行取证双级复核，对于查询单、取证单，审计组采用组长+主审复核，确保审计证据依法有效，切实提高审计质量和监督成效。审计期间督促被审计单位整改金额1.17亿元。

【经济责任审计】 2021年，对7家单位8位领导干部实施了经济责任审计。探索形成了审计内容专题化、资源配置协同化、数据分析精准化“三化”工作体系。审计内容专题化，科学选择审计重点，作为“必审项”同步开展审计，做深做透政策专题。2020—2021年5个经济责任审计项目被宁波市审计局评为优秀案例。资源配置协同化，在经济责任审计等项目中，以国家审计为主导，在审前、审中、审后三段分别采取不同举措，加强外聘协审和内审人员工作质量管理，严格执行审计保密纪律。数据分析精准化，在经济责任审计项目中试行数据精准分析模式，在调查了解阶段非现场数据分析的基础上，重新搭建数据分析环境，对于前期分析疑点逐一重算，有效缩短核查时间，提高审计效率。

【政府投资项目审计】 推进投资审计转型工作，坚持服务与监督并重，强化社会中介执业监管，明确建设单位主体责任，提高项目成果质量。市公共投资项目结（决）算审核中介机构库领导小组办公室2021年完成工程结（决）算项目核查63个，核查资金32.07亿元，核减金额1.05亿元，提出核查意见603条，为全市公共投资项目严守投资审核质量底线。

【智治系统化】 围绕“七张问题清单”推进整体智治，审计专题门户10月下旬亮灯上线。加大数据分析室成果转化，推广应用“总体分析、发现疑点、分散核查、系统研究”数字化审计模式。完成市本级、部门、乡镇三级财务核算和财政一体化、财政预决算等业务数据标准化工作，财务数据批量采集提质增效。构建数据分析模型43个，运用R语言实现多部门支出数据可视化，对全部一级预算单位进行全覆盖审计。

【监督协作化】 市人大常委会主任会议首次专题听取和审议审计发现问题整改情况报告，推动审计整改工作，强化审计整改主体责任。审计整改工作纳入市委、市政府目标管理考核，审计发现问题清单、典型案例纳入市委组织部领导干部学习体系。联合市纪委、市委组织部等部门对9家单位开展审计整改联合督查，问题整改率91.18%。2019年，审计移送市纪委市监委的21个事项全部落实，审计移送事项成案达到71.43%，2020年审计移送的19个事项中落实15个。国家审计与内部审计协同开展自来水公司（厂）、成校的同步项目。

（李其锋）

统　计

【概况】 2021年，在市委、市政府的正确领导下，在上级统计部门的精心指导下，市统计局忠诚履行统计调查、统计报告、统计监督职责，用统计数据反映经济运行轨迹，丈量社会民生变迁。全市统计工作取得积极成效，统计队伍服务保障共同富裕先行地建设的能力水平全面提升。2021年，全市实现地区生产总值1441.5亿元，总量居全省第13位；按可比价格计算，同比增长9.1%，增幅位居宁波第三。

【监测分析服务深化拓展】 年内，积极参与全市经济运行监测联席会议工作，持续开展GDP估算和支撑性指标预测分析，建立完善与行业主管部门的形势会商机制，强化重点专业、企业数据运行跟踪监测，灵敏预判走势问题，精准助力部门施策，为全市发展保持稳进提质态势、巩固争先进位优势提供有力支撑。着眼区域对标，撰写了一批专题分析，《余姚市与慈溪市工业高质量发展比较、重点问题和建议》《余姚市与象山、宁海两地资质以上建筑业对比分析》等多篇专报信息获市委、市政府领导批示。定期发布统计月报、公报、概览、年鉴，全面深入宣传解读中国共产党成立100周年余姚经济社会发展情况，《余姚概览》逐步成为展示余姚形象的拳头产品。建立智能经济统计监测体系，市统计局被列为统计制度方法改革省级联系点，农业农村统计相关做法在全省作经验介绍。完成第七次人口普查和5‰人口抽样调查，开发解读人普数据，跟进调整人口历史数据，开展老龄化问题研究，持续释放人口普查服务决策、惠及民生的综合效益。有序推进2021年度乡镇（街道）领导班子和市政府组成部门社会公众满意度评价，省统计局、丽水市统计局相继到余姚调研考察。

【统计数据质量全域提升】 抓好督察迎检各项工作，推动出台《余姚市党政领导干部防范和惩治统计造假、弄虚作假责任制实施办法》，组织局党组、全局干部职工、乡镇（街道）领导班子和市直有关部门领导班子学习贯彻，宁波市统计工作专项督查反馈的5个方面问题均整改落实。持续开展数据质量自查自纠和税务数据专项比对行动，对2100余家“四上”企业进行全覆盖地比对验证，修订全市统计数据质量管控办法，工业、投资、商贸、农业、低收入农户等多个专业迎接省、宁波市各级统计执法检查，数据质量总体情况较好。加大统计违纪违法行为查处力度，对78家单位开展统计执法检查。扎实开展农业、工业、服务业、贸易、投资、社会科技、劳动就业等领域常规统计调查，强化统全统准的基础数据支撑。积极争取上级业务指导支持，有效发挥乡镇（街道）、部门、专业联动作用。开展“小升规”工作，共申报年度“小升规”单位350余家，同时抓实抓好规模以下工业样本新增工作。

◎ 9月16日上午，浙江省第十二届“中国统计开放日”活动在余姚横坎头村开展（市统计局　供稿）

【基层队伍培育】　建立“统计法进党校”长效机制，组织专业骨干对乡镇（街道）、相关职能部门统计工作分管领导、综合统计办公室专职副主任等重点人群定期开展统计业务知识和法律法规培训，对企业统计员开展培训20余场次，参加3700余人次。深化四星级综合统计办公室规范化建设，经过台账审查、自荐单位互评、实地检查、业务科室和领导班子评分等程序，评选出2021年度四星级综合统计办公室12家。探索基层统计网格智治工作，着眼于破解数据“颗粒归仓”和服务企业“最后一公里”问题，在部分乡镇（街道）进行“片区＋网格”试点，划分片区、建立网格，开展统计业务交流、法治宣传等活动，并召开现场推进会。截至年底，全市有12个乡镇（街道）开展基层统计网格智治，建成“统计之家”8个，共划分成38个片区，64个网格，吸纳1177家企业。

【全市统计工作会议召开】　1月，市统计局召开2020年度全市统计工作会议，总结回顾2020年工作。会议宣读表彰了梨洲街道、朗霞街道、低塘街道、马渚镇、三七市镇综合统计办公室5家第二批四星级综合统计办公室和2020年度全市统计工作先进个人。泗门镇、梁弄镇、阳明街道综合统计办公室3家首批四星级综合统计办公室就星级规范化建设情况分别作了经验交流。会上，市统计局局长阮岳军对2020年度全市经济形势进行了简要分析，对2020年统计工作取得的成绩进行了总结回顾，并对2021年工作作出了部署。

【余姚市统计业务培训班举办】　7月13日，中共余姚市委组织部、余姚市统计局联合举办余姚市统计业务培训班。各乡镇、街道分管工贸工作的副乡镇长、办事处副主任及综合统计办公室专职副主任，功能区（园区）分管负责人及综合统计办公室专职副主任和市直有关单位分管负责人等60余人参加培训班。市统计局局长阮岳军作开班动员并授课。培训班上，中共浙江省委党校四明山分校副校长赵奇伟为培训班学员解读了习近平总书记在庆祝中国共产党成立一百周年大会上的重要讲话精神。市统计局工业、投资、服务业、综合等专业负责人结合本专业知识对统计方法制度、报表填报流程、指标具体解释、数据审核要点等进行讲解，法规教育科专业骨干对《关于深化统计管理体制改革提高统计数据真实性的意见》《统计违纪违法责任人处分处理建议办法》《防范和惩治统计造假、弄虚作假督察工作规定》3个文件进行重点解读。

【浙江省第十二届“中国统计开放日”活动启动仪式举办】　9月16日上午，浙江省第十二届“中国统计开放日”活动启动仪式在余姚横坎头村举办。活动主题是“赓续红色血脉　奋进统计未来”。启动仪式上，浙江省统计局局长吴胜丰代表浙江省统计局、国家统计局浙江调查总队介绍了举办中国统计开放日活动的目的，阐述了此届开放日的主题和意义。宁波市常务副市长陈仲朝致辞。余姚市委副书记、市长徐云致欢迎词。启动仪式由国家统计局浙江调查总队总队长张斌主持。

（孟思婧）

统计调查

【概况】　2021年，余姚调查队主要承担城乡居民收支调查、粮食监测调查、月度劳动力等常规调查9项，开展全面从严治党

表 7　2021 年国家统计局余姚调查队调查项目情况表

项目类别	调查项目名称	样本数量及单位
常规调查项目	居民收支与生活状况调查	35 个村、350 户
	新设立小微企业和个体户经营户跟踪调查	20 家企业
	采购经理调查	35 家企业
	工业生产者价格统计调查	79 家企业
	粮食监测调查	25 个村
	月度劳动力调查	256 户
常规调查项目	畜禽监测调查	35 家大型户、137 家生猪规模户、3 个样本村
	农贸市场价格调查	1 个市场
专项调查研究项目	全面从严治党民意调查	100 户
	企业家对当前经济形势判断和走势预测调研	27 家企业
	政务服务“跨省通办”情况调研	2 家跨省企业、42 位跨省就业者
	居民“获得感、幸福感、安全感”调研	18 户
	中高端消费情况调研	38 户
	数字时代下灵活就业的问题研究	15 人
	家庭子女教育情况调研	20 户
	房价上涨对余姚居民消费的影响调研	25 户
	台风“烟花”对余姚居民生活影响调查	35 个调查点
	居民对收入分配现状满意度调研	350 户
	新能源汽车消费意愿调查	4 家汽车销售 4S 店和 86 户家庭
	居民春节期间“就地过年”意愿调查	90 人
	农村居民医疗保险调研	38 人
	原油价格上涨对余姚市中下游行业生产经营影响	8 家
	个人住房房产税征收反响调研	30 人
	房价上涨对余姚居民消费影响调研	25 户
	新生代人员就业情况调研	5 家企业，41 人“90 后”
	“双减”政策反响调研	50 人
	余姚培训机构转型情况调研	29 家
	退役军人就业创业调研	40 人
	农村居民医疗保险调研	30 人
	限电政策对余姚市企业影响情况调研	15 家企业
	失业人员生活现状调查	16 个调查点
	“证照分离”改革调研	11 家大中小型企业
	3—11 岁儿童新冠疫苗接种工作	19 人

民意调查、政务服务“跨省通办”情况调研、个人住房房产税征收反响调研、退役军人就业创业调研等专项调查研究25项，构建企业生产、民情民意和民生诉求调查机制，强化区域经济社会发展统计监测预警。在粮食安全、居民就业、共富创建等方面为党委政府、社会公众提供统计服务，全年撰写调查分析49篇，调查信息37篇次，被国家局录用2篇，《中国信息报》媒体录用2篇。

【劳动力调查样本轮换】 2月，余姚调查队组织开展劳动力调查样本轮换工作。新换样本从2021年3月起正式开展调查，并连续工作五年，样本量从6个调查点扩至16个调查点，涉及256户调查户。立足工作实际，以分批次业务培训、入村（社区）现场指导、“老带新”业务经验“传帮带”等方式促进解决基层工作实际问题，提升调查员业务能力，确保及时准确完成调查任务。

【居民收支】 2021年，余姚市社会经济稳定发展，居民收入实现稳步增长，全体居民人均可支配收入63381元，同比增长10.2%，增长列宁波各县（市、区）第一位；城镇常住居民人均可支配收入71548元，同比增长9.7%，增长列宁波各县（市、区）第一位；农村常住居民人均可支配收入43428元，同比增长10.4%，增长列宁波各县（市、区）第一位。

【统计调查基层基础建设】 2021年，余姚调查队加强基层基础建设，强化样本管理，加强业务培训，强化数据质量检查，深化统计普法宣传。开展基层走访，进村进社区、入企入户开展工作指导、业务督导、调查陪访，全年走访调查点62个，累计走访349户（家）调查对象，走访企业28家。

推进应用《全省调查员服务平台》，将全市79个调查点、144家样本企业、350户样本户（记账户）加载入库，完善“两库”信息建设维护。全年共组织各类培训20余次，合计400人次，基层统计调查业务水平进一步提高。强化调查全过程数据质量管控，通过现场检查、重点核查、电话抽查等方式，各专业开展数据质量检查累计350户（家）。组织开展统计法治集中宣传活动，高质量承办省第十二届“中国统计开放日”活动。全年通过各类会议宣讲和培训统计法律法规达80余次。

【退役军人就业创业调研情况】 7月，为了解余姚退役军人就业创业的具体情况，余姚调查队走访市退役军人管理事务所，通过问卷调查、现场走访、电话调查等方式对40名退役军人展开调查，调查显示，退役军人普遍存在工作经验和技能缺乏、学历不占优势、与社会脱节，对新生事物不了解等几大难题，需从多方面入手破解难题寻求解决新政策。

【“双减”政策民意调查】 9月，余姚调查队开展余姚市“双减”政策民意调查，抽选60户义务教育段学生家庭开展问卷调查。调查结果显示，超六成家庭参加校外培训，占家庭教育消费支出比超10%。对于“双减”政策家长普遍比较支持，但仍存在家长觉得学校教学质量短期内难以满足竞争要求，学生自制力不足等忧虑。

【“证照分离”改革调研】 11月，余姚调查队开展“证照分离”改革调研，针对改革内容走访调研了11家大中小型企业和相关涉及部门。调研结果表明：改革后营业执照在办理效率、成本上取得实质性突破，能够做到零成本、0.5个工作日办结；行业许可证在申请材料、审核时限、申办成本等方面也有大幅改善；市场主体登记部门和行业许可部门初步建立信息互通共享机制，依法开展事中事后监管，大部分受访企业对“证照分离”改革持满意态度；但是“证照分离”改革过程中也存在落实缓慢、宣传不到位、审批事项仍然过多、电子平台不够完善等问题。

【政务服务“跨省通办”情况调研】 3月，余姚调查队在全市范围内抽取2家跨省企业、42位跨省就业者开展问卷调研，并对市政务服务中心等部门进行调研了解。结果显示：余姚“跨省通办”起步早、办事指南信息完善，长三角跨省跨区域“一网通办”工作在提升政务服务的效率和质量上发挥了较好作用。但仍存在办事程序不够规范，标准不够统一、各部门业务事项通办还需不断完善、服务范围还需扩大等问题。

（张海燕）

交通·邮政·信息

交通建设与管理

【概况】 2021年，全市完成交通固定资产投资17.16亿元，公路运输总周转量193812万吨千米。截至2021年底，全市公路里程2032.21千米，其中国道（包括高速公路）82.555千米，省道1025.966千米，县道403.974千米，乡道65.031千米，村道454.684千米。按技术等级分有高速公路65.031千米，一级公路209.563千米，二级公路114.241千米，三级公路190.714千米，四级公路1452.661千米。全市公路密度达135.48千米/百平方千米。

编制完成《综合交通中长期规划》《综合交通“十四五”规划》以及公交、物流、干线公路、普货码头、交通大数据5个专项规划，完成轨道交通、交通区域一体化2个课题研究。《余姚市干线路网中长期发展专项规划》获2021年度宁波市优秀城乡规划设计项目一等奖。

投入60万元开展国、省、县道承灾体普查。投入400余万元实施国、省、县道交通安全隐患整治工程。全年检测桥梁20余座，完成县道公路5座三类桥梁维修工作，完成桥梁护栏改造3座，完成桥路搭建整治80余座，桥梁信息牌更新362座。全年组织开展3次重大安全专项行动，出动检查人员165人次，发现并整改隐患问题49处，参与安全督导宣传活动27人次。

2021年，共出动交通执法人员17829人次，发现各类交通违法行为2455起，其中，道路运输违法案件921起，公路违法案件1534起。承办交通行政处罚案件2772起，其中运政案件901起、路政案件1871起（其中“非现场”执法1539件），罚没款总额约740.6万元。查处“两客一危”违法车辆（从事旅游客运及公路客运的车辆，从事危险化学物品运输的车辆）239辆；淘汰800千米以上线路2条、57座以上客车8辆。查扣超限超载违法货运车辆547辆，其中“百吨王”16辆，总重量超限率50%以上199辆。处理“非现场”治超案件413起，罚款金额109.9万元，处理现场治超案件9起，罚款金额为3.34万元，干扰电子地磅50起，罚款金额14.75万元，“抛洒滴漏”32起，罚款金额3.8万元。

◎ 6月11日，“最美交通人 逐梦新征程”余姚市交通运输系统庆祝中国共产党成立100周年主题活动举行（市交通运输局 供稿）

2021年，客运、转运、危运、执法、工程等5个工作专班对33个交通站场落实“守小门”，对交通运输领域重点场所、重点单位、重点人群落实疫情防控措施情况进行专项检查，累计转运600余车1000余人。上虞疫情期间，妥善处置60多艘杭甬运河滞留船舶及人群，守住水路运输防疫关口。

【交通畅心工作室正式上线】 2021年11月，交通畅心工作室正式上线。工作室位于交通大楼一楼，室内色调以蓝色为主。工作室按功能划分为三间，分别为心灵驿站（书吧、沙盘游戏）、健身室（跑步机、动感单车、卷腹机、推肩机、哑铃、杠铃等健身器材）、传统文化养心室（瑜伽器材、古筝、茶具）。

【路域环境专项整治行动开展】 12月1—31日，累计出动3008人次，清扫车、洒水车、巡查车、拖挂式清扫机等1097辆/台次，根据“公路两侧‘三化一平’”暨交通环境攻坚专项整治行动要求开展公路沿线大清洁行动，对余姚市域范围内国道与省道沿线路面、两侧绿化带、护栏、沟渠、公交站牌的积尘和公路堆积物及白色垃圾进行了重点清理。共完成公路巡检10669千米、机械清扫路面垃圾1102吨、清理绿化带及路肩积沙和堆积物等55吨、清理边沟78千米、清理小广告402张、修补坑洞1734平方米、更换破损窨井盖板53块及刷白浒溪线、余姚大道等40条线路K桩、百米桩并补缺28根，更换破损侧石188块。

（陈佳利）

公共交通

【概况】 2021年，城市和城乡公交完成整合重组，重组后的余姚市公共交通有限公司，全年新增公交线路8条，调整优化公交线路11条，完成春节、国庆等节假日期间的安全运输保障任务。3月31日起，根据需求开通疫苗接种专车。4月23日起，开通“红心公交”党史学习教育专线包车。9月1日起，开通“定制公交”进校园。11月19日起，开通全市首条快线——滨海快线E01（贯穿余姚市区和黄家埠两地）。截至2021年底，全市共有707辆公交车、125条公交线路。全年更新纯电动公交车辆213辆，新增纯电动公交车辆9辆，调整公交线路11条，新增公交线路8条，新建和改造农村港湾式停靠站24个，推出公交电子站牌5个。全年完成老旧营运车辆淘汰213辆。全年共完成客运量2323.66万人次，总运营里程3202.89万千米，实现营业收入3123.21万元。以杭州高校为试点开通校园直通车业务，共运营客运班线14条，投运班车和旅游包车等客运车辆69辆，全年共完成客运量23.18万人次，实现营业收入1382.12万元。

加强公交站场和候车亭的建设管理，在抓好疫情防控常态化管理的同时，推进并积极参与公交站场规划编制，完成充电桩建设75座。完成浒溪线公交候车亭采购及安装14座，修复肖东立交桥至冷水孔候车亭48座。投运出租车73辆，完成客运量约109.21万人次，全年实现营收1552.47万元。持续升级舜通出行App，截至年底，下载量达50.4万次。

【G228古乍线（黄箭山至姚东大桥）改建工程通过交工验收】 1月13日上午，由宁波舜通集团投资建设的G228古乍线（黄箭山至姚东大桥）改建工程顺利通过交工验收并交付使用，较原

◎2021年12月，三七市公交首末站建成（市交通运输局　供稿）

计划提前4个月建成。G228古乍线（黄箭山至姚东大桥）不仅是《宁波市国省道提升规划228国道》的一部分，也是余姚市公路网“十纵十横二连二通道”中的一横，是余姚市城区联系宁波大市的一条最主要交通干线。该工程总投资3.45亿元，起点为古乍线黄箭山，终点为姚东大桥，其中K7+894.4～K8+420.9段被纳入胜陆公路建设范围，按照一级公路标准设计，路基宽38.5米，双向六车道设计，路线基本沿老路走向进行路面拓宽改建。

【宁波市“公交都市杯”安全生产百日竞赛创建活动考评】 5月26日上午，由宁波市公路与运输管理中心、宁波市公交协会组成的考评组对余姚市公交公司、泗门公交两家企业进行了2021年度宁波市“公交都市杯”安全生产百日竞赛创建活动考评，并对两家企业开展竞赛活动的做法和取得的成绩给予了充分肯定。行业管理部门负责人、两家公交企业相关人员参加会议。

会上，考评组分别听取了两家公交企业的活动开展情况、查看了各企业的工作台账并提出了指导性意见和建议，要求两家公交企业要以“公交都市杯”创建活动为契机，坚持防疫工作不松懈，积极做好安全运营工作，不断提升服务质量，更好地为市民服务。

【宁波市第四届公交驾驶员优质服务技能大赛开幕】 9月15日上午，由宁波市公路与运输管理中心主办，宁波市公交协会承办，宁波舜通集团下属余姚市公共交通有限公司及浙江中车电车有限公司协办的宁波市第四届公交驾驶员优质服务技能大赛在四明湖开元山庄正式开幕。宁波市公路与运输管理中心副主任钟敏鸣，宁波市公共交通协会会长孙斌、宁波市公路与运输管理中心客运公交处处长龚小刚出席开幕式。集团公司党委书记、董事长、总经理朱建江出席并致欢迎词。

此次大赛将有宁波大市范围内18家公交公司52位选手参加，设基础理论知识、服务微课、驾驶操作与服务技能三个比赛项目。届时市公交公司202线路将作为驾驶操作和服务技能比赛项目的实操路线，于9月16日8时50分至14时发车开始该项比赛。

【中意宁波生态园综合供能服务站开业运营】 10月27日，位于中意宁波生态园兴舜路23号的浙石油中意宁波生态园综合供能服务站开业运营。服务站占地面积0.53公顷，共有加油岛4座，充电桩2座，提供92#、95#汽油、0#柴油三种油品，可同时为18辆车提供加油服务。站点定位为商业综合体，站内设有便利店。2020年底完成主体结构施工，2021年4月完成油管加油设备工艺安装，8月底，完成绿化附属及装修工程。

【滨海快线（E01）开通】 11月19日上午，余姚市首条快线——滨海快线（E01）开通仪式在市四明广场举行。副市长黄和庆出席仪式并宣布滨海快线（E01）正式开通。随后，出席人员为线路开通剪彩，滨海快线（E01发车开通，为市民提供乘坐体验。

【杭甬高速牟山连接线拓宽改造工程开工】 11月21日上午，杭甬高速牟山连接线拓宽改造工程开工。该项目由宁波舜通集团投资建设，起点位于西吴江桥北侧，终点至牟山互通北收费站接线交口，路线全长约0.574千米，采用双向四车道一级公路标准进行设计，设计速度60千米/小时。该项目实施范围为K0+356～K0+930段路基路面工程、桥涵工程、路线交叉口工程、交通工程、沿线设施及绿化工程。

【助力疫情防控工作】 12月6日，宁波市镇海区报告3例新冠核酸检测阳性病例。当天夜里，市公运公司旅游车队接上级部门紧急调派任务，要求运送余姚市公安民警至镇海参与疫情防控工作。接通知后，公运公司旅游车队第一时间调派2名驾驶员连夜将100名公安民警运送至镇海区投入到当地战疫工作中。

12月7日凌晨3时，车队再次接上级指令，第一时间安排6名驾驶员，分赴余姚市区各大医院，接上221名医务工作者紧急驰援镇海疫情防控工作。

上虞疫情期间，12月10日起，市公交公司接上级转移指令，抽调驾驶员和相应运力前往黄家埠镇、梁弄镇、宁波富华阀门有限公司、舜宇新基地等按规定路线转运隔离人员。累计调派驾驶员18人次，公交车18辆次，转移人500余人。

12月11日起，市公交公司根据上级统筹调度，抽调北一车队、南二车队、西一车队、梁弄车队、兰江车队共计11辆公交车及相应驾驶员前往牟山、临山、黄家埠、大岚、梁弄、四明山和兰江街道，定点运送核酸检测标本至疾控中心。共出动23车次，运送核酸标本258箱。

自12月12日起，统筹调整运力，抽调精干力量保障两镇所属行政村村民顺利前往指定核酸采样点进行核酸检测。截至12月14日上午，车队共派出公交车16辆，发送177车次，运送村民3935人次。

12月14日上午6时起，市舜通客运站场公司积极协调运力，调派出租汽车、驾驶员，分别从上虞周边开展大规模核酸检测的乡镇街道，转运核酸检测标本至检测地。截至12月20日，累计发车148车次，运送核酸标本1072箱，接送志愿者93人次。

【余姚市入选全国第二批城乡交通运输一体化示范创建县】 10月27日，交通运输部公布第二批61个城乡交通运输一体化示范创建县，余姚市成功入选。根据创建要求，城乡交通运输一体化示范创建县要重点围绕农村客货邮体制机制创新、基础设施建设、服务网络拓展、运力资源共享、信息互联互通等方面，加大工作投入，积极探索城乡交通运输一体化发展新经验新模式。创建工作任务完成并经省级交通运输主管部门审核后，由交通运输部组织对创建县开展验收，验收合格的将被授予“城乡交通运输一体化示范县”称号。

（倪红微　陈佳利）

公　路

【概况】 2021年，共完成交通投资17.16亿元，增幅17.5%。重点交通工程建设中续建项目7个，开工项目4个，大中修项目3个。胜陆公路、余梁北延、G228（黄箭山至姚东大桥）改建工程、余慈城际快道通道、姚北大道等5个项目验收通车；杭甬复线二期地面辅路工程先行段进场施工；荷梁线改造一期工程年度已完成投资3930万元，总体形象进度完成6.6%；科兴路东延工程已完成投资1723万元，总体形象进度完成28%；通环西路、杭甬高速牟山连接线已开工建设；古午线河姆渡段完成投资5040万元，总体形象进度完成90%；新建改造提升农村公路31.19千米，完成投资6013万元，全市首批十大美丽农村公路评选活动于12月完成考核验收。

专项养护方面，共投入1000余万元开展国省道路面修复工作，完成病害路面修复10余万平方米，路面灌缝150余千米，绿化修剪养护70余万平方米。投入30余万元对国省道沿线交通安全设施、基础设施进行专项修复；投入700万元，对古午线、余梁公路、余姚大道等主干道路公路绿化进行补植、预防性养护、基础及交通安全设施进行提升；新建丈亭、梁弄、茶培、黎洲、大环山公路服务站，完成丈亭镇乡镇规范化公路管理站创建。投入2300余万元对11条县道公路100余千米，20万余平方米路面进行预先性养护；投入资金160余万元实施国省道标志标线增设与维护工程。

常态化养护方面，累计完成零星坑槽和沉陷修补沥青路面超34000平方米；更换标志58块，修复130套，对各公路标线淡化点位进行重新漆画约18000平方米；维修钢护栏约3522米、包头256只、示警桩约872根；完成挡墙塌方修复60立方米；清理边沟、管涵等500余千米。绿化管理养护方面，全年投入养护资金300余万元，对公路绿化进行修枝整形、杂草清除、病虫害防治等专业化养护。

【打造“四明之窗”百里红诗路】 2021年3月至12月，余姚市开展打造“四明之窗”百里红诗

◎ 12月，“四明之窗”百里红诗路（市交通运输局　供稿）

路项目。项目起点为慈余高速余姚西出口，终点至浒溪线余姚奉化交界，全长约59千米，总投资1.666亿元，由市交通运输局牵头负责，四明山旅游度假区管委会、市农业农村局、市文广旅游局、阳明文旅集团、宁波舜通集团以及沿线乡镇、街道共同实施。通过实施余梁公路兰江段和梁弄段路面大中修工程、余姚西高速出入口道路沿线绿化提升工程、浒溪线路面提升工程、浒溪线边坡整治工程，打造了慈余高速余姚西出口、横坎头、钱库岭、汽车营地、夏家岭观景平台、四窗岩、冷水孔、鸡冠岩等8个重要景观节点，对梁弄镇横坎头村、雅贤村、汪巷村、湖东村、白水冲村，大岚镇大岚村，四明山镇北溪村、茶培村等进行了村庄整治提升，梁弄镇、大岚镇、四明山镇分别实施了“最美风景道”建设，对道路两侧的270个环境问题点位进行了整治，改造提升了136个公交候车亭。

【余梁公路跨姚江大桥、胜陆公路跨姚江大桥正式定名】 3月15日至31日，通过媒体向社会公开征集余梁公路跨姚江大桥、胜陆公路跨姚江大桥两座桥梁名称，并组织有关专家进行论证。最终，余梁公路跨姚江大桥正式命名为“罗家渡大桥”，位于阳明街道与兰江街道交界处，具体范围为北起阳明街道丰南村，跨姚江，南至兰江街道丰杨河村。大桥主桥布跨为55米+90米+55米，结构采用变截面连续箱梁，其结构为梁式桥。胜陆公路跨姚江大桥正式命名为“郭姆渡大桥”，位于陆埠镇与丈亭镇交界处，具体范围为北起丈亭镇龙南村，跨姚江，南至陆埠镇郭姆村。大桥主桥布跨为93米+150米+93米，结构采用变截面波形钢腹板连续箱梁。

【S213浒溪线余姚段路面提升工程主体完工】 7月16日，S213浒溪线余姚段（K51+300～K94+250）路面提升工程主体完工。该提升工程于6月1日开始施工，起点余姚梁弄镇白水冲村，途经梁弄镇、上虞区下管镇、陈溪乡、大岚镇和四明山镇，终点至奉化界，全长42.95千米。工程先进行原沥青路面的病害处治，后加铺2.5厘米ECA-10或4厘米AC-13C改性沥青罩面层，达到“美丽公路”建设要求。

【2021年度省市挂牌督办重大事故隐患路段整治验收工作完成】 9月23日，由余姚市交通运输局、交警大队、应急管理局等单位组成的验收小组对浙江省安委会关于公布2021年省级挂牌治理道路交通事故多发点段》（浙安委〔2021〕21号）指出的1个省级事故多发点和2个市级事故多发路段整治情况进行了验收，经实地查勘、研究讨论等程序，各整治项目顺利通过验收。

【G329余姚段路面提升工程完工】 10月23日，G329余姚段（杭朱线K99+110～K124+355、舟鲁线K223+377～K228+235）路面提升工程完工。该工程于2021年8月15日开始施工，对杭朱线K99+110～K124+355和舟鲁线K223+377～K228+235余姚路段全长30.103千米（途经黄家埠镇、临山镇、泗门镇、朗霞街道、慈溪市周巷镇、低塘街道）的全线路面实施了病害处治、预防性养护ECA易密实沥青砼罩面和AC～13C细粒式改性沥青砼罩面。

【余梁公路北延工程全线通车】 余梁公路北延工程起点为余梁公路与谭家岭西路交叉口，往北经世南西路、长元路、阳明西路，上跨姚江，下穿萧甬铁路，与319省道交叉经群立村、贩周村、华家山隧道，终点接梁周

◎ 2021年12月，余梁公路北延工程全线通车（市交通运输局 供稿）

线与东连接线交叉口，路线全长8.001千米。按具有集散功能的一级公路并结合城市道路功能标准建设，双向六车道，设计速度为80千米/小时。跨姚江大桥（罗家渡）大桥于6月28日正式通车；阳明西路至319省道段（铁路下穿段）于12月26日通过交工质量验收，12月27日全线通车。

（陈佳利）

铁　路

【概况】　2021年，余姚境内铁路旅客发送576.9万人次，达到570.6万人次；铁路货运发送43.73万吨（另有汽车厢发送5822辆汽车），到达123.2万吨。截至年底，经停余姚的图定旅客列车203列，其中经停余姚北155列，经停余姚站30列，宁波与余姚间城际列车18列。2021年，余姚北日均发送旅客1.26万人次；城际余姚站运送旅客94.7万人次。境内拥有客运火车站点2个，城际铁路站点1个，货运火车站点2个。

抓住宁波市开展全域轨道交通线网整体规划的窗口期，委托专业设计单位深入开展余姚市域轨道交通线网规划研究工作，形成中间成果。在长三角区域一体化、杭绍甬一体化及宁波全域一体化发展大背景下，在编制余姚市轨道交通线网规划的进程中，深入比选宁波至余慈城际铁路二期余姚段多种线站位方案，推进该工程项目可行性研究报告完善工作。

切实推进宁波至余慈城际铁路一期增设站点工作，完成城际牟山站站点区域规划选址、用地预审、站房设计、立项批复等前期工作，城际丈亭站、城际三七市站被列入省重点建设项目。配合宁波市铁办做好通苏嘉甬铁路余姚段工程可行性研究、初步设计等相关工作。

按照上级有关铁路疫情防控工作要求，尤其是8月成立市铁路客运疫情防控专班以来，充分压实“四方责任”，落实火车站卡口的各项常态化防疫措施。铁路北站广场区域实现“安全、有序、畅通、文明”运行目标。铁路沿线外部环境整治工作坚持常态管理与专项行动两手抓，按期完成宁波下发的全市173处安全隐患点位，自12月起开展“迎亚运奋战200天铁路两侧‘三化一平’”专项整治行动。

◎ 2021年10月，“百年党史进车厢”活动开展（市铁建中心　供稿）

【党史进车站、进车厢活动开展】　5月27日，市铁建中心联合市委党史研究室、宁波车务段余姚北站在铁路北站候车大厅展出了以“余姚百年党史进车站”为主题的宣传展板，并由志愿者为来往旅客进行讲解。6月30日，铁路北站南广场搭建了庆祝建党100周年红色主题景观造型。9月30日，市铁建中心与宁波市城铁公司联合打造“阳明号”有声车厢，车厢内展示余姚红色地名手绘地图，列车座椅背板张贴包含党建知识的有声电子书二维码。

【经停余姚北的动车组列车增多】　1月20日零时起，铁路余姚北站办理客运业务的列车增加至149列；4月10日零时起，经停余姚北站的动车组列车增加为153列；5月26日零时起，经停余姚北站的动车组列车再创历史新高，达到156列。

（王利军）

水　路

【概况】　余姚境内航道里程45千米，为国家级重点四级航道。2021年，杭甬运河余姚段船舶累计过闸量达234927艘次，水路周转总量2081万吨千米，同比增长8.2%。货运量为540.5376万吨，受新冠疫情影响，货运量较2020年相比下降1.12%。

【渔船年度检验工作开展】　9月6日至9月9日，余姚市公路与运输中心开展2021年度内河捕捞渔船验审工作。验审工作主要对渔船船体适航情况，维护保

◎ 12 月 16 日，公运与运输中心为因疫情防控滞留在姚江陆埠段待泊区的 56 艘船上的 114 位船员供应生活物资（市交通运输局 供稿）

养情况，救生设备等方面进行逐项细致检验。同时为杜绝渔船年检时出现多户共检一船，骗取补贴等弄虚作假的情况，对渔船尺寸和动力指标等严格查验，确保做到船证相符。其间，共检验内河渔船 68 艘。

【涉疫滞留货船妥善处置】 12 月，因宁波市镇海区、绍兴市上虞区疫情影响，杭甬运河上 56 艘货船滞留余姚。余姚市将 56 艘货船分两个集中点进行停泊，交通、海事、公安等部门对集中点进行 24 小时值班管控，并对船上 114 名船员全部进行了核酸检测。12 月 16 日起，余姚市公运与运输中心将生活物资陆续分发给船员。

（陈佳利）

海　事

【概况】 2021 年，海事余姚办事处共开展水上巡航 218 次，巡航时间 436 小时，巡航里程 2180 海里，陆上巡查 480 次，巡查时间 960 小时，巡查里程 12010 千米，共检查船舶 1086 艘次，出动执法人员 1360 人次。巡航巡查中，重点对杭甬运河余姚段下行运输船舶、姚江旅游公司船舶、河姆渡和姜家渡渡船、杭甬运河通航秩序维护等开展现场监管，并做好应急处置工作。同时，对余姚辖区姚江旅游公司等 5 家航运公司开展日常管理。

【保障郭姆渡大桥建设】 G228 跨运河郭姆渡大桥是宁波重点工程，是连接余姚和慈溪的主要通道，开工前多次对接局通航处协助施工方办理作业许可证，并与姚江船闸、蜀山船闸和上虞通明船闸进行沟通协调，做好施工告示的发放工作。在建设施工中，组织科队人员加强现场巡查，督促施工船舶船员配备到位、值班到位，督促警戒船舶警戒到位，确保大桥施工顺利开展，并于 8 月合龙。

【排解隐患】 年内，针对辖区重点工作，做到事前谋划、事中监管、事后评估，确保做一项闭环一项，逐个消除安全隐患。涉海涉渔遏重大专项行动中，联合地方渔政部门开展多次联合执法，取缔三无渔船 30 余艘，并为余姚和慈溪两地 160 多位渔民

◎ 8 月 19 日，胜陆公路郭姆渡大桥合龙（市交通运输局 供稿）

和渔嫂进行安全警示教育。在桥梁防碰撞隐患治理专项中，结合辖区特点，组织开展联合隐患排查2次，发现运河有3座桥梁存在不同程度的桥防撞隐患，促成地方交通部门开展安全评估，为后续开展桥梁隐患治理打下基础。

（施小柯）

邮　政

【概况】 2021年，中国邮政余姚分公司共计实现业务总收入（含寄递事业部）2.52亿元，增长11.28%。全年累计完成营业利润2971万元（含寄递事业部），超额完成全年利润预算目标。在2021年度宁波邮政企业战略绩效考核中列宁波地区第一位。全年完成代理金融收入1.34亿元，同比增长15.42%。33个网点全部实现收入正增长，其中有10个网点增幅超过20%，24个网点完成收入年计划。储蓄余额年均总规模突破100亿元大关，年新增余额规模突破15亿元。代理保险全年累计完成折算保费4.12亿元，同比增长42.21%。寄递业务收入1.02亿元，完成年计划的107%。农村电商完成分销收入1706.9万元，完成年计划的146%，累计实现线上自营批销额786万元，完成年计划的117.72%。函件业务累计收入430.88万元，集邮业务收入321万元，报刊业务收入955.87万元。

【邮快合作项目完成续签】 4月27日，中国邮政余姚分公司与顺丰、申通、中通、圆通、百世汇通、韵达6家快递公司完成新一年度“邮快合作”续签。

【“交邮合作”项目启动仪式举行】 6月3日上午，四明山革命老区交邮合作鹿亭试点启动会在梁弄镇公交站举行。市交通局副局长兼余姚邮政管理局副局长冯建红，市公交公司、中国邮政余姚分公司领导与工作人员出席试点启动会。仪式现场，工作人员将当日鹿亭乡的快递邮件与公交公司驾驶员做了核对交接。“交邮合作”旨在压缩快递进山运力成本，提升快递进山频次，对于加快推进快递业“两进一出”及农产品出村有重要意义。

◎ 7月21日，宁波市五区县（市）“快递进村”全覆盖集中宣布仪式举行（市交通运输局　供稿）

【“邮快合作”项目助推“快递进村”】 7月21日上午，宁波市五县（市、区）“快递进村”率先全覆盖集中宣布仪式在四明山镇梨洲村举行。宁波市邮政管理局局长温雪荣、宁波市邮政分公司总经理吴斌等领导共同按下启动键，宣布五县（市、区）率先完成“快递进村”全覆盖。余姚、慈溪、镇海、北仑、江北5个县（市、区）在全省率先完成主要品牌快递企业进村全覆盖。

【金融从业人员技能比武竞赛举办】 9月15日，中国邮政余姚分公司工会组织开展金融从业人员技能比武竞赛。此次技能竞赛设置了理论知识测试、手工点钞、计算机录入三个项目，由各分工会预赛选拔产生的32名新老员工同台竞技。经过角逐，城区分工会获得此次比武竞赛的团体优胜奖。

【“无接触配送，”助力保障上虞市民“菜篮子”】 12月，绍兴发生疫情，中国邮政余姚分公司积极响应，助力绍兴上虞地区防疫物资、医药物资、教育物资和生活物资的物流配送保障工作，旗下的邮掌柜生鲜宅配通道全力支持保供。12月9—15日，累计为上虞市民配送300余单生鲜用品。同时，积极与上虞小区市民保持沟通，了解其他需求，帮助代购或免费运输相关生活用品。相关报道被《人民日报》《宁波晚报》等多家媒体平台转载。

（黄海燕）

数字政务

【概况】 通过对全市400余个信息系统排查，IRS系统内完善本级应用目录75个，上架4个通用组件至省组件超市，6个案例被录入宁波IRS优秀案例。确认数据指标1200余个，归集本地数据9700余万条，回流上级数据4400余万条，数据共享需求满足率100%。建成应急防汛、基层治理、智能家电产业大脑等5个专题库，支撑智能家电产业大脑、智慧防汛等9个应用。数字政府综合集成门户上线，实现13个重大任务清单380余项任务指标数据归集和任务数仓搭建，8项省级重大应用中已贯通6项，协调3个重大应用任务指标编目和入仓，接入智慧排水、智慧防汛等4个应用。余姚市进入省数字政府领跑榜，“好粮油”场景应用“揭榜挂帅”。初步建成余姚数字经济门户专题库。完成七张问题清单、浙里社区矫正应用、防汛防台在线、浙江e行在线、综合查一次等5个重大应用衔接贯通任务。

政务服务2.0的单一事项“一网通办率”达86.5%。全市“浙政钉”注册用户20581人，头像更新率达99%，日活跃率最高达83.5%；新增文明城市创建智治、四明红炉等18个应用，新增21个工作审批流程。“诉查查”“环境监管”“阿拉一起来”“一码听民意”等5个特色应用上架。“浙里办”个人用户注册数达到73.3万个，法人用户注册数15.6万个，日活跃用户数最高达4.3万个。

【余姚上线“浙里办”台风积水地图】 2021年7月下旬，余姚城区易涝低洼小区、路段、小穿立交等48个积水点位信息全部录入“浙里办”台风积水地图，为浙江省首个市、县二级共享数据。各点位按照积水深度（大于等于0.5米、0.2米和0.1米）分颜色进行标注，方便市民出行时避开积水路段和点位。

【余姚市在宁波数据创新应用大赛中获奖】 2021年10月，余姚市参加2021宁波数据开放创新应用大赛，共报送19个参赛作品，有2个作品进入决赛18强，其中针对居家老人防跌倒、防走失、健康管理的“5G+AI火柴人智慧老人看护系统”获得决赛二等奖，包含空气质量实时监测、定制健康建议和环境质量变化体系等功能的“畅呼吸环境智能专家”获得优胜奖。

（马顶铃）

网络安全和信息化

【概况】 2021年，余姚市持续强化品牌打造，唱响网络“好声音”。围绕宣传阐释习近平新时代中国特色社会主义思想、庆祝中国共产党成立100周年、中共十九届六中全会精神等重要内容开设专题专栏，不断释放新媒体平台张力。积极挖掘历史文化名城内涵，通过创作音乐作品《小辰光》《龙泉山下》，策划“我是阳明故里人”“我与阳明先生同框”等网络传播活动，用正面声音和先进文化占领网络阵地。打造“Show余姚”网宣品牌，组织“Show余姚”主播团开展党史红色教育路线研学及“多味余姚”打卡活动，启动“阳明文旅”杯2021“Show余姚”短视频大赛，推动形成全市上下同心、内外合力的传播格局。其中，抖音平台“Show余姚”话题播放量超过1.4亿次，多部短视频作品在上级各项比赛中获奖，如《余姚土布制作技艺》获得第二届“美丽浙江”国际短视频大赛二等奖；《龙泉山下》获得宁波“NB轰红”月评冠军。

持续强化技术赋能，构建清朗“安全网”。加强宣传普及，通过开展网络安全知识线上有奖竞答、开设网络安全知识云课堂、推出网络安全宣传周专栏等活动，做好网络安全法律法规和防范处置技术手段的宣传普及工作。组织全市机关部门、重点企事业单位、重点自媒体平台、网络安全行业协会开展网络安全应急演练，健全完善网信、经信、公安、大数据“4+X”网络安全风险会商机制，把握重要敏感时间节点，围绕全年重大、重要活动，扎实开展个人信息和关键信息基础设施网络安全保护专项行动、常态化网络安全渗透测试、实战攻防演练等各项保障工作，检查各类系统、平台、网站共计1152家(次)，发现并整改高危、中危、低危漏洞1820余个，全年未发生重大网络安全事件。

【“Show余姚”主播团打卡爱国主义教育基地】 5月11日下午，“Show余姚”主播团打卡爱国主义教育基地新媒体发布会在市实验学校举行，并同期举行了2021余姚市绿色网络文明进校园启动仪式。党史学习教育启动后，市党史学习教育领导小组以全市各爱国主义教育基地为主要节点，推出“中国红村行”“姚江红史汇”“四明初心路”“姚西寻胜迹”“滨海撷史贝”等五条现场教学路线。市互联网发展联合会积极行动，“Show余姚”主播团第一时间进行推介，向网友讲述余姚这块红色土地上的革命故事。活动现场，学生代表宣读文明上网倡议书，团市委“青少年网络素养读本”举行赠书仪式。

（方旭锋）

数字经济

【概况】 2021年，全市数字经济核心产业增加值占GDP比重达11.7%（浙江省为11.4%、宁波市为6.9%）。机器人智谷小镇累计完成投资40亿元；舜宇集团列2021年度全国电子信息百强第26位，舜宇光电、江丰电子等企业入选浙江省创造力百强，甬矽电子实现产值规模成倍增长。

“智能家电产业大脑”联合揭榜省第一批行业产业大脑“揭榜挂帅”项目，舜宇光电、领克汽车入围宁波市“未来工厂”名单。实施智能化改造项目206个，其中，数字化车间/智能工厂8个（省级5个、宁波级3个），新增工业机器人492台。新建省级全程机械化应用基地1个、认定省级数字农业工厂（农场、牧场）3家，宁波农业“机器换人”示范基地3个。

【信息产业】 2021年，软件产值快报企业数45家，实现软件产值79.9亿元，同比增长17.39%，软件产业规模位居宁波第五。年底，全市有舜宇智能科技、伟立机器人科技、江丰生物信息技术、威尔信息科技、中塑在线等服务工业经济和社会发展的软件企业。

【智慧城市建设】 建成城市大脑1.0版，实现公共数据和业务协同在前端大屏展示汇聚、处理、分析、发布，已集成政务服务2.0、文旅体大数据、数字泗门、五彩梁弄等16个专题，6个专题已升级为第二版。评审数字化项目395个，节省财政资金3600余万元。排查发现网络安全问题50余个，发现违规外联46起、安全隐患20余处、威胁事件5起，处理攻击行为28起。

（马顶铃/王 静）

通 信

【概况】 2021年，全市新增建成开通5G基站960个，其中移动公司新增542个，联通和电信418个，累计建成开通5G基站1892个，实现城区和重点乡镇5G信号全覆盖。

（王 静）

【中国移动余姚分公司】 2021年，中国移动余姚分公司全面实施“一二四七”行动计划，各项工作保持稳步发展的良好势头。全年运营收入持续增长，主要经营指标居行业前列。

年内，建强5G网络，5G发展成效明显。5G网络拼抢建设，提前部署5G建设任务，推动5G建设发展走在全省第一阵营。强化协同攻坚克难，实现主要工业园区和所有行政村的5G覆盖，补强主城区覆盖，提升5G覆盖深度，并在全地区内首先完成省疑难站点清零的任务。

建强信息基础设施，激发数智未来新动能。加大通信资源投入，推动余姚信息基础设施能力持续走在地区前列。面向城市治理领域，积极参与全市社会综合治理能力建设，打造智慧+社区、园区、城管、公安、环保、水利、应急管理、文旅、医疗、教育等一系列现代化社会治理平台。推动余姚城东路数字交通、余姚农产品区块链溯源、四明之窗百里红诗路智慧旅游、5G+志伦电子智慧工厂等项目，开展交通、农业、旅游、工业等领域20余项场景应用。

深化“六大”服务升级工程，创优客户服务质量。践行以人民为中心的发展思想，整体客户满意度行业领先、居地区前列。开展阳明街道老小区、泗门、小曹娥镇弱光线路专项整治，提升1万余户家用宽带用户体验；推进余姚15处广域农村移动信号站点建设开通，保障年货节、杨梅节等各类重大节假日及活动30余次，出动应急车辆50余次，动用保障经费超过50万元。持续开展“与5G一起智起来”全市中老年人智能手机操作技能普及工程，累计培训195场，覆盖1.1万人次。联动公安强力打击电信诈骗，推广防骚扰“机伶”公益服务，惠民16万人次，积极落实“断卡”行动，累计关停异常号码3万余个，拦截诈骗呼叫超400万次。

通过信息化手段打造疫情防控屏障。推出移动大数据智慧民生平台，发布疫情预警短信，提供区块化的精准支撑，累计发送防疫短信800多万条。依托大数据、智能化优势，有效提高政府基层防疫人员防疫效率。利用云喇叭为乡村疫情防控宣传打通了“最后一公里”，覆盖全市所有乡镇（街道）。为公共场景提供扫码测温设备、核酸点监控、隔离点门磁等产品服务，助力各级政府机关和企业打赢疫情防控阻击战。

（陈　荣）

【中国联通余姚分公司】 2021年，中国联通余姚分公司深入落实聚焦创新合作战略，继续深化“五新”联通建设，加快全面数字化转型，着力塑造高品质服务、高质量发展、高效能治理、高科技引擎、高活力运营“五高”发展新优势，重点推进创新产品、智慧生活、匠心网络、智能运营、深化改革“五大”重点工程，奋力实现余姚联通高质量发展新跃升。

2021年，余姚联通下辖11个营业厅、3个划小支局、3个中心部门（政企客户营销中心、综合支撑中心、建设维护中心），共有员工98人。

继续强化网络规划、优化、整治、保障和管理工作，各个通信工程建设项目按计划推进，支撑响应能力和网络质量进一步提升。2021年，网络建设聚焦重点，不断增强网络竞争力，抓好5G建设，持续改善4G深度覆盖，加强固网基础网络建设，做好规划，提升网络的稳定性。强化项目管理，切实做好市场发展需求的网络响应保障。

余姚联通“智慧监管”助力当地垃圾分类，通过与乡镇（街道）合作为垃圾分类投放点安装视频监控，帮助投放点实时监控居民垃圾分类情况，已先后参与完成全市多个乡镇街道多个点位的安装。

5月14日上午，余姚联通与宁波泓耀光电及宁波中亿5G+未来工厂战略协议签约仪式在宁波联通余姚分公司举行。7月14—16日第七届中国机器人峰会暨智能经济人才峰会在余姚举行。在峰会的机器人智谷小镇展示区里，中国联通“5G+工业互联网”亮相，集中展示中国联通“5G+数字生产线”“5G+未来工厂”等智能制造方面的最新应用和产品，其中，余姚联通智能家电云平台作为重点展示项目向与会嘉宾进行了全面的展示和推介。

（中国联通余姚分公司）

【中国电信余姚分公司】 2021年，中国电信余姚分公司累计完成税后主营业务收入41559万元（国内口径），完成率列本地网各县（市）分公司第8位。截至12月31日，固定电话用户17.1238万户，新增0.5801万户；移动用户42.4万户，新增10.9万户；宽带用户22.3561万户，新增3.8079万户；ITV（网络电视）用户11.7733万户，新增2.0289万户。

年内持续推进城市数字化应用网络基础设施建设，累计完成网络投资4500万元。其中完成光网建设方面投资2500万元，光网络端到端建设方面，新增2.5万线，累计光接入能力达81万线，利用率42.2%；新增OLT等接入层设备52套；100个重点千兆覆盖小区割接到XGPON。完成无线项目投资2000万元（不含5G网络），持续推进4G网

◎ 5月14日，余姚联通与宁波泓耀光电及宁波中亿5G+未来工厂战略协议签约仪式举行（联通余姚分公司　供稿）

络优化工作，对129个超忙小区进行了扩容；全年完成161个15M RRU更换；推进与联通公司的4G共建共享工作，共享联通19个4G新建基站；与联通公司共同启动了菜市场专项优化工作，完成了32个中大型菜场无线网络的优化工作。与联通公司全年共同建设5G基站418个，全市累计5G基站站点数已达979个，已完成了主城区及发达乡镇的全覆盖。

关注各类自然灾害对通信设施的影响，第一时间组织开展通信抢修和应急保障，确保突发事件应急响应及时率达到100%。6号台风“烟花”、14号台风“灿都”期间，累计出动抢修人员43人次，抢修车辆25辆次，移动油机发电3台次。

根据市政府疫情防控需要，疫情期间，通过视频监控技术完成乡镇公交车站防疫点和全市各街道、乡镇核酸检测点位疫情监控的布防；根据市政府要求，完成一期部分，二期、三期全部集中隔离点的网络和ITV的开通工作。采用智能门磁技术，助力各级防疫人员对“居家观测或集中隔离医学观察”人员的实时动态管理。

7月至12月，配合余姚市市场监督管理局开展“阳光厨房”建设，累计完成近2000户外卖商家视频监控的安装，通过后续的优化维护工作，在线率保持在90%以上。该项目依托中国电信双千兆网络和视频监控设备，通过视频传输技术，使消费者在订餐时可实时通过网络餐饮平台在线查看加工制作现场视频，规范外卖商家食品安全卫生行为，提升网络餐饮食品安全水平。

10月14日，余姚市总工会向中国电信余姚分公司授牌，电信营业厅“工会户外劳动者服务站暨爱心翼站”正式开设。该“爱心翼站”主要为快递小哥、外卖骑手、环卫工人等户外劳动者，以及老年人、残疾人、孕妇等需要特殊照顾的群体提供进厅休息、饮水供给、便民服务、手机辅导、手机充电、免费Wi-Fi服务等六项标准化爱心服务，并开设“防诈小课堂”“智能手机应用”等内容的“幸福学堂”，常态化开展科技助老助残等体验活动。

（中国电信余姚分公司）

城乡建设与管理

城乡规划

【概况】 2021年，余姚市坚持规划引领，通过不断完善城乡规划体系，展现城市特色，提升城区功能品质，优化基础设施服务配套，为推进高水平现代化创新型生态城市建设，奠定坚实基础。全年重点对国土空间规划编制、全域国土空间综合整治、专项规划编制、重大片区规划修编调整、城市功能品质提升、“三名”保护等方面开展规划管理工作。

国土空间规划编制方面。根据中央、省、宁波市工作部署和要求，结合余姚发展实际，深化落实新一轮国土空间规划编制工作。通过结合国土“三调”调查数据，以及余姚市中长期发展重大战略、发展目标，科学开展生态保护红线、永久基本农田保护红线和城镇开发边界划定工作。2021年，全市国土空间总体规划完成初步方案，“三线”划定工作优化调整，完成“三区三线”第一轮、第二轮试划工作，第三轮试划工作上报省厅审核，同时乡镇级国土空间规划总体规划全面启动编制工作。

全域国土空间综合整治工作方面，开展各乡镇（街道）全域村庄空间整治专项规划工作调查，以甬梁线至车厩沿线段为精品线路示范区开展全市全域国土空间综合整治探索工作。

专项规划方面，启动余姚市中心城区分区规划编制，着重优化中心城区空间结构，统筹安排产业布局、基础设施和公共服务等，优化山水景观体系及道路交通体系，促进城市空间更加合理。对城市重大公共服务设施专项规划及15分钟社区生活圈规划内容进行研究编制，进一步在高校、体育中心、医疗卫生、公共文化、教育科研等重大设施用地空间布局安排方面进行了完善，以提升市民生活便利性和幸福感。2021年，完成《余姚市城市地下综合管廊建设专项规划》《余姚市海绵城市专项规划》等规划修编，完成杭州湾地区环线并行线G92N（杭甬高速复线）宁波段二期工程西段余姚境内路线选址方案审查，胜陆公路余姚段、宁波至余姚城际铁路新增站点方案等重大交通工程项目前期路线设计和方案审查工作。

重大片区规划修编调整方面，完成城北编制单元控制性详细规划修编，该区块位于余姚市中心城区北部，余姚老城区与高铁新城的连接区域，是下一步重点发展的区域；黄山区块控制性详细规划修编和生态创新谷编制单元控制性详细规划编制通过评审。为进一步拓展中心城区控制性详细规划，完成对余姚市阳明编制单元西片、高铁新城东片编制单元、余姚市梁辉编制单元控制性详细规划报批；完成高铁新城、丰杨河、古路头—明伟三个单元控规局部调整，经济开发区南区编制单元西南组团编制单元控规局部调整，以及高风编制单元控规修编编制工作。

城市功能品质提升方面，完成余姚市城市设计导则（标准与准则）制定，组织编制《余姚市城乡风貌整治提升行动方案》，通过加强城市高度、风貌、色彩及公共空间等方面的管控，突出城市风貌特色。在推进旧城有机更新方面，完成府前路二期概念规划编制和原东方商城区块改造概念性方案设计工作。为落实XOD的片区一体化开发模式，加快城市重点片区建设，推动城市连片集聚发展，完成余姚市剑江区块的城市设计、余姚市城北区块城市设计和黄山公园周边区块城市设计编制工作。

“三名”保护方面，积极

参与国家级历史文化名城申报工作，完善名镇名村的保护规划体系，做好泗门镇历史文化名镇保护规划编制方案上报，以及河姆渡镇浪墅桥村申报省第七批历史文化名村工作资料上报工作。年内申请宁波申报历史文化名城、名镇、名村保护补助资金180万元，用于河姆渡镇浪墅桥村后明堂、作坊弄两个项目修缮整改补助。

【余姚市城市规划委员会第三十五次会议召开】 1月28日上午，余姚市城市规划委员会第三十五次会议召开。会议就舜汇路北侧、新建北路西侧地块商住项目，梁弄镇雅贤村余梁公路北侧地块居住项目进行讨论审议。余姚市委常委、常务副市长郑传统出席会议，城市规划委员会委员、相关部门负责人及专家参加会议。

【黄山公园区块城市设计方案通过评审】 6月8日下午，余姚市政府组织召开黄山公园区块城市设计评审会，会议由市委常委、常务副市长郑传统主持，市政协、市发改局、市资规局、市住建局等相关部门人员参加会议。黄山公园区块按照甬西综合性中央公园、国际未来社区的整体功能定位，以EOD开发模式，实现公园与文化、科技、体育、居住等功能融合发展。

（蒋志强）

住房和城乡建设

【概况】 2021年，全市老旧小区改造步伐加快，共改造15个老旧小区及零星居住点，涉及总建筑面积35.54万平方米，惠及居民3713户，总投资1.35亿元，改造内容包括雨污分流工程、道路工程、绿化景观工程、房屋修缮工程及其他配套设施五大部分，从“老破旧”转变为“新净美”。上菱新村被评为“宁波市城镇老旧小区改造综合示范项目”。积极推进城区既有住宅加装电梯，完成加装3台电梯，并有15个楼栋单元加入“电梯加装单元储备库”。

城乡风貌整治提升（未来社区）开局良好。城乡风貌整治提升行动方案编制并评审完成；兰江人居样板城市新区风貌区和四明之窗红诗路县域风貌区列入省级样板区试点建设名单，阳明古镇、智能光电小镇列入城市风貌示范区储备库。黄山未来社区实施方案编制并评审完成，征迁工作有序推进；中国云城、东江社区、锦凤社区成功入选省第四批未来社区创建项目，3个创建项目抓紧编制实施方案；富北社区列入宁波市级创建项目，纳入老旧小区改造计划，老旧小区改造方案基本完成，加快谋划编制申报方案。

美丽镇村加速推进。7个美丽城镇创建全部达标，其中大岚镇被评为省级样板，朗霞街道、马渚镇、临山镇被评为宁波市级样板，余姚市住建局被评为“省美丽城镇建设工作成绩突出集体”。指导泗门镇镇北村、梁弄镇雅贤村及马渚开元村创建省级美丽宜居示范村，临山镇临浦村

◎ 黄山公园区块城市设计示意图（市资规局　供稿）

宁波市级美丽宜居示范村创建成功。

交通路网进一步完善。建设完成四明东路（南排江路—东环南路）、金舜西路（兴贤路—中江）、兴贤路（北环西路—舜汇路）、舜达路一期（梁周线—景桥江西）4条道路新建工程与丰山路和子陵路（姚州大桥—新建北路）道路大修工程，完成新建路与南河沿路交叉口改造工程、中山路与金山路交叉口改造工程2个堵点路口改造，加快推进西石山桥扩宽改造工程和蓝达地块配套道路新建工程（远东中五路）。全年共建设完成各类停车场（位）4588个，完成年度任务（4070个）的112.7%。

一批精品工程成功打造。打造完成全长约20.5千米的“阳明之光”余慈同心路精品线路，对杭甬高速余姚南出口至S206（老329国道）余慈交界芦城立交全线进行优化提升。下半年度精品线打造项目——“水韵之旅”城乡康庄路精品线路部分路段完成，加快推进。继续深化中心轴提升，完成新建北路（候青江—子陵路）街面整治改造工程。总长近10千米的滨江水环慢行系统建设工程（一期）实现贯通。围绕四明西路红小西党建特色示范街区建设，精心打造江南华都退红空间等5个子项目。

污水治理水平不断提升。小曹娥污水处理厂清洁排放提标改造工程和2.5万吨/日扩建工程全面完工，处理能力达到25万吨/日。市域污水输送复线工程（15.3千米）、尾水排海复线工程（3.9千米）、市域污水输送二期丈亭支线、临山支线（10.8千米）、城区污水收集系统五期工程（总投资4.8亿元）完工，城区二通道、西片泵站均实现通水；尾水排海延伸工程等一批污水工程正加速推进。牵头启动阳台雨污水混排调查，完成首创扩面商务谈判。首创农村生活污水运维管网长度2680千米，项目处理终端115个，提升泵站902个，其中已接入处理设施农户为106414户，应接农户覆盖率为48.9%，覆盖行政村111个，行政村覆盖率为42.5%，获评2021年度“宁波市农村生活污水运维考核优秀”。全年发放排水许可证488家，获得宁波市排水许可工作先进奖，“余姚市智慧排水综合管控平台”初步搭建，投资8000万元加快对城区及四明湖周边雨污水管网开展大排查大起底。

加强危旧房屋管理。推进农村房屋安全排查整治工作，完成全市20.7万户农村房屋的排查工作和4172户农村自建房及人员聚集公共用房的安全鉴定工作，共排查出危险农村房屋40处，其中C级危房25处，D级危房15处，均完成整治。共对城区2757幢城镇住宅房屋安全投保580万元，投保面积达495.67万平方米。其中，1292幢实行动态监测巡查管理，全年共计巡查32491次，发现问题并整改58次。继续推行“电梯保险+服务”，强化住宅小区电梯安全管理，全年有28个小区857台电梯投保，金额340余万元。

消防验收管理更加严格。不断强化消防审批专项检查，全力抓好设计审查关、消防受理关和工程验收关。全年共检验消防工程300个。不断提升对自建燃气设施企业消防审验工作，分10组开展对全部238家自建LNG工业企业消防审批工作的排摸检查，做到家底清楚。

公建项目有序推进。全年共负责承建15个公建项目，项目内容覆盖医疗、教育、文化、住房等多个方面，项目总投资约19.74亿元，总建筑面积约32.42万平方米。其中市第三人民医院（市精神卫生中心）迁建工程竣工验收；书画院业务用房装修一期工程、老年大学（二期）新建工程、中医院行政后勤用房和感染性疾病楼、月梅公寓和兰馨公寓公租房装修工程、华狮北侧地块安置房、浙江四明山干部学院改（扩）建一期工程等8个项目全部完工；古路头小学新建工程、市民兵训练基地迁建工程(一期)等6个项目加快推进。

【绿化养护项目获宁波市养护“茶花杯”】 12月16日，宁波市绿化养护“茶花杯”项目综合评审会议召开，余姚市园林风景管理中心4个项目获宁波市园林绿化养护“茶花杯”，分别是黄山儿童公园绿地养护、余姚城区新移交绿地绿化养护服务项目三标段、余姚城区2019—2021年绿化养护服务项目(凤山街道)和余姚市城区屯山公园养护服务项目。

【金型三路道路延伸工程通车】

3月31日，市公建中心代建的金型三路道路延伸工程正式通车。该道路位于余姚市凤山街道，西起新建北路，东至已建金型三路，全长101米，道路规划红线宽度为16米，道路设计等级为城市支路，设计车速20千米/小时。主要建设内容包括道路、管线及绿化、照明、交通设施等附属工程。该工程打通了“断头路”，使金型三路与新建北路得以连通。

【城镇老小区改造工程（二期）启动】 2021年，余姚市继续实施老旧小区改造工程，计划改造老旧小区15个，涉及房屋191幢，住户3713户，改造面积35万平方米。改造内容主要包括小区道路拓宽浇筑、房屋内外墙体粉刷、楼梯扶手油漆、天沟清理、停车位铺装、绿化移植、路灯移位增设、垃圾房建设等，同时结合小区自身特色，努力形成“一区一特色”的改造效果。

【滨江水环慢行系统建设工程（一期）全线施工】 3月，作为市住建局2021年重点实施的民生实事项目，滨江水环慢行系统建设工程（一期）开始全线施工。滨江水环慢行系统建设工程（一期），拟对新西门桥至竹山江桥间姚江南岸、最良江北岸进行绿道改造，项目分南、北两段实施，主要建设内容包括慢行系统改造、植物景观提升、光影艺术配套、休闲驿站建设、城市小品布局等。工程在6月底完工。

◎ 2021年9月，滨江水环慢行系统建设工程（一期）夜景
（市住建局　供稿）

◎ 余姚市（小曹娥）城市污水处理厂清洁排放提标改造工程
（摄于2021年7月）（市住建局　供稿）

【金舜西路通车】 5月，金舜西路（兴贤路—中江）道路新建工程完成沥青路面摊铺，全线通车。该工程位于余姚市阳明街道，东西向道路共分两段，西段西起兴贤路，东至兴诚路，东段西起兴诚路，东至中江，全长589米、宽20米。道路设计等级为城市支路，主要建设内容包括道路、管线及附属工程等。

【城市品质提升专题培训班举办】 5月19—21日，市委组织部和市住建局在市委党校联合举办城市品质提升专题培训班。市委党校副校长赵奇伟作开班动员，各乡镇（街道）、经济开发区分管城建的领导、村镇建设办主任，市住建局、市综合执法局、市交通局等市直部门分管领导及业务科室负责人参加。培训内容涉及房地产市场与住房保障、城市有机更新、海绵城市建设、党风廉政教育、党史学习教育等。

【余姚市（小曹娥）城市污水处理厂清洁排放提标改造工程投运】 年内，小曹娥污水处理厂清洁排放提标改造工程和2.5万吨/日扩建工程全面进入调试运行阶段，处理能力达到25万吨/日，出水标准由原来的一级A提升至浙江省清洁排放标准。

余姚市（小曹娥）城市污水处理厂由上海复旦水务技术有限公司按照BOT模式建设运维，

特许经营期至2038年3月5日。余姚市于2019年上半年启动小曹娥污水厂提标改造工作，2020年6月确定方案。建设内容包括新建曝气沉砂、高效沉淀池，扩建Bardenpho生反池、二沉池，以及建设加药间、配电间、测流鼓风机房等附属设施。

【古路头小学开工建设】 10月18日，梨洲街道古路头小学（暂名）新建工程开工。工程于2021年1月立项，立项资金1.5亿元；由梨洲街道委托余姚市公共项目建设管理中心代建。工程位于古路头村，东至规划防护绿地、南至110千伏远东变和污水泵站、西至规划道路、北至规划道路，总用地面积27583平方米。工程按浙江省《九年制义务教育普通学校建设标准》学校3类标准建设，设计规模36班，约可容纳学生1620人、教职工95人。主要建设内容包括新建普通教学楼、专业教学楼（含报告厅）、行政楼、食体楼、门卫、连廊、配电房等，同时配套建设运动场、道路、停车位、绿化景观及给排水、电气等相关附属设施。校园按功能划分为教学区、行政区、体育后勤区三个区块。

【西石山桥拓宽改造工程开工】 11月15日，西石山桥拓宽改造工程开工建设。改造工程北起北滨江路，南至南滨江路，把原有老桥面宽度20.5米拓宽改造为37.2米，原有双向三个机动车道（东侧1个、西侧2个），建成后桥面规划双向6车道。工程总投资约2649万元，总建设面积7396平方米，包括桥梁工程、下穿栈道工程、接坡道路工程、管线工程及附属工程等。

【城乡风貌整治提升行动方案评审会召开】 11月23日下午，余姚市召开城乡风貌整治提升行动方案评审会。会议邀请省市有关专家参与评审，余姚市副市长黄和庆出席，市住建局主要领导和分管领导、市发改局、市财政局、市资规局等相关单位分管领导参加会议。

会上，设计单位汇报了全市城乡风貌整治提升行动方案，详细介绍城乡风貌整治目标框架、拟创建风貌样板区项目库、建设时序等内容。市住建局传达上级关于城乡风貌整治提升工作要求，各参会单位结合自身职能对行动方案给出了建议。评审专家围绕方案完整性、可行性、特色性等方面进行了点评，就样板区创建范围、操作落地、编制深度、特色风貌挖掘、整治提升路径等方面给出了针对性的建设性建议和修改意见。

【余姚4个社区上榜浙江未来社区创建名单】 5月25日，省发改委、省住建厅联合下发通知，公布了全省2021年未来社区创建名单，黄山社区入选。12月15日，省城乡风貌整治提升（未来社区未来乡村建设）工作专班办公室公布浙江第四批未来社区创建名单，131个创建项目中余姚市有3个社区入选，分别是中国云城社区、锦凤社区、东江社区。至此，余姚共有4个社区被列入未来社区创建名单。

（刘艳瑞　虞一帆）

房屋拆迁（征收）

【概况】 2021年，全市完成房屋拆迁（征收）面积61.89万平方米，签约户数1414户。其中上年度延续项目完成5.43万平方米，签约户数629户；新启动项目完成56.46万平方米、签约户数785户；完成项目签约8个。

【房屋拆迁（征收）“清零”行动】 2021年，全市开展房屋拆迁（征收）“清零”专项行动，全市12个地块“清零”项目共计完成面积18.64万平方米、户数775户，完成项目7个，分别为凤山街道剑江村楼屋根铁路北地块、阳明街道北滨江路西延道路新建工程（开丰桥—长安路）、余姚农批市场地块（庙弄）、余梁公路北延污水干管建设工程、梨洲街道花园新村巍星路西侧二期地块（原党校北侧地块）、中山南路（谭家岭东路至远东中五路）道路新建工程、兰江街道新西门西侧地块。

【房屋拆迁（征收）政策完善】 2021年，中心拟制行政规范性文件4个：一是对房屋结构等级评定及重置价格等六个标准进行重新测算，制定出台了《余姚市征收集体所有土地上青苗及地上附着物补偿标准》；二是为弥补集体所有土地安置房源不足，制定出台了《余姚市征收集体所有土地房屋拆迁实施办法补充规定》，推进了房屋拆迁货币化率；三是为规范余姚市国有土地上未经登记建筑调查补偿补助行为，制定出台了《国有土地上未经登记建筑会议纪要》；四是为提升房屋中介机构的工作质效，制定出台了《关于规范拆迁征收工作中委托中介机构服务的实施意见》。

（陈燕军）

城中村改造

【概况】 2021年，余姚市成立市城中村改造管理中心，启动了城中村改造攻坚行动，计划用五年时间完成改造。对城中村现状进行排摸梳理，编制了城中村改造专项规划，中心城区52平方千米范围内（东至城东路，南至杭甬高速，西至梁周线，北至余慈路），涉及27个行政村、124个自然村，建筑面积约485万平方米。明确了原则，确定改造策略，坚持民生为本、满意为准，科学规划、分类改造，保护历史、传承文脉，量力而行、资金平衡的原则，按照突出重点、集中发力、连片改造、滚动开发、早出形象的思路，宜拆则拆，宜整则整，因地制宜选择改造方式。具体方式有三种，即拆除重建、梳理式改造和拆整结合。为破解资金难题，加强了招商引资，先后与20余家企业（包括央企、上市公司及民企）进行多轮洽谈。

2021年计划启动的区块中，康山北区块发布征迁启动公告，一期52户全部签约，32户农户完成搬迁，二期168户签约完成89%。黄山区块未来社区实施方案进行市级评审，一期的石家跳、前后菖蒲塘部分发布启动征收土地公告。皇山桥铁路以北区块发布征地补偿安置公告，签约率98.9%。古路头区块中山南路相关区域62户全部签约。庙弄村、胜一村（西楼）等4个梳理式改造项目完成方案。

【市城中村改造管理中心成立】 3月，市城中村改造管理中心成立，为正科（局）级公益一类事业单位，主要负责城中村改造工作的综合协调、指导督促、政策宣传、调研咨询等工作。

【全市城中村改造暨城市品质提升攻坚动员大会召开】 3月18日上午，全市城中村改造暨城市品质提升攻坚动员大会召开。市委书记奚明在会上强调，各地各部门要坚持人民至上，加大城中村改造力度，全面提升城市品质，努力建设宁波大都市北部核心区。市委副书记、市长徐云主持会议，市领导郑传统、熊培军、黄和庆、华红出席会议。会议还举行了市城中村改造管理中心的授牌仪式。

（赵柏锋）

◎ 3月18日，余姚市城中村改造管理中心授牌仪式举行

（市城中村改造管理中心 供稿）

“三改一拆”工作

【概况】 自2020年创建成为“省基本无违建市”后，2021年，余姚市持续发力，紧盯“无违建”目标不放松，督促乡镇街道积极创建宁波市“无违建乡镇（街道）”。全市7个乡镇（街道）创建成功。全市“无违建乡镇（街道）”达到18个。

根据省办工作部署，全面落实治违除患促安全违法建筑专项整治行动，制订下发《余姚市治违除患促安全违法建筑专项整治行动方案》，同时研究制定《严重影响消防安全违章建筑检查指引》和《治违除患行动“红黄蓝”三色制整改示意图》，为全市排查和整治存在安全隐患违法建筑提供指导意见，把工作向纵深推进。全年累计排查存在安全隐患的违法建筑347处，面积40.86万平方米，处置123处，面积19.92万平方米。

围绕生态品质之城建设，加快“三改”项目推进，累计完成“三改”面积24.67万平方米，完成上级年度任务的72.56%。为提升道路两侧环境品质，在前期整治的基础上，继续深化“三清一绿有序”专项行动，全面提高“三化”水平，全年整治环境问题点位486个。同时配合市交通运输局做好精品示范路创建工作，共整治道路两侧环境问题点位270个。

【创建宁波市“无违建乡镇（街道）”】 1月，全市7个乡镇（街道）接受宁波市“无违建乡镇（街道）”考核验收，并按照考核反馈意见从速从快、高标准

◎ 1月，“无违建乡镇（街道）”创建考评验收汇报会议召开
（市“三改一拆”办　供稿）

严要求抓好整改工作，整改成效获得上级肯定。6月8日，宁波市人民政府发布《关于宁波市第五批“无违建乡镇（街道）”创建工作的通报》，全市7个乡镇（街道）均创建成功。全市“无违建乡镇（街道）”达到18个。

【违法建筑再排查开展】 年内，为贯彻落实省办《关于开展违法建筑再排查的通知》的要求，全市再排查工作以工业功能区内企业为突破口，结合治违除患促安全违法建筑专项整治行动，综合运用卫星图层比对、无人机巡查、入户调查、实地测量等方式，对全市违法建筑开展全面排摸。全市各乡镇（街道）、开发区共上报已排查发现的违法建筑763宗，面积134.91万平方米。在排查的同时，继续做好新增违建管控和存量违建分类处置工作，已处置违法建筑96.82万平方米，完成上级任务量的113.91%。

（市“三改一拆”行动领导小组办公室）

房地产业

【概况】 2021年，上半年全市房地产市场持续向好，8月自恒大、蓝光项目问题爆发以后，全市房地产成交趋势减缓，整体平稳有序。

年内，房地产投资创历史新高，全年完成151.69亿元，占宁波全市房地产投资的7.3%，同比增长1.5%。新批准预售面积有所减少。全年新批准面积262.99万平方米，同比减少8.06%，其中住宅180.61万平方米，同比减少14.56%；商业用房10.63万平方米，同比增长4.91%；办公用房4.42万平方米，同比增长45.54%；小微企业园42.47万平方米，同比增长27.71%。新建商品房成交量下降明显。全年成交188.96万平方米，占宁波全市的11.76%，在宁波排第3位，同比减少20.4%，在宁波排第8位，其中住宅178.68万平方米，同比减少18.27%。此外，二手房全年累计成交107.48万平方米，低于上年的118.89万平方米，其中住宅76.87万平方米，同比减少29.36%。

新建商品房总体投资属性弱化，刚需和改善属性放大。全市户籍人口购房比例较上年有所提高，2021年商品住宅购买对象余姚市户籍占比为69.59%。城区四街道商品住宅刚需和改善属性凸显，城区四街道商品住宅购买对象余姚市户籍占比为69.59%；乡镇（包括朗霞街道、低塘街道）投资属性仍然较大，乡镇（包括朗霞街道、低塘街道）购买对象非余姚市户籍占比为73.9%。

新建商品房成交均价总体趋于平稳，区域差异缩小。全年全市新建商品房住宅成交均价12618元/平方米，同比下降0.34%，在宁波市中成交均价波动幅度最小。就全市来看，区域之间的差异仍较为明显，但差距有所缩小，城区14536元/平方米，同比增长2.04%，乡镇11152元/平方米，同比增长12.7%。

受全国房地产形势影响，楼盘交付进度有所滞后。全年共交付24个项目，总建筑面积200.75万平方米，汤泉庄园、悦山府一期、珑润广场珑润世家二期、雍舜府（一期）、璟月湾（四期）、江澜府（一期）、铂澜府、宽塘雅院等8个项目未按计划交付。

【互联网平台涉房信息发布秩序整顿工作约谈暨专题培训会召开】 3月，根据市政府2021年度房地产中介市场联合治理专项行动工作部署，市委网信办、市住房和城乡建设局、市市场监管局联合召开互联网平台涉房信息发布秩序整顿工作约谈暨专题培训会，全市主要互联网房源信息发布平台负责人参加会议。会上，市房产市场管理服务中心相关负责人就房地产中介管理制度和互联网房源信息发布方面的相关规定进行了宣传讲解。市委网信办、市住房和城乡建设局、市市场监管局等部门通报了全市互联网房源信息发布平台存在的问题，并对余姚生活网、58同城等参会网络平台逐一进行约谈剖析。

【全市首个“二手房交易银行网签服务点”设立】 3月，市房产市场管理服务中心与建设银行余姚支行合作在建行住房金融业务部设立余姚市首个“二手房交易银行网签服务点”。“二手房交易银行网签服务点”把房屋交易网签备案端口延伸到金融机构。此举旨在进一步提高全市房屋交易管理服务效能，打造政银联动“最多跑一次”服务体系。“二手房交易银行网签服务点”为房地产经纪人员或自行成交群众提供房屋买卖合同网签、纸质合同及备案证明打印等服务，市行政服务中心房产市场管理服务窗口则实时跟进远程技术支持和网上备案，使二手房网签备案、交易资金监管、住房贷款预审批实现“一站式”办理。

【“红橙黄绿”预售资金监管新模式启用】 9月，市住建局创新启用房地产项目预售资金“红黄绿”三灯警示模式，要求各房地产公司、监管银行每周报送项目资金信息，根据重点监管资金覆盖情况形成红黄绿分级警示机制。11月起，宁波市住建局借鉴余姚市做法，并在宁波全市推广实行。在后续监测过程中，余姚市又对黄灯项目进行再分类，形成商品房预售资金“红橙黄绿”四灯警示机制。年内，该机制提前预警2个房地产项目，及时得到有效处置，避免了风险蔓延。

（刘艳瑞　虞一帆）

建筑业

【概况】 2021年，全市共有本地建筑业类企业322家。其中建筑业企业292家。其中，施工总承包企业192家（含一级施工总承包企业9家）、纯专业承包资质企业88家（含一级纯专业承包资质企业10家、预拌混凝土企业15家）、纯劳务分包企业12家；工程监理企业9家（其中监理甲级资质2家）；工程设计企业14家（其中甲级资质3家）；工程勘察企业4家；工程检测企业3家。

2021年，全市建筑业总产值104.88亿元，省内产值98.4亿，省外产值6.48亿元，同比分别上涨15.76%、12.7%、96.36%。

按照省、市民用建筑项目节能评估和审查管理相关规定，2021年全市完成民用建筑节能审查项目共88个，建筑面积共计383.7万余平方米，所有项目均达到绿色建筑设计标准，其中，达到绿色建筑预评价设计二星级的项目41个，一星级的47个。

2021年，按新型建筑工业化要求进行装配式设计施工的项目共有29个。新开工装配式面积120万平方米，其中新开工装配住宅项目、公建项目装配式面积65万平方米，新开工钢结构住宅面积7.2万平方米。

全市施工图审查依托“互联网+图审”，按照特殊建设工程施工许可前审查、低风险工程免于审查、一般工程施工许可后审查的方式，对施工图审查实行分类管理，实现建设、消防、人防、气象施工图联合审查，完成数据共享。按照省、市文件精神，2017年9月中旬起实行政府购买服务。2021年全市政府买单的施工图审查项目共641项，其中房屋建筑项目252项（涉及建筑面积约851.79万平方米）、市政工程项目30项、其他项目359项。

根据《余姚市建筑业高质量发展扶持政策实施办法（试行）》（余建发〔2021〕69号）等文件精神，对2020年度建筑业企业转型发展过程中的做大做强、资质升级、创优获杯等方面进行奖励。221家建筑施工企业获得做大做强项目奖励356万元，3家企业获得创优获杯、资质晋升、人员培训奖励30万元。共计建筑业奖励金额为386万元。

【全市建筑工地污水排放专项整治部署会议召开】 1月14日下午，市住建局组织召开全市建筑工地污水排放专项整治部署会议。会议根据市委、市政府要求，对全市建筑工地污水排放专项整治行动进行了专题部署，要求各建筑工地开工前必须编制《建筑工地污水排放专项方案》，严格做好工地排水管理工作，并开展一次建筑工地污水排放管理自查自纠。

【两个迁建工程获“钱江杯”】 年内，市中医医院和市妇幼保健院（市第二人民医院）两个迁建工程获2021年度浙江省建设工程钱江杯（优质工程）荣誉。

余姚市中医医院迁建工程（一期）位于余姚市中山南路与四明东路交叉口东南角，总投资54178.27万元。一期用地面积为19749.16平方米，总建筑面积63675.33平方米（地下室建筑面积13134.73平方米，地上建筑面积50540.60平方米），地下一层，地上十七层，总建筑高度72.3米。该医院按三级乙等综合性医院的标准进行建设，由门急诊、医技、住院三大功能区组成，设置床位480张。余姚市第二人民医院迁建工程项目位于兰江街道世南西路与梁周线交叉处，总投资近9亿元，总建筑面积9.2万平方米（其中地上建筑面积70964.76平方米，地下建筑面积21051.93平方米）。该医院按三级乙等综合性医院的标准进行建设，设置床位600张。主体建筑包括地下一层，地上十七层，由急诊、门诊、医技等不同功能区间组成。

【建筑工地“遏重大”安全巡查开展】 6月，市质安站主要领导带队，集中整合监督、稽查方面力量，全方位开展了一次全市建筑工地的安全整治巡查。巡查共安排60余人次，共现场检查139个在建项目，检查范围涵盖房产、公建及大型厂房等项目。对发现的安全隐患和问题，全部督促各项目部立即整改落实，并持续跟进。

【专用车辆驾驶员业务技能和安全知识培训开展】 年内，余姚市建材中心联合市公安局交警大队举办散装水泥、预拌混凝土和预拌砂浆专用车辆驾驶员业务技能与安全知识培训。培训分上、下午两批次开展教学，全市15家预拌混凝土企业、2家预拌砂浆企业，300余名专用车辆驾驶员及各企业车队队长参与培训。培训围绕交通安全知识、专用车辆驾驶员行车注意事项等内容进行详细讲解，并播放了专用车辆真实事故案例。培训结束后，新聘驾驶员进行了书面考试，成绩合格者，颁发全省统一印制的“浙江省散装水泥、预拌混凝土和预拌砂浆专用车辆驾驶员培训合格证”。

【在建工地做好疫情防控及安全文明施工工作】 12月，针对全国和周边地区新冠肺炎疫情多发的形势，全市所有在建工地严格按照疫情防控“六个必须”的要求，严格做好工地人员实名制考勤和管理，切实做好人员进出工地的扫码、测温、登记等工作，并认真抓好对工人的日常教育和管理，教育工人切实做到不接触疫区人员、非必要不外出、严格落实分餐制度和错时制度等防疫要求，确保筑牢疫情防控屏障。12月13日上午，余姚市副市长黄和庆来到城区部分在建工地，实地检查各在建建筑工地的疫情防控及安全文明施工情况。

（刘艳瑞　虞一帆）

市政公用事业

【概况】 2021年，全市市政行业稳步发展。

供水 2021年，全市共有城镇制水厂15个，全市供水能力达到59.4万吨/天，全年日均供水38.4万吨/天，覆盖率达90.9%。加强供水规范化管理，更加注重供水安全工作，深入推进抗旱期间保供水工作，开展供水行业环保督察及公共管网安全排查，完善制订供水水厂防汛防台“一点一策”预案。实现供水管理数字化建设，依托水管理平台和智慧城建平台，对城镇供水企业进行实时监管。建立饮用水水质卫生监测机制，每季度开展定点检查33处。启动姚北水厂（一期）新建工程。完成黄山公寓、中央公馆、云河绿洲等12个中高层住宅小区二次供水改造。

节水 积极开展省级节水型居民小区创建，共申报东台公寓、方圆人家等10家居民小区申请创建省级节水型居民小区，完成初步验收；同时申报伊顿国际城小区参加节水标杆小区创建。采购节水器具600套，主要发放给下菱社区、长安社区和胜山社区的居民，节水效果明显。

供气 全市有1家管道燃气企业，1家汽车加气站，9家瓶装液化气储配站。管道气企业燃气管线长度约1075.7千米，用气户数约12万户，日供气量约26万立方米，同比增长35%；汽车加气站，主要为220余辆出租车提供加气，年累计加气量约13.6万标方；9家瓶装液化气企业现共有自有产权气瓶约82.7万只，实名制用户建档数约为45万户，日供气量约140吨，同比增长46%。

开展液化石油气场站提升改造，主要包括温度、液位、压力的远程及在线操作功能等的信息化改造提升及场站站容站貌的改造提升，提高场站管理安全稳定性和瓶装燃气经营的规范性。开展瓶装燃气跨区域整治，牵头多部门开展瓶装燃气联合执法检查，主要针对跨区域经营瓶装燃气、瓶装燃气实名制销售、瓶装燃气统一配送工作，杜绝了跨区域经营的行为，规范了瓶装燃气实名制销售和瓶装燃气统一配送的工作。开展瓶装燃气乱象专项整治，下发《关于开展瓶装燃气乱象问题排查专项拉练的通知》，重点排查住宅区、城郊接合部、农贸市场等人员密集场所及部分老旧小区架空层等用于非法存储、代灌、倒灌的场所，进一步规范瓶装燃气市场。

公共自行车 公共自行车全年租用量1083158人次，日均租用量达2992人次，最高日租用量达4194人次。全年更新车辆1600辆，并在车型上选择了更加舒适的充气胎、宽座垫、轻质车身，骑行舒适度进一步升级。大力推广“叮嗒出行”App新推出的信用免押金功能，吸引更多的青年群体使用。通过以上主要举措使租用量稳定上升，全年租用量比上年同期增加240076人次。同时组织开展无车日低碳生活公益骑行活动、携手小学生开展志愿者小分队等活动使低碳环保、绿色健康的出行理念更加深入人心。

市政管养 投入市政养护经费4000万元，其中约2000万元作为日常养护经费，1000万元作为沥青路面罩面处理专项经费，300万元用于退红空间日常养护，200万元用于桥梁检测，500万元用于各类设施抢修、改造、防汛、防台、防冻等。巡查发现道路破损案件4890件，完成维修人行道32524平方米，侧平石2488米，沥青路面27190平方米，混凝土路面585平方米，树池1339米，基本消除了城市道路运行安全隐患。完成对检测报告到期的25座桥梁及东旱门隧道进行结构性检测招标工作，并根据宁波海事局要求对姚江、最良江上的桥梁进行通航定位。

园林照明进一步加强。管养路灯总数达89099盏，比2018年增长11%；城区绿化面积约264万平方米，比2018年增长86%，管养公园广场9个。路灯亮灯率和设施完好率常年保持在98%以上，连续多年被评为“浙江省城市照明行业先进单位”。继续深化城区光影艺术工程，2021年对竹山桥环线（南滨江舜水大桥—北兰江舜水大桥）、兰江广场等重点区域进行提升改造。

【7家居民小区被评为“省级节水型居民小区”】 2月7日，浙江省住房和城乡建设厅公布2020年度浙江省节水型单位、居民小区名单，余姚市河姆渡国际花园、伊顿国际城、水木倾城、香榭湾、四季东城、兰馨公寓、中塑新苑7家居民小区被评为“省级节水型居民小区”。

2020年6月以来，市住建局联合小区物业公司开展省级节水型居民小区创建，举办节水宣传活动、制定小区节水管理制度、落实节水技术指标自查等，推进节水型小区创建，各小区通过更换节水龙头、购置绿化浇灌设备、改造屋顶雨水收集利用和公共水池等措施，使小区节水效果明显提升，起到节水示范作用。

【瓶装燃气乱象问题排查专项拉练开展】 4月16日起，全市开展为期一个月的瓶装燃气乱象问题排查专项拉练，重点排查住宅区、城郊接合部、农贸市场等人员密集场所及部分老旧小区架空层等用于非法存储、代灌、倒灌的场所。专项拉练网格排查工作共上报事件1223件，其中一、二、三级事件1217件，由属地自行处理；四级事件推送至市住建局，共计6件。其中，5件涉及违规存放，责令所属燃气企业督促整改并加强培训教育；1件涉及非法储存灌装场所，行为人被市公安局给予行政拘留二日的行政处罚。

【基础设施配套费征收管理系统开发投用】 年内，余姚市开发基础设施配套费征收管理系统。基础设施配套费主要用于建设项目以外的市政公用配套设施，包括城市主次干道、给排水、供电、供气、路灯、园林绿化等项目的建设和维护。该系统集成成交地块信息、建设工程规划许可管理、基础设施配套费通知单、未缴信息查询、收入退付等模块。系统的建成实现项目自拿地开始的全流程信息管理，实现项目一对一动态监管，有效避免项目多缴漏缴现象发生。系统能够确保“应缴尽缴”，提升核算正确率，且便于随时查看、监管。

（刘艳瑞　虞一帆）

物业管理

【概况】 2021年，全市共有住宅小区362个，（准）物业小区336个，其中市场化物业管理的小区59个，占比71.5%，准物业管理的小区77个，占比21.3%。全年累计现场检查740余个小区，涉及11138个点位整改，约谈项目负责人58人次，下发整改通知书28张，715个小区完成整改。启动住宅小区物业服务项目“红黑榜”制度，每个季度进行评定并记入信用平台。继续深化社区物业智管平台建设，凸显查询、管理、服务三大功能，新增开发物业小区常态化检查和电梯加装两个模块，万里世纪豪庭试点顺利完成业委会线上投票。336个物业项目基本信息、10157幢房屋基础信息、638台住宅小区电梯、5936条消防栓数据、279幢城乡危险房屋、141家物业企业、278名物业项目经理等信息录入完成，并与人保公司房屋保险系统实现对接，实现全市2000年后建成的2693幢多层多业主城镇住房投保信息、1280幢危旧房动态巡查信息的实时传送。

【奚明调研社区物业智管平台运行情况】 3月16日下午，余姚市委书记奚明一行到市住建局调研社区物业智管平台运行情况。奚明观看了社区物业智管平台的现场演示，并针对消防栓、电梯到期维护报警、业主投诉等模板进行了询问。奚明强调，智慧物业管理是未来发展的必然趋势，要大力推动智慧物业管理平台的推广应用，积极与城市大数据平台对接，以智慧化提升管理的规范化。

社区物业智管平台是一套基于 PC 和移动终端的物业管理系统，主要由三维展示平台、物业监管平台和移动端应用三部分组成。三维展示平台主要结合三维地图、地上地下空间数据的一体化管理，直观展示物业管理内容；物业监管平台主要是为物业管理人员的日常管理工作服务；移动端物业 App 主要包括信息查询、业主大会投票等功能。

【全市物业行业防汛知识培训暨防汛应急抢险演练举行】 6月11日上午，市住建局联合市应急管理局和凤山街道办事处共同主办的余姚市物业行业防汛知识培训暨防汛应急抢险演练举行。演练场所选择在万里世纪豪庭南车库入口。浙江绿升物业服务有限公司的防汛演练人员按照防汛应急预案规定程序，迅速集结，分工明确，充分模拟暴雨来临时，地下车库雨水倒灌，有人不幸受伤的情况，开展电梯迫降、车辆疏散、栏板设置、沙袋堆放、伤员救治、清扫消毒等项目演练。

【物安中心加强集中隔离点房屋安全使用管理】 12月12日，物安中心根据上级部署，组织力量成立专项工作小组，分成两队对全市集中隔离点开展房屋建筑安全使用管理工作。在各地自查的基础上，物安中心通过查阅房屋竣工图纸、二次装修图纸、排查信息表等资料，结合现场检查的方式进行复查，要求各单位严禁将老旧危房、违章建筑、违改建筑等作为集中隔离点，排查发现疑似危房已作为医学观察隔离点的，要立即组织人员撤离，重新安置隔离；发现存在房屋安全事故现实危险的，要立即启动房屋使用安全应急预案，采取必要措施，确保不发生倒房伤亡事故。监管排查对象包括全市范围内所有已启用和后续启用的共 49 个集中隔离点。

（刘艳瑞　虞一帆）

◎ 12月12日，执法人员对全市集中隔离点开展房屋建筑安全使用管理工作（市住建局　供稿）

城市投资建设管理

【概况】 2021年，宁波舜建集团有限公司多点发力，保障项目建设资金需求，全年资金到位126.5亿元，其中还本付息99亿元，工程款和投资支出27.5亿元。年内，舜建集团提高与金融机构合作紧密度，积极争取贷款周期长、成本率低的融资项目，优化融资结构，严控债务规模，三年及以上中长期借款占比稳定保持在95%以上；做好直接融资工作，维持直融占比53%，成功发行小公募5亿元、私募债30亿元、中票15亿元。其中，7月发行5年期6亿元私募债时创2021年以来AA+平台同品种发行利率全国最低，8月发行5亿元中票时创全国AA+平台同品种发行利率2021年度以来最低。积极与评级机构对接，保持集团公司和下属城投公司AA+主体评级展望稳定，促进集团融资征信进一步增强。截至2021年底，舜建集团实现全年营收30亿元，同比增长25%；资产负债率62%，同上年年底持平。

推进重点项目落地见效。2021年，有政府建设任务项目34个，计划投资28.62亿元，其中舜建集团组织实施的建设任务项目18个，计划投资20.22亿元，完成固定资产投资22.16亿元，完成年度计划的109.59%。姚北水厂新建工程、城区中高层住宅二次供水改造工程进场施工；姚东五镇镇级管网及一户一表改造工程一期完成验收，二期、三期持续推进；余姚天然气保障工程LNG应急气源站工程建筑主体交付验收；乡镇天然气管网工程建设推进，平原地区乡镇除马渚镇外均完成主干管接入；南兰江西路文化休闲广场建设工程、农村饮用水达标提标工程、城区西片老旧供水管网改造工程等项目持续推进。同时，按职责做好污水零直排、姚江流域水环境综合整治等项目前期、资金保障等工作。

推动民生保障做细做精。2021年，舜建集团不断增强民生保供能力，确保市政公用企业日常供水、供气、排污、公共停车管理等运行正常。全年完成供水11125万吨、同比增长12%，供气9583万立方米、同比增长35.8%，污水收集7892万吨、同比增长7.38%，提供停车服务771万车次，较上年增长2.7倍。狠抓管网供水服务提升，扎实开展城区和姚西北地区自来水管网冲洗、管线巡查、管道抢修，累计冲洗管线400余千米、冲洗水量8.9吨，巡线约4.5千米，完成各类管网设施抢修1万余起，便民义务听漏1570余件；加快推进东环北路DN1200给水管道安装、城区中高层住宅二次供水改造、姚北水厂建设等工程，实施完成慈江应急取水工程建设，全年水质总体平稳，出厂水、管网水抽检合格率均为100%。狠抓管道燃气供给稳定，争取上游气量指标的同时，与余姚申燃能源公司签订保供协议，确保临时气化站气源储备充足，并加快推进余姚天然气保障工程LNG应急气源站工程建设，工程主体竣工。

确保安全生产做细做实。在落实落细各项常态化疫情防控措施的同时，不断强化落实企业安全生产主体责任，加强安全生产管控。尤其针对天然气运行安全，通过安检、抄表、管线巡查等方式，常态化开展安全检查和专项整治，扎实推进燃气安全专项整治“回头看”，强化入户安全检查的管理和监督。全年完成居民用户入户安检43862户，同比增加2.2%。同时，在岁末年初、台汛期前等关键节点开展专项安全检查，督促做好隐患整改；结合“安全生产月”活动开展应急预案演练，加强应急事件应对处置能力和灾害性气候预防抗击能力，及时有效应对雨雪冰冻、原水水质突变等紧急事件，确保全年供水供气、排水排污、公共停车管理等民生保障安全。

【黄山社区被列入浙江省第三批未来社区创建名单】 5月，黄山社区被列入浙江省第三批未来社区创建名单。黄山社区位于余姚城南宜居板块，实施单元面积约41.25公顷，总投资约95亿元，计划于2022年下半年开工建设，2024年建成。该项目秉承“公园＋未来”的设计理念，融入未来社区创新理念和数字化智慧应用，以“未来山水场景”为创新引领，传承余姚历史文化特色，立足民生改善，打造“融山水、聚人才、筑未来”的山水公园未来社区。

【西南组团滨江绿地公园全面开放】 7月，城区西南组团滨江绿地公园项目全部完工，并对市民全面开放。该项目于2020年9月中旬正式开工，总投资2590.24万元，总占地面积2.59公顷，其中，绿城明园西侧公园0.45公顷、恒大御澜庭西侧公园0.80公顷、星光御墅南侧公园0.91公顷、金地澜悦东侧公园0.43公顷。

【首个ETC公共停车场投用】 11月8日，桐江桥地下停车场新增ETC停车缴费功能，并正式投入使用，为全市首个ETC公共停车场。新增ETC自动支付功能后，桐江桥地下停车场高峰排队车辆数量下降，使用ETC设备的车辆平均收费时间缩短至3秒/辆。

【余姚市天然气公司姚西综合部揭牌运营】 3月16日，宁波舜建集团下属余姚市城市天然气

◎ 12月18日，市委书记傅贵荣（前中）赴黄山社区开展调研
（舜建集团　供稿）

有限公司姚西综合部揭牌仪式在牟山镇举行，姚西营业厅同步投入使用。该综合部主要负责牟山、马渚、临山、黄家埠4个乡镇的小区、公建以及工业用户管道天然气的运营维护。该综合部的设立，旨在方便姚西区域居民办理天然气业务，同时提高辖区管网设施应急抢修效率，更好地保障天然气安全运行。

（黄　珊）

城市管理

【概况】　2021年，市综合行政执法局巩固深化全国文明城市、国家卫生城市创建，统筹抓好疫情常态化防控、综合行政执法改革、城市精细化管理和安全生产工作。

执法改革方面，在市级、局级层面分别成立余姚市综合行政执法改革领导小组、工作专班，综合行政指导办挂牌运行。全年累计办理一般程序行政处罚案件2702件，行政争议持续保持“零纠错、零败诉”并实现“双下降”。

环卫保洁方面，城中村保洁一体化落地，深度保洁范围覆盖中心城区70条主次干道和背街小巷，保洁面积约118.6万平方米。全年新增生活垃圾分类示范片区1个，省级高标准小区20个、示范村1个，市级示范小区覆盖率达到70.6%以上，党政机关、事业单位、国有企业实现示范单位创建全覆盖。阳明古镇区域、龙泉山西麓广场等4处区域成功创建为第二批宁波市级“席地而坐”城市客厅示范区，创建总数列宁波市首位。

市容秩序方面，加强“六周边”秩序管控，针对乱停车、乱占道、垃圾不分类、不文明施工等违法行为开展集中整治144次，取缔学校周边无证摊点208个，指导共享单车企业施划非机动车停放点1870余处，违停抄告6.6万余起。“门前三包”信息监管系统实现17条重点道路全覆盖，4000余家沿街店铺完成赋码。全年新增7条“门前三包”示范路（街区）、1条街容示范街、1个招牌标识设置规范化品质化街区、2个“精美街区”。

安全生产方面，开展餐饮场所燃气安全大排查大整治，将燃气安全纳入执法综合查一次范围，检查燃气充装企业9家共44次、使用燃气的餐饮企业2500家，累计发现处置各类安全隐患311处，针对违法问题共立案54件，罚款3.8万元。

◎ 2021年9月 建筑装修（大件）垃圾处置车间
（市综合执法局　供稿）

◎ 10月26日，CCB建融家园·劳动者之家投运仪式举行
（市综合执法局　供稿）

【建筑装修（大件）垃圾收运处置一体化体系建设实施】 7月19日，《中心城区建筑装修（大件）垃圾收运处置一体化体系建设实施意见（试行）》经市政府常务会议审议通过正式施行。完成一体化招标后，建筑装修（大件）垃圾收运服务平台在微信小程序正式上线运行，初步实现统一收运、集中处置、一个平台、线上线下同步监管的体系。发放倾倒证1800余张，同140家收运企业（个体户）签订协议，规范垃圾接收流程。

【中心城区城中村一体化保洁方案实施】 8月起，城区四街道先后完成城中村保洁一体化招标，覆盖范围延伸至25个城中村和1个工业园区。参照城区道路保洁等级，将相关城中村（自然村）分级分片保洁；按照三类公厕服务标准进行保洁，并维护更新相关公厕内基础设施；规范设置城中村分类垃圾桶，推广"以桶换桶"垃圾收运模式，试点垃圾分类定时定点上门收集工作。按照各城中村实际，开展河道保洁、小广告清理、高压冲洗等工作。

【"CCB建融家园·劳动者之家"投运】 10月26日下午，宁波市首个"CCB建融家园·劳动者之家"在余姚正式投运。宁波市综合行政执法局主要负责人，余姚市委副书记、市长徐云，副市长黄和庆出席投运仪式并为"CCB建融家园·劳动者之家"揭牌。仪式上，首批43名从事环卫工作时间较长且表现出色的环卫工人以低于市场价的租金签约入住。2021年度15名优秀城市"美容师"和15名优秀环卫职工受到表彰。

余姚市在2021年4月启动住建、城管系统保障住房调查工作，在此基础上，市环卫中心与建设银行全资子公司建信住房服务有限责任公司签订合作协议，由该公司对环卫中心现有的闲置宿舍楼进行翻新装修，后续通过CCB建融家园平台进行租赁管理、后期运维和安全保障等工作。首个"CCB建融家园·劳动者之家"项目建筑面积2604平方米，可提供60间租赁房源，每间月租320元。项目集党建引领、拎包入住、资产盘活、智能管理、人文关怀五大特色，旨在探索一条具有余姚特色、能够切实解决环卫工人住房困难的有效途径。

【泗门"镇队合一"体制改革试点实施】 12月，《泗门镇"镇队合一"行政执法体制改革试点方案》实施。泗门镇人民政府增挂泗门镇综合行政执法队牌子，实行"镇队合一"体制，赋权泗门下沉的14条线322项执法事项，由泗门镇综合行政执法队以泗门镇人民政府名义，相对独立地开展综合行政执法工作，并接受市级主管部门的指导、监督。

（王卓群）

◎ 12月，泗门镇综合行政执法队挂牌成立

（市综合执法局 供稿）

生态环境

环境保护

【概况】 2021年，全市总体环境质量稳中有升，全年细颗粒物（$PM_{2.5}$）平均浓度为26微克/米^3，同比下降7.14%，创历史新低；全年空气质量优良率首次突破90%，达到93.2%，同比上升4.9个百分点，空气质量六指标（$PM_{2.5}$、PM_{10}、SO_2、NO_2、CO、O_3）连续两年达到国家二级标准；姚江国控断面水质指标月平均浓度达到Ⅱ类水标准；饮用水水源水质达标率继续保持100%；地表水宁波市控以上断面水质达标率为100%。余姚市2021年生态环境公众满意度总得分为84.25分，同比提高6.5%，排位比上年上升12名。

年内，印发《关于进一步规范生态环境保护执法工作提高执法效能的实施方案》《余姚市关于加快推进环境治理体系和治理能力现代化的实施意见》《余姚市污染防治巩固提升三年行动计划（2021—2023）》《2021年度余姚市生态环境保护工作目标管理考核实施细则》《余姚市生态环境约谈办法（试行）》《余姚市环境保护“十四五”规划》。

全年争取到上级补助资金1804万元。做好生态环境损害赔偿。开展余姚市生态环境综合监管与协同平台一期项目建设，构建生态环境数据基础库及模块化应用系统。先后上线环评和排污许可“一件事”联办和辐射安全许可“一件事”联办服务，将“群众跑”变“窗口人员跑”。与余姚热门网站合作，开展环保科普采访、网络测评有奖调查等多项活动，参与网民近20万人次。开展“国际生物多样性日”“世界环境日”等活动。通过环保议事厅、生态环境大讲堂、生态集市、环保管家服务等，进一步拓展属地政府、部门、企业、群众之间的沟通渠道，有效提升全社会生态环境保护意识和责任。

【《余姚市生态环境约谈办法（试行）》正式施行】 1月11日，市委办、市府办印发《余姚市生态环境约谈办法（试行）》，共计12条内容。约谈主要是由市政府分管生态环境保护工作的副市长及市纪委、市监委、市委组织部、生态环保委员会办公室等的相关人员组成约谈小组，针对环境污染事故、生态环境破坏及因环境问题被上级约谈、曝光、通报等14种情况进行约谈。由市委、市政府对未履行或未全面正确履行环境保护职责、未及时解决突出环境问题的乡镇街道、开发区党（工）委、政府（办事处）主要负责人、分管负责人以及部门主要负责人、分管负责人进行提醒、督促、告诫谈话，要求其认真履行职责，立即采取有效措施，切实解决突出环境问题。

【生态环境损害赔偿开展】 年内，针对社会影响较大、性质较为恶劣、对生态环境造成后果较为严重的案件，宁波市生态环境局余姚分局积极跟进生态环境损害赔偿工作，会同市检察院及第三方评估机构，及时进行现场踏勘，做好生态环境损害调查和鉴定评估，并主动向赔偿义务人讲清政策、法律，促使赔偿义务人主动履行生态损害赔偿。2021年度，全市共实施生态环境损害赔偿6件，追偿金额41.8万元。

【世界环境日系列宣传活动举办】 6月5日是第50个世界环境日，中国主题为：“人与自然 和谐共生”。6月2日上午，宁波市生态环境局余姚分局联合市法院、市五水共治办在城区新建广场开展“6·5”环境日宣传活动，并向2020年创建成为宁波市绿色学校的5家单位颁发了奖牌。活动以展板形式开展生态环境保护、生物多样性保护宣传，分发环保知识宣传手册、生物多样性宣传单和“五水共治”倡议书等相关宣传册500余份、纪念品200余份，并现场解答群众关于生物多样性、环境保护、法律法规等咨询。

【放射诊疗许可和辐射安全许可实现跨部门“一件事”联办】 9月，市行政服务中心卫健局窗口和生态环境余姚分局窗口通过业务流程优化再造、打破部门之间业务壁垒等措施，实施放射诊疗许可和辐射安全许可跨部门“一件事”联合办理。生态环境部门许可后将辐射安全许可证直接推送给卫生健康部门，卫生健康部门作出许可决定后将放射诊疗许可证和辐射安全许可证一起发给申请人。年内，7家医疗机构通过“一件事”联办，实现了一次申请、两证同发。

【《余姚市生态环境保护“十四五”规划》发布】 12月23日，市发展和改革局、宁波市生态环境局余姚分局联合印发《余姚市生态环境保护“十四五”规划》，主要内容分为“十三五”生态环境保护工作回顾，“十四五”生态环境保护形势分析，“十四五”总体要求、重点任务、重大工程和项目、保障措施六部分。通过深入分析“十三五”时期生态环境保护工作成效和存在的问题，准确判断全市经济社会发展趋势和生态环境保护面临的形势，科学提出“十四五”时期生态环境保护目标指标、主要任务和重点工程，深入打好升级版污染防治攻坚战。明确到2025年，绿色协调发展格局总体形成，生态环境质量持续改善，生态环境安全得到有力保障，现代环境治理体系基本建立。到2035年，全市生态环境质量根本好转，绿色发展达到先进水平，二氧化碳排放达峰后稳中有降，适应气候变化能力显著增强，环境治理体系和治理能力现代化全面实现。

（贝美娴）

◎ 6月2日，2021年世界环境日宣传活动开展。图为获评宁波市绿色学校代表合影（任晓景 摄）

综合治理

【概况】 2021年，宁波市生态环境局余姚分局不断优化生态保护体制机制，深入开展“治水提升”“蓝天保卫”“清废净土”行动，不断推进环境综合治理。

推进治水提升行动。年内制定出台《余姚市全面推进工业园区（工业集聚区）“污水零直排区”建设实施方案（2020—2022年）》《工业园区（工业集聚区）“污水零直排”企业雨污水纳管改造的指导意见》，全力推进工业园区“污水零直排”建设，完成了3个省级和10个宁波市级“污水零直排区”创建。在小曹娥电镀园区按照原地整治、原地拆建和异地搬迁重组三种模式推进整治工作基础上，同步推进临山电镀园区提升改造；通过冬春季百日攻坚行动、入海污染源排口规范整治，着力改善姚江水体水质。新建23个地表水自动监测站。

推进蓝天保卫行动。年内出台《余姚市2021年环境空气质量巩固提升行动暨清新空气示范区建设实施方案》。开展涉VOCs（发挥性有机物）企业排查整治。建设投用了露天焚烧高空瞭望系统、黑烟车智能识别设备、道路扬尘监测系统。推进中意宁波生态园清新园区建设。继续对城区建设工地、道路扬尘、餐饮油烟、露天焚烧等涉气面源污染问题督导巡查，共巡查发现涉气问题174个，发放督办单82份，均得到有效整改。完成6

台1蒸吨/小时以上工业燃气锅炉低氮改造。启动2个低（零）碳试点乡镇、村(社区)试点建设。

推进清废净土行动。年内出台《余姚“无废城市”建设2021年度工作计划》《余姚市土壤和地下水污染防治2021年工作计划》《余姚市“无废城市细胞”建设2021年度工作方案》，并形成《余姚市“无废城市”建设问题清单》。开展“无废城市细胞”建设，持续推进工业固废收运处置体系建设，除山区外的全市各乡镇（街道）、开发区都建立一般工业固废收运体系，实现规模以上（工业园区）全覆盖。构建小微企业危险废物收运体系，基本建成小微企业危废统一转运中心。推进一般工业固废焚烧处置新建项目的建设（新增一般工业固废处置能力500吨/天），培育年综合处置利用8万吨的铝灰渣项目。开展了以铝灰为重点的工业固体废物专项排查整治行动。推进土壤和地下水污染防治，联合资规局对余姚市44个建设用地地块编制了土壤污染状况调查报告。

【空气质量优良率首破90%】 2021年，余姚市市环境空气质量持续改善，空气质量优良率为93.2%，比2020年提高4.9个百分点，优良率首次突破90%大关；$PM_{2.5}$平均浓度为26微克每立方米，自2014年空气质量$PM_{2.5}$指标监测以来，年均浓度逐年下降，比2014年下降50%；2021年，PM_{10}平均浓度为46微克每立方米，比2020年下降4.1%；NO_2平均浓度为26微克每立方米，比2020年上升4%；臭氧浓度为147微克每立方米，比2020年下降3.3%；各项指标全面稳定达到国家二级标准，全面消除重污染天气。

【露天焚烧高空瞭望系统上线】 10月29日，在全市秋冬季秸秆禁烧工作部署会上，“露天焚烧高空瞭望系统”正式上线。该系统在全市重点区域建成41个高空瞭望点位，形成覆盖约700平方千米范围的高空瞭望监控系统，监控点位及覆盖面积均居宁波市首位，共投资255万元。高空瞭望可对点位2.5千米范围进行360°无死角视频监控图像采集，并对露天焚烧烟雾自动识别，再通过互联网把火点信息实时推送至属地网格员手机中，由网格员进行现场处置，实现秸秆露天焚烧闭环管理，从源头上解决了秸秆露天禁烧监管耗时费力、发现滞后、监管效率低、取证难度大等问题，进一步减少秸秆露天焚烧造成的环境空气污染，提升人居环境空气质量。

【高标准完成2个省级“污水零直排区”创建】 2021年是启动工业园区“污水零直排区”创建工作的第三年，市美丽办印发《余姚市工业园区“污水零直排区”建设专项排查整治行动工作方案的通知》，将中意和小曹娥园区作为2021年省级“污水零直排区”创建单位。通过企业问题排查整改、市政管网修复改造、重点河道清淤整治等措施，累计投入2.2亿元，做到“一个问题、一套方案、一抓到底”，实施“清单式销号管理”，以高分通过省级验收，其中中意宁波生态园达到标杆园区标准。

【涉VOCs企业整治开展】 年内，对179家喷涂行业企业和340家涉VOCs企业开展专项排查整治，发现问题68个，并对发现的问题进行了分类处置及限期整改，并通过“源头替代、过程管控、末端治理设施改造提升”进行综合治理，共治理35家。

【小微企业危险废物收运体系初步建立】 6月，余姚市第一个小微企业危废统一转运中心建成运行，具有年危废收集、贮存、转运量1万吨能力。同时，

◎ 余姚一般工业固废分拣中心（摄于2021年12月）
（宁波市生态环境局余姚分局 供稿）

为缓解全市铝灰渣危险废物处置压力，重点培育综合处置利用8万吨的铝灰渣项目，该项目计划投资1344万元，占地面积18700平方，其中铝回收前处理线于10月投产，整个项目计划于2022年完成。

【“千吨万人”以上饮用水水源保护区整治完成】 2020年5月1日至2021年底，宁波市生态环境局余姚分局开展余姚市“千吨万人”以上饮用水水源保护区整治工作。2021年主要推进水质达标建设，按照“一源一案”精准施策，确保保护区水质达到目标要求。截至2021年底，累计关停搬迁饮用水水源地上游工业企业（加工点）617家，二级保护区内工业企业全部关停，累计投入资金约4.5亿元。根据水质监测结果显示，2021年度余姚市县级集中式饮用水水源地水质达标率稳定达到100%。

【“无废城市细胞”建设】 8月4日，余姚市美丽余姚建设工作领导小组办公室印发《余姚市“无废城市细胞”建设2021年度工作方案》，按照方案，全市做好无废工厂、无废园区和无废医院等无废细胞建设，共创建成功宁波市“无废城市细胞”37个，其中无废工厂16家、无废学校10家、无废医院5家、无废工地5个、无废景区1个。

（贝美娴）

生态监管

【概况】 2021年，宁波市生态环境局余姚分局严把审批和监测，共指导办结审批项目434件，登记表备案224件，否决咨询项目77件；完成执法监测313家次，出具各类监测报告436份。完成实验室计量认证复评，编制《环境执法水样采样监测实施规范》。抓好历次生态环境保护督察及其他各类督察、检查反馈重点问题的整改督办及“回头看”，开展生态环境问题“举一反三”大排查大整改工作，迎接第二轮省委生态环境保护专项督察。开展“绿剑”系列、“双随机”抽查、“碧海2021”“利剑2021”等各类专项执法行动，联合市公安局、市综合执法局、市水利局、市住建局等单位开展“净水清源”联合执法专项行动。累计出动执法人员14000余人次，检查服务5000余家企业，对212件生态环境违法行为进行立案查处，处罚总金额2845.987万元，查处五类案件43件，案件数量和处罚金额均居宁波各县市区第一。

加强辐射环境安全监管，全年收贮6枚闲置放射源。开展有偿使用和排污权交易，对13个建设项目新增排污权指标进行交易，涉及金额377万元。完成高排放非道路移动机械禁止使用区划定，做好国Ⅲ老旧营运车辆淘汰、新车核查、高污染机动车排气筛查、非道路移动机械监督抽测、多部门联合道路执法等工作。

【“县级生态环境信访直通车”率先实施】 1月20日，余姚市率先建立“县级生态环境信访直通车”机制，采取“一份日报、一个群，每日领办、每日督”模式，固化延伸环保督察期间的“每日环保推送”“一案双交”等有效工作模式，通过分管市领导在线@乡镇长、市政府分管副主任协调督办，统筹建立部门协调联络、信访通报“双推送”、重要信访闭环落实、疑难问题督导帮扶四项运行机制。2021年，共收到信访投诉件1470件，同比下降9.5%，实现所有重复投诉件经“二次调处”均落实到位，带

◎ 5月19日，浙江省辐射站人员对余姚市6枚闲置放射源依法进行安全收贮（宁波市生态环境局余姚分局　供稿）

动全市生态环境信访件办理时长缩短 0.92 天，群众满意率上升 10.6 个百分点，重复信访率下降 9.55 个百分点。

【闲置放射源安全收贮】 5 月 19 日，浙江省辐射站对余姚市辖区内余姚市华鹰金属制品有限公司、余姚市国业金属制品有限公司闲置的 6 枚放射源（AM-241，属Ⅳ类放射源）依法进行安全收贮。现场，省站辐射收贮工作人员对闲置放射源开展监测与核对工作，监测达到国家放射性物品运输安全标准后，由专业人员将废旧放射源封装后放置专用运输车，运往省放射性废物库贮存，彻底消除了闲置放射源造成的辐射安全隐患。

【“环保监管”应用在“浙里办”上线】 7 月，“环保监管”应用在“浙里办”上架，将小曹娥电镀园区 21 家电镀企业作为首批分级监管对象，通过建立企业环境健康电子账户，综合赋分评价形成分级监管清单，第一时间推送环境风险点位、问题清单，帮助快速定位、处置生态环境问题，实现监管执法力量合理调度。年内，累计推送异常数据 3240 条，完成整改 2354 条。

【高排放非道路移动机械禁止使用区划定】 8 月 11 日，市人民政府印发《关于划定高排放非道路移动机械禁止使用区的通告》，明确自 2021 年 10 月 1 日起，余姚市正式施行高排放非道路移动机械禁止使用区，将北环西路—北环东路—城东路—谭家岭东路—谭家岭西路—西环南路—北环西路构成的封闭圈范围内（不含边界道路）划定为全时段禁止高排放非道路移动机械使用区。

【生态环境综合监管与协同平台一期项目启动建设】 10 月，宁波市生态环境局余姚分局围绕气、水、污染源等各类环境监管核心业务，开展余姚市生态环境综合监管与协同平台一期项目建设。该项目需完成大气、水、污染源等各类环境数据的采集，构建生态环境数据基础库和大气环境、水环境、污染源等专题数据库，建设模块化应用系统，包括环境质量综合分析、污染源 360 监察、环境地图和驾驶舱、综合绩效管理、环境应用移动端和监测报告管理 7 个模块。11 月，该项目完成一期招投标，计划 2022 年 6 月试运行上线。

（贝美娴）

“五水共治”工作

【概况】 2021 年，全市“五水共治”工作以“污水零直排区”创建和重点河道区域治理为主抓手，坚持标本兼治，统筹推进“五水共治”工作，共实施“五水共治”工程项目 157 个。到 12 月底，完成投资 12.47 亿元，其中防洪水 7.03 亿元，治污水 3.58 亿元，保供水 1.86 亿元。

【防洪排涝重点工程建设】 年内，推进姚江上游余姚西分工程建设。Ⅰ标瑶街弄调控枢纽工程及管理区主体结构完工，通过通水通航验收；Ⅱ标输排水通道工程的 2.9 千米排水隧洞全线贯通，乐安湖泵站完成启闭机工作层，西横河泵闸闸室房建设基本完成，贺墅江节制工程基本完工，7 座跨河桥梁上部结构基本完成；涉铁的西分出口工程、35 千伏下穿萧甬铁路工程完工并通过验收；35 千伏变电站完成基础工程。截至 10 月底，西分工程完成投资 2.9 亿元，完成年度投资的 83%，累计完成投资 14.96 亿元，占总投资的 77.4%。

◎ 12 月 23 日，余姚市陶家路江三期整治工程Ⅳ标段合同工程完工验收会议召开（市水利局　供稿）

推进陶家路江三期整治工程建设。工程共分五个标段，Ⅰ标完成合同工程量；Ⅱ标完成宏图桥的建设，完成汝虹桥桥面附属工程；Ⅲ标完成全部合同工程量；Ⅳ标完成全部合同工程量；Ⅴ标段完成招标正进行施工前期工作。截至10月，完成投资2.6亿元，完成年度投资的87%，累计完成投资14.91亿元，占总投资的89.4%。

【治污水工作】 加快治污水重大基础设施建设，总投资2.8亿元的市域污水主干管网输送复线主体工程完工，污水输送能力由15万吨/日提升至30万吨/日。实施尾水排海复线和尾水排海延伸工程，总投资3.06亿元，完成投资1.61亿元。小曹娥污水处理厂扩容及提标改造工程全部完工，污水日处理能力达25万吨，出水稳定达到清洁排放标准。智慧排水综合管控平台完成一期工程建设，建立城区雨污水管网数字化管理架构，污水处理厂进出水情况、雨污水泵站运行情况、排水户在线检测情况等实现远程监管。以七里浦河周边为试点的排口管控、排水户管控、企业水平衡管控等智能管控手段基本建立。

加快推进“污水零直排区”建设，梨洲、马渚、牟山、临山、黄家埠5个乡镇（街道）开展省级“污水零直排区”创建，共安排创建项目45个，到10月底，5个乡镇（街道）通过初步验收。21个县创以上工业园区按计划推进“污水零直排区”创建，涉及企业1360家，1265家企业完成污水纳管，1150家企业取得排水许可证。总投资4.8亿元的城区污水收集五期工程全部完工，铺设市政道路污水管网86千米，污水纳管150千米，15个老小区雨污分流改造总面积达74.45万平方米。实施25个农村生活污水处理设施新建、改造项目，涉及8个乡镇（街道），总投资1.066亿元，8个项目完工，15个项目开工，2个项目前期准备。

深化姚江流域水环境综合整治，2021年排定的86个项目（文件计划88个，因拆迁和优化调减2个），完工17个，开工建设22个，招投标3个，立项31个，前期13个。全面开展冬春季水环境治理攻坚，实施入河排口规范提升攻坚战、城区雨污水管网排查整改攻坚战等“八大治水攻坚战”，全市面上共排查排口5721个，发现并处置地笼、网兜、网箱等河道“四乱”问题3750个，完成七里浦河、新丰河、田基浦河等9条河道周边的雨污水管排查共177.05千米，抓好140家重点涉水行业企业开展雨污分流改造，推进18家无排水许可证或过期的商业综合体、重点餐饮企业和星级酒店及重点酒店雨污分流改造。重点抓好七里浦河问题河道治理，11个工程项目全部完工。加快推进初期雨水处理设施安装，推进水质自动监测站点建设，隐溪河、梁弄大溪、晓鹿大溪、朱家浦4个县控断面和2个七塘横江乡镇交接断面等6个水质自动监测站的设备安装完成。推进河道生态化治理，对水体流动性差的姚江支流、城区内河，采取打通断头河、生态修复、清淤等方式，提升河道自净能力，全年完成清淤35.91万立方米，拆除涉水违建面积4735平方米，恢复水域1425平方米。同时，积极开展生态调水，1—10月共实施生态调水10391万立方米，其中浙东引水工程向姚江引水8630万立方米，4座大中型水库和向家弄水库向下游生态调水1761万立方米。

全面实施农业面源污染治理，深入推进“肥药两制”改革，绿色防控面积达11000公顷，统防统治面积达12200公顷，超额完成考核目标要求；完成农田氮磷生态拦截沟渠建设7条、覆盖农田面积986.67公顷。因地制宜推进水产养殖尾水治理，112家规模水产养殖场完成尾水治理设施改造，涉及养殖面积986.67公顷。开展“净水清源”联合执法专项行动，累计出动执法人员12596人次，处理各类涉水案件112起。

【保供水抓节水工作】 抓好供水管网建设，加快推进姚东五镇镇级管网及一户一表改造（二期）工程，总投资1.2亿元，涉及改造一户一表9800户，镇级管网48千米，总体完成95%以上。启动姚东五镇镇级管网及一户一表改造（三期）工程，总投资9000万元，涉及改造一户一表2600户，镇级管网改造约50千米，完成整体进度65%。启动总投资3亿元、设计规模日供水8万吨的姚北水厂新建工程，一期工程（日供水4万吨，投资2.4亿元）10月底开始施工。启动城区15个小区二次供水改造工程，12月底前完成全年改造任务。开展“千吨万人”以上饮用水水源地整治，全市域内10个水库基本整治到位，二级保护区内工业企业全部关停。应对冰冻、旱情、台风等特殊时期积极做好保供水工作，完成姚东水厂慈江应急取水工程建设。编制完成余姚市水资源节约保护和开发利用总体规划，统筹抓好各行业节水工作，12家企业成功创建省级节水型企业，2家企业、1家酒店、1个小区开展省级节水标杆创建，6家学校开展节水示范学校创建。年取水量1万吨以上自备水户取水计量监控安装任务完成率达100%，开展省级节水型居民小区创建活动，10个小区完成初步验收。

【河湖长制提档升级】 全面实施河湖长制提档升级工作方案和镇级河长考核办法，建立流域河湖长体系和河湖长量化考核，同时探索建立村级河湖长考核赋分细则，全面提升村级河湖长的履职责任心。全面完成市、镇两级河道2021—2023年新一轮“一河一策”编制工作，“绿水币”注册数量较上年翻三番，到年底前达到3%的注册任务数。加强对市、镇两级联络员的业务培训，并把业务培训向基层村级河湖长延伸。开展美丽河湖创建工作，完成梁弄大溪省级美丽河湖创建和梁弄镇、小曹娥镇省级水美乡镇创建，实施村级水环境整治工程10个，投资1587万元，整治河道4.98千米。

（市五水共治工作领导小组办公室）

生活垃圾分类工作

【概况】 2021年，余姚市生活垃圾分类工作围绕“减量化、资源化、无害化”的目标，按照省、宁波市相关决策部署，以提升源头分类质量为重点，补齐覆盖盲点、深化源头减量、强化前中末端管理，稳步提升垃圾分类工作成效。

年内，巩固提升城镇居住小区源头分类质量，城镇范围内221个小区（除改造小区外），均已落实“撤桶并点、定时定点、桶边督导”三项机制，源头分类精准率保持在90%以上。稳步推进农村小区垃圾分类工作，共有41.7%的小区落实“三项机制”。

制定出台《余姚市垃圾分类低价值可回收物补助办法（试行）》，以市场化手段培育龙头企业，对低值可回收物进行兜底回收。拟定《中心城区建筑装修（大件）垃圾收运处置一体化体系建设实施意见（试行）》，计划通过引入专业化企业对装修（大件）垃圾实施统一收运。

组织开展《浙江省生活垃圾管理条例》宣传贯彻工作，加强生活垃圾分类宣传，普及分类知识。同时，开展“面对面检查+指导”工作，对分类质量差、配合程度低的居民，由所在街道、社区集中进行垃圾分类培训。对屡教不改的执法跟进，并在一定范围内予以公开。

完成新增生活垃圾分类示范片区1个，省级高标准小区25个、示范村1个，市级示范小区覆盖率达到70%以上，党政机关、事业单位、国有企业实现示范单位创建全覆盖。对辖区企事业单位、商户、餐馆等开展全覆盖执法检查，在履行告知、警告、责改等程序的基础上，对拒不改正的单位和个人进行处罚。截至10月底，共办理生活垃圾分类案件511件，共处罚款44110元。其中依据《浙江省生活垃圾管理条例》立案处罚43起。严格落实“日检查、周通报、月排名”机制，实现乡镇（街道）、社区每月有排名，农村、党政机关单位每季度有排名。截至10月底，共下发各类通报26期。

【余姚市生活垃圾分类宣教基地建成投用】 12月，余姚市生活垃圾分类宣教基地正式建成。该基地位于凤山街道环卫所东风中转站内，由宁波友联盛业文化发展股份有限公司负责建设，展厅面积300平方米，是余姚市首个以生活垃圾分类为主题的科普教育基地，内设历史演变、分类科普、工作展示、特色基地、娱乐互动等区域。

（市生活垃圾分类管理工作领导小组办公室）

◎ 11月，泗门镇固体废物分拣中心
（宁波生态环境局余姚分局　供稿）

人力资源·社会保障

综 述

【概况】 2021年，全市人力资源和社会保障工作以数字化改革为牵引，以党史学习教育为动力，以保障和改善民生、助力共同富裕为主线，就业创业、人才引育、社会保障、人事管理、劳动关系及风险防范等业务工作都取得了良好成绩，有力服务全市经济社会发展大局。稳就业、破解企业用工难、社银合作、劳动能力"云鉴定"、根治欠薪等一些特色亮点做法被《中国劳动保障报》《中国组织人事报》《宁波日报》等多家主流媒体宣传报道。

【人事工作】 2021年，全市严密组织招考招聘工作，全方位打造"阳光考录"。余姚市事业单位招聘共推出岗位108个、指标120个，报名人数8272人，通过资格初审并缴费的有6609人。组织开展面向2022届优秀高校毕业生选聘高层次紧缺人才活动，共推出岗位7个、指标20个，报名人数221人，通过资格初审192人。开展余姚市公开招聘有关基层文艺事业单位工作人员活动并招录事业人员8人。组织面向村（社区）党组织书记选聘乡镇（街道）事业单位工作人员活动，共推出指标5个，录用5人。组织城区四街道及部分事业单位公开选调，共推出岗位7个、指标7个，最终选调事业人员4人（含1名省外公务员自愿转为事业身份）。教育系统共招聘3批次，推出招聘指标169个，报名人数2633人，录用161人；卫健系统共招聘4批次，推出招聘指标269个，报名人数1285人，录用172人。

开展2021年度事业单位工作人员年度考核工作。共嘉奖事业单位人员3254人，其中教育、卫健系统分别为1523人和1120人。

从严抓好人事管理。做好事业单位岗位设置和聘任工作，推进省事业单位人事工资管理服务平台运用。进一步加强事业单位绩效工资管理，不断完善单位绩效考核结果与绩效工资总量核定相衔接的激励约束机制。严格落实事业单位人员出入境登记备案管理工作。加强机关事业单位编外用工规范管理，设立编外人员绩效考核奖。

（屠晨恒）

人才工作

【概况】 2021年，全市新增国家重点人才计划专家3人、省重点人才计划专家10人、宁波市甬江引才工程项目20个，31个高层次人才项目获"4个500万"政策支持，5人获评"阳明学者"。新增博士、博士后55人；引进国外人才21人，总量达142人。新建院士工作站（院士科创中心）3家，累计17家；新建博士后工作站4家，累计21家；新建技能大师工作室4家，累计20家；新增高技能人才6442人，总量达4.1万人。

坚持党管人才，制订余姚市打造人才科技创新引领区三年行动计划，发布余姚市人才发展"十四五"规划，起草新时代人才强市新政策，谋深谋实人才强市、创新强市路径、举措。用好赛会引才举措，精心举办中国机器人峰会暨智能经济人才峰会，多个人才项目成功签约。组织第五届全球智能制造创业创新大赛，5个项目获大赛“引才直通车”资格。做好本土育才文章，谋划起草培育新时代余姚工匠队伍实施意见，18人获评“阳明蓝领”，1人入选“宁波市技能大师工作室领办人”，22人入选优秀中青年人才“百人计划”，西交大人工智能学院产教融合工程教育基地揭牌，“十佳余姚杰出工匠”在全市制造业高质量发展大会上受到表彰。

做好平台矩阵打造，推动“两园两镇”建设提档升级，浙江余姚人才创业园引进一个院士实名控股项目，累计引进或柔性引进院士14位；中意宁波生态园打响“国际合作”品牌，17个项目在中国—中东欧国家产业合作对接会上签约落户。升级人才服务，打造“宁波人才之家”（余姚），深化人才企业联系服务，累计走访人才企业500多家，及时帮助解决企业困难诉求23项。全面落实人才子女入学、安居、永居证申请等各类人才优惠政策，办理企业人才子女入学27人次，同比增加380%，协助2位高层次人才办理在华永居证，新增住月梅人才公寓109套、和园高层次专家公寓5套。

【青年人才感受美丽余姚活动开展】 3月28日，市侨联针对部分留学归国人才和在余姚企业优秀青年开展了“阳明归谷”——青年人才感受美丽余姚活动。舜宇集团、市留联会与悉尼大学宁波校友会的20余名青年人才代表参加了活动。活动中，青年朋友们首先到红色堡垒后方医院旧址——陆埠镇袁岙村狮子山，瞻仰了“四明山妈妈”雕像。随后一起游览了狮子山风景区，并在陆埠曼妮农庄开展了团建活动。

（苏一星）

劳动就业

【概况】 2021年，全市城镇新增就业3.4万人，失业人员实现再就业5512人，就业困难人员实现就业3758人，年末城镇登记失业率为2.65%。新增创业实体2.41万家，创业带动就业12.06万人。

稳定就业形势。积极开展就业援助月、春风行动、民营企业招聘月等就业专项活动，适时举办各类综合性和专场招聘会，大力开发公益性岗位，引导企业吸纳就业，扶持重点群体就业。延长失业保险扩围政策，落实阶段性降低失业保险费率政策，进一步强化失业保障。关注离校未就业大学生就业问题，切实做好实名调查、职业指导、就业推荐等工作。完善就业形势分析研判机制，持续扩大就业登记覆盖面，力求为决策提供依据。

围绕“五难五多”中的中小企业“招工难、用工缺”问题，成立用工专班，实施供需信息畅通、百场招聘对接、劳务基地拓展、校企平台打造、人力机构助力等专项行动，全力保障企业用工。2021年，共举办专场招聘、校园招聘、直播带岗等各类招聘会130余场，扩展安徽蒙城县、四川成都市、湖南保靖县等劳务协作基地11个，与哈尔滨、武汉等地的11所高校签订校企合作协议，有序组织508名四川昭觉籍务工人员到余姚就业。

扶持创业创新。优化创业担保贷款申请流程，帮助创业者解决融资难题。筹备第六届创业大赛暨就业创业交流大会，树立创业创新榜样，激发全民创业活力。积极做好创业导师推选工作，利用创业导师丰富的创业经验和深厚的专业知识提供创业指导，成功推选宁波市创业导师3人，其中“宁波市十佳创业导师”1人。发挥余姚市就业创业联合会综合服务平台作用，加强会员交流合作，鼓励互帮互助，努力提高广大会员创业创新水平。

加强技能人才培育。加快建立产教训融合、政企社协同、育选用贯通的新时代余姚工匠培育

◎ 6月，昭觉籍务工人员到达余姚（市人社局　供稿）

◎ 7月，宁波市“乡村振兴”职业技能大赛电工赛项余姚选拔赛举行
（市人社局　供稿）

体系，从技能培训、技能等级认定、技能大师工作室建设、技能竞赛等方面着手“批量”培养技能人才。2021年，完成技能人才培训3.8万人，其中高技能人才6225人，开展新型学徒制培训538人，评选宁波市级技能大师工作室1家、余姚市级技能大师工作室3家，2人入选“浙江杰出工匠”，4人入选“浙江工匠”，24人入选“浙江青年工匠”。

【“新春招聘”开展】 春节过后，余姚市“新春招聘”开展，市人社局协同各乡镇街道推出系列招聘活动，线上线下同步进行，为全市企业和广大求职者搭建平台，助力企业复工复产，帮助求职者寻找心仪岗位。

2月22—27日，由市人社局主办，市人力资源市场承办的“辞旧迎新展望未来”新春招聘周活动在线上线下同步开展，累计216家企业到场参展，推出就业岗位1646个，需求人数8346人，线上浏览量达17964人次。新春招聘周活动后，3月继续开展新春系列专场招聘活动。各乡镇街道同步举办线上线下“新春招聘活动”。同时，联合外省劳务协作地区开展线上招聘活动，通过四川巴中、湖北武汉、贵州望谟、湖南保靖、安徽蒙城、四川邛崃等地区的网络平台发布余姚企业招聘信息。

【市人社局赴外省开展劳务协作活动】 春节过后，市人社局派出小分队赴安徽、江西、四川等劳务输出地，走访当地人社部门、就业服务机构、人力资源市场开展劳务协作活动，与安徽蒙城县，江西共青城市，四川成都市、邛崃市、布拖县、昭觉县6个地区新建立了劳务协作关系。劳务协作对接过程中，市人社局与相关地区人社部门重点就余姚资源特色、经济产业发展情况、就业创业现状等相关工作进行了交流沟通，并在建立长期稳定劳务合作方面达成共识，签订劳务合作框架协议，促进优势互补协调发展。

【四地劳务协作代表团到余姚考察】 5月23日，“甬上乐业”——2021宁波就业创业服务交流大会举行，多省市劳务输出地代表团汇集宁波交流经验，洽谈合作，共谋发展。根据活动安排，黑龙江齐齐哈尔、湖北襄阳、安徽蒙城和四川昭觉四地代表团到余姚实地考察企业。代表团一行人首先走访考察了余姚尹球五金制造有限公司，实地了解企业生产和运营状况。参观后召开座谈会，市人社局详细介绍了全市基本概况、就业环境情况和企业用工现状，并与四地代表就劳务输出、企业招工、转移就业等劳务协作相关事宜进行了深入探讨。会上，余姚市向四地推介了1000余个就业岗位信息。随后，四地代表团还参观了余姚市人力资源市场和余姚—望谟党建联建促脱贫攻坚展馆。

【全省人力资源社会保障系统乡村合作创业带头人培训班举办】 7月13 16日，2021年全省人力资源社会保障系统乡村合作创业带头人培训班在余姚市梁弄镇横坎头村举办。省人力社保厅副厅长金林贵出席开班仪式作动员讲话，并进行专题授课。全省11个设区市及部分县（市、区）人力社保局分管乡村振兴工作副局长近50人参加培训。在横坎头村，会议安排横坎头村介绍村合作创业就业经验，并作为现场教学点，组织与会人员一行参观了横坎头村新时代文明实践站、绿领学院、红村互助发展联盟调度室，现场考察了返乡大学生黄金军开办的传承大糕店和“90后”海归黄徐洁返乡创办的横坎头“农家乐”，实地了解横坎头村乡村合作创业情况。

（屠晨恒）

劳动监察

【概况】 2021年，全市共受理劳动监察案件4020件，其中欠薪类案件3190件，为1.1万名劳动者追回被拖欠克扣的工资1.57亿元；受理劳动仲裁案件1694件，结案1739件（包括上年未结案件110件），结案率96.4%，调解率85.8%。

健全欠薪治理机制。拓宽欠薪举报投诉渠道，加大企业工资支付监管平台和根治欠薪线索反映平台推广应用力度，扎实推进建设项目漠视侵害群众利益行为专项行动、清理整顿人力资源市场秩序专项执法检查、“双随机”专项执法检查等专项检查行动。强化提前介入、重点监管和督导跟踪，通过建立包工头“黑名单”制度、健全部门信息互通机制、加大多次被投诉企业日常检查和约谈频率、对已办结案件进行“回头看”、安排业务骨干“一对一”督导跟办疑难案件等方式，切实维护劳动者劳动报酬权益。

提升仲裁工作水平。积极推行劳动纠纷多元调解机制，通过乡镇街道“基层调”、仲裁部门“全程调”、网络平台“线上调”、青年律师“公益调”、多个部门“联动调”等举措，努力将劳动争议化解在源头、消化在基层、终结在部门，仲裁案件调解效能得到有效提升，为构建和谐劳动关系发挥积极作用。

【“123”联合治理模式建立】 在2021年根治欠薪冬季专项行动开展过程中，余姚市建立“123”联合治理模式，瞄准建筑领域欠薪问题发力，处置效率明显提高。其中，“1”为新建“一个”处置团队，即抽调人社、住建、公安、信访等部门工作人员进驻市矛调中心进行实体化集中办公；“2”为新增“两种”处置模式，即联合约谈模式（由人社、住建、公安等部门联合约谈房产公司和施工单位）和预警函发送模式（以市根欠办的名义向属地党委政府发送欠薪预警单）；“3”为新设“三色”处置预案，即对全市102个在建房产项目按风险等级分成红、黄、绿三级，实施分级分层管理。

◎ 11月，劳动监察执法人员在建筑工地检查

（市人社局　供稿）

【劳务派遣机构专项整治行动开展】 4月底，根据浙江省人社厅、宁波市人社局统一部署，市人社局启动劳务派遣机构专项整治行动，行动持续至10月，其中4—8月为集中整治阶段。专项整治行动重点围绕加强人力资源市场监管、开展清理整顿人力资源市场秩序专项执法行动、建立实施“红黑名单”制度、加强对企业用工的指导和服务、充分发挥行业协会的行业自律作用等五大重点任务，重点整治未经许可擅自从事职业中介活动，扣押劳动者居民身份证等证件，以担保或其他名义向劳动者收取财物行为，参与签订非就业协议，招用童工等违规违法行为。

【“和谐同行”劳动关系能力提升培训班举办】 6月24日，由市人社局主办的“和谐同行”劳动关系能力提升培训班在余姚辰茂河姆渡酒店开班，共有来自余姚市百余家企事业单位的150余名经营管理者、人力资源管理人员、劳动关系协调人员参加集中培训。

培训班分三期举行，采用“线上＋线下”的培训模式，共培训

500余家企业，700余名人员。

【非因工劳动能力“云鉴定”首次开展】 年内，余姚首批远程视频非因工劳动能力鉴定专场举行，鉴定专家在线为2名住院的危重症职工进行鉴定。为减少疫情防控工作对鉴定工作的影响，余姚市人社部门积极探索通过远程视频的方式开展鉴定工作，并用执法记录仪全程录像，实现了鉴定全流程可溯可查，服务全过程清晰透明。

（屠晨恒）

社会保障

【概况】 截至2021年底，全市职工基本养老保险、城乡居民社会养老保险、工伤保险、失业保险参保人数分别达到43.44万人、20.12万人、45.7万人、36.5万人，余姚市户籍人口养老保险参保率达98.78%。

落实社会保障待遇。开展“维护职工合法权益、做好职工社保工作”专项行动，推动职工基本养老保险参保扩面，工作成效得到省人社厅专门信件表扬。强化社保精准扶贫工作，基本实现应保尽保。规范执行相关政策制度，准确完成参保人员各类待遇核算，确保按时足额发放。稳慎做好被征地农民参保和原外来务工险参保人员处理工作。用好“政保合作”机制，改进工伤案件办理质量，源头防止工伤案件发生。

强化基金监督管理。聚焦社保经办风险点，在全市范围内深入开展经办人员现金业务排查、近五年内城乡居民基本养老保险中断缴费人员核查等专项行动。组织开展多种形式的警示教育，引导各级经办人员以案例为警示，做到知敬畏、存戒惧、守底线。强化社保基金非现场监督和日常内控检查，积极配合第三方审计，加大违规资金处置追缴力度，最大限度确保基金运行安全。

【社银合作】 不断拓展“社银合作”领域，将八大类共35项人社业务下放到余姚农商行42个基层网点，特别是7—8月外来务工险补缴业务下放后，银行网点共办理业务1万余笔，占全市业务总量的近70%，受到群众广泛好评。加大社保卡推广应用力度，7家合作银行社保卡即办网点增至105个，数量居宁波市各县（市、区）前列，与宁波银行合作开发的社保卡制卡自助一体机可实现3分钟自助办理社保卡。

【全市首台社保制卡自助一体机投入使用】 6月10日，由宁波银行余姚中心区支行投资开发的“社保制卡自助一体机”正式进驻市行政服务中心一楼大厅并投入使用。办理宁波银行社保卡业务的群众，携带身份证到一体机自助办理，3分钟即可拿到社保卡。社保制卡自助一体机集“信息采集、照片拍摄、制卡、发卡”功能于一体，流程更便捷、操作更人性化、服务更贴心。群众携带身份证当场就可办理，原先窗口办理社保卡需要10～15分钟，但在自助设备上，3分钟即可拿到。一体机同时具有社保卡新申领、补换、挂失、解挂以及社保参保证明打印等5项功能。

【第三代社保卡发行】 8月12日起，余姚对全市新增及补换人群发行加载交通功能的第三代社保卡。持卡人凭加载交通功能的第三代社保卡可在宁波范围内直接刷卡乘公交、乘地铁并享受市民卡同等待遇及换乘优惠，同时实现在北京、上海、杭州等全国303个城市间的交通互联互通。市民可在市民卡服务网点充值后开通交通功能。

（屠晨恒）

医疗保障

【概况】 截至2021年12月底，全市医保参保98.98万人，户籍人口基本医保参保率99.95%。医保基金收入35.82亿元，支出28.49亿元，医保基金累计结余61.1亿元，职工医保统筹基金结余14.45亿元，统筹基金抗风险能力15个月。全市共有定点医药机构387家，其中定点医疗机构120家（不含村卫生室219家），定点零售药店267家；完成全市3696名医保医师、2941名医保护士、525名医保药师（共7162人）赋码备案，并实行动态管理。全市药品、服务项目、耗材等均实现带码结算。全年对个人自负金额大于5万元的41名困难群众产生的973.25万元高额医疗费用，个人负担医疗费用按政策全部化解落实到5万元以下。全市累计89.27万人激活使用医保电子凭证，激活率91.98%。定点医药机构年结算率14.83%，月结算率为44.21%。

医保覆盖面不断扩大。进一步放开参保户籍限制，非宁波户籍灵活就业人员可参加余姚市职工医保，实现制度和人群两个全覆盖。医保待遇稳中有升。居民医保A档财政补助资金提高到每人每年1780元，个人缴费达到每人每年750元。全市职工医保和居民医保住院及门诊特殊病种治疗政策范围内报销比例继续稳定在86%、70%。增加城乡居民基本医疗保险门诊医疗费最高支付限额500元。生育保险全面并入职工医保。重特大疾病保障逐步完善。通过“一提一倾斜”，大病患者和困难群众的医疗负担进一步减轻，妥善、精准解决各类困难群体的保障需求。医疗救助实现托底保障。落实困难群众参加基本医保政策，低边对象参加城乡居民医保个人缴费部分一直由财政全额资助。资助参加基本医疗保险16226人次，补助费用1178.67万元，其中困难群众7886人次。“天一甬宁保”落地实施。鼓励群众参保商业补充医疗保险“天一甬宁保”，与基本医保形成补充，探索破解群众“看病贵”的创新路径。全市参保25.37万人，参保率26.08%。

强化监管。强化日常稽核检查。截至年底，完成三年两轮巡查全覆盖，共巡查定点医药机构596家次，查处违规机构145家，其中限期整改81家，暂停医保服务55家，解除医保协议9家，剔除并追回不合理费用1075.76万元。开展驻点管理23家，处理1家，追回违规医保基金55.33万元，驻点期间医院的医疗费用同比下降690.79万元，均次费用同比下降13.26%。强化智能监控审核。建立完善医疗保障智能监控系统，实现基金监管从人工审核向大数据转变。远程视频监控和人脸识别智能监控系统覆盖所有定点零售药店和部分非公立医疗机构，共安装290家，对“两定”机构和人员诊疗及就医购药行为进行全方位实时监管。强化综合监管机制。建立完善部门间相互配合、协同监管的综合监管制度，联合市场监管、卫生健康等部门对定点医药机构开展联合检查，强化部门配合，形成部门联动合力。强化基金绩效管理。发挥基金预算指挥棒作用，推进精细化管理。对职工医保和城乡居民医保分别设计指标体系开展评价，分别从3个维度设定8类18项具体指标进行评价。2020年度城乡居民医保绩效评价位居全省第八、宁波市第一。

深化政保合作。与中国太平洋人寿保险股份有限公司宁波分公司开展政保合作，全流程参与医保监管和服务，健全完善医保经办业务政保合作考核办法。深化医保支付方式改革。制定出台《余姚市市域医疗服务共同体基本医疗保险费用总额预付管理暂行办法》《余姚市推进县域医共体基本医疗保险支付方式改革实施方案》等文件，逐步开展医保总额预算、住院按DRGs点数法付费、门诊按总额付费等多元复合式支付方式改革，健全“结余分享、合理超支分担”的激励约束机制。年度医保总额由市卫生健康局分配，打包给医共体，报市医疗保障局备案，与医共体签订协议。在宁波市范围内率先推行医共体医保专员派驻制，将医保监管延伸到医共体内部，引导各医共体合理诊治，实现从“看病挣钱”向“防病省钱”的转变。深化药械集中带量采购。做好国家组织药品集中带量采购的组织实施工作，第一批第二年、第二批首年、第三批首年分别完成约定采购量的158.00%、151.88%和121.84%。做好医用耗材集中带量采购中选结果的落地实施工作，省级耗材集中带量采购（球囊、髋关节）分别完成协议采购

◎ 8月，医院志愿者指导市民使用医保结算快速通道
（市医疗保障局　供稿）

量的 200%、150%，国家组织冠脉支架集中带量采购完成协议采购量的 108.01%。

推进“最多跑一次”改革。医保领域“最多跑一次”事项 28 个，其中 21 个事项纳入省政务 2.0 办事事项目录，实现线下智慧大厅收件办理和基层办，一网通办率 90.48%，居宁波市前列。配合落实出生、退休、身后、社保医保等“一件事”联办。落实医疗救助费用“一站式”结算，基本医疗保险、大病保险、医疗救助实现“一次刷卡、一站结算”。推进跨省异地就医直接结算，已开通跨省直接结算医院 39 家，助推长三角医保一体化高质量发展。6 月起，新增定点医疗机构同步开通跨省异地就医直接结算。7 月 1 日起，实现全市参保人员在省内宁波市外其他城市定点医疗机构就医免备案。余姚市全年异地就医直接结算 174788 人次，结算医疗费用 33409.19 万元，医保支付 22058.91 万元。推进医保电子凭证推广应用工作。成立工作专班，与各乡镇（街道）、部门一体化协同推进。线上通过各类新媒体向参保群众开展宣传。线下通过定点医药机构门厅、乡镇（街道）便民服务中心，向群众广泛宣传医保电子凭证使用方法。发动各乡镇（街道）社保协理员帮助群众激活使用。

着力应对突发公共卫生事件。2021 年上划新冠疫苗费用预算专项资金三批次累计 12234 万元，支付医院新冠疫苗采购费 12344.16 万元，支付新冠疫苗接种费 2556.69 万元，异地联网结算确认疑似新冠医疗费用和新冠筛查诊疗费用 3639.78 万元（共计 1.85 亿元）。通过减征、降费、延缴“组合拳”，最大限度减轻企业缴费负担，共为 19897 家企业减免医疗保险费 8724.43 万元。

【首都医科大学国家医疗保障研究院到余姚调研】 4 月 2 日上午，首都医科大学国家医疗保障研究院副院长应亚珍一行到余姚开展基本医疗保险基金运行评价集中调研工作，省医疗保障局基金监管处处长黄彩凤、宁波市医疗保障局党组副书记、副局长张颖和嘉兴市、衢州市医疗保障局基金监管处有关负责人陪同调研，余姚市医疗保障局党组书记、局长胡建波及相关科室、中心负责人参加调研活动。与会人员围绕浙江省医疗保险基金绩效评价体系建设展开了深入探讨。

【医保基金监管宣传月活动启动】 4 月 6 日下午，余姚市启动“宣传贯彻《医疗保障基金使用监督管理条例》、加强基金监管”集中宣传月活动，以促进医疗保障基金合理高效使用，依法管好用好医保基金，维护人民群众医疗保障合法权益。其间，余姚市加强对条例的广泛宣传，强化定点医药机构和参保人员自觉维护医疗保障基金安全法治意识，积极营造全社会齐抓共管的良好氛围。

【省医疗保障局到余姚调研指导】 5 月 14 日下午，省医疗保障局党组书记、局长杨烨一行，到余姚考察调研医疗保障工作，省医保局副局长徐伟伟和宁波市医保局党组书记、局长郑进达陪同考察。

座谈会上，杨烨听取余姚市医保局局长胡建波关于医保基金监管、智慧医保和医保经办等几方面工作汇报，了解近两年余姚医保部门在医保数字化推进、医保互联网结算、医保电子凭证推广、医保基金监管和医保待遇保障等工作中面临的难点和短板。其间，郑进达就宁波大市医保工作中存在的一些问题向杨局长作了汇报，并就一些关键问题进行探讨。会上，杨烨对存在问题作了关键性指示，对相关情况提出了针对性意见建议。

【各市级医疗机构赴宁波李惠利医院参观学习】 6 月 1 日，余姚市医疗保障局组织其市医保干部和市级医保定点医疗机构赴宁波李惠利医院考察学习。其间，李惠利医院医保物价科长张振宇介绍了李惠利医院开展医保电子凭证应用推广工作的经验做法，市医疗保障局党组成员、城乡居保中心主任周彬就余姚市推进医保电子凭证应用推广工作进行交流发言，各市级医疗机构参会人员进行针对性交流，并由院方带队现场参观门诊大厅自助服务区、医生诊室和医保码就医结算。

（陈学明）

文化·旅游·传媒

公共文化

【概况】 2021年，余姚市公共文化服务体系建设提质升级。余姚市公共文化中心项目建设稳步推进，主体结构、钢结构工程完成，屋面工程基本完成，累计完成投资6亿元。14个乡镇（街道）图书分馆达到宁波一星级馆以上标准，市图书馆被列入第一批省“满意图书馆”达标名单。

全面推进“一人一艺”全民艺术普及工程。推进公共文化演出配送、“周末文化”系列、“姚剧文化周”等文化惠民活动。全年开展公共文化演出配送142场，全民艺术普及活动119场。庆祝中国共产党成立100周年主题活动有序开展。承办“百年交响 激荡姚江”余姚市庆祝中国共产党成立100周年文艺演出，线上点击量超500万次。指导开展“幸福新时代 永远跟党走”全市系列文化活动。姚剧《童小姐的战场》入选省、宁波市庆祝建党100周年优秀文艺作品展演展示，并完成“百场庆百年”展演目标。

【出版】 2021年，全市共有印刷企业563家，其中包装装潢283家、一般印刷278家、出版物印刷2家，年产值达78.94亿元。5000万元以上的规模以上企业有25家，占总产值的69.6%。行业整体发展呈上升趋势，与上年相比增比11.42%。

2021年，全市有出版物零售单位129家，批发单位1家，共计130家，相关从业人员共计1559人，年营业收入达7965.91万元。从全市出版物经营单位的数量及布局来看，经营主体以个体工商户为主，小型报刊亭大量减少，网络书店的数量呈增长势头，全市完成备案的网上书店有40家。

【宁波市先进典型“走红色之旅·讲党史故事”活动开幕】 3月9日，由宁波市委宣传部主办的宁波市先进典型“走红色之旅·讲党史故事”活动在梁弄镇横坎头村开幕。来自各地的先进典型代表、党员代表、青少年代表等200余人参加此次活动。活动现场，由全国道德模范、全国优秀党务工作者俞复玲，全国脱贫攻坚先进人物周秀芳，中国好人、浙江省志愿服务先进个人孙嘉怿，全国“五一”劳动奖章获得者、残奥冠军王益楠等先进典型组成的“宁波市先进典型党史宣讲团”，先后为大家讲述了他们在学习党的光辉历史、感悟党的初心使命、领会党的创新理论、体认党的精神谱系、传承党的红色基因等方面的故事。

【《王阳明》首播】 3月22日，中央电视台科教频道（CCTV-10）开始播出五集大型人文纪录片《王阳明》。该片由浙江省委宣传部牵头，联合浙江省文化产业投资集团有限公司共同投资出品，北京伯璟文化传播有限公司承制。在余姚多个地方拍摄取景，再现王阳明在余姚的出生、成长、讲学等经历，是市委宣传部按照省委宣传部“推进文艺精品提升工程”要求联合打造的“十四五”重点影视项目之一。作为国内首部系统梳理王阳明传奇人生和心学思想的纪录片，该片采用真实再现历史人物的创作手法，以今人视角梳理王阳明的人生历程，阐释心学思想的演变历程、核心要义，通过人物故事体察王阳明先生“知行合一”“致良知”“明德亲民”思想的精髓。每集40分钟，依次按“溺”“困”“悟”“功”“明”五个主题切入。该纪录片已被列入首批国家广电总局“十四五”纪录片重点选题规划项目、浙江省委宣传部年度重点项目。除在中央电视台科教频道(CCTV-10)播出外,还在优酷网络平台播出。

【千场红色主题电影展映活动启动】 4 月 8 日晚，由市委宣传部主办、市电影公司承办的跟着电影学党史——余姚市千场红色主题电影展映活动在朗霞街道新新村党建公园启动。现场 200 余名村民观看红色经典电影《金刚川》。此次活动精选《金刚川》《建军大业》《建党伟业》《我和我的祖国》等 50 部红色经典影片，组织 17 支流动电影放映队，将深入农村、社区、企业、广场、学校、部队、敬老院等地，到 12 月底放映 3000 多场次。活动期间，余姚还开展“忆党史、感党恩”全市中小学生影评征文大赛等一系列活动。

【长三角青年诗人改稿会举办】 4 月 17—19 日，由浙江省作家协会轮值主办的第三届长三角青年诗人改稿会在宁波举办，并组织到余姚河姆渡遗址、浙东抗日根据地旧址群、鹿亭中村等地采风。第三届长三角青年诗人改稿会由《江南》《文学港》《诗歌月刊》《扬子江诗刊》四家刊物联合承办。前期征稿共收到长三角“三省一市”320 余位青年诗人的作品，经两轮评选，最终邀请20位优秀的青年诗人参会。

【余姚市第十一届全民读书节暨“书韵凤山”2021阅读季开幕】 4 月 20 日上午，“悦读红色经典 共享书香余姚”余姚市第十一届全民读书节暨“书韵凤山”2021 阅读季开幕式在阳明古镇举行。全市阅读联盟单位代表、阅读爱好者、当地市民群众 300 多人参加。活动由全市 21 位分馆馆长的阅读邀约拉开序幕，市文广局副局长周凌宏介绍全民读书节活动的主要情况，市委宣传部副部长、市资讯出版局局长马金浩宣布活动开幕。开幕式上，进行了“最美阅读推广人”表彰授牌和农家书屋代表接受赠书仪式，还举行了“阅读余姚”视频书签的首发式。开幕式后，以阅读联盟为主的阅读团体向现场的读者献上文艺演出。

按照第十一届全民读书节活动的总体部署，还开展了“世界读书日，阳明书友会”活动、“书香故里、书香之旅”云直播活动、“童心向党”全市中小学生手绘作品大赛、“经典永流传”余姚市第五届青少年朗读大赛等 60 多场次阅读活动。

【《还有诗和远方 · 诗画浙江篇》节目组在余姚拍摄】 4 月 21—22 日，浙江卫视《还有诗和远方 · 诗画浙江篇》节目组在余姚拍摄录制。《还有诗和远方 · 诗画浙江篇》是浙江卫视在省委宣传部指导下推出的一档文化旅游类节目。由多名主持人、艺人和文化名人组成“诗和远方旅行团”,走进全省“钱塘江诗路”“浙东唐诗之路”“瓯江山水诗路”等诗路文化带上的 8 个城市。余姚是《还有诗和远方 · 诗画浙江篇》第二季节目拍摄录制的第三站。在余姚拍摄录制期间，节目嘉宾先后走进河姆渡遗址博物馆、井头山遗址、王守仁故居、阳明古镇、鹿亭乡中村村、树蛙部落民宿、浙东（四明山）抗日根据地旧址群等景点进行取景拍摄。

【第八届余姚市百姓文化节开幕】 5 月 15 日上午，第八届余姚市百姓文化节开幕式暨“百年华诞 · 阳明礼赞”艺术市集开市活动在阳明街道舜北公园举行。开幕式后，艺术市集开市活动采用线上线下相结合的方式开展。“Show 余姚”主播在艺术市集开市现场对剪纸艺术、微雕艺术、绘画艺术、戏曲艺术、书法艺术等直播展示。

文化节围绕“文艺与新时代同行 文化让生活更美好”主题，坚持“百姓办、百姓乐”理念，以庆祝中国共产党成立 100 周年和党史学习教育等为重要内容，推出一大批群众喜闻乐见的优秀文化活动。文化节持续到年底，从市、镇两个层面安排了“才艺展示”“艺术鉴赏”“艺术培训”“文化消费”“弘扬优秀传统文化”等五大板块共 64 项活动。

【中秋诗话会举行】 9 月 21 日晚，“吾心自有光明月——诵阳明诗 悟光明心”市中秋诗话会在王守仁故居瑞云楼前举行。市委常委、市委宣传部部长王娇俐，副市长王安静出席活动。中秋诗话会在诗朗诵《吾心自有光明月》中拉开序幕，分为《望月 · 思乡》《赏月 · 诗心》《颂月 · 梦圆》三大篇章。活动中，来自各地的阳明文化爱好者以各种形式朗诵王阳明诗词《蔽月山房》《忆龙泉山》《忆诸弟》等，并围绕王阳明诗词进行主题对话。

【宁波（余姚）阳明文化周活动举办】 10 月 30 日至 11 月 5 日，2021 宁波（余姚）阳明文化周活动举办。文化周以“阳明故里 明理力行”为主题，举办了礼贤仪典暨开幕式、电视剧《阳明传》启动仪式、“中天阁论道：知行合一、明理力行——阳明文化成果转化案例分享会”、“阳明心学与宁波人的精神气质”研讨会、“同擎心灯 共启心路”全国阳明史迹保护研究联盟第二次会盟活动、“阳明文化六进”活动、王阳明经典名言篆刻展、哔哩哔哩视频网站阳明文化周宣传推介活动等主要活动。

（方麒君）

文化产业

【概况】 2021年，在余姚市委、市政府的统一部署下，全市文化产业发展势头总体较好。全年实现文创产业增加值93.6亿元，增长7.2%，占全市地区生产总值的比重为6.5%；实现数字文化产业增加值8.6亿元，增长25.6%。截至年底，全市共有规模（限额）以上文化产业法人单位67家。

年内，编制完成《余姚市文化产业发展“十四五”规划》。制定《余姚市文创园区及重点文化企业定期走访制度》，优化助推文化产业发展的工作机制。实施《关于加快余姚市文化产业发展的若干政策意见》。全年兑现文化产业扶持资金362万余元，争取宁波市文化产业专项资金扶持166万元。

充分挖掘余姚河姆渡文化、阳明文化、红色文化等特色文化资源，加大优质文化产业项目招引力度，推进河姆渡国家考古遗址公园、阳明古镇、中国电影（音乐）版权服务基地、姚江水岸——运河诗路文化交流中心、浙东红村·横坎头景区等重点文化产业项目建设，全力打造区域文化高地。

组织文化企业参加第十七届深圳文博会、2021海丝之路（中国·宁波）文旅博览会等活动，通过宣传推介、组织参展、考察学习等途径搭好文化招商和服务平台。扶持重点文化企业和文化品牌打造，充分发挥龙头引领效应。大丰实业、索普科技入围2021—2022年度国家文化出口重点企业。大丰实业被浙江省委宣传部认定为“浙江省数字文化示范企业”，入选第十三届“全国文化企业30强”提名企业名单，在庆祝中国共产党成立100周年文艺晚会“伟大征程”中承揽智能舞台。

【大丰实业参与“伟大征程”舞台搭建工作】 6月28日晚，庆祝中国共产党成立100周年文艺晚会“伟大征程”在国家体育场举行。浙江大丰实业股份有限公司承揽了此次活动面积超过6000平方米、体积超过23000立方米的智能舞台。大丰团队采取了多方位的保障措施。在设计上采用了大丰自主研发、国际先进国内领先的舞台专用运动控制系统，整个项目的主备系统均按照最高舞台安全等级标准实施。另外，还做了就地手动释放抱闸，由配重带动党徽上升的方案，三重保障措施，确保党徽升降万无一失，正常运行。承接的固定演出区域平台、对开车台、多自由度鼓、顶部设备等动作类设备都进行了ANSYS等软件的仿真结构计算，保证设备的结构稳定和载荷强度力。此外，大丰的专业技术和优质服务也贯穿整个项目实施过程。

【大丰实业亮相第十七届深圳文博会】 9月23—27日，第十七届中国（深圳）国际文化产业博览交易会举办。浙江大丰实业股份有限公司亮相参展。在9月24日下午举行的文化产业招商大会上，大丰作为第一批代表，上台参加重大项目签约。此次与大丰签约的是菲律宾Kingdom of Jesus Christ的舞台合作项目，合同意向金额2000万美元。项目位于菲律宾达沃，是一个多功能综艺馆，建成后，将是全世界最大的封闭场馆之一。

（方旭锋）

◎ 9月24日，大丰实业在“文博会文化产业招商大会”上签约

（市委宣传部 供稿）

文化遗产

【概况】 2021年，余姚市继续推进国家历史文化名城创建。召开创建国家级历史文化名城工作专班会议，组建工作专班和工作团队，完善工作计划和任务分解。对接聘请高级顾问相关工作。完成《余姚市文化遗产保护管理办法》意见征求，做好各级文保单位和历史建筑保护状况评估，实施一批文物建筑、历史建筑修缮和抢修加固工程。

推进河姆渡国家考古遗址公园建设。《河姆渡国家考古遗址公园规划》通过省级专家评审。井头山遗址二期发掘进入实质阶段，二期发掘基坑建设项目的实施内容、招标主体、经费组成明确，进入招标程序。

文化基因解码稳步推进。在全市区域内普查历史文化、旅游、环保、地理等方面，进行文化家底梳理，完成一般元素梳理420个（上报数据平台）。完成河姆渡文化、姚剧等15个重点元素解码报告（初稿）。加强“非遗”的保护和传承。泗门镇被列入第三批宁波市级“非遗”文化传承保护区创建名单；梁弄阿桥大糕、陆埠佛雕被列入第三批省优秀“非遗”旅游商品名单；余姚盆景等8个项目被列入第六批宁波市级“非遗”代表性项目名录，并增补7个宁波市级代表性传承人；余姚土布制作技艺传人被列入第二批宁波市“非遗”“薪火计划”中青年传承人群培养；完成第一批至第四批宁波市级非物质文化遗产民间文学、民俗、传统医药类项目“三位一体”评估，其中示范项目1个、优秀项目3个。组织开展各类“非遗”宣传展示和传承体验活动，完成《中国戏曲剧种全集》（浙江卷姚剧卷）初稿。

【七处红色革命文物列为市文物保护点】 3月初，余姚第六批文物保护点公布，共7处，分别为中共余上县委秘密联络点马氏枣园、泗门青年救亡宣传室旧址、新四军浙东游击纵队后勤部兵工厂旧址、郁文故居、三北游击司令部姚南办事处旧址、中共浙东临委成立旧址、华盖山民兵瞭望哨旧址。至此，余姚共计市级文物保护点101处。

【余姚革命文物巡礼主题展开展见面】 4月2日，“百年交响 激荡姚江”余姚革命文物（图片）巡礼主题展在余姚博物馆开展，70多件革命文物和文献资料图片亮相。主题展以余姚革命历史为脉络，由“浩气长存——风起云涌的余姚早期革命斗争”“同仇敌忾——轰轰烈烈的浙东抗日烽火”“人间正道——艰难曲折的余姚解放之路”三个板块组成。部分革命文物为首次展出。同时，“红色中国 革命文物图片展”同步以图文并茂的形式，分为“革命岁月”“建设年代”“改革篇章”“奋进新时代”四个时期进行展示。展览持续至7月底。

【施岙古稻田遗址发现宁波地区最早独木舟】 4月10日，浙江省文物考古研究所发布消息，在余姚施岙古稻田遗址发现宁波地区最早的独木舟。这也是继萧山跨湖桥、余杭茅山遗址独木舟之后，浙江发现的第三艘史前独木舟，对于深入研究浙江滨海先民傍水而居的历史具有重大价值。该独木舟仅保存船身部分，东端微收束，船头、船尾均已残断，北侧舷保存较好，南侧舷破损严重。内面较为平整，横断面呈弧形，残长5.6米、残宽40～80厘米、厚约3厘米。因埋藏较浅，整体开裂较严重，保存不是很好。树种经鉴定为枹栎。施岙独木舟发现后，考古队对其做了三维扫描，将其整体提取，

◎ 4月2日上午，“忆峥嵘岁月 走红色之路”全市党史现场教学活动启动暨“百年交响 激荡姚江”余姚革命文物（图片）巡礼启动仪式举行
（阳明文旅集团 供稿）

并专门订做了水槽放置。该独木舟临时存放在田螺山遗址现场馆内，并对其进行脱水保护与修复。

【井头山遗址上榜“全国十大考古新发现”】 4月13日上午，2020年度全国十大考古新发现名单在北京揭晓。经过综合评议，井头山遗址成功上榜“全国十大考古新发现”。作为此次浙江省唯一入选终评的考古项目，井头山遗址此前已入选过多个考古界的权威榜单，包括“2020年中国考古新发现”“考古中国”重大项目史前考古5项成果和年度浙江考古十大重要发现。3月2日，在第一阶段发掘完成的基础上，考古队员返回井头山遗址，开展二期发掘，面积在800平方米左右。

年内，由省文物考古研究所与浙江大学文物保护材料实验室合作，对井头山遗址出土的两件木器上的黑色涂层进行鉴定研究取得最新成果，确定该涂层为人工漆，相关研究论文发表在国际知名科技考古期刊《Archaeometry》。这是发现的中国最早的漆器，将中国乃至世界使用漆的历史提早到8000多年前，也说明杭州湾以南的宁绍地区是世界漆文化发源地。该两件带有人工涂层痕迹的木器，一件是带销钉的残木器，一件是带黑色表皮的扁圆体木棍。

【《红色四明映初心——余姚典藏革命文物释读》发行座谈会举行】 6月28日下午，余姚举行《红色四明映初心——余姚典藏革命文物释读》发行座谈会。市委书记奚明作批示，市政协主席陈长锋、市政协副主席朱卫东参加。该书是由市政协牵头，汇集文化、文史、党史、档案等部门的专家学者共同编撰出版，书中共收录196件典藏革命文物，文物年代绝大多数为新民主主义革命时期，以时间先后分为“星火燎原——风起云涌的余姚早期革命斗争”“同仇敌忾——轰轰烈烈的浙东抗日烽火”“人间正道——艰难曲折的余姚解放之路”三个篇章。

【河姆渡遗址入选“百年百大考古发现”】 10月18日，第三届中国考古学大会在河南省三门峡市开幕。开幕式上，“百年百大考古发现”重磅发布，余姚河姆渡遗址入选。1973年发现的河姆渡遗址是我国长江流域的一处新石器时代遗址，面积约4万平方米，堆积厚度达4米，由相互叠压又有内在联系的四个文化层组成。河姆渡遗址以发达的耜耕稻作农业、典型的干栏式建筑、独特的制陶技术为文化特征，真实地反映了7000年前长江流域繁荣的史前文明。2018年底余姚启动河姆渡国家考古遗址公园申报工作。遗址公园坚持保护与开发并重，以河姆渡遗址、田螺山遗址、鲻山遗址、井头山遗址为主体。

【余姚市职成教中心学校成为省级“非遗传承教育基地”】 10月下旬，在永康市举行的“诗路传薪2021年浙江省非物质文化遗产舞台展演暨代表性传承人培训班”上，余姚职成教中心学校的省级非物质文化遗产“精武拳技”教育基地，被省非物质文化遗产保护协会授予省级“非物质文化遗产传承教育基地”称号。市职成教中心学校从2006年9月开始，引入精武文化传承教育，先后开展“精武体育”学生社团、选修课等教学活动，累计开课30期，培训学生2000多人次。学校多次组队参加国际、国内比赛，取得优异成绩，先后获得余姚市精武体育文化特色学校、宁波市“非遗”传承基地、宁波市优秀学生社团、余姚市优秀校本选修课程等称号。

【全国阳明史迹保护研究联盟第二次联盟大会举行】 10月31日下午，同擎心灯 共启心路——全国阳明史迹保护研究联盟第二次联盟大会暨阳明文化研学线路研讨活动在余姚举行。各理事单位代表围绕阳明史迹保护利用和研究、阳明文创产品合作模式、阳明文化研学线路等主题进行交流研讨。

【6处不可移动革命文物入选市级文物保护单位】 11月17日，余姚市政府公布第七批市级文物保护单位，6处不可移动革命文物入选。2021年，第七批市级文物保护单位组织申报工作启动实施。最终，6处不可移动革命文物成为第七批市级文物保护单位，分别是中共浙东临委成立旧址、浙东鲁迅学院成立旧址、“新新公司”旧址、“红一师”蔡家缴枪旧址、四明山革命烈士纪念碑、胜归山烈士陵园。至此，余姚有全国重点文物保护单位8处、省级文物保护单位11处、市级文物保护单位105处、市级文物保护点97处。

【三七市镇的施岙遗址古稻田入选“考古中国”重大项目】 12月1日，国家文物局发布2021年第四季度“考古中国”重大项目，三七市镇的施岙遗址古稻田入选。该处稻田面积90万平方米，年代距今约6700年至4500年。出土陶釜口沿、鱼鳍形鼎足、平底罐底和石刀、石锛、石犁残片等器物。施岙遗址古稻田是目前世界上发现的面积最大、年代最早、证据最充分的大规模稻田。

【《余姚穴湖孙吴时期虞氏墓发掘简报》获浙江考古优秀成果奖一等奖】 12月6日，由浙江省考古学会主办的2020年浙江考古优秀成果奖评选结果揭晓。来自团体会员单位和个人会员的17件作品获奖，由市文物保护管理所选送的《余姚穴湖孙吴时期虞氏墓发掘简报》获得考古简报类一等奖。该简报发表于国家文物局主办的《文物》杂志2020年第9期。孙吴时期虞氏墓位于市经济开发区。2017年夏，经国家文物局批准，宁波市文物考古研究所与余姚市文物保护管理所实施抢救性考古发掘。该墓为平面“凸”字形砖室券顶墓，部分墓砖上发现有铭文三类，即纪年类、身份类和吉语类，各类铭文均为阳文正书，模印规整，具有较高的艺术价值。

（方麒君）

社科工作

【概况】 2021年，市社科联围绕市委、市政府和市委宣传部中心工作大局，坚守理论阵地，推进社会服务，建设社科姚军。蝉联2021年度全省“区县社科联测评优秀单位”，梁弄镇红色教育基地升级为省级社科普及基地。

【理论研讨】 年内，邀请浙江大学中国农村发展研究院教授顾益康、省委党校教授李涛，宁波市委宣传部原副部长李正平等专家召开“重温重要回信精神、推进老区共同富裕”理论研讨会。与余姚阳明文化书院联合开展府前路历史文化街区二期规划研讨活动，为市政府和承建方余姚开投蓝城公司开展二期建设提供建设性意见建议。派社科专家参加省文化和旅游发展研究院《解码文化基因，打造阳明文化标识》研讨活动、慈溪市三北抗日根据地历史地位研讨会等。

【课题研究】 “姚江书院”基地《关于打造弘扬阳明文化高地的实践与思考》等7个课题成为宁波市级规划课题。其中课题成果《王阳明化俗为任的乡村治理与司法思想的现代意义》在省委宣传部、省委依法治省办联合开展的“法治浙江建设十五周年理论研讨会”征文活动中获三等奖。与市委统战部合作开展的课题“党外干部履职能力评价机制研究——以余姚为例”被列入浙江省统一战线招标课题序列。“余姚中国裘皮城产业集群转型升级案例研究与对策”被列为《宁波发展蓝皮书2021》余姚课题。课题成果《关于打造弘扬阳明文化高地的实践与思考》在《宁波通讯》2021年第17期上发表。“宁波地区浙东抗战历史研究：浙东敌后抗日根据地红色政权的法制建设研究和启示”被列为宁波社科规划课题。

【社科宣传】 策划举办2021宁波（余姚）阳明文化周活动，设置纪念王阳明549周年诞辰礼贤仪典暨开幕式、中天阁论道：“知行合一、明理力行——阳明文化成果转化案例分享会”等八项重大活动，受到省社科联主席盛世豪肯定。五集大型人文纪录片《王阳明》在中央电视台播出，社会反响热烈。主题讲座《盛世、盛会、盛典》、余姚革命文物巡礼展分别获评宁波市“百讲”“百展”活动“优秀讲座”和“优秀展览”荣誉。所属协会联合影视公司励志喜剧电影《成为女神》在余姚开机，制作革命题材电影《英雄无间400》完成剧本创作，并报批上级部门通过。联合余姚阳明文化书院举办阳明文化沙龙12期，邀请浙江省儒学学会会长吴光作“阳明心学与人生智慧”专题讲座，邀请中国科学院心理学专家史占彪作“阳明心学与亲子沟通艺术”专场讲座等。

【社科成果】 和市老科协合作形成调研报告《关于加大“节水型企业”创建力度的建议》，获市长批示肯定。与省儒学学会合作，启动冈田武彦《王阳明纪行——寻访王阳明的遗迹》翻译工作。与省社会科学院合作编撰出版《2020阳明学研究报告》。组织相关专家编撰《浙江文化记忆丛书（余姚卷）》。编撰出版社科普及读物《四明山的味道》。与余姚阳明文化书院联合主办“武胜门历史文化街区研究课题成果分享交流会”，发布全部12个课题约12.5万字的研究报告，研究成果编辑印刷成《武胜门片区历史文化资源挖掘与文旅项目布局课题研究报告汇编》。

【武胜门历史文化街区研究课题成果分享交流会举行】 5月，由余姚市社科联、余姚阳明文化书院联合主办的阳明文化沙龙之武胜门历史文化街区研究课题成果分享交流会在余姚博物馆举行。分享会邀请到著名学者、浙江省儒学学会会长吴光，浙江大学文博系原主任严建强和余姚市品质办原主任黄晓帆到会指导。会议由余姚阳明文化书院许为民院长主持。分享会上，余姚市社科联原副主席杨鹏飞回顾了武胜门历史文化街区课题研究开展始末。余姚开投蓝城公司副总经理雍进华发表致辞。余姚市东海城市文化研究院院长华建新，中国作协会员、国家二级作家符利群，宁波职业技术学院国际学院韩淑靖团队，余姚市凤山街道办事处王晓来四位课题负责人现场对研究成果进行了报告。在报告人分享后，在座的专家、领导纷纷发言。会议最后，吴光为课题研究人员颁发了结题证书。

（方旭锋）

旅　游

【概况】 2021年，余姚市深入推进重大旅游创建。修改完善《余姚市文化旅游体育发展“十四五”规划》。梁弄镇成功创建为“宁波市首批红色旅游融合发展示范区”，丹山赤水景区、浙东小九寨中共浙东临委驻地成功创建为“宁波市首批红色旅游教育基地”。七彩白鹿景区通过AAA级旅游景区景观质量评审。抓好“微改造、精提升”行动。编制《余姚市旅游业“微改造、精提升”五年行动计划（送审稿）》。河姆渡遗址博物馆被列入省旅游业“微改造、精提升”文博场馆试点。共收集符合条件的“微改造”项目143个。推进重大项目招引建设。推进“招商引资一号工程”，发挥项目对旅游业整体发展的强大驱动力。全市共有在建、在谈、谋划中文旅项目103个。重点做好阳明古镇、姚江水岸诗路文化交流中心、横坎头田园综合体、黑龙潭明心谷等落地项目的跟踪服务工作，抓好项目建设的进度和品质。

办好重点节庆，推进市场营销。赴西安、厦门等地参加各类旅游促推广活动。重点举办“余姚杨梅中国红”——2021中国余姚杨梅节等大型节庆活动，共计20多项活动，其中在上海东方明珠塔下杨梅云直播的在线观看人数累计达50万人次。加快数字化建设，打造智游系统。加快推进“四明之窗·百里红诗路”智游项目建设，同时注重数字赋能，结合数据资源和AR、VR技术及5G信息等，规划创建“四明诗路”小程序、“游遍余姚”数字视觉运营系统、构建余姚文旅驾驶舱，打造智慧旅游新名片。完成AAA及以上封闭式景区“一卡通”项目建设。推进“诗画浙江·百县千碗”工作。对“余姚十大碗”菜品进行重新梳理，在全市范围内培育、认定一批“诗画浙江·百县千碗”美食体验店消费场所，创建省级示范店3家，宁波市级示范店4家。

【余姚跻身省“万村千镇百城”AAA级景区城】 1月中旬，经宁波市文化广电旅游局评定，浙江省文化和旅游厅核定通过，余姚被认定为省AAA级景区城。鹿亭乡、四明山镇、大隐镇、大岚镇被认定为省AAAA级景区镇（乡、街道），河姆渡镇、泗门镇、低塘街道、陆埠镇被认定为省AAA级景区镇（乡、街道）。兰江街道冯村村等69个村被认定为省A级景区村庄。余姚累计创建省A级景区村庄137家，其中AAA级景区村庄29家，四明山区域完成景区镇、景区村庄全覆盖。

【余姚派送年货大礼包和免费旅游券】 1月下旬，市文化和广电旅游体育局和市商务局推出“一份年货大礼包”“一张免费旅游券”活动。其中，活动向全市新春不返乡的新余姚人共计发放6万张景区免费旅游券，可用于丹山赤水、四明山国家森林公园、浙东小九寨、地质公园、天下玉苑（只含首道门票）5家收费景区。

【第十六届中国·四明山红枫樱花节开幕】 4月10日上午，“探唐诗之路，访梨洲故里”第十六届中国·四明山红枫樱花节开幕式暨姚台青年企业家创业联盟成立仪式暨第三届四明山国际越野跑挑战赛开幕。开幕式上，姚台青年企业家创业联盟成立授牌仪式、四明山旅游融合项目签约仪式和四明山镇幼儿园室外活动场地资金捐助仪式举行。开幕式后，山地越野跑挑战赛。红枫樱花节以“走樱枫之路观七彩四明，看乡村振兴叹百年巨变”为主题，从4月延续至11月，共推出10项活动。包括春天举行的第三届四明山国际越野跑挑战赛、悬岩樱桃节、甬攀高峰挑战青虎湾岗、余姚百姓生活节暨计生协戏曲联欢，夏天举行的氧气音乐节、“七夕寻缘，爱上四明”青年联谊会，秋天举行的第四届海峡两岸乡村振兴论坛余姚专场活动、“展枫采、现樱姿”Show余姚摄影（视频）大赛，冬天举行的四明山雾凇冰雪节。

【“浙江文旅金名片”媒体采风活动开展】 5月11日，由省文化和旅游厅组织开展的“浙江文旅金名片”媒体采风活动在余姚开展，系全省县（市、区）首站。来自《中国文化报》、《中国旅游报》、浙江卫视、《浙江日报》等媒体文旅线记者及新媒体人组成的采风团深入走访余姚，聚焦余姚全力推进全域旅游发展的生动实践。

◎ 4月10日上午，第十六届中国·四明山红枫樱花节开幕式暨姚台青年企业家创业联盟成立仪式暨第三届四明山国际越野跑挑战赛开幕式举行（四明山镇　供稿）

【“我和文化有个约惠”举行云直播】 12月12日，由市文化和广电旅游体育局主办的2021“我和文化有个约惠”文旅体消费周云直播活动在“千年余韵山水姚城”主题直播间举行。活动以“文化+旅游+体育”为核心，深度挖掘、传播、推广余姚本土文化旅游体育产业，在12小时直播过程中，邀请“非遗”项目传承人代表、旅游企业代表、体育企业代表推介“非遗”美食、旅游景点以及体育产品，并派发价值3万元的消费券。此外，直播中还展播了2021年全市文化精品活动。活动通过“余姚文旅”“余姚发布”等微信公众号和“游遍余姚”小程序等新媒体矩阵进行网络直播。

（方麒君）

文化旅游市场

【概况】 2021年，余姚市持续强化文化旅游市场监管。加快推进品牌创建，进一步提升行业品质。开展旅行社服务网点专项整治行动，加强旅游包车整治，确保行业秩序良好。与市法院、鹿亭乡人民政府共同试点推进鹿亭乡旅游巡回法庭，探索建立健全重点旅游乡镇与基层人民调解组织衔接联动机制。

深化安全生产保障。围绕“平安护航建党百年”，对文旅体各行业开展安全隐患大排查大整治专项行动。按照“遏重大”攻坚战相关工作要求，制订《余姚市旅游领域安全生产风险普查工作方案》和《余姚市文物建筑消防安全风险普查技术服务工作方案》，全面摸清余姚市旅游领域和国有文物建筑消防安全风险底数。严格落实消防安全隐患整改措施，并协调市消防救援大队、陆埠镇政府进行联合验收。组织开展经营高危险性体育项目单位安全生产暨急救应急演练。

【艺术品经营单位“双随机”检查开展】 3月中旬，市文化市场综合行政执法大队开展艺术品经营单位“双随机”检查，共计检查经营单位6家次。经检查发现，6家单位中有3家暂停营业，1家备案证明遗失。正常经营的艺术品经营单位2家，销售的书法、美术作品大部分为本地艺术家创作，经营情况总体较为规范，主要存在部分书法、美术作品没有明码标价问题。执法人员督促其及时整改违规行为。

【“五一”假期余姚文旅市场繁荣有序】 5月6日，经统计，“五一”期间余姚全市A级旅游景区共接待游客13.6万人次，门票收入238.5万元。乡村旅游接待游客约28万人次，较2019年同期增长10%。“五一”期间，市文化和广电旅游体育局建立景区负责人直接联系机制，实现信息无缝对接。景区运行情况稳定，5天游客数量呈“凹”形线。其中5月1—3日天气晴朗，余姚9个A级景区游客络绎不绝；5月4日雨天，游客人数相对减少。收费景区游客量稳定。其中，自然风光与民居民俗相结合景区游客接待量比2019年同期明显增长。鹿亭乡中村村等“敞开式”景区深受欢迎。河姆渡博物馆（田螺山遗址现场馆）、余姚博物馆、王阳明故居、舜江楼、中大阁等文博场所接待游客4万余人次。“五一”期间，市文化和广电旅游体育局派出8个检查组开展覆盖式文旅行业检查，在安全生产、疫情防控、防汛防灾等层面，累计出动检查人员约270人次，检查各类场所约160家次。

（方麒君）

四明山旅游开发

【概况】 2021年，市四明山旅游度假区管委会持续加快完善规划体系，加强招商推广成效，稳步推进项目建设，统筹推进四明山区域旅游高质量发展，助力争创社会主义现代化先行市、高质量发展建设共同富裕先行地。

【统筹发展】 加快推进区域规划编制。加快编制度假区总体规划和环评报告书，完成度假区总体规划宁波部门意见征求工作，对总体规划方案进行修改完善，形成报批稿。完成度假区总体规划环评报告书编制实地调研、实地监测和方案编制，形成报告书初稿。形成度假区启动区控制性详细规划初步方案，开展方案内部研讨工作，为下步开展规划论证做好准备。此区块在国土空间规划编制“过渡期”争取到省政府批准的近40公顷城镇开发边界。谋划开展《余姚四明山省级旅游度假区启动区和核心区给水、污水工程专项规划》《余姚市四明山区域绿道系统专项规划》编制项目。

深挖四明山区域存量空间。对余姚市四明山区域546.46平方千米范围内50户以下自然村存量空间调查摸底，共走访自然村54个，排摸建筑1100余栋，排摸村落面积近44公顷，形成调研报告，并获市委、市政府主要领导批示。在调研基础上，选取大岚镇雅庄村、四明山镇茶培村、鹿亭乡石潭村3个村庄为设计对象，组织开展四明山乡村空间艺术化设计竞赛，选取获奖作品作为2022年度村庄提升改造工程参考方案。利用存量空间开发建设岩下山精品民宿、1968·美宿等项目。

谋划发展东岗山周边区域。着手编制东岗山周边区域旅游产业发展策划，开展东岗山周边区域资源调研并形成调研报告，谋划启动梁弄—东岗山索道项目，形成可行性研究报告书和索道工艺装配初步方案。

【招商宣传】 创新旅游宣传媒介。“四明山记”官方抖音号2021年共发布视频作品106个，积累“粉丝”5.1万人，累计浏览突破3000万人次，全年浏览量超过100万人次的爆款视频有3个。编印《碗里余姚 四明山味道》《招商手册》《四明山手绘地图》分发至景区景点、民宿“农家乐”、星级酒店、旅游推介会现场，扩大四明山旅游影响力。

统筹区域节庆活动。在统筹区域乡镇节庆活动基础上，举办“百年辉煌 红动四明”2021年余姚“四明山 中国红”旅游节，开启四明山红色旅游序幕。举办四明山（上海）旅游推介会，扩大四明山在长三角地区的旅游知名度。举办四明山文创设计大赛被10余家媒体宣传报道。

推动重点区块招商。开展“点对点”精准招商，加强与金恪控股、沿海集团、乡伴文旅、中铁文旅旅悦集团等企业对接洽谈，与旅悦集团签订战略合作协议，与金恪控股就南岚区块开发签订合作框架协议。加强与市级招商平台对接，挖掘潜在投资客商，招商资源库客商达14家。

【建设开发】 提升门户形象，完善服务设施。建设完成四明山镇鸡冠岩、鹿亭乡中村两个门户节点。对梁弄镇山门门户区开始许溪线改道、游客中心外立面及内部装修。推进度假区旅游导示系统建设，完成四明山省级旅游度假区外部标识牌建设，启动度假区内部导示系统建设。年内完成设计布点方案初稿。

优化交通路网，示范引领带动。建设完成浙东唐诗之路（梨洲街道茭湖古道）示范段，启动浙东（四明山）唐诗之路建设（二期）项目，以鹿亭晓云村为核心，以“一心、两环”为基本思路，延伸茭湖古道示范段路径，进行该项目设计方案调整。根据“三纵、一横、八环”总体目标，建设国家千里登山步道路网，并通过举办千里登山步道金秋登高活动进行宣传。启动建设覆盖梁弄镇、鹿亭乡两个典型示范乡镇全域的步道路网体系。梁弄镇完成施工招标，鹿亭乡准备招标。牵头负责并完成“四明之窗”百里红诗路许溪线沿线16个节点的提升改造。钱库岭梯田区块完成彩绘一期项目，谋划二期工程；夏家岭观景平台进场施工；蜻蜓岗地块停车场由市阳明文旅负责场地整理，大岚镇负责改造提升；冷水孔节点进场施工。

指导服务基层，助力美丽乡村。推进鹿亭中村农旅示范街建设工程，总投资250万元，主要建设内容包括中村荷梁线北侧廊桥至白云桥区间段外立面改造、业态植入等，年内完成工程量的95%。

【“四明山 中国红”旅游节暨梁弄红色旅游主题活动启动】 4月9日，“百年辉煌 红动四明”——2021余姚“四明山 中国红”旅游节暨梁弄红色旅游主题活动启动仪式在梁弄镇横坎头村举行。副市长王安静，市政协副主席、市四明山旅游度假区管委会主任缪正刚出席活动。

活动通过四明山特色主题旅游线路发布、“红色旅游采风基地”揭牌、红色之旅手绘地图首发、红色主题“四明山味道”亮相、红色之旅“康养旅游大红包”赠送等环节，在建党百年之际，开启四明山红色旅游序幕。

【余姚四明山（上海）旅游推介会举行】 5月11日下午，由余姚市人民政府、宁波市文广旅游局、宁波市人民政府驻上海办事处主办的“四明山，我来看你！”2021 余姚四明山（上海）旅游推介会在上海举行。余姚市委副书记、市长徐云，副市长王安静，市政协副主席、四明山旅游度假区管委会主任缪正刚出席。主办方向大家推介了四明山旅游资源、线路产品以及旅游招商项目，梁弄镇、大岚镇、四明山镇、鹿亭乡等乡镇的主要负责人分别作了旅游资源介绍。现场还举行了大岚高山云雾茶上海直销中心揭牌仪式，签订了余姚市四明山旅管委与旅悦集团战略合作协议、余姚市阳明文旅集团与上海全筑控股集团股份有限公司框架合作协议、浙江黑龙潭明心谷项目合作协议等 3 项合作协议。与此同时，“四明山，我来看你！——上海市民自驾游余姚”首发团启动。

【余姚四明山乡村空间艺术化设计竞赛举办】 9 月 27 日，市四明山旅游度假区管理委员会举办的“绿城金茂 · 春澜璟园杯”2021 余姚四明山乡村空间艺术化设计竞赛拉开帷幕。竞赛以大岚镇雅庄村、四明山镇茶培村和鹿亭乡石潭村为景观打造点，通过“微改造、精提升”，鼓励艺术赋能振兴乡村，旨在通过“团队设计 + 村民建设”的共建方式，调动乡村景观设计人才与当地村民共同参与设计建造，激活乡村文化内生动力，为四明山乡村振兴持续发力。活动共收到来自长三角地区 24 个设计单位的 19 个作品参赛，最终 7 个获奖作品被列为 2022 年度村庄提升改造工程参考方案。

◎ 4 月 9 日，“百年辉煌 红动四明”2021 余姚“四明山 中国红”旅游节暨梁弄红色旅游主题活动启动仪式在梁弄镇横坎头村举行

（四明山旅游管委会　供稿）

◎ 四明山文创设计大赛一等奖作品：《雅庄 · 梦蝶》

（四明山旅游管委会　供稿）

【余姚四明山文创设计大赛启动】 10 月 14 日，由市四明山旅游度假区管理委员会主办的“余姚四明山 · 文创设计大赛”启动。此次比赛共收到来自全国各地网络投稿近 200 件，网络人气评选环节参与投票达 33621 次。

（四明山旅游度假区管理中心）

牟山湖旅游开发

【概况】 2021 年，市牟山湖休闲度假区管委会按计划有序推进招商引资、规划编制、基础配套等工作。全年用于工程支付资金约 13850 万元，主要用于度假区及基础设施配套建设工作。

【拆迁安置小区建设】 牟山湖休闲度假区拆迁安置小区有序建设。安置房一期由浙江兆通置业有限公司竞得建设，占地面积约 5.53 公顷，总建筑面积 11.8 万平方米，总投资约 4.86 亿元，于 2013 年年底开工建设，2017 年建成并完成分配。安置房二期占地约 1.67 公顷，总投资约 1.13 亿元，总建筑面积 2.97 万平方米，由舜龙房产摘牌，2018 年完成分配。安置房三期占地约 6.24 公顷，总建筑面积 13.52 万平方米，总投资约 6.4 亿元，由余姚市宇昇置业有限公司竞得并于 2019 年 7 月开工，12 月底完成建设。

（余姚市牟山湖管委会）

融媒体

【概况】 2021 年，余姚市融媒体中心推出党史学习教育主题报道，累计刊播报道 900 多篇。推出庆祝建党 100 周年——“百

年交响 激荡姚江”主题报道，累计刊播报道60多篇。做好舆论监督栏目《电视问政面对面》和《四明聚焦》为代表的建设性舆论监督栏目。2021年播出《电视问政面对面》节目两次，《四明聚焦》已累计发稿100篇。新开设扶持民生服务栏目《小云来帮忙》，10月8日上线。

确立“移动优先”战略，整合了各个新媒体平台，明确了以“姚界”客户端为龙头的中心旗下七大新媒体平台，投入50多万元升级了“姚界”客户端并推行优先向新媒体供稿机制。按照新媒体供稿规范化要求，设立视觉创意部，加大短视频H5等新媒体产品的创作力度。加快公共服务平台建设，投入70多万元改造中国县市图片网，建设中国县市（区）融媒体中心视觉产品共享平台，在视觉产品资源共享和版权维护上迈出了重要步伐。

广播电视新闻在宁波市级及以上新闻媒体录用播出1133条次，其中央视发稿78条次、央广22条次，浙江卫视、浙江之声分别发稿271条次、59条次，宁波新闻综合频道《宁波新闻》和宁波广播《宁广早新闻》等宁波级主流媒体分别发稿588条次、115条次。在创优培优上，共有90多件次作品在各类新闻奖评选中获得奖项，其中，一等奖20件次。有7件次作品获得浙江省新闻奖（浙江省广播电视节目奖），其中二等奖3件次、三等奖4件次，获得浙江新闻奖数量创近年来新高。

依托《牌轩下茶馆》《爱尚家装》等自办栏目资源，成功举办“走进红日看养老”“匠心筑梦——家装设计尊享会”等线下活动。发挥优势开展青少年素质拓展训练项目，举办的国学开蒙礼、百名小记者观红色电影活动等小记者专属实践活动吸引近2000人报名。创作拍摄了保密宣传片，录制了市红色教育微党课。承办第七届中国机器人峰会暨智能经济人才峰会开幕式、第九届“感动余姚”新闻人物暨第三届余姚市道德模范颁奖典礼等各类会展、演艺传播活动40多场次。

在宁波县市区率先实施全员企业化管理模式，走出实质性融合步伐。完成工会、妇委会选举工作，为推进中心建设奠定了基础。

【“百年交响、激荡姚江”仪式启动】 3月9日，余姚市融媒体中心“百年交响、激荡姚江”全媒体主题采访活动启动仪式在余姚市龙山文化广场举行。该主题采访活动以余姚的重要党史胜迹为切入点，以时间轴为主线，组织新闻工作者讲好在党领导下余姚在革命斗争、全面建设和发展时期的故事。同时，余姚市融媒体中心的报、台、网、端、微、屏等平台及时报道全市各地各部门庆祝中国共产党成立100周年的各类活动，配合策划、组织、发布主题征文、演讲、展映、“快闪”等活动。

【城市精细化管理电视问政活动】 4月14日，余姚市开展以“聚焦短板、拉高标杆、全国文明城市建设再出发再提升”为主题的电视问政活动，聚焦服务保障民生的城市精细化管理问题。余姚市四套班子领导与各地各部门负责人、评论员、市民代表一起参加活动。本次问政对象为市公安局、市市场监管局、市住建局、市综合行政执法局、市农业农村局及城区四个街道办事处主要负责人。余姚市融媒体中心全程参与活动录制。

【选送新闻作品获得省级新闻奖】 5月10日，由余姚市融媒体中心选送的《余姚寒夜“守卡人”筑就坚实“防疫墙”》等两件作品，被浙江省新闻工作者协会授予浙江新闻奖二等奖。至此，余姚市融媒体中心有7件次作品获得浙江省新闻奖（浙江省广播电视新闻奖），其中二等奖3件次，三等奖4件次，获得浙江新闻奖数量创近年来新高。

【余姚市传媒集团有限公司完成注册登记】 6月8日，余姚市传媒集团有限公司完成注册登记。根据《关于推进余姚市融媒体中心改革实施方案》和《余姚市传媒集团有限公司组建方案》，余姚市融媒体中心对下属公司进行整合，原广播电视台和原余姚日报社关联公司和部门进行撤并，设立了三大公司：姚界公司、广联公司和网络公司。完成中层干部集中调整聘任，共任命了60位中层干部（包含传媒集团），缩减11人；人员总编制517人，比合并前缩减40人。

【广播电台推出视频直播类节目】 8月16日，余姚市融媒体中心旗下余姚人民广播电台首次推出了《早晚高峰》节目的视频直播，同时开通了电台微信视频号，尝试建立融媒矩阵，打造可听可看电台新形象。电台服务类节目《小潘说气象》，第一期短视频版《小潘说气象》开播，市民只要打开手机就可以观看，并可转发进行二次传播，从以往的“我播你听”升级为可看可互动。

【四明山镇4K电视覆盖达标】 9月14日，余姚市四明山镇4K电视覆盖达标，这是余姚市融媒体中心根据浙江省《关于加快推进美丽乡村建设的意见》，积极推进美丽乡村4K电视覆盖工作取得的成果。

【《小云来帮忙》上线抖音平台】 10月8日，《小云来帮忙》栏目在抖音平台上线。《小云来帮忙》是余姚市融媒体中心推出的一档新媒体民生（服务类）抖音栏目，旨在为余姚市民解决生活中遇到的大小事情。截至2021年末，共发布短视频37个，视频总浏览量达到587.6万人次，“粉丝”量达2.3万人次，“粉丝”活跃度超过85%。

【公益广告获全国三等奖】 10月13日，由余姚市融媒体中心选送的公益广告《信息时代拉上老人的手》，荣获国家广电总局开展的广播电视公益广告扶持项目广播类优秀作品三等奖，余姚市融媒体中心是全国唯一获奖的县级市电台。据了解，为引导和鼓励广播电视公益广告制作播出，提高公益广告质量，国家广电总局2021年开展了广播电视公益广告扶持项目评优工作。经省级广电主管部门、中央有关单位推荐，国家广电总局共评出广播类一、二、三等奖优秀作品23件。

【市融媒体中心新大楼全面施工】 10月28日，余姚市融媒体中心新大楼各项主体工程的招标工作完成，启动全面施工。该工程投资1.4亿元用于大楼装修以及数字化信息化高清化（5G）升级改造工程，预计整体项目于2023年10月前完成。

【第二十二个记者节大会举行】 11月8日，余姚市融媒体中心举行庆祝第二十二个记者节大会。会上举行了向2021年退休的新闻工作者致敬仪式，并对2021年度市优秀新闻工作者进行了通报和表彰。中心共有16人受到了表彰，3名获奖代表谈了工作体会。

【广播剧《嘱托》“云听”客户端全网首播】 12月17日，由中共余姚市委宣传部、余姚市融媒体中心联合出品的广播剧《嘱托》登录中央广播电视总台新媒体“云听”客户端全网首播。广播剧《嘱托》以习近平总书记两次给余姚市四明山革命老区梁弄镇横坎头村的回信为时间节点，通过讲述该村党委书记带领全村人转变观念、开拓创新、努力奋斗，把一个封闭落后的小山村建设成为美丽富饶、共同富裕示范村的故事，生动体现了老区人民不忘总书记“把梁弄镇建设成为全国革命老区全面实现小康样板镇”的谆谆嘱托、忠实践行党的方针政策、实现全面奔小康的精神风貌。

（吕　群）

教　育

综　述

【概况】 2021年，全市共有各级各类学校287所，在校学生总数161566万人。其中，高等学校1所，在校学生1042人；普通高级中学9所，在校学生11724人；中等职业学校5所，在校学生6905人；初级中学27所，在校学生29640人；小学78所，在校学生73414人；特教1所，在校学生162人；幼儿园166所，在园学生38679人。

表8　　2021年余姚市各级各类学校基本情况表

学校	学校数（所）	在校学生数（人）	教职工数（人）
合　计	287	161566	13956
其中，公立	135	125679	10225
民办	152	35887	3731
一、大专等	1	1042	25
二、普高	9	11724	1171
公立	6	8143	898
民办	3	3581	273
三、职高	5	6905	720
公立学校	5	6905	720
四、初中	27	29640	2482
民办学校	1	4157	290
公立学校	26	25483	2192
五、小学	78	73414	4209
民办学校	0	2113	140
公立学校	65	64500	3616
民工学校	13	6801	453
六、特教	1	162	50
七、幼儿园	166	38679	5299
其中，公立	31	19444	2724
民办	135	19235	2575

注：余姚市河姆渡镇车厩小学、余姚市泗门镇塘后小学和余姚市临山镇湖堤小学撤销。

【师资力量】　余姚中学姜宁宁老师获得“省教坛新秀”称号。2021年浙派名师名校长培养对象，余姚入选6人（宋云森、骆柏林、潘悦、魏巍、胡玲君、张银燕）。

2021年浙江省全省中小学班主任基本功大赛，梦麟中学沈群超老师获三等奖。2021年省级“基础教育精品课”评选中，余姚有11门课程入选。2021年宁波市“基础教育精品课”评选中，余姚有28门课程入选，其中一等奖12门、二等奖16门。余姚市教育科学研究所被评为浙江省（2019—2020年度）教科研先进集体，徐华军（余姚市第二实验小学）、彭金华（余姚市职业技术学校）、许红霞（余姚市舜水中学）3人被评为浙江省（2019—2020年度）教科研先进个人。浙江省教育厅教研室公布小学道德与法治优秀教学设计征集名单，余姚共有6项案例入选。2021年宁波市中小学班主任基本功大赛中，余姚共有11人获奖，其中一等奖1人、二等奖2人、三等奖8人。2021年浙江省各学科优质课评比中，余姚共有2人获二等奖。宁波市2019—2020年度基础教育突出成果评选中，余姚共有8项获奖，其中一等奖3项、二等奖1项、三等奖4项。余姚4组教研组（泗门镇小小学语文组、实验学校小学数学组、泗门镇小小学美术组、子陵中学教育集团子陵校区初中语文组）入选2021年浙江省先进教研组。

姚平锋等8人获第三批余姚市名校（园）长荣誉称号，潘悦等14人获首批余姚市骨干校长（园长）荣誉称号。黄徐辉等13人获余姚市第九届名教师荣誉称号，沈彩凤等260人获余姚市第六届中小学学科骨干教师荣誉称号，陈可达等22人获余姚市第二届乡村学校学科骨干教师荣誉称号。评选余姚市第三届中小学新秀班主任89人（一等奖20名、二等奖26名、三等奖43名）。组织开展余姚市2018年入职教师三年专业发展考核暨第三届教学新蕾评选，共评选出2018年入职教师“教学新蕾”90人（一等奖21名、二等奖26名、三等奖43名）。组织开展第十六届中小学（幼儿园）教坛新秀评选活动，评选总名额380人左右。

（汪渝杰）

学前教育

【概况】　2021年余姚市有幼儿园166所，在园儿童38679人；其中公办园31所（77个园所），招生占比50.3%；普惠性民办园107所，公办幼儿园和普惠性民办园招生占比90.9%；省等级幼儿园比例99%，等级园招生占比99.1%，其中省二级及以上幼儿园招生占比56.3%。园长和专任教师总数2962人，其中在编507人，持证率100%，大专以上学历占比97.70%，具有专业职称比例74.31%。

余姚贯彻落实《中共中央国务院关于学前教育深化改革规范发展的若干意见》，完成第三轮学前教育发展提升行动计划规定的各项工作任务。1所幼儿园通过省现代化学校创建验收，有4所幼儿园通过省一级幼儿园评定，6所二级幼儿园通过宁波市认定，79所幼儿园接受省级规范办园抽查并通过，4所幼儿园通过三级创建。

2021年，新增公办园四所，分别是四明幼儿园兰墅园区、阳明街道中心幼儿园新悦府园、机关幼儿园梦麟园区、兰江实验幼儿园，新增在园幼儿421名。租赁6所民办幼儿园转为公办园（凤山街道舜江实验幼儿园、凤山街道穴湖幼儿园、河姆渡镇罗江幼儿园、临山镇湖堤幼儿园、马渚镇斗门幼儿园、陆埠镇超群幼儿园），回购2所民办幼儿园转为公办幼儿园（城东实验幼儿园、舜水幼儿园），新增公办园在园幼儿1720名。全市公办园招生覆盖率从2020年的43.1%提高到50.3%。

完成舜塑地块、姚北地块、小曹娥地块配套幼儿园建设。完成绿城区块、万达区块、凤山区块三个应建而未建住宅小区配套幼儿园项目。新建成的住宅小区配套幼儿园全部是公办园。落实公办幼儿园和普惠性民办幼儿园生均公用经费，每生每年1700元，除生均公用经费外，财政还对普惠性民办幼儿园进行补助。

【四明幼儿园通过省现代化学校创建验收】　3月，浙江省首批“浙江省现代化学校”名单公布，四明幼儿园入选，为余姚入选学校中唯一家幼儿园。四明幼儿园是余姚市教育局直属公办园，现有4个园区、26个班级、800余名幼儿、120名教职员工。

（汪渝杰）

基础教育

【概况】　余姚市有初中27所，在校学生29640人，教职工2482人；小学78所，在校学生73414人，教职工4209人。义务教育段接收外来务工人员随迁子女56668人，其中在公办中小学就读49089人。省义务教育标准化学校建成率达99.1%。全市有普通高中9所，在校学生11724人。高中段接收外省籍学生2309人。2021年全市高考实际参加考试3133人，上特殊类型招生控制线589分（浙江省全省比例20%）共918人，上线率为29.30%，其中余姚中学433人、姚中书院76人、梦麟中学121人、二中25人、四中170人、七中1人、八中23人、高风中学69人。全市最高分699分，690分以上共3人。另外，经各校上报汇总，新一段线（495分）以上共2414人，上线率为77.05%（浙江省全省比例63.34%）。浙江省前100名有2人，清华大学和北京大学共录取3人。

锦凤小学、古路头小学、姚北实验小学、北师大余姚校区新建工程开工建设。阳明小学改造一期、低塘小学搬迁改造、更大小学改造在8月31日前完工，增加学位810个。巩固“千校结好”行动计划的成果。2021年有浙江省“千校结好”特色学校1所（余姚市实验学校），宁波市“千校结好”特色学校3所（浙江省余姚中学、余姚市第二实验小学、余姚市舜水中学）。余姚市中小学校已与74所国（境）外学校结成友好学校。

全市义务段学校国家体质健康测试合格率达到98.4%。新增国家足球特色学校3所（丈亭三江小学、三七市镇二六市小学、东城小学）、全国足球特色幼儿园3所（余姚市河姆渡镇第一幼儿园、兰江街道中心幼儿园、梨洲街道中心幼儿园）、省级足球特色学校3所（陆埠镇校、陆埠镇中、七中）。共有15名学生（阳明中学4人，梨洲中学1人，肖东一小2人，肖东二小8人）入选省校园足球最佳阵容，占宁波市义务段入选人数的65.2%。市肖东第二小学成功承办了ZSFL“特步”浙江省第十二届中小学校园足球联赛小学女子甲组总决赛，市肖东第二小学获季军。市陆埠中学和陆埠镇第二小学在第二届中小学生跳绳锦标赛中获团体第一名，其中陆埠镇中共有8名学生代表浙江参加第十四届全国学生运动会。

建设了5个近视防控特色学校（姚江中学、姚江小学、世南小学、东城小学、四明幼儿园），积极开展全市13.48万名学生的视力普查，2021年余姚市学生近视率为55.18%，较2020年56.58%下降1.4个百分点。截至2021年，余姚市已有浙江省健康促进学校123所，其中大隐镇中心学校等3所学校为金牌学校，余姚市第一实验小学等7所学校为银牌学校，舜水中学等113所学校为铜牌学校。推进无烟学校建设工作。

参加省厅和宁波市局组织的艺术比赛活动。东风小学获浙江省中小学生艺术节中小学美育改革创新优秀案例一等奖；兰江小学获浙江省中小学艺术节戏剧二等奖；五职校的书法篆刻作品、四职校的平面设计作品、姚江小学的立体造型作品等多项学生作品获浙江省中小学生艺术节艺术作品类一等奖。实验学校、湖北小学、兰江小学在宁波市教育系统第十九届艺术节中荣获课堂乐器合奏比赛一等奖；泗门镇小、实验二小、余姚四中在宁波市教育系统第十九届艺术节中荣获合唱比赛一等奖；实验学校、实验二小在宁波市教育系统第十九届艺术节中荣获器乐合奏比赛一等奖；实验学校、实验一小在宁波市教育系统第十九届艺术节中荣获舞蹈比赛一等奖；兰江小学在宁波市教育系统第十九届艺术节中荣获戏剧比赛一等奖；余姚三中在宁波市教育系统第十九届艺术节中荣获朗诵比赛一等奖；东风小学的绘画作品、姚江小学的书法作品、兰江中学的摄影作品、四职校的平面设计作品、三溪口小学的立体造型作品等多项作品在宁波市教育系统第十九届艺术节中荣获庆祝建党百年师生书画摄影大赛一等奖。

组织参加宁波市第一届课

◎ 5月20日，肖东二小承办ZSFL“特步”浙江省第十二届中小学校园足球联赛小学女子甲组总决赛并获得季军（市教育局 供稿）

文朗诵大赛，荣获 4 个一等奖、4 个二等奖、2 个三等奖，其中余姚市第三中学获得高中组第一名，余姚市教育局荣获优秀组织奖。组织参加了宁波市“诵读中国”经典诵读大赛，荣获 3 个一等奖、3 个二等奖和 4 个三等奖，其中余姚市阳明街道第三幼儿园获得教师组第一名，余姚市教育局荣获优秀组织奖。组织参加了宁波市“笔墨中国”汉字书写大赛，荣获 7 个一等奖、9 个二等奖和 10 个三等奖，余姚市教育局获优秀组织奖。

【肖东二小承办省小学女子甲组总决赛并获得季军】 5 月 20 日，ZSFL“特步”浙江省第十二届中小学校园足球联赛小学女子甲组总决赛结束。本次总决赛由余姚市肖东第二小学承办，共有 16 支来自全省各地的顶级球队参加，余姚市肖东第二小学获得季军。

【两则案例入选浙江省城乡义务教育共同体典型案例】 12 月 24 日，浙江省城乡义务教育共同体区域和学校典型案例公布，共认定 15 个区域典型案例和 59 个学校典型案例。其中，余姚市教育局《握指成拳 立体融通 创立片区学校教共体新范式》入选区域典型案例，排名第四；姚江中学、陆埠镇初级中学、黄家埠镇初级中学《构建“三环四同”研训模式 打通城乡教育“最后一公里”——姚江教共体施行分层作业运行机制》入选学校典型案例，在初中案例中排名第二。

（汪渝杰）

职业教育

【概况】 余姚市有市属中职学校 5 所，在校学生 6905 人，其中外省籍 2473 人。另有高职院校 1 所，学生 749 人。2021 年，余姚市职校学生参加 2021 年全国技能大赛中，余姚市职业技术学校现代模具制造技术—注塑模具技术项目和余姚市职成教中心学校农机维修项目分别获一等奖，余姚市第四职业技术学校网络安全项目获二等奖。在 2021 年的省技能大赛中共获 3 项一等奖，8 项二等奖，1 项三等奖。在 2021 年的浙江省语文、数学、英语和部分专业学科“面向人人”比赛中，余姚市成绩继续名列宁波大市前茅，部分学科居浙江省前列。

在浙江省“质量提升”工程中立项名师及名师工作室 3 个、品牌专业 2 个、优势特色专业 1 个、中职校企合作共同体 1 个、优秀毕业生典型 2 个；在省“双高建设”中立项 4 个高水平专业建设项目；在宁波市“工匠精神”培育工程中立项 27 个项目。

吸引优质企业与学校建立校企合作共同体，其中余姚市职业技术学校的“姚江模具人才培养校企合作共同体”创立为省立项项目。累计确定 70 多家产教融合校企合作项目。建立新的校企合作关系，余姚市职成教中心学校与舜宇、吉利、江丰等企业达成合作办学协议。余姚市职成教中心学校的“N+ 未来工厂”应用实训中心被认定为 2021 年度职业院校产学合作协同育人项目。

市职技校“润心筑德 让心灵微笑”、市二职校“红蓝绿三色育人”、市职成教中心学校“劳动育匠才”、市四职校“‘5G+’同心德育”、市五职校“放飞梦想，青春飞扬”等德育新载体推动了德育的全员参与。组织学生参加“红星照耀中国”宁波市中职学校红色经典诵读诗会比赛获 1 个一等奖（五职校）、1 个二等奖（一职校）、3 个三等奖；组织学校积极参加宁波市中职学校教师专业礼仪展示全部入围决赛（宁波市入围 16 个学校，余姚市 5 个学校全部入围）。在 2021 年 6

◎ 1 月 18 日上午，余姚技师学院（筹）与领克汽车余姚工厂举行产教融合暨新型学徒制签约仪式（中意宁波生态园管委会 供稿）

◎ 2021年6月，余姚市技工学校（余姚市职成教中心学校）的伊凯（左二）在农机维修项目中获一等奖（市教育局　供稿）

月宁波市中职班主任能力比赛中，余姚市技工学校的张婷婷老师获得二等奖，余姚市技工学校的陈宁春和余姚四职校的杨露露获得三等奖。

【2021年全国职业院校技能大赛获奖】　5月20日至7月9日，2021年全国职业院校技能大赛举行。余姚市职业技术学校刘恒宇、孙文锋在现代模具制造技术——注塑模具技术项目中获一等奖，余姚市技工学校（余姚市职成教中心学校）伊凯在农机维修项目中获一等奖，余姚市第四职业技术学校伊余振、傅卫生在网络安全项目中获二等奖。

【余姚技师学院（筹）昭觉学生“多彩课堂”教学活动启动】　10月，为保障来自四川省凉山彝族自治州昭觉县的十位新同学更好更快地融入学习环境，余姚技师学院（筹）开设的“多彩课堂”系列教学活动启动。启动仪式上，余姚技师学院（筹）向同学们赠送了《阳明文选》的绘本。此项教学活动统筹安排了高一到高三系统课程，涵盖公共基础课素质拓展和职业素养三大类课程，聘请校优秀教师、宁波骨干、余姚名师为同学们授课。

（汪渝杰）

社区教育

【概况】　2021年，余姚市有社区学院1所。开展高素质农民培训，参加农民270人，开展水稻、大棚蔬菜、园艺等农村实用技术培训1850人；家政类培训2502人；企业职业（安全生产、信息化技术、岗位）培训9289人；本专科学历教育2679人。各类培训达454554人次，其中“两后生”（初中、高中毕业生未能继续升入中专院校或大学就读的农村贫困家庭中的富余劳动力）培训10692人次；家政及养老服务从业人员培训量26181人次；15家单位进行了双证制招生工作，共计招生493人，在册学员534人，毕业学员435人；开展庆祝中国共产党成立100周年、社区教育成果展示活动等58场。

为方便老年学员学习，就近开设老年教学点，开设教学点228个，较2020年增加3个。筹建乡镇街道级老年学堂，上、下半年分别开设线下长短班262个、196个，在校老年学员分别达9054人、8411人。

阳明网校开展寒假中小学线上培训36283课次，参加10267人，同时面向留“姚”民工子弟学校学生开设公益课，参与5114人；开展面向初中、高中学生暑期线上培训56832课次，参加15030人，全市初中、普高覆盖面达90%；开通阳明网校老年教育网上学习专栏，上传学习视频238个，学习访问量36523次。

【5个项目入选2021年宁波市终身教育“双高”建设工程项目】　11月4日，2021年宁波市终身教育“双高”建设工程项目评选结果正式公示，余姚市有5个项目入选。其中，余姚市社区学院“精一”优秀教师团队被评为“优秀教师团队”，朗霞成校被评为“新兴特色成校”，马渚成校被评为“标准化社区老年大学”，小曹娥成校“土布工作室”被评为“能人工作室”，河姆渡成校“精准服务茭瓷产业，助力古渡乡村振兴”被评为“成人教育服务乡村产业振兴创新项目”。

（汪渝杰）

科学技术

综　述

2021年，全市完成全社会研发经费投入51.05亿元，占地区生产总值的比重达到3.54%；完成高新技术产业增加值337.5亿元，同比增长17.5%；完成高新技术产业投资58.79亿元，占工业投资比重达到60%；全年新增高新技术企业93家，全市有效高新技术企业达到294家，超额完成三年倍增目标；有效发明专利达到3139件；完成技术交易额18.11亿元，同比增长28.1%。科技进步统计监测创新指数列全省89个县（市、区）第22位。

（宋迪华）

科技工作

【概况】　《余姚市研发投入专项激励资金使用管理办法》和研发投入工作考核评分细则出台，2021年全年实现规模以上工业研发费77.49亿元，位居宁波第二，完成全年目标的107.6%，同比增长20.8%。有研发费的企业数占规模以上企业数达到71.8%。实施《余姚市加快高新技术企业培育攻坚行动方案（2020—2022）》，完成宁波科技型中小企业备案315家，开展国家科技型中小企业评价370家；156家企业参加高企申报，其中新申报高企103家，通过99家，新增高企94家，有效高企数量达388家，实现两年翻番。实现高新技术产业增加值408.54亿元，位居宁波第三，同比增长16.2%，占规模以上工业增加值的比重为72.33%。完成高新技术产业投资75.26亿元，同比增长28%，高于工业投资增长（25.5%）2.5个百分点。鼓励机器人、光电信息、新材料、智能家电、高端汽配等新兴产业争先晋级申报国家级、省级和宁波市级研发机构，2021年新认定省级企业技术中心2家、省级高新技术企业研发中心7家、省级企业研究院1家、宁波级工程技术中心42家、宁波级企业研究院5家、余姚级工程技术中心221家，全市累计拥有各级研发中心688家。

出台《余姚市科技创新项目资金管理办法》，修订《宁波市智团创业计划项目管理办法》，立项宁波市重大科技攻关项目8个，立项余姚科技创新项目14个，宁波江丰电子材料股份有限公司“超高纯铝钛铜钽金属溅射靶材制备技术及应用”项目获2020年度国家技术发明二等奖。设立“姚创贷”，为有研发投入的科技型中小企业提供信用贷款，企业资金成本降低0.5%，财政补贴成本降低0.87%，综合成本降低1.37%，已放贷13家，总额4270万元。

入选“姚江英才”创业计划项目84个，获支持32个，下达扶持资金9470万元。已集聚国家重点人才计划12人、省级重点人才计划9人，研发新产品235个。全年入选省领军型创新创业团队3个，占宁波市50%。组织开展了宁波万里学院专家余姚行、农科院科技下乡、赴宁波万里学院合作交流等活动。立项宁波市重大专项1个；立项余姚市科技创新项目（农社）5项。新增宁波级星创天地2家。一个特优晚稻栽培项目获2021年宁波市农业实用技术推广奖三等奖，项目主持人获得2021年浙

◎ 12月2日，市科技局联合九三学社开展“加强污水收集处理能力”专题调研。图为座谈会（九三学社余姚市基层委　供稿）

江省农业技术推广突出贡献奖。

组织企业开展科技统计年报辅导培训、高新技术产业投资培训、高新技术企业申报培训、“亲清直通车——科技自立自强促发展”暨企业知识产权保护培训会等各类培训会，组织全市科技联络员开展科技业务综合培训。谋划建设余姚市科技创新数字导航系统，建设方案获宁波市数字经济系统应用场景大赛一等奖。

【余姚获评省科技进步目标责任制考核优秀单位】 1月20日，2021年全省科技工作会议在杭州召开，余姚市科技局作为唯一的县市区代表作经验交流。6月15日，全省科学技术奖励大会在浙江省人民大会堂举行，会上宣读了《关于2020年度市县党政领导科技进步目标责任制考核优秀单位和授予杭州市等市县“科技创新鼎”的通报》，余姚市获评浙江省2020年度市县党政领导科技进步目标责任制考核优秀单位。

【马余强当选为中国科学院院士】 11月18日，2021年“两院”院士增选结果正式揭晓，在新产生的149名院士中，余姚籍科学家马余强当选为中国科学院数学物理学部院士。余姚籍“两院”院士数量增加至10人。马余强出生在余姚市鹿亭乡晓云村，现任南京大学物理学院教授、博士生导师，南京大学物质科学前沿理论研究中心主任。

（宋迪华）

科技创新

【宁波市级及以上科技创新项目】 1月，第十三届寰宇生产力论坛暨中国生产力促进中心协会年会举办，会上对获得2019年度“中国好技术”称号的项目进行了授奖并颁发了2019年度“生产力促进奖”。余姚市企业——浙江比依电器股份有限公司的“比依油炸锅、空气炸锅、智能空气炸锅系列产品”项目获得2019年度“中国好技术”奖。

1月，省科技厅印发《关于公布2020年度浙江省高成长科技型中小企业名单的通知》，余姚市企业——宁波劳仕塑业科技有限公司、迈博高分子材料（宁波）有限公司、浙江爱源环境工程有限公司等30家企业被列入其中。

2月，“鑫高益医疗设备股份有限公司联合宁波高思超导技术有限公司自主研制的国内首台1.5T无液氦磁共振成像系统获国家创新医疗器械特别审批受理”以及“宁波江丰电子材料股份有限公司以第一完成单位完成的‘超高纯铝钛铜钽金属溅射靶材制备技术及应用’项目通过2021年度国家技术发明二等奖第二轮答辩评审”两件事入选2021年度宁波市科技创新20件大事。

4月，宁波市科技局公布2021年宁波市第一批入库国家科技型中小企业名单，其中余姚市企业——宁波市普盛磁电科技有限公司、浙江阳明汽车部件有限公司、宁波川原精工机械有限公司、宁波斯曼尔电器有限公司、宁波大业动力机械有限公司等96家企业入选。

5月，浙江省市场监管局发布浙江省创造力百强企业榜单，余姚市企业——宁波舜宇光电信息有限公司、宁波江丰电子材料股份有限公司、浙江舜宇光学有限公司、浙江大丰实业股份有限公司入选，百强企业数量在宁波市名列前茅。

5月，2020宁波创业创新风云榜揭晓，宁波舜宇光电信息有限公司、浙江舜宇光学有限公司入选2020年度宁波市高新技术企业研发投入20强；浙江省余姚机器人与智能装备产业创新服务综合体入选2020年度新认定省级产业创新服务综合体。

6月，宁波市科技局公布宁波市2021年第二批国家科技型中小企业名单，余姚市企业——宁波辰明喷雾器有限公司、余姚太平洋称重工程有限公司、宁波市姚江源机械有限公司等258家企业入选。

6月，浙江省创造力百强企业榜单公布，余姚市企业——宁波舜宇光电信息有限公司、宁波江丰电子材料股份有限公司、浙江舜宇光学有限公司、浙江大丰实业股份有限公司等4家企业入围浙江省创造力百强企业名单。

6月，浙江省科学技术奖励大会在省人民大会堂召开，大会为301项科技创新成果颁发了省科学技术奖。余姚市企业——浙江佳贝思绿色能源有限公司参与完成的1项科技成果获省技术发明一等奖；宁波易拓智谱机器人有限公司、宁波舜宇红外技术有限公司、宁波舜宇车载光学技术有限公司、宁波飞图自动技术有限公司分别牵头完成的4项科技成果获省科技进步三等奖。

7月，宁波市科技局公布了2021年第一批宁波市科技型中小企业暨浙江省科技型中小企业名单，余姚市舜江机械实业有限公司、宁波川原精工机械有限公司、宁波宏悦工艺礼品有限公司、宁波泓铭汽车零部件有限公司、宁波华邦包装材料有限公司等231家科技型中小企业被列入公布名单。

9月，第十届中国创新创业大赛（宁波赛区）总决赛成功举办，余姚企业共有6家企业获奖，分别是宁波鲲鹏生物科技有限公司获得一等奖；宁波市智蔻科技集团有限公司获得三等奖；宁波亿晟新能源科技有限公司、海神机器人科技有限公司、铭时医疗科技（宁波）有限公司、宁波华焯激光科技有限公司等4家企业获得优胜奖。

10月，第十届中国创新创业大赛新材料、新能源、新能源汽车、节能环保全国赛成功举办，余姚市企业——宁波市智蔻科技集团有限公司获得“优秀企业奖”。

10月，国家“十三五”科技创新成就展在北京展览馆成功举行，余姚市企业——宁波江丰电子材料股份有限公司自主研制生产的300毫米硅片工艺用超高纯钛靶材/钽靶材/铝靶材等多款超高纯金属溅射靶材产品在重大专项展区惊艳亮相，展出产品可应用于5纳米及以上工艺节点逻辑工艺和存储芯片制造，已实现批量应用。

11月，第六届全国杰出专业技术人才表彰会在北京召开，余姚市企业——宁波江丰电子材料股份有限公司董事长兼首席技术官姚力军博士成为宁波唯一获得“全国杰出专业技术人才”荣誉的专家。作为杰出人才代表，姚力军博士在会上作了题为《做技术精湛、拥有家国情怀的奋斗者》的发言，汇报了其扎根于超高纯金属材料及溅射靶材领域16年，攻克核心技术，填补空白的感受和体会。

11月，2020年度国家科学技术奖励大会在北京举行，余姚市企业——宁波江丰电子材料股份有限公司为第一完成单位申报的“超高纯铝钛铜钽金属溅射靶材制备技术及应用”项目获得国家技术发明奖二等奖。

12月，中国县域工业经济发展论坛（2021）在山东青岛举行。会上揭晓了2021年“中国工业百强县（市）”“中国创新百强县（市）”及“中国工业百强区”榜单，余姚市荣登2021年“中国工业百强县（市）”榜单全国第9位，比2020年上升4个名次；2021年创新百强县（市）榜单余姚位列全国第4，比2020年上升1个名次。

12月，《赛迪投资竞争力百强县（2021）》榜单，余姚市位列全国第7，比2020年上升9个名次。

12月，浙江省科技信息研究院受浙江省高新技术企业协会委托，组织开展高新技术企业创新能力评价工作。通过多指标的综合对比，评选出2020年浙江省高新技术企业创新能力百强。余姚市5家企业上榜，分别是浙江舜宇光学有限公司、浙江正庄实业有限公司、宁波舜宇光电信息有限公司、浙江大丰实业股份有限公司、宁波舜宇车载光学技术有限公司。同时评选出2020年各行业高新技术企业十强榜单，余姚市浙江舜宇光学有限公司、浙江正庄实业有限公司入围新材料技术行业十强榜单，浙江大丰实业股份有限公司入围高技术服务行业十强榜单。

【姚力军获国家技术发明二等奖】 11月3日，2020年度国家科学技术奖励大会在北京人民大会堂举行。“超高纯铝钛铜钽金属溅射靶材制备技术及应用”项目获国家技术发明二等奖，余姚市无党派人士、省知联会常务理事、省欧美同学会副会长、宁波江丰电子材料股份有限公司董事长兼首席技术官姚力军作为项目第一完成人接受奖励。

【江丰电子获国家技术发明二等奖】 11月3日，2020年度国家科学技术奖励大会在北京人民大会堂举行。大会共评选出264

个项目、10名科技专家和1个国际组织。其中由宁波江丰电子材料股份有限公司牵头完成的"超高纯铝钛铜钽金属溅射靶材制备技术及应用"项目获国家技术发明二等奖。宁波江丰电子材料股份有限公司以第一完成单位的身份获奖，该项目由宁波提名。

（宋迪华）

科技服务

【概况】 出台《余姚市新型研发机构管理办法》，开展市级新型研发机构认定。组织8家产业研究院赴上虞市考察武汉理工大学绍兴高等研究院，学习优秀平台服务企业的经验做法。1家产业技术研究院已认定为本级新型研发机构。8家产业技术研究院集聚各类人才300多名，引进孵化"姚江英才"创业项目23个，承担国家重大科技项目3项，拥有国内外有效发明专利63件，孵化出成长性较好的高科技企业18家。引进上海研发公共服务平台建立余姚驿站，建立网上"四库"平台，入库专家30688名，入库科技成果175项，入库企业需求110条。全年组织专家企业行17家次，举办专场对接活动16场。全年完成技术交易额22.5亿元，同比增长24.4%。出台《余姚市产业创新服务综合体建设专项资金管理办法》，集聚各类服务机构40余家、相关产业企业280多家，其中规模以上企业196家，服务企业3500家次，为企业解决技术难题200多项。2021年3个产业集群营业收入977亿元，研发费支出42.67亿元，研发费占营业收入比重达到4.36%。

【技术经纪人研讨会举行】 1月，余姚市科学技术局主办，余姚科技大市场（人才超市）协办的智创·余姚首届技术经纪人研讨会在余姚科技大市场成功举行。研讨会邀请上海市科学研究所副所长吴寿仁列举科技成果转化案例，将科技成果转化案例结合成果转化模式等六个方面进行详细分析，讲解如何从市场出发提高专利质量，促进科技成果转化，最终转变成生产力，获得经济效益和社会效益双丰收。研讨会邀请广州博士信息技术研究院有限公司创新研究院研发工程师孙秀婷，简述企业创新体系建设。

【亲清直通车暨企业知识产权保护培训会举办】 4月，"亲清直通车——科技自立自强促发展"暨企业知识产权保护培训会成功举办，余姚市委常委毛丕显出席会议并讲话，市直部门、乡镇（街道）领导和企业代表等150余人参加会议。培训会围绕科技自立自强、惠企政策、知识产权保护等相关问题开展面对面的交流，引导和鼓励广大企业加大科技创新力度，讲解最新科技政策，进行知识产权保护宣讲。

【"姚创贷"签约暨首贷仪式成功举行】 4月2日，"姚创贷"签约暨首贷仪式成功举行。市委常委毛丕显出席，市直部门、乡镇（街道）、金融机构负责人以及部分企业代表共计100余人参加活动。活动讲解了"姚创贷"政策，余姚市科技局与参会的银行机构、担保机构签订合作协议并授牌。活动中，余姚三家企业宁波固美机械科技有限公司、宁波华丰包装有限公司、余姚市驰宇机械有限公司成功与"姚创贷"合作银行签订贷款合约，获得首批贷款资金。

【"携手育百企，同心迎华诞"专项活动启动】 4月29日，余姚市科技局联合税务局、财政局、经信局和宁波银行余姚中心区支行开展"携手育百企，同心迎华诞"专项活动启动仪式暨2021年高新技术企业培训会，活动共有160家企业近300人参加。本次活动主要通过入户问需、政策享受诊断、个性辅导、技术攻关、信贷支持等，帮助企业规范管理、尽享政策红利、加大研发投入。

【"科技活动周"启动】 5月21日，余姚市"科技活动周"正式启动，主题为"百年回望——中国共产党领导科技发展"。在启动仪式上，通过展板展示、发放宣传资料、开展科普咨询等方式，为市民送上现场科普，同时通过先进科技仪器现场操作展示余姚市科技创新成果。活动周期间开展了院校专家企业行、科普知识进校园、农业科技培训会等活动，普及科学知识，激发创新活力。

【全市科技中介机构工作会议召开】 12月，余姚市科技局组织召开全市科技中介机构工作会议。市科技局及20家科技中介服务机构、会计师事务所参加了此次会议。会议主要介绍了余姚市科技服务业专项扶持资金管理办法，通报了2021年余姚市高新技术企业申报情况，同时也对2022年度高企的认定工作做了研究分析以及部署，各科技中介服务机构和会计师事务所分别就高新技术企业培育管理工作中存在的难点、痛点，以及如何更好地服务于高新技术企业进行了交流发言。

（宋迪华）

卫生健康·体育

综　述

2021年，余姚市共有医疗卫生机构637家，其中市级医院5家，乡镇（中心）卫生院、街道社区卫生服务中心21家，社区卫生服务站62家，村卫生室288家，民营医院8家，门诊部21家，其他医疗卫生机构232家。全市共有在职医疗卫生工作人员9985人，其中卫技人员8627人，执业（助理）医师3717人、注册护士3594人。全市实际开放床位3492张，平均每千人拥有执业(助理)医师2.96人、注册护士2.87人，平均每千人拥有实际开放床位2.78张。各级各类医疗机构全年完成门、急诊1078.97万人次，其中社区卫生服务机构完成461.11万人次；出院9.90万人次；平均病床周转30.48次，平均病床使用率71.33%；出院病人平均住院8.2天。门诊人均费用192.4元，住院人均费用9456.8元。全市户籍出生人口3976人，人口出生率4.77‰，人口自然增长率-3.8‰。居民期望寿命81.46岁，其中男性79.78岁、女性83.17岁。

（张夏儿）

疾病预防控制

【概况】　2021年，余姚市卫生健康系统做好市委、市政府参谋，守住常态化新冠肺炎疫情防控底线，抓好重点人群、重点场所精准防控，全年累计对17534名国内中高风险地区到余姚人员和1115名入境人员实施健康管理，管控人员均无异常。完善进口冷链食品物防闭环管理，规范开展物品、人员、环境新冠病毒核酸日常检测。推进新冠病毒疫苗接种工作，共设立17个新冠疫苗方舱接种点和4个接种门诊，全市目标人群接种累计268万剂次，完成宁波市的任务指标，无严重预防接种异常反应事件发生。完成重点人群自愿免费接种流感疫苗和重点人群结直肠癌筛查两项民生实事工程任务指标。开展严重精神障碍患者排查和危险性评估工作，管理严重精神障碍患者5930人，规范管理率95.17%。

【余姚市“1+3+3”模式全面开展新冠病毒疫苗接种工作】　3月29日起，余姚市全面推进全民新冠病毒疫苗接种工作。成立一个专班。成立由市府办、市卫健局、市委宣传部、市委统战部等30个部门组成的疫苗接种专班，统筹协调疫苗供应、储存运输、科学调配、安全管理、接种组织实施、疑似接种异常反应医疗救治、突发事件应急处置、接种异常反应补偿、接种点设置与综合保障等工作，确保调度准确、响应迅速。

开辟三条路径。3月29日起，全市21家社区接种门诊暂停新冠病毒疫苗接种服务，只承担疫苗预约工作。群众可通过17个方舱式接种点、由乡镇（街道）按需设置的企业临时接种点，以及部分乡镇（街道）保留的接种门诊三条路径进行接种服务。

组建三个团队。在17个方舱式接种点成立方舱接种服务团队、方舱医疗保障团队、方舱式接种点保障团队3类团队共51支队伍，每日定点、定人、定时服务，同时在各接种点安排急诊急救人员、急救设备药品、“120”急救车现场值守，并备有二级以上综合医院救治绿色通道。该项工作受到中央电视台等中央媒体的报道点赞。

【市卫健系统部署冬春季疫情防控工作】　1月18日下午，市

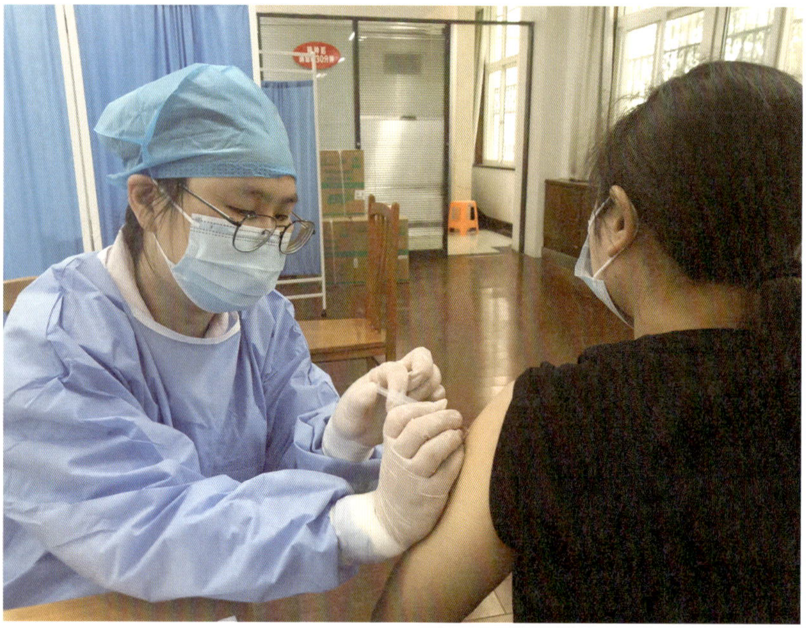

◎“五一”假期，医务人员继续在方舱接种疫苗。图为朗霞方舱接种点
（市卫生健康局　供稿）

卫健局以视频连线形式召开全系统疫情防控工作部署会议，局党委书记、局长李斌出席会议并讲话。会上，市人民医院医共体、市中医医院医共体、市妇幼保健院医共体、市四院医共体和市疾控中心等五家单位分别就前阶段疫情防控工作准备情况和下阶段防控工作打算作交流发言。随后，局分管领导陈明明、黄胜利分别就疫情防控工作和医疗救治工作作具体任务部署。

【冬春季新冠肺炎疫情防控演练桌面推演举行】 1月30日下午，余姚市冬春季新冠肺炎疫情防控演练桌面推演举行。副市长王安静出席活动。推演分为4个部分、8个场景，模拟从返乡人员出现异常到发现本地确诊病例，以及发生聚集性疫情等方面来进行。推演从人员分工、信息采集、小区封控、卡口值守、人员转运、核酸检测、环境消杀等方面进行全方位、全要素演练，包括启动应急响应、评估判断风险、加强社区防控、冷链食品监管、医疗救治、集中隔离点设置管理、密切接触者追踪管理、信息发布与舆论监测、响应终止等内容。推演采取问答方式，由主持人现场模拟各种情景进行提问，抽取相关负责人进行回答，最后由疾控专家点评指导。

（张夏儿）

医疗救治体系

【概况】 2021年，余姚市进一步加强发热门诊（诊室）和预检分诊点的规范设置。加强核酸采样和检测能力建设，强化人员岗位练兵和应急演练，全年共开展3次社区大规模核酸筛查演练，参与医务人员6470余人次，筛查对象813774人次。成立网格化监管队伍和实施驻村（社区）疫情防控指导员制度，严控发热病人全周期管理。强化医疗机构院感防控，落实“两员两监督一巡查”制度，筑牢院内零感染的底线。

【全市大规模社区新冠核酸筛查应急演练举行】 1月25日，全市大规模社区新冠核酸筛查应急演练工作部署会召开。1月27日，在阳明街道新城市社区服务中心广场先行演练试点。1月29

◎ 1月29日，大规模社区新冠核酸筛查应急演练举行
（市卫生健康局　供稿）

日下午，余姚市举行大规模社区新冠核酸筛查应急演练，在21个乡镇（街道）采样点同时举行。此次演练采用分散设点、同时采样的方式。演练在1小时内共完成4200名人员的采样任务。副市长王安静先后到陆埠镇兰山村、河姆渡镇公共文化服务中心采样点进行现场指导。

5月25日上午，余姚市在凤山街道穴湖村组织开展大规模核酸检测实战演练。这是全市首次开展不打招呼、不设脚本、不念台词的仿真演练。此次演练采用预设点位、集中采样方式，在3小时内按1∶10混检完成了近800人次的采样任务。5月26日下午，余姚市组织开展第二次大规模社区新冠核酸筛查应急演练，演练采用全市21个乡镇（街道）分散设点、同时采样的方式开展。

11月30日，余姚市在河姆渡镇9个村组织开展大规模社区核酸筛查应急演练。17个采样点在演练指令发出后，立即进入响应流程。演练真实模拟了新冠核酸检测标本采集全过程，在1小时内按1∶1单检完成了1789人次的采样任务。

【新冠病毒核酸采样技能竞赛举行】 3月11日，余姚市新冠病毒核酸采样技能竞赛在市妇幼保健院举行，全市4个医共体及市三院的108名医务人员参加比赛。竞赛分二轮。第一轮以全市各医疗单位采样人员库为基础，由宁波市卫健委随机抽取4名选手参加竞赛（已先期完成）。第二轮以全市各医疗单位采样人员库为基础，由余姚卫健局在各单元随机抽取4名选手参加竞赛。比赛分防护用品穿脱和咽拭子采样两项内容。经过比赛，决出各类奖项。

【余姚221名医务人员驰援镇海】 12月7日凌晨，余姚市200名核酸采样医护人员和21名核酸检测人员在市人民医院集合，出发前往镇海支援疫情防控工作。余姚核酸采样医护人员在镇海区澥浦镇的岚山社区卫生服务站、十七房老年活动室、中金石化、富德能源、澥浦核心蔬菜基地、湾塘小学等单元进行核酸采样工作。余姚核酸检测医护人员支援国科宁波生命与健康产业研究院。

（张夏儿）

◎ 12月28日，驰援镇海的第二批驻点检验人员回到余姚
（市卫生健康局 供稿）

健康余姚建设

【概况】 2021年，余姚市通过国家卫生城市国家级复审。继续推进健康余姚建设行动，协调各有关部门修订细化健康余姚30项行动项目。开展健康素养进农村文化礼堂现场活动，推动已建成的262家文化礼堂开展健康素养促进工作。开展健康促进学校建设，新申报金牌学校1所、银牌学校3所、铜牌学校39所。推进健康教育，共举办各级各类健康教育讲座1446场，服务群众50370人次，发放宣传资料25万余份。强化无烟环境建设，新创建19家无烟单位，建成余姚市级以上无烟学校42家。在2020年度考核中，再次获得健康浙江、健康宁波考核优秀等次。

【“健康素养进农村文化礼堂”暨健康余姚行动推进活动举行】 7月12日，余姚市“健康素养进农村文化礼堂”暨健康余姚行动推进活动在陆埠镇下溪村文化大礼堂举行。至此，2021年全市262个农村文化礼堂实现健康素养进农村文化礼堂工作全覆盖。活动现场，健康管理师进行了健身气功“八段锦”的教学和《中医夏季养生》讲座，并向现场观众发放驱蚊香囊150个。活动期间还向全市22个村（社区）赠送健康读本、画报共400余份。

【爱国卫生环境集中整治周活动开展】 1月30日至2月6日，全市爱国卫生环境集中整治周活动开展。活动主题为“干干净净迎新春、清爽健康过大年”。活动内容包括全面开展公共环境集中治理，加强居家环境和工作场所清洁卫生，组织开展集中整治活动，强化健康教育宣传引导。

（张夏儿）

医药卫生改革

【概况】 2021年，余姚市完善“住院服务一体办”、数字健康体检智享、精神障碍患者“一站式”服务、疫情防控等四项数字化改革场景应用建设。推进区域信息系统建设，完成全市21家基层医疗机构的区域公共卫生信息系统迁入和区域HIS迁入工作。制定印发《2021年度全市医共体建设重点任务责任清单》，推进深化改革、优化配置、数字赋能、能力提升和医防融合五大行动。加强县域医共体人才培养培训，明确医共体管理干部职业化培训、基层全科医生模块化培训等5项重点培训任务。完成2020年度省级县域医共体建设绩效考核自评和现场复核工作。控制医疗费用不合理增长，市级医院医疗总收入、门诊及住院均次费用增幅均在控制线以下。推进检查检验结果互认共享改革，全市25家公立医疗机构共93项医学检验结果和180项影像检查资料开展互认共享。

【全市医政工作会议召开】 5月13日，全市医政工作会议召开。会议就2021年全市医政科教体改和中医药工作作了部署。市卫健局党委副书记、副局长黄胜利出席并讲话。会上，表彰了2020年度全市医疗质量管理先进集体和先进个人，先进集体代表作经验交流。通报讲评了医院发展、改革相关指标、医疗质量和安全情况。

（张夏儿）

医疗卫生服务

【概况】 2021年，余姚市人民医院通过三乙综合医院复评，同时正式启动三甲综合医院创建工作。市中医医院、市妇幼保健院、市第四人民医院分别推进相应等级医院评审工作。新增宁波市级医学重点学科4个，在18个医疗质量控制中心的基础上，新增骨科、健康体检、女性盆底康复等7个质控中心，并将民营医疗机构纳入质控范围，全年共开展质控活动60余次。新增（更新）负压救护车7辆，启用“智慧急救”5G智能信息传输系统。全年采集全血314.9万毫升，血小板1192治疗单位。举办基层常见病多发病中医药适宜技术推广培训班3次，参与400余人次。开展名中医药师师带徒和“1+N”临床导师结对工作，共30名学员与各级名老中医结对师带徒。新增村卫生室（社区卫生服务站）7家，4家基层医疗机构通过国家“优质服务基层行”活动推荐标准申报。

【市人民医院成为浙大二院余姚分院】 8月20日上午，浙江大学医学院附属第二医院余姚分院揭牌仪式在市人民医院举行，市人民医院正式成为浙大二院余姚分院。浙江大学医学院附属第二医院院长王伟林，余姚市委副书记、市长徐云共同为浙大二院余姚分院揭牌。副市长王安静主持揭牌仪式。

【8个学科入围宁波市医学重点学科建设计划】 年内，宁波市卫生健康委、宁波市科学技术局联合下发《关于公布第四轮宁波市医学重点学科建设计划的通知》，宁波全大市共118个学科入围，余姚8个学科榜上有名。分别为市人民医院急诊医学、妇科学、产科学、儿科学、血液病学、市中医医院中医治未病学、中药学、西医结合肾病学。

（张夏儿）

◎ 11月，市民在余姚市妇幼保健院使用自助服务机办理手续
（市卫生健康局　供稿）

◎ 8月20日，浙江大学医学院附属第二医院余姚分院揭牌仪式在市人民医院举行（市卫生健康局　供稿）

公共卫生服务

【概况】　2021年，全市高危孕产妇管理率100%，婴儿死亡率1.02‰，5岁以下儿童死亡率2.29‰，未发生可避免孕产妇死亡与新生儿破伤风事件。制定出台《余姚市“妇幼健康·宣教先行”专项行动》，开展孕妇和育儿学校近1100期，共参与1万余人次。继续推行妇女免费“两癌”检查项目，全年共完成TCT+HPV联合筛查宫颈癌38411人，乳腺癌筛查39188人，检出相关癌症54例。新增10家创建农村儿童早期发展示范点。全市共建立电子健康档案1079632份，建档率91.19%，规范管理率99.82%；开展家庭医生签约服务，全人群付费签约239755人，重点人群在签数198987人，重点人群在签率75.09%，达到宁波市考核要求。推进医疗卫生行业综合监管，全年结案行政处罚案件980起，其中182起为违反疫情防控相关规定的行政处罚。全市25家公立医疗机构和3家综合性民营医院实现医疗废物回收智能化监控。

【6名新晋百次无偿献血者受表彰】　2月19日上午，宁波市中心血站副站长刘奕宇一行4人在市爱心献血屋（桐江桥街心公园内）向余姚市2020年度新晋参加无偿献血达到100次的史文姣、肖钟华、陈宏灿、韩子永、胡耀君、张美华6人，颁发“爱心献血百次纪念”奖，送上鲜花、感谢信和银质奖章。6人均有10多年献血史、献血量超过22000毫升。全市累计有16人参加无偿献血达到100次。

【“三下乡”集中示范活动举行】　4月15日，以“知行合一践初心　我为群众办实事”为主题的“三下乡”集中示范活动在临山镇临南村文化礼堂举行。活动现场，来自市人民医院医共体、市中医医院医共体、市妇幼保健院医共体、市第四人民医院医共体的心血管内科、消化内科、内分泌科、中医内科、眼科、骨科的6位医学专家及市疾控中心、市第四人民医院临山分院的医务人员为当地村民提供了义诊和健康宣教服务，共为100余位村民提供了服务。

【大型义诊活动开展】　6月21—30日，市卫健局党委组织开展了“争做重要窗口模范生的排头兵，我为群众办实事”全系统党员义诊周活动，以庆祝中国共产党成立100周年。4个医共体及市三院集结各专业领域的学科带头人等开展义诊服务活动，其他卫生健康单位结合自身职能，开展“青春健康宣讲走基层”、疫情防控指导、卫生法律法规宣

◎ 6月23日，由市人民医院专家和志愿者组成的医疗队，在新建公园开展义诊活动（市卫生健康局　供稿）

传贯彻等党员志愿服务活动。此次活动服务群众逾5000人次。

【医疗机构督查全覆盖】 10月，市卫健局在持续组织对全市500余家医疗机构的常态化、专项、紧急等多种形式的全覆盖督导检查基础上，开展了新一轮全市医疗机构疫情防控集中督查工作。覆盖全市5家市级医院，9家规模以上民营医院、护理院，20家卫生院（社区卫生服务中心），500多家村卫生室、民营诊所等医疗机构。

（张夏儿）

人口与家庭发展服务

【概况】 2021年，余姚市推进“医养小屋”建设项目（余姚市级民生实事工程）和“基层医疗卫生机构提升医养结合服务能力”项目,全市建成“医养小屋”19家。开展老年人心理关爱项目，确认龙泉社区和车厩村为2021年老年人心理关爱项目点。推荐梁弄镇横坎头村申报全国示范性老年友好型社区。加强出生人口监测，落实出生人口预警预报制度，全员人口信息覆盖率、准确率均达90%以上。落实计划生育奖特扶制度，实施计生特殊家庭联系人制度等“三个全覆盖”专项行动。加强婴幼儿照护服务能力建设，新增托育机构6家、新增托位240个，设立婴幼儿照护服务站点15个，改造升级公共场所母婴设施或购买移动母婴室10个，提前超额完成宁波市民生实事任务。

【市老龄工作委员会全体（扩大）会议召开】 1月28日下午，市老龄工作委员会全体（扩大）会议在市政府会议室召开，市老龄委成员单位和乡镇（街道）分管老龄工作的领导参加会议，听取全市老龄工作基本情况及下一步工作计划，市委老干部局等5家单位进行交流发言。副市长王安静出席会议并讲话。市卫健局局长李斌通报全市老龄工作基本情况及下一步工作计划。市委老干部局、市民政局、市教育局、市人社局、临山镇分别进行交流发言。

【全市“医养小屋”建设工作推进会举行】 4月23日下午，由市卫健局牵头，市民政局、市红十字会合办的全市“医养小屋”建设工作推进会在陆埠镇老年人服务中心“医养小屋”举行。会议明确，除了大隐镇、四明山镇等应入住老年人过少的地区外，其余乡镇（街道）需在10月底前完成“医养小屋”建设工作，在公办养老机构做到“医养小屋”建设全覆盖。

【婴幼儿照护服务工作发展】 2021年，全市共有幼儿园托位1894个，已在卫健部门备案的托育机构托位95个。9月底，提前超额完成2021年度宁波市婴幼儿照护民生实事工程。10月8日，余姚市在宁波市婴幼儿照护师资培训班的基础上，举办余姚市婴幼儿照护师资培训班。培训班上，各位专家从婴幼儿营养与喂养、交流与玩耍、安全与卫生、回应性照护4个方面介绍了婴幼儿家庭养育指导。2021年，全市完成19个婴幼儿照护服务站点的前期建设，10月投入使用。截至年底，婴幼儿照护服务指导中心共计开展照护活动71场，参加活动380多人次。

【2021年“敬老月”活动启动仪式暨敬老爱老助老先进表彰和事迹报告会举行】 10月12日上午，全市2021年“敬老月”活动启动仪式暨敬老爱老助老先进表彰和事迹报告会在市老年大学举行。副市长、市老龄委主任王安静出席仪式并宣布2021年“敬老月”启动。仪式上，市卫健局局长、市老龄委副主任、市老龄办主任李斌介绍“敬老月”活动安排。国网浙江余姚市供电有限公司梁弄供电所所长陆阳宣读敬老爱老助老倡议书。会上，对敬老爱老助老的先进集体和个人进行了表彰。

（张夏儿）

卫生健康资源供给

【概况】 2021年，全年招录卫技在编人员167人，其中全日制研究生19人，柔性引进高层次人才（团队）4人（个）。加强高层次、紧缺型人才的培养，吴晓东获得浙江省“仁心仁术”奖，1个团队入围“甬江引才工程”。继续实施基层卫生人才定向培养，委托医学高校分别培养5名临床医学专业、5名中医学专业本科生。市人民医院感染综合楼新建工程、市中医医院感染性疾病楼新建工程及市三院精神卫生中心迁建工程等重点项目均顺利完工，医共体基础设施扩面提升工程7个子项目全面开工建设。

【魏鲜获“全国五一巾帼标兵”称号】 4月19日上午，中华全国总工会在人民大会堂举行全国先进女职工集体和个人表彰大会，市人民医院重症医学科护理骨干护士魏鲜获“全国五一巾帼标兵”称号。2020年初，魏鲜作为浙江省首批抗击新冠肺炎疫情紧急医疗队驰援武汉，成为余姚市首位驰援武汉的医护人员，先后被湖北省政府授予“最美逆行者”、宁波市委组织部首批“抗疫先锋”个人、2020年第一季度“余姚好人”等称号。

【东西部医疗卫生协作】 9月3日，市卫健局局长李斌一行赴四川省凉山彝族自治州昭觉县学习考察，对接东西部医疗卫生协作工作。考察中，签订了《余姚市卫生健康局与昭觉县卫生健康局东西部医疗卫生协作协议书》。同时，在前期余姚市人民医院和昭觉县人民医院结对的基础上，新增余姚市妇幼保健院和昭觉县妇幼保健院、余姚市中医医院和昭觉县中彝医院结对协作。随后，双方召开余姚——昭觉教育医疗协作座谈会。2021年，余姚共向昭觉县人民医院和昭觉县中彝医院选派了12名医护人员开展驻点帮扶。

10月11日，昭觉县卫健系统选派首批医务人员6人分别到余姚市人民医院和余姚市妇幼保健院开展为期1个月到6个月的跟班学习。

【两项医疗服务项目获表彰】 9月25日，在由国家卫生健康委指导，健康报社联合浙江省卫生健康委、浙江省嘉兴市人民政府、浙江清华长三角研究院主办的第八届“互联网+健康中国”大会上，余姚两项医疗服务项目获表彰。市人民医院“‘一信一袋’，帮你想到，为你做到”服务项目入选医患友好十大优秀案例，市妇幼保健院“流动医疗服务车开进村山区百姓家门口享受优质义诊服务”项目获评医患友好感人暖心案例。

【医共体基础设施扩面提升工程取得进展】 11月15日，余姚市医共体基础设施扩面提升工程——余姚市低塘中心卫生院迁建工程开工仪式举行。余姚市低塘中心卫生院迁建工程作为余姚市医共体基础设施扩面提升工程10个子项目之一。余姚市医共体基础设施扩面提升工程于2020年5月立项，涵盖市人民医院医共体、市中医医院医共体、市第四人民医院医共体及下属成员单位等9家医疗单位，包含10个子项目，总建设面积达11.4万平方米，投资规模达4.3亿元。建设内容包括4个迁建工程，4个院内改（扩）建工程和2个改（扩）建工程。截至年底，4个迁建工程开工建设。临山中心卫生院改（扩）建工程，马渚中心卫生院综合住院楼新建工程，市人民医院医疗业务用房提升改造、停车库建设工程完成工程招标。

（张夏儿）

群众体育

【概况】 2021年，余姚市深入实施全民健身与全民健康国家战略，加快推进体育强国建设，以创建体育现代化县（市、区）为抓手，扎实推进全民健身公共服务体系建设，进一步促进体育、文化、旅游的深度融合。

2021年，梁弄镇获2017—2020年度全国群众体育先进单位称号和余姚市“十三五”浙江省体育场地设施建设突出贡献奖，中国四明山100千米山地户外运动挑战赛入选省重点培育品牌体育赛事名录库。CHINA100山地越野系列赛（中国宁波余姚）获评中国登山协会2020年度品牌赛事。“寻访浙东抗日根据地·四明山户外越野”运动线路登上浙江省十大寻访“红色根脉”精品运动线路之一。实施和完善河姆渡镇翁方村创建国家级体育现代化标准试点单位。2021年，健康浙江考核余姚市国民体质监测合格率94.1%，经常参加体育锻炼人数比例为30.6%（不含学生），人均体育场地面积2.58平方米。

【设施建设】 年内，启动公共体育中心的“一场两馆”建设工作，包括体育场1座，体育馆和游泳馆各1座。选址在城西北康山村地块，总占地面积约13公顷，总建筑面积约4.25万平方米，总投资约3.6亿元。推进体育设施政策配建工程。新建居住小区中均按指标配建室内体育场馆设施。体育部门先后参与10个新建小区的配建体设施前期规划，共计4529.13平方米。市财政补助1146949万元提升完善了21个乡镇（街道）的39家基层单位的体育健身场地。

2021年，全市新增百姓健身房6个，多功能运动场3个，足球场2个，体育设施进公园1个。全市累计共建有省级的小康体育村升级工程56个、百姓健身房27个、社区（村）多功能运动场12个、健身步道3条、乡镇（街道）全民健身中心5个、中心村全民健身广场（体育休闲公园）9个、体育特色乡镇15个。累计共有体育场地数量3303个。所有公共体育设施向社会开放，基本形成城市社区10分钟健身圈。

【赛事活动】 举办国家级交流赛事2场，分别为2021年全国“行走大运河”全民健身健步走活动（宁波站）和2021中国第23届大学生篮球联赛暨浙江省大学生篮球联赛。组织省级交流赛事6

◎ 5月9日，浙江省第二届生态运动会（宁波站）暨2021年中国“长三角”美丽乡村红色之旅·梁弄定向越野挑战赛梁弄镇横坎头村举办
（市体管中心　供稿）

场，承办宁波级交流赛事9场。组织参加全国第十一届残运会暨第八届特奥会、宁波市社区运动会。

围绕庆祝建党100周年和全民健身日（月）主题。指导支持围棋、户外、健身、武术、长跑、象棋、经络操、瑜伽等协会开展各具特色的赛事活动。此外，兰江街道、低塘街道、黄家埠镇分别举办了有届次的乡镇（街道）全民运动会。4—11月举办“开启新征程　展示新风采”第二届余姚市职工健身运动联赛，来自全市200余家单位组成的92支队伍参加了各项目的市级比赛，参与职工3000余人次。深入推进体育进农村文化礼堂工程。累计完成体育进农村文化礼堂任务数215个，基本构建起了惠及全市、功能齐全、服务能力不断增强的农村公共体育服务体系。在做好疫情防控前提下，赛事活动化整为零，分区块分阶段进行，线上线下同步开展。

【“一人一技”科学健身指导和体育组织建设】 实施运动促进健康体医服务模式。成立市儿童青少年防近视暨脊柱侧弯综合防控体育功能操课题研究小组，在余姚市康复中心设立“体医融合”服务功能站点。推进“一人一技”体育技能公益培训。按照要求注册激活浙里办社体指导员。体育社会组织数量达到省定要求。全年完成“一人一技”体育公益培训7场次，新增社会体育指导员245名，新增AAA级协会3个。全市累计拥有社会体育指导员4116个，协会24个，分会3个，其中AAA及以上12个，占比50%。

【青少年体育】 2021年，全市拥有全国青少年足球特色学校14所，全国青少年篮球特色学校4所，省级足球特色学校9所；省级阳光后备人才基地2所，分别是实验一小和子陵中学（田径）。宁波级训练点（传）校14所，其中宁波训练点4所，分别是实验一小（田径）、舜水中学（田径）、子陵中学（篮球、田径）和姚北实验学校（摔跤）。宁波级传校9所，余姚级训练点（传）校31所。

2021年，余姚市十六届运动会青少年部比赛举办，共设7个大项比赛。全市80个中小学代表团、3068名运动员参加此次运动会。组织426名运动员参加2021宁波市青少年体育比赛，参加其中20个大项中的14个项目比赛，共获得26枚金牌、22枚银牌、52枚铜牌。余姚市承办举重、柔道、跆拳道的三项青少年体育比赛，共计接待545名运动员、教练员。在宁波市体育传统项目学校（训练点）田径比赛中，东风小学教育集团获得团体总分第一名，梁辉小学举重比赛获得总分第一名。

在校园足球宁波市级赛中，肖东二小获得小学女子甲组、丙组两项冠军和女子乙组亚军，肖东一小获得男子甲组、乙组两项季军。梨洲中学和阳明中学分获初中女子冠亚军，阳明中学获初中男子亚军。在浙江省校园足球联赛总决赛中，肖东二小摘得女子甲组季军。全市15名学生入围浙江省2021年青少年校园足球最佳阵容，入选率接近宁波市的50%。省ZSBL篮球联赛中，余姚市代表队斩获二等奖。子陵中学和梨洲小学3名学生参加浙江省田径锦标赛，获得2银1铜。余姚金狼制笔队首夺第三十六届宁波市足协杯足球赛冠军。

加强点传校建设和管理，评选出2021年度市级点传校奖励等次。优化点传校布局，结合各校开展训练项目发展优势，新增体育传统项目学校3所，取消1所。

【市第十六届运动会顺利举行】 4月至11月，市第十六届运动会举行，设青少年部、大众部（分成人组和残疾人组）和老年部，总参与人数达7000人。大众部成年组设比赛项目13个，残疾人组设比赛项目3个，老年部设比赛项目8个，青少年部设比赛项目7个。大众部和老年部以各乡镇（街道）为单位组团参加比赛，共21个代表团。全市中小学设80个代表队。市运会在保持历届项目基础上，还将精武拳技、24式太极拳、门球等项目被列入其中。大众部和老年部于10月底结束全部赛事。

【梁弄定向越野挑战赛举办】5月9日，浙江省第二届生态运动会（宁波站）暨2021年中国“长三角”美丽乡村红色之旅·梁弄定向越野挑战赛在梁弄镇横坎头村举办。赛事吸引来自上海、南京、杭州等地的500多名选手参与。经过一天角逐，产生了专业组、体验组前八名，分别颁发了证书、奖金和奖牌。

【环四明山自行车骑游大会开幕】5月16日，浙江省第二届生态运动会（宁波站）“澳乐比杯”2021中国宁波余姚第五届环四明山自行车骑游大会暨第15届马自骑资格赛（余姚站）开幕。近2000名自行车爱好者陆续骑出余姚市全民健身中心，奔向四明山。骑游大会全程组202千米，12小时内完赛；半程组125千米，10小时内完赛；体验组82千米，7小时内完赛。在赛道沿途，组委会一共设立了四明山山门、让贤村、悬岩村、四明山镇、香泉湾、九龙湾、阳明温泉山庄7个驿站，为选手们提供补给与打卡服务。最终，外籍车队RNCC Cycling获得全程组团体冠军，英国籍选手Luke William Webb赢得全程组男子个人冠军，竺婷婷赢得全程组女子个人冠军。

（市体管中心）

竞技体育

【概况】2021年，余姚市新增注册浙江省运动员925人，累计注册2236人。2021年，余姚市共有9人参加第十四届全运会，7人参加全国第十一届残运会暨第八届特奥会。2021年，全市共向宁波一校三基地输送优秀体育苗子27人，其中足球17人，田径4人，皮划艇3人，自行车、举重、射击各1人。

◎ 10月23日，王益楠在全国第十一届残运会暨第八届特奥会男子100米自由泳——S8比赛中获得金牌（市残联 供稿）

【在全国第十一届残运会暨第八届特奥会上获佳绩】年内，在全国第十一届残运会暨第八届特奥会中，余姚市派出7名残疾运动员参赛，共摘得8金4银2铜。其中来自市特殊教育中心的余璐豪、余晶、姚欣雨等3名特奥会运动员参加田径项目，共收获4金3银1铜，实现了余姚市在特奥会金（奖）牌零的突破。王益楠收获4枚游泳金牌。

【在第十四届全运会获佳绩】年内，余姚市共有9名运动员代表浙江省在田径（李玲、陈丹妮、虞佳如、周科琦）、跆拳道（闻人云涛）、帆船（洪伟）、体操（杨锦芳）、皮划艇（陈梦颖）、赛艇（杨子浩）等6个竞技体育项目上参加在陕西举行的第十四届全运会，共斩获1金1铜。9月22日，在全运会女子撑杆跳比赛中，李玲以4.70米的成绩获得全运会冠军，并打破了全运会纪录，市委、市政府向浙江省体育代表团发去贺电表示祝贺。此外，洪伟在帆船比赛（潍坊赛区）男子49er级帆船比赛中获得铜牌。

（市体管中心）

体育产业

【概况】2021年，余姚市获评2020年度浙江省体育彩票销售突破一亿元县（市、区），大丰公司登上浙江体育企业冠军品牌榜、浙江省隐形冠军企业、宁波市第四批制造业单项冠军示范企业、2021体育场馆设施创新品牌。

打造四明山千里国家登山步道建设工程。环浙步道余姚区域、百千米登山步道初见雏形。确定市区域内三条环浙步道，共计155.35千米，年底畅通。百千米登山步道贯通，完成国家登山步道形象标识、步道标识标牌、导视系统、路桩等配套辅助设施。同时做好步道宣传报道推广工作。

推进梁弄镇运动休闲乡镇建设。深入实施四明山“红色+绿色+特色”产业发展战略，开展越野、骑行、跑步等大型体育赛事活动，以山地运动产业链为动脉提振乡村发展新活力，加速体育、文化、旅游产业跨界融合发展。积极申报梁弄镇运动休闲乡镇和浙江省运动休闲旅游优秀项目。拟定初步规划，定名四明山水悦动休闲乡镇。

线上+线下体育产业推介赋能体育企业发展。余姚自由自在体育经纪有限公司的“自游自在8号球馆”项目成功申报为2021年度宁波市体育产业发展引导资金项目库入库项目。余姚大丰体育设备有限公司的“大丰DAFENG”牌体育场馆公共座椅列入第一批宁波市体育名品培育企业榜首，培育期3年。大丰体育设备有限公司承揽北京2022年冬奥会短道速滑和花样滑冰比赛场馆座椅项目以及亚运会场馆体育建设项目。支持各级各类体育企业参与市场开发推介会，组织宁波毕益生体育用品有限公司、宁波雪鹰运动装备科技有限公司等多家企业先后赴宁波、宁海、上海等地观摩、参展。有机结合大中型体育赛事活动，现场设摊展示体育企业用品推介。

完善体育产业统计、信息公示等基础工作。对全市所有从事与体育有关业务相关的648家体育产业机构进行研判和调查。录入体育企业名录库的企业共有398家，个体共有149家。对全市14家重点体育企业（3家服务业和11家制造业）调查年度主营业务收入、企业地址和从业人员数量等。25家企业信息进入宁波市体育健身企业信息公示。对全市校外体育培训机构企业进行排摸，筛选上报89条，符合标准58条。

全市共有体彩销售场所257家，其中实体店143家，小微渠道93家，行业渠道店21家。全年销量2.26亿元，同比上年增长约27%。利用公交站台、小区广告牌、流动宣传车等进行体育彩票宣传。执行“体彩品牌落地宣传”理念，组织5家实体店联合进行出门销售、品牌落地推广、品牌落地户外销售、欧洲杯观球等促销活动共28场。组织网点销售员业务技术培训10次、驻店培训11次；网络平台学习及考试4次，钉钉金牌团队学习15次。每位专管员对分管的30余家实体店完成定位巡检，全年巡查5000次以上，共计安装、维护终端机170余次。对竞彩销量落后的51家实体店进行定期的精细化团队学习和晒单帮扶，促进了15家门店销量拉升。

【四明山千里国家登山步道线路发布仪式举行】 10月23日，余姚四明山千里国家登山步道线路发布仪式暨金秋登高活动在余姚梁弄镇的羊额古道入口举行，来自余姚、慈溪等地的200多名户外运动爱好者参加活动。活动现场，余姚四明山千里国家登山步道线路正式发布，这一国家登山步道建设工程正式启动。余姚四明山区域登山步道全长800千米，分布在8个乡镇（街道），形成“三纵两横”“八大环”和16条精品路线的总体布局。

登高活动分体验组和专业组。体验组单程2.5千米，专业组单程约13千米。

（市体管中心）

◎ 10月23日，余姚四明山千里国家登山步道线路发布仪式暨金秋登高活动开幕式现场（梁弄镇　供稿）

社会民生

居民生活

【概况】 2021年，全市全体居民人均可支配收入63381元，比上年增长10.2%。按常住地分，城镇居民人均可支配收入71548元，同比增长9.7%，增长居宁波市第三位；农村居民人均可支配收入43428元，同比增长10.4%，收入绝对值水平首次超过宁波市平均水平。城乡居民收入比进一步缩小到1.65∶1，比上年缩小0.01。全年全体居民人均生活消费支出40073元，同比增长21.2%，其中城镇居民人均生活消费支出44482元，同比增长18.1%；农村居民人均生活消费支出29301元，同比增长18.3%。

表9　2021年浙江省、宁波市、余姚市城乡常住居民收入情况表

	城镇常住居民		农村常住居民		城乡常住居民人均可支配收入比
	人均可支配收入（元）	增长速（%）	人均可支配收入（元）	增长速（%）	
浙江省	68487	9.2	35247	10.4	1.94∶1
宁波市	73869	8.6	42946	9.7	1.72∶1
余姚市	71548	9.7	43428	10.4	1.65∶1

表10　2021年余姚市城乡常住居民人均可支配收入情况表（按收入结构分）

	城镇常住居民		农村常住居民	
	人均（元）	增长（%）	人均（元）	增长（%）
人均可支配收入	71548	9.7	43428	10.4
一、工资性收入	38778	8.5	26971	10.1
二、经营净收入	13528	3.6	10081	7.0
三、财产净收入	10423	14.6	980	21.0
四、转移净收入	8819	20.7	5396	16.7

2021年，余姚城镇常住居民人均可支配收入第一季度增长12.5%，全年增长9.7%；农村常住居民人均可支配收入第一季度增长17.7%，全年增长10.4%，经济稳步增长态势明显。

表11　2021年余姚市城乡常住居民人均可支配收入情况表（按季度结算）

	城镇常住居民		农村常住居民	
	人均可支配收入（元）	增长（%）	人均可支配收入（元）	增长（%）
2021年一季度	22805	12.5	12958	17.7
2021年上半年	39430	14.7	23514	15.6
2021年前三季度	56537	10.8	35750	11.1
2021年全年	71548	9.7	43428	10.4

【保障居民就业】　充分实施好就业优先政策，全面强化稳就业相关举措，增强企业就业岗位创造能力。进一步深化工资制度改革，根据经济发展情况及物价水平适时上调企业工资指导线。对智能光电等相关特色产业进行升级改造，整合产业链，充分培养吸纳相关人才。有针对性地搭建就业帮扶平台，加强职业培训力度、广度、深度、频度，进一步开发提供公益性岗位，拓宽有退休再就业意愿群体的就业渠道。

【保障基本民生】　深化全民参保登记计划，加快智慧医保建设，兜底民生保障，发展慈善事业，完善残疾人等特殊群体救助机制。推进医养护一体化体系建设，提升养老服务水平。深化“源头查控+硬核隔离+精密智控”工作机制，坚决守牢疫情防控底线。加强房地产市场调控和房产交易监管，大力发展住房租赁市场。

【保障共同富裕】　围绕十大行动计划、46项重点任务，提出57项抓手和40项改革任务，梳理首批最佳实践案例26个。四明山革命老区红色基因传承工程入选宁波市首批共同富裕先行市试点项目，《余姚市鹿亭中村“丝”路掘金奋力书写增收答卷》入选省首批共同富裕典型案例，《横坎头田园综合体成为共同富裕新支点》《党建引领　数字赋能　社会精治　打造省级共同富裕基层样板》入围省首批农业农村领域共同富裕典型案例。

《浙江余姚：村庄抱团发展，探索共同富裕之路》被《人民日报》报道，《余姚：探索革命老区共同富裕样本》被《浙江日报》报道，浙江首部农村共同富裕题材院线电影《村里那些事》在余姚开机，《共同富裕看“浙”里（一）余姚梁弄镇：“红色”引领绿色发展　革命老区的共富之路》在央视《中国新闻》栏目播出。

【保障开放发展】　建成G228陆埠互通及S319丈亭互通、余梁公路北延工程、余慈城际快速通道（K0+000～K0+354）新建工程、丰山路和子陵路（姚州大桥—新建北路）道路改建工程；推进姚江上游余姚西分工程、陶家路江三期整治工程、四明湖水库自溃坝改闸工程。推动公共文化中心建设工程、市医共体基础设施扩面提升工程、市第三人民医院（市精神卫生中心）迁建工程、舜通集团城东校区新建工程。

（陈智杰）

住房保障

【概况】　2021年，余姚市以“数字化改革”为引领，深化住房保障。基本完成1747套公租房智能门锁和梯控设施的安装调试，开发完成余姚住房保障信息系统2.0，完成省住房保障统一管理系统和门禁系统对接。印发《余姚市公共租赁住房保障管理办法》《2021年度余姚市流动人口公共租赁住房租赁补贴实施方案》《余姚市非本市户籍一线环卫工人公租房保障暂行规定》，优化保障方式，扩大保障范围，实现应保尽保。全市公租房共2249套，配租1561套，收取租金725.9万元，租金收缴率83.8%。直管公房共1110户，其中，住宅1044户、非住宅66

户，收取租金390万元，租金收缴率79.1%。积极开展中央财政支持住房租赁市场发展的试点工作，共有舜宇光学等11个项目获得奖补资金8870万元，余姚市获批奖补资金总额居宁波各县（市、区）及功能园区前列。根据2021年度市中心城区公共租赁住房申报公告，全年新增公租房实物配租167户，新增公租房货币补贴117户；退出公租房622户，其中实物配租20户、租金补贴521户；退出经济适用房74户，限价房7户。

按考核规定严格落实保障家庭年审制度，开展年审268户，确保住房保障资源公平善用。做好低保、低边的排摸工作，做到申请一户、保障一户，95户低保、低边家庭享受公租房保障。发放公租房租赁补贴1009户，新增外来务工600户，完成率达120%和400%。

【智能门锁亮相公租房小区】 年内，市住建局投资168万元为月梅公寓、兰馨公寓两个公租房小区的公租房承租户安装智能门禁系统。智能门禁系统包括1747把智能门锁安装和门锁超融合平台建设。智能门锁使用NB-IoT物联网传输技术，可用人脸识别或身份证开锁，并通过加密方式将数据保存在阿里云端，确保个人身份信息数据安全可靠。

【全市首批中央财政支持住房租赁市场发展试点项目通过评审】 5月19日，宁波市中央财政支持住房租赁市场发展试点奖补资金奖补结果（第一批第二次）公布，余姚市3个新建类租赁住房项目通过评审。其中，宁波舜宇光电信息有限公司2个项目，中意生态园海际建设1个项目。此次获批的项目建筑面积共计19.45万平方米，3604间（套），奖补资金7779.34万元。

（刘艳瑞　虞一帆）

◎ 2021年5月，企业职工在工作人员指导下办理住房公积金“全省通办”业务（楼展茵　摄）

住房公积金管理

【概况】 2021年，全年归集住房公积金242667.25万元，完成年计划的131.17%；提取住房公积金156495.28万元，完成年计划的97.81%；发放住房公积金个人贷款96514.48万元，完成年计划的160.86%；发放公转商贷款21773.9万元，完成年度计划的62.21%；回收贷款42952.13万元，完成年计划的85.90%；实现增值收益4505.74万元，完成年计划的99.03%。截至2021年底，住房公积金缴存余额455543.88万元，住房公积金个人贷款余额402661.83万元，存贷比为88.39%。

【数字化改革】 中心深入推进住房公积金改革攻坚，塑造惠民“金口碑”，助力共同富裕。依托业务系统政务服务2.0建设，不断提高网办水平，全年共受理个人网办业务22652件，受理单位网办业务15970件。深化“一体化”发展，实现住房公积金事项省域间“线上办理”，推进“一网通办”“跨省通办”“全省通办”，完成8个“跨省通办”事项落地应用，18个高频事项“全省通办”。推出异地购房提取公积金办理功能，单位登记开户、开具还清证明、提前还贷、缴存信息变更4项业务也相继落地运行。推广应用全国住房公积金小程序，实现异地转移业务办理“零跑动、零材料、零等候”。

【稳步推进贷款发放】 2021年受房产调控政策影响，房地产交易情况有所缓和，住房公积金放贷量略有下降。面对房产政策变化、银行个人住房贷款政策收紧的情况，中心加强贷款发放管理工作，及时召集各合作银行进行专题研究，定期召开主任办公（扩大）会及时决议，确保公积金缴存职工贷款的有序发放，维护房地产市场健康稳定发展。3月开始，暂停公转商贴息贷款业务，并于7月启动公转商贷款存量转回工作，全年共转回33100.86万元，有效提升资金使用率，保证了科学的存贷比。严格规范合作楼盘的审核及日常管理，对申请住房公积金贷款合作的楼盘进行资料审查，实地查看，形成风险评估报告，组织召开合作楼盘的风控会、贷审会，对申请楼盘进行风险把控。全年共召开风控会和贷审会各3次，与22个楼盘签订合作协议。做好逾期贷款的催收及权证的管理工作，及时统计每月各承办银行逾期情况及权证办理情况。密切关注逾期情况，对出现的两户贷款逾期超六期的客户，中心及时采取法律措施，有效控制贷款逾期率。

【资金监管】 中心注重加强资金监管和风险防范管理，确保资金安全管理。加强资金账户管理，严格把关。依照《住房公积金会计核算办法》《住房公积金财务管理办法》有关规定进行公积金业务核算，所有设立的银行账户及存款均按公款竞争性存放要求落实，在市财政局备案并受其监管。对各承办银行业务资金需要量进行精细化测算，资金划拨按三重一大要求进行会议讨论，再逐级审批并分岗划拨操作，真正做到有记录有审批划拨有牵制。开展内部监督，加强内部管理。中心认真落实内部稽核制度。年内，对拟上市企业公积金缴存证明的出具及楼盘住房公积金贷款合作事项进行了内部稽核，对内部稽核中发现的问题及时进行整改。中心严格执行贷款三级审核制度，进一步完善贷款逾期催收办法，对存疑贷款对象进行重点提醒和催讨，较好地控制了贷款逾期率。实行资金阳光化管理，主动接受监督。中心自觉主动接受上级部门的监督，配合开展省行政专项检查工作，并做好宁波市中心年度稽核意见的整改落实，使资金运作阳光透明。积极开展预决算公开，做到应公尽公，使行政运行费用公开透明。

◎ 4月17日，"全力以'复' '积'金惠民"余姚市住房公积金制度宣传月咨询服务活动开展（曾亮　摄）

【住房公积金宣传月广场服务活动举行】 4月17日，市住房公积金管理中心在余姚龙山西麓广场开展宣传活动，现场解答市民有关公积金业务咨询，并现场发放宣传手册及宣传品100余份，余姚电视台、《余姚日报》等媒体对本次活动进行了宣传报道。

【纯商业贷款委托提取公积金业务开展】 5月1日起，余姚市正式开始纯商业贷款委托提取公积金业务。中心分别与工商银行、农业银行、中国银行、建设银行、交通银行、宁波银行、中信银行、农商银行8家银行合作开展此项业务。该业务旨在进一步减轻住房公积金缴存职工的还贷压力，充分发挥住房公积金制度的保障作用。截至年底，共委托提取4536人次，金额3135.51万元。

【首笔两地联办异地购房提取公积金业务办结】 11月18日，市住房公积金管理中心窗口收到河北省张家口市住房公积金管理中心缴存职工办理异地购房提取公积金业务的申请。中心"跨省通办”窗口办理人员通过全国监管平台与对方机构取得联系，并在明确了解对方政策后代收代取相关材料上传和存档，最终44330元住房公积金于11月19日成功转入办理人账户，成功办结中心首笔两地联办异地购房提取公积金业务。

（郑崇行）

民　政

【概况】　2021年，全市民政系统认真贯彻落实市委、市政府各项决策部署，以“紧扣民生发展主线，提升民政现代化水平”为总目标，以“聚焦基本民生保障，聚焦基层社会治理，聚焦基本社会服务”为工作主线，切实发挥好民政在社会建设中的兜底性、基础性作用，为余姚市民政事业“十四五”时期发展开好局起好步。

【社会救助事业】　城乡居民最低生活保障。规范社会救助对象动态管理，截至2021年底，全市共有低保对象6616户8428人，月发放低保金738.99万元；低保边缘户对象688户1339人，按月开展低保在册对象复核，复核率达100%。同时，及时做好物价补贴和春节慰问金发放工作，发放物价补贴共计115万元，惠及困难群众2.02万人次，发放元旦、春节期间节日生活补助金1019.85万元。

助房助学助困。深化“救助+保险+服务”模式，实施低保低边家庭子女就读高等教育的助学项目和困难群众危旧房改造项目，2021年，助学和助房项目分别帮扶227人和127户，支出资金157.2万元和148.5万元。加大临时救助力度，共救助3185户，5034人，支出资金810.99万元。

特困人员救助。全面开展特困人员自理能力评估，2021年共评估689人，评估完成率达100%。截至2021年底，余姚市共有特困供养人员658人，共计发放基本生活费1362.97万元，照料护理费161.05万元。

推进社会救助数字化改革。深入推进社会救助“一件事”联办工作，2021年该平台共受理979单申请，办结979单。通过“浙里办”中“浙里救”平台实现救助对象入户调查和探访关爱数字化操作，截至2021年底共计通过数字化手段入户调查7112户，探访关爱30320户次。

【社会福利事业】　儿童福利保障。调整成立以市委市政府为领导的余姚市未成年人保护工作委员会，同时不再保留余姚市未成年人保护委员会、余姚市留守儿童关爱保护和困境儿童保障工作联席会议，将原来的市留守儿童关爱保护和困境儿童保障工作联席会议的工作职责并入市未成年人保护工作委员会。上调社会散居孤儿、困境儿童基本生活养育标准，由原来每人每月1756元调整为2064元。截至2021年底，余姚市共有困境儿童393名，全年发放散居孤儿、困境儿童基本生活保障金596.8万元。

福利彩票。2021年全市福利彩票销售21874.65万元，为国家筹集公益金6544万元，为余姚筹集公益金2187万元。

【养老事业】　机构养老。2021年底养老机构床位9071张。推进公办养老机构公建民营进程，截至2021年底，凤山街道、大岚镇、陆埠镇、丈亭镇4个乡镇（街道）的老年人服务中心完成公建民营，占余姚全市的20%。扎实推进医养康养融合工作，截至2021年底已有3家养老机构（阳明颐养院、长青、舜辰）开办医疗护理中心，4家养老机构（河姆渡镇老年公寓、泰利、康华、红日）新建医务室，提供护理床位7384张。

居家养老。新建成示范性居家养老服务中心22家。为675户困难老年人家庭进行了适老化改造。新建改建标准化老年食堂10家。在梨洲街道建成余姚市首家AAAAA级居家养老服务中心。持续推动村（社区）居家养老服务中心（站）标准化建设，截至2021年底，余姚市A级及以上居家养老服务机构覆盖率达100%，AA级居家养老服务机构136家，AAA级居家养老服务机构33家，分别达52%和10%。

【基层政权与社区建设】　基层政权建设。开展村（社区）减负自查自纠，确定兰江街道二高村为宁波市级减负增效监测点，确定陆埠镇干溪村为余姚市级减负增效监测点。推进基层社区治理，建立“以社区为平台、社会工作者为支撑、社区社会组织为载体、社区志愿者为辅助、社区公益慈善资源为补充”的新型社区治理机制。

城乡社区建设。选报梨洲街道金冠村等6个村（社区）参选第四批省级引领型优秀农村社区。推进清廉社区建设，清廉社区规范化建设覆盖率达到100%。兰江街道四明西路党建引领街区治理“一起来”创新示范点通过创建验收。建成“居民会客厅”1家，位于朗霞街道崇文社区。

社区工作者队伍建设。做好2021年度社会工作者职业水平考试报考发动工作，全市共有2194人报名考试，报名人数较2020年翻了一番。提升社工比例，截至2021年底余姚市社会工作人才累计数量为828人，其中初级社会工作人才591人、中级社会工作人才237人。

社会工作。推进乡镇（街道）级社会工作站建设，在泗门镇等6个乡镇（街道）成功建立社会工作站。培育专业社工机构，2021年新成立4家专业社会工作服务机构，截至2021年底，余姚全市成立了12家社会工作服务机构。

【社会慈善工作】 推动慈善基地建设，培育成立水仙慈善基金会、中意未名教育基金会2家慈善组织，余姚公益场获评为“省级慈善项目培育基地”和“浙江省示范性慈善基地”。开展美好家园慈善项目，向宁波慈善总会争取项目资金225万元，对全市村、社区开展“美好家园”建设项目，通过社会组织服务中心、社会工作站为基地，落实社会组织开展助老、助残、乡村振兴等公益项目。

【社会组织工作】 社会组织培育发展。截至2021年底，全市备案社会组织5022家，实现社区自治类、社区平安类、社区服务类、社区文体类四类社区社会组织街道（乡镇）全覆盖。开展“红心永向党，百年新华章”2021年余姚市社会组织公益创投项目和“三社联动，善治姚城”余姚市第二届城乡社区社会组织微公益创投项目，共计投入33.9万元资金，培育和扶持“姚爱伴飞”——余姚市困境儿童帮扶等30个具有示范性和创新性的公益项目。培育有1家品牌社会组织和2名领军人物。

社会组织孵化平台建设。深化三级社会组织服务平台建设，对市级社会组织服务平台“余姚公益场”的功能定位、服务宗旨、办公场地等进行新一轮调整，引入第三方支持型社会组织，2021年共招募入驻团队27家。推动乡镇（街道）、社区（村）级社会组织服务中心发展，截至2021年底已建立法人登记街镇级社会组织服务平台21家，社区（村）社会组织服务平台305家，覆盖率100%。

社会组织管理。强化社会组织综合监督管理，开展2021年度全市社会组织年检年报，对登记在册的1105家参检单位进行业务指导。开展打击整治非法社会组织专项行动工作，联合公安、教育等相关职能部门依法处置非法社会组织12家。开展“僵尸型”社会组织专项整治行动。对于两年及两年以上未年检的社会组织进行清理整顿，2021年注销8家社会组织（2家社会团体、6家民办非企业单位）。推进“双减”工作，做好营利性机构的登记工作，市民政局会同市教育局查处未在市场监管、民政登记的校外培训类非法社会组织6家，排摸各类登记的校外培训机构为63家。

【专项社会事务工作】 地名管理。扎实推进民政部部署“不规范地名清理整治”工作，2021年清理整治不规范地名6个。完成“余姚农村路名亮显工程”，共计给全市261个村925条道路设置路牌2334块。打造红色地名手绘地图，收录余姚市红色地名共82处，在全市乡镇街道、企事业单位、重要公共场所进行展示，发放印制地图1000余张。新版《余姚市地名志》出版，共采集全市信息条目5160条，采集信息字数约111.2万字。规范地名审批服务工作，余姚市2021年共计批出地名59个，批出门牌地址837个。逐步将新增地名与门牌空间数据做到实时关联，实现地名数据图像化、空间化，截至2021年底余姚市已关联相关数据2030条，关联率达到93%。

婚姻收养登记。2021年共办理结婚登记2811对，离婚申请1918对，离婚登记1033对，离婚申请撤回率46%。补领结婚登记证2387件，补领离婚登记证178件，收养登记12件，解除收养1件（含省内跨区域结婚登记69件、离婚登记22件、补领婚姻登记证9件）。登记合格率100%，无行政诉讼和行政复议。结婚生育户口“一件事”联办2081件，线下收养“一件事”联办12件。

殡葬管理。开展殡葬业价格秩序、公益性安葬设施建设经营专项整治，出台《关于印发余姚市开展殡葬业价格秩序、公益性安葬设施建设经营专项整治实施方案的通知》。实施余姚市惠民殡葬政策，2021年减免各类基本丧葬费用共计534.96万元，惠及丧户6708户。推行节地生态安葬工作，节地生态入葬率达到70.2%。

水库移民安置。推进移民资金后扶项目建设，2021年余姚市共确定大中（小）型水库后期扶持项目43个，移民资金补助总额1732万元。做好直补资金人员核减工作，2021年共核减移民156人，至年底共有享受直补资金人数15954人，全年共发放移民直补资金957.24万元。

【新版《余姚市地名志》出版】 3月，新版《余姚市地名志》

出版，共采集全市信息条目5160条，采集信息字数约111.2万字，以文、录、图、表、照五位一体，从地名角度载述区域的历史沿革、地理特征、政治建设、交通运输、文化风物、名胜古迹等资料，是一部内容翔实确切、释文完整的地名典籍和市情志书。

【市慈善基地获评2020年度浙江省示范性慈善基地】 3月，浙江省民政厅公布2020年度浙江省示范性慈善基地评估结果，授予全省30家“特色明显、功能完善、运行专业、效益显著”的慈善基地“浙江省示范性慈善基地”称号，余姚市慈善项目培育基地获此殊荣。余姚市慈善项目培育基地坐落于余姚市社会组织服务中心（余姚市公益场），占地2000平方米，基地入驻公益慈善类组织38家（其中慈善组织认定的10家，包括给予公开募捐资格的2家）。

【余姚市社会组织党群服务中心获评宁波市AAAAA级】 5月7日，余姚市社会组织党群服务中心获评宁波市AAAAA级党群服务中心。中心建于余姚市中心位置，以市社会组织服务中心（余姚公益场）为基地，使用面积1200平方米，配有展示大厅、党建工作室、党建活动室、培训室、社会组织孵化室等活动场所，辐射对象2万人以上。

【社会救助标准调整】 7月1日起，余姚市社会救助标准提高，城乡居民最低生活保障从每人每月891元提高为1005元，特困人员救助标准每人每月1568元提高至每人每月1709元，实现救助标准与宁波大市相一致。

【余姚市社会救助知识竞赛举行】 9月15日，2021年余姚市社会救助业务知识竞赛举行，共有21个乡镇（街道）的34名基层社会救助工作人员参加。本次竞赛内容涵盖低保、低边、特困人员供养、专项救助相关政策及社会救助管理机制相关的业务知识。共决出一等奖3人、二等奖5人、三等奖10人、优胜奖16人，优胜单位6家。

【76家学科类校外培训机构转登工作完成】 11月，余姚市76家学科类校外培训机构“转登”工作全部完成。该项工作由余姚市民政局会同市教育局、市市场监管局实施，对机构名称、业务范围、开办资金、活动场所、举办者和拟任责任人等方面进行审查，所有机构名称统一为“余姚市××培训学校”。

【全市残疾人两项补贴移交工作部署会召开】 12月29日上午，余姚市召开了全市残疾人两项补贴移交工作部署会，会议上传达了《宁波市民政局 宁波市财政局 宁波市残疾人联合会关于转发〈浙江省困难残疾人生活补贴和重度残疾人护理补贴实施办法〉的通知》文件精神，余姚市府办副主任徐世海出席并讲话。

（劳宇宽）

退役军人事务管理

【概况】 2021年，余姚市退役军人事务局认真贯彻中央决策和省委、宁波、余姚市委部署，以实现退役军人高质量发展为牵引，着眼于全方位服务体系建设，牢固树立“懂军人、爱军人、全心全意服务退役军人”的理念，以工作实效提升退役军人满意度和幸福感，为建设现代化活力美好“最名邑”贡献退役军人力量。

【服务保障】 全市313个市、镇村三级服务中心（站）均已组建并有效运行。2021年市退役军人服务中心成功创建全国示范型退役军人服务站，106家村级服务站成功创建全国示范型退役军人服务站，23家服务站成功创建浙江省新时代“枫桥式”退役军人服务中心（站）。打造“甬尚老兵·余你同行”思想政治工作品牌，深入开展“十小”工作法，实行兵支书领雁工程、轮值站长工作制度，发挥先进典型引领作用。全市兵支书，在村支书中占比25.48%，村（社区）“两委”中兵委员，在村委员中占比16.92%。自轮值站长制度建立后，全市已有600多名由优秀退役军人担任的轮值站长上岗履职。军嫂李娟入选浙江省最美拥军人物，吕小锋被评为宁波市最美退役军人，“战狼”公益救援队获得宁波市最美退役军人工作团队称号。迭代升级军人退役“一件事”服务，多跨场景应用“老兵码”，全面推行退役军人全生命周期管理保障模式。首次探索利用线上接收自主就业退役士兵的模式，部分退役士兵接收工作在“浙里办”App上完成。

【双拥优抚工作】 落实落细优待优抚政策。2021年，完成8371名60周岁以上农村籍退役士兵老年生活补助审核发放工作。完成优抚对象医疗补助及临时生活困难补助审核发放工作。及时足额发放现役义务兵优待金。完成农村现役义务兵父母和烈属的健康体检工作。认真做好5名带病回乡退伍军人和残疾军人审核转报工作。设立崇军联盟，

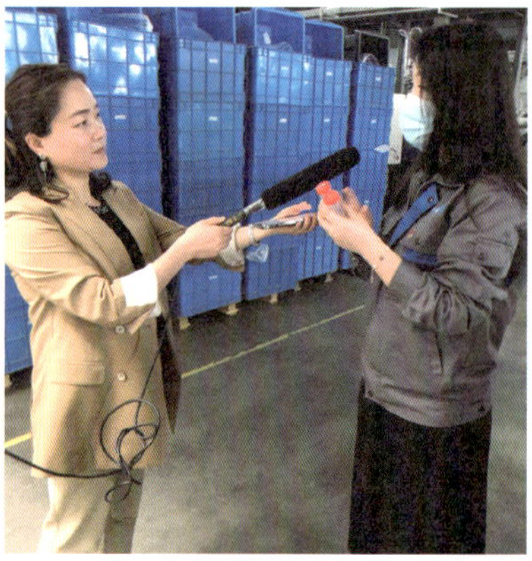

◎ 3 月，军创企业家（右）接受余姚电视台采访
（市退役军人事务局　供稿）

◎ 7 月 30 日，“崇军联盟”正式上线（市退役军人事务局　供稿）

面向退役军人提供优质产品、优先待遇、优惠价格的“三优”服务，285 家企事业单位和商家加入，并在众安广场建立崇军商圈。多举措推广“甬尚老兵码”，全市退役军人“甬尚老兵码”申领比例达到 51.11%。与市融媒体中心合作，在《余姚日报》、余姚电视台开设《四明红，军民情》专栏，宣传军创企业家和崇军商圈典型。协调市教育局等相关部门为现役军人子女入学、入园提供便利，随军随调家属做到及时妥善安置。与宁波财经学院、中国移动余姚分公司等达成战略合作协议，助力退役军人就业创业。

【就业安置】　常态化开展就业创业暖心服务。2021 年，利用余姚市退役军人就业创业平台微信小程序，累计为退役军人提供 3000 余个岗位，浏览量达 2.3 万余次，为退役军人实现或改善就业。组织 2 场退役军人线下精准对接会，推荐 63 家企业、280 个岗位、670 个职位。通过当好“侦察兵”“雷达兵”“勤务兵”，打通退役军人就业创业“最后一公里”。6 月，宁波市退役军人就业创业暨“三兵”服务体系现场会在泗门镇召开，获得宁波市局领导的肯定。按照“妥善安置、合理使用、人尽其才、各得其所”的原则，军转干部和符合政府安排工作退役士兵均得到妥善安置，实现转业军人、用人单位和部队“三满意”。

【“冬日暖心·节日暖情”拥军优属走访慰问活动】　1 月，市退役军人事务局陆续开展“冬日暖心，节日暖情”拥军优属走访慰问活动，陆续走访慰问了驻姚部队官兵、退伍军人和其他优抚对象。慰问团一行向驻余姚部队全体官兵赠送节日慰问品 2200 余份，为 6 名立功现役官兵家庭送喜报，并会同各乡镇（街道）对辖区内重点优抚对象、“一门三军人”家庭、生活困难退役军人等优抚对象进行走访慰问，及时了解他们的需求，帮助解决实际困难。

【“崇军联盟”志愿协调员受聘仪式举行】　2021 年，余姚市“崇军联盟”正式上线。市退役军人事务局服务中心主任何少卿向“崇军联盟”志愿协调员颁发聘书，志愿协调员们正式上岗。会上，何少卿向志愿协调者介绍了余姚市“崇军联盟”的基本情况，解读《宁波“崇军联盟”志愿协调员管理办法（试行）》。此次余姚市“崇军联盟”志愿协调员共有 11 人。全市“崇军联盟”有近 120 家爱心企业，涵盖商贸商超、餐饮娱乐、医疗康养、文化旅游、金融保险、咨询服务等多个领域。

【余姚市举行零散烈士墓迁移仪式】　2021 年，余姚市各级先后投入资金 40 余万元，对 12 处烈士纪念设施进行修缮、迁移。年内，市退役军人事务局开展烈士纪念设施保护专项行动，对零散烈士纪念设施进行详细的摸底调查，在充分尊重烈士遗属意愿和有利于管理保护的前提下，按照“应迁尽迁、集中管护”的原则，扎实推进县级以下烈士纪念设施整修工程。12 月 22 日，俞增荣烈士墓迁移仪式举行。

【市退役军人事务局与宁波财经学院签订战略合作协议】　7 月 7 日，市退役军人事务局与宁波财经学院签订战略合作协议书，双方约定围绕退役军人再教育、培训和技能提升等方面工作开展深度合作。市退役军人事务局党组书记、局长黄佰坚，宁波财经学院副校长高振强等出席签约仪式。

【“震荡行情下的权益市场投资”专题讲座举办】 3月，市退役军人事务局与宁波银行余姚支行联合举办了“震荡行情下的权益市场投资”专题讲座。活动中，宁波银行余姚支行的有关工作人员通过生活中常见的金融活动事例，用通俗易懂的语言向退役军人讲授金融市场形势、家庭资产配置、基金和股票等相关知识。

【服务保障能力提升宣传月活动】 10月，“服务保障能力提升宣传月”活动在玉皇山文明实践基地、五彩城、万达广场等十余个地点同步开展。活动现场，市退役军人事务局工作人员、市老兵志愿服务队和四明红心志愿服务队的志愿者们通过悬挂条幅、开展法律咨询、发放宣传折页、宣讲保障法、吸收志愿者等方式，向退役军人及周边群众详细讲解《中华人民共和国现役军人地位和权益保障法》《中华人民共和国退役军人保障法》等法律知识，以及退役安置、就业创业、崇军联盟等政策内容。

（殷潇洁）

革命老区开发建设

【概况】 2021年，对全市223个老区村和社区进行了筛选，确定梁弄镇横坎头村和大岚镇柿林村为乡村振兴实现共同富裕示范联系点，向两个村各提供万元的公用经费用于乡村振兴。

截至2020年底，余姚市健在“三老人员”76人。市老促会联合市民政局完成35户符合条件“三老人员”的住房适老化改造，改造后满意度达100%。年内两次针对山区乡镇“三老人员”、村干部和困难群众开展走访慰问并送去慰问金，共慰问24户。

参加省老促会理事会例会和《浙江省革命老区发展史》首发仪式。参加全国老促会在黑龙江省牡丹江市举办的全国老促会会长培训班。参加省老促会在安吉召开的乡村振兴联系点工作会议，参观鲁家村和余村。

【彭佳学在四明山革命老区调研】 1月19日上午，省委常委、宁波市委书记彭佳学赴余姚梁弄四明山革命老区调研。调研期间，彭佳学瞻仰了四明山革命烈士纪念碑，慰问了烈士遗属黄寿铨。随后，召开座谈会，彭佳学听取了革命老区工作汇报。

【余姚老区发展建设座谈会召开】 11月20日上午，余姚老区发展建设座谈会召开。会上，省革命老区开发建设促进会副会长兼秘书长王建跃、原省老区办副主任郑锦泉与市老促会、市民政局、市农业农村局、市医疗保障局、市退役军人事务局等单位相关人员进行了交流座谈。

（市革命老区开发建设促进会）

余姚市慈善总会

【概况】 2021年，市慈善总会募集善款9400万元，发放救助款8300万元，有9.1万人（户）次困难群众得到慈善救助，240个公益项目得到帮扶。累计募集善款10.86亿元，发放救助资金9.4亿元，受助困难群众66.5万人次。

【“慈善一日捐”活动】 4月，市委办、市府办印发《关于开展2021年“慈善一日捐”活动的通知》，要求动员全市社会各方力量，弘扬中华民族传统美德，增强全社会慈善意识，打造爱心城市品牌，发挥慈善救助力量，打赢脱贫攻坚战。市慈善总会同时发布2021“慈善一日捐”活动公告，表彰“慈善楷模”“慈善之星”。“慈善一日捐”活动随即在全市展开。4月23日，全市“慈善一日捐”动员大会举行，全市各乡镇街道，市直各部门负责人共120余人参加。会议由市慈善总会会长孙钜昌主持，副会长谢建明对如何搞好“慈善一日捐”活动提出了意见。余姚市教育局、低塘街道负责人作了经验交流发言。副市长楼鼎鼎在会上发言。

活动中，有640家单位、3.05万人次参与捐款活动，共募集善款1143万元。

【发展慈善冠名基金】 年度新建慈善冠名基金44家，续建10家，累计发展慈善冠名基金440家，基金规模3.3亿元，全年冠名基金到账2485万元。全市265个行政村、36个社区建立慈善帮扶基金，基金规模1.56亿元，年内到账基金1255万元。

【“三助二扶”项目】 全市发放助学金561万元，资助困难学生5603人。全年助医5856人，对1000名精神病患者实施慈善施药，助医支出1035万元。向20310户困难家庭及重大病人发放助困资金2102万元。全市有6个慈善扶贫产业基地辐射带动193户困难群众创业脱贫，投入帮扶资金60万元。

（王金良）

余姚市关心下一代工作委员会

【概况】 2021年，全市各级关工委组织各类教育培训50余场次，内容包括党史学习教育、习近平总书记在庆祝中国共产党成立100周年大会上的重要讲话和党的十九届六中全会精神等，参加培训的“五老”和关工委干部共计1200余人次。配合宁波电视台少儿频道拍摄红色基地视频《浙东小延安——抗日四明铸丰碑》。市关工委党史学习教育做法在余姚市委《党史学习教育简报》第26期刊发，并在宁波市关工委党史学习培训班和学习贯彻党的十九届六中全会精神培训班上作交流发言。

开展第十五届十佳"小孝星"评选活动，评选出10名十佳"小孝星"、6个孝德教育先进单位和11个孝德中队（团支部），其中"小孝星"张楚悦荣获浙江省"青少年英才·红船好少年"称号。组织青少年学习新修订的《中华人民共和国宪法》《中华人民共和国未成年人保护法》《中华人民共和国预防未成年人犯罪法》，举办全市关工委培训班，邀请专家为基层关工委干部解读两法修订重点内容和修订后的亮点内容。新命名朗霞街道新新公司、牟山镇少年军校、小曹娥镇朗海村土布馆3个"余姚市关心下一代校外教育阵地"，全市校外教育阵地共接待青少年10万余人次。

年内，全市共举办"假日学校"154所，筹集经费94.15万余元，千名五老志愿者参与教育和管理，近万名青少年受惠。阳明街道、泗门镇关工委被授予"假日学校"优秀组织奖，31家优秀"假日学校"和44名先进工作者受表彰。开展助学、助困、助残、助孤、助医等"五助"关爱帮扶活动和农村留守（困境）儿童关爱工作，全年共筹集助学款11.5万元，资助学生73名。落实宁波市"甬润童心·关爱留守（困境）儿童"活动，组织"五老"与56名留守（困境）儿童开展一对一结对，其中6名"五老"被宁波市关工委评为优秀结对志愿者。开展争创"五好"基层关工委活动，新命名"五好"社区（村）关工委24个，"五好"民营企业关工委8个，"五好"基层关工委创建率达56%。

市关心下一代志愿者协会（以下简称协会）进行换届选举，组建新的领导班子，调整充实下属8个工作团队的力量。协会被评为AAAAA级社会组织，并成立了关心下一代志愿者协会党支部。年内，协会共开展宣讲活动100余次，董友根被评为省关工委"红船精神优秀'五老'宣讲员"；对14名失足青少年开展教育、感化、挽救工作；组织学生参加宁波市汉字棋比赛，获宁波市团体一等奖，12名学生荣获个人奖项；成功申报省关工委"红船领航浙里关爱·关心下一代公益项目"，签约宁波市关工委的"暑期组织'五老'关爱服务青少年"服务项目和"春晖关爱行动"服务项目，获得资金11万元，推进关爱老区儿童成长项目的实施，获得资金11.56万元。

【关心下一代志愿者协会第二次会员代表大会召开】 5月7日，余姚市关心下一代志愿者协会第二次会员代表大会召开。71名会员代表参加会议。会议审议并通过了工作报告和财务报告，选举产生了新一届理事会和领导班子，邹钧孟当选新一届会长。

【红色艺术成果展启动仪式举行】 5月28日上午，余姚市关工委红色艺术成果展启动仪式在余姚市梁辉小学举行。活动中，余姚市关心下一代志愿者协会、余姚市慈善总会和五家爱心企业向梁辉小学捐赠了红色舞台大屏幕。梁辉烈士的后代应邀出席活动，并观看根据梁辉烈士事迹创编的红色情景剧《光辉的青春》。

【"童心向党　礼赞百年"老少书画巡回展在余姚展出】 8月12日，由宁波市关工委、市文明办、市教育局、团市委和市妇联联合举办的墨晏杯老少书画巡回展在余姚市档案馆展出。本次书画展以"童心向党　礼赞百年"为主题，汇集了全市各县（市、区）"五老"和青少年的优秀书画作品112幅，其中余姚市关工委推荐的10幅作品入选。

（余静琴）

5月28日，余姚市关工委红色艺术成果展启动仪式举行

（市关工委　供稿）

街道·镇乡

凤山街道

2021 年凤山街道各村（居委会、社区）基本情况表

表 12

村（居委会、社区）	面积（平方千米）	户数（户）	人口数（人）	集体经济收入（万元）	集体经济总费用（万元）	总资产（万元）
永丰村	4.93	3026	8028	1892.03	265.99	22363.60
五星村	3.4	1923	4636	614.76	243.48	5422.31
剑江村	3.67	1540	4066	928.83	101.04	10929.31
蜀山村	3.6	1365	3556	714.07	165.01	5816.26
同光村	5.12	1336	3445	704.78	133.00	4325.74
九垒山村	3.5	750	1783	140.95	103.26	2544.29
皇山桥村	2.6	669	1770	705.15	81.41	3244.87
双河村	7.3	2342	6809	2049.99	166.40	21205.74
穴湖村	4.6	1193	3045	897.42	194.48	7573.28
胜一村	7.5	1706	4625	1007.85	102.50	7839.70
阳明东路居委会	0.01	323	837	209.87	35.96	2946.22
凤山社区	1.5	2755	8234	—	—	—
酱园街社区	0.7	2740	5765	—	—	—
宪卿第社区	0.5	1182	2786	—	—	—
子陵社区	2.25	1035	2640	—	—	—
季卫桥社区	0.8	845	2178	—	—	—
东江社区	0.5	2014	5047	—	—	—
东城社区	3.2	2093	4958	—	—	—

注：表中“—”表示缺少相关数据。

【概况】 2021年，凤山街道实现财政总收入14.8亿元，同比增长24.6%；一般公共预算收入7.6亿元，同比增长23.8%。全年完成工业总产值160亿元，其中规模以上工业总产值89.8亿元，同比增长25%，新增规模以上工业企业8家；社会消费品零售额8亿元，同比增长8%，限额以上批发零售业销售额75亿元，同比上升15%，新增限额以上企业5家。全年引进宁波市外资金9亿元，引进余姚市外资金9亿元，引进浙商实到资金3.5亿元，固定资产投资总额2亿元。德昌公司于10月完成上市，大叶园林智能灌溉园、梦莹家居全自动生产线等项目进度进一步提速。新认定高新技术企业5家，申报宁波市科技型中小企业18家。全年研发经费投入总额2亿元，高新技术产业增加值15亿元。

加快农业科技创新与创业融合发展，做好6家农业龙头企业、6家农村专业合作社及1家省级示范家庭农场服务育强工作，完善杨梅主产区基础设施建设。推进耕地地力保护补贴、政策性农业保险工作，切实抓好农村集体“三资”常态化管理，加大耕地资源保护和“五水共治”工作力度，落实河长制度，完善水岸一体化保洁工作机制。推进九垒山桐湖浦水环境综合整治，在东楼江等河道安装投用离岸设施，推进姚江流域水环境综合整治三年行动，打赢“春冬季水环境整治攻坚战”。8月起，在全市率先试点推行农村一体化保洁机制，辖区农村环卫管理水平提升，农村人居环境改善。

加快推进征地拆迁，切实保障市级重点项目实施落地。街道列入拆迁征收计划的项目共计10个，包括3个上年度延续项目和7个新启动项目。剑江村楼屋根铁路北地块完成清零；剑江村严家道地区块拆迁清零、皇山桥村子陵路南侧区块征地拆迁工作有序推进；子陵路北侧4个地块通过农转用审批手续；新建北路东侧海天塑机南侧地块签约完成。加大城中村改造、老旧小区改造和背街小巷改造力度，推进无物业管理老小区破损基础设施改造维护，完成胜一村黄家桥自然村梳理式改造、秘图山公寓污水纳管及停车位改造等工程。

发挥社会矛盾纠纷调处化解中心样板化建设优势，加快“一中心四平台一网格”建设迭代升级。推进线上“一张网”建设，矛调中心各项数据完成率、核查率均达到100%。全面整合视频监控探头系统，应用AI抓拍采集技术，融合智慧城管系统信息，实现一地调度、一网指挥、可视可控，提升智能化治理水平。推进“平安凤山”建设，积极构建治安防控网络，做好信访工作，构建良好信访生态。集中开展电信网络诈骗、毒品问题专项整治行动，保持安全生产和消防安全排查整治高压态势。

梦麟幼儿园新建工程完成竣工验收，阳明小学改扩建项目年底完工，凤山小学改扩建项目加快办理审批手续。推进公办园招生接纳率提升工作，整治低小散幼儿园1家。动员社会力量捐资助学，新增奖助学资金120余万元，实现辖区义务教育段贫困学生助学全覆盖。做好新冠肺炎疫情常态化防控工作，压实疫情防控“小门”管理责任，推进新冠疫苗全人群接种，全年累计完成接种27万余人次，全年龄段接种率达到97.5%。做好重点地区重点人群排查管控，组织大规模核酸采样应急演练2次。推进医疗质量提升行动，街道社区卫生服务中心新大楼装修与二中心迁建工程如期推进，公共卫生服务队伍建设不断加强。深化“最多跑一次”改革。提升社保、医保覆盖面，社保扩面成效在全市名列前茅。做好低保户和低保边缘户动态管理，健全困难群众救助与残疾人服务保障体系。深化居家养老服务，规范老年人服务机构管理，实行街道老年人服务中心“公建民营”。落实拥军优抚各项工作，推进宁波市慈善村社创建。建设完成余姚首家四明云哨网络生态工程试点哨所——“凤山风声”哨所。擦亮“德润凤山”“放歌凤山”等工作品牌，成立“凤山好人”帮帮团，举办庆祝建党百年文艺演出。

加强党建品牌建设，组织开展“百年党史大巡展、百部电影大放映、百份微心愿大放送、百场党课大宣讲、百名书记大宣誓、百场服务大行动和百名先锋大展示”等七大系列活动。推进党史学习教育常态化，开展“六讲六做”大宣讲活动和“我为群众办实事”主题实践活动。

【“网民看看看”——我看凤山经济发展暨“兆隆杯”摄影大赛开幕】 5月22日上午，由凤山街道党工委和市互联网发展联合会联合主办的“网民看看看”——我看凤山经济发展暨“兆隆杯”摄影大赛开幕。余姚市摄影家协会20余位会员和关心凤山经济发展的10位网友走进凤山工贸代表企业宁波兆隆光电科技有限公司、宁波大叶园林工业股份有限公司、浙江比依电器有限公司和余姚阳明酿酒有限公司四家企业参观拍摄。此次摄影活动由宁波兆隆光电科技有限公司出资，旨在通过镜头捕捉凤山经济发展的掠影，领略“最美凤山”强大的经济活力。

◎ 5 月 22 日，“网民看看看”——我看凤山经济发展暨摄影大赛参赛人员合影（凤山街道　供稿）

◎ 6 月 20 日，“永远跟党走　奋进新征程”凤山街道庆祝中国共产党成立 100 周年文艺演出暨第十三届“放歌凤山”文化艺术节开幕式在梦麟中学报告厅举行（凤山街道　供稿）

【第十三届“放歌凤山”文化艺术节举行】 6 月 20 日，“永远跟党走　奋进新征程”凤山街道庆祝中国共产党成立 100 周年文艺演出暨第十三届“放歌凤山”文化艺术节开幕式在梦麟中学报告厅举行。文艺演出由中共凤山街道工作委员会、凤山街道办事处主办，辖区内各村（居、社区）相关学校和企业协办，凤山街道新时代文明实践所与凤山街道文化站、文联共同承办。演出包括舞蹈《红旗颂》、诗朗诵《一封穿越百年的红色信笺》、舞蹈《七律长征》、村歌《我的家乡叫同光》及合唱《团结就是力量》《没有共产党就没有新中国》等节目。

【“凤山好人帮帮团”成立】 3 月 31 日上午，“凤山好人帮帮团”在玉皇山公园成立。“凤山好人帮帮团”共有成员 95 人，成员都获得过“凤山好人”荣誉称号。“凤山好人帮帮团”通过定期走访、“授人以渔”等方式帮助困难群众，为公益慈善事业尽一份力。

（徐　丹）

阳明街道

2020 年阳明街道各村（居委会、社区）基本情况表

表 13

村（社区、居委会）	面积（平方千米）	户数（户）	人口数（人）	集体经济收入（万元）	集体经济总费用（万元）	总资产（万元）
庙弄村	1.04	307	784	429.39	59.65	2593.91
二高村	1.28	561	1503	568.07	70.43	4569.65

续表 13

村（社区、居委会）	面积（平方千米）	户数（户）	人口数（人）	集体经济收入（万元）	集体经济总费用（万元）	总资产（万元）
丰山前村	0.89	343	892	664.36	62.04	4404.96
群立村	3.35	987	2353	420.26	121.49	4607.56
丰南村	2.84	1059	2810	380.75	114.47	8049.72
梁堰村	4.44	1696	4043	283.42	141.97	5634.15
康山村	3.50	853	2221	375.39	127.64	7429.33
畈周村	3.61	1004	2496	284.18	127.78	2657.02
旗山村	2.89	1142	2178	130.11	114.1	4585.24
北郊村	5.28	2176	5601	569.72	175.46	11987.3
潘巷村	2.47	612	1461	82.48	101.05	1620.35
新桥村	3.67	1488	3308	208.38	128.91	5595.6
西街村	2.54	916	2536	267.52	133.91	4765.41
姚驾桥村	2.59	900	2309	242.75	115.79	1807.26
芝山村	3.39	1107	2897	253.85	116.87	2594.04
方桥村	2.08	730	2065	201.3	125.53	8567.34
丰乐村	3.94	1183	3543	151.73	127.27	4910.82
富巷居委	1.53	—	2385	301.94	53.92	2181.22
龙山合作社	0.31	—	—	112.67	22.79	739.63
胜山合作社	1.35	—	—	390.11	93.33	2022.03
长安社区	0.68	4109	11000	—	—	—
龙泉社区	0.67	2608	7208	—	—	—
阳明社区	0.50	2252	4358	—	—	—
舜水社区	0.39	2479	6156	—	—	—
新城市社区	0.48	4051	11120	—	—	—
胜山社区	0.46	3454	9928	—	—	—
富巷社区	0.5	4249	11598	—	—	—
锦江社区	1.14	2800	2818	—	—	—
中江社区	1.3	2606	8647	—	—	—
老方桥居委	—	548	978	—	—	—

注：表中“—”表示缺少相关数据。

【概况】 2021年，阳明街道全年财政总收入29.3亿元，同比增长24.7%。一般公共预算收入14.3亿元，同比增长18.3%。实现规模以上工业总产值493.1亿元，与上年基本持平，利润76亿元，同比增长16%。高新技术产业和战略新兴产业增加值分别为121.4亿元和107.7亿元，分别同比增长3.7%和2.1%。完成工业投资20.3亿元，占全市的15%。实现进出口总额300亿元，同比增长17%，其中进口166.1亿元，出口135.9亿元，分别同比增长22.3%和14.8%。规下工业主营业务收入增长达25%。商贸服务业限额以上销售额60.6亿元，社会消费零售总额80.9亿元，分别同比增长35.8%和8.3%。电子商务、文化创意等新业态产值6亿元，同比增长1.5%。

智能光电小镇成功命名省第五批特色小镇，入选省特色小镇"亩均效益"领跑者，全年实现总产出183.4亿元，同比增长16%。阳明智慧城小微企业园建设接近尾声，累计完成投资9000万元，签约入园企业42家。阳明科技工业园全年实现"腾笼换鸟"企业5家，占地面积超9万平方米，带动新增产能2亿元。加快实施"机器换人"技术创新，总投资17.8亿元的10个重大新建项目均超进度实现年度目标，总投资16.5亿元的16个重点工业技改项目全部竣工投产。"电商换市"两线活力迸发，阳明电商产业园、阳明188文化创意园入驻企业超80余家，营收突破20亿元。

新入选工业和信息化部制造业单项冠军1家，国家级专精特新"小巨人"1家，宁波市单项冠军4家，余姚市新一轮"350"梯度培育企业16家，数量位居全市第一。持续聚焦科技"育苗选林"工程，全年新认定高新技术企业6家，国家科技型中小企业37家、宁波科技型企业28家，新增余姚级工程（技术）中心25家。大力实施"凤凰行动"育强计划，助推资本与实体经济对接，富佳实业成功上市，街道上市企业数量达4家，占全市的1/4。

持续发力拆迁工作，全年共实施拆迁项目11个，完成拆迁面积超19万平方米。严格执行"三改一拆"工作，共计拆除存量违章建筑21.1万平方米。老旧小区改造（含雨污分流）有序实施，投入1.4余亿元实施滨江新村、北长安小区及富南一、三小区等11个老旧小区和零星居住点改造工程，完成赛格特花园、锦江华园、雅士公寓、舜北一、二老小区改造项目。投资1500万元完成二高村城中村梳理式改造二期工程。完成长元路（西石山路至玉立路）和鸳鸯南路（阳明西路至北滨江路）背街小巷改造工程，完成余慈连接线（阳明段）、梁周线北段"绿环"改造提升工程及余禾线两侧改造提升工程。余梁线北延工程顺利通车，群立村西北环至蔚秀山网络公路投入使用。基础教育资源持续优化，总投资1300万元的街道中心幼儿园新悦府园区完成启用，舜水幼儿园实现"民转公"，总投资1650万元完成瑞云学校、舜水中学和阳明中学等学校校园改造提升。总投资2500万元的社区卫生服务中心二中心迁建工程主体结顶，4家社区卫生服务站完成升级改造，"15分钟公共卫生服务圈"初见雏形。街道乡贤馆投入使用，西街村文化礼堂完成省五星级文化礼堂创建，方桥村五星级文化礼堂按时投用。

坚持打赢水体清洁治理攻坚战，投入资金9500余万元重点推进以七里浦河为代表的4条姚江重点支流的水环境治理，七里浦河水质基本稳定在Ⅳ类水以上。连线成片推进截污纳管改造，阳明、丰南、城西3个工业园区通过工业园区污水零直排创建验收，街道通过省级污水零直排区创建验收。全面推进垃圾分类工作，20个村（社区、居委）实现"撤桶并点、定时投放"，再生资源回收体系逐步成型。加大环境整治力度，8个村（社区、居委）新纳入城乡一体化保洁服务体系。

落实各项惠民政策，全年发放各类救济补助资金1608万元，惠及5600余人，切实保障各类困难群体基本生活。参保缴费、企业扩面工作扎实推进，实现户籍养老参保率98%、城乡居民医保参保率99.9%。完成320名存量"失地农民"的审核、参保工作，完成2379名外来务工险参保对象的补缴工作，主动对接98家规模以上企业的职工参保告知工作。城乡居民医保参保人员健康体检全域落实，完成辖区内1.9万名城乡居民和2.6万名退休人员的体检工作。推进居家养老服务，投入400万元为街道4000名80周岁及以上的老年人提供上门免费日常生活服务。加强就业指导帮扶，利用信息平台发布用工信息3100条，组织开展线上招聘会，惠及企业200余家。开辟公益岗位29个，积极为残障人员创造就业机会。“阳明无欠薪”工作高效推进，成功处置劳动纠纷案件289件，涉及劳动者262人，涉及金额311.8万元。

积极稳妥做好矛盾调解和信访工作，共受理各类信访件2286件，化解信访积案22件。严厉打击电信诈骗犯罪，全年受理电信诈骗案件420起，挽回群众经济损失389万元。街道同辖区169个责任主体签订安全生产责任书，开展安全教育培训80余场，开展专项排查整治13次，排查企业1600余家，整改隐患5600余条。

【阳明街道“小姐姐”微课宣讲团成立】 5月13日，阳明街道举办“小姐姐”微课启动仪式暨“巾帼心向党百年正辉煌”巾帼大宣讲活动。该街道全体基层妇联执委和“小姐姐”微课全体宣讲团成员共200余人参加了此次活动。“小姐姐”微课宣讲团于4月开启成员招募，共招募到宣讲员28名。活动中，有8位宣讲员围绕“巾帼心向党百年正辉煌”主题，结合各自经历，讲述她们的人生成长和家国故事。

【阳明街道志愿者服务公益集市活动举行】 5月15日，阳明街道在舜北公园组织开展“知行合一践初心　我为群众办实事”志愿者服务公益集市活动。活动现场，共有家电维修、反诈骗宣传、血糖血压测量、免费理发、垃圾分类宣传、盲人按摩等10多个志愿服务团队参加此次活动，共服务约300名居民。

【阳明街道举办2场“一人一艺”群众文化大展演晚会】 5月17日和5月24日晚，阳明街道分两场举行庆祝建党100周年暨“一人一艺”群众文化大展演晚会。本次活动以“颂百年伟业　做时代先锋”为主题，共有来自28个村（社）、社区（居委）的32支群众业余文化团队参加演出。

【阳明街道庆祝中国共产党成立100周年文艺演出】 6月26日晚，阳明街道庆祝中国共产党成立100周年文艺演出在龙山剧院举行。演出以“颂百年伟业、做时代先锋”为主题，分别以红色基因代代传、红歌唱响新时代、红船远航向未来三个篇章深情演绎和歌颂了中国共产党的伟大发展历程。当晚，该街道还对街道全体762名光荣在党50年的老党员代表颁发了纪念章，对优秀党员、优秀党务工作者、阳明先锋、先进基层党组织进行了表彰。

【中共余姚市阳明街道北郊村委员会成立大会暨崇德基金启动仪式】 9月26日上午，中共余姚市阳明街道北郊村委员会成立大会暨崇德基金启动仪式在北郊村举行。仪式上，市委组织部副部长、市委“两新”工委书记丁建军为北郊村授牌、授印，北郊村党委书记鲁立军为北郊村崇德基金揭牌。近年来，北郊村扎实做好党建引领文章，各项事业发展取得了明显进步，先后获全国综合减灾示范社区、浙江省文明村、宁波市民主法治示范村、宁波市“三治融合”示范村等称号。

【《王阳明小故事》系列微电影拍摄签约仪式举行】 11月5日上午，《王阳明小故事》系列微电影摄制项目在余姚市阳明街道正式签约。系列微电影王阳明小故事的全部场景将选在余姚圣贤王阳明的家乡拍摄，以阳明景点、阳明人创作团队、阳明人自己表演、阳明人自发的行为，通过系列小故事，把王阳明传奇的人生和博大精深的心学思想改编成通俗易懂、形象生动、喜闻乐见的小故事、小电影，以各种传播形式和途径把阳明文化发扬光大，深入普通人民群众的心里。

（林常夫）

梨洲街道

2021年梨洲街道各村（社区）基本情况表

表14

村（社区）	面积（平方千米）	户数（户）	人口数（人）	集体经济总收入（万元）	集体经济总费用（万元）	总资产（万元）
黄箭山村	9.5	1775	4591	193.3	2786	141.42
姜家渡村	3.9	1362	3407	256.18	16383.07	114.86
竹山村	3.7	1418	3423	174.85	10879.51	150.54
明伟村	3.71	1840	4544	506.51	16024.49	186.22
新墅村	1.9	697	1783	109.05	1697.73	57.95
南庙村	1.8	787	1904	76.8	1981.61	81.3
苏家园村	9.77	1107	2999	316.13	3184.67	110.67
三溪村	11.5	1553	4045	263.21	4511.26	101.21
雁湖村	10.53	1287	3124	175.27	1733.87	117.89
金冠村	4.78	580	1409	124.26	2241.8	40.15
章雅山村	3.86	407	986	113.38	1118.53	34.46
长田村	3.43	365	920	100.22	1375.35	37.75
茭湖村	4.2	664	1652	119.78	1538.1	52.14
上王岗村	6.35	819	2115	143.8	1628.77	59.03
燕窝村	7.87	825	1956	265.89	2039.22	97.6
陈洪村	6.3	574	1433	123.46	1767.02	53.4
双桥村	0.128	360	1036	163.4	1025.39	52.72
古路头村	3.5	1419	3941	253.14	5286.72	115
最良村	1	604	1609	333.12	3603.39	48.36
白山头村	0.61	280	780	160.55	4201.8	20.75
学弄社区	0.3335	1797	4794	—	—	—
南雷里社区	0.436	2134	4993	—	—	—
花园社区（拆迁）	0.016	600	1204	—	—	—
三江口社区	0.25	1153	2716	—	—	—
东朝街社区	0.385	1563	4107	—	—	—
白云社区	1	3207	8566	—	—	—
汇翠社区（包括集体户）	0.3	1661	3051	—	—	—

注：表中“—”表示缺少相关数据。

【概况】 2021年，梨洲街道全年实现财政总收入9.18亿元，比上年增长17.1%。全年一般公共预算可用资金合计为4.18亿元。实现工业总产值201.62亿元，同比增长11.28%；规模以上工业总产值74.86亿元，同比增长18.83%；实现规模以上企业利润2.83亿元；完成规模以上工业增加值18.66亿元，同比增长9.3%。

做好新冠肺炎疫情防控工作。开辟多渠道积极宣传新冠疫苗接种工作，在原二院建立新冠疫苗方舱接种点，全面有序开展新冠疫苗接种。做好境外、国内中高风险及重点地区返姚人员的疫情防控管理，按照疫情防控要求，督促各村（社区）做好相关人员的居家健康观察及日常健康监测，为疫情管控人员建立一人一档，落实“四包一”联系人制度。守好“小门”，做好疫情常态化防控，严格落实在公共场所必须做到戴口罩、测体温、亮绿码通行。对全街道范围内的超市、菜场、商铺、企业、酒店、培训机构、学校等场所进行了地毯式排摸。

推动工业经济提质增效发展，大众4S店、冠屹集团厂房扩建、佳利叉车部件厂房新建等工程相继进场施工。奔驰4S店、晟祺塑业、利帅影视等多个招商项目竣工投用，涉及资金2.5亿余元。着眼市场需求，大力发展商贸产业。总投资12亿元的顺丰丰泰浙江大湾区全产业链服务总部基地项目洽谈。依托街道山水资源优势，继续做好与上海智汇乡创旅游发展有限公司文旅综合体项目的洽谈工作。鼓励传统商贸转型升级，支持发展新业态、新零售、新消费。借助商会大厦、合力大厦、梨洲商贸城、多元文化创意园、保利文化商业广场等商务楼宇平台和电子商务产业园区，进一步落实项目的招商和业态的多样。

全面完成金瑞薄膜地块土地征收，项目进场施工。持续巩固“基本无违建市”创建工作成效，共拆除各类违章建筑约5万平方米，对街道辖区内的古乍线、甬梁线、浒溪线开展以“三清一绿”行动为主要内容的道路两侧整治提升行动，共拆除古乍线两侧50余处违章建筑及非法广告牌，拆除面积约1000平方米。加快农村网络公路建设，完成梁辉至黄明公路改善提升工程；梁辉至燕窝网络公路改造提升工程；余慈同心路（梨洲段）两侧提升工程全面完工；做好甬梁线白改黑和G228改造工程，完成中山南路（高速公路绕山路段）路面修复工程。

城区基础设施改造稳步实施，城区污水收集系统五期工程基本完工；新建蛇山公园北侧、中山中路东侧和东朝街拆迁区块等3个临时停车场；完成兰江花园83～84、兰江公寓和南雷里新村三个小区的老小区改造工程。加快推进雁湖、南庙、明伟、竹山、姜家渡、双桥等村的农村生活污水治理工程扫尾工作；实施投资1311万元的农村饮用水达标提标工程，三溪村示范站工程、区八村水质提升工程等相继完成建设。结合“六清六净”行动，做好“四边三化”“两路两侧”“五水共治”等专项整治。

深入实施生活垃圾分类行动全域推开，利用垃圾分类宣讲活动等多种形式，有效提升群众垃圾分类的自觉意识，城区片垃圾分类工作实现全覆盖。同步推进农村垃圾分类工作，对三溪村、双桥村、最良村、新墅村、黄箭山村、苏家园村、竹山村、姜家渡村、古路头村9个村的11个示范自然村设置“一点四桶”示范投放点。探索区域一体化保洁模式，明伟等五村的一体化保洁工作进入运营。

第二实验小学古路头校区新建工程开工，完成各学校暑期维修工程，累计投入资金600余万元。启动实施梨洲卫生院南院改建工程，各项扫尾工作加紧进行中。各村文化礼堂实现全覆盖。扎实做好兰江中学、南雷里社区、东朝街社区等单位省级规范性避灾安置场所创建，不断提升全街道应急避灾场所的功能。加强救助对象的动态管理，发放各类补助700余万元。进一步做好社会保险参保工作，确保辖区内本市户籍养老保险参保率和本市户籍医疗保险参保率稳定在98.5%以上和100%。“无欠薪”行动开展有力有效，共处理劳动纠纷调解10余起。重点抓好下山移民安置房权证办理，基本完成雁湖、燕窝、章雅山、长田四个村安置房权证办理工作，累计办理权证353本，加快推进茭湖、上王岗、陈洪、金冠4村的权证办理工作，完成村级初审250户。各类信访件按期处结率达到100%，回访履行率100%。依托街道矛盾纠纷调处化解中心的平台职能，最大限度地实现群众信访和矛盾纠纷化解“最多跑一地”“最多访一次”。开展辖区万名产业工人安全和消防技能提升培训工程，分层级、分批次开展消防技能培训，全力提升辖区整体安全生产水平。

【“两强三提升”行动暨全域高质量发展动员会召开】 2月20日上午，梨洲街道召开“两强三提升”行动暨全域高质量发展动员会。市委副书记、市长徐云及街道书记办公会议成员出席会议。机关中层以上干部，村（社区）书记及直属有关部门负责人、相关受表彰对象等参加会议。会上，党工委副书记谢建仕通报表彰文件，街道农业农村办、城建城管办、安监所、竹山村、南庙村、燕窝村、三江口社区负责人进行表态发言。街道纪工委书记张小利作党风廉政建设工作部署，办事处主任李军作工作部署。徐云和党工委书记龚宁先后发表讲话。

【梨洲街道庆祝中国共产党成立100周年文艺晚会举行】 6月29日晚，“党旗映初心 梨洲再出发”梨洲街道庆祝中国共产党成立100周年文艺晚会在市第二实验小学蓝翔剧场举行。市委副书记、市长徐云，市人大常委会副主任余烽等出席活动。活动现场表彰了梨洲街道各条战线上涌现出来的优秀共产党员、优秀党务工作者、先进基层党组织和光荣在党50年党员代表。

【第五届中秋诗歌晚会举办】 9月22日晚，第五届中秋诗歌晚会在梨洲街道四明云顶举办。晚会以诗词朗诵、歌曲舞蹈、钢琴演奏、乐队伴奏等表演形式，围绕“云顶赏月、诗歌赋月、科创圆月、篝火舞月”四个篇章为主题内容，共庆中秋佳节。梨洲街道党工委委员谢建英、多元集团张坚董事长为活动致辞。

（陈　青）

◎ 9月22日，第五届中秋诗歌晚会举行（梨洲街道　供稿）

兰江街道

2021年度兰江街道各村（社区）基本情况表

表15

行政村（社区）	面积（平方千米）	户数（户）	人口数（人）	集体经济收入（万元）	集体经济总费用（万元）	总资产（万元）
沈湾村	2.81	345	1145	125.88	30.49	1194.01
夏巷村	6.9	1110	5210	355.75	71.14	3705.64
郭相桥村	4.2	1101	3332	410.28	120.18	6270.41
笙竹村	3.2	384	1173	372.97	75.4	1584.08

续表 15

行政村（社区）	面积（平方千米）	户数（户）	人口数（人）	集体经济收入（万元）	集体经济总费用（万元）	总资产（万元）
凤亭村	3	892	2579	933.9	103.22	2331.26
丰杨河村	2.2	1071	3042	335.421379	93.0761	4933.61
冯村村	5.3	607	1975	378.03	112.45	3134.34
石婆桥村	3	1220	3607	468.43	93.29	5833.59
三凤桥村	3.5	935	3298	676.76	120.68	11457.76
兰墅桥村	2.37	831	3186	962.77	101.11	20670.94
磨刀桥村	1.5	477	1336	235.02	37.09	4572.64
谭家岭村	4.1	1720	4671	576.24	90.31	10268.93
西郊村	0.43	775	3810	564.03	83.36	8423.42
江南新城社区	0.62	2532	6868	—	—	—
下菱社区	0.54	5363	14560	—	—	—
舜南社区	0.75	3423	10300	—	—	—
四明社区	0.8	5920	5920	—	—	—
蕙兰社区	0.32	2560	7690	—	—	—
锦凤社区	2.67	2232	6431	—	—	—
俞家桥社区	0.47	5047	14307	—	—	—
姚江社区	0.85	1998	4995	—	—	—

注：表中“—”表示缺少相关数据。

【概况】 2021 年，兰江街道全年实现财政总收入 11.4 亿元，其中一般公共预算收入 5.82 亿元，分别同比增长 20.3%、14.8%。

工业方面，全年规模以上工业企业产值、销售、利润 190.4 亿元、195.5 亿元、17.9 亿元，分别同比增长 9.5%、11.5% 和 5.1%；规模以上工业增加值 47.7 亿元，增长达 15%。完成自营进出口总额 85.6 亿元，同比增长 12.2%。商贸经济加快发展，实现社会消费品零售额、限上批发零售业销售额 52.5 亿元、60.5 亿元，分别同比增长 11%、45%。全年完成规模以上企业研发投入 4.2 亿元，新增国家高新技术企业 5 家、国家科技型中小企业 20 家、宁波科技型中小企业 19 家。战略性新兴产业、高新技术产业、数字经济核心产业增加值分别为 20.9 亿元、29.4 亿元、8.2 亿元，同比增长 30%、22% 和 12%。通过农村产权交易平台交易 6 笔总金额 755 万元，为集体经济增长添加动力。现代农业稳步推进，共创建市级农业龙头企业 4 家、农业加工企业 6 家、家庭农场（农庄）8 家，特种养殖 2 家，指导东生管业打造集高端种植、仓储、电商于一体的新型农庄样板。

全年实到外资 553 万美元、浙商创业创新资金 3.3 亿元、宁波市外内资 4.3 亿元。挂牌出让土地 4 幅，总计 1.73 公顷，正在办理出让土地 3 幅。推进晟达仪器、邦首电器等 5 家企业的重点厂房新建项目，总投资约 2.46 亿元。完成小微园区开发建设及园区招商。雁荡湖至郭沈线公路、雁荡湖至夏巷互通两条配套新建道路建成通车，相关“水电气”及污水管网建设完成。全年完成社会固定资产投资项目49个，共计8.18亿元，其中工业投资5.12亿元。

城乡品质方面，完成下菱新村老小区、磨刀桥泥路畈自然村、谭家岭新村梳理式改造，推进卧云商寓、明圆花园老小区改造。“四明之窗——百里红诗路”（余梁线笙竹段）优化、余姚西出口至余梁线沿线绿化竣工验收，“水韵之旅”城乡康庄路（兰江段）精品线路、西南组团城乡风貌整体提升等项目正在推进。完成保庆路、南滨江路及江南新城舜大三期墙绘。征地拆迁工作中，谭家岭村3号区块已完成，堰头区块已启动签约程序，前后菖蒲塘、石家跳区块已完成前期调查，新西门路西侧地块国拆清零，集拆完成前期调查。桂语兰庭周边新建道路验收通车，兰丰苑北侧、姚江中学西侧和兰江小学周边停车场项目完工投用，金茂悦观庭西侧、桂语兰庭南侧及西侧绿化工程竣工验收。夏雁、郭相桥至夏巷等4条公路验收通车，锦凤公路西延（风亭—笙竹）、电镀厂至雁荡湖等6条道路工程按计划推进。

生态环境方面，“千吨万人”饮用水水源保护区整治正在进行，向家弄水库周边15家企业停产搬迁，耕地“非粮化”整治基本完成。工业园区64家企业完成整改，行政村生活污水治理实现全覆盖，成功创建省级“污水零直排区”。“低散乱污”企业已关停5家，处罚3家。江都名苑污水纳管竣工验收，四明西路、富达广场等6个区域沿街店铺污水纳管全部完成，夏巷工业园区等3个区块管网建设推进。田基浦河拓宽、大河桥护岸等4项工程顺利完成，老姚江（兰江段）堤防加固、东江河道生态治理等4项工程推进。安装智能排口监测拦截系统5套、初期雨水处理设施3套。龙舌里排洪工程竣工验收，石婆桥江堤防等3个排洪工程正在实施。

民生保障方面，发放低保救助金280余万元、困境儿童基本生活费25万元、临时救助金23万元。有序推进居家养老服务照料中心建设，成功创建A级居家养老服务照料中心10个、AA级4个、AAA级1个，1300余名老年人享受80周岁以上老年人3小时居家养老服务。推进“维护职工合法权益、做好职工社保工作”专项行动，完成391名被征地农民养老保障参保工作，医保电子凭证激活率89.56%。辖区1.3万余名城乡居民和1.1万余名退休人员体检工作全部完成。街道登记失业率控制在3.0%以内、就业登记补全率达到80%以上。受理劳动人事争议案件186起，成功调处155起，涉及金额143万元。完成31家企业147名员工自行来甬交通补贴审核，涉及金额6.8万元。兰江实验幼儿园正式开园，锦凤小学（暂名）新建工程主体结顶，全年共安排1040万元用于设施设备和经常性专项资金投入，辖区内现有宁波市智慧校园7所。对辖区61家校外培训机构进行“双减”专项检查，发放整改通知书6份，先后注销19家。人口信息监测数据准确率均达到98%以上。全年累计排摸核实重点人员4.5万余人次，接种新冠疫苗14.5万余人次，4个行政村先后进行三轮核酸检测，共采样3万余人次。完成街道多功能综合文化站改造，举办兰江登山大会和街道第三届全民运动会。为部队输送优质兵员20名，完成8个国家级退役服务站建设。村社便民服务中心实现全覆盖，高频事项90%实现“网上办”“跑零次”，办事效率提速30%以上。

社会治理方面，全年处置智慧城管派发案件1.3万余起，处置率99.8%，劝导不文明养犬行为386次。打造“席地而坐”城市客厅3处，设置垃圾分类站点129处，实现城区片全覆盖，农村片完成25%，上榜年度省生活垃圾分类示范片区，成功创建宁

◎ 11月9日，兰江街道“企业反诈联盟”启动仪式举行

（市公安局　供稿）

波市垃圾分类示范小区17个，余姚垃圾分类达标小区54个。拆除存量违章8.52万平方米，查处并拆除违建行为26起，涉违面积2812平方米。处置土地卫片图斑36块，查处违法开采案件3起。农房确权发证3475本，完成率85.34%。“一中心四平台一网格”共办结重大交办积案8件，受理办结各类信访投诉1725件，信访办结平均4.77天。抓获犯罪嫌疑人261人，摧毁各类犯罪团伙15个，抓获公安部网上逃犯22人，查处各类治安、行政案件375起，治安行政处罚564人次，受理电信诈骗案件269起，同比下降7.4%。开展食品安全隐患大排查大整治专项行动，共排查企业1063家，整改隐患2102个，处罚企业14家。整治道路交通安全隐患37处，安装防护栏840米，警示牌15块，减速带35条。

【兰江街道2020年度党员代表会议召开】 1月17日，中国共产党兰江街道2020年度党员代表会议在街道办事处一楼会议室召开。共有79名正式代表、88名列席代表参加了此次会议。会议首先听取和审查街道党工委书记孙启春代表街道党工委所作题为《抢抓新机遇、迈开新步伐，奋力开启争创社会主义现代化先行街道新征程》的工作报告。书面审议了题为《立足主责主业，强化精准监督，为全面推进“清廉兰江”建设提供坚强保障》的纪工委工作报告，并听取和审查了街道党工委领导班子成员述职述廉述党建报告。

【“红耀百年　众创平安”喜迎建党百年登山大会举办】 3月28日，兰江街道在冯村村举办“红耀百年　众创平安”喜迎建党100周年登山大会主题活动。来自全市各地的500多名户外运动爱好者参加。登山起始和终点站均为冯村村村委广场，全程10千米，用时约3.5小时，从向天湾—乌胆山—木主岭—桃花岭—下冯村，累计上升580米。按规定路线在桃花岭和下冯村完成打卡并在规定时间内到达终点，均可获得庆祝建党100周年定制纪念品。

【四明西路商圈党总支党建共联共建签约授牌】 4月21日上午，四明西路商圈党总支在党建综合体举行党建共联共建签约授牌仪式，兰江街道党工委副书记张杰、市市场监督管理局副局长孙建莹出席本次仪式。当天，兰江街道四明西路商圈党支部与市市场监管局兰江市场监管所党支部签订共联共建协议书，共建双方将充分发挥各自的党建优势，共同开展形式多样、内容丰富的党建活动。携手开展放心消费点建设、阳光餐饮建设、“五好”经营户和诚信个体户评选等活动。

【宁波志愿者WE站和万达商圈·红锋驿站启动】 9月24日上午，宁波志愿者WE站、万达商圈·红锋驿站启动仪式在万达广场举行。余姚市委组织部副部长、“两新”工委书记丁建军，余姚市委宣传部副部长、市文明办主任严文龙，兰江街道领导以及共建单位、商圈党总支、社区党组织负责人和志愿者等50余人参加了此次活动。兰江街道投入210余万元，在万达广场新建了140多平方米的“宁波志愿者WE站、万达商圈·红锋驿站”，内设志愿服务点、商圈党建展示厅、道德银行体验室、红色朗读亭、红色书吧等服务功能。启动仪式后，现场人员一起参观了志愿者WE站和红锋驿站，开展了医疗义诊、免费理发等便民服务活动。

【“兰馨巧嫂”手工技能培训班开班】 11月16日下午，兰江街道“兰馨巧嫂”手工技能培训班在余姚搭把手职业技能培训学校开班。此次主题为珍珠开蚌、饰品制作。指导老师从珍珠的简介、主要分类、形状、保养、现场开蚌及珍珠饰品制作的流程各方面进行介绍。

【“谏议坊”修缮工程通过竣工验收】 11月17日，“谏议坊”牌坊修缮工程通过竣工验收。“谏议坊”于1997年被公布为余姚市级文保单位，是余姚城区现存唯一的一座古代石牌坊。坐北朝南，四柱三间，通面阔7.20米，残高6米，方形抹角石柱。明间顶部额匾的背面横镌“谏议坊”三个大字，南面刻“济美”两个大字。小额坊正面刻有“兵科给事中史之模”八字，背面镌有字样，有多字漫漶不清。2018年，余姚市文保所负责开始修复工作，落实原拆原建修复经费56.8万元，先期由专业古建公司对谏议坊进行拆除，所有构件进行异地保存，2020年6月起开始在原址上复原，2021年9月修复完成。

（杜赵喆）

朗霞街道

表 16

2021 年朗霞街道各行政村（社区）基本情况表

村（居委会、社区）	面积（平方千米）	户数（户）	人口数（人）	集体经济总收入（万元）	集体经济总费用（万元）	总资产（万元）
龙王堂村	3.25	942	2799	727	374	2991
西墟村	3.36	1124	2872	424	466	2998
邵巷村	2.79	970	2860	305	197	1021
镇西村	2.2	913	2334	241	327	1435
新南王村	3.84	1006	3163	288	295	2124
熊家街村	2.82	776	2085	445	214	4608
赵家村	3.32	933	2695	383	642	1349
新新村	2.59	1002	2691	378	394	4226
天华村	5.63	1434	4216	743	602	8991
天中村	3.74	1027	2703	400	1280	3743
朗霞村	3.45	1153	3016	307	313	4184
干家路村	3.57	1098	3115	538	435	4789
杨家村	3.32	984	2843	600	522	7497
朗霞居委	—	6364	9923	—	—	—

注：表中“—”表示缺少相关数据。

【概况】 截至 2021 年底，朗霞街道共有户数 16226 户，户籍人口数 43488 人。全年完成规模以上工业总产值 119.68 亿元；实现规模以上销售收入 122.38 亿元；实现规模以上企业利润 8.78 亿元；实现社会消费品零售额 5.64 亿元；限额以上批发零售总额 27.65 亿元；完成工业投资 5.95 亿元。完成财政总收入 8.93 亿元，其中一般公共预算收入 4.54 亿元。全年实到内资 12.98 亿元、外资 219.84 万美元、浙商创业创新资金 4.2 亿元。

围绕上海漕河泾余姚分区建设，打造国际创新创业中心，引进飞繁电子等上海产业转移企业 4 家。出台《促进产业转型升级加快创新发展的若干意见》等政策，新增国家级高新技术企业 38 家、国家级“小巨人”企业 3 家、省级隐形冠军培育企业 4 家、市级“350”企业 12 家。助力智能制造和数字化改革项目应用，总投资 8000 万元的圣捷喷雾泵智能生产项目和总投资 6000 万元的更大集团数字化车间竣工投产，伟立机器人和中亿装备成功创建省级工业互联网平台。建立完善“亩均论英雄”工业企业绩效评价体系，优先优惠供地超过 20 公顷。全力推进小微企业集中提升工程，引进万洋众创城和置信智造谷项目，为中小企业产业集聚提供承载空间。发挥裘皮产业基地优势，构建皮草线上供应体系，成功引育鲟鱼直播、黑翼服饰等电商平台，年线上销售额突破 5 亿元。狠抓农业经营主体培育，成功创建各级示范农民专业合作社 16 家，新增各级示范家庭农场 3 家。

紧抓房地产行业窗口期，招引绿地、中南等一线开发商，累计出让商住土地 33.33 公顷。加快基础设施建设，总投资 2.7 亿元的 329 国道南复线通车，总投资 1.2 亿元的模客小镇配套工程完工，总投资9000万元的姚北新城核心地块配套项目开工，打通了崇文路等12条“断头路”。加快功能设施布局，总投资13.5亿元的宝龙余姚珑润广场接近开业，总投资1.3亿元的天中综合供能站竣工投用。加快民生项目推进，总投资2亿元的姚北实验学校小学校区项目开工，总投资1.34亿元的姚北新城安置房一期新建工程完工。持续开展“五水共治”“垃圾分类”“六清六净”等专项行动，高效推进省级“污水零直排区”创建，13个村完成农村生活污水纳管，6个村成功创建宁波级以上新时代美丽乡村，规模以上企业污水纳管率达到100%。积极探索河道数字化监管新举措，率先试水全市首套视频巡河系统。累计拆除违法建筑35.2万平方米，成功创建宁波市“无违建乡镇（街道）”。巩固提升省小城镇环境综合整治成效，全面启动裘皮风情特色街区创建。

深入开展“三服务”“四送一增强”等活动，完成全国第四次经济普查和第七次人口普查任务，正式启动国际模具城项目复工，累计破解各类难题197个。试点完成基层社会治理“一起来”机制体制改革，优化调整网格47个，实现“横到边、纵到底、全覆盖、无缝隙”的管理格局。统筹市场监管、环保等职能部门入驻街道便民服务中心，梳理公布88条群众办事事项，坚定落实“最多跑一次”改革。全力推进邵巷四期安置房分房工作，完成分房4批次295户525套。深入开展安全生产隐患大排查大整治专项行动，不断巩固安全生产和消防安全整治成效，辖区安全生产事故数量和死亡人数连续四年实现“双下降”。持续推进扫黑除恶专项斗争，五年来辖区刑事案件发案总数下降65.3%。探索实施“云协商”，建立“1+X”劳动纠纷多元化调解机制，初信初访群众满意率达98%以上，街道调解委被评为宁波级规范化建设示范点。

姚北实验学校小学校区主体完工，完成更大小学改扩建工程和辖区低小散幼儿园整治，新增“民改公”幼儿园3家，公办幼儿园招生覆盖率达到35.1%。整合提升街道新时代文明实践所（站），投入4100余万元建成街道综合文化中心，实现村级文化礼堂全覆盖。深入挖掘优秀传统文化、红色文化，加强文物保护和“非遗”传承，推进公共文化服务体系建设，连续12年举办园区文化艺术节，累计开展公共文化配送237场。全面提升养老综合服务水平，2个村被评为AAA级居家养老服务中心，4个村被评为AA级居家养老服务中心。开展农贸市场三年攻坚行动，赵家市场成功创建省级放心示范市场，朗霞市场完成三星级市场改建。全面推广契约式家庭医生制服务，不断扩大社区卫生服务站覆盖面。严格落实常态化疫情防控举措，累计接种新冠疫苗超过17万剂次，着力打造更高水平的“健康朗霞”。

【余姚市裘皮商会第四届会员大会召开】 1月12日，余姚市裘皮商会第四届会员大会在裘皮城多功能厅召开。会议首先听取了大会筹备报告和三年来会费收支情况。随后，商会会长干一峰代表第三届理事会向大会汇报了三年来的工作情况。会议选举产生了裘皮商会第四届理事会和监事会，表决通过了新一届商会领导班子。新当选会长干一峰在会上作表态发言，会上，浙江省皮革行业协会理事长李伟娟和市委统战部副部长、工商联党组书记陈岳阳分别对大会的举行表示祝贺并致辞。会议最后，园区管委会主任、街道党工委书记潘剑波讲话并对商会工作提出要求。

【“舜江青语”理论宣讲联盟党史宣讲“六进”活动启动仪式举行】 4月29日，由中共余姚市委宣传部、共青团余姚市委共同主办，余姚市朗霞街道党工委承办的“舜江青语”理论宣讲联盟党史宣讲“六进”活动启动仪式在朗霞党建公园举行，并开展了首场的宣讲会。共青团余姚市委副书记陈凌雁、朗霞街道党工委委员李真龙为“舜江青语”理论宣讲联盟宣讲团代表授宣讲话筒，启动“舜江青语”理论宣讲联盟党史宣讲“六进”活动。

首场宣讲会上，市党史学习教育宣讲团成员、市委宣传部原副部长、省基层宣讲名师赵永焕，市党史学习教育宣讲团成员、市委党校副教授罗国基，市党史学习教育先进典型宣讲团成员许奶迪，朗霞街道党史学习教育专家宣讲团成员沈燕杰进行宣讲。宣讲会后，各位出席嘉宾和党员群众代表参观了解放战争时期地下秘密联络点——新新公司党史纪念馆。

【朗霞街道庆祝中国共产党成立100周年文艺会演暨第十二届园区（街道）文体艺术节开幕式举行】 6月22日下午，朗霞街道庆祝中国共产党成立100周年文艺会演暨第十二届园区（街道）文体艺术节开幕式在余姚市姚北实验学校举行，文艺会演共分为“六月颂歌”“我心向党”“和谐园区”三个篇章，来自街道新时代文艺志愿者团队、余姚市姚北实验学校、余姚市姚北新城实验幼儿园、宁波浩嘉电器有限公司和余姚市公共文化服务有限公司等多家单位选送的歌舞、情景剧、杂技等节目先后登场。

演出开始前，街道志愿服务队开展了各类志愿服务活动，同时现场还举办了庆祝中国共产党成立100周年主题征稿各类优秀作品展、庆祝中国共产党成立100周年传承红色基因——余姚市革命文物保护利用图片展。

【2021中国（余姚）国际裘皮时装博览会举办】 9月16日上午，2021中国（余姚）国际裘皮时装博览会在余姚中国裘皮产业园会展中心开幕。裘博会依托余姚水貂皮服装产业基地优势，以“艺无止境”为主题，聚焦裘皮企业设计创新和工艺传承，引导企业把握新机遇，将更多的新渠道、新资源、新模式、新技术、新人才引入裘皮产业，促进余姚裘皮服饰在国内零售市场形成更大的影响力，推进企业和行业健康可持续发展。

开幕式上，国际毛皮协会授予中国裘皮产业园入驻企业琥珀（浙江）时装有限公司“国际毛皮协会FURMARK天然可持续皮草标志推广基地”，有关领导还向相关裘皮服饰企业代表授予风云大奖、新领军品牌、价值贡献奖、卓越创新奖等奖牌。

（吴佳超）

◎ 9月16日上午，2021年中国（余姚）国际裘皮时装博览会举办

（朗霞街道　供稿）

低塘街道

2021年低塘街道各村（居委会、社区）基本情况表

表17

村（居委会、社区）	面积（平方千米）	户数（户）	人口数（人）	集体经济总收入（万元）	集体经济总费用（万元）	总资产（万元）
洋山村	5.2	2095	4774	997.87	298.67	7197.85
历山村	5.6	1860	4446	611.27	273.91	8177.51
黄湖村	4.6	1002	2356	502.43	152.76	3638.52
黄清堰村	2.43	1063	2529	567.89	128.34	3260.05
芦城村	2.5	1337	3138	429.59	94.51	3631.74
低塘村	4.2	2048	4969	474.47	289.85	7806.72
汤家闸村	2.867	1226	2900	288.8	94.95	4769.06
姆湖村	5.04	1574	3735	326.45	106.66	2577.69
镆剑山村	4.5	1449	3275	292.03	136.91	5046.32

续表 17

村（居委会、社区）	面积（平方千米）	户数（户）	总人口（人）	集体经济总收入（万元）	集体经济总费用（万元）	总资产（万元）
郑巷村	3.75	1395	3194	241.06	151.51	3412.7
西郑巷村	2.9	1115	2551	442.76	257.66	8091.83
低塘社区	—	1066	2198	—	—	—
郑巷居委	—	309	459	—	—	—
历山居委	—	833	1413	—	—	—

注：表中“—”表示缺少相关数据。

【概况】 2021年，低塘街道实现生产总值310亿元、增长30.2%，工业总产值262亿元，增长36.5%，规模以上工业产值80亿元，增长21.2%，规模以上工业增加值增长30%，高新技术产业增加值增长30%，数字经济核心制造业增加值增长28%。财政总收入7.8亿元，增长11.96%，一般公共预算收入4.2亿元，增长5.1%。

践行高质量发展目标要求，坚持“扩大总量、调优增量、提升质量”并重，经济实现“三个增效”。家电产业园完成6.67公顷土地出让，引进明禾新能源、亚特橡塑、央政电器、钧锐科技4个项目，园区年产值实现35亿元；塘创园新引进项目2个，入驻企业13家，星煌光电等30余个项目有序推进，奥盛模具等20余个技改项目有序实施。年末，共有市“350”企业12家、国家级科技型中小企业24家、宁波级21家，新增国家级专精特新“小巨人”企业1家、宁波级4家、市高新企业6家、“小升规”15家，帅康电气、澳乐比成为宁波品牌建设百优案例企业。深化产业数字化应用，加强科技创新，研发经费增长41.3%。

完成剑洋友谊路、塘创园配套支线道路、历石公路至界堰东农村网络公路建设，推进329国道等主要道路日常维修和绿化养护，完成胜周线汤家闸段8个公交车停靠站提升工程。新命名道路78条。完成克山工业园区、低塘集镇店铺污水纳管等污水工程项目5个，对9个污水泵站实行智能化升级改造，完成中江支流二期河道清淤、中江堤防“烟花”水毁应急工程、低塘村水环境治理工程，启动唐家堰江河道整治工程。实施“余慈同心路”城东线精品线路打造，完成绿化景观提升、口袋公园新建、沿线村庄整治、立面改造、弱电入地等项目12个。取缔废旧小家电拆除集中点，关停“低散乱污”企业260家，率先启动5G智能高空瞭望系统。拆除违章建筑10.03万平方米，8个姚江流域水环境综合整治项目全面启动，建成村级垃圾投放点27个，提升低塘社区居住小区生活垃圾精准分类。

积极推行上门帮办、远程办理、预约办理等多样化服务助推“最多跑一次”，低塘、历山、郑巷三个集镇区实现政务服务终端全覆盖。做好稳岗就业工作，帮助申报创业担保贷款100万元。成功调解劳动争议案件153件。精准落实低保、困境儿童、“五保”供养等救助帮扶，发放各类补助1200万元。深化“小许阳光志愿助残工作室”品牌建设，许奶迪入选为“宁波好人”，完成助残微心愿52个、无障碍改造6户、“净居亮居”项目3户。完成优质新兵征兵工作，大学生占比100%。扎实推进医共体基础设施扩面提升工程，低塘卫生院迁建工程开工建设。完成低塘小学及万瑞东方学校芦城校区搬迁工作，启动实验幼儿园扩建项目主体工程建设。低塘成校获评省现代化学校。完成适老化无障碍改造31户，建成AAA级居家养老照料中心2家、AA级9家、A级1家。实施并完成低塘、郑巷菜市场改造提升工程，成功创建省三星级文明规范市场、省“五化”市场。实现精神文化生活云共享。有省书香文化礼堂9家，创建率居宁波首位。成功举办第七届全民健身运动会和第四届残疾人运动会。开展文明实践活动80场次，服务群众超万人。14名造血干细胞捐献者成功进入中华骨髓库，256人无偿献血7.7万毫升。

利用“舜耕历山”、“子陵故里”、蚂蚁图书室、项旷烈士墓等教育阵地和红色资源，开展系列实践活动，实现党员学习教育全覆盖。借书香文化礼堂学党史，入选市党史学习教育创新案例。“云上礼堂”入选市党史学习教育优秀案例。完成12个村社党建巡察整改，优化“前哨支部”56个，新建“两新”党支部2个。做好街道村两级13个党群服务中心升级改造及街道党校建设，精心组织庆祝中国共产党成立100周年，进行先进表彰、党课开讲、共过政治生日、“光荣在党50年”纪念章颁发等系列活动。

集中力量开展“治重化积”专项行动，守底线、保平安、社会治理更有力，全年受理各类信访件936件。开展联合会商54次，调处矛盾纠纷153件。发放安全生产等倡议书3万余份，培训企业负责人、安管员1683人；开展“三合一”“厂中厂”及沿街商铺等企业安全生产检查。创建三级标准化企业6家、四级24家。改造危旧房8户，查处违章停车2282起。成功创建省一级禁毒办、省级“枫桥式”司法所，有省民主法治示范村7个，实现宁波级民主法治示范村全覆盖。出台工程管理制度汇编，加强审计监督，完成项目审计12个。

【低塘街道数字图书馆上线】5月27日，宁波余姚市低塘街道数字图书馆正式上线，是宁波首个街道农村文化礼堂全民阅读的“数字大脑”，也是中共宁波市委宣传部（市新闻出版局）、中央广播电视总台云听指导推进，宁波日报报业集团都市报系打造的“阅读驿站·云听宁波”宁波全民阅读数字化升级计划在社区空间、农村书屋层面综合性的成果展示。

低塘街道数字化图书馆由数据体现区、吧台阅读区、数字体验区、热门书籍摆放区、纸质阅读区、报刊阅读区等几个功能区组成。除了传统的纸质书籍刊物的阅读区，在数字体验区，居民不仅可以通过扫码用手机听书，全新的听读机还可以让居民在触屏上选择感兴趣的读物。

【低塘街道庆祝中国共产党成立100周年活动开展】6月23日下午，“学党史、践使命、创新局”低塘街道庆祝中国共产党成立100周年暨先进表彰活动在低塘中学报告厅举行。

活动中，街道党工委副书记吴宁通报近五年街道获评余姚市级及以上党内先进集体、个人名单、街道“两优一先”名单。街道党工委书记张丽红发表讲话。现场为14名50年党龄老党员代表颁发“光荣在党50年”纪念章，对40名优秀共产党员、10名优秀党务工作者、10个先进基层党组织、3个市级战疫先锋团队和6名市级战疫先锋个人进行了表彰。会前，张丽红带领40余名2021年发展的新党员进行集中宣誓。

【低塘中心卫生院迁建工程开工】11月15日，余姚市低塘中心卫生院迁建工程开工仪式在医院新址举行，副市长王安静出席并宣布开工。医院新址位于低塘街道新堰路与环镇东路路口西北侧，工程总占地面积约1.73公顷，工程总建筑面积11756平方米，主要建设内容包括新建一幢业务综合楼及三幢辅房等，同时配套建设道路、停车位、景观绿化、给排水、电气、医用气体等相关附属设施，工程规划建设机动车停车位130个、非机动车停车位244个、床位数80个。工程总投资约7000万元。

（袁小群）

◎ 11月15日，余姚市医共体基础设施扩面提升工程——余姚市低塘中心卫生院迁建工程开工仪式举行（低塘街道　供稿）

泗门镇

表 18

2021 年度泗门镇各村（社区）基本情况表

村（居委会、社区）	面积（平方千米）	户数（户）	人口数（人）	集体经济收入（万元）	集体经济总费用（万元）	总资产（万元）
小路下村	2.56	1183	3453	754.33	525.34	6672.61
湖北村	4	987	2789	456.8	447.38	3285.23
楝树下村	3.8	1332	3942	600.62	339.06	3646.77
谢家路村	5	1762	4685	2032.83	703.69	13250.38
夹塘村	6.3	1776	4586	477.7	398.98	4531
相公潭村	2.2	872	2278	190.6	161.81	1688.87
万圣村	2.12	1261	2982	512.43	305.39	4149.03
陶家路村	3.25	1300	3320	487.04	302.95	4629.65
上新屋村	0.56	196	502	494.05	195.4	3858.8
海南村	3.5	1174	3093	633.67	305.08	8498.78
镇北村	2.5	728	2176	501.22	390.85	2873.38
泗北村	3.2	1679	4068	656.05	561.39	7149.23
东蒲村	4.27	1099	3007	832.45	501.88	7648.32
镇南村	4.5	1196	3061	478.67	467.89	3521.15
大庙周村	3.5	1110	2759	541.21	337.64	4103.09
水阁周村	3.6	1119	2750	325.16	229.83	3457.73
汝湖社区	2.5	1250	5800	120.55	132.37	970.35
东大街社区	2.3	2128	4886	308.68	253.53	3049.36
西大街社区	2	1320	3022	114.58	129.31	1576.12
后塘河社区	1.5	1091	2817	343.76	186.78	5268.49

【概况】 2021 年，泗门镇面积 66.3 平方千米，下辖 16 个行政村、4 个社区，常住人口 11.7 万人，户籍人口 6.33 万人。

2021 年，全年实现地区生产总值 89 亿元；镇域全社会固定资产投资 25.7 亿元，增长 17.7%；实现财政总收入 12.27 亿元，增长 18.5%，其中一般公共预算收入 6.7 亿元，增长 14.3%；城镇居民人均可支配收入达到 6.47 万元，增长 9.9%。年内，获评全国“一村一品”示范镇，2021 年度“国家制造业高质量发展示范区建设”“美丽乡村和品质城市建设”工作先进集体，全国综合实力千强镇排名从第 171 位升至第 128 位。

全镇 151 家规模以上工业企业总产值首次突破 200 亿元，增长 23.6%；规模以上工业增加值 41.3 亿元，增长 15.5%。成功签约总投资 2 亿元的环境控制及生物安全产品研发与制造项目、2 亿元的功能高分子材料研发与制造项目、1.2 亿元的一体化智能窗饰生产项目，总投资超过 10

亿元的易津新能源汽车智能制造产业园一期年底土建完工，引进优质高新技术企业5家。冷杉精密、星秒光电成功申报“姚江英才计划”项目，博雷顿电动矿卡、装载机项目启动C轮融资，新增国家高新技术企业8家、宁波市企业（工程）技术中心4家，入选省隐形冠军培育企业3家、宁波市单项冠军示范企业1家，全年实现数字经济核心产业制造业增加值13.62亿元，增长17.3%，高新技术产业增加值23.7亿元，增长21%。盘活存量用地，总投资6.6亿元的新装备智慧电器小微园和2个“拿地即开工”重点工业项目开工。总投资600万元的泗门菜场提升改造工程完成，成功申报省级三星级菜场，小路下村申报省级农村电商示范村，新增限额以上商贸单位3家、限额以上服务业企业1家、放心消费单位252家。

全年实现农业总产值12.89亿元。组织开展农业备春耕生产暨科技下乡活动、农业科技培训5次，开展农技指导50余次，帮助解决各类农业生产难题70余个。深化与宁波农科院、浙江大学等单位的产学研合作，累计完成课题8项，摸索出适合泗门滨海地区的菜—稻、菜—麦轮作新模式。4家专业合作社完成“机器换人”示范基地创建，蔬菜直播率达到50%以上，毛豆机械化收割率达到80%以上。对经营性收入小于30万元的村制定“一村一策”，继续开展镇村联建统营项目，探索租赁、资产托管等多种方式壮大村级集体经济。更新完善31条镇级河道、75条村级河道河长牌，开展陶家路江水质自动实时监测，委托第三方实施陶家路江水生态治理；实施4米以上主要道路镇村联动保洁，固体废物分拣中心全年处置固废7万余吨，建成村级定时定点垃圾房10个，创建AA级景区村庄7个、AAA级景区村庄1个，人均公园绿地面积达12.21平方米。谢家路村入选第二批全国乡村治理示范村。

加强规划引领，启动国土空间规划编制前期工作，盘活城镇土地资源13宗，计11.87公顷，报批新增建设用地26宗，计16.87公顷。加快推进城市有机更新，相继落地或动工新建道路和桥梁工程12个、景观绿化项目3个、污水纳管工程4个；全民健身中心停车场、丰轩物流西侧道路新建工程按期完工，杭甬复线高速宁波段二期（泗门段）红线内的2030户签约；泗门大道新建工程及固北路拓宽工程完成初步方案设计。陶家路江三期V标段国有土地征迁工作进入签约阶段。加强农房管理，完成14个村共1.1万户农房确权测绘；完成1.75万户农房安全排查。落实基础设施维护管理，新增停车位400余个，疏通检测工业园区污水管网9千米，完成园林绿化养护150万平方米。

全镇实现“一校带一校，一师帮一师”良性循环，新增宁波市级名师、学科骨干、教坛新秀12人；浙师大泗门附中中考成绩稳步提升；镇中心小学综合实力跻入全市前列，并被认定为第三批全国中小学中华优秀传统文化传承学校，塘后小学获评宁波市智慧校园；艺蕾幼儿园开园招生，3家准办园提升为等级园。常态化开展新冠肺炎疫情防控。推进医疗卫生与养老服务，市四院积极争创二级甲等医院，与宁波市医疗中心李惠利医院签订第二轮合作协议，契约式家庭医生总签约1.33万人。全镇城乡居民基本养老保险、基本医疗保险参保率进一步提高。“泗工驿站”落成揭牌，“智慧助残”上线启用，退役军人全生命周期服务体系初步形成，建立困难老年人评估档案423人，新培养持证高级养老护理员39人。优化流动人口管理，办理新泗门人量化积分服务2552人次。文化品牌活动出新出彩，成功举办庆祝建党100周年系列活动、杨贤江教育思想研讨会、浙江省大学生篮球联赛等文体活动，依托村文化礼堂、农家书屋、“淳厚泗门悦读会”等新阵地新载体，建立全市首座“有声书墙”，“汝湖春晓”“汝湖金秋”文化品牌得到广泛认同。

深入综合行政执法体制改革，泗门行政执法中心全面整合力量，新设立镇矛调中心，完成15个执法部门执法事项的初步筛选工作，实行集中化办公、实体化联合执法。“一张网”提质增效，巡察走访全网格覆盖，协调处置二、三、四级事件3148起。新建事件流转中心，汇总社会治理大数据，完善重大任务“事件采集、快速响应、联合处置、结果反馈”的全周期管理响应机制。构建镇“7+1”网格巡察平台，谢家路村、泗北村、西大街社区、后塘河社区4个村社先行先试。完成“最多跑一次改革村级延伸”全覆盖，实现126项服务事项网上办、316项服务事项自助办、村级办理事项100%“最多跑一次”，“泗好办”平台流转镇村高频事项15项525件，群众满意度98%。巩固提升“无违建乡镇”，全年即违即拆0.8万平方米、存量拆违6.44万平方米。切实抓好安全生产管理，开展“利剑”和“铸安”专项执法，限期整改企业97家，关停取缔企业5家；开展沿街店铺“三合一”违规住人场所消防安全专项整治，累计排查2104家；启用“智慧安监”系统，新增创建安全生产标准化企业26家，新增引入第三方社会化服务企业408家。完成10个高层小区建筑消防安全整改。

【“美in泗门”短视频大赛云开赛】 2月8日，“美in泗门”短视频大赛开赛仪式以网络直播形式举行。仪式上，余姚市互联网发展联合会秘书长张瀚之为泗门镇“Show余姚精品创作采风基地”授牌。泗门镇党委委员洪亚军揭晓“美in泗门”品牌logo；Show余姚主播团代表现场扫码发布大赛通知。泗门镇党委副书记董斌宣布“美in泗门”短视频大赛正式开赛。开赛之后，Show余姚主播团，前往泗门的各个地标点，拍摄主体短视频。

【第十四届“汝湖春晓”元宵文艺会演暨2020年度“泗门榜样”颁奖典礼举行】 2月24日下午，第十四届“汝湖春晓”元宵文艺会演暨2020年度“泗门榜样”颁奖典礼活动举行。市委常委、镇党委书记黄琪宣读颁奖词，“美in泗门”代言人为10名（个）年度榜样人物（团体）颁奖。活动中，观众和网友们观看了10名（个）泗门榜样人物（团体）的短片。110万人次的网友在线观看了活动直播。

【泗门党史馆开馆】 3月23日下午，泗门镇在成之庄举行泗门党史馆开馆仪式。市委常委、宣传部部长王娇俐宣布泗门党史馆开馆；市委常委、镇党委书记黄琪致辞；镇党委副书记、镇长肖鹤峰主持开馆仪式；镇党委副书记任宁介绍红锋泗门logo。仪式结束后，市镇领导和市属部门党组织书记代表、各村（社区）党组织书记、市级双强“两新”组织党组织负责人代表等分批进入党史馆参观。

【“淳厚泗门·悦读会”第一期读书会举办】 4月24日上午，“淳厚泗门·悦读会”第一期“追忆百年风华，传承贤江精神”读书会在泗门影剧院举行。读友们通过朗读分享与杨贤江相关的文章，交流心得体会及思考感悟。此后，镇文化站在每月最后一个周六开展“淳厚泗门·悦读会”活动。

◎ 3月23日，泗门党史馆开馆（泗门镇 供稿）

【纪念坚定的共产主义战士杨贤江暨教育思想研讨会举行】 5月29日，纪念坚定的共产主义战士杨贤江暨教育思想研讨会举行。活动分两个阶段进行，上午为纪念大会。与会人员首先观看了短片《纪念坚定的共产主义战士——杨贤江》。随后，市委常委、泗门镇党委书记章程致欢迎词。宁波教育学院副校长董刚发表讲话。受天津财经大学教授、杨贤江的外甥媳妇张健华委托，她的学生——天津体育学院教师、杨贤江教育思想研究专家陈泽在纪念大会上作主旨演讲。在下午的研讨会上，各专家学者就杨贤江教育思想理论作了交流研讨和分享。研讨会期间，与会专家学者观看了泗门镇中心小学师生表演的情景剧《杨贤江与诚意学堂》和诗朗诵《坚定不移，铸就百年辉煌》，同时深入泗门镇中心小学，考察了解杨贤江当年求学、任教情况。

【泗门镇庆祝中国共产党成立100周年文艺晚会举行】 6月25日晚，泗门镇庆祝中国共产党成立100周年文艺晚会在泗门影剧院举行，并表彰“两优一先”。市委常委、市委宣传部部长王娇俐，市委常委、镇党委书记章程出席活动。镇党委副书记、镇长肖鹤峰主持表彰仪式。镇党委副书记任宁宣读表彰文件，市、镇两级领导向受到表彰的优秀共产党员代表、优秀党务工作者代表和先进前哨支部代表、先进基层党组织代表颁奖。表彰结束后，庆祝中国共产党成立100周年文艺演出开始。文艺演出分为追寻光辉历程、传承旗帜飘扬、奋进续写华章三个篇章。文艺晚会在多个平台同步直播。

【“泗工驿站”揭牌启动】 8月12日上午，“泗工驿站”揭牌启动，这是余姚市首个为户外劳动者提供服务的爱心驿站。仪式上，市政协副主席、市总工会主席徐栋芳与镇党委副书记任宁共同为“泗工驿站”揭牌，市总工会党组书记、常务副主席杨荷锋讲话。“泗工驿站”位于泗门镇河塍路187号，场地面积约160平方，整体运行采用半自助式，户外劳动者及职工可凭身份证刷卡入内。一楼设有休息室、职工书屋、温馨餐厅、便民服务柜。二楼设有多媒体会议室、妈咪暖心小屋、劳动关系调处工作室、心理疏导室。

【第十六届“汝湖金秋”文化艺术节举行】 10月15日下午，第十六届“汝湖金秋”文化艺术节开幕式举行。市委常委、泗门镇党委书记章程宣布文化艺术节开幕；泗门镇党委副书记、镇长人选冯彦增按下泗门形象标识发布启动键。此届文化艺术节的主题为“红色百年奏丰歌，淳厚泗门幸福路”，为期两个月，举行“一人一艺·百姓舞台”首届魅力泗门达人秀海选开赛仪式、“看电影学党史”红色电影露天放映活动暨扫黄打非知识宣传、“初心永驻一路‘象’前”象棋大擂台等活动。开幕式各网络平台在线观看超170万人次。

【中国共产党泗门镇第十六次代表大会召开】 10月26日，中国共产党泗门镇第十六次代表大会召开。大会上，章程代表中共泗门镇第十五届委员会向大会作题为《弘扬伟大建党精神 接续奋进共同富裕 为高质量建设长三角精品小城市而不懈努力》的报告。张小挺代表中共泗门镇纪律检查委员会向大会作题为《聚焦清廉建设 忠实履行职责 为高质量建设长三角精品小城市提供坚强保障》的工作报告。大会选举产生了中共泗门镇第十六届委员会委员、中共泗门镇纪律检查委员会委员。随后，泗门镇第十六届党委和镇纪委分别举行一次全会。

【构建两大基金平台 探索镇村共同富裕座谈会举行】 11月3日下午，“构建两大基金平台 探索镇村共同富裕”座谈会举行。市委常委、镇党委书记章程讲话，镇党委委员、副镇长罗立伟作建立基金情况说明，副镇长人选史皆乐主持座谈会。泗门镇设立共富创基基金平台和镇村联动慈善基金平台两大基金平台目的在于整合泗门镇国资平台、各村（社区）、商会企业、社会资本以及慈善等力量，以资本为基础、以创投为主线、以效益为驱动，共享区域经济成长以及新兴经济体带来的红利，为镇村共同富裕探索长效之路。会上，镇商会会长宋长洪，镇党委副书记、谢家路村党委书记杜海军，楝树下村党总支书记杜建坤，小路下村商会会长王彩娣，东大街社区商会会长诸先桥等代表依次发言交流。

【泗门镇第十六届人民代表大会第一次会议召开】 11月27日，泗门镇第十六届人民代表大会第一次会议召开，来自全镇各条战线的87名人大代表出席大会。会上，冯彦增代表镇人民政府向大会作政府工作报告。姚惠平受镇第十五届人民代表大会主席团委托，向大会作主席团工作报告。随后，方江州作镇2022年财政预算报告。大会通过了代表资格审查委员会名单、建议案审查委员会名单、财政预算审查委员会名单；同时书面审议2021年民生实事工程进展情况以及环境状况和环境保护目标完成情况，提出了2022年实事工程票决项目。大会依法选举冯彦增为镇人民政府镇长，罗立伟、史皆乐、孙梦翱、黄妙飞、李楠为镇人民政府副镇长；姚惠平为镇人大主席，施天军为镇人大副主席。市委常委、市委组织部部长林伟在会上讲话。

（陈旭文）

◎ 8月12日，泗工驿站启动暨户外劳动者爱心驿站揭牌仪式举行
（泗门镇 供稿）

马渚镇

表 19

2021 年度马渚镇各村（社区）基本情况表

村（社区）	面积（平方千米）	户数（户）	人口数（人）	集体经济收入（万元）	集体经济总费用（万元）	总资产（万元）
开元村	4.3	1314	3535	405.64	368.70	3754.97
长泠江村	4.2	1045	2957	205.87	372.75	1540.87
乐安湖村	3.8	588	1655	399.87	611.15	3047.33
云楼村	6.2	855	2430	1579.64	224.67	3125.05
四联村	7.4	1007	2900	1438.12	365.80	2958.81
斗门村	4.5	1219	3367	1262.61	1319.11	4816.61
马漕头村	4.3	1019	2714	880.30	1240.04	2511.50
瑶街弄村	3.3	900	2423	433.44	314.57	2678.32
菁江渡村	1.1	456	1169	297.27	268.75	1388.63
全佳桥村	2.5	526	1617	630.71	201.88	1904.97
大将桥村	2.3	485	1275	169.28	269.17	1085.26
沿山村	4.9	696	1844	872.05	258.26	2208.85
下沙畈村	3.2	747	2092	219.64	241.72	1471.76
庙前村	1	443	1201	242.60	259.40	4029.58
渚北村	3.4	916	2479	113.25	419.78	1595.39
大施巷村	1.8	581	1539	150.92	147.70	2236.87
渚山村	1.2	300	769	254.50	158.35	1594.52
姚家村	2.2	602	1618	193.19	184.80	565.31
金马社区	2.5	1249	2756	—	—	—
东一社区	2.2	1291	2920	—	—	—
下叶社区	1.9	694	1568	—	—	—

注：表中“—”表示缺少相关数据。

【概况】 2021 年，马渚镇工农业生产总值突破 300 亿元；实现财政总收入 7.98 亿元，其中一般公共预算收入 4.25 亿元，分别较 2016 年增长 40.74%、55.11%；城镇和农村居民人均可支配收入分别达到 56051 元和 36166 元。

成功创建成为省级生态水产特色农业强镇。正式启用“马渚山水集”区域公共品牌。实现规模以上工业总产值 80 亿元、规模以上工业增加值 20.80 亿元。建成交付余姚市首个小微园——圣融小微园区。实现社会消费品零售额 15.67 亿元、限上批发零售销售额 4.38 亿元，全镇亿元规模以上商贸企业达到 2 家。新增跨境电商企业 3 家，实现跨境电商交易额超 4000 万美元。小型城市综合体中鑫广场和海吉星农批市场正式营业。

成功创建宁波市级新时代美丽城镇建设样板镇。省级卫生村、余姚市级文明村创建覆盖率达100%。新建和改造农村厕所89座。设置垃圾分类示范投放点和一般投放点共计863处，14个小区完成撤桶并点、垃圾屋建设和桶边督导工作。全镇户籍人员养老保险参保率达98.5%以上，城乡居民医保参保率达99.5%以上。城镇登记失业率始终控制在3%以内。建成投用镇区域性日间照料中心1家、AA级居家养老服务照料中心13家，全面普及为80周岁以上老年人提供上门服务。公办和普惠性民办幼儿园招生覆盖率达100%。家庭医生重点人群签约率达64.18%。开展“最美”系列评选活动，新推出“马渚镇村歌创作与演唱大赛”“晒场文化节”“稻田音乐节”等活动。“E宁波”移动终端问题办结率达100%。

累计排摸各类人员10万余人，接种新冠疫苗11万余剂次，实行居家健康观察2600余人、集中医学观察256人，安排核酸检测2.5万余人次。

【马渚镇首届乡贤联谊会成立】1月2日，马渚镇首届乡贤联谊会成立大会在马渚文化中心召开，共有100多名新老马渚人参加。会上通过了《马渚镇乡贤联谊会章程》，产生了联谊会机构人选。市委常委、统战部部长蒋士勇向联谊会授牌，马渚镇党委书记周强为当选的会长、副会长、秘书长颁发聘书。

【瑶街弄村获评华东“醉美油菜花村（镇）”】3月17日，在第九届钱江源国家公园油菜花节上，公布了“醉美春景”华东十大油菜花用地和醉美金花村（镇）评选结果，马渚镇瑶街弄村荣获华东“醉美油菜花村（镇）”称号。该评选活动由浙报集团江南游报社、华东旅游媒体联盟主办，已举办七届。

【马渚镇成立“草帽子”说唱团】3月21日，瑶街弄村第四届油菜花节开幕，开幕式上举行了马渚镇“草帽子”说唱团成立暨“党史进晒场”主题宣讲活动，马渚镇党委委员李渭清向说唱团团长姚立锋授队旗，向说唱团成员代表颁发聘书。说唱团由12名文艺骨干组成，创作了《十九届六中全会意义大》《初心学堂、初心不忘》《戏曲联唱“艺”起抗疫》等作品，当年通过说唱形式开展各类宣讲活动120余次。

【马渚镇第十八届人民代表大会召开】12月24日，马渚镇第十八届人民代表大会第一次会议召开，来自全镇各条线75名人大代表参加。会议听取和审查了政府工作报告、人大主席团报告、2021年财政执行情况及2022年预算草案报告；选举产生了镇人大主席、副主席、镇人民政府镇长、副镇长；书面审议了2021年政府民生实事项目进展情况；票决产生了2022年政府民生实事项目；书面审查2021年马渚镇环境状况和环境保护目标完成情况的报告。大会闭幕后，新当选人大、政府班子成员举行宪法宣誓仪式。

（朱娜嘉）

陆埠镇

表20　2021年度陆埠镇各村（居委会）基本情况表

村（居委会）	面积（平方千米）	户数（户）	人口数（人）	集体经济收入（万元）	集体经济总费用（万元）	总资产（万元）
江南村	5.07	1762	4752	1028	333	12048
南雷村	6.56	928	2516	205	87	1053
兰溪村	3.89	934	2309	643	177	10819
郭姆村	3.56	1015	2601	134	62	2389

续表 20

村（居委会、社区）	面积（平方千米）	户数（户）	总人口（人）	集体经济总收入（万元）	集体经济总费用（万元）	总资产（万元）
五马村	6.03	996	2666	224	88	3096
沿溪村	2.54	550	1395	122	41	835
官路沿村	7.58	800	2143	277	54	2001
沿江村	5.01	731	1871	349	79	2391
干溪村	9.5	842	2167	355	68	7977
兰山村	7.19	600	1596	216	39	2138
石门村	7.72	706	1880	172	41	1452
杜徐岙村	10.61	1351	3628	206	55	2062
袁马村	12.11	996	2831	362	151	4205
翁岙村	2.82	370	1047	130	17	1105
裘岙村	1.84	345	1025	136	42	1743
石笋村	2.6	329	921	113	45	845
洪山村	8.02	719	1971	253	99	1156
孔岙村	3.84	450	1255	148	38	2700
蒋岙村	4.21	631	1569	171	40	3226
余鲍陈村	5.66	718	1885	113	62	1451
上街居委	—	991	1841	—	—	—
下街居委	—	1037	1969	—	—	—

注：表中“—”表示缺少相关数据。

【概况】 2021年，陆埠镇完成工业生产总产值218.5亿元，同比增长8%；规模以上工业产值51.4亿元，同比增长20.7%。完成财政总收入4.65亿元，一般公共预算收入2.49亿元。

完成固定资产投资6.8亿元，同比实现翻番。其中，工业固定资产投资完成1.82亿元，同比增长37.9%。完成规模以上工业增加值12.2亿元，同比增长9.8%；主营业务收入51.2亿元，同比增长21.2%。限额以上批发零售业销售额10.1亿元，增长43%；限额以上住宿餐饮业营业额5610万元，增长10.2%；完成自营出口2.2亿美元。全年招引资金2.05亿元，同比增长30.4%，其中浙商创业创新实到资金1.2亿元，同比增长110%。新增亿元企业3家，规模以上企业6家。

胜陆公路、杭甬高速陆埠互通完成主体工程建设，宝湾物流园区项目即将建成并启动招商。“阳明温泉山庄二期商业用房建设项目”“阳明温泉山庄住宅项目”完成投资2.5亿元（计划总投资5.2亿元）。海伦堡“千樾府”住宅项目建设完成，华景川“溪上云庐”、佳源“蓝溪华庭”等房产项目顺利推进。江南村水暖城牌坊西侧地块完成征地，并已基本完成出让前期准备工作。实施甬梁线环境整治提升工程，完成2020—2025年陆埠镇农村公路建设规划。完成自来水东引工程。完成违建拆除8万平方米；卫片整改14宗，共计面积30公项；排摸严重影响消防安全违建410余处，拆除违规搭建钢棚1.2万余平方米。编制完成美丽城镇建设行动专项规划，袁马村创建余姚市美丽乡村梳理式改造村，并成功申报浙江省美丽宜居示范村。完成四明山东南门户方案设计，干溪、蒋岙、石笋、郭姆等村实施“一事一议”工程，完成沿袁毛线整治工程及蒋岙基础设施提升建设。建设完成洪山村、石门村农村饮用水能延则延工程和石笋村、孔岙村小流域整治工程。

完成工业园区“污水零直排区”创建，完成镇西工业园区污水管道与舜孙路污水管道工程建设，总投资3000余万元。推进江南、郭姆、沿江、官路沿等沿姚江四村生活污水管网建设。整治提升“低散乱污”“两小”企业65家。完成3批共144个疑似非正规垃圾堆放点核查、清理。保护碧水净土蓝天。支溪岙阿孟采石场、官路沿村岭头岭采石场顺利完成拍卖出让。以“陆埠山水情”乡村振兴文明示范线为主轴打造高品质村庄景观，举办陆埠镇首届旅游美食节，推出6条旅游精品路线与10余种特色传统美食。钟山红色主题公园及裘岙“四明山妈妈”雕塑被列为全市党史学习教育现场教学点，共接待访客5万余人次。完成8个红色堡垒村A级景区村庄创建全覆盖，修缮浙东临委成立旧址、草茅庵、浙东鲁迅学院旧址等多处红色教育基地。

完成12岁以上人群全程接种62577人。镇老年人服务中心改建项目顺利完成，新增养老床位130张，基本实现80岁以上老人居家养老服务全覆盖。推进陆埠镇第一墓园和第二墓园建设工作。陆埠镇小打造“立志教育”德育特色品牌，陆埠二小获得浙江省中小学生跳绳锦标赛线上、线下团体双连冠。基层治理“一张网”共上报处置各类事件9155件，处置成功率达100%。开展“三合一”场所、“厂中厂”等多项安全隐患专项排查整治，共检查企业268家，整改问题隐患1178项。完成陆埠市场改造和省三星级食安办、省三星级农贸市场创建工作。组建余姚市综合森林消防队伍，建设姚东第一家应急（安全）宣传教育体验馆。

【“蓝埠臻货”首次亮相阳明古镇“非遗”体验馆】 1月9日上午，陆埠特色农产品线下展示推介惠售活动在阳明古镇“非遗”体验馆开启。本次活动陆埠镇共推送山田稻米、山田甲鱼、七十二岙冬笋和七十二岙粉丝4种名特农产品，并统一使用“蓝埠臻货”品牌进行产品的线下品鉴和推广，其中四款陆埠茗品，是当地具有代表性、有标志性影响力的特色农产品。

【陆埠佛雕宣传节目在中央电视台科教频道播出】 3月11日，陆埠佛雕宣传节目在中央电视台科教频道（CCTV-10）《探索·发现》栏目播出。节目介绍了陆埠木雕佛像的来历和造型特点。

【陆埠镇首届旅游美食节暨“陆埠钟山宴”首发仪式举行】 5月18日上午，“百年光辉·乡村振兴·陆埠味道”陆埠镇首届旅游美食节暨“陆埠钟山宴”首发仪式在陆埠镇兰溪山庄举行。副市长王安静和相关单位领导出席，近100人参加了本次活动。

（章金荣）

◎ 5月18日，“百年光辉·乡村振兴·陆埠味道”陆埠镇首届旅游美食节暨“陆埠钟山宴”首发仪式举行（陆埠镇　供稿）

梁弄镇

表 21　2021 年梁弄镇各村（社区）基本情况表

村（社区）	面积（平方千米）	户数（户）	人口数（人）	集体经济总收入（万元）	集体经济总费用（万元）	总资产（万元）
正蒙社区	—	1508	2608	—	—	—
东溪村	8.93	838	2392	221.52	124.7	2788.8
梁冯村	1.5	602	1684	333.09	213.96	3703.1
五桂村	2.25	798	2175	331.41	176.84	3622.49
后陈村	2.3	578	1609	232.4	148.41	2739.74
让贤村	8.5	509	1301	244.37	55.76	3733.49
岭头村	9.14	416	1157	288.01	63.55	2938.01
横坎头村	6.6	880	2388	637.74	163.88	8940.47
汪巷村	2.41	351	1051	287.52	366.29	5156.65
甘宣村	1.35	363	1050	142.75	28.74	2287.5
白水冲村	2.5	446	1171	398.21	135.3	2807.42
东山村	8	762	2103	341.01	70.08	2386.92
贺溪村	6.8	502	1461	221.05	87.35	3527.58
横路村	5.5	665	1894	320.62	119.56	3844.97
明湖村	0.86	206	563	169.37	61.25	2396.46
雅贤村	4.97	683	2073	255.7	125.25	3734.75
湖东村	5.04	631	1959	271.75	72.44	3419.63
高南村	6.12	500	1470	270.94	50.25	2502.88

注：表中“—”表示缺少相关数据。

【概况】 2021 年，梁弄镇稳步推进重大工程、重大招商、重大创新、重大创建，全面升级“三个样板镇”建设，经济社会各项事业实现平稳较快发展。全镇实现农村经济总收入 70.15 亿元，其中一产总收入 2.61 亿元；二产总收入 46.06 亿元，其中工业总产值 38.04 亿元，建筑业产值 8.02 亿元；三产总收入 21.48 亿元；财政一般预算收入 1.80 亿元；农民人均可支配收入 42512 元。

特色发展路径更加清晰。完成过渡期城镇开发边界报批工作。深化“亩均论英雄”改革，规模以上企业新增至 11 家，完成工业企业亩均效益评价 107 家，新增余姚市高新技术企业培育库 1 家，继续推动“梁弄灯具点亮非洲”项目，搭建完成南非约翰内斯堡余姚市梁弄灯具展贸营销中心，康辉灯具 8 款产品进驻当地连锁超市进入签约阶段。初步完成省运动休闲小镇规划方案，成功完成梁弄“非遗”展馆旅游业态植入工作，颁布《余姚梁弄大糕制作规范》。成功创建宁波市第一批红色旅游融合发展示范区，加速推进环梁弄百千米登山步道、梁弄镇旅游标识系统等建设，全面启动四明山旅游集散中心、红色旅游综合服务中心等项目前期工作。成功举办2021中国“长三角”美丽乡村红色之旅梁弄定向越野赛、“传承红色精神·寻找最美樱园”越野跑、“果香墨韵”画樱桃等活动。全年接待游客预计160万人次，实现旅游收入3.01亿元。

“美丽双创”升级成效明显。高分通过宁波市田园综合体试点项目验收工作，成功创建省级美丽河湖1个，省级美丽池塘4个，省级美丽山塘3个，梁弄镇获评省级水美乡镇。汪巷村四桂弄、经锄小道示范线获评宁波市“美丽庭院”创建特色带。成功搭建梁弄镇农文旅产业联盟，有序推进汪巷、湖东农合联服务点布展工作，借力初心农产品专业合作社和四明手作公司，实现线上农产品销售额超200万元。无人植保飞机、山地轨道车助力各示范农场推进“机器换人”，实现全镇在册变型拖拉机清零。持续推进革命老区奔小康样板镇建设、建党100周年献礼工程、四明山区域生态发展项目、小流域山塘整治等重点工程。完成“四明之窗”百里红诗路精品线、镇自来水厂新建、自来水厂供水管能延则延兼并水站改造、横坎头至汪巷道路拓宽等重点工程，有序推进四明湖环湖生态环境保护、集镇红色旧址保护及沿线环境提升、正蒙街精品特色街区改造等工程。

生态环境品质持续向好。切实做好长江经济带“举一反三”大排查大整治、“千吨万人”以上饮用水水源地整治等相关工作。完成全镇地下排水管网“一张图”绘制和湖东、东溪两个工业功能区雨污管网的排摸工作，有序推进白水冲村污水纳管、横坎头污水纳管等7个污水纳管提升工程。稳步抓好能耗双控，协调有序用电与经济发展。绿色防控积极展开，秸秆粉碎机增至5台，测土配方检测点新增22个，实现区域耕地取土化验全覆盖。启动生态拦截沟一期工程，整治完成非正规垃圾堆放点30余处，完成“三改一拆”年度任务，阻止新建违建30余起，拆除新建违建20处，拆除存量违建60余处4万余平方米，整治沿湖沿溪沿线的洗刷池整治、农事用房乱搭建、畜禽散养等63处。

基层治理模式不断升级。“四治融合”实现新突破，成立宁波首个乡镇警务服务中心，成功接入各行政村应急广播系统。完成镇级社会治理综合服务中心、矛调中心搬迁工作，共计受理综合案件7317件，按时办结信访案件214件，接待群众来访109人54批次，老村长工作室化解各类矛盾纠纷61件。创新推出“垃圾分类”线上打卡、“环境评价”、“好人巡礼”、“曝光台”等功能。不断推进基层应急能力体系改革，成立应急管理所和梁弄镇安全生产（消防安全）委员会。借力“浙江安全码”，开展防汛防台重点部位集中排查，成功抵御台风“烟花”“灿都”，扎实开展安全生产、森林消防、交通安全、食品卫生安全、危旧房排查等专项检查，全年未发生重大及以上安全生产事故。

公共服务扩面深入推进。科学精准做好新冠肺炎疫情常态化防控工作。梁弄镇“三个无”织密人员排查管控网成为典型做法在市疫情防控工作专报中予以通报表扬。持续开展健康“细胞”创建、计生特殊家庭关爱扶助、青春健康教育等活动。浙江宁波市公共就业基层服务标准化试点高分通过国家标准委组织评估验收。发放就业社保、创业担保贷款、残疾人两项等补贴近620万元。完成5户残疾人无障碍综合改造，成功创建三星级残疾人之家。继续巩固“四分四定”垃圾分类模式，优化、新增定时定点投放点位30余个，做到重点单位的餐厨垃圾专门收集和处理，第三方垃圾分类监测实现所有自然村和小区全覆盖。成功通过宁波市“党建引领”农贸市场和四星级文明规范市场验收。深入推进全国文明镇创建提质提标工程，完成汪巷村“孝善之家”评选和道德银行验收，汪巷村被评为省级文明村和道德银行建设工作先进村，横坎头村荣获省公共文化场馆服务功能拓展先行先试单位称号。

【“五彩梁弄”数字乡村平台发布会举行】 4月20日，“五彩梁弄”数字乡村平台发布会在梁弄镇横坎头村新时代文明实践站举行。“五彩梁弄”是宁波市第一个镇一级单位的数字乡村平台，由农业银行宁波市分行与梁弄镇合作打造，以微信公众号为基础，通过金融科技赋能，设立党建引领、梁弄之旅、百姓之窗等功能板块，集“便民、惠农、优政”于一体，将有效推动梁弄镇实现乡镇党建“平台化”、农旅商圈“一体化”、美丽乡村“视听化”、乡村治理“数字化”和农村金融“普惠化”。

◎ 4月20日，“五彩梁弄”数字乡村平台发布会举行（梁弄镇 供稿）

【梁弄镇新时代党群综合体启用仪式暨庆祝中国共产党成立100周年合唱大赛举行】 6月24日，梁弄镇举行新时代党群综合体落成启用仪式暨“永远跟党走”庆祝中国共产党成立100周年合唱大赛。梁弄镇新时代党群综合体总建筑面积3250平方米，涵盖镇委党校、党群服务中心、新时代文明实践所、镇志愿者服务中心四大阵地，包括政治引领、文明实践、便民服务和特色打造等全方位、多层次内容，是集教育、展示、管理、服务等多种功能于一体的开放式、多功能、专业化的党群服务和红色教育综合阵地。启用仪式上，相关领导还向梁弄镇“红耀梁弄”党建宣讲团成员颁发了聘书，启动运行“五彩梁弄”数字乡村平台——“党建云”板块，向梁弄镇社会公益联盟成员单位授牌。启用仪式结束后，来自梁弄镇各村（社区）和民间团体的15支合唱队举办了“永远跟党走”庆祝中国共产党成立100周年合唱大赛。

【梁弄镇庆祝中国共产党成立100周年暨“七一”表彰活动举行】 6月25日，梁弄镇庆祝中国共产党成立100周年暨“七一”表彰活动在梁弄镇文化广场举行。市委常委、宣传部部长王娇俐，副市级领导、一级高级警长黄伟国出席活动并为“光荣在党50年”老党员代表、优秀基层党组织、优秀党员及优秀党务工作者代表颁奖。

（周程宇）

牟山镇

表22

2021年度牟山镇各村（居委会）基本情况表

村（居委会）	面积（平方千米）	户数（户）	人口数（人）	集体经济总收入（万元）	集体经济总费用（万元）	总资产（万元）
牟山村	4.4	1095	3168	337.18	347.9	1407.99
魏家村	3.59	904	2624	1268.36	876.22	2355.27
新东吴村	3.47	894	2460	304.75	476.84	2651.97
青港村	6.87	991	2888	483.62	380.42	3742.83
狮山村	3.5	561	1588	594.06	397.47	2179.84
牟山湖村	3.04	486	1605	339.69	262.97	2855.86
湖山村	14	1131	3662	618.39	295.61	3183.37
牟山居委	—	653	981	—	—	—

注：表中“—”表示缺少相关数据。

【概况】 2021年，牟山镇实现社会生产总值79.8亿元，财政总收入2.98亿元，其中一般公共财政预算收入1.52亿元。

全年实现规模以上企业工业总产值39.3亿元，同比增长16.5%。实现销售38.5亿元、利润3.6亿元,同比增长17.5%、3%，实现工业增加值8.21亿元，同比增长16%。实现固定资产投资3.5亿元，同比增长170%，其中工业投资2.2亿元。累计引进宁波市外资金2.2亿元，余姚市外资金2.1亿元，浙商创业创新资金9000万元。川擎智慧城小微园区2021年3月开工建设，14栋楼主体结顶，已签约入驻企业46家。松原汽车年产2000万套汽车轻量化安全系统零部件生产项目和年产1325万条汽车安全带总成生产项目全部开工。完成余姚市“350”企业梯度培育入库企业8家，宁波市专精特新入库企业8家，完成“小升规”企业4家，共有国家高新技术企业9家，国家级企业实验室1家，宁波企业研究院1家，余姚市级及以上企业技术工程中心11家，松原获浙江省“绿色工厂”称号。

农业农村部十大农业引领技术“陆基圆桶型高位光孱鱼养殖繁育技术”在牟山镇落户。全镇早稻规模种植面积4155亩，小麦种植面积2630亩，良种覆盖率100%。完成政策性农业保险投保9367亩，政策性住房保险6190户。湖塘江整治工程顺利开工，完成原毛杜砖瓦厂地块复垦项目、狮山村和魏家村复垦项目。浙江九禧农业开发有限公司成功创建为省水产健康养殖示范场，杨杰园艺场创建为宁波市种植业生态茶园示范基地，科态农场、齐力家庭农场创建为余姚市粮食绿色高产高效示范方。

全年实现社会基础设施投资1190.3万元，魏家村高车头至湖舍公路（一期）、富民路大修工程顺利完成，魏家村农村生活污水纳管工程（一期）开工建设。完成原青江采石场、姚西采石场、孙家山塘和璟月湾南侧边坡四个治理工程。

新增城镇就业511人，帮困就业25人，新安置公益性岗位1人。社保覆盖扩面稳步推进，企业社会养老保险参保7318人，医疗保险参保8827人，最低生活保障实现应保尽保，发放救助补贴37.84万元，累计发放最低生活保障金、优抚社救款、特困户临救款等各类市、镇两级帮扶资金435.41万元。737人享受居家送餐和照料服务。

完成镇中中考实验操作考试标准化试场建设和教学楼厕所改造。3名教师获评余姚市骨干教师，1名学生被余姚中学录取，普高上线率首次达30%以上，牟山镇中心小学被评为余姚市唯一一所浙江省健康促进学校金牌单位，牟山镇初级中学被评为宁波市绿色学校，牟山镇第一幼儿园被评为余姚市先进学校。投入50余万元新建定时定点集中分类投放点28处。

【牟山镇新乡贤联谊会成立】 5月2日上午，在牟山镇文体中心举行牟山镇新乡贤联谊会成立大会，牟山镇党委书记万建龙代表牟山镇党委、政府向参会的各界新乡贤表示欢迎，同时介绍了牟山镇的基本情况和经济社会发展情况。新乡贤代表发言表达希望今后能够继续为家乡的发展贡献自己的力量。余姚市委常委、统战部部长蒋士勇参加了成立大会并讲话。

【“牟山杨梅王”评比和西山白杨梅产地之旅直播活动举行】 6月15日下午，第十六届西山白杨梅欢乐游系列活动“牟山杨梅王”评比和西山白杨梅产地之旅直播在牟山镇湖山村举行。牟山镇副镇长徐水军和湖山村党总支书记戚国庆作为嘉宾走进直播间，为网友们介绍了牟山西山白杨梅的情况，并欢迎大家到牟山吃杨梅。随后，2021年“牟山杨梅王”擂台赛火热开启。市供销联社、市文广局副局长、市农业农村局和牟山镇相关领导、专家出席，评委组现场对35组参赛杨梅的大小、重量、甜度、色泽、口感等指标进行综合评分后，最终确定奖项归属。

【2021年度余姚市渔业增殖放流生态保护公益活动开展】 7月，在牟山湖畔开展了2021年度余姚市渔业增殖放流生态保护公益活动。增殖放流是利用人工方法向天然水域投放鱼、虾、蟹等水生生物苗种以增加种群数量、改善优化水域渔业资源群落结构的一种有效措施，本次活动合计放流滤食性鱼苗1593.9万尾，其中鲢鱼796.25万尾、鳙鱼640.15万尾、草鱼157.5万尾。鱼苗分3车装运，其中2车投放于牟山湖，1车投放于泗门镇、小曹娥镇的水域内。鱼苗投放前，活动参与人员还到鱼苗养殖场现场查看鱼苗的检查、计数与装运。

【全国“行走大运河”全民健身健步走活动（宁波站）举行】 10月24日，2021年全国“行走大运河”全民健身健步走活动（宁波站）暨宁波市美丽乡村健身行活动昨天在余姚牟山镇举行。约500名健身爱好者徒步10千米，途经宁波市第二大淡水湖——牟山湖、京杭大运河延伸段浙东运河湖塘江。2021年全国“行走大运河”健步走活动，由国家体育总局、国家发展改革委、文化和旅游部主办，采取线上和线下、集中和持续相结合的方式举办。

【中国共产党牟山镇第十四次代表大会召开】 10月28日，中国共产党牟山镇第十四次代表大会召开，来自全镇各条战线的61名正式代表、49名列席代表参加会议。乡镇换届工作联系第五指导组和换届风气巡回督查组相关领导到会指导。会上，镇党委书记王文成代表中共牟山镇第十三届委员会向大会作题为《启航新征程 擘画新蓝图 为高质量建设共同富裕新牟山努力奋斗》的报告。中共牟山镇纪律检查委员会向大会作题为《坚持全面从严治党 强化政治监督执纪 坚定不移为高质量建设共同富裕新牟山提供坚强保障》的工作报告。大会选举产生了中共牟山镇第十四届委员会、中共牟山镇纪律检查委员会。

【牟山镇第十八届人民代表大会第一次会议召开】 12月23—24日，牟山镇第十八届人民代表大会第一次会议召开，来自全镇各条战线的68名正式代表和列席人员参会。12月23日，十八届一次会议召开预备会议，并举办了第一次十八届人大代表履职培训班。12月24日上午，大会开幕，会上，镇长朱柯代表镇人民政府向大会作政府工作报告。同日上午，大会举行第二次全体会议，通过大会选举，沈学键当选为镇人大主席，朱柯当选为镇人民政府镇长，郑其龙、徐水军、杨浩波、符军苗当选为镇人民政府副镇长，同时，会上进行2021年政府民生实事项目满意度测评，并票决通过2022年政府民生实事项目。随后，大会举行第三次全体会议，通过了政府工作报告决议、财政预算报告决议、人大主席团工作报告决议，朱柯、沈学键、郑其龙、徐水军、杨浩波、符军苗进行宪法宣誓。

（王梦烟）

◎ 12月24日，牟山镇第十八届人民代表大会第一次会议召开

（牟山镇 供稿）

丈亭镇

表23

2021年度丈亭镇各村（社区）基本情况表

村（社区）	面积（平方千米）	户数（户）	人口数（人）	集体经济收入（万元）	集体经济总费用（万元）	总资产（万元）
丈亭村	3.2	1568	4116	297.47	86.74	1757.48
胡界村	3.6	947	2492	244.04	54.71	1414.57

续表 23

村（社区）	面积（平方千米）	户数（户）	总人口（人）	集体经济总收入（万元）	集体经济总费用（万元）	总资产（万元）
渔溪村	6.1	1108	2691	136.79	75	1332.55
凤东村	6.4	1108	2774	185.14	90.3	957.3
寺前王村	7.8	967	2495	282.70	137.81	1638.31
半岙村	4.4	798	2042	109.43	39.25	1584.23
汇头村	5.6	887	2197	144.01	76.79	1604.24
龙丰村	3.9	665	1547	119.88	67.15	1481.06
龙南村	3.05	859	2056	166.49	68.01	1674.55
汇龙村	1.7	681	1701	95.94	55.22	970.48
梅溪村	8.3	862	2061	119.32	48.42	1914.98
三江社区	2.55	1366	2616	—	—	—

注：表中“—”表示缺少相关数据。

【概况】 2021年，全镇实现财政总收入5.8亿元，同比增长18%，一般公共预算收入3亿元，同比增长14%。全年完成社会固定资产投资3亿元，其中工业投资1.37亿元。全年实现规模以上工业总产值55.26亿元，增长30.4%；规模以上工业增加值12.4亿元，增长14.1%。新增亿元企业5家、规模以上企业6家、“小升规”企业8家；入选省隐形冠军2家、宁波市单项冠军2家，宁波专精特新入库培育企业5家，浙江捷能汽车零部件有限公司获国家级专精特新“小巨人”称号，宁波安拓实业有限公司获评宁波市专精特新“小巨人”企业。规模以上企业研发投入4.2亿元，新增国家高新技术企业5家、国家科技型中小企业8家、宁波科技型中小企业12家，实现高新技术产业、数字经济核心产业、战略性新兴产业增加值6.96亿元、0.62亿元、0.25亿元，分别同比增长7.8%、17.1%和24.3%。有各级企业工程（技术）中心18家，其中省级2家、宁波级2家、余姚级14家。深入推进“四送一增强”2.0活动，提升“店小二”服务意识，助力企业发展、项目招引，加快推进在谈项目落地和在建项目投产。2021年，新引进项目3个，在谈项目5个。全年实到浙商创业创新资金1.1亿元、宁波市外实到资金2.81亿元，均超额完成市级下达任务。全年完成限额以上批发零售业销售额7239万元，全社会消费品零售额11.3亿元，增幅13.4%。

渔溪农贸市场全面升级改造，获评省三星级农贸市场、省放心农贸市场。农业基础不断夯实，完成上级“两非”整治任务，恢复耕地54公顷810亩；深化杨梅品质品牌品味“三提升”行动，用足用好“十里梅香”商标，探索杨梅酒加工，做强杨梅特色产业。

积极推进城镇有机更新，深化美丽乡村建设。完成道路新建工程3个、新增停车位230个，完成污水纳管工程4个，镇工业区（南区）创建成宁波市“污水零直排区”。深化全域一体市场化保洁机制，推进“一扫七治”专项行动，实现行政村垃圾分类“撤桶并点、定时投放”全覆盖。加大水利设施建设力度，建成陈家排涝站、朱家浦水毁应急修复工程等系列水利工程，有效抵御台风“烟花”“灿都”。抓好姚江流域水环境治理，完成“千吨万人”水源保护区周边25家企业停产搬迁工作；加快自来水“一户一表”改造，基本完成镇级管网建设，保障全镇1.5万户家庭喝上放心水。供电、供气、通信等一大批设施扩容升级，互联互通、同质共享的基础设施网络加速形成。巩固“无违建乡镇”创建成果，发现并处置各类违法建设55起、5.42万平方米。成功创建成省级美丽城镇和“农业特色型”美丽城镇省市样板，

5 个村分别创建成省新时代美丽乡村达标村、精品村、特色精品村，3 个村创建成宁波市美丽乡村梳理式改造村。同时，积极配合胜陆高架建设，在前期征用土地 73.33 公顷，拆迁房屋 110 户、2.1 万平方米的基础上，稳妥做好工程受损农房赔偿、拆迁安置等政策处理工作，确保高架如期通车。

持续提升民生福祉，有序开展疫情防控，累计完成新冠疫苗接种 11.8 万剂次，完成率居全市前列。切实加强教育、文化、医疗、养老事业，全镇 1 所公办初中、2 所公办小学、3 所公办幼儿园均衡发展，镇中毕业生普高录取率 41%。“三江之声”杨梅文化旅游节、“汇爱三江”志愿服务活动广泛开展。城乡居民医疗卫生与养老保障条件不断改善。深化全民参保登记计划，全镇城乡居民基本养老保险、基本医疗保险参保率达 99% 以上。A 级标准以上居家养老服务照料中心 12 家，全年发放各类弱势群体补助资金 450 余万元。武装、残联工作取得新突破，被评为市征兵工作先进集体，完成全市首家省级五星级“残疾人之家”创建。

不断完善社会治理“141”工作体系，创新实施周一会商制度，全年基层网格上报事件 8058 件，办结率 100%。抓实信访和安全生产工作，发挥“三江老娘舅”调解工作室作用，受理并处置各类信访事件 460 起，重要时段无越级上访；全年无重大安全事故发生，获评“平安余姚”建设工作先进集体。

◎ 6 月 13 日，“群贤归来　开启新篇”丈亭镇首届新乡贤联谊会成立大会举行（丈亭镇　供稿）

◎ 6 月 9 日，丈亭镇“坚定信念跟党走　担当作为感党恩”庆祝建党 100 周年红歌展演活动举行（丈亭镇　供稿）

【丈亭镇青年理论宣讲暨微型党课比赛举行】 4 月 13 日下午，“我心向党”丈亭镇青年理论宣讲暨微型党课比赛在镇政府举行。比赛现场，各村（社区）、机关各办（所、中心）企事业单位党组织的 23 名青年党员围绕党史、新中国史、改革开放史、社会主义发展史等内容，宣讲微型党课。经过角逐，评选出一等奖 2 人、二等奖 4 人、三等奖 9 人。最后，省基层宣讲名师、省十大优秀宣讲员赵永焕对比赛作了点评。

【庆祝建党 100 周年红歌展演活动举办】 6 月 9 日，“坚定信念跟党走　担当作为感党恩”庆祝建党 100 周年红歌展演活动在三江小学举办。活动现场，丈亭村、胡界村、渔溪村、凤东村、寺前王村、半岙村、汇头村、龙丰村、龙南村、汇龙村、梅溪村、三江社区、镇机关干部等 13 支队伍进行了展演。

【丈亭镇首届新乡贤联谊会成立】 6 月 13 日上午，“群贤归来　开启新篇”丈亭镇首届新乡贤联谊会成立大会举行，来自各地各界 49 名丈亭镇新乡贤与嘉宾出席参加。市委统战部部长蒋士勇、统战部副部长鲁劲松出席会议。镇党委副书记干闻宇主持会议。成立新乡贤联谊会旨在通过新乡贤联谊会这根纽带把更多的丈亭新乡贤们联系起来，把新乡贤的智慧、人脉和影响与丈亭的发展结合起来，共同参与家乡建设，讲述丈亭好故事，传播丈亭好声音，让社会各界了解丈亭、关注丈亭、走进丈亭。

【丈亭镇庆祝中国共产党成立100周年文艺演出举行】 6月28日上午，丈亭镇举行中国共产党成立100周年庆祝活动。镇机关、村（社）全体党员干部，镇下属单位和“两新”党组织负责人，“光荣在党50年”老党员代表，参加入党宣誓的新党员，各级“两优一先”受表彰对象，以及村（社）基层党员代表参加活动。活动中，镇党委书记戚红军带领新党员宣誓，并发表致辞。镇党委副书记干闻宇通报近五年余姚市级及以上党内荣誉名单。镇党委委员陈文文宣读镇级“两优一先”表彰文件。活动中还举行了“光荣在党50年”老党员纪念章颁发仪式和“汇爱三江”志愿品牌发布仪式。

【中国共产党丈亭镇第十四次代表大会召开】 10月28日，中国共产党丈亭镇第十四次代表大会召开，来自全镇各条战线的78名正式代表、66名受邀人员参加会议。乡镇换届工作联系指导组和换届风气巡回督查组有关领导到会指导。马军辉代表中共丈亭镇第十三届委员会向大会作题为《扬帆启航开新局　蓄力起势谋新篇　为高质量打造新时代共同富裕新丈亭而努力奋斗》的报告。王静斐代表中共丈亭镇纪律检查委员会向大会作题为《忠诚履职　勇于担当　坚定不移为开创丈亭现代化建设新征程提供坚强保障》的工作报告。大会选举产生了中共丈亭镇第十四届委员会、中共丈亭镇纪律检查委员会，镇党委书记马军辉代表新一届党委班子作表态发言。随后，举行镇纪委一次全会和镇第十四届党委一次全会。

【丈亭镇第十八届人民代表大会第一次会议召开】 12月24日，丈亭镇第十八届人民代表大会第一次会议召开，全体正式代表和有关列席人员参加大会。来自全镇各战线的人大代表出席大会。会议听取和审议了政府工作报告、人大主席团工作报告、财政预算报告、政府民生实事工程完成情况报告、环境状况和环境保护目标完成情况报告，书面审议了2021年政府民生实事工程完成情况报告环境状况和环境保护目标完成情况，票决2022年政府民生实事工程项目，依法选举干闻宇当选丈亭镇第十八届人民代表大会主席，倪唯君当选副主席，韩哲当选丈亭镇人民政府镇长，杨琳颖、沈巍伟、陈哲、祝永权当选副镇长。

（李卓颖）

三七市镇

表24

2021年度三七市镇各村（居委会）基本情况

村（居委会）	面积（平方千米）	户数（户）	人口数（人）	集体经济收入（万元）	集体经济总费用（万元）	总资产（万元）
唐李张村	4.50	666	1663	231.92	302.33	898.86
相岙村	4.93	616	1436	203.25	197.98	1664.05
二六市村	3.80	1538	3559	730.92	361.47	4561.12
云山村	4.40	721	1613	1632.42	188.48	1491.68
魏家桥村	7.58	1066	2532	226.25	337.75	2435.5
三七市村	7.25	1362	3230	745.55	1236.91	2783.09
幸福村	9.00	1688	4054	339.77	560.41	1502.79
石步村	9.60	1142	2888	295.23	628.29	1365.41
姚东村	6.70	595	1590	381.15	144.42	1582.97
祝家渡村	3.55	891	2107	288.25	257.35	1616.88
胜利村	3.42	704	2242	350.47	235.14	801.87
大霖山村	3.80	456	1276	230.52	173.2	622.29
三七市居委	0.55	1369	2468	—	—	—

注：表中“—”表示缺少相关数据。

【概况】 2021年，三七市镇实现工农业总产值77.97亿元，同比增长12%，其中工业总产值66亿元，同比增长12.4%；农业总产值11.97亿元，同比增长3%；实现财政总收入3.1亿元，同比增长16.1%，其中一般公共预算收入1.7亿元，同比增长16.8%。推进余姚人才创业园区块征迁，完成缪云线房屋拆迁17户共11200平方米、云山村童家房屋拆迁签约28户共7750平方米。推进阳明古镇施岙地块征迁，累计征用土地120公顷，成功出让一期项目用地11.07公顷，开投蓝城“桃李春风”项目顺利开工，安澜公墓建设稳步推进。消化“批而未供”土地15.8公顷，完成农转用土地报批0.73公顷。全年重点在谈项目3项，完成项目签约2家，预计引进内资2.3亿元。出让5宗工业地块，出让面积2.73公顷，其中出让单价最高达331.33万每公顷，2021年新开工乡镇长项目1个，在建重点项目5个，已竣工投产的2个，预计全镇完成工业投资1.3亿元。

2021年，全镇实现规模以上工业产值37亿元，同比增长21%；规模以上工业利润总额1.65亿元，同比增加95%；实现出口11亿元，同比增加32%；实现数字经济核心产业制造业产值4.7亿元，同比增长65%；实现万元工业增加值能耗降低率14%，完成“小升规”4家、认定“350”企业6家、高企5家、专精特新企业2家、宁波市四星级绿色工厂1家。入选2021年度宁波市产业投资项目2家，完成2020年度“机器换人”项目验收2家、2021年度余姚市智能化改造项目申报11家、信息化项目入库1家，开展工业土地改扩建项目批前服务8家，整治提升低效企业15家，淘汰全镇最后1台二段式煤气发生炉。农产品质量取得新进步，新认定绿色食品2个，完成农产品检测345个，合格率100%。基本完成第一批1566亩的“非粮化”“非农化”耕地整治，整治抛荒地块6个。魏家浦排涝泵站建成并投入使用，投资600万元完成相岙河整治工程，投资270万元完成梅树弄、鸭蛋岭山塘治理，投资97万元完成相岙水库“千吨万人”饮用水水源整治工程，投资2000多万元实施台风“烟花”水毁应急抢险工程。成功举办第22届“姚东之音”杨梅文化旅游节。

投入380万元实施银川路、阮方至掌二线、三胜线大中修工程。推进自来水管网改造，基本完成全镇自来水总管网铺设和“一户一表”工程，完成唐李张村水厂供水管网、水站及泵站改造工程建设。完成三七市村村委会周边生活污水纳管工程（河台墩）和三七市镇工业功能区污水纳管一期工程。编制完成三七市镇天然气专项规划，铺设姚东村至云山中路段天然气主干管。

“污水零直排区”创建工作有序推进，三七市工业园区25家企业实现雨污分流，通过宁波市级“污水零直排区”创建验收。完成省环保督察整改2起，环保立案查处12件，行政处罚215万元，移送公安3件。全镇12周岁以上累计接种新冠疫苗71229剂次，全程免疫率122.17%，全镇一般公共预算用于民生支出1.5亿元，同比增加17.2%。投入450万元扩建二六市小学、幼儿园食堂。发放残疾人补贴220万元。全镇户籍城乡居民医保参保率达到99.64%。发放创业担保贷款270万元。

【三七市镇第22届“姚东之音”杨梅文化旅游节开幕】 6月7日晚，三七市镇庆祝中国共产党成立100周年暨第22届“姚东之音”杨梅文化旅游节开幕式在

◎ 6月30日上午，三七市镇庆祝中国共产党成立100周年暨党群服务中心、新时代文明实践所启用仪式举行（三七市镇　供稿）

石步村举行。三七市镇党委书记唐成波及市文广局、市农业农村局、市供销联社等部门领导出席并宣布开幕，超30万人次通过网络直播参与开幕式活动。

【三七市镇举行庆祝中国共产党成立100周年暨党群服务中心、新时代文明实践所启用仪式】6月30日上午，三七市镇在浦东公园内党群服务中心举行庆祝中国共产党成立100周年暨党群服务中心、新时代文明实践所启用仪式。仪式上举行了“两优一先”表彰仪式，向健在的、党龄达到50年的248名党员颁发“光荣在党50年”纪念章。同时，活动现场发布了“37°”党建品牌。

（李早早）

河姆渡镇

2021年度河姆渡镇各村基本情况表

表25

村	面积（平方千米）	户数（户）	人口数（人）	集体经济收入（万元）	集体经济总费用（万元）	总资产（万元）
江中村	6.88	1511	3720	784.3	211.53	4446.31
翁方村	4.56	901	2273	309.77	88.29	6888.67
小泾浦村	2.8	643	1567	290.82	65.86	3373.49
芦山寺村	3.34	915	2155	435.76	100.98	2183.94
罗江村	6.37	1293	3142	389.2	195.03	10872.79
河姆渡村	10.15	597	1427	510.59	89.95	2283.6
东澄村	4.3	410	1039	232.11	88.22	1514.79
车厩村	12.2	908	2177	374.45	206.27	2694.63
五联村	11.28	645	1667	592.38	80.33	2380.5

【概况】2021年，河姆渡镇实现社会生产总值98.1亿元，同比增长8%，财政总收入3.71亿元，同比增长10.93%。有效防御了“烟花”超强台风的侵袭，荣获2021年浙江省防汛防台先进集体称号，全域土地综合整治和生态修复工程获评省级优秀项目，完成乡镇党委换届工作。

全年实现工业总产值84.7亿元，同比增长12%，其中实现规模以上工业产值30.20亿元、销售29.7亿元、利润2.2亿元。新启动工业项目4个，完成工业投资3.14亿元，同比增长124.3%。万洋众创城项目累计完成投资3.62亿元，厂房主体工程基本完工并全部预售完毕，签约意向入驻企业93家。乡镇长项目开工率达100%，天德汽车零部件制造、舜仕汽配研发、技拓汽车零部件生产、博望塑料管件生产等项目正式开工建设，铭匠汽车轮毂生产、宝盈体育用品生产等重点项目正式投产。企业创新转型步伐加快，实现研发费支出7200万元，同比增长34%，实现高新技术产业投资2.4亿元，同比增长132%。宁波东润、宁波华航、宁波捷丰等3家企业完成高新技术企业认定。宁波优倍特、宁波乐拓、宁波巨辉进入余姚市高新技术企业培育库。低散乱污企业整治成效明显，淘汰落后产能企业2家，车厩水库饮用水水源保护区内23家企业关停搬迁工作稳妥完成。商贸服务经济增长复苏明显，实现自营进出口总额4.2亿元，同比增长25%，社会消费品零售额9亿元，同比增长15%，限额以上商品销售总额1.53亿元。

万基·河姆景苑二期、新邻里中心商业街区等项目结顶销售，商会大厦项目正式进场施工。

纬二路西段、河姆渡南路至兴渡路（车厩大道）连接线等道路工程完工。镇域天然气管网专项规划编制完成并启动新集镇管网施工，河姆渡南路及周边沿街店面污水纳管工程完成。推进“三改一拆”、乱占耕地建房整治、土地卫片整改、“大棚房”问题专项清理整治“回头看”等专项行动，累计拆除违章建筑5.59万平方米，创建成为宁波市第五批“无违建乡镇”。古乍线两侧整治提升、甬梁线两侧环境提升、寺慈线罗江段整治提升、三河线立面改造等工程完工。落实中央环保督察信访件反馈问题整改，对罗江工业功能区、王其弄工业集聚点等区域内企业进行专项整治，王其弄污水厂关停。推进一园两企“污水零直排”改造提升，通过宁波市“污水零直排区”考核验收。镇区内15条姚江重要支流形成“一河一图”“一口一档”，陆江浦、新横河、翁家浦等水环境治理工程完成。

泾河线复线通村公路、泾河线（古乍线至寺慈线连接段）中修、寺慈线至遮楼、车袁线整治提升、河芝线整治提升等工程完成。寺慈线（芦山寺段）污水总管铺设工程完工，翁方村宋家、崔家埠等自然村农村生活污水处理工程完成招投标。姚慈江堤防迎水坡加固、慈江堤防除险加固一期、台风“烟花”水毁应急抢险等重大水利工程完成，慈江南岸堤防综合整治加固工程启动，镇村规范化避灾安置点建设实现全覆盖。

茭白年产量3.06万吨、产值1.37亿，分别同比增长7%和3.2%，茭白田甲鱼年产值6800万元，同比增长12.4%，“河姆渡”品牌茭白田甲鱼荣获第十届“我心目中的宁波品牌”消费者喜爱品牌奖项。河姆渡农特产品交易市场正式开业。河姆渡丹娜酒店完成宁波市三星级客栈申报，河姆云谷精品酒店民宿项目完成地质勘查，寨基坪景观工程启动项目申报，渡畔人家、思燕“农家乐”、“渡居7000”等本地特色家宴、民宿项目开始营业。2020年度申报的村居环境优化提升16个自然村（涉及5个行政村）全部完成整治验收。

全年完成新增就业3391人，失业人员再就业369人，困难失业人员再就业15人，招用安置公益性岗位“4555”人员6人。全镇户籍人口基本养老保险参保率达到99.1%，城乡居民医保参保率达99.81%，被征地人员清底排摸工作完成。全年发放城乡低保金385.55万元，困难群众及特殊群体临时救助款35.68万元，散居孤儿和困境儿童生活补助金31.34万元，高龄老人生活津贴23万余元，各类优抚、社救定补款等33.21万元。镇公立第一幼儿园投用并完成首轮招生，罗江幼儿园实现“民转公”。新冠疫苗全民接种工作扎实推进，累计完成新冠疫苗接种51728剂次，累计接种26782人，其中全程接种26329人。举办嵇锡贵大师工作室揭牌仪式、“书香河姆渡”全民读书节、“古韵河姆渡”乡土文化节等活动，河姆渡镇新乡贤联谊会成立。全年调处矛盾纠纷共180起，其中重大疑难纠纷8起。开展安全生产专项执法，累计检查企业220家，发现并督促整改安全隐患795处，行政处罚企业12家，罚款23万余元。

【嵇锡贵大师工作室落户河姆渡】 4月27日，国家级“非遗”专家嵇锡贵大师工作室揭牌仪式、嵇锡贵收徒仪式及“余姚越窑青瓷的传承与发展”研讨会在河姆渡镇举行。市委常委、宣传部部长王娇俐，市政协副主席朱卫东分别出席揭牌、收徒仪式

◎ 4月27日，国家级“非遗”专家嵇锡贵大师工作室揭牌仪式举行
（河姆渡镇　供稿）

和研讨会。嵇锡贵大师应邀在河姆渡设立工作室并收河姆渡越瓷坊范江明为徒。当天下午，在河姆渡遗址博物馆召开“余姚越窑青瓷的传承与发展”研讨会，省委宣传部原副部长、中国美院原副院长高而颐等专家就如何实现河姆渡史前文化与越窑青瓷文化的结合等内容开展研讨。

【河姆渡镇第十五届“书香河姆渡”全民读书节开幕】 4月23日，河姆渡镇第十五届“书香河姆渡”全民读书节在镇公共文化服务中心剧场正式开幕。本届读书节以“奋斗百年路　启航新征程”为主题，举办了图书馆之夜活动、文化艺术团读书会、书画展览进文化礼堂、党史知识竞赛、红色革命故事巡回演讲、朗诵比赛、红歌大合唱比赛等八大系列活动。

【河姆渡镇新乡贤联谊会成立大会召开】 6月12日下午，河姆渡镇新乡贤联谊会成立大会召开，会议表决通过了《河姆渡镇新乡贤联谊会章程》和组织机构及建议人选，由浙江省商业集团原总经理、浙江永远控股集团公司董事长孙勤勇任新乡贤联谊会会长。

【河姆渡镇第十届“古韵河姆渡”乡土文化节开幕】 9月29日，河姆渡镇第十届“古韵河姆渡”乡土文化节开幕式在镇公共文化服务中心剧院举行。市委常委、宣传部部长王娇俐等领导出席活动。在开幕式中，还举行了2021“乡村网红”计划启动仪式。本届“古韵河姆渡”乡土文化节历时4个月，其间陆续举办了“最美古渡”文化走亲大展演、“墨香古渡”乡土文化书画作品展览、“鎏金古渡”金秋文化晚会暨品牌发布会、“丰收古渡”拔茭白比赛闭幕式等活动。

（施　韩）

小曹娥镇

表 26

2021 年度小曹娥镇各村基本情况表

村	面积（平方千米）	户数（户）	人口数（人）	集体经济总收入（万元）	集体经济总费用（万元）	总资产（万元）
曹一村	2	962	2191	563.58	464.07	2183.47
曹娥村	5	1762	3936	596.45	302.07	3943.25
建民村	5.2	1449	3157	497.80	295.55	2128.79
朗海村	6	1730	4301	919.02	558.02	4524.14
滨海村	4	1835	4020	566.19	702.11	3655.23
南新庵村	2.8	967	2132	417.32	344.55	2037.66
镇海村	2.2	1045	2150	436.44	195.56	2381.30
人和村	4.4	1635	3699	1324.51	1092.18	2339.81

【概况】 2021年，小曹娥镇总区域面积33.04平方千米，下辖8个行政村、1个居委会。常住人口4.8万人，户籍人口2.8人。

2021年，小曹娥镇围绕打造“两个基地”总体定位，扎实做好“六稳”工作、全面落实“六保”任务，凝心聚力、奋发有为，坚决统筹推动疫情防控和经济发展“两手抓”，经济社会保持平稳较快发展。实现社会生产总值275.3亿元，同比增长33.6%；实现财政总收入4.69亿元，同比增长14%，其中一般公共预算收入2.57亿元，同比增长13.1%；农民人均可支配收入达到4.45万元，同比增长6.2%。

工业经济在转型升级中迈

开步伐。实施工业强镇战略，拥有上市企业2家（容百新能源、世茂能源），入围2021年浙江省百强镇和全国综合实力千强镇，分别位列第87和第529。全镇实现工业总产值257.5亿元，同比增长35.4%，其中规模以上企业产值180亿元，同比增长41.2%。规模以上企业工业增加值24亿元，同比增长36.7%，增长位列全市第二。产值超5000万元企业达到28家，其中超亿元企业达18家，培育“小升规”企业4家。企业转型升级步伐持续加快，总投资分别为3亿元的容百新能源生产线改扩建项目、2亿元的城市污水处理厂清洁排放改造项目、3800万元的锦莱化工碳酸氢钠及氯化铵生产项目等一批重点项目进展顺利，世茂能源完成A股上市，杭州湾（小曹娥）机电产业园建设有序推进。

现代农业稳步发展。全镇实现农业总产值10.6亿元，同比增长8.2%。农作物种植稳定增产，榨菜种植面积达680公顷，产值达3047万元，雪菜面积560公顷，产值达3437万元。坚持机械强农，2家专业合作社完成“机器换人”示范基地创建，榨菜直播率达到95%以上，毛豆机械化收割率达到70%以上。“美丽经济”建设深入推进，实施4米以上主要道路镇村联动保洁，建成村级定时定点垃圾房29个，投入28万元的垃圾压缩设备更换升级完成，创建A级以上景区村庄4个。

新区开发持续加速。新集镇开发全面推进，加快融入前湾新区规划建设，率先启动小曹娥单元规划编制，盘活城镇土地资源1.45公顷，报批新增建设用地34.53公顷。持续完善城镇配套设施，总投资750万元的建民村农场片生活污水治理工程建成投用；总投资1200万元的余姚大道与姚北大道道路两侧绿化提升工程完工。公共配套设施建设加快推进，总投资5000万元的卫生院迁建工程开工，总投资4000万元的集镇新区幼儿园主体建筑结顶。

生态环境持续向好。扎实推进水环境整治，完成爱国江农场段、七塘横江延伸段等河道清淤工程，严格落实各级河长责任，共开展河长巡河2382次。实施“集约式”河道保洁机制，对46千米镇级河道保洁继续实行服务外包，强化整治河道“四乱”问题。开展“净水清源”联合执法行动和冬春季水环境治理百日攻坚行动，立案查处涉水企业11家次。

社会治理创新发展。完善基层矛调结构，成立全市首家镇级矛盾纠纷调处化解中心，精细划分108个微网格，形成劳资调处、信访调处、司法化解、联合执法、纪检监察、代表“一起来”六大区块，“四色调和法”有效推广，全镇接收各类矛盾纠纷195起，调处完成192起，成功率达98.4%。社会防控能力逐渐加强，投资192万元的镇消防反恐应急管理中心建成运作。树牢“大安全”理念，探索公共安全管理长效机制，加大安全生产、消防、交通等专项整治和常态化执法力度，消除安全隐患，维护群众生命安全。

【小曹娥镇首个商住项目华景川万悦府一期交付】 12月底，小曹娥镇首个商住项目华景川万悦府一期交付。华景川万悦府商住项目于2018年引入，总占地面积约12万平方米，总建面约22万平方米，规划套数约1700多套，总绿化率30%。二期开发约12万平方米，计划于2022年12月底交房。

【余姚土布“传帮带”教学培训开展】 1月20日，为期4天的余姚土布“传帮带”培训班开班。培训班邀请了宁波市余姚土

◎ 1月20日，为期4天的余姚土布“传帮带”培训班开班
（小曹娥镇　供稿）

布国家级传承人王桂凤主讲，培训对象为余姚级土布传承人，主要讲解高难度土布制作和四角经线等古法工艺。培训中，学员们仔细听王桂凤讲解技巧，认真观看其示范操作，然后轮流坐在织布机旁，一边练习，一边改进不足。

【余姚市“弘扬慈善文化”示范学校培育现场推进会举办】 3月19日下午，小曹娥镇中心小学举办了余姚市“弘扬慈善文化”示范学校培育现场推进会。推进会上，小曹娥镇人大主席毛立波致欢迎词。镇中心小学副校长沈旭峰代表学校作以“传承孝爱文化，引领慈善新风”为主题的汇报交流。市教育局团工委副书记武海彬带领参会人员一起学习解读了《关于开展弘扬慈善文化示范学校培育通知》的文件，布置各义务阶段中小学所要推广的慈善文化工作，并向10位示范单位代表赠送《慈善读本》。随后，新中宇集团有限公司董事长史治而、市慈善总会副会长谢建明、市教育局党委委员魏代明分别讲话。

【小曹娥镇微型党课比赛暨“三代红心”宣讲团党史宣讲启动仪式举行】 4月7日下午，2021年度小曹娥镇微型党课比赛暨“三代红心”宣讲团党史宣讲启动仪式在王龙集团党建区域活动中心举行。活动中，镇党委委员、纪委书记钟冬发致辞。钟冬发、镇组织委员周立群、镇宣统委员朱红良向“曹娥青年说”宣讲队、“孝风润心”宣讲队、“银丝”宣讲队代表授旗。“三代红心”宣讲团党史宣讲启动仪式之后，现场开始微型党课比赛，10名参赛选手分获一、二、三等奖。在分会场，3名“曹娥青年说”宣讲队队员深入宁波世茂铜业股份有限公司一线车间进行党史宣讲。

【庆祝中国共产党成立100周年剪纸作品展开展】 5月25日—6月8日，小曹娥镇文化站联合曹娥小学剪纸传承基地在各村开展庆祝中国共产党成立100周年剪纸作品巡回展，共创作和推出了18件优秀剪纸作品。参展作品表述的画面以中国共产党成立以来历代革命先烈为共产主义事业付出的艰辛和努力为背景，突出红色主题。

【中国共产党小曹娥镇第十四次代表大会召开】 10月28日，中国共产党小曹娥镇第十四次代表大会召开，来自全镇各条战线的67名正式代表、44名列席人员参加会议。乡镇换届工作联系指导组和换届风气巡回督查组相关领导到会指导。

会上，镇党委书记陈辉代表中共小曹娥镇第十三届委员会向大会作题为《新起点开拓新局面　大提升融入大格局　为全力打造现代化共富“前湾新镇”而不懈奋斗》的报告。镇纪委书记钟冬发代表中共小曹娥镇纪律检查委员会向大会作题为《坚定不移推动全面从严治党向纵深发展　为建设现代化共富“前湾新镇”提供坚强保障》的工作报告。大会选举产生中共小曹娥镇第十四届委员会委员、中共小曹娥镇纪律检查委员会委员。

【小曹娥镇第十八届人民代表大会第一次会议召开】 12月23—24日，小曹娥镇第十八届人民代表大会第一次会议召开。来自全镇各行各业、各条战线的65名正式代表和17名列席人员参加会议。大会听取镇党委副书记（主持政府工作）罗锋作的政府工作报告和镇人大主席毛立波作的人大主席团工作报告。大会对财政预决算报告、环境状况和环境保护报告、农业农村专项工作自查报告、供电专项工作自查报告进行书面审议。大会依法选举毛立波为小曹娥镇第十八届人民代表大会主席，杨建胜为副主席；罗锋为镇人民政府镇长，叶剑川、张霞波、周力平、赵林枫为副镇长。

（黄娜莎）

临山镇

表 27

2021 年临山镇各村（居委会）基本情况表

村（居委会）	面积（平方千米）	户数（户）	人口数（人）	集体经济总收入（万元）	集体经济总支出（万元）	总资产（万元）
湖堤村	2.5	1269	3464	249.5	223.8	1853.2
汝东村	3.663	953	2689	569.9	516.16	2793.9
临南村	9.13	1380	3938	1749.1	332.02	5647.0
临山村	4.5	1164	3227	425.4	577	2938.68
临城村	5	1149	3240	346	332	4360.84
临浦村	5	1739	4435	237.23	155	6026.45
临海村	7	1734	5040	507.3	698.7	5810.8
兰海村	2.36	904	2433	313.4	237.3	2021.36
梅园村	3.17	1071	3217	274.05	246.27	1668.23
邵家丘村	4	888	2510	259.42	70.88	4351.58
凤麟居委	—	1779	2888	—	—	—

注：表中“—”表示缺少相关数据。

【概况】 2021 年，临山镇实现工业总产值 137.9 亿元，同比增长 10.3%，其中，规模以上工业总产值 58.8 亿元，同比增长 28.6%，规模以上工业增加值同比增长 20.5%；完成规模以上工业出口交货值 18.1 亿元，同比增长 11.2%；自营出口额 16.2 亿元；规模以下工业主营收入同比增长 25.2%；社会消费品零售总额 13.5 亿元，同比增长 13.5%。全镇实现财政总收入 4.86 亿元，同比增长 13.6%，一般公共预算收入 2.6 亿元，同比增长 8.5%。

全年完成固定资产投资 4.4 亿元，宁波市外实到内资 2.46 亿元，余姚市外实到内资 2.96 亿元，同比增长 11.7%，实到外资 152 万美元。完成 329 复线北侧、白岭口地块等土地出让并引进企业 5 家，汝东大河门地块进入网上挂牌阶段。累计盘活闲置土地 12 宗，共计腾出土地、厂房空间约 24 公顷。启动爱迪生、海同、群鑫车灯等 500 万元以上工业项目 6 个，总投资 19.4 亿元的容百锂电项目金属镍豆溶解厂房和 0.87 公顷主体厂房已封顶，主体厂房一期设备即将进入购买、安装调试阶段，完成都金汇、新世路、世亚、悦豪、嘉荣等 5 个项目主体建设，绿地、美农等 2 个房产项目及 10.2 公顷绿地综合体建设稳步推进。全年完成宁波市专精特新企业培育入库 6 家，其中，浙江中杭新材料股份有限公司被评为宁波市专精特新“小巨人”企业，完成企业高新企业培育入库 6 家，高新申报 3 家，宁波科技型中小企业备案 12 家，国家科技型中小企业完成评价 18 家。规模以上工业企业研发费用增长 102.5%，实现高新技术产业增加值 6.9 亿元。全年葡萄采摘游客达到 20 万人次以上，经济效益超 2 亿元，由味香园葡萄专业合作社注册的“余姚葡萄”的品牌价值达 9.01 亿元。

创建美丽城镇宁波市级样板镇。完成总投资 15.65 亿元 12 个美丽城镇重点创建项目。迎风北路大修工程、街河两侧截污工程等 10 余个城镇设施项目完工。全年完成拆违面积 6 万平方米，创建为宁波市第五批“无违建乡镇”。完成 15 间临街店面仿古立面改造，5 处历史风貌建筑修缮，20 户民居仿古修建。重点推进临城村、临南村等 4 个村新时代美丽乡村梳理式改造，临浦村成功创建宁波市美丽宜居示范村。完成再生资源回收站全覆盖，临山锦苑成功创建为浙江省垃圾分类高标准示范小区，邵家丘、兰海、临海等3个村成功创建为宁波市农村生活垃圾分类示范村。完成宅基地复垦、旱改水、耕地垦造等五个土地整治项目，化解村级债务约3600万元，新增耕地358亩。实施大浦江水质提升工程，基本完成2021年度临海大浦入海河流生态补偿考核任务。投资2000万元创建省级“污水零直排区”，已通过初步验收。推进工业北区和工业西区的升级改造。总投资1030万元修建完成临南至肖东公路。

总投资3000余万元的镇中心幼儿园及老园改造完成并投入使用，总投资5600万元的镇中改造提升工程基本完成房屋基础。临山中心卫生院院内改扩建工程开工。为139名失地农民办理被征地养老保障。深化劳动监察和劳动争议调处，受理调解劳资纠纷、工伤纠纷等各类维权案件118起，调解成功率在95%以上。新安置公益性岗位6人。组织开展节庆演出、送戏下乡、文化走亲等各类活动40余场。

完成3轮全镇大规模核酸检测，共计采样14.4万人次。完成市领导下访日接待17件，信访代办事项2件，累计受理信访件657件，化解国家级积案3件，办结率100%。通过“5G+VR”云法庭模式，累计受理诉讼调解案11件。创建宁波市法治示范乡镇。全年对群租房、道路安全、燃气等各个领域开展各类专项排查整治12次，排摸安全隐患368条，问题整改率100%。扎实稳妥推进G92N临山连接线土地征用及房屋拆迁工作，完成征地签约率95.3%，房屋拆迁签约率96.97%。

【《陈梓全集》发行座谈会在余姚临山举行】 1月14日，《陈梓全集》发行座谈会在余姚市临山镇中心小学举行，余姚市政协副主席朱卫东出席，《陈梓全集》编校者等约40人参加。会上介绍了《陈梓全集》编校出版情况，之后与会领导向市文化、档案、市史志、团市委及村镇学校等单位分别赠书，与会人员交流了《陈梓全集》的编校出版对临山镇挖掘优秀传统文化资源、推进文化事业建设的重要意义。

【临山镇党史馆开馆】 6月25日，位于临山镇东大街的临山镇党史馆建成开馆。该党史馆布展面积约230平方米，分为“大革命时期”“抗日战争时期”“解放战争时期”“新中国成立后”四个篇章，用图文方式进行展示。在开馆仪式上，临山镇向部分新党员赠送党史书籍，并对邵家丘村、临山村、临浦村、湖堤村“三区一中心”党建联盟单位代表授牌。该馆计划打造为该镇党员干部理想信念教育的重要场

◎ 1月14日，《陈梓全集》发行座谈会在余姚市临山镇中心小学举行
（临山镇　供稿）

◎ 2021年9月1日，电影《村里那些事》暨纪录片《了不起的村庄》在临山镇邵家丘村开机

所、广大群众爱国主义教育的重要阵地、青少年革命传统教育的重要课堂。

【电影《村里那些事》暨纪录片《了不起的村庄》在临山镇邵家丘村开机】 9月1日，电影《村里那些事》暨纪录片《了不起的村庄》在临山镇邵家丘村开机，市委常委、宣传部部长王娇俐参加开机仪式。电影《村里那些事》是浙江省首部反映农村共同富裕题材的电影，也是继电影《十八洞村》之后，全国又一部获批允许出现真实村名的电影，主要讲述党的十八大之后，邵家丘村通过“道德银行”建设，实现从“落后村”到“先进村”嬗变的故事，彰显农村党组织在推进基层社会治理、实现共同富裕中的创新精神和堡垒作用。同步摄制的长篇纪录片《了不起的村庄》分上下集，每集时长36分钟，定档中央电视台社会与法频道（12套）《见证》栏目。

（陈维维）

黄家埠镇

表28　2021年黄家埠镇各村（居委会）基本情况表

村（居委会）	面积（平方千米）	户数（户）	人口数（人）	集体经济收入（万元）	集体经济总费用（万元）	总资产（万元）
杏山村	5.16	939	2805	330.60	297.78	3758.53
华家村	3.12	919	2547	116.77	169.82	1407.53
回龙村	4.2	1195	3093	1320.62	811.35	8345.59
五车堰村	4.7	1265	3492	433.12	253.68	2961.23
黄家埠村	3.75	1401	3687	725.87	715.28	5418.42
高桥村	4.6	1328	3548	207.74	158.93	1518.40
韩夏村	4.5	1298	3403	357.29	490.41	3291.64
上塘村	3.82	1127	3051	212.98	254.93	1887.06
横塘村	5.04	1688	4381	316.80	435.87	3443.78
十六户村	4.8	1687	4144	691.93	319.31	4372.19
黄家埠居委	—	842	1312	—	—	—
回龙居委	—	514	791	—	—	—

注：表中“—”表示缺少相关数据。

【概况】 2021年，黄家埠镇实现社会总产值66.6亿元（按新口径统计），完成财政总收入4.16亿元、一般公共预算收入2.18亿元，农村居民人均可支配收入4.4万元。

全镇全年实现规模以上工业产值62.3亿元，销售61.4亿元、利润4亿元，规模以上工业增加值15.7亿元。万洋众创城一期竣工，二期主体工程结顶，累计完成投资3.5亿元，落户消防器材、文教文具、汽配橡塑等产业链配套企业60多家。中河路南侧应急产业园加速壮大，欧伦泰、凯旋消防等5家新落户企业相继投产，园区年产值突破15亿元。全年完成余姚市外实到内资3.58亿元，宁波市外实到内资2.83亿元，浙江创业创新资金2.4亿元，成功引进宁波正耀汽车电器等行业龙头企业。积极开展“四送一增强”2.0版行动，落实各项惠企政策和减税降费措施，加强“企业码”应用，精准破解企业用工、用地、融资、转型等难题60多个。

加强粮食和农产品生产供应稳定，全年种植水稻面积超过1300公顷、小麦300多公顷。继续推进高标准农田建设，总投资约1100万元实施十六户村七四丘垦造耕地二期，完成粮食生产功能区土地整治140多公顷。完成500千伏电力线路拆迁地块及杨岙拆迁地块复耕项目，加快推进农房确权，优化完善确权流程，完成初联审4000多户、颁证2000多户。采用出租、拍卖、流转等方式激活闲置土地及用房32处，增加村集体收入280多万元。支持备得福、阿祥哥等农业龙头企业加大创新研发投入，提升农产品深加工水平，备得福成为全市唯一入选宁波品牌百强榜的农产品加工类企业。推广应用各类先进农机装备，完成变型拖拉机报废84台。

沿兰风大道主轴线，集镇核心区再添优质住宅板块，镇小南侧1.22公顷商住用地以总价2860万元成功出让，镇卫生院迁建工程开工建设，新建蒋梦麟故居西侧道路、格莱特东侧道路。围绕国家卫生镇和省美丽城镇样板镇创建，投资约400万元新建生活垃圾定时定点投放屋140个。持之以恒打好“三改一拆”攻坚战，累计拆除存量违章3万多平方米。深化“五水共治”，成功创建宁波市“污水零直排乡镇”，全域化打好水环境攻坚战，投资约200多万元完成五车堰村水环境整治工程，投资约60万元完成回龙村河道清淤工程。高要求完成第二轮中央生态环境保护督察相关问题整改销号和长江经济带环境督察反馈问题整改。

各类参保人数累计达31000余人，参保率99.58%，新增城镇就业人数1000余人，成功调解劳动争议案件47件。发放各类困难补助720余万元。完成回龙小学、中心幼儿园塑胶操场提升工程，实现中小学校园智能安防系统全覆盖。慎终如始抓好疫情防控，科学有序做好新冠疫苗接种，成功应对上虞疫情，牢牢守住了宁波“西大门”。深入实施居家养老服务三年行动计划，服务对象1300余人。围绕庆祝中国共产党成立100周年主题，推出“兰风颂歌”合唱会演、老照片征集展、红色电影展播等形式多样的庆祝活动。全年共调处各类矛盾纠纷143起，受理各类信访事项280件，调解成功率、信访办结率均达100%。破获各类刑事案件43起、行政案件54起，成功劝阻电信网络诈骗警情1500多起。聚焦危化品、烟花爆竹、消防安全、燃气安全、食品安全等行业、领域开展安全隐患大排查大整治，共排查重点企事业单位1400多家次，整改安全隐患3900余条。打赢防御台风“烟花”硬仗，确保全镇人民群众的生命财产安全。十六户村与梁弄横坎头村、大岚柿林村联合成立红村支部联盟并入选“百个红色美丽村庄”省级建设村。以建党百年和党史学习教育为契机，深挖红色基因，建立“红廉联盟”，促进基层党组织的清廉堡垒建设。

【黄家埠镇卫生院迁建工程开工】 4月30日上午，余姚市医共体基础设施扩面提升工程——黄家埠镇卫生院迁建工程举行开工仪式，副市长王安静及市级相关部门、相关乡镇街道领导，黄家埠镇全体领导班子出席开工仪式。工程总投资4500万元，占地面积约1公顷，建筑面积8100多平方米。

【庆祝中国共产党成立100周年暨“兰风颂歌”合唱会演举行】 6月25日上午，黄家埠镇庆祝中国共产党成立100周年暨“兰风颂歌”合唱会演在镇文体中心举行。活动中，镇党委副书记陈斌宣读镇先进基层党组织、学习型党支部、优秀党务工作者和优秀共产党员表彰文件。在随后的“兰风颂歌”合唱会演中，

◎ 6月25日上午，黄家埠镇庆祝中国共产党成立100周年暨“兰风颂歌”合唱汇演在镇文体中心举行（黄家埠镇　供稿）

受到表彰的镇先进基层党组织、学习型党支部、优秀党务工作者和优秀共产党员代表进行了分批领奖。

【省美丽城镇考核组到黄家埠镇考核验收】 11月16日，浙江省美丽城镇考核组组长包丽雯一行到黄家埠镇进行浙江省美丽城镇创建考核验收。考核组分A、B两路实地走访黄家埠镇各现场点位，开展实地考核验收，先后走访镇文体中心、五星菜市场、镇老年服务中心、宁波凯旋消防器材有限公司、红色通道纪念园、浙江备得福食品有限公司、韩夏村等，并对照考核指标要求对工作台账进行检查，全方位考核评审“五美”黄家埠。

【应对上虞疫情】 12月绍兴市上虞区疫情发生后，黄家埠镇因毗邻上虞且与该地人员流动频繁，第一时间启动应急响应，多次召开疫情防控工作会议，部署各项工作。同时，根据省、宁波市、余姚市疫情防控工作要求，严格落实各项疫情防控政策。12月12—20日，先后开展三轮全镇大规模核酸检测，累计采样12万余人次，检测结果均为阴性，实现域内疫情零发生。

（王罗京）

大隐镇

表29　　2021年度大隐镇各村（居委会）基本情况表

村（居委会）	面积（平方千米）	户数（户）	人口数（人）	集体经济收入（万元）	集体经济总费用（万元）	总资产（万元）
芝林村	5.7	640	1483	173.38	16.78	2584.08
章山村	11	977	2308	186	30.04	4255.21
云旱村	7.1	665	1514	163.17	23	2071.27
学士桥村	5	705	1586	292.74	36.64	4853.39
大隐村	2	410	877	152.53	16.81	3459.53
滨溪居委	—	359	555	—	—	—

注：表中“—”表示缺少相关数据。

【概况】 2021年，大隐镇实现社会总产值34.26亿元，比上年增长22.2%；完成财政总收入1.42亿元、一般公共预算收入7392.7万元，分别较上年增长20.1%、18%。

工业方面，全年实现规模以上企业产值16.5亿元、销售16.4亿元，同比分别增长38.6%、40.2%。龙头企业生久科技有限公司散热器、风扇产品市场份额扩张，年产值突破7亿元。深化“机器换人”，企业重点项目智能化改造进程加快，完成投资1350万元生久公司混流式节能风机改造和投资1200万元林鼎传动生产线自动化改造项目。培育成长型中小微企业，全年实现“小升规”企业3家。

农业方面，组织开展杨梅评比及推介活动，提升大隐传统果业知名度。金刚溪农庄、双盈水果园成功创建为宁波市、余姚市示范性家庭农场。在章山村建设1200亩高标准农田，推进抛荒和耕地“非粮化”整治。加快四明山片区项目建设，云旱村市场新建工程、隐溪河生态整治提升工程、云旱村林鼎路建设配套工程相继通过余姚市级验收。隐溪河支流新建工程、隐溪河新三山桥坎面修复工程、隐溪大闸维修工程均顺利完工。启动宁波市美丽河湖片区创建，全年实现河长制巡河率100%。

旅游方面，引进专业化旅游运营团队，挂牌成立镇属旅游公司，整合推出数条旅游线路投入运营；开通“小镇大隐”微信公众号，推介特色旅游、文化美食等资源。云旱村田园综合体项目完成整体规划和设计，进入土地征用和租赁阶段。森林水库露营基地项目预计于年内建设完工。推进标识标牌、旅游停车等标准化体系建设，文化旅游IP形象、实体化IP人物设计和微信表情包等文创产品逐步推出，新游客服务中心接近开放投用。

城乡品质方面，完成镇域国土空间规划、镇区控制性详细规划及行政村村庄规划修编。全年落实美丽城镇建设项目19个，总投资约1.5亿元。推进农村饮用水达标提标工程，顺利完成云旱村一户一表改造和旱云线、上大线给水管工程建设。实施旱溪头桥至林鼎路污水总管建设，连接章山新村污水管道。完成大隐村村庄路灯提升改造。投资400余万元启动通途路延伸段入镇口改造，完成高速道口门庭及出入口停车驿站建设。

生态环境方面，通过国家级卫生镇初评。推进"两路两侧""三改一拆""四边三化"工作，开展甬梁线两侧环境整治专项行动。实施双溪口水库饮用水水源地"农家乐"整改提升行动，相继完成民宿、停车场等问题整改。新增森林抚育33.33公顷，森林绿化覆盖率进一步提升，芝林村获评省级森林人家和中国美丽休闲乡村监测合格村，学士桥村获评浙江省AAA级景区乡镇。镇工业园区创建为"宁波市污水零直排区"。

民生事业方面，户籍人口养老保险、医疗保险参保率分别达到99.41%、99.78%，超额完成社保扩面任务。做好失业人员帮扶工作，开发公益性岗位实现零就业家庭动态清零。居家养老服务全面覆盖，为80周岁以上老年人提供每月3小时的优质服务。"一对一"结对帮扶低收入农户。中心学校体艺馆和镇第二幼儿园扩建工程正在实施。"中共浙东临委驻地"革命史迹陈列馆落成开放，入选宁波市首批红色旅游教育基地。举办庆祝中国共产党成立100周年文艺会演，完成镇志初稿编撰。

基层社会治理方面，开展"党员夜巡"平安守护行动。抓好"约谈式"区域隐患排查治理，全年检查服务企业210家，排查整治隐患795条。科学调度5个行政村9个采集点大规模核酸检测预警式、实战式演练。着力抓好新冠病毒疫苗接种工作，累计完成2剂次疫苗接种11855人次。

【市第六届家庭文化节暨镇"家园日"启动仪式举行】 5月14日下午，由市委宣传部、市文明办、市妇联、市民政局、大隐镇党委政府联合主办的"百年荣光照耀我家"余姚市第六届家庭文化节暨大隐镇第二届"家园日"启动仪式在大隐镇章山村举行。宁波市妇联党组成员、副主席张依群出席开幕式。启动仪式上，还举行了"姚·爱"工作坊授牌仪式和市结婚登记特邀颁证师聘书颁发仪式。

【大隐镇第四届"杨梅王"擂台赛举行】 6月16日，大隐镇第四届"杨梅王"擂台赛在云旱村文化礼堂内举行，来自大隐的19家农户参加本次比赛。比赛现场，19家参赛杨梅被编好号码按顺序摆放在桌上。通过对重量、甜度、综合观感和口感进行打分，最终满山红杨梅山庄的王能明选送的参赛杨梅以单果重量16.5克、甜度12.5成为2021年的"杨梅王"，另外6户梅农的杨梅分获一、二、三等奖。

【"你为大隐添彩，我为党旗增色"文艺会演举行】 6月25日下午，大隐镇举办"你为大隐添彩，我为党旗增色"庆祝中国共产党成立100周年文艺会演。本次活动由中共大隐镇委员会、大隐镇人民政府主办，大隐镇新时代文明实践所等单位承办，约200人参加。活动中，为8名老党员代表颁发了"光荣在党50年"纪念章。

【新乡贤联谊会第三次会议召开】 11月27日，大隐镇在浙东小九寨景区举行新乡贤联谊会第三次会议，20余名新乡贤参加，与会人员参观了浙东临委驻地革命史迹陈列馆并召开了座谈会。座谈会以"乡贤助力共同富裕"为主题，新乡贤代表茅克强、竺保国等分别进行了发言。

（成　瑶）

◎6月16日，第四届"杨梅王"擂台赛现场（大隐镇　供稿）

大岚镇

表 30　2021 年大岚镇各村（居委会）基本情况表

村（居委会）	面积（平方千米）	户数（户）	人口数（人）	集体经济总收入（万元）	集体经济总费用（万元）	总资产（万元）
大俞村	146	392	4.51	133.5	72.47	858.32
华山村	199	522	4.6	126.7	399.1	938.43
黄家庄村	235	571	3.48	163.4	215.84	428.75
隐地龙潭村	337	966	5.97	169.6	166.93	897.07
和谐村	404	1085	6.2	152.9	779.31	1357.56
大岚村	521	1397	7.36	177.7	512.31	1040.51
南岚村	456	1199	5.78	101.0	175.54	718.97
新岚村	445	1179	4.83	98.0	372.69	959.42
大路下村	317	914	5.17	89.4	329.65	697.17
雅庄村	465	1203	2.99	118.3	634.72	1205.15
柿林村	247	602	6	160.3	1189.65	1518.95
后朱村	254	712	3.53	116.4	586.09	668.73
上马村	233	637	2.99	86.9	351.54	647.36
大岚居委	335	425	—	—	—	—

注：表中“—”表示缺少相关数据。

【概况】 2021 年，大岚镇实现社会总产值 11.43 亿元，同比增长 5.5%。其中农业产值 1.44 亿元，工业产值 6.7 亿元，第三产业收入 3.29 亿元，分别同比增长 2.1%、8.1% 和 2.2%。年内，成功创建新时代美丽城镇省级样板镇，打造完成“四明之窗”百里红诗路精品线路，推动沿线美丽乡村集成示范带培育建设项目。同步开展七彩山丘花海项目及重点村道沿线两侧花草美化工程，深化省百万亩国土绿化工程，新实施省“一村万树”推进村 2 个，申报省级最美茶园 1 个。常态化巩固“三改一拆”“六清六净”成果，开展“一扫七治”行动，试点定点定时农村生活垃圾投放工作并推广，完成镇垃圾填埋场整治工程，建成并运行新的医疗废物处理站，加快推进再生资源回收分拣中心和建筑垃圾临时堆放点建设。完善落实《大岚镇农村环境卫生和生活垃圾分类工作考核办法》，引入第三方检查。

提升旅游产业优势，推动红旅融合，创建省红色旅游教育基地，举办红色主题的“神奇大岚”茶文化旅游节和四明山丹山赤水柿子节。推动文创产品开发，推出大岚建党百年纪念茶，涌现出多家民宿优质文创主体，设计推出多条红色精品旅游路线。签订全景内容摄制及交互体验服务合作项目，开展短视频投放，借力“中国蓝”等网络平台扩大传播力度，全镇旅游直播镜头直播点击量 98.3 万次。加强集镇文旅区块、四明山省级旅游度假区南黄核心区块招商引资，推动宁展柿子酒研发销售中心、不二谷农业综合体、云龙山庄、四丰俶屋等民宿、农旅项目建设。新增 AAA 级景区村 4 个，接待游客 84.29 万人次，实现旅游经济收 1.01 亿元，同比增长 4.19%。

提升农业特色优势，扩大名优茶种植面积，新引入安吉白茶，开展斗茶大会，在上海恒大茶城开启大岚高山云雾茶直销中心。春茶产量 226.6 吨，产值 2831.5

万元，分别同比减少 23.1% 和增长 7.15%。继续发展石斑鱼等特色养殖基地，扶持林下中草材、菌类种植以及香榧、薄壳山核桃等示范基地建设，加强对村民的辐射带动作用。增建村级服务社，推动“互联网 +”现代农业发展，支持“云山云农场”“紫云阁”等网络销售平台 App 小程序。

推进民生工程，完成 4 个山塘水库除险加固、小流域治理、饮用水管道维修及农田灌溉工程的管理，同时实施 3 条农村公路改善提升工程，加强对 2 条县道提升工程对接。做好医保电子凭证激活宣传动员工作，城乡居民基本医疗保险和户籍人口社会养老保险参保率分别为 99.6% 和 97%。做好精准救助帮扶工作，发放各类补助金共计 670 余万元，成立乡贤“心系岚山”基金，创建为省 AA 级残疾人之家，试点“智慧养老 2.0”项目。开展第十三届“情融姚江源”村落文艺会演，指导华山村文化礼堂作为民革同心村建设阵地。

完善基层治理体系，开展“基层治理四平台”建设，继续完善平安建设形势分析研判工作制度，排摸流转并督促整改隐患 22 个。落实新冠肺炎疫情常态化防控举措，开展核酸检测 13000 余人次，核查数据 2000 余条，成功外防输入，推动疫苗“应接尽接”。打赢创历史降水极值的台风“烟花”防御攻坚战，创建浙江省气象防灾减灾标准化村 4 个。完善网格管理机制，推动矛调关口前移，共计上报网格事件 2238 件，镇、村两级共调处各类民间纠纷 100 余起。探索创新三、四轮车保险机制，开展“反诈骗”等平安宣传，新组建有 320 名成员的法制志愿服务小分队。扩大志愿者队伍，开展志愿服务 80 余次，获市新时代文明实践志愿大赛铜奖 1 项，获评“宁波好人”“抗台好人”“余姚好人”各 1 人，获评“道德银行”示范村 1 个。

年内开展庆祝中国共产党成立 100 周年系列活动，深入开展党史学习教育，完成中共余姚四明山第一支部旧址党建提升工程，修缮华盖山民兵瞭望哨文物保护点，深化打造“锋领岚山”党建示范带，柿林村被列入省级红色美丽村庄建设村。完善廉政机制建设，完成“清 · 茶”廉政教育基地。召开中国共产党大岚镇第十五届代表大会和大岚镇第十六届人民代表大会，完成市、镇两级党代表、人大代表换届。

【第十六届“神奇大岚”茶文化旅游节开幕】 3 月 28 日上午，“品享四明春天　致敬百年荣光”暨第十六届“神奇大岚”茶文化旅游节在大岚镇姚江源头拉开帷幕。开幕式以大岚“红色引领绿色发展”为主线，将茶叶的一生分为萌动、丰收、清香三个篇章，展示大岚的美丽产业。此次茶文化旅游节以“品茗、赏花、问道”为主题，从 3 月 28 日开始至 5 月 28 日结束，主打茶叶品牌，把旅游与茶叶文化、红色文化有机结合起来，通过丰富的线上线下活动，进一步提升大岚镇“高山云雾茶之乡”的美誉和品牌优势，将大岚茶园观光、红色线路与现有的景区景点结合，生动全面地推向旅游市场，展现乡村发展活力，庆祝中国共产党成立 100 周年。

【庆祝中国共产党成立 100 周年暨先进表彰活动举行】 6 月 29 日，为庆祝中国共产党成立 100 周年，大岚镇开展了“奋斗百年路　启航新征程”庆祝活动。镇领导主持了“两优一先”表彰活动。活动中还举行了“清 · 茶”工作室授牌仪式、江丰电子公司综合党支部与柿林村党支部党建

◎ 3 月 28 日上午，“品享四明春天　致敬百年荣光”暨第十六届“神奇大岚”茶文化旅游节开幕（大岚镇　供稿）

结对开展“红芯向党共创辉煌”结对礼物赠送仪式，并进行红色旅游精品线路推介。

【第十三届情融姚江源村落文艺会演举行】 9月29日晚，大岚镇“唱响百年光辉 携手共同富裕”暨第十三届情融姚江源村落文艺会演在大岚村新时代文明实践站（欢乐大舞台）举办。会演期间，对2021年第一、二季度的“大岚好人”进行了表彰。活动共评选出3个兰花奖和11个樱花奖，大岚村舞蹈《梦江南》、后朱村舞蹈《灯火里的中国》和雅庄村歌曲《懂你》获得此次会演的“兰花奖”，共有600多名村民观看了演出。

【第十九届四明山丹山赤水柿子节开幕】 10月14日，以“同赞红韵、共庆丰收”为主题的第十九届四明山丹山赤水柿子节开幕式在柿林村举行。开幕式现场，网上农博余姚馆正式上线。此次柿子节历时一个月，其间开展了乡村丰收购物节、“重阳同登高”网红点打卡、柿林红韵短视频摄影大赛、红村柿林美食节等活动。

（高 倩）

◎ 10月14日，“同赞红韵、共庆丰收”第十九届四明山丹山赤水柿子节开幕式举行（大岚镇 供稿）

四明山镇

表31

2021年度四明山镇各村基本情况表

村	面积（平方千米）	户数（户）	人口数（人）	集体经济总收入（万元）	集体经济总费用（万元）	总资产（万元）
梨洲村	15.8	618	1522	207.44	49.65	1760.85
北溪村	8.9	324	850	134.97	46.51	1921.6
茶培村	15.4	384	956	160.90	35.07	1758.77
唐田村	18	682	1778	443.51	109.00	3323.98
平莲村	8.5	177	489	106.40	23.44	1034.97
棠溪村	14.6	433	1205	324.28	36.35	3857.44
芦田村	8.9	384	1039	189.14	48.52	1073.37
南山村	14.5	331	960	184.60	8.84	2891.26
大山村	6.8	123	335	177.96	17.80	1653.88
悬岩村	4.5	178	521	124.70	21.49	830.51
溪山村	5.1	122	329	99.45	34.25	2231.91

【概况】 2021年，四明山镇面积121平方千米，下辖11个行政村、1个居委，常住人口5980人，户籍人口10438人。

2021年，四明山镇实现生产总值10.31亿元，同比增长10.3%。其中，工业总产值6.9亿元，同比增长12.6%；农业总产值2.59亿元，同比增长5.7%；第三产业总产值8200万元，同比增长7.8%。完成财政总收入2839.06万元；农民人均收入达24200元，同比增长5%。

年内，推进产业绿色崛起。持续落实生态修复成果保护措施，完成33.33公顷国土绿化造林和35.53公顷森林抚育工作。建立“种管并重”的长效机制，全面加强病虫害防治、森林防火、古树名木保护等工作，全镇绿化造林成活率和保存率达90%。加大农业产业转型政策和技术帮扶力度，完成总投资1990万元的唐田村、茶培村高标准农田建设项目。以“亮景名产乡韵”建设为契机，打造北溪银杏大道、唐田北美冬青观赏园、平莲荷花观赏池等美丽乡村精品景观，形成“一村一景”“一村一品”“一村一韵”格局。探索除花木产业外农业多元发展道路，因地制宜发展板栗、柿子、樱桃等特色农产品。精品化打造“印雪白茶”，全域推广茶叶种植技术和加工工艺，增强全域茶品牌辐射带动能力。深化“随山食单”品牌，有序推进各类旅游融合产业基地建设，与宁波太平洋大酒店签订“四明山旅游融合提升合作协议”，拓展产销对接渠道。

深入推进全域旅游。在实现景区村庄全覆盖的基础上，新增1个省AAA级景区村庄和1个AA级景区村庄。投入1100万元实施“四明之窗”百里红诗路建设项目，对沿线村庄品质进行全方位提升。累计投入650余万元推进四明山镇全域旅游示范区创建（二期）、四明山镇旅游商品产业融合基地扶持、四明山镇旅游特色街区和四明山区域生态花园村等项目建设，全方位提升对外旅游形象。积极培育休闲度假产业集群，慕溪谷度假酒店、岩下山“忘忧谷”民宿、壹叶枫宿院等项目投入运营，四明山梨洲休闲度假文化旅游、慕溪谷三期、瓦窑岭民宿、旦孔民宿、山里湾民宿等项目有序推进。做好文旅品牌建设文章，参加2021余姚四明山（上海）旅游推介会，举办第十六届中国·四明山红枫樱花节、第三届四明山国际越野跑挑战赛、低八度氧气音乐节等活动，实现旅游收入约7900万元。

增强基础建设力度。新建3个公路服务站，投入830万元完成船底湾至宓家山公路改善工程和棠溪至溪山公路提升工程，推进总投资2500万元的镇客运综合服务站项目。不断完善“户集、村收、镇运”的农村生活垃圾收运体系，高标准打造10个垃圾分类投放示范点和10个再生资源回收标准化建设站点。抓好水利工程建设，投入350余万元实施3座山塘治理工程和小型水利维修养护工程，投入750万元实施屏风山电站、岩下山电站报废重建工程，投入360万元对棠溪村、屏风山村（溪山）小流域进行治理。完成总投资450万元的农民饮用水达标提标工程，建立农民饮用水应急机制和村级供水站管理塘（站）长制，深入完善水质监测、水费收缴和饮用水专项考核等制度，保障群众饮水安全。

提升镇村品质面貌。以“五美”要求为导向，全力推动镇村品质再升级，优化项目建设布局，完成城镇边界控规编制调整，统筹抓好小集镇式中心村建设和各大旅游门户节点打造，完成5个新时代美丽乡村梳理式改造村的创建工作，获评浙江省新时代美丽城镇达标镇，成功创建宁波市美丽城镇建设市级达标镇和宁波市新时代美丽乡村示范乡镇。持续巩固深化“六清六净”专项行动成果，抓实“一扫七治”、“三改一拆”、村庄保洁、环境卫生等各项工作，推动镇容镇貌整体提升。坚决守牢生态保护红线，全力打好“五水共治”攻坚战，开展区域规划环评工作，实施“千人万吨”饮用水水源地生态保护工程，建立水资源保护长效体系。严格落实河长制和溪道保洁长效管理制度，完成雨水排口信息采集更新，实行“一河一档”专项管理，实现“水清岸绿景美”目标。北溪村被评为浙江省新时代美丽乡村精品村，芦田村、茶培村被评为浙江省新时代美丽乡村达标村，梨洲村被评为宁波市新时代美丽乡村小集镇式中心村，梨洲村、北溪村、茶培村南山村被评为宁波市农房“安居示范村”。

推动社会事业协调发展。加强与东风教育集团等联盟学校结对，构筑小班背景下的学校“四明”文化建设体系，完善镇中心幼儿园“竹文化”特色课程。投入130余万元精心打造宁波市AAAA级区域性居家养老服务中心，组建专职护理员队伍，定期为“空巢”老人提供居家服务。强化社会救助兜底功能，累计发放低保金、各类帮扶救助资金430余万元。深化“健康四明山”建设，不断优化契约式家庭医生服务，推进“云医院+流动医院”。全面深化“最多跑一次”改革，持续开展“山区‘跑小二’便民暖人心”活动，以省平台为技术支撑，实现“线下跑小二”向“网络跑小二”的升级。建立疫情防控常态化机制，严格做好返乡人员动态排摸、核酸检测和居家观察等工作，全力推进疫苗接种工作。周边地区出现疫情后，迅速响应上级防控精神，严格落实各项管控措施，高效、有序地完成全镇大规模全员核酸检测。

【“百年奋斗路·唱响四明红”献礼建党百年文艺会演暨“华威之夜”第三届四明山低八度氧气音乐节】 6月26日，四明山镇“百年奋斗路·唱响四明红”献礼建党百年文艺会演暨“华威之夜”第三届四明山低八度氧气音乐节举办。音乐节以舞蹈表演《Good time》开幕。中间既有棠溪村歌《海棠花开》以及《迷彩青春》《少年》《红船新一代》等经典作品，也有以新冠疫情为背景创作的街舞《生来倔强》及歌曲《我在人民广场吃炸鸡》、乐队表演、DJ舞曲串烧等青春元素。晚会在全场大合唱《我和我的祖国》的歌声中落下帷幕。

【宁波市美丽城镇建设指导组到四明山镇调研检查】 3月17日上午，宁波市美丽城镇建设指导组一行到四明山镇就创建美丽城镇进行调研指导。指导组依次考察了北溪村、梨洲村忘忧谷民宿、集镇街区、居家养老服务中心等项目建设情况。随后，双方进行了座谈交流。镇党委书记俞斌权就四明山镇美丽城镇建设情况进行了汇报。指导组组长程亮充分肯定了四明山镇美丽城镇建设工作，并就下一步工作提出建议。

5月26日上午，宁波市美丽城镇考核组到四明山镇进行美丽城镇建设市级初审。会上，宁波市美丽城镇办政策研究组组长戴海军对四明山镇工作表示了充分肯定。考核组对相关台账资料进行了检查，并就台账资料中存在的问题提出了优化意见。各位专家对四明山镇美丽城镇发展提出建议。

【“党建引领　国乡合作”结对仪式举行】 3月23日上午，宁波市林场党委与四明山镇芦田村党支部举行“党建引领　国乡合作”结对仪式。宁波市林场党委旨在贯彻落实《国务院关于新时代支持革命老区振兴发展的意见》，开展结对共建，以“一对一”的形式帮扶经济薄弱村，促进农村产业转型发展，加强联防联动，保护森林资源，发挥林场在四明山区域的工作特长，共同谋划推进乡村建设与发展的对策措施，助推乡村振兴。结对后，宁波市林场为芦田村在林业产业转型、森林文化建设和人居环境提升改造中，提供苗木支持和技术指导，为当地生态价值转化、林下产业发展出谋划策。

【“低八度”产业红锋联盟理事成员会议召开】 4月23日上午，四明山镇“低八度”产业红锋联盟理事成员会议召开。会议由镇组织委员符金义主持。会上，联盟党支部书记、副会长王海丛主持开展党史学习教育。联盟理事会会长方国栋主持讨论通过吸收红锋联盟新理事成员单位，讨论2021年度红锋联盟工作计划。符金义、副科（局）级组织员干建寅为新联盟理事成员授牌。下午，联盟理事成员到大岚镇参观了四明山第一党支部，并前往大乐之野民宿进行参观学习。

◎ 6月26日，四明山镇“百年奋斗路·唱响四明红”献礼建党百年文艺会演暨“华威之夜”第三届四明山低八度氧气音乐节举办
（四明山镇　供稿）

【“四明之窗”百里红诗路暨美丽城镇推进会召开】 6月4日上午，四明山镇召开“四明之窗”百里红诗路暨美丽城镇推进会。会上，副镇长俞华军介绍了工程推进情况及下一步工作部署。镇副科（局）级组织员干建寅提炼了前期的工作特点，同时对道路安全、施工场地堆放、项目资金的规划等细节提出意见。各单位进行交流之后，镇党委书记俞斌权、镇长叶文溢发表讲话。

【中国共产党四明山镇第十四次代表大会召开】 10月26日，中国共产党四明山镇第十四次代表大会召开，来自全镇各条战线的49名正式代表、25名列席人员参加会议。

叶文溢代表中共四明山镇第十三届委员会向大会作题为《凝心聚力启新程 美丽四明续华章 奋力打造具有四明山镇特色的革命老区“共同富裕”样板地》的报告。孙升驰代表中共四明山镇纪律检查委员会向大会作了题为《聚焦主责 标本兼治 惩防并举 为四明山镇高质量谱写共同富裕新篇章提供坚强保障》的工作报告。大会选举产生了中共四明山镇第十四届委员会、中共四明山镇纪律检查委员会，通过第十四届党委一次全会和纪委一次全会选举产生中共四明山镇第十四届委员会书记叶文溢，副书记陈灯、李郁莎，纪委书记孙升驰。

【四明山镇第十八届人民代表大会第一次会议召开】 12月22日，四明山镇第十八届人民代表大会第一次会议召开。参加会议的有正式代表及列席代表55人。会议听取和审议了政府工作报告、人大主席团工作报告，财政预算报告，讨论并票决2022民生实事工程项目。大会选举产生四明山镇第十八届人民代表大会主席、镇长、副镇长。镇长陈灯带领新一届政府领导班子宣誓，并作表态发言。

（黄炳全）

鹿亭乡

表32　　2021年度鹿亭乡各村基本情况表

村（社区）	面积（平方千米）	户数（户）	人口数（人）	集体经济收入（万元）	集体经济总费用（万元）	总资产（万元）
白鹿村	9.43	878	2124	389.65	82.49	2691.50
石潭村	6.32	602	1306	193.43	110.58	699.99
李家塔村	4.56	441	1004	155.50	42.17	1352.62
中村村	8.62	729	1767	166.28	102.61	2540.93
上庄村	8.95	979	2294	181.35	104.70	1289.41
沿夹岙村	2.03	254	703	124.58	22.93	1003.50
高岩村	1.63	221	591	98.24	20.90	906.99
高山村	2.2	291	736	124.55	11.64	1046.06
晓云村	7.39	938	2331	225.09	61.37	1989.38
龙溪村	8.96	682	1692	179.22	55.60	1900.51
中姚村	2.98	279	761	101.53	38.34	908.32
东岗村	3.18	257	663	100.77	35.29	570.21

【概况】 2021年，鹿亭乡实现社会生产总值19.28亿元，同比增长4.9%。其中，农业总产值1.4亿元，同比增长1.9%；工业总产值15.07亿元，同比增长5.5%；第三产业产值2.81亿元，同比增长3.3%。农民人均收入24964元，同比增长3.8%。公共财政预算收入3183万元，同比增长16%。

全乡共有规模以上企业4家，小升规培育企业2家，专精特新培育企业1家，实现规模以上企业营业收入34350万元，同比增长26.9%；税收1480万元，同比增长18.8%；利润总额1150万元，同比增长9.5%；出口产值2970万元；完成固定资产投资2300万元；余姚市外实到内资584万元，完成年度目标任务的114.5%。宁波亚希尔电器有限公司完成国家高新技术企业培育库入库申报。

实现毛笋总产量8750吨，种植高山果蔬500余亩，新种植黄精中药材30余亩，羊肚菌、大球盖菇等林下经济作物产量逐年提高。笋干烘房建设完成全覆盖，农合联双创中心投入使用，并获颁食品生产许可证。顺利举办首届笋文化节和第四届番薯粉丝节，全年番薯粉丝销量突破82.5吨。

成功亮相“2021余姚四明山（上海）旅游推介会”，“七彩白鹿”国家级AAA级旅游景区顺利通过景观质量评审，举办“缤纷山水·悠游鹿亭”乡村旅游节。全市首个智慧旅游景区——中村景区智慧旅游项目建成投用，乡贤文化馆一期项目基本完成。香泉湾获评“高质量发展突出贡献文旅企业”，与余姚市人民法院、余姚市文广局联合成立余姚市首个“旅游巡回法庭”。打造“研学到鹿亭”品牌，推出“行走的课堂”研学游活动，香泉湾与龙溪村等5个村分别获评余姚市首批中小学生研学实践教育营地、基地。

乡派出所（应急服务中心）正式投用，双溪口至王石坑公路改善工程、石潭乡道地质灾害安全隐患治理工程和荷梁线中姚段滑坡治理工程正在加紧实施。启动荷梁线改造工程一期（斤岭顶隧道）项目，完成安置地块选址工作。晓云村、高岩村完成新时代美丽乡村梳理式改造项目验收。全乡首块住宅用地和首块文化设施用地出让，面积分别为9796平方米和3000平方米，成交总价4062万元。推进四明山区域生态发展项目5个。晓鹿大溪源头小流域治理工程基本完工，白鹿大溪源头生态清洁型溪道治理工程和晓云、中村、石潭农村生活污水终端标准化改造提升工程竣工验收。完成11个村宅基地及住房确权登记初联审，系统发证2922本。完成水利工程标准化体系建设和6个村的省气象标准化村创建。

全年累计发放低保金232万元，优抚资金156万元，临时救助资金30万元，残疾人补贴280万元。完成水库移民专项工程、晓云村公墓扩建工程和中姚等4个村宁波市级慈善村创建。开展80周岁以上老年人“3小时服务”，实施困难老年人家庭适老化改造工程。实现20余项事项网上办理。

完成8365人“医保电子凭证”激活申领。推出预约挂号、远程会诊、诊间结算、云药房等各项便民服务，家庭医生签约3933人。全乡12岁以上第一剂次新冠疫苗累计接种4482人，全程累计接种4235人，18岁以上人群加强免疫累计接种348人，60岁以上人群累计接种第一针2605人，全程接种2516人。

举办“奋斗百年路 启航新征程”庆祝中国共产党成立100

◎4月17日，“笋王”在鹿亭乡第一届笋文化节上亮相（鹿亭乡 供稿）

周年文艺会演，创作《悠悠鹿亭》《竹海深处那一抹红》等特色歌曲。上庄统战公园完成布展。开展首届安全生产消防大比武活动及村、企消防志愿者消防演练活动。

【鹿亭乡第一届笋文化节开幕】 4月17日，在鹿亭乡中村村举办了宁波·余姚·鹿亭首届笋文化节，活动吸引了来自四面八方的游客，其中还有通过网络报名的33组家庭。乡内12个村参加“笋王争霸赛”，最终评选出鹿亭“笋王”。

【“奋斗百年路　启航新征程”鹿亭乡庆祝中国共产党成立100周年文艺会演举行】 6月23日下午，“奋斗百年路　启航新征程”鹿亭乡庆祝中国共产党成立100周年文艺会演在鹿亭乡上庄村大会堂举行。会演以“美丽乡村”“红色记忆”“盛世百年”三个篇章分别展示了鹿亭乡生态文明建设与美丽乡村建设互促共建的科学发展历程、为浙东革命的胜利作出的杰出贡献、百年征程背后的初心奋斗。演出期间还举行了光荣入党50周年、优秀党员、优秀党务工作者、先进基层党组织等颁奖仪式。

【“七彩白鹿景区”通过国家AAA级旅游景区景观质量评审】 8月18日，宁波市旅游景区质量等级评定委员会公布了申报创建AAA级景区景观质量专家评审结果，余姚市鹿亭乡“七彩白鹿景区”顺利通过评审。“七彩白鹿景区”位于余姚南部山区，主要景观有七彩梯田、日出云海、狮峰岩观景台等。

【鹿亭乡新乡贤爱心基金会颁发“乡贤奖学金”】 9月11日，鹿亭乡新乡贤爱心基金会在乡党群服务中心举行优秀学子嘉奖仪式，鹿亭乡乡长丁东青、人大主席黄伯忠、教文卫乡长林宇、乡新乡贤爱心联谊会秘书长郑国光以及6名家长代表参加本次活动。仪式上，丁东青向各位家长代表颁发了每人6000元的奖学金。

【鹿亭乡第十三次党代会召开】 10月26日，中国共产党鹿亭乡第十三次代表大会召开，来自全乡各条线的58名正式代表、52名列席代表参加会议。余姚市换届第十联系指导组相关领导到会指导。会上，乡党委书记丁东青作了《守正创新谋发展　实干担当争先锋　为推动鹿亭高质量发展建设共同富裕生态高地而努力奋斗》的报告。大会选举产生了中共鹿亭乡第十三届委员会委员、中共鹿亭乡纪律检查委员会委员。

【舜韵电子启动鹿亭乡特困残疾户帮扶工作】 11月20日，鹿亭乡举行宁波舜韵电子有限公司帮扶鹿亭乡特困残疾人家庭签约仪式。宁波舜韵电子有限公司董事长姚国祥、鹿亭乡党委书记丁东青、人武部部长、受帮扶特困残疾人家庭代表和各村残疾人工作人员参加本次仪式。本次受帮扶的家庭共有17户，根据帮扶协议，公司每月给予每户特困家庭500元生活帮扶，每年安排1～2次实地走访慰问，同时公司还将招用符合条件的残疾人，解决就业问题。签约仪式后，姚国祥现场发放了第一个月的资助金。

【鹿亭乡市乡、两级人大代表换届选举完成】 12月15日，鹿亭乡开展市、乡两级人大代表换届正式选举工作。此次选举鹿亭乡共设置市级人大代表大选区3个、乡级人大代表小选区22个，全乡14493名选民，选出新一届市级人大代表6名、乡级人大代表56名。

（陈星宇）

附　录

组织机构及其领导名录

市四套班子领导机构

中共余姚市委员会

书　记： 奚　明（11月止）
傅贵荣（11月始）

副书记： 徐　云（11月止）
沃勇特（11月始）
叶枝利（8月止）
王娇俐（12月始）

常　委： 韩柏顺（12月止）
王娇俐　林　伟
郑传统（11月止）
蒋士勇（11月止）
张晓宇（10月止）
汪　志（5月止）
黄　琪（5月止）
毛丕显
沈小贤（11月始）
虞存斌（11月始）
曹敬之（11月始）
林振宇（10月始）
张　明（11月始）
李　昭（11月始）

余姚市人民代表大会常务委员会

主　任： 诸晓蓓

副主任： 卢建国　姚桂珍
严忠苗
郑利刚（1月始）
余　烽　熊培军

党组书记： 诸晓蓓

党组副书记： 卢建国

党组成员： 严忠苗　郑利刚
余　烽　熊培军
鲁树峰

余姚市人民政府

市　长： 徐　云（1月始，11月止）

代市长： 徐　云（1月止）
沃勇特（11月始）

常务副市长： 郑传统（12月止）
曹敬之（12月始）

副市长： 王安静（12月止）
薛晓伟（12月止）
黄和庆
楼鼎鼎（7月止）
钱秉湧
米玛次仁（11月止）
林　体（11月始）
潘建红（12月始）
董盛益（7月始）

党组书记： 徐　云（11月止）
沃勇特（11月始）

党组副书记： 郑传统（12月止）
曹敬之（12月始）

党组成员： 毛丕显
薛晓伟（12月止）
黄和庆
楼鼎鼎（7月止）
钱秉湧
米玛次仁（11月止）
施建苗（5月止）
林　体（11月始）
董盛益（7月始）
胡建立

政协余姚市委员会

主　席： 陈长锋

副主席： 徐栋芳（9月止）
华　红（1月始）
赵银海　朱卫东
缪正刚　姚俊杰

秘书长： 张建培

党组书记： 陈长锋

党组副书记： 华　红

党组成员： 徐栋芳（兼，12月止）
李　昭（兼，12月始）
徐栋芳（8月止）
华　红　朱卫东
张建培

民主党派

民革余姚支部委员会
主　委：阮岳军
副主委：劳士权　段丹群
　　　　陈　刚

民盟余姚市支部委员会
主　委：于建斐（8月止）
　　　　王　钢（8月始）

民进余姚市基层委员会
主　委：朱初雷
副主委：吴建平　王建永
　　　　韩玉仙　金　晶

农工党余姚市基层委员会
主　委：缪正刚
副主委：周建春　朱延芳
　　　　徐　然　李银飞

九三学社余姚市基层委员会
主　委：梁红霞
副主委：陆哲学　陈　杰
　　　　戴天瑛　孙　奇

中意宁波生态园管理委员会

中意宁波生态园管理委员会
党工委书记：
奚　明（兼，11月止）
党工委副书记：
徐　云（兼，11月止）
韩柏顺（12月止）
党工委委员：潘帅轶（12月止）
　　　　　　陈亚南（12月止）
　　　　　　曾一胜（12月止）
　　　　　　陆国栋（挂职，12月止）
主　任：徐　云（兼，11月止）
副主任：韩柏顺（12月止）
　　　　潘帅轶（12月止）
　　　　陈亚南（12月止）
　　　　陆国栋（挂职，12月止）

市纪委、市监委

中共余姚市纪律检查委员会
书　记：汪　志（5月止）
楼鼎鼎（7月始，11月止）
虞存斌（11月始）
副书记：周成伟（12月止）
　　　　周建铭（12月止）
　　　　丁建军（12月始）
　　　　张　勇（12月始）
常　委：万名杰
　　　　方晓英（3月止）
　　　　诸建立（12月止）
　　　　张　勇（12月止）
　　　　张焕麒（12月始）
　　　　俞东瑾（12月始）
　　　　俞少杰（12月始）
办公室主任：无
干部室主任：朱彩虹
宣传教育室主任：
马文文（12月止）
党风政风监督室主任：
蒋伟儿（3月止）
黄建友（8月始）
信访室主任：郑军传
案管室主任：杨智慧
案审室主任：解　俞（8月始）
第一纪检监察室主任：
俞东瑾（9月止）
郑　荣（9月始）
第二纪检监察室主任：俞黎明
第三纪检监察室主任：
俞少杰（12月止）
第四纪检监察室主任：
张国伟（8月始）
第五纪检监察室主任：
姜利平（8月止）
市委巡察办主任：
方晓英（3月止）
万名杰（3月始）
市委巡察办副主任：韩德余
市委第一巡察组组长：
郑国耀（3月止）
黄于波（3月始）
市委第二巡察组组长：余炯炯
市委第三巡察组组长：叶文权
市委第四巡察组组长：
马伟军（3月止）
蒋伟儿（3月始）
派驻第一纪检监察组组长：
缪伯鸿
派驻第二纪检监察组组长：
孙文氢
派驻第三纪检监察组组长：
严建根（3月止）
马伟军（3月始）
派驻第四纪检监察组组长：
万名杰（4月止）
周能君（8月始）
派驻第五纪检监察组组长：
陈茂多
派驻第六纪检监察组组长：
胡建勇
派驻第七纪检监察组组长：
沈建峰（3月始）
派驻第八纪检监察组组长：
高　巍
驻市公安局纪检监察组组长：
钱夏珍（3月始）
驻市检察院纪检监察组组长：
蒋晓波（11月止）
朱佳齐（11月始）
驻市法院纪检监察组组长：
徐和庆（1月止）
张幸程（1月始）

余姚市监察委员会
主　任：汪　志（7月止）
代主任、副主任：
楼鼎鼎（7月始，12月止）
虞存斌（12月始）
副主任：周成伟　周建铭

委　员：万名杰（5 月止）
张　勇　张焕麒
俞东瑾（2 月始）
徐莹峰（9 月始）
马文文（12 月始）

审判、检察机构及人民武装

市人民法院

院长：王家星（11 月止）
代院长、副院长：
吴伟民（12 月始）
常务副院长：姜慧军
副院长：余国英　韩利荣
政治部主任：岑　斌
审判委员会专职委员：
俞永慧（11 月止）
张建军（11 月止）
徐鸿星（11 月始）
苗建平（11 月始）
执行局局长：朱浩梁
低塘人民法庭庭长：
王永军（9 月止）
施佰军（9 月始）
梁弄人民法庭庭长：
徐鸣捷（9 月止）
刘　湛（9 月始）
陆埠人民法庭庭长：
叶科技（9 月始）
马渚人民法庭庭长：
施佰军（9 月止）
徐鸣捷（9 月始）
丈亭人民法庭庭长：
王永军（9 月始）
党组书记：
王家星（12 月止）
吴伟民（12 月始）
党组副书记：姜慧军
姚明泉（11 月止）
岑　斌（11 月始）
党组成员：余国英　韩利荣
张幸程

市人民检察院

检察长：陈　莹
副检察长：王金夫
凤　丹（11 月止）
王　钢
政治部主任：俞栋辉（11 月止）
郑东明（11 月始）
检委会专职委员：诸伟峰
戚吉琼（11 月始）
泗门检察室主任：沈叶钏
党组书记：陈　莹
党组副书记：王金夫
党组成员：凤　丹（11 月止）
王　钢
俞栋辉（11 月止）
郑东明（11 月始）
蒋晓波（11 月止）
朱佳齐（11 月始）

市委工作机构及党群各部门

市委办公室

主　任：吕军云
副主任：谢向前
赵　婕（8 月止）
潘剑波（8 月始）
张丽红（8 月始）
朱春新　严鸿炳（兼）
张　胜（兼）
周　斌（兼）
办公会议成员：缪伯鸿
张　杰（3 月止）
谢力果（9 月始）
市委办总工程师：严立峰
市委机要局局长：严立峰（兼）
市委市政府接待服务中心主任：
石利萍
市台办主任：吕军云
市台办副主任：许珂
市档案局局长：周斌（兼）
市国家保密局局长：李美芳

市委组织部

部　长：林　伟
常务副部长：何张辉
副部长：夏向明　丁建军
罗旭光（兼）
陈为梁（兼）
唐飞琴（兼）
市委直属机关工委书记：林　伟
市委直属机关工委专职副书记：
罗旭光
市委人才办常务副主任：夏向明
市委两新工委书记：丁建军
市委两新工委专职副书记：
袁文庆（9 月止）
部务会议成员：
严建根（3 月止）
马伟军（3 月始）
金　军　胡建权

市委宣传部

部　长：王娇俐（12 月止）
沈小贤（12 月始）
常务副部长：董朝晖
副部长：严文龙
柳　科（8 月止）
黄桂树（8 月始）
马金浩
部务会议成员：万名杰（4 月止）
严春晖　杨　波
市人民政府新闻办公室主任：
柳　科（8 月止）
黄桂树（8 月始）
市委网络安全和信息化委员会办公室主任：
柳　科（3 月始，8 月止）
黄桂树（8 月始）
市人民政府新闻办公室专职副主任：李基坚
市文明办主任：严文龙
市文明办专职副主任：
杨　力（3 月始）
社科院（联）院长（主席）：
董朝晖（兼）

社科院（联）副院长（专职副主席）：黄士杰
市新闻出版局局长：马金浩
副科（局）级干部：朱伟伟

市委统战部
部　长：蒋士勇（12月止）
李　昭（12月始）
常务副部长：周松庆（3月止）
阮坚定（3月始）
副部长：周姚平　翁贤权
陈岳阳（兼，8月止）
周　强（兼，8月始）
鲁劲松
部务会议成员：陈茂多
陈狄君（3月止）
侨联主席：周姚平
侨办主任：周姚平
侨联副主席：沈建芬
民宗局局长：翁贤权

市委政法委员会
书记：叶枝利（兼，8月止）
常务副书记：诸剑军（3月止）
王华威（3月始）
副书记：郑传统（兼，12月止）
曹敬之（兼，12月始）
朱蓉蓉
方建军（8月止）
姚建新（8月始）
钱　瑛（兼，8月止）
方建军（兼，8月始）
政治处主任：张锡江

市委政策研究室
主　任：朱春新
副主任：卢雪聪
陈建辉（9月始）

市委机构编制委员会办公室
主　任：黄少波
副主任：朱　炯
胡洪杰（8月止）
王利锋（8月始）

市信访局
局　长：严鸿炳
副局长：张叶飞
顾春雷（3月止）
陈军杰
许　滨（8月始）
专职信访督查专员：鲁祖彭
党组书记：严鸿炳
党组副书记：张叶飞
党组成员：顾春雷（3月止）
陈军杰
许　滨（8月始）

市委老干部局
局　长：唐飞琴
副局长：叶　银
徐　毅（8月止）
张艺妮（8月始）

浙江四明山干部学院
院　长：卓厚佳（5月止）
沈红屹（5月始）
党委书记、常务副院长：
杨国元（11月止）

市委党校
校　长：林　伟（兼）
党委书记、常务副校长：
阮坚定（3月止）
党委委员、副校长：
毛建忠　赵瑞林　赵奇伟
吴小华（9月始）
副校长：
沙　莎（挂职一年，11月始）

市行政学院
院　长：郑传统（兼）
常务副院长：阮坚定（3月止）
副院长：陈为梁（兼）　毛建忠
赵瑞林　赵奇伟

市社会主义学院
院　长：蒋士勇（兼，12月止）
李　昭（兼，12月始）
常务副院长：阮坚定（3月止）
副院长：周松庆（3月止）
阮坚定（3月始）
毛建忠　赵瑞林
赵奇伟

市委党史研究室
主　任：邹钧孟（3月止）
高李生（3月始）
副主任：罗捷（9月止）
楼莉波
应雪琴（9月始）

市档案馆
馆　长：周　斌
副馆长：邵亚辉　陈伟根
史红科
党组书记：周　斌
党组成员：邵亚辉　陈伟根
史红科

市社会矛盾纠纷调处化解中心
主　任：钱　瑛（9月止）
方建军（9月始）
副主任：孙建芬（9月止）
任　宁（3月止）
沈利金（3月始）
段丹群（9月始）
叶云炯（兼，9月始）
顾春雷（兼，3月止）
谢福源（兼，9月止）
党组书记：钱　瑛（8月止）
方建军（8月始）
党组成员：孙建芬（8月止）
任　宁（3月止）
沈利金（3月始）

市融媒体中心
主　任：马军辉（9月止）
杨华平（9月始）

副主任：徐　千　叶逢春
谢宇安　孙建惠
徐渭明（3月止）
倪久芳（9月止）
黄越明（9月止）
王　润（9月始）
陈斌荣（9月始）

党委书记：
马军辉（8月止）
杨华平（8月始）

党委委员：徐　千　叶逢春
谢宇安　孙建惠
徐渭明（3月止）
倪久芳（9月止）
黄越明（9月止）
王　润（9月始）
陈斌荣（9月始）

市总工会

主　席：徐栋芳（兼，9月止）
常务副主席：杨荷锋
副主席：杨万里　吕　伟
党组书记：杨荷锋
党组成员：杨万里　吕　伟

共青团余姚市委员会（青联）

书　记：戚劲杉
副书记：陈凌雁
吕　煜（8月止）

市妇女联合会

主　席：干亚群
副主席：沈李利（3月止）
陈　励
陈明慧(4月始,9月止)
胡莺莺（挂职，9月止）
吕幼萍（8月始）
党组书记：干亚群
党组成员：沈李利（3月止）
陈　励　陈明慧(3月始,8月止)
胡莺莺（9月止）
吕幼萍（8月始）
宋惠慧（9月始）

市科学技术协会

主　席：张志红
副主席：黄苏洲　陆哲学
俞文胜
党组书记：张志红
党组成员：黄苏洲（8月止）
俞文胜
曹　丹（8月始）

市工商联（总商会）

主席（会长）：戎伟军
副主席（副会长）：
陈岳阳（9月止）
周　强（9月始）　金　晶
孙建强（9月止）
徐　毅（9月始）
党组书记：陈岳阳（8月止）
周　强（8月始）
党组成员：孙建强（8月止）
徐　毅（8月始）

市文学艺术界联合会

主　席：徐　然（9月止）
毛建良（9月始）
副主席：韩光成（8月止）
韩茂洪
赵红棱（9月始）
党组书记：韩光成（8月止）
毛建良（9月始）
党组成员：韩茂洪　郑耀波
赵红棱（9月始）
徐渭明（兼）

市残疾人联合会

理事长：沈　红
副理事长：施爱萍　谢　晨
陈铭科
党组书记：沈　红
党组成员：鲁世忠（3月止）
阮吉章（3月止）
施爱萍
谢　晨（3月始）
鲁华(3月始,8月止)
陈铭科（9月始）

市红十字会

会　长：林　体（兼）
专职副会长：叶志千（8月止）
丁素兰（8月始）
党组书记：叶志千（8月止）
丁素兰（8月始）
党组成员：黄胜利（兼，8月止）
周能君（兼，8月止）
钱　瑛（兼，8月始）
吴久林（兼，8月始）

市慈善总会

会　长：孙钜昌
副会长：谢建明　干惠洪
罗利行　沈红波

市关心下一代工作委员会

主　任：卢建国（兼）
常务副主任：胡百钦（5月止）
刘国钧（5月始）
专职副主任：谢科锦

市人大常委会、市政协机关

市人大常委会机关党组

党组书记：鲁树峰
党组成员：吕银淼　沈继忠
顾赛波（8月止）
史勇军（8月始）
姚文昌　方斌全
张建荣（8月止）
陈江龙（12月始）
吴旭翡（8月止）

市人大常委会办公室

主　任：鲁树峰
副主任：吴旭翡（9月止）
胡蔚波（9月始）
姚滨彬

监察和司法工作委员会
主　任：吕银森
副主任：徐小军

财政经济工作委员会
主　任：沈继忠
副主任：李　明（3月止）
　　　　宓贤勇

城建环保工作委员会
主　任：顾赛波（9月止）
　　　　史勇军（9月始）
副主任：马安平

教科文卫工作委员会
主　任：吴建平（7月始）
副主任：张　琳（7月始）

代表工作委员会
主　任：方斌全
副主任：韩　健

农业和农村工作委员会
主　任：张建荣（9月止）
　　　　陈江龙（12月始）
副主任：陈四清（9月止）

社会建设工作委员会
主　任：姚文昌
副主任：吴琴芬

市政协机关党组
党组书记：张建培
党组副书记：万科达（8月止）
　　　　　　黄　方（8月始）
党组成员：万科达
　　　　　徐　峰（8月止）
　　　　　钱　泽　周林杰
　　　　　黄　方
　　　　　杜晓东（3月止）
　　　　　赵　婕（8月始）
　　　　　龚　宁（8月始）
　　　　　张银龙（3月始，8月止）

市政协办公室
主　任：万科达（9月止）
　　　　黄　方（9月始）
副主任：杜晓东（3月止）
　　　　周项锋（3月始）
　　　　杨　丰（9月止）
　　　　朱红良（9月始）

市政协提案委员会
主　任：朱初雷（9月止）
　　　　赵　婕（9月始）

市政协经济和城建资源环境委员会
主　任：徐　峰（9月止）
　　　　龚　宁（9月始）
副主任：周项锋（3月止）
　　　　杜晓东（3月始，9月止）
　　　　史习先（9月始）

市政协教科卫体文化文史和学习委员会
主　任：钱　泽（9月止）
　　　　徐　然（9月始）
副主任：陆要真

市政协社会法制和港澳台侨委员会
主　任：周林杰
副主任：黄克勤（3月止）
　　　　周吉炎（3月始）

市政协委员工作委员会
主　任：黄　方（9月止）
　　　　万科达（9月始）
副主任：孙亚君（10月止）

市政协农业农村委员会
主　任：张银龙（9月止）
　　　　钱　泽（9月始）

市政府工作部门

市政府办公室
主　任：胡建立
副主任：蔡亚红（9月始）
　　　　孙文氢　谢海东
　　　　孟剑锋
　　　　周烈钢（9月止）
　　　　方文辉　徐世海
　　　　黄　强　马江领
　　　　周佰勤（兼，3月始）
　　　　肖鹤峰（9月始）
　　　　陈晓珍（9月始，12月止）
　　　　万建龙（9月始）
　　　　周仕杰（挂职一年，10月始）
党组书记：胡建立
党组成员：周烈钢（8月止）
　　　　　蔡亚红（8月始）
　　　　　孟剑锋　谢海东
　　　　　方文辉　徐世海
　　　　　黄　强　马江领
　　　　　肖鹤峰（8月始）
　　　　　陈晓珍（8月始，12月止）
　　　　　万建龙（8月始）
　　　　　周仕杰（挂职一年，10月始）

发展研究中心主任：
高立勇（9月始）
流管办主任：劳永定

市发展和改革局
局　长：高　权
副局长：方元文（9月止）
　　　　杜晓东（9月始）
　　　　郑静波　杨钱波
　　　　史吉力
总经济师：郭　靖
党委书记：高　权

党委副书记：方元文（8月止）
杜晓东（8月始）
党委委员：郑静波　杨钱波
史吉力
施利森（3月止）
魏　军（9月始）

市经济和信息化局

局　长：王文权
副局长：章　勇（9月始）
胡巍峰（9月止）
江振华　陈　波
徐文非
郑永孟（9月始）
党委书记：王文权
党委副书记：章　勇（9月始）
党委委员：胡巍峰（8月止）
江振华　陈　波
徐文非
潘文卿（9月止）
沈建峰（3月始）
施荣熊（3月始）
郑永孟（9月始）
余大召（挂职，10月始）
总经济师：潘文卿（9月止）
郑永孟（9月始）

市教育局

局　长：王胜战
副局长：吴　文　孙青苗
张文表
副总督学：魏代明
党委书记：王胜战
党委专职副书记：
岑忠良（8月止）
鲁岳彪（8月始）
党委副书记：吴　文（8月始）
党委委员：魏代明　孙青苗
张文表　许孟烈
方晓英（3月始，9月止）

市科技局

局　长：梁红霞
副局长：冯彦增（9月止）
唐成波（9月始）
潘文卿（9月始）
孙　萍
党组书记：冯彦增（8月止）
唐成波（8月始）
党组成员：潘文卿（9月始）
孙　萍　夏建勇

市公安局

局　长：钱秉湧
督察长：钱秉湧（兼）
政　委：章国庆
副局长：周海江
胡国南（9月止）
周松岳　陈光初
倪剑江　高　宁
政治处主任：谢群芳
交警大队大队长：杨立华
警务督察大队大队长：卢建义
警务督察大队教导员：刘学伟
治安大队大队长：姚永尧
治安大队教导员：徐龙森
刑侦大队大队长：施文华
刑侦大队教导员：
吕晓伟（8月止）
蒋映岗（8月始）
监管大队大队长：
徐升高（9月止）
监管大队教导员：翁志飞
政保大队大队长：杨卫丰
政保大队教导员：张金龙
网安大队大队长：余坚强
网安大队教导员：
赵宁桥（8月止）
鲍永良（8月始）
禁毒大队大队长：张伟奇
禁毒大队教导员：谢利良
经侦大队大队长：
胡嘉良（7月止）
魏柏腾（9月始）
经侦大队教导员：符勇武
交警大队教导员：严侔泓
巡特警大队大队长：胡　波
巡特警大队教导员：颜　垚
法制大队大队长：魏　达
法制大队教导员：袁利平
出入境管理大队教导员：李颂力
辅警管理大队大队长：谢龙华
辅警管理大队教导员：方永尧
党委书记：钱秉湧
党委副书记：章国庆
党委委员：李向国　周海江
胡国南（8月止）
周松岳　谢群芳
陈光初　倪剑江
高　宁　杨立华
胡嘉良（6月止）
钱夏珍（3月始）
驻局纪检监察组组长：
钱夏珍（3月始）

市民政局

局　长：茅建刚
副局长：韩　哲
吴旭翡（9月始）
姚　坚　朱建梁
杜红卫（9月止）
范建祥（9月止）
胡文书（9月始）
党组书记：茅建刚
党组副书记：韩　哲（8月止）
吴旭翡（8月始）
党组成员：姚　坚　朱建梁
杜红卫（8月止）
范建祥（8月止）
胡文书（8月始）

市司法局

局　长：郑少军
副局长：汪新华（9月始）
俞永健（9月止）
李郁莎（9月止）
谢建文　韩立波

政治处主任：张云丽（9月始）
党组书记：郑少军
党组副书记：汪新华（8月始）
党组成员：俞永健（8月止）
李郁莎（8月止）
谢建文　韩立波
张云丽（9月始）
倪志丹

市财政局

局　长：王文辉
副局长：鲁永飞　周益忠
韩士其
总会计师：周能君（9月止）
吴久林（9月始）
党委书记：王文辉
党委副书记：鲁永飞
党委委员：韩士其
周能君（8月止）
吴久林（9月始）
赵建军（9月始）

市人力资源和社会保障局

局　长：陈为梁
副局长：黄　洋（9月始）
金利明
俞永民（9月止）
胡晓霞
党委书记：陈为梁
党委副书记：黄　洋（8月始）
党委委员：金利明
俞永民（8月止）
胡晓霞　何琪钧
俞栋辉（11月始）

市自然资源和规划局

局　长：陈国军
副局长：任春波　张焕钦
冯江川
干　华（9月止）
翁松涛（3月止）
沈永苗　石运通
市不动产登记服务中心主任：
邹小华
党委书记：陈国军
党委副书记：任春波（9月始）
党委委员：张焕钦　冯江川
干　华（9月止）
翁松涛（3月止）
沈永苗　石运通
王其辉（9月始）

市住房和城乡建设局

局　长：谢　高
副局长：朱建江（9月始）
周佰勤（3月止）
宋文钦
李利定（9月止）
张建立（3月止）
毛金坤
余美芬（3月始）
总工程师：胡铁钧
党委书记：谢　高
党委副书记：朱建江（9月始）
党委委员：周佰勤（3月止）
宋文钦　张建立
毛金坤　高　巍
余美芬

市交通运输局

局　长：梅百烽
副局长：丁长生（9月止）
茅立明　吴东共
冯建红　郑启波
总工程师：楼科挺（9月止）
戴天瑛（9月始）
党委书记：梅百烽
党委副书记：茅立明（9月始）
党委委员：丁长生（8月止）
茅立明　吴东共
冯建红
楼科挺（8月止）
戴天瑛（8月始）
郑启波

市水利局

局　长：史勇军（9月止）
黄佰坚（9月始）
副局长：何　明
徐亚红（3月止）
杨国军（9月止）
总工程师：吴劭辉
水库管理服务中心主任：孙爱军
党委书记：史勇军（8月止）
黄佰坚（8月始）
党委委员：何　明
徐亚红（3月止）
杨国军（8月止）
吴劭辉　孙爱军

市农业农村局

局　长：金浩明（3月止）
鲁海滨（3月始）
副局长：俞安辉
符娟娣（9月止）
孙建平　金武昌
施立明（3月止）
郑　业　汪长海
殷杰（挂职一年，11月始）
总农艺师：经仰贤
党委书记：金浩明（3月止）
鲁海滨（3月始）
党委委员：俞安辉
符娟娣（8月止）
孙建平　金武昌
施立明（3月止）
郑　业　汪长海
胡建勇　经仰贤
谷棋明　俞红权
殷　杰（挂职一年，
11月始）

市商务局

局　长：陈江龙（12月止）
周建铭（12月始）
副局长：姚核军　姚黎明
何建军
陈狄君（3月始）

总经济师：沈李利（3月始）
党委书记：陈江龙（12月止）
周建铭（12月始）
党委副书记：姚核军
党委委员：姚黎明　何建军
沈李利（3月始）
陈狄君（3月始）
魏　伟

市文化和广电旅游体育局
局　长：杨玉红
副局长：董　斌（3月始）
王国滨　王建军
朱月芬（3月止）
高李生（3月止）
周凌宏（3月始）
郑　超（9月始）
党委书记：杨玉红
党委副书记：董　斌（3月始）
党委委员：王国滨　王建军
高李生（3月止）
郑　超（8月始）
卢国君（8月始）
何　喆（9月始）

市卫生健康局
局　长：李　斌
副局长：黄胜利（9月止）
钱　瑛（9月始）
张柏锋（3月止）
陈映青
卢素芬（3月始）
市计划生育协会专职副会长：
卢素芬（3月止）
楼唯君（9月始）
市爱国卫生委员会专职副主任：
陈明明
党委书记：李　斌
党委副书记：黄胜利（8月止）
钱　瑛（8月始）
专职党委副书记：
张柏锋（3月始）
党委委员：张柏锋（3月止）
陈映青
韩永庆（9月止）
卢素芬（3月始）
叶志千（8月止）
丁素兰（8月始）

市退役军人事务局
局　长：黄佰坚（9月止）
柳雅敏（9月始）
副局长：闻　学　楼云斌
党组书记：黄佰坚（8月止）
柳雅敏（8月始）
党组副书记：闻　学
党组成员：楼云斌
魏安芳（9月始）

市应急管理局
局　长：姚俊杰（12月止）
张晓宇（12月始）
副局长：史习先（9月止）
何前明（9月始）
唐仕辉　刘颖苗
王伟波（9月始）
总工程师：何前明（9月止）
蒋学范（9月始）
党委书记：陈哲明（8月止）
张晓宇（12月始）
党委副书记：史习先（8月止）
何前明（8月始）
党委委员：何前明　唐仕辉
刘颖苗
王伟波（8月始）
蒋学范（9月始）
韩范霞（9月始）

市审计局
局　长：熊剑锋
副局长：叶初江（3月始）
车成友
总审计师：韩玉仙
市经济责任审计联席会议办公室主任：虞健杰（3月始）

市政府投资项目审计中心主任：
闻　森
党组书记：熊剑锋
党组副书记：叶初江（3月始）
党组成员：张焕昌（3月止）
虞健杰

市市场监督管理局
局　长：孙　峰
副局长：罗以军
叶志千（9月始）
孙建莹　沈立群
唐孟立
李　敏（9月止）
马　斌　杨文峻
张　杰
党委书记：孙　峰
党委副书记：叶志千（8月始）
党委委员：罗以军
叶志千（8月始）
孙建莹　沈立群
唐孟立
李　敏（8月止）
马　斌　杨文峻
张　杰　曹　玥

市统计局
局　长：阮岳军
副局长：茅定威　戚建华
总统计师：刘国锋（9月止）
社会经济调查队队长：熊建明
党组书记：陈立山
党组成员：茅定威
刘国锋（9月止）
熊建明　戚建华

市医疗保障局
局　长：胡建波（8月止）
黄胜利（8月始）
副局长：褚贵炎（3月止）
陆朝辉
金苏红（3月始）
党组书记：胡建波（9月止）

黄胜利（9月始）
党组副书记：褚贵炎（3月止）
党组成员：陆朝辉
金苏红（3月始）

市综合行政执法局
局 长：陈冠民
副局长：罗旺文 闻雪芬
谢福源（9月止）
叶云炯（9月始）
党委书记：陈冠民
党委委员：罗旺文 闻雪芬
谢福源（8月止）
叶云炯

市大数据发展管理局
局 长：洪 波
副局长：郑 平（9月止）
赵钧鑫（9月始）
周少亥
林奇才（挂职一年，5月始）
总工程师：张 萌（9月止）
吴 波（9月始）
党组书记：洪 波
党组副书记：郑 平（9月止）
赵钧鑫（8月始）
党组成员：周少亥
张 萌（9月止）
吴 波（9月始）
方鑫钢（9月始）
林奇才（挂职一年，5月始）

市政务服务办公室
主 任：朱明富
副主任：丁素兰（9月止）
徐迪红 任建集
赵 飞（挂职，9月止）
王剑锋（挂职一年，10月始）
党组书记：朱明富
党组副书记：丁素兰（9月止）
党组成员：徐迪红 任建集
谢文君
赵 飞（挂职，9月止）
王剑锋（挂职一年，10月始）

中意宁波生态园直属单位及驻管委会纪检监察组
直属机关委员会专职副书记：
黄建军（12月止）
办公室主任：周红霞（12月止）
办公室副主任：岑建航（12月止）
办公室四级调研员：
李永飞（12月止）
经济发展局局长：
诸跃波（12月止）
建设管理局局长：
邹云乔（12月止）
建设管理局副局长：
张霄飞（12月止）
生态促进局局长：
毛柏生（12月止）
生态促进局三级调研员：
杜建红（12月止）
财政局局长：韩胜余（12月止）
综合服务局局长：
赵明明（12月止）
综合服务局副局长：
李 舰（12月止）
开发建设综合服务中心主任：
周 峰（9月止）
俞斌权（9月始）
开发建设综合服务中心副主任：
李永飞（9月止） 孙兆琦
李 敏（9月始）
钱建平（挂职）
生态园派出所所长：钱建平
纪检监察组副组长：阮伯均

余姚经济开发区

开发区管委会
党工委书记：潘帅铁（兼）
党工委副书记：王燎民
党工委委员：朱 刚
叶伟松（9月止）
鲁 君
陈展翼（8月始）
章 敏（兼，8月始）
赵永良（兼，8月始）
周立群（兼，8月始）
管静维（8月始）
王树林（兼，8月始）
主 任：朱 刚
副主任：叶伟松（9月止）
鲁 君
陈展翼（9月始）
组织员：任 跃

人才创业园管理中心
主 任：王燎民（9月止）
副主任：陈展翼（9月止）
章 敏（9月止）
金黎君（9月止）
党组书记：潘帅铁（兼，8月止）
党组副书记：王燎民（8月止）
党组成员：陈展翼（8月止）
章 敏（8月止）
管静维（8月止）
王树林（兼，8月止）

双创服务保障中心
主 任：王燎民（9月始）
副主任：陈展翼（9月止）
章 敏（9月始）
金黎君（12月止）
赵永良（9月始）
周立群（9月始）

宁波市生态环境局余姚分局
局 长：鲁海滨（3月止）
诸剑军（3月始）
副局长：马 骎
吴建军（3月止）
陈启昂
金苏红（3月止）
周立锋（3月始）
总工程师：李 鹏
党组书记：鲁海滨（3月止）

诸剑军（3月始）
党组副书记：马　骎
党组成员：吴建军（3月止）
陈启昂
金苏红（3月止）
周立锋（3月始）
李　鹏　王　坤

市金融发展服务中心
主　任：宋越敏
副主任：陈鲁峰　姚竞雄
李　颖
党组书记：宋越敏
党组成员：陈鲁峰　李　颖

市机关事务管理局
局　长：鲁建灵
副局长：施海霞　沈向阳
党组书记：鲁建灵
党组成员：施海霞　沈向阳

市供销联社
主　任：杨宇光
副主任：邵黎明　胡　云
袁树连
李大炜（9月止）
沈雁鸣（9月始）
党委书记：杨宇光
党委委员：邵黎明　胡　云
袁树连
李大炜（8月止）
周培均（3月始）
沈雁鸣（8月始）

市国有资产管理办公室
主　任：周益忠
副主任：徐科锋（9月止）
唐柏江
党委书记：王文辉（兼）
党委副书记：周益忠
党委委员：徐科锋（9月止）
唐柏江
徐建凤（9月始）

市招商中心
主　任：励成亮（9月止）
戚红军（9月始）
副主任：邵建立　潘　彪
王　钢
严定汉（挂职，9月止）
吴东晓（挂职，9月始）
郑永孟（挂职，9月止）
柳通明（挂职，9月始）
党组书记：励成亮（8月止）
戚红军（8月始）
党组成员：邵建立　潘　彪

塑料城管委会
主　任：周煜铭
副主任：陆　峰（9月止）
应立清　赵立刚
郑文杰（9月始）
周利达（9月始）
党工委书记：周煜铭
党工委委员：陆　峰（8月止）
熊建苗　应立清
赵立刚
郑文杰（8月始）
周利达（9月始）

高铁新城建设指挥部
总指挥：郑传统（兼，12月止）
常务副总指挥：周煜铭
副总指挥：熊建苗

市四明山旅游度假区管委会
主　任：缪正刚
副主任：赵阳军　谢林权
吴清波
方烈君（9月始）
党组书记：赵阳军
党组成员：谢林权　吴清波
方烈君（9月始）
戴能军

市公共资源交易管理办公室
主　任：陈建华（3月止）
诸仲玖（3月始）
副主任：顾春雷（3月始）
邱伟平
叶初江（3月止）
施建泳　程　怡
党组书记：陈建华（3月止）
诸仲玖（3月始）
党组副书记：顾春雷（3月始）
党组成员：邱伟平
叶初江（3月止）
程　怡

宁波市住房公积金管理中心余姚分中心
主　任：马民龙
副主任：叶　艾　倪伟峰
党组书记：马民龙
党组成员：倪伟峰　叶　艾
郑崇行

市人民政府房屋征收管理中心
主　任：孙雪波
副主任：周宏刚（9月止）
劳剑锋（3月止）
王丽丽（9月止）
王焕苗（3月始）
张国东（9月始）
宋央芳（9月始）
党组书记：孙雪波
党组成员：周宏刚（9月止）
劳剑锋（3月止）
王丽丽（8月止）
王焕苗（3月始）
张国东（8月始）
宋央芳（8月始）
张文炜（9月始）

市牟山湖休闲度假区管委会
主　任：郑传统（兼，12月止）
常务副主任：万建龙（兼）
副主任：杨浩波（9月止）
方定儿（9月止）
胡莺莺（9月始）

潘　杰（9月始）
党组书记：万建龙
党组成员：杨浩波（9月止）
方定儿（9月止）
胡莺莺（9月始）
潘　杰（9月始）

市城西开发建设中心
主　任：沈小坤（兼，9月止）
第一副主任：叶立峰（9月止）
副主任：吴迪华
郑　祯（9月止）
祝烨烨（挂职，9月止）
党组书记：沈小坤（兼，8月止）
党组副书记：叶立峰（兼，8月止）
党组成员：吴迪华（8月止）
郑　祯（8月止）

余姚工业园区管理委员会
主　任：褚立军（9月始）
副主任：干　华（9月始）
吴迪华（9月始）
郑　祯（9月始）
潘剑波（兼，9月始）
张国安（9月止）
徐旭栩（9月止）
党工委书记：褚立军（8月始）
党工委副书记：干　华（8月始）
党工委委员：吴迪华（8月始）
郑　祯（8月始）
朱剑钟（兼，8月始）

市铁路与轨道交通建设管理服务中心
主　任：毛旭智
副主任：徐彭余
党组书记：毛旭智
党组成员：徐彭余
严培源（9月始）

市城中村改造管理中心
主　任：周佰勤（3月始）
副主任：翁松涛（3月始）
史尚杰（3月始）
党组书记：周佰勤（3月始）
党组副书记：翁松涛（3月始）
党组成员：史尚杰（3月始）

市消防救援大队
大队长：刘海疆
教导员：李管良（6月始）

宁波舜建集团有限公司
党委书记、董事长、总经理：
褚校军

宁波舜通集团有限公司
党委书记、董事长、总经理：
朱建江（9月止）
姚国锋（9月始）

余姚市阳明文化旅游集团有限公司
董事长、总经理：黄桂树（9月止）
方定儿（9月始）

宁波舜工实业投资有限公司
董事长、总经理：章　勇（9月止）
徐科锋（9月始）
宁波舜农集团有限公司
董事长、总经理：黄文建（9月止）
沈海标（9月始）

直属管理单位

国家税务总局余姚市税务局
局　长：周望转（11月止）
朱识华（12月始）
副局长：王建新（1月止）
诸冬敏（1月止）
王海军　郑　科
周能君（挂职，5月止）
包央荣（3月始）
郑召稷（3月始）
党委书记：周望转（11月止）
朱识华（12月始）
党委委员：王建新（1月止）
诸冬敏（1月止）
王海军　徐佳力
郑　科
周能君（挂职，5月止）
包央荣（3月始）
郑召稷（3月始）
纪检组组长：徐佳力

国网余姚市供电公司
执行董事：俞　建
总经理：高　明
副总经理：杨立明　魏　明
钟永颉
总工程师：杨立明
总会计师：张婉青
党委书记：俞　建
党委副书记：高　明
纪委书记：耿　飞

邮政余姚分公司
总经理：范力源
副总经理：倪　杰　沈建军
夏永翔
党委书记：范力源
党委委员：倪　杰　沈建军
夏永翔
王迪君（9月始）

国家统计局余姚调查队
队　长：王欢亮
副队长：毛华芬
党组书记：王欢亮
党组成员：虞胜君　毛华芬

余姚海关
关　长：诸　敏
副关长：吴　皓　徐吉良
阮伟刚　刘　宁
党委书记：诸　敏

海事余姚办事处
主　任：李海斌

市气象局
局　长：龚涛峰
副局长：邬立辉（1月止）
吴　敏（1月始）
陈　俊
党组书记：龚涛峰
党组成员：邬立辉（1月止）
吴　敏（1月始）
陈　俊
高益波（6月止）

市烟草专卖局
局长（经理）：王海杰
副局长：楼建年（3月始）
副经理：李国渊
纪检组长：陈　瑜（6月始）
协理员：杨道贵
副协理员：陶传坤　施叶明
鲍银忠（10月始）
党组成员：王海杰　楼建年
李国渊　陈　瑜

市盐业公司
经　理：郑志光
副经理：姜　岚

中国人民银行余姚市支行
行　长：陈春岳（11月止）
励晶晶（12月始）
主任科员：王道丁
副行长：黄金世　戴小军
党组书记：陈春岳（11月止）
励晶晶（12月始）
党组成员：黄金世　戴小军

中国电信余姚分公司

中国移动余姚分公司
总经理：金志萍
副总经理：邢益民　谢　烨

中国联通余姚分公司
总经理：柴志华
副总经理：钱振技
黄　迪（7月始）

乡镇（街道）机构

凤山街道
党工委书记：茅文杰
党工委副书记：王罕杰（8月止）
张　忠（8月始）
张　伟　史文哲
党工委委员：施建尧　徐晓飞
胡亿钧（8月止）
谢霞波（8月始）
杨敏捷（8月始）
何　明　魏水明
王立武（兼）
徐　辉（兼）
陈展翼（兼）
人大工委主任：宓贤通（3月止）
孙保定（3月始）
人大工委副主任：王　华
办事处主任：王罕杰（9月止）
张　忠（9月始）
办事处副主任：施建尧（9月始）
祝烨烨（9月始）
胡晓勇（9月止）
周伯海
周吉炎（3月止）
万银巨（3月始）
黄　斌
纪工委书记：施建尧（8月止）
杨敏捷（8月始）
政协联络委主任：胡亿钧（兼）
组织员：周成伟（12月始）
缪俊杰（9月始）
罗小平（9月止）

阳明街道
党工委书记：沈小坤
党工委副书记：叶立峰
袁文庆（3月止）
姚云飞（3月始）
黄银强（8月止）
陈福明（8月始）
党工委委员：黄国锋　徐展豪
姚云飞（8月止）
符金义（8月始）
戎丹丹（8月始）
陈山君
陈福明（8月止）
郑　达（8月始）
叶辽宁（兼）
杨　军（兼）
柳幸昌（兼）
杜卫红（兼）
人大工委主任：邵金耀（3月止）
黄银强（9月始）
人大工委副主任：
戚国芳（9月止）
陈剑芸（9月止）
王沛然（9月始）
办事处主任：叶立峰
办事处副主任：黄国锋（9月始）
郑麒麟
陆仁祥（9月止）
施建军（9月始）
谢东海（9月止）
杨　丰（9月始）
赵建永（3月止）
劳剑锋（3月始）
刘　欣（挂职一年，10月始）
纪工委书记：徐展豪
政协联络委主任：
姚云飞（1月始）
组织员：屠柏荣
陆仁祥（8月始）

梨洲街道
党工委书记：龚　宁（8月止）
龚共军（8月始）
党工委副书记：李　军（8月止）
陈哲明（8月始）
严浩迪
谢建仕（8月止）

杨国军（8月始）
党工委委员：张小利
张剑波（8月始）
王利锋（8月止）
姚军达（8月始）
谢建英　马　力
鲍锡文
韩建平（兼）
舒学军（兼）
孙建惠（兼）
人大工委主任：徐周康
人大工委副主任：
赵佳铭（9月止）
张剑波（9月止）
于　涛（9月始）
办事处主任：李　军（8月止）
陈哲明（8月始）
副主任：董永徐　鲍文建
孙　恒（9月止）
张文培（9月始）
施华波
张建波（9月始）
纪工委书记：张小利
政协联络委主任：谢建英（兼）
组织员：毛绍炯（8月始）
谢建仕（8月始）
宣圆圆（9月止）

兰江街道
党工委书记：周烈钢（8月始）
孙启春（8月止）
党工委副书记：方黄军（3月止）
张　磊
张　杰（3月始）
方青山（8月始）
汪新华（8月止）
党工委委员：沈小悱
余佳璐（8月始）
张国东（8月止）
周罗建
周　晋（8月始）
方青山（8月止）
赵金江（8月始）
魏柏腾（8月止）
楼科挺（8月始）
白宇崧（挂职，9月止）
王丽丽（兼，8月止）
倪久芳（9月止）
人大工委主任：许建生
人大工委副主任：
邵华荣（9月始）
厉海表（9月止）
符志英（9月止）
办事处主任：方黄军（3月止）
张　磊（3月始）
办事处副主任：楼科挺（9月始）
鲁庆怀　陈　杰
符志英（9月始）
邵华荣（9月止）
翁文杰（9月始）
姚国锋（9月止）
纪工委书记：沈小悱
政协联络委主任：周罗建（兼）
组织员：沈国平（9月始）
罗　捷（9月始）
翁文杰（9月止）

朗霞街道
党工委书记：潘剑波（8月止）
张国安（8月始）
党工委副书记：张国安（9月止）
黄文建（8月始）
黄　洋（8月止）
鲁定峰（8月止）
帅琪峰（8月始）
党工委委员：徐莹峰（8月止）
邵姚斌　李真龙
黄冠龙（8月止）
朱剑钟（8月止）
鲍永良（8月止）
张启立（8月始）
李荣荣（8月始）
杨建州（8月始）
胡金巨（8月始）
鲍鹏飞（兼）
姚平锋（兼）
人大工委主任：吴建传（9月止）
鲁定峰（9月始）
人大工委副主任：
杨建州（9月止）
徐爱芬（9月止）
褚泉良（9月始）
办事处主任：张国安（9月止）
黄文建（9月始）
办事处副主任：赵冠华（5月始）
马荣丰
沈国平（9月止）
宣圆圆（9月始）
徐旭栩（5月始）
董利群（9月止）
纪工委书记：徐莹峰（8月止）
张启立（8月始）
政协联络委主任：李真龙（兼）
组织员：卢飞存
徐爱芬（8月始）

低塘街道
党工委书记：张丽红（8月止）
罗浩杰（8月始）
党工委副书记：罗浩杰（8月止）
苏岳明　吴　宁
党工委委员：姜春良　黄佳娜
杨　杰（8月始）
郑　超（8月止）
王其明
郑　达（8月止）
魏利民（兼）
王永军（兼，9月止）
杨卫丰（兼）
陆建波（8月始）
金优儿（8月始）
人大工委主任：严定汉
人大工委副主任：马立红
郭小青（9月止）
办事处主任：罗浩杰（9月止）
吴　宁（9月始）
办事处副主任：陆建波（9月止）
周旭明
金优儿（9月止）

邵建虎（9月止）
唐军科（9月始）
黄如华（9月始）
郭小青（9月始）
纪工委书记：姜春良
政协联络委主任：黄佳娜（兼）
组织员：宋叶忠
邵建虎（9月始）

泗门镇
党委书记：黄　琪（5月止）
章　程（5月始，11月止）
张　明（11月始）
党委副书记：肖鹤峰（8月止）
冯彦增（8月始）
董　斌（3月止）
任　宁（3月始）
马林锋
杜海军（挂职）
党委委员：罗立伟（8月始）
赵钧鑫（8月止）
张小挺（8月始）
陈　灯（8月止）
吕　煜（8月始）
洪亚军　徐志军
倪剑江
张世生（挂职，10月始）
人大主席：姚惠平
人大副主席：施天军
毛善龙（11月止）
镇　长：肖鹤峰（8月止）
冯彦增（8月始）
副镇长：吴东晓（8月止）
史皆乐（8月始）
骆高峰（8月止）
孙梦翱（8月始）
黄妙飞　罗立伟
李　楠（8月始）
纪委书记：赵钧鑫（8月止）
张小挺（8月始）
政协联络委主任：洪亚军（兼）
组织员：宋　烈
吴东晓（8月始）

马渚镇
党委书记：周　强（8月止）
顾　展（8月始）
党委副书记：顾　展（8月止）
周　涛（8月始）
鲁科萍
姚建新（8月止）
鲁炎峰（8月始）
党委委员：骆高峰（8月始）
陈攀峰（8月始）
黄彬彬（8月始）
马力涛（8月始）
潘志磊　吕建能
胡文书（8月止）
李渭清（8月止）
人大主席：沈　飞
人大副主席：娄　彦（9月始）
胡蔚波（9月止）
周建虎（9月止）
镇　长：顾　展（9月止）
周　涛（9月始）
副镇长：骆高峰（9月始）
钱　军（9月始）
王高峰（9月始）
周　力（9月始）
钱文广
周建芳（9月止）
陈攀峰（9月止）
纪委书记：胡文书（8月止）
陈攀峰（8月始）
政协联络委主任：鲁科萍（兼）
组织员：吴迪华（9月止）
毛婷婷
李渭清（8月始）
柳通明（9月始）

陆埠镇
党委书记：褚立军（8月止）
韩杭城（8月始）
党委副书记：龚共军（8月止）
柳　科（8月始）
沈学键（8月止）
李大炜（8月始）
马　挺（8月止）
胡鹤云（8月始）
党委委员：宋央芳（8月止）
钱灵锋（8月始）
魏建锋（8月始）
郑东明（11月止）
张杰飞（8月始）
罗怀青　袁荷满
陈福明（8月止）
周建铭（8月始）
人大主席：张信钿（12月止）
马　挺（12月始）
人大副主席：魏建永
史皆乐（12月止）
镇　长：龚共军（12月止）
柳　科（12月始）
副镇长：魏建锋　范百群
方家仁（12月始）
谢霞波（12月止）
鲁菁菁（12月始）
赵永良（12月止）
张明明（12月始）
纪委书记：宋央芳（8月止）
钱灵锋（8月始）
政协联络委主任：
罗怀青（12月止）
李大炜（12月始）
组织员：王　阳

梁弄镇
党委书记：蔡亚红（8月止）
李　军（8月始）
党委副书记：诸仲玖（3月止）
李　明（3月始）
周　优
周　涛（8月止）
叶伟松（8月始）
党委委员：孙　治（8月始）
黄建友（8月止）
朱文杰（8月始）
罗　洁
余文锴（8月止）
郑宇凯（8月始）

胡鹤云（8月止）
徐世永（8月始）
章建峰（8月始）
徐鸣捷（兼，9月始）
人大主席：万小平（1月止）
黄科威（1月始，9月止）
人大主席候选人：
王根福（9月始）
人大副主席：魏安芳（9月止）
沈赟娉（9月止）
人大副主席候选人：
朱 跃（9月始）
镇 长：诸仲玖（3月止）
李 明（6月始）
镇长候选人：李 明（3月—5月）
副镇长：王沛然（9月止）
杨建海
曹 丹（9月止）
王新传
副镇长候选人：孙 治（9月始）
郑起超（9月始）
裘晓白（9月始）
纪委书记：黄建友（8月止）
朱文杰（8月始）
政协联络委主任：
余文锴（兼，8月止）
郑宇凯（兼，8月始）
组织员：应永泽
黄科威（8月始）

牟山镇
党委书记：万建龙（8月止）
王文成（8月始）
党委副书记：王文成（8月止）
朱 柯（8月始）
张立东
党委委员：解 俞（8月止）
戎丹丹（8月止）
沈雁鸣（8月止）
周 晋（8月止）
金晓倩（8月始）
周荣江（8月始）
陈明慧（8月始）
吴 桓（8月始）
张焕军（8月始）
吴 杰（8月始）
人大主席：毛建良（8月止）
沈学键（12月始）
人大副主席：方家仁（9月止）
镇 长：王文成（9月止）
朱 柯（12月始）
副镇长：郑其龙 徐水军
沈雁鸣（8月止）
杨浩波（12月始）
符军苗
纪委书记：解 俞（8月止）
金晓倩（8月始）
组织员：陈明雅（3月始）

丈亭镇
党委书记：戚红军（8月止）
马军辉（8月始）
党委副书记：陈映东（9月止）
韩 哲（8月始）
干闻宇（9月止）
卢 杰（9月始）
党委委员：陈文文（8月止）
袁宇杨（8月始）
钱夏珍（3月止）
王静斐（8月始）
陈红国 郑焕根
马士杰 田忠辉
人大主席：俞炳洪（9月止）
干闻宇（12月始）
副主席：陈文文（1月止）
倪唯君（6月始）
镇 长：陈映东（9月止）
韩 哲（12月始）
副镇长：唐军科（9月止）
陈 哲（12月始）
祝永权
徐世永（8月止）
杨琳颖（12月始）
沈巍伟
纪委书记：钱夏珍（3月止）
王静斐（8月始）
组织员：俞炳洪（8月始）

三七市镇
党委书记：唐成波（8月止）
王罕杰（8月始）
党委副书记：叶吉松
陈利炳
党委委员：褚泉良（8月止）
唐杭京（8月始）
周尧方（8月止）
张锡波（8月始）
周丽培
吕幼萍（8月止）
朱颜嫣（8月始）
朱 涛
王枭炯
人大主席：张四海
人大副主席：任庆标
镇 长：叶吉松
副镇长：沈建峰（3月止）
陈小波（3月始）
王伟波（9月止）
周尧方（9月始）
张文培（9月止）
陈 芳（9月始）
王树林
纪委书记：褚泉良（8月止）
唐杭京（8月始）

河姆渡镇
党委书记：吴微勋
党委副书记：韩杭城（8月止）
方 勇（8月始）
王根福（8月止）
徐 存
纪委书记：鲁红霞（8月止）金芳芳（8月始）
党委委员：沈 锋 杨瑞军
鲁红霞（8月止）
赵金江（8月止）
韩银裕（8月止）
卢国君（8月止）
金芳芳（8月始）

鲁　华（8月始）
鲍浩尔（8月始）
蒋文杰（8月始）
镇　长：方　勇
副镇长：杨　晟　诸鸿军
陈　楠　唐高勇
人大主席：胡坚强
人大副主席：翁桦桦
组织员：韩银裕（8月始）

小曹娥镇
党委书记：陈　辉（8月始）
党委副书记：鲁岳彪（8月止）
罗　锋（12月始）
孙　恒（8月始）
纪委书记：钟冬发
党委委员：钟冬发
许　滨（8月止）
周立群（8月止）
朱红良（8月止）
张　波（8月始）
沈媛君（8月始）
金丽华（8月始）
叶　圣（8月始）
董秋明（12月始）
镇　长：鲁岳彪（9月止）
罗　锋（12月始）
副镇长：钱　军（9月止）
周力平
朱佳齐（12月止）
赵林枫（12月始）
人大主席：毛立波
人大副主席：杨建胜

临山镇
党委书记：王明江
党委副书记：胡　建（8月止）
唐利佳（8月始）
陶建民（8月止）
赵建梁（9月始）
党委委员：张国伟（8月止）
舒敏敏（8月始）
赵建梁
倪培能（8月始）
孙琦节
陈　哲（8月止）
周溶溶（8月始）
俞建桥　宋　健
人大主席：孙保定（3月止）
吴建军（4月始）
人大副主席：苗建平（9月止）
熊高波（9月始）
镇　长：胡　建（9月止）
唐利佳（9月始）
副镇长：叶建挺（12月始）
缪俊杰（9月止）
褚俊涛（12月始）
王新宇　孙　奇
纪委书记：张国伟（8月止）
舒敏敏（8月始）
政协联络委主任：
陈　哲（9月止）
周溶溶（9月始）
调研员：吴伟明
组织员：郑永孟（9月止）

黄家埠镇
党委书记：王华威（3月止）
方黄军（3月始）
党委副书记：丁坚强
陈　斌（8月止）
施建森（8月始）
党委委员：俞素珍　施建森
朱　柯（8月止）
张艺妮（8月止）
钱文权
陈江峰（8月始）
张　洁（8月始）
徐亚萍（8月始）
魏铁逵（8月始）
人大主席：胡伟龙（9月止）
陶建民（9月始）
人大副主席：杨剑波（9月止）
沈登灿（9月始）
镇　长：丁坚强
副镇长：孙　治（8月止）
沈登灿（9月止）
徐旦峰
赵红棱（9月止）
杨　蕾（9月始）
吴余君（9月始）
徐炜锋（9月始）
纪委书记：俞素珍
组织员：邱雷杰

大隐镇
党委书记：陈　辉（8月止）
朱汉明（8月始）
镇　长：朱汉明（8月止）
余文锴（12月始）
人大主席：黄其君
党委副书记：朱汉明（8月止）
余文锴（8月始）
祝文权
纪委书记：张幸程（1月止）
周卓君（1月始）
党委委员：张幸程（1月止）
周卓君（1月始）
黄敏佳
郑旭铭（8月始）
张焕军（8月止）
付英博（8月始）
龚云先（8月止）
谢超炯
副镇长：赵奕挺　龚云先
戴天瑛（9月止）
毛　川（12月始）
组织员：娄　彦（9月止）
茅豪杰（9月始）

大岚镇
党委书记：柳雅敏（8月止）
胡　建（8月始）
党委副书记：张　忠（8月止）
周　峰（8月始）
朱铁炯（3月始）
党委委员：王燕燕
郑文杰（8月止）
吴　彦（8月始）

黄远维　邬海滨
蒋映岗（8月止）
人大主席：俞国强（12月止）
陈　斌（12月始）
人大副主席：苏　瑜（12月止）
镇　长：张　忠（12月止）
周　峰（12月始）
副镇长：方烈君（12月止）
苗嘉明（12月始）
朱铁炯（7月止）
姚家云（12月始）
黄远维（12月止）
苏　瑜（12月始）
纪委书记：王燕燕
组织员：熊高波（9月止）

四明山镇
党委书记：俞斌权（8月止）
叶文溢（8月始）
党委副书记：叶文溢（8月止）
陈　灯（8月始）
单时芬（8月止）
李郁莎（8月始）
党委委员：唐利佳（8月止）
孙升驰（8月始）
符金义（8月止）
陆从余（8月始）
蒋文杰（8月止）
人大主席：毛绍炯（9月止）
单时芬（12月始）
人大主席候选人：
单时芬（9月始，12月止）
人大副主席：谢向炯（9月止）
镇　长：叶文溢（9月止）
陈　灯（12月始）
镇长候选人：
陈　灯（9月始，12月止）
副镇长：俞华军　王　攀
余松青(1月始,9月止)
谢向炯（12月始）
副镇长候选人：余松青（1月止）
谢向炯（9月始，12月止）
纪委书记：唐利佳（8月止）
孙升驰（9月始）
组织员：干建寅（3月始）

鹿亭乡
党委书记：陈晓珍（8月止）
丁东青（8月始）
党委副书记：丁东青（8月止）
袁文庆（9月始）
陈剑锋（3月始）
党委委员：茅巧女
姚军达（8月止）
姚米娜（8月始）
林　宇（8月止）
诸拓宇（8月始）
孙梦翱（3月止）
何世明（8月始）
人大主席：黄伯忠
人大副主席：段丹群（9月止）
乡　长：丁东青（8月止）
袁文庆（12月始）
副乡长：马友明（9月止）
林　宇
谢　晨（3月止）
孙梦翱（3月始，9月止）
孙建权（12月始）
桂晓波（12月始）
纪委书记：茅巧女
组织员：陈铭科（9月止）

先进集体·先进个人

先进集体

表 33

2021 年余姚市获国家级表彰的先进集体
2021 中国最具幸福感城市（县级市）：余姚市
2017—2020 年度“平安中国建设示范县”称号：余姚市
国家级第二批城乡交通运输一体化示范创建县：余姚市
2020—2021 年度中外会展“金五星”——最佳会展目的地：余姚市
2020—2021 年度中国最具竞争力会展城市（县域城市）：余姚市
第十六届全国党员教育电视片观摩交流活动二等奖：“寻红色旧物·讲党史故事”——《四明山妈妈》
“领航新征程——庆祝建党 100 周年”系列征集活动短视频第一名：《追光的人》
全国第三届党建创新成果“十佳案例”：《创设“掌上清”数字平台　实施组织生活亮灯管理》
全国党建工作先进集体：市法院
全国维护妇女儿童权益先进集体：市人民法院立案庭
2021 年度司法宣传和通联工作先进单位：市人民法院
全国检察机关“加强行政检察监督促进行政争议实质性化解”专项活动优秀组织单位：市人民检察院
全国检察机关宣传先进单位：市人民检察院
全国政法智能化建设智慧检务创新案例：乡村检察官云平台
2020 年度“创新中国”区县级最佳案例之一：市公安局
2016—2020 年全国依法治理创建活动先进单位：市普法办
全国水旱灾害防御工作先进集体：市水利局水旱灾害防御科
2021 年中国科协全国科普日活动优秀活动奖：市科协
2020—2021 年度全国“五好”县级工商联：市工商联
中国气象局 2021 年度重大气象服务优秀集体：市气象局
民革中央“优秀党员之家”：民革余姚市总支部
农工党中央脱贫攻坚工作先进集体：农工党余姚市基层委员会
2017—2020 年度全国群众体育先进单位：梁弄镇
全国先进基层党组织：梁弄镇横坎头村党委
全国民主法治示范村：横坎头村（梁弄镇）、开元村（马渚镇）
2021 年中国美丽休闲乡村：中村村（鹿亭乡）

续表 33

2021 年余姚市获国家级表彰的先进集体
2021 年休闲农业和乡村旅游精品线路：中村村（鹿亭乡）
全国示范性老年友好型社区：梁弄镇横坎头村
首批全国示范型退役军人服务中心（站）：余姚市退役军人服务中心、泗门镇退役军人服务站、大岚镇退役军人服务站、梨洲街道退役军人服务站、兰江街道退役军人服务站、临山镇退役军人服务站、朗霞街道退役军人服务站、小曹娥镇退役军人服务站、阳明街道退役军人服务站、河姆渡镇退役军人服务站、三七市镇退役军人服务站、凤山街道退役军人服务站、梁弄镇退役军人服务站、黄家埠退役军人服务站、丈亭镇退役军人服务站、低塘街道退役军人服务站、牟山镇退役军人服务站、马渚镇退役军人服务站、鹿亭乡退役军人服务站、陆埠镇退役军人服务站、大隐镇退役军人服务站、四明山镇退役军人服务站；
枫桥式全国退役军人服务站：临浦村（临山镇）
全国示范型退役军人服务站：临城村（临山镇）、临海村（临山镇）、临山村（临山镇）、汝东村（临山镇）、临南村（临山镇）、临浦村（临山镇）、湖堤村
中国淘宝村：历山村（低塘街道）、芦城村（低塘街道）、低塘村（低塘街道）
2019—2020 年度全国“四好”商会：泗门镇商会
全国十大著名品牌市场：中国塑料城
中国商品市场百强：中国塑料城
中国汽车三四级市场营商服务奖：中塑国际会展中心有限公司
2020—2021 年度中外会展“金五星”优秀会展场馆：中塑国际会展中心有限公司
全国农民专业合作社示范社：临山镇味香园葡萄专业合作社
2020 年度品牌赛事：中国四明山 100 千米山地户外运动挑战赛暨 CHIDA100 山地越野系列赛（中国宁波余姚）
2021—2022 年度国家文化出口重点企业：浙江大丰实业股份有限公司、余姚索普电子科技有限公司
第十三届“全国文化企业 30 强”提名企业：浙江大丰实业股份有限公司
2021 年银行业营业网点文明规范服务千佳示范单位：建行余姚支行营业室

表 34

2021 年余姚市获省级表彰的先进集体
2020 年度浙江省产粮大县：余姚市
浙江省农村文化礼堂建设示范县（市、区）：余姚市
“十三五”浙江省体育场地设施建设突出贡献奖：余姚市
2018—2020 年浙江省市场环境建设成绩突出集体：余姚市
浙江省第 22 届水利“大禹杯”竞赛活动优胜单位铜杯奖：余姚市

续表 34

2021 年余姚市获国家级表彰的先进集体
浙江省农村饮用水达标提标行动工作成绩突出集体：余姚市
2021 年度全省农业水价综合改革工作绩效评价优秀：余姚市
浙江省习近平新时代中国特色社会主义思想研究中心首批调研基地：横坎头村（梁弄镇）
浙江省文明单位：宁波凯驰胶带有限公司、市供电公司临山供电所、市人民医院
浙江省文明校园：市第二实验小学
2021 年度全省政协联谊报宣传工作先进单位：市政协
全省党员教育培训基地：浙东红村横坎头党员教育基地、王守仁故居
省级党群服务中心：市社会组织党群服务中心
2021 年度全省统战理论创新成果一等奖：市委统战部《建设共同富裕先行示范区中民营企业家的助力机制研究——以余姚市四明山革命老区为例》
2021 年度全省统战工作实践创新成果：市委统战部《实施“阳明归谷”百名留学生回归工程　创新推进侨务引才工作》
全省侨联系统成绩突出集体：市侨联
民革浙江省委会第三批省级示范支部：民革余姚市一支部
民进浙江省 2021 年度优秀基层组织：民进余姚市景耀支部
农工党浙江省委会 2021 年度组织工作先进集体：农工党余姚市基层委员会
九三学社浙江省先进基层组织：九三学社余姚市基层委员会
九三学社浙江省社会服务先进基层组织：九三学社余姚市基层委员会
浙江省委 2021 年度优秀参政议政成果二等奖：九三学社余姚市基层委员会
全省宗教活动场所消防安全标准化管理百优争创活动优秀单位：天福庵、基督教新城堂
2021 年省级法制宣传教育基地：基督教泗门堂
浙江省华侨国际文化交流基地：河姆渡遗址
2020—2021 年度全省党校（行政学院）系统科研工作进步奖：市委党校
2020—2021 年度平安浙江建设先进集体：市委政法委机关
全省扫黑除恶专项斗争先进集体：市委政法委机关
全省法院党建工作先进集体：市法院
浙江省检察工作先进院：市检察院
浙江省检察机关集体二等功：市检察院第七检察部
浙江省检察机关优秀办案团队：未成年人检察姚·蓝办案团队
浙江省知识产权保护工作成绩突出集体：市检察院知识产权检察办公室

续表 34

2021 年余姚市获国家级表彰的先进集体
浙江省巾帼文明岗：市检察院第八检察部、马渚镇便民服务中心
浙江省检察机关法律监督成绩突出集体：市检察院控申办案团队
浙江省数字检察创新应用创意设计“十佳方案”：“空中走廊”监督线索多跨协同场景应用
浙江省第三批社会大普法“六优”培育行动计划优秀普法项目：乡村检察官“带案普法”项目
浙江省规范化数字档案室：市经信局综合档案室
2016—2020 年全省依法治理创建活动成绩突出单位：市司法局
2016—2020 年浙江省“七五”普法工作先进单位：市委全面依法治市委员会办公室
浙江省优秀公证处：市公证处
浙江省“枫桥式”司法所：市司法局低塘司法所
2019—2020 年度全省反邪教工作成绩突出集体：市公安局政保大队
2021 年度打击生态环境领域犯罪“剑锋”统一收网行动“十大”典型案例：市公安局环侦大队
2021 年全省优秀鉴定文书：市公安局司法鉴定中心
车辆检测“一件事”集成改革工作成绩突出集体：市公安局交警大队
浙江省健康促进学校：陆埠镇洪山小学
“十三五”全省干线公路养护管理突出集体：市公路运输管理中心
全省交通建设工程平安工地省级示范施工合同段、示范监理合同段：G228 陆埠互通及 S319 丈亭互通建设工程 PPP 项目
浙江省小微企业和个体工商户“两直”工作集体三等功：市市场监管局
浙江省 2020 年度市场监管执法成绩突出集体：市市场监管综合行政执法队
全省药品稽查执法工作成绩突出集体：市市场监督管理局梨洲市场监管所
2021 年度小型水库系统治理和水利工程管理“三化”改革成绩突出集体：市水利局
省水利厅 2021 年度第一批水利争先创优优秀案例：市水利局全面提升小流域山洪灾害防御能力
全省农业水价综合改革“五个一百”优秀典型案例：三七市镇王界泵站、梨洲街道东姜机埠、梁弄镇汪巷村堰坝、河姆渡镇浪墅桥闸、四明湖灌区、三七市灌区、幸福村用水管理小组、三七市镇农业农村办公室
2021 年度浙江省农村供水规范化水厂：姚东自来水有限公司姚东水厂、泗门自来水厂有限公司、三溪供水站
2021 年度浙江省水利文明标化工地称号：姚江上游余姚西分工程施工Ⅱ标
“森林浙江”建设工作突出贡献集体：市林业局
全省松材线虫病防治工作和全面禁止非法交易、滥食野生动物工作突出贡献集体：市林业局
浙江省生态文化建设突出贡献集体：市林业局

续表 34

2021 年余姚市获国家级表彰的先进集体
2021 年度浙江省建设工程钱江杯：市公共项目建设管理中心（余姚市中医医院迁建工程、余姚市第二人民医院迁建工程）
浙江省美丽城镇建设工作成绩突出集体　　　：市住建局
浙江省第三届“绿道健走达赛”区县市优秀组织奖：市住建局
2021 年度浙江省城市照明行业先进单位：市园林风景管理中心（市市政设施管理中心）
2021 年度浙江省白蚁防治先进单位：市物业和房屋安全管理中心
浙江省十大寻访“红色根脉”精品运动线路：寻访浙东抗日根据地·四明山户外越野”运动线路
浙江省最具品牌价值体育企业（冠军品牌）：浙江省大丰体育设备有限公司
2021 年浙江省重点培育品牌体育赛事：“一带一路”中国四明山 100 千米山地户外运动挑战赛
2021 年度浙江省体育宣传工作卓越奖：市文广局
2019—2020 年度浙江省重点文化企业（含数字文化示范企业）：浙江大丰实业股份有限公司
2021 年度全省工商联服务“两个健康”工作突出集体：市工商联
全省民营企业调查点工作先进集体：市工商联
省红十字工作成绩突出集体：子陵中学教育集团世南校区
“十三五”期间浙江省残疾人工作成绩突出集体：市人民政府残疾人工作委员会
2021 年度省级商贸特色型美丽城镇：朗霞街道
浙江省书香文化礼堂全覆盖乡镇（街道）：低塘街道
浙江省第五批“扫黄打非”基层示范点：低塘街道
2021 年度中小微企业培育工作成绩突出集体：低塘街道
浙江省枫桥式司法所：低塘街道浙江省一级综合文化站：低塘街道
浙江省合法性审查与行政裁决“最佳实践”培育试点单位：马渚镇人民政府
省级生态水产特色农业强镇：马渚镇
浙江省县域副中心型美丽城镇建设基本达标镇：马渚镇
浙江省农村文化礼堂建设示范乡镇（街道）：梁弄镇
浙江省第二批商贸特色镇：梁弄镇
浙江省文明镇（乡）：牟山镇
浙江省新时代美丽城镇建设基本达标乡镇：丈亭镇、临山镇、黄家埠镇、四明山镇
省 2021 年度防汛防台先进集体：河姆渡镇人民政府
2021 年度浙江省民间文化艺术之乡：小曹娥镇
2021 年度省级工业园区污水零直排区：小曹娥镇

续表 34

2021 年余姚市获国家级表彰的先进集体
浙江省爱心参与单位（无偿献血）：小曹娥镇人民政府
浙江省新时代美丽乡村示范乡镇：黄家埠镇
浙江美丽城镇建设省级样板镇：大岚镇
浙江省文明村：新东吴村（牟山镇）、汪巷村（梁弄镇）、黄清堰村（低塘街道）、海南村（泗门镇）、冯村村（兰江街道）
省级民主法治村（社区）：北郊村（阳明街道）、西街村（阳明街道）、郑巷村（低塘街道）、新南王村（朗霞街道）、高桥村（黄家埠镇）、东蒲村（泗门镇）、曹一村（小曹娥镇）、邵家邱村（临山镇）、魏家村（牟山镇）、斗门村（马渚镇）
浙江省卫生村：临南村（临山镇）浙江省美丽乡村特色精品村：临海村（临山镇）
浙江省新时代美丽乡村精品村：北溪村（四明山镇）
浙江省先进基层党组织：邵家丘村（临山镇）
浙江省 AAA 级景区村庄：大路下村（大岚镇）、隐地龙潭村（大岚镇）、南山村（四明山镇）
浙江省 AA 级景区村庄：东溪村（梁弄镇）、甘宣村（梁弄镇）、东山村（梁弄镇）、横路村（梁弄镇）、贺溪村（梁弄镇）、平莲村（四明山镇）
浙江省新时代美丽乡村达标村：胜利村（三七市镇）、姚东村（三七市镇）、祝家渡村（三七市镇）、云山村（三七市镇）、魏家桥村（三七市镇）、湖堤村（临山镇）、临山村（临山镇）、临城村（临山镇）、五车堰村（黄家埠镇）、横塘村（黄家埠镇）、回龙村（黄家埠镇）、黄家埠村（黄家埠镇）、韩夏村（黄家埠镇）、大隐村（大隐镇）、芦田村（四明山镇）、茶培村（四明山镇）
浙江省新时代枫桥式退役军人服务中心（站）：曹娥村退役军人服务站（小曹娥镇）、十六户村（黄家埠镇）、后朱村（大岚镇）
浙江省“一村万树”推进村：上塘村（黄家埠镇）
浙江省森林氧吧：柿林村（大岚镇）
浙江省善治村：临城村（临山镇）、兰海村（临山镇）
浙江省气象防灾减灾标准化村：低塘村（低塘街道）、郑巷村（低塘街道）、临南村（临山镇）、和谐村（大岚镇）、上马村（大岚镇）、大路下村（大岚镇）、柿林村（大岚镇）
浙江省“五化”市场：低塘菜场市场
浙江省四星级乡镇（街道）食安办：梁弄镇食安办
浙江省三星级乡镇（街道）食安办：小曹娥镇食安办
浙江省一级乡镇（街道）禁毒办：低塘街道禁毒办
浙江省三级乡镇（街道）禁毒办：马渚镇禁毒办
浙江省老年体育现代化村（社区）五星级达标单位：历山村（低塘街道）
浙江省老年体育现代化村（社区）四星级达标单位：横坎头村（梁弄镇）、回龙村（黄家埠镇）
浙江省高质量就业社区（村）：历山村（低塘街道）

续表 34

2021 年余姚市获国家级表彰的先进集体
浙江省五星级文化礼堂：黄湖村（低塘街道）、西郑巷村（低塘街道）
省级引领型农村社区：芦城村（低塘街道）
浙江省三星级农贸市场：西郑巷村（低塘街道）
浙江省高标准农村生活垃圾分类示范村：汪巷村（梁弄镇）
浙江省高标准垃圾分类示范小区：低塘社区水岸鑫城二期（低塘街道）
中国人民解放军浙江省军区先进基层武装部：泗门镇武装部
省级四星级侨胞之家：马渚镇侨胞之家
浙江省特级综合文化站：马渚文化站
浙江省农业灌溉优秀典型堰坝水闸：梁弄镇汪巷村堰坝
浙江省优秀典型改革灌区灌片：四明湖灌区
2021 年浙江省美丽河湖：梁弄大溪
2021 年浙江省省级示范性青创农场：余姚市初新青创农场
省级农民田间学校：味香园
省三星级文明规范市场：高桥村（黄家埠镇）
浙江省 2 星级残疾人之家：大岚镇残疾人之家
省级民族团结进步创建重点培育单位：棠溪村（四明山镇）
浙江省综合优质公园：屯山公园
浙江省节水型小区：翠湖香堤、东台公寓、方圆人家、金盛玉苑、绿城明园（锦兰苑）、绿城明园（秋月苑）、四明公寓四期、姚江花园、姚江景苑、姚江上上城
全省"示范数字档案室"：宁波舜建集团有限公司、市自来水有限公司、市城市天然气有限公司
档案工作目标管理省级认定单位：市城市天然气有限公司
2019—2020 年度浙江省会展行业优秀会展服务展馆：余姚市中塑国际会展中心有限公司
2019—2020 年度浙江省会展行业先进工作者：余姚市中塑国际会展中心有限公司

先进个人

表 35

2021 年余姚市获国家级表彰的先进个人
全国五一巾帼标兵：魏鲜
第十四届全运会女子撑杆跳冠军：李玲
第十四届全运会男子 49 人级帆船比赛铜牌：洪伟
全国党史知识竞赛“优秀选手”：章金荣、芦炳
全国检察机关宣传先进个人：俞旦
全国市场监管卫士：方云龙
全国司法所模范个人：朱颜嫣
中国红十字会“会员之星”：楼颜硕
《法治日报》2021 年度宣传报道工作优秀个人：龚利波
民盟中央思想政治建设和宣传工作先进个人：王靓
民进中央反映社情民意信息工作先进个人：余静凯
九三学社中央 2021 年度信息工作贡献奖：庞军
词曲中国——2021 群众最喜爱的原创词曲评选一等奖：俞晨琦
2021 年全国技能大赛现代模具制造技术——注塑模具技术项目一等奖：刘恒宇、孙文锋
2021 年全国技能大赛农机维修项目一等奖：伊凯
2021 年全国技能大赛网络安全项目二等奖：伊余振、傅卫生

表 36

2021 年余姚市获省级表彰的先进个人
浙江好人：黄昇富、王益楠、徐风军
浙江省优秀共产党员：孙建权、陈斌荣
浙江省最美公务员：叶科技
浙江省 2021 年度见义勇为先进人物：黄昇富
浙江省担当作为好支书：项益平
浙江省十三五基层先进工作者：沈茹芬
第二届浙江省“最美浙江人·最美文旅人”：丰华
浙江省企业文化工匠：万丽珏
浙江省第七次人口普查成绩突出个人：励远

续表 36

2021 年余姚市获省级表彰的先进个人
全省“五水共治”工作先进个人：熊姚军
2021 年浙江省基层理论宣讲成绩突出的个人：黄徐洁
2021 年度浙江省网络生态“瞭望哨”工程建设成绩突出个人：张泽慧
全省统战信息工作成绩突出个人：俞洋
全省侨联系统成绩突出个人：罗华
2021 年度农工党全省宣传工作先进个人：方锦鑫
2021 年度农工党全省社会服务先进个人：陆海东
九三学社浙江省委 2021 年度参政议政先进个人：孙奇
九三学社浙江省委 2021 年社会服务先进个人：张娜
九三学社浙江省委 2021 年度优秀社员：孙奇、庞军
2016—2020 年全省普法工作先进个人：吴燕燕、翁洪飚、陈军方、史销销
全省“法雨春风进万家”爱民实践活动表现突出个人：叶荣
全省政法系统执法办案成绩突出个人：戚剑挺
全省政法系统矛盾纠纷调解成绩突出个人：邱焕高
浙江省刑事检察专业人才：沈琳旦
2021 年度中小微企业培育工作成绩突出个人：楼林波
2021 年度全省科技信息工作成绩突出个人：赵江涛
2021 年度浙江省省级林业乡土专家：汪国武
全省农村土地承包经营权确权登记颁证成绩突出个人：袁启国
2021 年度浙江省水旱灾害防御工作成绩突出个人：闻人一桢
浙江省“十三五”实行最严格水资源管理制度成绩突出个人：周锡炯
2021 年度浙江省水利建设工程质量监督先进个人：周立荣
浙江省农业和渔业执法工作先进个人：黄迪庆
2021 年度浙江省白蚁防治先进个人：杨益
2021 年全省人民防空工作先进个人：杨挺
2021 年度浙江省城市照明行业先进个人：胡庆解

续表 36

2021 年余姚市获省级表彰的先进个人
“森林浙江”建设工作突出贡献个人：张焕钦、汪建波
全省松材线虫病防治工作和全面禁止非法交易、滥食野生动物工作突出贡献个人：王菊英、陈维君
浙江省生态文化建设突出贡献个人：卢婷
浙江省农村饮用水达标提标行动工作成绩突出个人：黄军军
浙江省 2020 年度个人二等功：严航
浙江省“仁心仁术奖”：吴晓东
浙江省优秀家庭医生：黄红元
浙江省优秀护士：陈秋花
浙江省优秀乡村医生：郑觉醒
浙江省知识产权保护工作成绩突出个人：顾宏斐
“放心消费在浙江”成绩突出个人：倪叶丹
2018—2020 年浙江省市场环境建设成绩突出个人：胡斌
全省市场监管系统 2016—2020 年度法治宣传教育表现突出个人：曾波、方云龙
浙江省退役军人服务保障体系建设先进个人：林新房
2021 年度浙江省优秀会展人：周倩
浙江省总工会“金蓝领”：章建人
省“最美救护员”：韩丹凤
省五星级红十字志愿者：黄伟江、金锡明、韩利仙
浙江省关工委“红船精神优秀‘五老’宣讲员”：董友根
浙江省“青少年英才·红船好少年”：张楚悦
浙江省文明家庭：姚亚强家庭、薛银莉家庭、谢向杰家庭
2021 年度浙江省绿色家庭暨节能降碳家庭：汪吉流家庭
浙江省文化示范户：张川
2021 年省优秀社会体育指导员：韩建绒
浙江省社会组织领军人物：张宝勇

资料选编

余姚市2020年第七次全国人口普查主要数据公报[1]

根据《全国人口普查条例》和国务院的决定，我国以2020年11月1日零时为标准时点进行了第七次全国人口普查。在国务院、省、宁波市第七次全国人口普查领导小组的统一领导和市、乡镇（街道）各级人民政府以及中意宁波生态园、经济开发区管委会的精心组织下，在全体普查对象的支持配合下，经过广大普查工作人员的艰苦努力，人口普查主要阶段任务已圆满完成。现将余姚市快速汇总的主要数据公布如下：

一、总人口

全市常住人口[2]为1254032人，与2010年第六次全国人口普查的1010659人相比，十年共增加243373人，增长24.08%，年平均增长率为2.18%。

二、户别构成

全市共有家庭户[3]512274户，集体户27236户，家庭户人口为1173731人，集体户人口为80301人。平均每个家庭户的人口为2.29人，比2010年第六次全国人口普查2.63人减少0.34人。

三、性别构成

全市常住人口中，男性人口为654380人，占52.18%；女性人口为599652人，占47.82%。总人口性别比（以女性为100，男性对女性的比例）为109.13，与2010年第六次全国人口普查的102.80比有较大幅度提高。

四、年龄构成

全市常住人口中，0～14岁人口为145281人，占11.58%；15～59岁人口为858976人，占68.50%；60岁及以上人口为249775人，占19.92%，其中65岁及以上人口为175262人，占13.98%。与2010年第六次全国人口普查相比，0～14岁人口的比重提高0.51个百分点，15—59岁人口的比重下降4.87个百分点，60岁及以上人口的比重提高4.36个百分点，65岁及以上人口的比重提高3.92个百分点。

表37

全市人口年龄构成

年龄	人口数	比重
总计	1254032	100.00
0～14岁	145281	11.59
15～59岁	858976	68.50
60岁及以上	249775	19.92
其中：65岁及以上	175262	13.98

注：因四舍五入导致各年龄段比重之和大于100.00。

①本公报中数据均为初步汇总数。

②常住人口包括：居住在本乡镇街道且户口在本乡镇街道或户口待定的人；居住在本乡镇街道且离开户口登记地所在的乡镇街道半年以上的人；户口在本乡镇街道且外出不满半年或在境外工作学习的人。

③家庭户是指以家庭成员关系为主、居住一处共同生活的人组成的户。

五、教育程度

全市常住人口中，拥有大学（指大专及以上）文化程度的人口为145576人；拥有高中（含中专）文化程度的人口为167110人；拥有初中文化程度的人口为483332人；拥有小学文化程度的人口为363084人（以上各种受教育程度的人包括各类学校的毕业生、肄业生和在校生）。与2010年第六次全国人口普查相比，每10万人中拥有大学文化程度的由5997人上升为11609人；拥有高中文化程度的由14231人下降为13326人；拥有初中文化程度的由39584人下降为38542人；拥有小学文化程度的由31728人下降为28953人。

全市常住人口中，文盲人口（15岁及以上不识字的人）为23380人，与2010年第六次全国人口普查相比，文盲人口减少16601人，文盲率①由3.96%下降为1.86%，下降2.10个百分点。

六、城乡②构成

全市常住人口中，居住在城镇的人口为1013866人，占80.85%；居住在乡村的人口为240166人，占19.15%。与2010年第六次全国人口普查相比，城镇人口增加340957人，乡村人口减少97584人，城镇人口比重提高14.27个百分点。

（余姚市统计局　余姚市第七次全国人口普查领导小组办公室）

①文盲率是指常住人口中15岁及以上不识字人口所占全部常住人口比例。
②城镇、乡村是按国家统计局《统计上划分城乡的规定》划分的。

中国共产党成立100周年余姚经济社会发展报告

2021年，是中国共产党成立100周年。百年来，在中国共产党的坚强领导下，余姚人民团结一心、解放思想、艰苦奋斗、创新创业，全市经济社会发展取得长足进步。

1921年前后，余姚经济结构中以农业、手工业为主，由于时局动荡人民生活困苦。1926年5月，余姚第一个基层中共支部成立，余姚人民在中国共产党的领导下，经历了大革命运动、土地革命战争，在抗日战争、解放战争时期，余姚创建了全国十九块抗日根据地之一的浙东抗日根据地和解放战争时期南方七大游击区之一的浙东游击区。经过艰苦卓绝的斗争，1949年5月23日，余姚获得解放。

解放以后，余姚大力进行基础设施建设，公路、铁路、发电站、水库、水厂陆续建成，棉纺厂、无线电厂、仪表厂等相继建立。随着经济发展和人口集聚，1985年，余姚撤县设市，1992年经济开发区的建立使余姚经济发展进入快车道。进入新世纪，余姚市委、市政府全面落实科学发展观和习近平新时代中国特色社会主义思想，经济从高速发展全面转向高质量发展。目前余姚已连续11年评为中国最具幸福感县级城市，在全国县域经济与县域综合发展百强县中排名第10位，成功创建国家卫生城市，是全省首批全国县级文明城市。

一、经济总量追赶超越，产业结构不断优化

经济总量逐年攀升，生产总值跨越千亿大关。1949年全市地区生产总值只有不到3500万元，1964年突破亿元，1987年突破十亿，1996年突破百亿，2018年突破千亿，2020年底达到1220.72亿元，是1949年的3488倍，按现价计算，年均增长12.2%。人均GDP（按户籍人口）从1949年的87元跃升至2020年的14.62万元，是1949年的1680倍，按现价计算，年均增长11%。人均GDP（按户籍人口）相继在2006年、2010年和2014年突破5000美元、10000美元和15000美元，2020年达到21191美元。2020年，按常住人口计算的人均GDP为98050元，按年平均汇率折合14215美元。

产业结构不断优化，发展自主性持续增强。解放前的余姚，落后的农业占主要份额，工业基础十分薄弱，第三产业十分有限。1949年，全市三次产业增加值比例为74.3∶14.3∶11.4。“大跃进”和“文化大革命”期间，一产发展缓慢、二产得不到重视，三产迟滞不前。到1978年，三次产业结构变化为42.0∶43.4∶14.6。改革开放

以来，国家对产业政策进行了调整，全市把发展第三产业作为调整经济结构的重要内容，1992年，全市产业结构调整为20.4：51.3：28.3，2020年进一步演变为4.1：57.5：38.4，形成工业和服务业共同推动产业发展的格局。

工业主导地位凸显，高质量发展成效显著。工业生产以市场为导向，不断推进体制和机制创新，积极改造提升传统产业，发展新兴产业，培育优势企业和名牌产品，工业增加值从1949年的0.05亿元增加到2020年的656.75亿元，是1949年的13135倍；规模以上工业企业达到1286家，营业收入上亿元企业338家。全市拥有1个与国际合作的生态园——中意（宁波）生态园，2个省级工业开发区，3个省级特色小镇，1个市级特色小镇，10余个年产值超10亿元的块状经济功能区，上市企业12家。全市基本形成了新装备、新材料、新能源与节能、新一代信息技术等四大新兴产业和家用电器、塑料模具、机械五金、照明灯具等传统产业的发展格局。战略性新兴产业、高新技术产业、装备制造业增加值占规模以上工业增加值比重分别达到48.5%、71.6%、74.7%。2020年规模以上工业劳动生产率达21.66万元/人，同比增长5.7%，人均创利税11.32万元，同比增长21.7%。余姚市连续被评为全国科技进步先进单位，成为国家知识产权试点城市，成为全省首批“工业强市”。

第三产业较快发展，成为经济重要组成。全市第三产业增加值由1949年的0.04亿元增加到2020年的469.07亿元，按现价计算，年均增长14.1%。余姚专业市场众多，交易活跃。全市有中国塑料城、中国有色金属材料城、中国（轻工）模具城、中国裘皮城等各类市场百余家，是浙江省“十大市场强市”，多次入选福布斯“中国大陆最佳商业城市百强”。甬易支付是全国塑料电子商务行业首家非金融机构支付结算平台，中国塑料城先后被评为“中国商品市场百强”“中国优秀示范市场”。以产业和市场为依托的会展业近年来发展势头强劲，特别是中国塑料博览会已连续成功举办22届。2020年全市限额以上贸易企业达302家，全年实现营业收入552.11亿元，实现利润总额4.89亿元。

农业经济稳定增长，现代农业促发活力。农业由过去单一的种植向农、林、牧、渔业全面转变，现代科学技术、现代工业提供的生产资料和科学管理方法广泛运用于农业。全市第一产业增加值由1949年的0.26亿元增加到2020年的50.19亿元，增长193倍。农业结构不断调整优化，新型农业不断发展，累计培育形成市级及以上农业龙头企业109家，其中产值上亿元的达10家。先后获评省级渔业健康养殖示范县，创建省级“机器换人”示范乡镇1个，省级高品质绿色科技示范基地5家、农业绿色发展示范基地3家。拥有“杨梅之乡”“榨菜之乡”等10个特色名品之乡，涌现出“瀑布仙茗”“备得福”等品牌产品，被授予国家级出口蔬菜质量安全示范区、国家农业产业化示范基地、全国农业机械化示范区等称号。2020年全年粮食作物播种面积2.7万公顷，粮食总产量17.14万吨。

二、需求拉动更趋协调，发展动能不断增强

有效投资规模扩大，投资结构不断优化。新中国成立特别是改革开放以来固定资产投资已成为推动地方经济高速增长的发动机。固定资产投资从1980年到2020年，年均增长16.3%，其中工业投资从1995年到2020年，年均增长9.1%。2020年固定资产投资增长6.5%。其中民间投资增长5.4%，交通投资增长17.1%。

消费市场不断扩大，消费结构持续优化。新中国成立以来，余姚市商贸流通规模不断扩大，各类市场不断成熟，消费层次明显提升。全市社会消费品零售额由1949年0.1125亿元逐年提高到2020年的397.42亿元，年均增长12.2%。消费结构不断升级，汽车、电子产品、金银珠宝、旅游等为主的消费热点基本形成。“互联网+”消费模式异军突起，旅游市场日趋活跃，余姚市拥有3个国家AAAA景区、8个国家AAA景区、8个全国重点文物保护单位；拥有12家星级饭店，其中五星级3家、四星级3家、三星级4家；拥有21家旅行社，其中国际社2家；拥有各类民宿91家，房间数831个，床位数1305个，其中等级民宿8家。2020年全市接待国内外游客1821.7万人次，旅游总收入达167.7亿元。

外向经济持续发展，对外贸易成果丰硕。新中国成立特别是改革开放以来，余姚市外向型经济快速发展，成为全市经济增长的重要推动力，全市实际利用外资由1985年的48.5万美元增加到2020年的1.02亿美元。2020年余姚市实到浙商创业创新资金73.8亿元。1985年8月29日，余姚市被列为甲类对外开放地区，余姚市对外贸易取得了长足发展，目前全市与150多个国家

和地区发生贸易往来，并在120多个国家和地区注册了出口产品商标，开放型经济规模居浙江省各县（市）区前列。1990—2020年全市进出口额年均增长27.1%。余姚市外贸依存度由1990年2.5%提高到2020年的79.7%，年均上升2.6百分点。

三、综合交通更为便利，通信网络安全畅通

交通网络四通八达，更好服务区域发展。余姚地处美丽富庶的长江三角洲南翼，环杭州湾大湾区中心地带，余姚市交通由解放初期的水运逐步向公路、铁路和航空等立体化综合交通体系发展。目前沪杭甬高速公路、杭甬高铁、萧甬铁路、城际铁路横贯境内，距宁波市区、宁波国际机场和北仑港仅半小时左右的车程，至杭州萧山国际机场只有1小时车程。杭州湾跨海大桥的建成通车，使余姚正式纳入上海“二小时交通圈”。2017年，宁波至余姚城际铁路段干道运营，为余姚加快融入宁波主城提供了有利保障。1949年全年完成公路客运量8万人，水运客运量21.6万人，水运货运量2万吨。2020年全年完成公路客运量128万人次，公路客运周转量12438万人千米；公路货运量1192万吨，公路货运周转量176230万吨千米。

通信网络安全畅通，实现城乡全面覆盖。1949年，全市邮电业务总量只有18.56万元，1978年为143.19万元，2020年达16.56亿元，年均增长13.7%；固定电话用户数从1949年的113户增长到2020年的24.7万户，年均增长11.4%；移动电话用户数从1992年的0.02万户增长到2020年的172.6万户，年均增长38.2%。从1997年网络起步至今，已有互联网宽带接入用户数59.2万户，真正进入网络化时代。

四、人民生活更加殷实，社会财富加速积累

居民收入不断增加，生活水平不断提升。2020年，城镇居民人均可支配收入达到65212元，是1987年的56倍；农村居民人均可支配收入达到39339元，是1987年的47倍；城乡居民收入比缩小到1.66∶1，分别比宁波、浙江、全国平均水平低0.1个百分点、0.3个百分点和0.9个百分点；百户城镇居民拥有家用汽车69辆、拥有人均住房面积53.68平方米。2020年城镇居民人均生活消费支出37676元，其中食品烟酒支出11653元，教育文化娱乐支出3460元，城镇恩格尔系数30.9%，农村居民人均生活消费支出24771元，其中食品烟酒支出8439元，教育文化娱乐支出1710元，农村恩格尔系数34.1%，呈现逐年下降态势。

财政实力不断增强，金融规模不断扩大。新中国成立以来，随着经济快速发展，余姚市财政实力显著增强。1949年，余姚市财政总收入仅0.05亿元，1985年余姚市财政总收入首次突破1亿元，之后基本上每五年翻一番，截至2011年，余姚市财政总收入突破了100亿元大关。2020年，余姚市财政总收入达到185.23亿元，比1949年增长近3705倍，年均增长12.5%。1949年末，余姚市金融机构人民币存款余额仅为6万元，贷款余额为零；1978年末，金融机构人民币存贷款余额分别为5226万元和5418万元，2020年末金融机构人民币存贷款余额分别为2061.79亿元和1601.07亿元，分别是1978年的3945倍和2364倍，年均增长分别为22.4%和21.5%。余姚市居民金融资产稳步增加，全市城乡居民储蓄存款余额由1950年的3万元增加到2020年末的1130.4亿元，年均增长24.1%。

五、创新驱动成效显著，社会事业全面进步

科技创新活力显现。2000年以来，余姚市制定并深入实施“创业富民、创新强市”战略、“商标、品牌、专利”战略和“质优余姚”建设，不断完善创新创业扶持政策，区域科技创新服务体系日益完善，有力地推动了社会创业和企业创新。余姚市综合创新能力明显提高，主要科技指标均大幅度提高。2020年全市财政用于科学技术支出6.26亿元，是2000年的104倍，年均增长28%；2019年全市研究与试验发展经费（研发）支出36.6亿元，是2000年的732倍，年均增长44.3%，2019年研发占GDP的比重3.1%，而2000年占比仅有0.03%。科技产出成果丰硕，专利授权量由2000年的325件提高到2020年的9014件，其中发明专利授权量由2000年的3件提高到2018年的502件。稳步推进“大众创业、万众创新”，2020年新增创业实体2.7万家，创业带动就业13.4万人。截至2020年末，全市累计拥有各级研发中心465家，其中国家级3家，省级64家，市级155家，县级243家；拥有省级重点企业研究院5家，省级企业研究院7家，市级企业研究院25家。新增高新技术企业93家，累计拥有294家。创新驱动逐渐成为余姚市经济发展的重要推动力。

社会保障日趋健全。2020年全市用于社会保障的支出达到

21.63亿元，是2000年的1147倍，年均增长44.9%。本市户籍养老保险参保率达到99.4%。全市拥有各类社会福利机构38处，床位9258个。社区服务设施3385处。全市共有低保对象6570户8343人。目前每月支出低保资金650.5万元。

教育事业不断发展。1949年，余姚市共有专职教师569人，在校学生1.29万人。2020年末全市共有各级各类学校298所，在校学生总数15.92万人。小学、初中适龄人口入学率均达到100%，15年教育普及率为99.68%。省义务教育标准化学校建成率达99.1%。宁职院合作共建余姚校区顺利签约。市职技校姚江模具人才培养校企合作共同体入选省中职教育质量提升行动计划。

健康余姚不断深化。2020年，全市实有病床3508张，卫生技术人员8142人，分别是1981年的3.5倍和6.3倍。全市适龄儿童七苗覆盖率96.54%，免疫预防服务质量保持全省先进水平。城乡二十分钟医疗卫生服务圈基本形成，入选全省首批县域医共体试点县（市），是首批浙江省卫生强市。全市人均期望寿命达到82.2岁。

公共文体繁荣发展。乡镇（街道）综合文化中心、行政村村落文化宫、自然村文化活动点以及健身路径实现“四个”全覆盖。建成农村文化礼堂162家。河姆渡遗址博物馆、余姚博物馆、王阳明故居等一批重点文化设施建成投用；阳明文化周、“周末文化”、“做文明崇德余姚人”等活动影响持续放大；姚剧被列入第二批国家非物质文化遗产保护名录，余姚土布制作技艺被列入第三批国家非物质文化遗产名录；先后荣获全国文化模范市、全国体育先进县、省体育强市、省首批历史文化名城称号。

回首过去巨大成就，我们欢欣鼓舞。展望未来美好前景，我们豪情满怀。在新的历史起点上，余姚人民将更加紧密地团结在以习近平同志为核心的党中央周围，在余姚市委、市政府的坚强领导下，以排头兵的姿态奋进发展新征程，奋力交出高分发展新报表，再接再厉推动高质量发展走在前列，为争创社会主义现代化先行市而努力奋斗！

（市统计局）

媒体看余姚

2020年中国考古新发现

浙江余姚井头山新石器时代遗址8000多年前我国东南沿海首个贝丘遗址

浙江省文物考古研究所　孙国平

井头山遗址位于余姚市三七市镇三七市村，2013年发现，是河姆渡遗址发现近50年以来、在余姚发现的又一处具有里程碑意义的新石器时代遗址。2019年9月至2020年8月，浙江省文物考古研究所联合宁波市文物考古研究所和河姆渡遗址博物馆对该遗址进行发掘。

由于遗址文化堆积层距现地表5～10米，属于被海相沉积覆盖的低海拔埋藏环境，发掘之前由工程部门建设一个围护发掘区的钢结构基坑。

发掘出土露天烧火坑、食物储藏坑、生活器具加工制作区等聚落遗迹，出土遗物按性质分为两大类：一是人工利用后废弃的大量动植物、矿物遗存，动物遗存中最多的是海生贝壳，其次是各类渔猎动物骨骸，属鹿、猪、狗、水牛、海鱼等；植物遗存中最多的是废木材和储藏坑中的麻栎果、橡子、桃核、炭化米等。

二是陶器、石器、骨器、贝器、木器、编织物等人工器物达400多件。陶器，器形有卷沿敞口釜（饰绳纹、方格纹）、支脚、平底盆、圈足盘、红衣陶深腹罐、杯、碗、壶、拍等。石器较少，器形和工艺简单。贝器共出土数十件。木器有桨、矛、柄、双尖头棍、碗等上百件。出土有筐、篓、篮、席、扇、鱼罩、渔网残块等。

井头山遗址是浙江省和长三角地区首个贝丘遗址，距今8300～7800年，是中国沿海埋藏最深、年代最早的典型海岸贝丘遗址。出土遗存和所处地理环境表明河姆渡文化直接来源于宁波沿海地区。

点评：该遗址的发现和发掘，是研究8000多年前中国东南沿海地区社会生产、生活状态与自然环境相互关系等重大学术问题的宝贵案例，堪称中国新石器时代考古特别是海洋文化考古、全新世海洋环境变迁研究的重大突破。

——节选自《人民日报》

（2021年3月27日第8版）

红船精神领航向 党旗猎猎映之江

“智慧党建”助推乡村治理。宁波余姚泗门镇创新运用“红锋泗门”智慧党建系统，打通服务群众“最后一公里”。在“联六包六”工作方面，系统为每名党员生成专属二维码，群众扫码绑定后，可直接在线联系党员和党组织，各村（社区）党组织书记可随时查看党员联户情况，并能对服务质量进行综合分析。

——节选自《人民日报》

（2021年5月16日第7版）

部分省市党史学习教育领导小组办公室负责同志座谈会发言摘编

牢记嘱托 知行合一 让革命精神薪火相传

浙江省余姚市委党史学习教育领导小组办公室

余姚深入学习贯彻习近平总书记重要讲话精神，牢记习近平总书记给梁弄镇横坎头村全体党员回信的殷殷嘱托，紧扣工作要求，用活红色资源，奋力交出党史学习教育优秀答卷。

突出凝心铸魂，让红色基因融入血脉。坚持必修课和选修课一起抓，突出余姚味，在全市掀起学习教育热潮。开展“习近平在浙江”专题学习活动，全力打造革命老区共同富裕样板地，谋划实施四明红锋引领等九大工程。成立党史宣讲团250余个，创设“小板凳宣讲团”等场景，开展宣讲1000多场次，受众超40万人次。推出革命姚剧《童小姐的战场》，已展演100余场，观众近10万人次。面向党员干部、群众分别推出5条党史现场教学线路和6条红色旅游线路，开展“重走长征路”等体验活动，受教人数超20万人次。

坚持固本强基，让红色印记更加鲜明。深挖红色富矿，系统梳理全市130多处红色遗址遗迹，开展余姚革命文物巡礼，画好红色“电子地图”；整理革命烈士名录，出版《余姚党史人物》。擦亮红色标识，累计投入1.5亿元，对中共浙东区委旧址等革命遗迹，开展保护性修缮，新建新四军浙东游击队军史陈列馆等场馆。创优红色精品，编辑《中共余姚地方党史》简读本，制作革命史料片《红色四明铸丰碑》，创作姚剧《小村》、广播剧《嘱托》等文艺精品。

激活红色引擎，让红色传统永放光芒。把学习党史同观照现实、推动工作结合起来，争做浙江建设“重要窗口”的排头兵。抓实“我为群众办实事”专题实践活动，开展“党员在身边 温暖千万家”志愿服务1500多场次；实施“四送一增强”服务企业专项行动2.0版，解决企业需求1400余件。

——节选自《人民日报》

（2021年5月19日第14版）

浙江余姚：村庄抱团发展，探索共同富裕之路 游客多了，讲解员都忙不过来

位于四明山腹地的浙江余姚梁弄镇横坎头村是浙东（四明山）抗日根据地所在地。经过多年发展，曾经的贫困村早已蝶变，成为全国文明村，更是远近闻名的网红村。如何让村庄持续发力，长远发展？

除了横坎头村，在青山环绕的四明山腹地，靠自身优势发展旅游观光的村子也有不少，如离横坎头村不远的千年古村汪巷村，有着悠久历史文化，被誉为“状元故里”“学士之乡”；甘宣村发展小水果产业，樱桃园采摘游红红火火……但每个村子的发展能力都有限，一个景点一个村只能留住游客数小时，能否将周边村子“连起来”，把游客留下来？

说干就干，今年4月，一条将梁弄镇汪巷村、甘宣村、白水冲村、贺溪村等这些散落在四明山腹地的“珍珠”串联起来的精品旅游线路被推出，让村庄抱团融合发展成为一种探索共同富裕的新尝试。

“游玩的地方多了，留下来的游客也多了。”横坎头村相关负责人介绍，精品线路一推出就受到追捧，目前线路预约爆满，“游客多了，讲解员都忙不过来”。

目前，以横坎头村为中心的数个行政村正抱团共赢，积极打造红色旅游融合发展示范区。依托红色资源集群、“特色小水果”品牌及“乡伴理想村”项目，推进红色文化和绿色产业的融合发展。

除了探索村庄抱团发展，在推动乡村产业化发展的道路上，余姚也有颇多探索。

鹿亭乡中村村，围绕革命老区群众持续增收这一主线，坚持生态保护和经济建设协调发展，将番薯粉丝产业作为群众增收的一个渠道。2019年，全村制作番薯粉丝13万余斤，销售额达500万元，帮助常住村民人均增收1000元。在陆埠镇干溪村，依托工业经济规模化、经济作物产业化和集体经济效益化，逐步实现民生改善、民富村强，目

前，该村年经营性收入达300余万元。

据了解，余姚高质量实施乡村产业振兴行动，依托各个乡村的自身优势，搭建乡村数字化服务平台，多措并举促进农产品销售，助力乡村振兴。目前，余姚已被列为第一批部省共建乡村振兴示范省先行创建单位，“互联网+”农产品出村进城工程被列入国家部委试点。

截至2020年底，余姚农村居民人均可支配收入达39339元、增长6.9%，城乡居民收入比值下降到1.66，城乡差距进一步缩小；低收入农户人均可支配收入17879元，增长13.3%，9000元以下低收入农户数量实现“清零”；四明山区域农村居民人均可支配收入达到27610元，同比增长10%。“下一步，余姚将乘势而上持续奋斗，为浙江、宁波高质量推进共同富裕贡献更大力量。”余姚市主要负责人说。

——《人民日报》（2021年6月21日第7版）

重要文件目录

2021年中共余姚市委部分文件目录

表38

日期	发文字号	文件名称
2月19日	余党发〔2021〕11号	关于表彰“高质量发展”工作先进集体和个人的通报
2月19日	余党发〔2021〕12号	关于表扬在“平安余姚”工作中作出突出贡献集体和个人的通报
5月21日	余党发〔2021〕26号	关于纵深推进清廉余姚建设的意见
5月25日	余党发〔2021〕28号	关于建立问题及时发现有效解决闭环机制的实施意见
6月15日	余党发〔2021〕30号	关于学前教育深化改革规范发展的实施意见
6月23日	余党发〔2021〕32号	关于表彰余姚市优秀共产党员、优秀党务工作者和先进基层党组织的决定
7月2日	余党发〔2021〕35号	关于印发《余姚市加强新时代爱国主义教育实施意见》的通知
8月31日	余党发〔2021〕42号	关于全面落实预算绩效管理的实施意见
8月31日	余党发〔2021〕43号	关于促进中医药传承创新发展的实施意见
9月25日	余党发〔2021〕48号	关于印发《余姚共青团基层组织改革综合试点实施方案》的通知
10月28日	余党发〔2021〕89号	关于高质量做好中国共产党余姚市第十六次代表大会代表选举工作的通知
11月11日	余党发〔2021〕90号	关于给予部分公务员记三等功和嘉奖奖励的通报
11月15日	余党发〔2021〕92号	关于印发《法治余姚建设规划（2021—2025年）》的通知
11月23日	余党发〔2021〕93号	转发《中共余姚市委宣传部、余姚市司法局关于在全市开展法治宣传教育的第八个五年规划（2021—2025年）》的通知
12月7日	余党发〔2021〕95号	关于印发《余姚市贯彻落实第二轮中央生态环境保护督察报告整改方案》的通知
1月8日	余党办〔2021〕2号	关于贯彻落实《中共浙江省委关于加强新时代党的群团工作的意见》的通知
1月11日	余党办〔2021〕3号	关于印发《余姚市产业工人队伍建设改革工作联席会议制度》的通知
1月11日	余党办〔2021〕4号	关于印发《余姚市生态环境约谈办法（试行）》的通知

续表 38

日期	发文字号	文件名称
1 月 12 日	余党办〔2021〕7 号	印发《关于开展市、镇、村三级领导干部下访接待群众的工作方案》的通知
1 月 18 日	余党办〔2021〕11 号	关于调整 2020 年度余姚市投资促进工作评价办法的通知
1 月 20 日	余党办〔2021〕12 号	印发《余姚市冬春季水环境治理百日攻坚行动方案》的通知
1 月 20 日	余党办〔2021〕13 号	关于进一步加强全市机关事业单位津贴补贴和一般公务支出管理的通知
2 月 18 日	余党办〔2021〕14 号	关于印发《"两强三提升"行动实施方案》的通知
2 月 19 日	余党办〔2021〕15 号	印发《关于全面推进乡镇（街道）"属地管理"规范工作的实施方案》的通知
2 月 18 日	余党办〔2021〕17 号	关于印发《市委十五届十次全会明确的重点工作任务分工方案》的通知
2 月 20 日	余党办〔2021〕18 号	印发《关于巩固深化"不忘初心、牢记使命"主题教育成果的实施意见》的通知
3 月 5 日	余党办〔2021〕19 号	关于印发《2021 年全市调查研究工作指导意见》的通知
3 月 8 日	余党办〔2021〕20 号	关于做好《习近平在浙江》学习工作的通知
3 月 12 日	余党办〔2021〕22 号	关于印发《"四送一增强"2.0 版服务企业专项行动方案》的通知
3 月 24 日	余党办〔2021〕25 号	关于成立余姚市数字化改革领导小组的通知
3 月 31 日	余党办〔2021〕26 号	印发《关于进一步加强基层应急管理体系和能力建设的实施办法》的通知
3 月 30 日	余党办〔2021〕27 号	关于印发《余姚市关于坚决打赢遏制重大生产安全事故攻坚战的实施意见》的通知
3 月 31 日	余党办〔2021〕28 号	印发《关于进一步完善审计整改落实工作机制的实施意见》的通知
3 月 26 日	余党办〔2021〕29 号	关于印发《余姚市生态环境问题"举一反三"大排查大整改工作方案》的通知
4 月 12 日	余党办〔2021〕32 号	关于印发《中共余姚市委 2021 年度民主协商计划》的通知
4 月 13 日	余党办〔2021〕33 号	印发《关于建立健全深化全国文明城市建设常态长效工作机制的意见》的通知
4 月 20 日	余党办〔2021〕34 号	关于开展 2021 年度"慈善一日捐"活动的意见
6 月 16 日	余党办〔2021〕37 号	关于印发《余姚市党（工）委（党组）理论学习中心组学习巡听旁听制度（试行）》的通知
6 月 25 日	余党办〔2021〕39 号	印发《关于进一步推进余姚市生态环境问题大起底大整治的实施意见》的通知
7 月 19 日	余党办〔2021〕40 号	关于认真做好 2021 年"八一"期间拥军优属拥政爱民工作的通知
7 月 22 日	余党办〔2021〕44 号	关于印发《2021 年余姚市东西部协作、对口支援和山海协作工作要点及任务分解》的通知
8 月 3 日	余党办（2021）45 号	关于印发《2021 年法治余姚建设重点工作清单》的通知
8 月 27 日	余党办〔2021〕51 号	印发《余姚市关于加快推进环境治理体系和治理能力现代化的实施意见》的通知
9 月 17 日	余党办〔2021〕54 号	关于认真做好中秋、国庆期间有关工作的通知
9 月 26 日	余党办〔2021〕58 号	关于成立余姚市高质量发展建设共同富裕先行地领导小组的通知

续表 38

日期	发文字号	文件名称
10 月 20 日	余党办〔2021〕59 号	关于印发《2021 宁波（余姚）阳明文化周总体方案》的通知
11 月 23 日	余党办〔2021〕65 号	印发《关于支持市人民医院打造市域医疗高峰创建三甲综合医院的意见》的通知
12 月 6 日	余党办〔2021〕67 号	关于印发《关于加强和改进人民建议征集工作的实施方案（试行）》的通知
12 月 6 日	余党办〔2021〕69 号	关于印发《中国共产党余姚市第十六次代表大会筹备工作方案》的通知
12 月 7 日	余党办〔2021〕70 号	关于切实做好 2022 年度党报党刊发行工作严格规范报刊发行秩序的通知
12 月 16 日	余党办〔2021〕71 号	关于印发《2021 年度余姚市“平安余姚建设”工作突出贡献集体和个人表彰奖励实施办法》的通知
12 月 14 日	余党办〔2021〕72 号	关于印发《关于全面建立林长制的实施方案》的通知
12 月 15 日	余党办〔2021〕73 号	关于印发《余姚市开展“一扫七治”城乡环境百日攻坚专项整治行动方案》的通知
12 月 21 日	余党办〔2021〕75 号	关于召开中国共产党余姚市第十六次代表大会的通知
12 月 30 日	余党办〔2021〕77 号	关于印发《全面加强“共享法庭”建设的实施方案》的通知

2021 年余姚市人民政府部分文件目录

表 39

日期	发文字号	文件名称
1 月 28 日	余政发〔2021〕1 号	余姚市人民政府关于公布井头山遗址为市级文物保护单位的通知
1 月 30 日	余政发〔2021〕2 号	余姚市人民政府关于公布井头山遗址市级文物保护单位保护范围和建设控制地带的通知
3 月 11 日	余政发〔2021〕7 号	余姚市人民政府印发《关于加快现代服务业和开放型经济发展政策的若干补充意见》的通知
3 月 12 日	余政发〔2021〕8 号	余姚市人民政府关于征收集体所有土地上青苗及地上附着物补偿标准的通知
3 月 12 日	余政发〔2021〕9 号	余姚市人民政府关于印发余姚市重点工业投资项目用地资格评价实施意见的通知
3 月 22 日	余政发〔2021〕10 号	余姚市人民政府关于印发余姚市国民经济和社会发展第十四个五年规划和二〇三五年远景目标纲要的通知
3 月 22 日	余政发〔2021〕11 号	余姚市人民政府关于表彰 2020 年市长质量奖获奖企业的通报
4 月 2 日	余政发〔2021〕13 号	余姚市人民政府关于促进粮油生产高质量发展进一步提高保供能力的实施意见
4 月 2 日	余政发〔2021〕13 号	余姚市人民政府关于促进粮油生产高质量发展进一步提高保供能力的实施意见
6 月 30 日	余政发〔2021〕16 号	余姚市人民政府关于印发余姚市开发区（园区）整合提升方案的通知
8 月 9 日	余政发〔2021〕18 号	余姚市人民政府印发关于《深入推进农业产业现代化发展的若干意见》的通知
10 月 26 日	余政发〔2021〕19 号	余姚市人民政府关于调整全市最低工资标准的通知
10 月 28 日	余政发〔2021〕20 号	余姚市人民政府关于公布余姚市第七批市级文物保护单位的通知
12 月 24 日	余政发〔2021〕23 号	余姚市人民政府关于全面做实基本医疗保险市级统筹调整有关政策的通知

续表 39

日期	发文字号	文件名称
1 月 7 日	余政办发〔2021〕1 号	余姚市人民政府办公室关于印发《余姚市优秀文艺作品“杜鹃花奖”评选办法》的通知
1 月 5 日	余政办发〔2021〕2 号	余姚市人民政府办公室关于举办余姚市第十六届运动会的通知
1 月 11 日	余政办发〔2021〕3 号	余姚市人民政府办公室关于下达 2021 年全市政府（国企）投资项目和重点工程计划的通知
1 月 19 日	余政办发〔2021〕4 号	余姚市人民政府办公室关于印发全市高层建筑消防安全专项整治行动实施意见的通知
1 月 27 日	余政办发〔2021〕5 号	余姚市人民政府办公室关于印发余姚市配建商品房无偿移交政府用房处置办法的通知
2 月 8 日	余政办发〔2021〕7 号	余姚市人民政府办公室关于印发《余姚市征收集体所有土地房屋拆迁实施办法补充规定》的通知
2 月 24 日	余政办发〔2021〕9 号	余姚市人民政府办公室关于印发《2021 年余姚市无偿献血工作实施方案》的通知
2 月 25 日	余政办发〔2021〕11 号	余姚市人民政府办公室关于印发余姚市矿山生产安全事故应急预案的通知
2 月 25 日	余政办发〔2021〕12 号	余姚市人民政府办公室关于印发余姚市生产安全事故应急预案的通知
2 月 25 日	余政办发〔2021〕13 号	余姚市人民政府办公室关于印发余姚市危险化学品事故应急救援预案的通知
3 月 9 日	余政办发〔2021〕14 号	余姚市人民政府办公室关于印发余姚市智能经济产业统计监测方案的通知
3 月 10 日	余政办发〔2021〕15 号	余姚市人民政府办公室关于下发 2020 年度全市银行业金融机构考核结果的通知
2 月 24 日	余政办发〔2021〕16 号	余姚市人民政府办公室关于印发余姚市大病致贫困难群众帮扶基金管理使用办法的通知
3 月 11 日	余政办发〔2021〕17 号	余姚市人民政府办公室关于印发 2021 年度资产盘活工程提效消障清零“六个专项行动”方案的通知
3 月 11 日	余政办发〔2021〕18 号	余姚市人民政府办公室关于印发破解民生领域“五难五多”问题方案（2021）的通知
3 月 23 日	余政办发〔2021〕24 号	余姚市人民政府办公室关于印发 2021 年度镇级政府性投资新建项目计划的通知
3 月 31 日	余政办发〔2021〕25 号	余姚市人民政府办公室关于印发余姚市人民政府 2021 年度重大行政决策事项目录的通知
3 月 19 日	余政办发〔2021〕28 号	余姚市人民政府办公室关于印发余姚市临时改变房屋用途操作办法（试行）的通知
3 月 19 日	余政办发〔2021〕29 号	余姚市人民政府办公室关于印发余姚市规划控制地段既有工业仓储用地改扩建实施规定的通知
4 月 12 日	余政办发〔2021〕31 号	余姚市人民政府办公室关于印发《余姚市小额工程建设项目交易管理办法》的通知
4 月 15 日	余政办发〔2021〕33 号	余姚市人民政府办公室关于印发《余姚市关于加强律师业发展的实施意见》的通知
4 月 15 日	余政办发〔2021〕34 号	余姚市人民政府办公室关于印发《余姚市行政机关负责人行政诉讼出庭应诉工作规定》的通知
5 月 6 日	余政办发〔2021〕37 号	余姚市人民政府办公室关于印发《关于进一步促进工业用地节约集约利用的有关意见》的通知
5 月 10	余政办发〔2021〕38 号	余姚市人民政府办公室关于印发 2021 年粮食订单政策方案的通知

续表 39

日期	发文字号	文件名称
5月6日	余政办发〔2021〕39号	余姚市人民政府办公室关于印发《余姚市国有土地上低层住宅重建、改建管理暂行办法》的通知
5月21日	余政办发〔2021〕41号	余姚市人民政府办公室关于印发余姚市姚江沿线闸泵排水管理办法（试行）的通知
5月21日	余政办发〔2021〕42号	余姚市人民政府办公室转发市教育局关于《余姚市2021学年教育事业计划》的通知
5月24日	余政办发〔2021〕44号	余姚市人民政府办公室关于印发《余姚市反假货币工作联席会议制度》的通知
5月26日	余政办发〔2021〕45号	余姚市人民政府办公室关于印发《余姚市科技企业“双倍增”行动计划（2021—2025年）》的通知
5月26日	余政办发〔2021〕46号	余姚市人民政府办公室关于印发余姚市城市品质提升三年行动方案的通知
5月28日	余政办发〔2021〕47号	余姚市人民政府办公室关于印发《余姚市国民经济和社会发展第十四个五年规划和二〇三五年远景目标纲要实施方案》的通知
6月7日	余政办发〔2021〕49号	余姚市人民政府办公室关于印发进一步深入推进余姚市“凤凰行动”实施方案的通知
6月8日	余政办发〔2021〕50号	余姚市人民政府办公室关于建立余姚市化工集聚区安全生产和应急管理中心的通知
6月10日	余政办发〔2021〕51号	余姚市人民政府办公室关于印发《余姚市科技创新“十四五”规划（2021—2025年）》的通知
6月15日	余政办发〔2021〕52号	余姚市人民政府办公室关于印发余姚市废弃矿山治理三年专项行动实施方案的通知
6月24日	余政办发〔2021〕55号	余姚市人民政府办公室关于印发《余姚市“十四五”时期农业农村现代化发展规划》的通知
6月24日	余政办发〔2021〕56号	余姚市人民政府办公室关于印发《关于实施新一轮余姚市工业企业“350”梯度培育计划的若干意见》的通知
6月25日	余政办发〔2021〕58号	余姚市人民政府办公室关于印发余姚市公共租赁住房保障管理办法的通知
6月25日	余政办发〔2021〕59号	余姚市人民政府办公室关于印发《余姚市污染防治巩固提升三年行动计划（2021—2023）》的通知
7月21日	余政办发〔2021〕61号	余姚市人民政府办公室关于公布2021年度第二批姚江英才计划入选项目的通知
7月23日	余政办发〔2021〕62号	余姚市人民政府办公室关于印发余姚市防汛防台抗旱应急预案的通知
6月7日	余政办发〔2021〕64号	余姚市人民政府办公室关于印发2021年余姚市政务公开工作要点的通知
7月28日	余政办发〔2021〕65号	余姚市人民政府办公室关于印发余姚市小型政府投资项目简易审批实施意见的通知
8月3日	余政办发〔2021〕68号	余姚市人民政府办公室关于印发《2021年余姚市地质灾害防治方案》的通知
8月11日	余政办发〔2021〕70号	余姚市人民政府办公室关于印发余姚市市级行政事业性国有资产管理暂行办法的通知
7月28日	余政办发〔2021〕71号	余姚市人民政府办公室关于印发余姚市整市推进光伏规模化开发工作方案的通知
8月25日	余政办发〔2021〕72号	余姚市人民政府办公室关于印发《余姚市2021年环境空气质量巩固提升行动暨清新空气示范区建设实施方案》的通知

续表 39

日期	发文字号	文件名称
8 月 25 日	余政办发〔2021〕73 号	余姚市人民政府办公室印发《关于进一步建立健全余姚市环境污染问题发现机制实施意见》的通知
9 月 10 日	余政办发〔2021〕76 号	余姚市人民政府办公室关于印发余姚市药品安全事件应急预案的通知
9 月 22 日	余政办发〔2021〕78 号	余姚市人民政府办公室关于做好 2022 年度城乡居民基本医疗保险工作的通知
9 月 24 日	余政办发〔2021〕79 号	余姚市人民政府办公室关于印发《余姚市支持数字经济高质量发展的若干政策意见》的通知
9 月 28 日	余政办发〔2021〕83 号	余姚市人民政府办公室关于印发《余姚市重特大水上渡口事故应急救援预案》的通知
9 月 28 日	余政办发〔2021〕84 号	余姚市人民政府办公室关于印发余姚市突发公共事件交通运输保障行动预案的通知
9 月 29 日	余政办发〔2021〕85 号	余姚市人民政府办公室关于印发《余姚市大面积停电事故应急预案》的通知
10 月 17 日	余政办发〔2021〕86 号	余姚市人民政府办公室关于印发《余姚市山洪灾害防御预案》的通知
10 月 11 日	余政办发〔2021〕89 号	余姚市人民政府办公室关于印发《余姚战略新兴产业母基金管理试行办法》的通知
11 月 8 日	余政办发〔2021〕91 号	余姚市人民政府办公室关于公布余姚市新一轮“350”企业梯度培育第一批入库企业名单的通知
10 月 28 日	余政办发〔2021〕92 号	余姚市人民政府办公室关于印发余姚市加强城市地下市政基础设施建设实施方案的通知
10 月 28 日	余政办发〔2021〕93 号	余姚市人民政府办公室印发关于进一步强化招商引资“一号工程”工作意见
11 月 9 日	余政办发〔2021〕94 号	余姚市人民政府办公室关于印发余姚市应对极端天气停课安排和误工处理实施办法的通知
12 月 1 日	余政办发〔2021〕99 号	余姚市人民政府办公室关于印发《余姚市灭火救援联动工作实施办法（试行）》的通知
12 月 1 日	余政办发〔2021〕102 号	余姚市人民政府办公室关于印发《关于进一步提升企业投资项目审批服务便利化的实施意见》的通知
12 月 7 日	余政办发〔2021〕103 号	余姚市人民政府办公室关于加强“十四五”期间年森林采伐限额管理的通知
12 月 7 日	余政办发〔2021〕104 号	余姚市人民政府办公室印发《余姚市旅游业“微改造、精提升”五年行动计划（2021—2025）》的通知
12 月 21 日	余政办发〔2021〕108 号	余姚市人民政府办公室关于印发《余姚市重要水域划定方案》的通知
12 月 24 日	余政办发〔2021〕110 号	余姚市人民政府办公室关于公布 2021 年度第三批姚江英才计划入选项目的通知
12 月 29 日	余政办发〔2021〕111 号	余姚市人民政府办公室印发《关于支持企业留工优工促生产的实施意见》的通知
12 月 29 日	余政办发〔2021〕112 号	余姚市人民政府办公室关于印发《余姚市省级生态文明建设示范市创建工作实施方案》的通知
12 月 29 日	余政办发〔2021〕113 号	余姚市人民政府办公室关于规范拆迁征收工作中委托中介机构服务的实施意见
12 月 29 日	余政办发〔2021〕114 号	余姚市人民政府办公室关于印发余姚市房屋拆迁征收工作评定操作办法的通知

索 引

说 明

一、索引采用主题分析法编制，全书各类目均做索引。其中，“特载”“附录”两个类目做简略索引，“大事记”等类目均做详细索引。

二、索引均按标引词汉语拼音升序排列。

三、 标引词后的阿拉伯数字表示内容所在页码。

主题词索引

0~9

F

G

H

J

K

L

M

N

Y

Z